Waltermann | Rechnungswesen
Speth | für kaufmännische Berufe

Waltermann
Speth

Rechnungswesen
für kaufmännische
Berufe

Merkur ▶
Verlag Rinteln

Wirtschaftswissenschaftliche Bücherei für Schule und Praxis
Begründet von Handelsschul-Direktor Dipl.-Hdl. Friedrich Hutkap †

Verfasser:

Aloys Waltermann, Dipl.-Kfm., Dipl.-Hdl., Fröndenberg

Dr. Hermann Speth, Dipl.-Hdl., Wangen im Allgäu

Günter Hempel, Dipl.-Hdl.
(Verfasser der Beleggeschäftsgänge zur Vorbereitung auf Abschlussprüfungen)

24. Auflage 2017
© 1992 by MERKUR VERLAG RINTELN
Gesamtherstellung:
MERKUR VERLAG RINTELN Hutkap GmbH & Co. KG, 31735 Rinteln

E-Mail: info@merkur-verlag.de
          lehrer-service@merkur-verlag.de
Internet: www.merkur-verlag.de

ISBN 978-3-8120-**0261-5**

Vorwort

Das vorliegende Lehrbuch umfasst alle Rechnungsweseninhalte, die für Büroberufe maßgeblich sind. Im Vordergrund steht das Anliegen der Autoren, Fachkompetenz zu vermitteln. Das Lehrbuch gibt für alle berufsbezogenen Problemfälle eine verlässliche Informationsquelle.

Für Ihre Arbeit mit dem Lehrbuch möchten wir Sie auf Folgendes hinweisen:

- Die Werkstoff- und Warenbuchungen werden nach dem aufwandsrechnerischen Verfahren vorgenommen. Im Anhang wird das bestandsrechnerische Verfahren vorgestellt.
- Grundlage für die Buchungen ist der Industriekontenrahmen (IKR).
- Bei der Behandlung wichtiger Gesetze werden die Paragrafen angegeben, um den Schülerinnen und Schülern ein selbstständiges Arbeiten zu ermöglichen.
- Die Einführungskapitel im Buchführungsteil sind bewusst in kleine Lernschritte aufgeteilt worden. Wir wollen damit erreichen, dass die Schülerinnen und Schüler behutsam in die Denkweise der Buchführung eingeführt werden und die Grundzusammenhänge genau erkennen. Aus unserer Praxis des Buchführungsunterrichts wissen wir, dass die Lernenden, die die Grundlagen nicht beherrschen, bei dem streng logischen Stoffaufbau der Buchführung stets Schwierigkeiten haben werden. Als unterstützende Anschauungshilfe werden in der Einführungsphase im Buchführungsteil bei allen Beispielen folgende Farben beim Buchen verwendet: Aktivkonten: grün, Passivkonten: rot, Aufwendungen: violett, Erträge: blau. Ab dem Themenkreis 3 entfällt diese konsequente Farbzuordnung. Die verwendeten Farben dienen dann nur noch als Hervorhebung der Unterschiede.
- Zahlreiche Abbildungen, Schaubilder, Beispiele, Begriffschemata, Gegenüberstellungen und Zusammenfassungen erhöhen die Anschaulichkeit und Einprägsamkeit der Informationen.
- Fachwörter, Fachbegriffe und Fremdwörter werden grundsätzlich im Text oder in den Fußnoten erklärt.
- Am Ende des Buches werden Beleggeschäftsgänge mit dem Modellunternehmen Heinrich KG bereitgestellt.
- Ein ausführliches Stichwortverzeichnis hilft Ihnen, Begriffe und Erläuterungen schnell aufzufinden.

Vorwort zur 24. Auflage

- **Eingearbeitet** in dieser Auflage ist die durch das **Bilanzrichtinie-Umsetzungsgesetzt [BilRUG]** vorgenommene **Neudefinition der Umsatzerlöse, die Änderung der Gewinn- und Verlustrechnung sowie der Wegfall der außerordentlichen Aufwendungen und Erträge**. Die Neuregelung der Umsatzerlöse hat zudem in der **Kontenklasse 5** zu **Änderungen bei der Zuordnung der Konten** zu den Kontengruppen geführt.
- Die Texte wurden gründlich überarbeitet und, wo erforderlich, aktualisiert.

Wir wünschen Ihnen einen guten Lehr- und Lernerfolg!

Die Verfasser

Inhaltsverzeichnis

Themenkreis 3:   Funktionen eines Betriebes in der Praxis der Buchführung

Themenkreis 4:   Statistik

Themenkreis 5: Jahresabschluss

Themenkreis 6: Kosten- und Leistungsrechnung (KLR)

Anhang 1:   Warenbuchungen nach dem bestandsrechnerischen Verfahren

Anhang 2:   Beleggeschäftsgang zur Vorbereitung auf schriftliche Abschlussprüfungen

Anhang 3:   Hinweis zur Buchung von Erträgen (Kontenklasse 5) nach dem Bilanzrichtlinie-Umsetzungsgesetz [BilRUG]

Themenkreis 1: Einführung in das Rechnungswesen

1.1 Grundlegende Rechenverfahren

1.1.1 Dreisatzrechnung

1.1.1.1 Einfacher Dreisatz mit geradem Verhältnis

Beispiel:

Der Verkaufserlös für 108 kg eines Artikels beträgt 345,60 EUR.

Aufgabe:
Berechnen Sie den Verkaufserlös für 42 kg!

Lösung:

Gegebene Größen:	108 kg bringen einen Erlös von 345,60 EUR	← Bedingungssatz
Gesuchte Größen:	42 kg bringen einen Erlös von x EUR	← Fragesatz

$$x = \frac{345{,}60 \cdot 42}{108} = \underline{134{,}40 \text{ EUR}} \qquad\qquad \leftarrow \text{Bruchsatz}$$

Ergebnis: Der Verkaufserlös von 42 kg beträgt 134,40 EUR.

Allgemeiner Lösungsweg

1. Schreiben Sie den Bedingungssatz so auf, dass die gefragte Größe am Ende des Satzes steht.
2. Schreiben Sie den Fragesatz darunter. Achten Sie darauf, dass gleiche Bezeichnungen (z. B. kg, EUR, m usw.) immer untereinander stehen.
3. Bei der Erstellung des Bruchsatzes ist von dem gegebenen Wert **(Erlös für 108 kg)** auszugehen. Er ist dann immer auf den Wert **einer** Einheit zurückzuführen **(Erlös für 1 kg)**, und anschließend ist der Wert für die gesuchte Mehrheit zu berechnen **(Erlös für 42 kg ≙ x EUR)**.

Die Erstellung des Bruchsatzes erfolgt über die folgenden drei Sätze:

1. Satz: 108 kg bringen einen Erlös von 345,60 EUR

2. Satz: 1 kg bringt einen Erlös von $\dfrac{345{,}60}{108}$ EUR

3. Satz: 42 kg bringen einen Erlös von $\dfrac{345{,}60 \cdot 42}{108}$ EUR

je weniger, desto weniger

je mehr, desto mehr

Beachte:

- Beim 2. Satz gilt im Verhältnis zum 1. Satz: **Je weniger, desto weniger.** (Je weniger verkauft wird, desto niedriger ist der Erlös.) Es handelt sich um ein **gerades Verhältnis**. Es wird dividiert.
- Beim 3. Satz gilt im Verhältnis zum 2. Satz: **Je mehr, desto mehr.** (Je mehr verkauft wird, desto höher ist der Erlös.) Es handelt sich um ein **gerades Verhältnis**. Es wird multipliziert.

Übungsaufgabe

1   1. Eine Großhandlung bezieht eine Wagenladung Kartoffeln mit einem Gesamtnettogewicht von 785 kg zu 439,60 EUR.

       Wie viel EUR kostet ein Beutel mit 2,5 kg Nettogewicht?

    2. Ein Mitarbeiter im Außendienst erhält für den Verkauf von 180 Stück eine Provision von 992,00 EUR.

       Wie viel EUR beträgt seine Provision bei einem Verkauf von 315 Stück?

    3. Eine Aushilfskraft erhält für 26 Arbeitsstunden einen Bruttolohn von 364,00 EUR.

       Wie viel EUR beträgt der Bruttolohn, wenn die Arbeitszeit 34 Stunden beträgt?

    4. Bei der Herstellung von 78 m^2 Teppichfliesen beträgt der Abfall 4,5 m^2.

       Wie viel m^2 Abfall fallen an, wenn 273 m^2 Teppichfliesen hergestellt werden?

    5. Der Heizölvorrat von 8410 Litern reicht bei normalem Verbrauch 145 Tage.

       Wie viel Tage reicht ein Vorrat von 5180 Litern?

    6.

Nr.	Menge der eingekauften Waren	gesamte Kosten	Wie viel kosten ...
6.1	42 m^2	1470,20 EUR	18 m^2
6.2	184 Stück	470,60 EUR	265 Stück
6.3	62 kg	155,20 EUR	78 kg
6.4	310 Liter	2720,00 EUR	158 Liter
6.5	48 Säcke	245,00 EUR	112 Säcke

    7. Ein Lebensmittelgroßhändler hat 1920 Gemüsedosen am Lager.

       Wie viel Tage reicht der Vorrat, wenn wöchentlich (6 Tage) im Durchschnitt 480 Gemüsedosen verkauft werden?

    8. Für eine Sendung verschiedener Rohstoffe im Gegenwert von 22000,00 EUR wurden Frachtkosten in Höhe von 1430,00 EUR gezahlt.

       Wie viel EUR beträgt der Frachtanteil für eine Lieferung im Werte von 9000,00 EUR?

    9. Ein Großhändler beliefert in regelmäßigen Abständen seine 5 Filialen. Er legt hierbei eine Strecke von 200 km zurück. Seine Durchschnittsgeschwindigkeit beträgt 50 km. Aufgrund einer Umleitung muss er einen Umweg von 30 km fahren.

       Wie viel Minuten muss er früher abfahren, wenn er seine ursprüngliche Durchschnittsgeschwindigkeit beibehalten möchte?

1.1.1.2 Einfacher Dreisatz mit ungeradem Verhältnis

Beispiel:

Der Vorrat an einer bestimmten Warenart reicht bei einem täglichen Verkauf von 42 kg noch 18 Tage.

Aufgabe:

Berechnen Sie, wie viel Tage der Vorrat reicht, wenn es sich herausstellt, dass pro Tag nur 36 kg verkauft werden!

Lösung:

Gegebene Größen: 42 kg täglicher Verkauf → Verbrauchszeit 18 Tage ⟵ Bedingungssatz

Gesuchte Größen: 36 kg täglicher Verkauf → Verbrauchszeit x Tage ⟵ Fragesatz

$$x = \frac{18 \cdot 42}{36} = \underline{21 \text{ Tage}}$$ ⟵ Bruchsatz

Ergebnis: Bei einem täglichen Verkauf von 36 kg reicht der Vorrat 21 Tage.

Allgemeiner Lösungsweg

Für die Aufstellung der 3 Sätze gilt die gleiche Vorgehensweise wie beim Dreisatz mit geradem Verhältnis.

Die Erstellung des Bruchsatzes erfolgt über die folgenden drei Sätze:

1. Satz: Bei einem täglichen Verkauf von 42 kg beträgt die Verbrauchszeit 18 Tage $\left.\begin{array}{l}\end{array}\right\}$ je weniger, desto mehr

2. Satz: Wird täglich nur 1 kg verkauft, reicht der Vorrat $18 \cdot 42$ Tage

3. Satz: Werden täglich 36 kg verkauft, reicht der Vorrat $\dfrac{18 \cdot 42}{36}$ Tage $\left.\begin{array}{l}\end{array}\right\}$ je mehr, desto weniger

Beachte:

- Beim 2. Satz gilt im Verhältnis zum 1. Satz: **Je weniger, desto mehr.** (Je weniger an einem Tag verkauft wird, desto mehr Tage reicht der Vorrat.) Es handelt sich um ein **ungerades Verhältnis.** Es wird multipliziert.

- Beim 3. Satz gilt im Verhältnis zum 2. Satz: **Je mehr, desto weniger.** (Je mehr der Tagesverkauf zunimmt, desto weniger Tage reicht der Vorrat.) Es handelt sich um ein **ungerades Verhältnis.** Es wird dividiert.

Übungsaufgaben

2 1. Der Vorrat an Gemüsedosen reicht bei einem täglichen Verkauf von 48 Stück 24 Tage.

Wie viel Tage reicht der gleiche Vorrat, wenn aufgrund einer Werbeaktion der tägliche Verkauf auf 72 Stück ansteigt?

2. 20 Arbeiter brauchen für einen bestimmten Auftrag 15 Tage zu je 8 Stunden.

Wie viel Arbeiter müssten noch hinzugezogen werden, wenn der Auftrag in 10 Tagen fertig sein soll, die tägliche Arbeitszeit jedoch nicht erhöht werden kann?

3. Die monatliche Spesenpauschale für einen Mitarbeiter reicht für 26 Tage, wenn er täglich 24,00 EUR ausgibt.

Wie viel Tage reichen die Spesen, wenn er täglich nur 20,00 EUR ausgibt?

4. Zum Belegen der Geschäftsräume mit Teppichboden benötigen wir 32 Rollen mit einer Breite von 1,20 m.

   Wie viel Rollen braucht man, wenn die Breite 1,80 m beträgt?

5. Bei einem täglichen Bedarf von 140 Blatt reicht das Fotokopierpapier noch 66 Tage.

   Wie viel Tage reicht der Vorrat, wenn der Tagesbedarf auf 180 Blatt ansteigt?

6. Zum Auffüllen eines Ladenregals benötigen 4 Angestellte 6 Stunden.

   Wie viel Zeit wird benötigt, wenn nur 3 Angestellte für die Arbeit verfügbar sind?

Dreisatzaufgaben mit geradem und ungeradem Verhältnis

3

1. Die Lederwaren Kuhn OHG bezahlte für ihre Geschäftsräume bei einem Mietpreis von 13,50 EUR je m^2 bisher monatlich 2 767,50 EUR.

   Wie viel EUR beträgt die künftige Monatsmiete, wenn der Hauseigentümer die Miete um 0,80 EUR je m^2 erhöht?

2. Die Glasversicherung für die Schaufensterscheiben der Fritz Weber KG wird nach m^2 berechnet. Bei einer Glasfläche von 18 m^2 beträgt sie 225,00 EUR jährlich. Durch den Ladenausbau erweitert sich die Glasfläche um $4^1/_2$ m^2.

   Wie viel EUR beträgt die jährliche Versicherungssumme?

3. Die Farbengroßhandlung Franz Bunt e. Kfm. füllt 400 Liter Farbe in 2-l-Dosen ab und erhält somit 200 Dosen.

   Wie viel Dosen können abgefüllt werden, wenn der Doseninhalt $^1/_2$ l beträgt?

4. Der Weinvorrat einer Weingroßhandlung reicht bei einem täglichen Verkauf von 45 Litern 60 Tage.

   In wie viel Tagen ist der Vorrat erschöpft, wenn der Tagesverbrauch auf 50 Liter ansteigt?

5. Das Lederwarenhaus Heinz Schöne e. Kfm. hat bei einem Lieferer 25 Lederjacken zu je 270,80 EUR bestellt. Wegen schlechter Verarbeitung schickt er sie an den Lieferer zurück. Der Lieferer hat lediglich noch höherwertige Lederjacken am Lager, und zwar zum Stückpreis von 310,60 EUR.

   Wie viel Stück kann das Lederwarenhaus beziehen, wenn Heinz Schöne nicht mehr Geld als den ursprünglichen Rechnungsbetrag ausgeben will?

6. Ein Unternehmen bestellt 2 430 Werbezettel und erhält hierfür eine Rechnung über 109,35 EUR. Zum gleichen Einzelpreis werden 1 070 Werbezettel nachbestellt.

   Über wie viel EUR lautet die Rechnung für die Nachbestellung?

7. Zur Dekoration des Ausstellungsraumes benötigen wir 36 m Gardinenstoff, falls dieser 150 cm breit ist.

   Wie viel m brauchen wir, wenn der Stoff nur 120 cm breit ist?

8. Einer unserer Lkw verbraucht auf 100 km durchschnittlich 12,8 Liter Dieselkraftstoff.

   Wie viel Liter verbraucht er für eine Strecke von 420 km?

1.1.1.3 Zusammengesetzter Dreisatz (Vielsatz)

Der zusammengesetzte Dreisatz besteht aus mehreren Dreisätzen (mit geradem oder ungeradem Verhältnis), die in einem Rechenvorgang gelöst werden. Man löst den Vielsatz daher mit den gleichen Überlegungen und in der gleichen Darstellungsweise wie einzelne Dreisätze.

Beispiel:

Zum Umbau der Geschäftsräume werden 6 Aushilfskräfte an 8 Tagen täglich 5 Stunden beschäftigt.

Aufgabe:

Berechnen Sie, wie viel Stunden täglich zusätzlich gearbeitet werden müsste, wenn dieselbe Arbeit von 3 Aushilfskräften in 10 Tagen bewältigt werden soll!

Lösung:

Gegebene Größen: 6 Aushilfskräfte in 8 Tagen bei 5-stündiger Arbeitszeit ⟵ Bedingungssatz

Gesuchte Größen: 3 Aushilfskräfte in 10 Tagen bei x-stündiger Arbeitszeit ⟵ Fragesatz

$$x = \frac{5 \cdot 6 \cdot 8}{3 \cdot 10} = \underline{8 \text{ Arbeitsstunden}}$$ ⟵ Bruchsatz

Ergebnis: Es müssen täglich 3 Arbeitsstunden mehr geleistet werden.

Erläuterungen zur Aufgabe

Der vorliegende Vielsatz ist aus zwei Dreisätzen zusammengesetzt. Diese sind darauf zu untersuchen, ob ein gerades oder ein ungerades Verhältnis vorliegt, und sie sind dann nacheinander, über einen Bruchstrich, zu lösen.

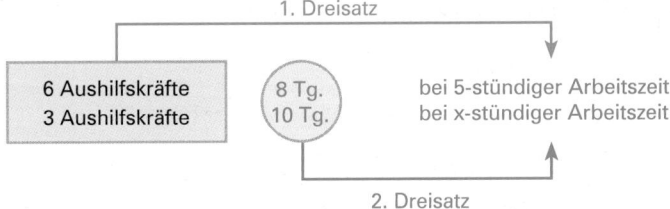

1. Dreisatz:

(1) Bei 6 Aushilfskräften werden 5 Arbeitsstunden je Tag benötigt.

(2) Bei 1 Aushilfskraft werden 5 · 6 Arbeitsstunden je Tag benötigt.

(3) Bei 3 Aushilfskräften werden $\frac{5 \cdot 6}{3}$ Arbeitsstunden je Tag benötigt.

2. Dreisatz:

(4) Bei 8 Tagen werden $\frac{5 \cdot 6}{3}$ Arbeitsstunden je Tag benötigt.

(5) Steht nur 1 Arbeitstag zur Verfügung, werden $\frac{5 \cdot 6 \cdot 8}{3}$ Arbeitsstunden je Tag benötigt.

(6) Erhöhen sich die zur Verfügung stehenden Arbeitstage auf 10, wird weniger Arbeitszeit je Tag benötigt: $\frac{5 \cdot 6 \cdot 8}{3 \cdot 10}$

Allgemeiner Lösungsweg

1. Erstellung des Bedingungs- und des Fragesatzes.
2. Auflösung des erstellten Vielsatzes in die einzelnen Dreisätze.
3. Feststellung bei jedem Dreisatz, ob ein gerades oder ein ungerades Verhältnis zugrunde liegt.
4. Die Lösung der einzelnen Dreisätze auf einen Bruchstrich schreiben und in einem Rechenvorgang lösen.

17

2 Speth u.a. - ISBN 978-3-8120-0261-5

Übungsaufgabe

4   1.   20 Arbeiter brauchen für die Bearbeitung eines bestimmten Auftrags 15 Tage zu je 8 Stunden.

Wie viel Stunden täglich müssten 24 Arbeiter arbeiten, wenn der Auftrag in 12 Tagen ausgeführt werden soll?

2.   Im Lager einer Früchtegroßhandlung werden mit 6 Maschinen in 5 Tagen bei einer täglichen Arbeitszeit von 8 Stunden 3 500 Beutel mit Obst und Gemüse abgepackt.

Wie viel Stunden täglich müssten 9 Maschinen laufen, wenn 6 300 Beutel in spätestens 8 Tagen abgepackt sein müssen?

3.   Anlässlich einer Werbekampagne werden den Kunden Kostproben angeboten. Im Vorjahr wurden bei einer solchen Veranstaltung 5 kg Wurst benötigt. Die Veranstaltung dauerte 6 Stunden, wobei durchschnittlich 45 Kostproben je Stunde verteilt wurden. Die neue Werbekampagne dauert 14 Stunden, wobei geplant ist, durchschnittlich 50 Kostproben je Stunde zu verteilen.

Wie viel kg Wurst werden benötigt?

4.   Eine Backwarenfabrik arbeitete bisher mit 8 Backöfen und stellte 6 300 Brote bei 12-stündiger Arbeitszeit her. Die Fabrik erhöht die Zahl der Backöfen auf 10 und die tägliche Arbeitszeit wird auf 2 Schichten je 8 Stunden ausgedehnt.

Wie viel Brote können nach der Umstellung gebacken werden?

5.   Zur Herstellung von 56 m Stoff von 160 cm Breite werden 42 kg Garn benötigt.

Wie viel m Stoff von 120 cm Breite können aus 114 kg Garn hergestellt werden?

6.   Für Revisionsarbeiten sind alljährlich 6 Angestellte 30 Tage zu je 8 Stunden täglich beschäftigt. Krankheitsbedingt fallen 2 Revisoren kurzfristig vor Beginn der Arbeiten aus.

Wie viel Tage benötigen die einsatzfähigen 4 Angestellten, wenn sie 9 Stunden täglich arbeiten?

7.   Um eine Warensendung von 100 Kartons versandfertig zu machen, benötigen 4 Versandarbeiter $2^1/_2$ Stunden. Für die Abfertigung eines Auftrages von 250 Kartons werden vorübergehend 2 Arbeiter zusätzlich eingestellt. Zur gleichen Zeit erkrankt jedoch ein Arbeiter. Der Auftrag soll möglichst in 3 Stunden erledigt werden.

Wie viele Kartons werden in dieser Zeit nicht fertig?

8.   In einem Supermarkt mit 920 m^2 Einkaufsfläche putzen fünf Reinigungskräfte von 19:00 bis 23:00 Uhr. Die Verkaufsfläche wird auf 1 127 m^2 ausgeweitet und die Arbeitszeit um 30 Minuten gekürzt.

Wie viel Reinigungskräfte müssen jetzt zusätzlich eingestellt werden?

9.   Zur Bewältigung der Inventur waren im vergangenen Jahr 12 Mitarbeiter bei einer täglichen Arbeitszeit von 10 Stunden 2 Tage beschäftigt. In diesem Geschäftsjahr stehen nur 5 Mitarbeiter mit einer täglichen Arbeitszeit von 8 Stunden zur Verfügung.

Nach wie viel Tagen ist die Inventur beendet?

10. Im vorigen Geschäftsjahr benötigte ein Unternehmen während der Heizperiode von 5 Monaten 8 400 Liter Öl für eine Gesamtfläche von 400 m^2. Die durchschnittliche Raumtemperatur lag bei 21° C.

Wie viel Liter Öl müssen bestellt werden, wenn die Gesamtfläche um 100 m^2 erweitert wurde, die Heizperiode voraussichtlich nur 4 Monate dauert und die Raumtemperatur um 1° C abgesenkt wird?

1.1.2 Währungsrechnen

1.1.2.1 Kurzinformation zur Einführung des Euro

Am 1. Januar 1999 wurde in elf europäischen Ländern der **Euro** als gemeinsame Währung eingeführt. Dadurch bilden diese elf Länder in währungspolitischer Hinsicht ein einheitliches Gebiet, die sogenannte **Europäische Währungsunion (EWU)** oder auch als **Europäische Wirtschafts- und Währungsunion (EWWU) bezeichnet.** Sofern die Konvergenzkritierien (Aufnahmebedingungen) erfüllt werden, können auch weitere europäische Länder dieser Währungsunion beitreten. Diesen Schritt haben inzwischen Griechenland und Slowenien vollzogen sowie Malta, Zypern (griechischer Landesteil), die Slowakei, Estland, Lettland und Litauen, sodass sich die ursprüngliche Zahl von elf auf neunzehn Mitgliedstaaten erhöht.[1] Mit der Schaffung einer einheitlichen gemeinsamen Währung in diesen Staaten ist ein großer Schritt in Richtung einer europäischen Vereinigung getan. Dieser Schritt bedeutet für die Mitgliedstaaten die Übertragung der geld- und währungspolitischen Maßnahmen an eine unabhängige supranationale Institution, die **Europäische Zentralbank (EZB).**

Das Gebiet der neunzehn Länder stellt in währungspolitischer Hinsicht „Inland" dar. Dem Euro als Inlandswährung (Binnenwährung) dieser neunzehn Länder stehen die Währungen der übrigen Länder, die nicht diesem Währungsverbund angehören, als Fremdwährungen gegenüber.

EWU	andere Länder (Nicht-EWU-Länder)
Binnenwährung (Euro)	Fremdwährung (z. B. US-Dollar, Schweizer Franken)

1.1.2.2 Grundbegriffe zum Währungsrechnen

(1) Währung

Die **Währung** ist das gesetzliche Zahlungsmittel eines Staates bzw. einer Staatengemeinschaft.

Beispiele:

Staat/Staatengemeinschaft	Währung
Dänemark	Kronen
Großbritannien	Pfund
USA	Dollar
Europäische Wirtschafts- und Währungsunion	Euro

(2) Wechselkurs

Der **Wechselkurs** ist das Austauschverhältnis zwischen verschiedenen Währungen.

---

1 Die neunzehn Länder der Europäischen Währungsunion sind: Belgien, Deutschland, Estland, Finnland, Frankreich, Irland, Italien, Lettland, Litauen, Luxemburg, Malta, Niederlande, Österreich, Portugal, Griechenland, Slowakei, Slowenien, Spanien und Zypern (griechischer Landesteil).

(3) Kursnotierung

Die **Mengennotierung** ist die heute übliche Notierungsform in der Praxis der Kursnotierungen. Bei der Mengennotierung gibt der Kurs an, welchen Betrag an **Fremdwährung** man für einen bestimmten Betrag **inländischer Währung** erhält bzw. bezahlen muss. Bezogen auf die EWU (Inland) geht man bei der Mengennotierung jeweils von einem Euro aus. Die Frage lautet daher, welchem Wert ein Euro in der Fremdwährung entspricht.

Beispiel:

Einheit	EWU-Länder	Währung	Nicht-EWU-Länder	Währung	Kurs
1		Euro	USA	USD	1,0845
1		Euro	Dänemark	DKK	7,7754

Die Beispiele sagen aus, dass z. B. am Devisenmarkt ein Euro dem Wert von 1,0845 USD entspricht.

Oder kurz: Kurs für 1 Euro   ....   1,0845 Dollar
                    Kurs für 1 Euro   ....   7,7754 DKK

(4) Ankaufskurs (Geldkurs), Verkaufskurs (Briefkurs)[1]

Die Bezeichnungen verstehen sich aus der Sicht einer im eigenen Währungsgebiet ansässigen Bank. Da die Bank genauso wie ein Warenhändler an dem Handel mit Fremdwährungen verdienen möchte, ist der **Verkaufskurs höher als der Ankaufskurs.** Der Betrag, der sich aus der Differenz beider Kurse ergibt (Kursspanne), ist der **Gewinn (Rohgewinn)** der Bank aus dem Handel mit Fremdwährungen.

Will z. B. eine Unternehmung in Deutschland bei ihrer Bank eine bestimmte Menge einer **Fremdwährung gegen Euro kaufen,** so berechnet ihr die Bank den **niedrigeren Ankaufskurs (Geldkurs),** denn die Bank kauft Euro an. Will die Unternehmung einen bestimmten Betrag einer **Fremdwährung gegen Inlandswährung eintauschen,** dann legt die Bank den **höheren Verkaufskurs (Briefkurs)** zugrunde, denn die Bank verkauft Euro.

Beispiel:

Einheit	EWU-Länder	Währung	Nicht-EWU-Länder	Währung	Ankauf	Verkauf
1		Euro	USA	USD	1,0845	1,0855

Das Beispiel besagt, dass der Ankauf von einem Euro 1,0845 USD und der Verkauf von einem Euro 1,0855 USD kostet. Wenn die Bank USD verkauft, kauft sie Euro an. Daher gilt der Ankaufskurs.

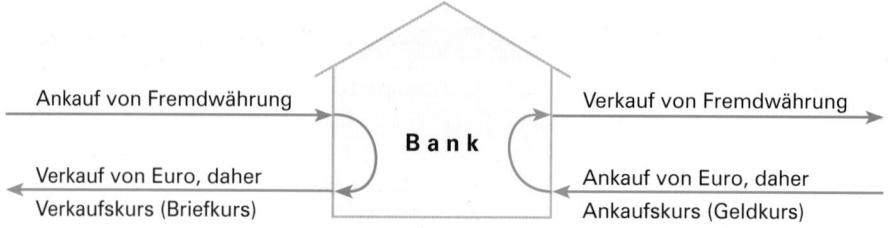

---

1 Im Sortenhandel werden in der Regel die Begriffe Ankauf und Verkauf verwendet, im Devisenhandel die Begriffe Geld und Brief.

(5) Sorten und Devisen

■ Sorten

Sorten sind **Banknoten und Münzen einer Fremdwährung.**

Sorten werden von den Banken für den privaten und geschäftlichen Reiseverkehr in Fremdwährungsgebiete bereitgestellt.

■ Devisen

Devisen sind **fremde Zahlungsmittel in Form von Buchgeld** (z. B. Schecks, Wechsel, Zahlungsanweisungen).

Sie spielen insbesondere im Import- und Exportgeschäft mit Fremdwährungsländern eine Rolle. Die Kursbildung auf den Devisenmärkten vollzieht sich nach den gleichen Grundsätzen, wie die Preisbildung auf den Gütermärkten. Die täglich in den Wirtschaftsteilen der Zeitungen veröffentlichten Wechselkurse sind **Referenzkurse.** Sie werden von der EZB ermittelt. Die von den privaten Banken aufgrund des Devisenangebots und der Devisennachfrage ermittelten „Orientierungspreise" weichen nicht wesentlich von den Referenzkursen ab.

1.1.2.3 Sortenhandel und Sortenkurse

Die Mengennotierung führt zu der folgenden Sortenkursnotierung, wie sie auszugsweise aus einer Sortenkurstabelle einer Bank dargestellt wird.

Ausschnitt aus einer Sortenkurstabelle			
Land	**Währung**	**1 Euro**	
		Ankauf	**Verkauf**
USA	USD	1,0006	1,1330
Kanada	CAD	1,3860	1,4360
Großbritannien	GBP	0,7728	0,8429
Schweiz	CHF	1,0283	1,1088
Dänemark	DKK	7,1200	7,7700
Norwegen	NOK	8,4952	9,5097
Australien	AUD	1,2720	1,4320
Japan	JPY	114,230	128,220

Beispiel:

Josef Reiter, Geschäftsführer der Reiter GmbH, tauscht bei seiner deutschen Bank für eine Geschäftsreise in die Schweiz zu einer Verkaufsmesse 1 250,00 EUR um.

Aufgabe:

Berechnen Sie, wie viel Schweizer Franken Josef Reiter lt. obiger Sortenkurstabelle ausbezahlt bekommt!

Lösung:

1,00 EUR ≙ 1,0283 CHF	x = 1,0283 · 1 250,00
1 250,00 EUR ≙ x CHF	x = 1 285,38 CHF

Ergebnis: Für seine 1 250,00 EUR erhält Herr Reiter 1 285,38 CHF.

Übungsaufgabe

5 1. Ein kanadischer Geschäftsmann befindet sich auf seiner Europareise in Deutschland. Sein nächstes Reiseziel ist die Schweiz. Vor Antritt seiner Reise in die Schweiz tauscht er bei einer deutschen Bank 1 000,00 kanadische Dollar in Schweizer Franken um. Die Notierungen lauten wie folgt:

Land	Währung	1 Euro	
		Ankauf	Verkauf
Kanada	CAD	1,2980	1,4010
Schweiz	CHF	1,0384	1,1176

Berechnen Sie, wie viel CHF der kanadische Geschäftsmann ausbezahlt erhält!

2. Kevin Krause tauscht vor seiner Geschäftsreise nach Norwegen bei seiner Bank 3 250,00 EUR in norwegische Kronen um.

Es gilt folgender Kurs: NOK, Ankauf: 7,9562, Verkauf: 8,6721

2.1 Ermitteln Sie, wie viel NOK Kevin Krause erhält!

2.2 Bei seiner Rückkehr nach Deutschland hat Kevin Krause noch 875,00 NOK, die er bei seiner Bank bei folgenden Kursen zurücktauscht:

NOK, Ankauf: 7,9134, Verkauf: 8,6140

Ermitteln Sie, wie viel EUR Kevin Krause erhält!

3. Julian Fröhlich, Geschäftsführer der Fröhlich GmbH, beabsichtigt eine Geschäftsreise nach Skandinavien zu unternehmen. Vor seiner Abreise deckt er sich über seine Bank mit den entsprechenden Währungen dieser Länder ein.

Er kauft: 3 500,00 NOK und 5 500,00 SEK.

Es liegen die folgenden Kursnotierungen vor:

Land	Kurs	1 Euro	
		Ankauf	Verkauf
Norwegen	NOK	7,8165	8,8165
Schweden	SEK	9,4907	10,3907

Erstellen Sie für Julian Fröhlich die Abrechnung der Bank!

4. Nach ihrer Rückkehr aus den USA tauscht Lena Becker bei ihrer Bank 2 150,00 USD in EUR um. Es gilt folgender Kurs: USD, Ankauf 1,0480   Verkauf 1,1380.

Ermitteln Sie, wie viel EUR Lena Becker von ihrer Bank erhält!

1.1.2.4 Devisenhandel und Devisenkurse

(1) Allgemeines

Im geschäftlichen Verkehr mit dem Ausland werden keine Sorten, sondern Devisen gehandelt. Dementsprechend werden auch bei der Zahlungsabwicklung von Export- und Importgeschäften die entsprechenden Devisenkurse zugrundegelegt.

Ausschnitt aus einer Devisenkursnotierung		
Währung	1 Euro	
	Geld	Brief
USD	1,0767	1,0774

Erläuterung:

Die Kursnotierung bedeutet, dass beim Ankauf von **einem** Euro der niedrige Geldkurs von 1,0767 USD und beim Verkauf von **einem** Euro der höhere Briefkurs von 1,0774 USD zugrunde gelegt wird.

(2) Umrechnung von ausländischen Währungen in Euro auf der Grundlage der Devisenkurse

Ausschnitt aus einer Notierung von Devisenkursen			
Land	**Währung**	**1 Euro**	
		Geld	**Brief**
USA	USD	1,0767	1,0774
Japan	JPY	119,0910	119,1220
England	GBP	0,8107	0,8109
Schweiz	CHF	1,0642	1,0646
Kanada	CAD	1,4298	1,4304
Schweden	SEK	8,9605	9,0150
Norwegen	NOK	8,0318	8,0614
Dänemark	DKK	7,4232	7,4632

Beispiel 1: Export nach USA

Ein deutscher Maschinengroßhändler liefert eine Maschine in die USA. Vereinbarungsgemäß erfolgt die Fakturierung in USD. Der Preis für die Maschine beträgt 45 000,00 USD.

Aufgabe:

Berechnen Sie den Betrag, den die Bank ihrem Kunden gutschreibt!

Lösung:

In diesem Beispiel verkauft die Bank EUR, da sie USD ankauft. Daher legt sie den höheren Briefkurs zugrunde.

$$1,0774 \text{ USD} \triangleq 1,00 \text{ EUR}$$
$$45\,000,00 \text{ USD} \triangleq \text{ x } \text{ EUR}$$

$$x = 45\,000 : 1,0774 = \underline{41\,767,22 \text{ EUR}}$$

Ergebnis: Die Bank schreibt dem Kunden 41 767,22 EUR gut.

Beispiel 2: Import aus USA

Ein deutscher Importeur bezieht aus USA einen Spezialbagger. Der vereinbarte Preis beträgt 45 000,00 USD.

Aufgabe:

Berechnen Sie den Betrag, mit dem die Bank ihren Kunden belastet!

Lösung:

In diesem Fall kauft die Bank EUR an, da sie USD verkauft. Daher legt sie den niedrigeren Geldkurs zugrunde.

$$1,0767 \text{ USD} \triangleq 1,00 \text{ EUR}$$
$$45\,000,00 \text{ USD} \triangleq \text{ x } \text{ EUR}$$

$$x = 45\,000 : 1,0767 = \underline{41\,794,37 \text{ EUR}}$$

Ergebnis: Die Bank belastet den Kunden mit 41 794,37 EUR.

Zusammenfassende Erkenntnis aus beiden Beispielen:

- Beim Ankauf von 45 000,00 USD (Verkauf von Euro) schreibt die Bank dem Kunden aufgrund des geltenden Briefkurses 41 767,22 EUR gut.

- Beim Verkauf des gleichen Betrages belastet die Bank den Kunden aufgrund des notierten Geldkurses mit 41 794,37 EUR.

- Da die Bank dem Kunden einen höheren Betrag belastet als sie ihm gutschreibt, hat die Bank aus dem An- und Verkauf von Euro einen Ertrag (Rohgewinn) in Höhe der Differenz beider Beträge erzielt. Das sind 27,15 EUR.

- Beim **Ankauf von Fremdwährung** verkauft die Bank EUR. Daher erfolgt die Gutschrift auf dem Kundenkonto zum Briefkurs.

- Beim **Verkauf von Fremdwährung** kauft die Bank EUR. Daher erfolgt die Lastschrift auf dem Kundenkonto zum Geldkurs.

- Die **Lastschrift** aufgrund des Geldkurses ist **immer höher als die Gutschrift** aufgrund des Briefkurses.

Übungsaufgaben

6   1. Berechnen Sie aufgrund der vorliegenden Kurse von S. 23 für einen deutschen Exporteur die Bankgutschriften für die folgenden in der jeweiligen Auslandswährung ausgestellten Rechnungsbeträge:

    1.1   1 875,00 USD

    1.2 74 980,00 CHF

2. Berechnen Sie aufgrund der Devisenkurse von S. 23 für einen deutschen Importeur die einzelnen Banklastschriften für die folgenden in der jeweiligen Auslandswährung vorliegenden Rechnungsbeträge:

    2.1 34 000,00 CAD

    2.2   7 850,00 GBP

    2.3 46 850,00 DKK

3. Eine deutsche Möbelgroßhandlung bezieht aus der Schweiz 150 Bürostühle zu je 420,00 CHF. Vereinbarungsgemäß wird die Rechnung in CHF ausgestellt.

    Berechnen Sie, mit welchem Betrag die Möbelgroßhandlung aufgrund der vorliegenden Devisenkursnotierungen von S. 23 auf ihrem Bankkonto belastet wird!

4. Wir haben an einen kanadischen Kunden eine Spezialmaschine verkauft und erhalten vereinbarungsgemäß einen Scheck über 16 580,00 CAD.

    Ermitteln Sie, welchen Betrag uns die Bank aufgrund der vorliegenden Devisenkurse von S. 23 gutschreibt!

5. Auf der Messe wurden Waren an einen Messebesucher aus der Schweiz und an einen aus England verkauft. Die Preise wurden jeweils in der ausländischen Währung vereinbart. Der Schweizer hat 9 800,00 CHF und der Engländer 26 500,00 GBP zu zahlen.

    Berechnen Sie, welcher Betrag unserem Bankkonto aufgrund der vorliegenden Kursnotierungen von S. 23 gutgeschrieben wird!

6. Ein deutscher Textilgroßhändler bezieht Seide aus Japan. Als Rechnungspreis wurde ein Betrag von 1 350 000,00 JPY vereinbart.

    Errechnen Sie, mit welchem Betrag unter Zugrundelegung der Devisenkurse von S. 23 der Großhändler von seiner Bank belastet wird!

7. Für einen gleichwertigen Artikel liegen einem Großhandelskaufmann zwei Angebote vor: Der Artikel kann bezogen werden aus Großbritannien für 392,00 GBP je Stück und aus Norwegen für 3 385,40 NOK je Stück.

Ermitteln Sie, welches Angebot unter Berücksichtigung der vorliegenden Devisenkurse von S. 23 günstiger ist!

8.

ZAHNRÄDER UND GETRIEBE

Kern GmbH
Elektromotoren
Gutenbergstrasse 1
D–88046 FRIEDRICHSHAFEN 1

RECHNUNG NR.	5100–04414	CH–4452 Itingen, 28. 03. 20 . .

Kunden-Nr. 20717	Unser Ref.: Fritz Sutter/tf	MWST-Nr.: 115 839
Ihre Bestellung	Nr. 107543 vom 21. 03. 20 . .	I/Ref. A. Bucher
Lieferkonditionen	EXW ab Werk CH–4452 Itingen, unverpackt, unverzollt	
Zahlungskonditionen	30 Tage netto/15 Tage 2 % Skonto	

POS.	BEZEICHNUNG	MENGE	PREIS	%	BETRAG	CHF
10	GYSIN-Planetengetriebe PLC 42-1 Untersetzung 3 . 5:1, einstufig Art. Nr. 300a-906 Standard-Ausführung mit spez. Abgangswelle PLC-Ausführung Sonderflansch passend an Motor Typ BLSM 40 Lieferfrist 14.00	1 Stk.	493,00	15,00	419,05	
	TOTALBETRAG BESTÄTIGUNG			CHF	419,05	

GYSIN AG CH-4452 ITINGEN
ZELGLIWEG
TEL. 061 976 55 55   FAX 061 976 55
WWW.GYSIN.COM E-MAIL: INFO@GYSIN.COM

Berechnen Sie, mit welchem Betrag die Kern GmbH von der Bank belastet wird, wenn sie den Rechnungsbetrag unter Abzug von 2 % Skonto begleicht und die Bank 4,80 EUR Gebühren berechnet!
Legen Sie bei der Berechnung den Devisenkurs von S. 23 zugrunde!

25

7   1. Ein international tätiges deutsches Handelsunternehmen kauft in Norwegen Spezialbohrer
       zum Preis von 16 275,00 NOK je Stück.
       Währung: NOK, Geld: 8,1683, Brief: 8,1763

       Anschließend werden 10 Bohrer mit einem Preisaufschlag von 15 % nach Singapur ver-
       kauft. Die Rechnung wird vereinbarungsgemäß in Singapur-Dollar ausgestellt.
       Währung: SGD, Geld: 1,7773, Brief: 1,7793

       1.1 Ermiteln Sie, auf welchen Betrag die Rechnung an den Abnehmer in Singapur lautet!

       1.2 Berechnen Sie, wie viel das Handelsunternehmen verdient, wenn die Bank für die Ab-
           wicklung der Zahlung 12,68 EUR berechnet!

    2. Eine Maschinengroßhandlung in Dresden hat an einem Tag folgende Zahlungseingänge:
       aus Kanada 22 850,00 CAD, aus Japan 820 000,00 JPY,
       aus der Schweiz 16 480,00 CHF.
       Berechnen Sie aufgrund der Devisenkurse von S. 23 die Bankgutschriften in EUR!

    3. Ermitteln Sie die Bankbelastung, die sich für eine Überweisung in die USA in Höhe von
       36 000,00 USD bei folgender Devisenkursnotierung ergibt:
       Währung: USD, Geld: 1,0711, Brief: 1,2729

    4. Ein englisches Unternehmen hat am 8. Januar des Jahres bei der Bamberger Maschinen
       AG eine Webmaschine bestellt. Als Rechnungspreis wurden 120 500,00 GBP vereinbart,
       zahlbar bei Lieferung. Die Lieferung erfolgte am 28. Januar des Jahres. Am 28. Januar
       ergab sich folgende Devisenkursnotierung:
       Währung: GBP, Geld: 0,8882, Brief: 0,8993

       4.1 Ermitteln Sie, welcher Eurobetrag der Bamberger Maschinen AG von ihrer Bank gutge-
           schrieben wird!

       4.2 Ermitteln Sie, welcher Gutschriftsbetrag sich ergeben würde, wenn vereinbart worden
           wäre, die Zahlung am Tag der Bestellung zu leisten, an dem sich folgende Notierung
           ergab:
           Währung: GBP, Geld: 0,9142, Brief: 0,91584

    5. Die Sparkasse Unna zahlt für 2 180,00 EUR 2 295,76 USD aus.
       Errechnen Sie den Umtauschkurs!

1.1.3 Verteilungsrechnung

1.1.3.1 Verteilung nach ganzen Anteilen

Beispiel 1:

Ein Kaufmann hat für das Geschäftshaus eine monatliche Miete von 4 032,00 EUR zu bezahlen. Um für die einzelnen Abteilungen eine genaue Kalkulation vornehmen zu können, teilt der Kaufmann die Geschäftsmiete auf die einzelnen Abteilungen nach folgendem Schlüssel auf: Warenabteilung I: 80 m², Warenabteilung II: 56 m², Büro: 48 m² und Lager: 72 m².

Aufgabe:

Berechnen Sie den Mietanteil, der auf die einzelnen Abteilungen entfällt!

Lösung:

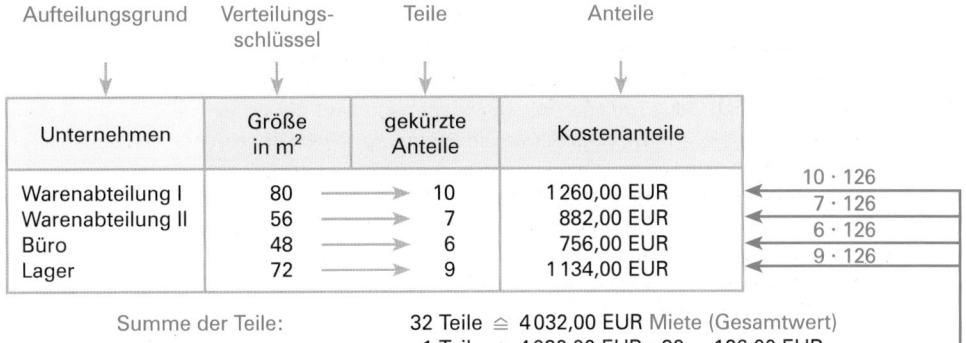

Unternehmen	Größe in m²	gekürzte Anteile	Kostenanteile
Warenabteilung I	80 ⟶	10	1 260,00 EUR
Warenabteilung II	56 ⟶	7	882,00 EUR
Büro	48 ⟶	6	756,00 EUR
Lager	72 ⟶	9	1 134,00 EUR

Summe der Teile: 32 Teile ≙ 4 032,00 EUR Miete (Gesamtwert)
                     1 Teil ≙ 4 032,00 EUR : 32 = 126,00 EUR .

Ergebnis: Die verschiedenen Abteilungen werden durch die Miete wie folgt belastet:
Warenabteilung I: 1 260,00 EUR, Warenabteilung II: 882,00 EUR, Büro: 756,00 EUR, Lager:
1 134,00 EUR.

Probe:	Die Addition der Kostenanteile ergibt wiederum die Gesamtmiete: 1 260,00 EUR + 882,00 EUR + 756,00 EUR + 1 134,00 EUR = 4 032,00 EUR.

Allgemeiner Lösungsweg

1. Es ist zu überprüfen, ob sich der Verteilungsschlüssel durch Kürzen vereinfachen lässt.
2. Addition der Teile.
3. Über die Division des Gesamtwertes durch die Summe der Teile erhält man den Wert eines Teils.
4. Durch die Multiplikation der einzelnen Teile mit dem Wert eines Teiles erhält man den Wert für die Anteile. **Probe:** Die Addition der einzelnen Anteile muss wiederum den Gesamtwert ergeben.

Beispiel 2:

Bei der Liquidation (Auflösung) eines Unternehmens wird das Vermögen im Wert von 350 000,00 EUR aufgeteilt. Jeder der drei Gesellschafter A, B und C soll gleich viel erhalten. Der Gesellschafter B hat jedoch für eine private Investition schon 31 000,00 EUR entnommen.

Gleiches gilt für C, der für den Kauf eines Grundstücks 90 000,00 EUR entnommen hatte.

Aufgabe:

Berechnen Sie, wie viel EUR jeder Gesellschafter ausbezahlt erhält!

Lösung:

Gesellschafter	Teile	Vorleistungen	Auszahlungsbetrag
A	1		157 000,00 EUR
B	1	– 31 000,00 EUR	126 000,00 EUR
C	1	– 90 000,00 EUR	67 000,00 EUR
	3	– 121 000,00 EUR ≙	350 000,00 EUR
	3 Teile	≙	471 000,00 EUR
	1 Teil	≙	157 000,00 EUR

1 · 157 000 EUR
1 · 157 000 EUR – 31 000 EUR
1 · 157 000 EUR – 90 000 EUR

Erläuterungen zur Aufgabe

Bei dieser Aufgabe haben 2 Gesellschafter schon vor der Liquidation Gelder (Anteile ihres Vermögens) erhalten. Diese Vorauszahlungen sind selbstverständlich zu dem zu verteilenden Vermögen zunächst **hinzuzurechnen**. Wären nämlich die Zahlungen nicht erfolgt, wäre das Vermögen *größer*, d.h., ohne Hinzurechnung der schon gezahlten Beträge würden diese gar nicht zur Verteilung kommen. Bei der Berechnung der einzelnen Auszahlungsbeträge sind die bisherigen Zahlungen dann abzuziehen, da der Gesellschafter diesen Teil des ihm zustehenden Betrages ja schon erhalten hat.

Übungsaufgabe

8
1. Verteilen Sie die folgenden Kapitalien im angegebenen Verhältnis!

   1.1   7 200,00 EUR Kapital im Verhältnis 3 : 4 : 2

   1.2   975,00 EUR Kapital im Verhältnis 2 : 5 : 7 : 1

   1.3   38 000,00 EUR Kapital im Verhältnis 3 : 2 : 9 : 5

   1.4   2 400,00 EUR Kapital im Verhältnis 3 : 4 : 5

2. Aus Anlass des 25-jährigen Geschäftsjubiläums zahlt der Geschäftsinhaber an seine Mitarbeiter 8 400,00 EUR. Der Betrag wird nach der Betriebszugehörigkeit der Mitarbeiter gezahlt.

   Mitarbeiter A arbeitet seit 25 Jahren, B seit 20 Jahren, C seit 9 Jahren und D seit 2 Jahren im Geschäft.

   Wie viel EUR erhalten die einzelnen Mitarbeiter?

3. An einem Unternehmen sind drei Geschwister beteiligt.

   A   mit 144 000,00 EUR   B   mit 216 000,00 EUR   C   mit 360 000,00 EUR

   Der Reingewinn beläuft sich auf 88 560,00 EUR und wird entsprechend der Beteiligung verteilt.

   Wie viel EUR des Reingewinns erhält C?

4. Ein Kaufmann hat neben seinem Hauptgeschäft noch zwei Filialen. Im laufenden Geschäftsjahr wurden 37 120,00 EUR für Werbeaktionen ausgegeben. Aus kostenrechnerischen Gründen sind diese Ausgaben auf die drei Geschäfte zu verteilen. Verteilungsgrundlage sind die Jahresumsätze.

Hauptgeschäft:	720 000,00 EUR
Filiale I:	480 000,00 EUR
Filiale II:	540 000,00 EUR

   Wie viel EUR Werbekosten entfallen auf jedes Geschäft?

5. Ein Filialunternehmen hat aus Konkursbeständen 1 419 Stück Baumwollhemden aufkaufen können. Die Ware soll entsprechend dem Umsatz auf die vier Filialen aufgeteilt werden. Für das vergangene Geschäftsjahr liegen folgende Umsatzzahlen vor:

Filiale 1:	260 000,00 EUR	Filiale 3:	156 000,00 EUR
Filiale 2:	390 000,00 EUR	Filiale 4:	312 000,00 EUR

   Wie viel Baumwollhemden erhalten jeweils die Filialen?

6. Aus den Betriebsunterlagen eines Unternehmens gehen folgende Beteiligungen hervor: Franz Abt ist mit 36 400,00 EUR, Holger Bär mit 44 800,00 EUR und Fritz Ceh mit 67 200,00 EUR beteiligt. Ceh ist Geschäftsführer und erhält von dem auszuschüttenden Gewinn eine Zusatzleistung von 4 200,00 EUR. Da Bär einen Großverkauf vermittelt hat, erhält er eine Zusatzprämie von 2 500,00 EUR. Der Bilanzgewinn beläuft sich auf 88 320,00 EUR. Verteilungsgrundlage sind die Kapitalanteile.

   Welchen Gewinnanteil erhält jeder Gesellschafter gutgeschrieben?

1.1.3.2 Verteilung nach Bruchteilen

Aufgrund der guten Geschäftslage und der verstärkten Mitarbeit der 3 Angestellten verteilt der Geschäftsinhaber eine Prämie an seine Mitarbeiter. Adelheid erhält $^1/_5$, Berta $^1/_4$ und Cäcilie den Rest. Das entspricht 880,00 EUR.

Aufgabe:
Berechnen Sie, wie viel EUR Prämie die einzelnen Angestellten erhalten und welchen Gesamtbetrag der Inhaber ausschüttet!

Lösung:

Angestellte	Verteilungs-schlüssel	Teile	Anteile
Adelheid	1/5	4/20 = 4	320,00 EUR
Berta	1/4	5/20 = 5	400,00 EUR
Cäcilie	Rest	11/20 = 11	880,00 EUR

$80 \cdot 4$
$80 \cdot 5$
$80 \cdot 20$

Summe der Teile: 1 600,00 EUR

11 Teile ≙ 880,00 EUR

1 Teil ≙ 880,00 EUR : 11 = 80,00 EUR

Ergebnis: Die Angestellten erhalten folgende Prämien: Adelheid 320,00 EUR, Berta 400,00 EUR und Cäcilie 880,00 EUR. Die gesamte Ausschüttungssumme beträgt 1 600,00 EUR.

Probe: Die Summe der Anteile ergibt wiederum die Gesamtprämie:
320,00 EUR + 400,00 EUR + 880,00 EUR = 1 600,00 EUR.

Erläuterungen zur Aufgabe

1. Da der Verteilungsschlüssel in ungleichnamigen Brüchen angegeben ist, muss zunächst der Hauptnenner gesucht werden. Er beträgt 20. Die Brüche werden auf den Hauptnenner 20 erweitert. Der Bruchanteil für Cäcilie (Restanteil) ergibt sich durch Subtraktion der einzelnen Teile von dem Ganzen (20/20). Da es hier nur um das Verhältnis der einzelnen Teile geht, kann der gemeinsame Nenner weggelassen werden.

2. Der Anteil für Cäcilie beträgt 880,00 EUR, was 11 Teilen entspricht. Durch Division erhält man den Wert eines Teils (880,00 : 11 Teile = 80,00 EUR). Durch Multiplikation mit den jeweiligen Teilen können nun die einzelnen Anteile errechnet werden. Die Summe der Anteile ergibt den Gesamtbetrag.

Übungsaufgabe

9 1. Drei Kaufleute gründen eine Großhandlung. A bringt 4 100 000,00 EUR, B $^1/_4$ und C $^1/_3$ des Gesamtkapitals auf.

   1.1 Wie viel EUR betragen die Einlagen von B und C?

   1.2 Wie viel EUR erhält jeder Kaufmann, wenn der Reingewinn in Höhe von 492 000,00 EUR im Verhältnis der Kapitalanteile verteilt wird?

2. Die Brüder Franz, Fritz und Fabian Schlau sind die Gesellschafter der Schlau GmbH. Franz ist mit $^1/_5$, Fritz mit $^1/_7$ und Fabian mit 120 000,00 EUR beteiligt.

   Wie viel EUR betragen die Anteile der Gesellschafter Franz und Fritz?

3. Für eine Messe schließen sich drei Unternehmen zusammen und mieten gemeinsam einen Werbestand. Die anfallenden Kosten werden wie folgt aufgeteilt:

   A zahlt $^1/_3$, B zahlt $^2/_5$ des Gesamtbetrages und C zahlt 3 740,00 EUR.

   Wie viel EUR betragen die Gesamtkosten?

4. Ein Industrieunternehmen wird von drei Personen gegründet. A bringt eine Kapitaleinlage von 107 100,00 EUR auf. B übernimmt $^1/_3$ und C $^1/_5$ des Gesamtkapitals.

   4.1 Wie viel EUR beträgt jeweils die Kapitaleinlage von B und C?

   4.2 Im ersten Geschäftsjahr erzielen sie zusammen einen Gewinn von 147 000,00 EUR. Wie viel Gewinn erhält jeder, wenn die Gewinnverteilung nach der jeweiligen Einlage erfolgen soll?

5. Vier Einzelhandelsbetriebe bauten gemeinsam ein Parkhaus. Das Kaufhaus Abel war mit 430 700,00 EUR beteiligt. Die übrigen 3 Betriebe trugen folgende Anteile an den Kosten: Textilhaus Bauer $^1/_6$, Sporthaus Canz $^1/_8$, Uhren-Diehm $^1/_{10}$.

   5.1 Wie viel EUR mussten Bauer, Canz und Diehm jeweils an Baukosten aufbringen?

   5.2 Wie viel EUR betrugen die gesamten Baukosten des Parkhauses?

6. Ein Vermögen über 146 880,00 EUR soll unter vier Berechtigten aufgeteilt werden. Marion erhält $^1/_4$, Andreas $^2/_5$, Christoph $^1/_3$ und Ralf den Rest der Summe.

   Wie viel EUR bekommt jeder Berechtigte?

7. Agnes, Birgit und Manuela betreiben gemeinsam eine Boutique für junge Mode. Den erwirtschafteten Gewinn in Höhe von 37 230,00 EUR wollen sie wie folgt aufteilen:

   Agnes erhält $^2/_7$, Birgit $^1/_3$ und Manuela den Rest, wobei Agnes vorweg vom Reingewinn für die Erledigung der Verwaltungsaufgaben monatlich 250,00 EUR erhält.

   Welchen EUR-Betrag erhält jede der drei Damen ausbezahlt?

8. An einem Parkhaus sind fünf Kaufleute beteiligt: Merten mit $^1/_5$, Bary mit $^1/_{10}$, Fest mit $^1/_4$, Hertel mit $^2/_5$ und Schneider mit dem Rest. Der Reingewinn in Höhe von 42 540,00 EUR wird entsprechend den Anteilen verteilt.

   8.1 Welchen EUR-Anteil am Reingewinn erhält jeder?

   8.2 Wie viel EUR betragen die Gewinnanteile der Kaufleute Merten und Bary, wenn beide die Einlage von Schneider zu gleichen Teilen übernehmen?

1.1.3.3 Bezugskostenverteilung nach Mengen und Werten

Werden mehrere Warenarten in einer Lieferung bezogen und fallen hierbei gemeinsame Bezugskosten an, müssen diese, um eine genaue Kalkulation der einzelnen Waren zu ermöglichen, aufgeteilt werden. Dies geschieht entweder nach dem **Wert der einzelnen Waren** oder nach dem **Gewicht der einzelnen Waren**. Daher unterscheidet man:

Gewichtspesen	Wertspesen
Sie werden nach dem Bruttogewicht der einzelnen Waren aufgeteilt. **Beispiele:** Fracht, Anfuhr, Gewichtszoll, Auslade- und Wiegekosten, Hausfracht.	Sie werden nach dem Einkaufspreis der einzelnen Waren aufgeteilt. **Beispiele:** Verpackungskosten, Wertzoll, Transportversicherung, Provisionen.

Vom rechnerischen Ablauf her ist die Kostenverteilung nach Mengen und Werten eine Verteilungsrechnung.

Beispiel:

Ein Unternehmen bezieht zwei Sorten Rohstoffe in einer Lieferung: Rohstoff I: 610 kg zum Nettopreis von 5,10 EUR je kg (brutto für netto) und Rohstoff II: 450 kg zum Nettopreis von 1,40 EUR je kg (brutto für netto). An Fracht und Kosten der Zufuhr (Gewichtspesen) fallen 196,10 EUR und an Verpackungs- und Versicherungskosten (Wertspesen) 187,05 EUR an.

Aufgabe:

Verteilen Sie die Gewicht- und Wertspesen anteilig auf die Rohstoffarten!

Lösung:

Verteilung der Gewichtspesen:

Gewicht je Rohstoffart		Gewichtspesen je Rohstoffart	
Rohstoff I	610 kg	112,85 EUR	$\longleftarrow 610 \cdot 0{,}185$
Rohstoff II	450 kg	83,25 EUR	$\longleftarrow 450 \cdot 0{,}185$
Gesamtgewicht	1 060 kg	$\hat{=}$ 196,10 EUR	

196,10 EUR : 1 060 = 0,185 EUR Gewichtspesenanteil je kg

Verteilung der Wertspesen:

	Gewicht je Rohstoffart		Einzel-preis		Wert je Rohstoffart	Wertspesen je Einheit	
Rohstoff I	610 kg	$\cdot$	5,10 EUR	=	3 111,00 EUR	155,55 EUR	$\longleftarrow 3\,111 \cdot 0{,}05$
Rohstoff II	450 kg	$\cdot$	1,40 EUR	=	630,00 EUR	31,50 EUR	$\longleftarrow 630 \cdot 0{,}05$
Gesamtwert der Rohstoffe				=	3 741,00 EUR	$\hat{=}$ 187,05 EUR	

187,05 EUR : 3 741,00 = <u>0,05 EUR</u>

Wertspesenanteil je 1 EUR

Allgemeiner Lösungsweg

- **Gewichtspesen** werden errechnet, indem man die Gewichte der einzelnen Rohstoffe addiert **(Gesamtgewicht)**. Die Gesamtgewichtspesen werden durch das Gesamtgewicht dividiert und damit der Gewichtspesenanteil je Einheit ermittelt. Durch Multiplikation des Gewichts der einzelnen Rohstoffeinheiten mit dem Gewichtspesenanteil je Einheit erhält man die Gewichtspesen der einzelnen Rohstoffart.

- Bei den **Wertspesen** muss vor der Verteilung zunächst der Wert der einzelnen Rohstoffart errechnet werden (Menge · Preis). Die Wertspesenanteile werden sodann auf die gleiche Art und Weise wie die Gewichtspesen ermittelt.

Übungsaufgabe[1]

10 1. Für eine Warensendung betragen die Frachtkosten 748,80 EUR und die Kosten für die Transportversicherung 457,60 EUR. Die Sendung besteht aus drei Warensorten:

Sorte   I: 1 440 kg zu 7,50 EUR je kg
Sorte II: 1 280 kg zu 3,00 EUR je 0,5 kg
Sorte III: 400 kg zu 2,75 EUR je 0,25 kg

1.1 Welcher Anteil an den Frachtkosten entfällt auf jede Sorte, wenn die Frachtkosten nach dem Gewicht zu verteilen sind?

1.2 Welcher Anteil an den Versicherungskosten entfällt auf jede Sorte, wenn die Kosten für die Transportversicherung nach dem Wert zu verteilen sind?

2. Ein Kaufmann bezieht mit der gleichen Sendung drei Warengruppen:

Warengruppe   I: 168 kg zum Einkaufspreis von 1 750,00 EUR
Warengruppe II: 210 kg zum Einkaufspreis von 2 250,00 EUR
Warengruppe III: 315 kg zum Einkaufspreis von 3 250,00 EUR

Für die gesamte Sendung müssen dem Spediteur 118,80 EUR Fracht und Anfuhr gezahlt werden. Die Transportversicherung kostet 53,65 EUR.

Wie viel EUR betragen jeweils die Gewichtspesen und die Wertspesen für die einzelnen Warengruppen?

3. Ein Großhändler bezieht:

Ware I: 25 Sack, 1 345 kg brutto 32,00 EUR je kg
Ware II: 40 Sack, 2 670 kg brutto 40,00 EUR je kg

Die Tara beträgt je Sack ein kg. Verteilen Sie die Frachtkosten von 3 011,25 EUR nach dem Gewicht, die Versicherungskosten von 1 947,10 EUR nach dem Wert der Ware.

Wie viel EUR betragen die Gewichtspesen und die Wertspesen für die einzelnen Warengruppen?

4. Ein Unternehmen bezieht in einer gemeinsamen Sendung drei Arten von Rohstoffen. Fracht und Anfuhr betragen 163,80 EUR, die Versicherungskosten belaufen sich auf 237,50 EUR.

Rohstoff   I: 144 kg zu insgesamt 720,00 EUR
Rohstoff II: 36 kg zu insgesamt 320,00 EUR
Rohstoff III: 72 kg zu insgesamt 480,00 EUR

4.1 Die Gewicht- und Wertspesen für den Bezug sind auf die drei Rohstoffarten zu verteilen!

4.2 Wie viel EUR beträgt der Einstandspreis (Einkaufspreis + Bezugskosten) jeder Rohstoffart?

---

1 Die angegebenen Waren- und Rohstoffpreise sowie die Werte für die Bezugskosten sind als Nettowerte (Wert ohne Umsatzsteuer) zu verstehen, da die Umsatzsteuer wegen ihrer Kostenneutralität nicht in die Kalkulation einbezogen werden darf.

1.1.4 Durchschnittsrechnung

1.1.4.1 Einfacher Durchschnitt

Beispiel:

Ein Kaufmann möchte am 30. Juni den durchschnittlichen Lagerbestand einer Warenart zu Einstandspreisen für die vergangenen 6 Monate ermitteln. Für die einzelnen Monate waren folgende Werte festgehalten worden:

30. Jan.	142500,00 EUR	30. April	142090,00 EUR
28. Febr.	198610,00 EUR	31. Mai	84610,00 EUR
31. März	124080,00 EUR	30. Juni	76350,00 EUR

Aufgabe:

Berechnen Sie den durchschnittlichen Lagerbestand!

Lösung:

$$\varnothing \text{ Lagerbestand} = \frac{142500 + 198610 + 124080 + 142090 + 84610 + 76350}{6} = \underline{\underline{128040,00 \text{ EUR}}}$$

Ergebnis: Der durchschnittliche Lagerbestand beträgt 128 040,00 EUR.

Allgemeiner Lösungsweg

- In einem ersten Schritt werden die einzelnen Werte addiert.
- In einem zweiten Schritt wird die Summe der Werte durch die Anzahl der Werte geteilt.

$$\text{Einfacher Durchschnitt} = \frac{\text{Summe der Werte}}{\text{Anzahl der Werte}}$$

Übungsaufgabe

11   1.   Der Lagerbestand einer Ware beträgt im zweiten Halbjahr:

Monat	Anzahl	Wert
Juli	1 200	3 640,00 EUR
August	940	2 020,00 EUR
September	820	1 590,00 EUR
Oktober	1 740	4 010,00 EUR
November	1 020	2 110,00 EUR
Dezember	742	1 620,00 EUR

1.1 Welche durchschnittliche Anzahl an Waren war am Lager?

1.2 Wie viel EUR betrug der durchschnittliche Lagerbestand?

3 Speth u.a. - ISBN 978-3-8120-0261-5

2. Ein Einzelhandelsgeschäft ermittelte in der vergangenen Woche die Kundenzahlen, um den durchschnittlichen Umsatz je Kunde zu errechnen.

Tag	Kundenzahl	Tageslosung
Montag	120	2 980,40 EUR
Dienstag	98	1 770,80 EUR
Mittwoch	105	5 160,00 EUR
Donnerstag	72	940,20 EUR
Freitag	111	4 320,00 EUR
Samstag	142	8 220,60 EUR

2.1 Wie viel EUR betrug der Durchschnittsumsatz je Tag?

2.2 Berechnen Sie die durchschnittliche Kundenzahl je Tag!

2.3 Wie viel EUR betrug der Durchschnittsumsatz je Kunde in der vergangenen Woche?

3. Eine Winzereigenossenschaft stellt fest, dass für ihren Hauswein „Das Weinreberl" in den letzten 5 Jahren folgende Preise erzielt wurden: 1. Jahr: 7,10 EUR; 2. Jahr: 6,60 EUR; 3. Jahr: 7,90 EUR; 4. Jahr: 8,20 EUR; 5. Jahr: 6,30 EUR.

Welchen Durchschnittspreis erzielte die Winzereigenossenschaft für den Wein in den vergangenen 5 Jahren?

4. Ein Unternehmen hatte im vergangenen Geschäftsjahr folgende Monatsumsätze:

Monat	Umsatz	Monat	Umsatz	Monat	Umsatz
Januar	32 400,00 EUR	Mai	45 380,00 EUR	Sept.	29 420,00 EUR
Februar	25 200,00 EUR	Juni	51 420,00 EUR	Okt.	34 370,00 EUR
März	34 150,00 EUR	Juli	28 410,00 EUR	Nov.	38 910,00 EUR
April	28 700,00 EUR	August	27 700,00 EUR	Dez.	66 720,00 EUR

4.1 Wie viel EUR betrug der Jahresumsatz?

4.2 Wie viel EUR betrug der durchschnittliche Monatsumsatz?

4.3 Wie viel EUR betrug der durchschnittliche Tagesumsatz bei 295 Verkaufstagen?

4.4 Wie viel EUR betrug der Jahresumsatz je Mitarbeiter, wenn das Geschäft 3 Mitarbeiter beschäftigt?

5. Ein Mitarbeiter im Außendienst legte in der Woche vom 2. April – 6. April mit dem Pkw folgende Tagesstrecken für Kundenbesuche zurück:

2. April	280 km	4. April	364 km	6. April	304 km
3. April	125 km	5. April	212 km		

Wie viele km ist er am Tag durchschnittlich gefahren?

6. Um sich ein Urteil über die Preisentwicklung auf dem Markt für Südfrüchte bilden zu können, notiert sich der Inhaber einer Früchtehandlung eine Woche lang die Preise für ein 5-kg-Netz Orangen auf dem Großmarkt. Die Preise an den verschiedenen Wochentagen betrugen:

Montag	10,50 EUR	Donnerstag	9,70 EUR
Dienstag	11,20 EUR	Freitag	10,80 EUR
Mittwoch	9,80 EUR	Samstag	12,40 EUR

Wie viel EUR betrug der durchschnittliche Großmarktpreis für 5 kg Orangen?

1.1.4.2 Gewogener Durchschnitt

Beispiel:

Ein Einzelhandelsgeschäft möchte am Eingang des Ladens einen großen Korb mit Sonderangeboten aufstellen. Die im Korb angebotenen Waren sollen zu einem Einheitspreis verkauft werden. Vorhanden sind:

Anzahl	bisheriger Verkaufspreis je Einheit
6	12,60 EUR
12	27,80 EUR
8	26,10 EUR
20	16,40 EUR

Aufgabe:

Berechnen Sie den Durchschnittspreis, mit dem der Einzelhändler die Waren auszeichnen muss, wenn der gesamte Verkaufserlös unverändert bleiben soll!

Lösung:

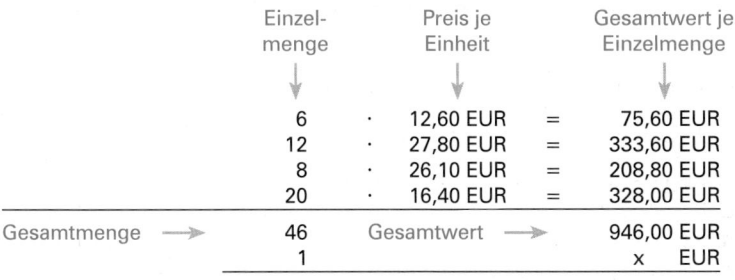

$$x = \frac{946 \cdot 1}{46} = 20{,}57 \text{ EUR} \quad (\text{genau: } 20{,}565217)$$

Ergebnis: Die Ware muss mit einem Preis von 20,57 EUR ausgezeichnet werden.

Erläuterungen zur Aufgabe

Die Preise für die einzelnen Waren dürfen nicht wie beim einfachen Durchschnitt nur zusammengezählt und dann durch die Anzahl der Sorten (in unserem Beispiel 4) geteilt werden. **Begründung:** Da von der Ware zu 27,80 EUR noch 12 Stück vorhanden sind, fallen diese stärker ins Gewicht als etwa die 6 Stück zu 12,60 EUR, d. h., unterschiedliche Einzelmengen müssen bei der Berechnung eines Durchschnittspreises berücksichtigt (gewichtet) werden.

Es ist der **Gesamtwert** der jeweiligen Warenart zu ermitteln (Einzelmenge · Preis je Einheit, z. B. 6 · 12,60 EUR = 75,60 EUR). Die Summe der Gesamtwerte ist dann durch die **Gesamtmenge** zu dividieren.

Allgemeiner Lösungsweg

- Die Einzelmengen und der jeweilige Preis je Einheit sind im Lösungsschema festzuhalten.
- Die Multiplikation von Einzelmenge · Preis je Einheit ergibt den Gesamtwert je Einzelmenge.
- Durch Addition der Einzelmengen und der Gesamtwerte je Einzelmenge sind die Gesamtmenge und der Gesamtwert zu errechnen.
- Der gewogene Durchschnittspreis je Einheit wird ermittelt durch Division des Gesamtwertes durch die Gesamtmenge.
- Die Proberechnung: Gesamtmenge · Durchschnittspreis ergibt wiederum den Gesamtwert.

Übungsaufgabe

12   1.   Ein Einzelhändler stellt einen Wühlkorb aus drei Warenarten zusammen, die zu einem Durchschnittspreis als Sonderangebot verkauft werden sollen.

12 Stück zum bisherigen Preis von 3,18 EUR je Stück
 8 Stück zum bisherigen Preis von 3,40 EUR je Stück
20 Stück zum bisherigen Preis von 2,71 EUR je Stück

Zu welchem EUR-Betrag je Stück wird der Wühlkorb ausgezeichnet?

2.   Eine Großhandlung mischt ihre beliebte Mischung „Hustenbonbons". Dazu verwendet die Großhandlung fünf Sorten von Bonbons:

Salbeigeschmack: 5 kg Preis je kg 13,10 EUR
Malzgeschmack: 8 kg Preis je kg 12,40 EUR
Huflattichgeschmack: 2 kg Preis je kg 14,10 EUR
Kamillengeschmack: 10 kg Preis je kg 11,90 EUR
Honiggeschmack: 12 kg Preis je kg 11,85 EUR

Wie viel EUR beträgt der Verkaufspreis für einen 125-g-Beutel?

3.   Eine Textilfabrik hat einen Sonderposten Mäntel wie folgt verkauft: 120 Stück zum regulären Preis von 99,80 EUR, 65 Stück zu einem Sonderpreis von 79,90 EUR und den Rest von 30 Stück im Winterschlussverkauf zu 59,90 EUR.

Welchen Durchschnittspreis je Mantel erzielte die Textilfabrik?

4.   Eine Kaffeerösterei mischt drei Sorten Kaffee:

Sorte   I: 16 kg zu je 18,40 EUR
Sorte II: 24 kg zu je 16,20 EUR
Sorte III: 12 kg zu je 13,80 EUR

Beim Rösten entsteht ein Gewichtsverlust von 16 %.

Wie viel EUR kostet $\frac{1}{4}$ kg der Mischung, wenn für Arbeitslohn 26,80 EUR einkalkuliert werden?

5.   Drei Getreidesorten sollen zu einer Müsli-Mischung gemischt werden. Dafür vorgesehen sind 6 kg Roggen zu 1,90 EUR/kg, 10 kg Weizen zu 2,60 EUR/kg und 4 kg Hafer zu 1,60 EUR/kg.

Wie viel EUR kosten 500 g dieser Mischung?

6.   Ein Kaufhaus will am Ladeneingang Schüttkörbe mit Pralinenmischungen in Klarsichtbeuteln zu jeweils 125 g aufstellen. Folgende Mengen an Pralinen werden hierzu verwendet:

30 kg je 5,60 EUR für $\frac{1}{2}$ kg
16 kg je 13,20 EUR für 1 kg
14 kg je 7,80 EUR für $\frac{1}{2}$ kg

Für wie viel EUR kann der 125-g-Beutel angeboten werden, wenn an Verpackungsmaterial insgesamt 14,40 EUR anfallen?

1.1.5 Prozentrechnung

1.1.5.1 Einführung in die Prozentrechnung

Die Prozentrechnung ist dazu geeignet, Zahlenverhältnisse besser zu durchschauen und vergleichen zu können. Zum Vergleich benötigt man einen einheitlichen **Vergleichsmaßstab**. Beim Prozentrechnen ist es die Zahl 100. Bei der Promillerechnung ist es die Zahl 1 000.

Prozent bedeutet stets: bezogen auf 100

pro   →   für
centum   →   100

Beispiel:

Einem Einzelhändler liegen 2 Rechnungen zur Zahlung vor:

Rechnung 1: Rechnungspreis   480,00 EUR
Rechnung 2: Rechnungspreis   1 440,00 EUR

Auf jede Rechnung wird ein Rabatt von 144,00 EUR gewährt. Obwohl der Rabatt be-

tragsmäßig in beiden Fällen gleich hoch ist, ist der Rabatt auf der ersten Rechnung im Verhältnis zur zweiten Rechnung wesentlich höher.

Aufgabe:

Weisen Sie die Richtigkeit dieser Aussage nach!

Lösung:

Das **Verhältnis Rechnungsbetrag** zu Rabatt bei den beiden Rechnungen ist **direkt nicht vergleichbar**, da die Rechnungsbeträge unterschiedlich hoch sind. Ein Vergleich ist erst möglich, wenn der Rabatt auf einen **gleich großen Rechnungsbetrag (Vergleichszahl)** bezogen wird. Als Vergleichszahl wird zweckmäßigerweise die **Zahl 100** genommen. Daher ergibt sich folgende Fragestellung:

Neue Aufgabenstellung:

Berechnen Sie jeweils den Rabatt, bezogen auf 100,00 EUR!

Die **Lösung der Fragestellung** erfolgt mithilfe des **Dreisatzes**:

Bei 480,00 EUR R.-Betrag 144,00 EUR Rabatt
Bei 100,00 EUR R.-Betrag   x   EUR Rabatt

$$x = \frac{144 \cdot 100}{480} = \underline{30,00 \text{ EUR Rabatt}}$$

- Der Rabatt beträgt
  - 30,00 EUR je 100,00 EUR Rech.-Betrag
  - entspricht: 30 vom Hundert (pro centum)
  - kürzer: 30 v. H. → 30 Prozent → 30 %

Bei 1 440,00 EUR R.-Betrag 144,00 EUR Rabatt
Bei   100,00 EUR R.-Betrag   x   EUR Rabatt

$$x = \frac{144 \cdot 100}{1\,440} = \underline{10,00 \text{ EUR Rabatt}}$$

- Der Rabatt beträgt
  - 10,00 EUR je 100,00 EUR Rech.-Betrag
  - 10 vom Hundert (pro centum)
  - 10 v. H. → 10 Prozent → 10 %

Ergebnis: Verglichen mit einem Rechnungsbetrag von 100,00 EUR sind die beiden Rechnungsnachlässe verschieden hoch. Der Rabatt bei Rechnung 1 beträgt 30 %, bei Rechnung 2 nur 10 %.

- Der **Prozentsatz** gibt an, wie hoch ein Wert ist, wenn man die Zahl 100 (1 000) als Bezugsgrundlage wählt.

- Die **Prozentrechnung** ist damit eine **Vergleichsrechnung**. Verschiedene Werte (EUR-Beträge, kg, Liter, cm usw.) werden vergleichbar gemacht, indem man sie auf die **Vergleichszahl 100** bezieht.[1]

Die Prozentrechnung ist eine angewandte Dreisatzrechnung. Wir unterscheiden **drei Begriffe:**

Beispiel:

Ein Großhändler verkauft Waren an einen Einzelhändler im Wert von 480,00 EUR. Der Groß- händler gewährt 30 % Wiederverkäuferrabatt. Das sind 144,00 EUR.

Rechnungsbetrag 480,00 EUR	Rabattsatz 30 %	Rabattwert 144,00 EUR
↓	↓	↓
Grundwert	**Prozentsatz**	**Prozentwert**
ist der Ausgangswert, der das Ganze betrifft. In Prozenten ausgedrückt, muss er immer 100 % betragen.	gibt an, wie viel Teile vergleichsweise auf 100 entfallen (Anzahl der Hundertstel).	ist der wertmäßige (absolute) Betrag (EUR, kg, Liter usw.), der dem Prozentsatz entspricht.

Von den **drei Größen** Prozentwert (bzw. Promillewert), Grundwert und Prozentsatz (bzw. Promillesatz) müssen stets **zwei Größen in der Aufgabe gegeben sein,** um die dritte Größe mithilfe des Dreisatzes errechnen zu können.

1.1.5.2 Prozentrechnung vom Hundert

(1) Berechnung des Prozentwertes

Beispiel:

Auf eine Rohstoffrechnung über 1 450,00 EUR erhält ein Unternehmen 3 % Skonto.

Aufgabe:

Berechnen Sie den Skontobetrag!

Lösung:

Gegeben: Grundwert: 1 450,00 EUR
Prozentsatz: 3 %

Gesucht: Prozentwert: ?

---

1 Ist die Vergleichszahl 1 000, so spricht man von **Promillerechnung**. 5 ‰ entspricht 5 von 1 000.

Bedingungssatz → 100 % ≙ 1 450,00 EUR
Fragesatz → 3 % ≙ x EUR

Bruchsatz → $x = \dfrac{1450 \cdot 3}{100}$ ⟷ $\text{Prozentwert} = \dfrac{\boxed{\text{Grundwert}} \cdot \text{Prozentsatz}}{100}$

$x = \underline{43,50 \text{ EUR}}$ $\dfrac{\text{Grundwert}}{100} = 1\,\%$ des Grundwertes

Berechnung des Prozentwertes mithilfe der Formel:

Ergebnis: Der Skonto beträgt 43,50 EUR.   Prozentwert = 1 % des Grundwertes · Prozentsatz

Übungsaufgabe

13   1. Berechnen Sie die Rabattbeträge aus den nachfolgenden Einkaufsrechnungen:

Nr.	Einkaufsbetrag	Rabattsatz	Nr.	Einkaufsbetrag	Rabattsatz
1.1	328,40 EUR	18 %	1.4	917,40 EUR	8 %
1.2	2 685,00 EUR	17 %	1.5	1 012,60 EUR	14,5 %
1.3	179,50 EUR	24 %	1.6	820,10 EUR	25 %

2. Beim Rösten von Kaffee entsteht erfahrungsgemäß ein Gewichtsverlust von 19 %.
   Wie viel kg Röstkaffee erhalten wir, wenn 720 kg Rohkaffee geröstet werden?

3. Ein Kaufmann hat für den Kauf einer Registrierkasse drei Angebote vorliegen:
   Angebot 1: 3 250,00 EUR bar ohne Abzug.
   Angebot 2: 3 310,00 EUR bar bei 3 % Skonto.
   Angebot 3: 3 380,00 EUR bar bei 5 % Rabatt.
   Welches Angebot ist das billigste?

4. Ein Fernsehgerät ist mit 999,00 EUR ausgezeichnet. Bei Barzahlung werden 2 % Skonto gewährt.
   Um wie viel EUR ist der Ratenkauf teurer, wenn der Händler 225,00 EUR Anzahlung und 8 Monatsraten zu 100,00 EUR verlangt?

5. Das Bruttogehalt eines Angestellten betrug 2 680,00 EUR. Durch Tarifänderungen hat sich das Gehalt innerhalb eines Jahres zunächst um $3\frac{1}{2}\,\%$ und dann nochmals um $1\frac{3}{4}\,\%$ erhöht. Am Ende des Geschäftsjahres erhielt der Angestellte noch eine hausinterne Leistungszulage von $1\frac{1}{2}\,\%$.
   Auf welchen Betrag lautet das Bruttogehalt nach diesen Erhöhungen?

6. Wir schulden einem österreichischen Lieferanten einen Rechnungsbetrag von 1 336,68 EUR. Vom Rechnungsbetrag dürfen 3 % Skonto abgezogen werden.
   Auf welchen Betrag lautet die Belastung der Bank?

7. Ein Mitarbeiter im Außendienst erhält ein monatliches Fixum (Festgehalt) von 1 065,00 EUR. Außerdem erhält er eine Umsatzprovision in Höhe von 3,2 %. Im Monat Dezember betrug sein Umsatz 125 600,00 EUR. Als Anerkennung für besondere Leistungen erhält er zudem eine Sonderprämie von $3\frac{1}{2}\,‰$ auf seinen Jahresumsatz in Höhe von 1 250 500,00 EUR.
   Wie viel EUR verdiente der Reisende insgesamt im Monat Dezember?

8. Die Telefonkosten eines Unternehmens betragen 1 250,00 EUR.

   Wie viel EUR beträgt die Privatnutzung, wenn das Finanzamt für diesen Anteil von 35 % ausgeht?

9. Ein Zulieferer hat den Einstandspreis für Motoren ab 1. Juli um $4^2/_3$ % angehoben. Am 15. Juni haben wir noch 75 Stück zum alten Preis in Höhe von 356,20 EUR je Stück bezogen.

   Wie viel EUR haben wir durch die Bestellung gespart?

10. Eine Stanzmaschine, deren Anschaffungskosten 18 400,00 EUR betragen, wird jährlich mit $16^2/_3$ % der Anschaffungskosten abgeschrieben.

    10.1 Wie viel EUR beträgt die jährliche Abschreibung?[1]

    10.2 Berechnen Sie den Buchwert der Stanzmaschine zu Beginn des 4. Jahres!

    10.3 Berechnen Sie den Buchwert der Stanzmaschine zu Beginn des 4. Jahres, wenn das Unternehmen die Abschreibung jeweils vom Buchwert vorgenommen hat!

(2) Berechnung des Prozentsatzes

Beispiel:

Ein Textilunternehmen bestellt Garne im Werte von 1 500,00 EUR. Es erhält einen Mengenrabatt von 60,00 EUR.

Aufgabe:
Berechnen Sie den Rabattsatz!

Lösung:

Gegeben: Grundwert: 1 500,00 EUR
Prozentwert: 60,00 EUR

Gesucht: Prozentsatz: ?

Bedingungssatz → 1 500,00 EUR ≙ 100 %
Fragesatz → 60,00 EUR ≙ x %

Bruchsatz → $x = \dfrac{100 \cdot 60}{1\,500}$ ⟷

$x = \underline{4\,\%}$

Berechnung des Prozentsatzes mithilfe der Formel:

$$\text{Prozentsatz} = \frac{100 \cdot \text{Prozentwert}}{\text{Grundwert}}$$

oder verkürzt:

Prozentsatz = Prozentwert : 1 % des Grundwertes

Ergebnis: Der Rabattsatz beträgt 4 %.

---

1 Durch die Abschreibung werden die Anschaffungskosten (aufgrund der geschätzten jährlichen Wertminderung) auf die Jahre der Nutzung als Aufwand verteilt.

Übungsaufgabe

14   1. Welchen Rabattsatz hat der Lieferer bei den nachfolgenden Wareneinkäufen gewährt?

Nr.	Einkaufsbetrag	Rabatt	Nr.	Einkaufsbetrag	Rabatt
1.1	2 720,00 EUR	429,76 EUR	1.4	210,00 EUR	58,80 EUR
1.2	631,00 EUR	44,17 EUR	1.5	4 186,00 EUR	376,74 EUR
1.3	800,00 EUR	113,60 EUR	1.6	742,00 EUR	185,50 EUR

2. Ein Mitarbeiter im Außendienst erhält die nachfolgenden Provisionen ausbezahlt.
   Wie viel Prozent vom Umsatz waren vereinbart?

Nr.	Umsatz	Provision	Nr.	Umsatz	Provision
2.1	54 680,00 EUR	2 734,00 EUR	2.4	31 720,00 EUR	7 930,00 EUR
2.2	28 460,00 EUR	2 134,50 EUR	2.5	42 160,00 EUR	2 635,00 EUR
2.3	15 316,00 EUR	1 914,50 EUR	2.6	27 680,00 EUR	8 304,00 EUR

3. Ein Kaufmann versichert sein Warenlager mit einem Wert von 92 400,00 EUR. Er zahlt jährlich eine Versicherungsprämie von 115,50 EUR.
   Wie viel Promille beträgt die Prämie vom Versicherungswert?

4. Beim Abfüllen von 310 Liter Wein in Literflaschen beträgt der Abfüllverlust (Leckage) 7,75 Liter.
   Wie viel Prozent beträgt der Abfüllverlust?

5. Die Stromkosten eines Geschäftes für die Schaufensterbeleuchtung betragen monatlich 246,20 EUR. Durch Kürzung der Beleuchtungszeit um täglich eine halbe Stunde konnten die Kosten auf 230,60 EUR gesenkt werden.

   5.1 Wie viel Prozent beträgt die Ersparnis?

   5.2 Wie viel EUR der verminderten Stromkosten entfallen auf die einzelnen Schaufenstergruppen?

   Schaufenstergruppe I: 76 m² Ausstellungsfläche
   Schaufenstergruppe II: 42 m² Ausstellungsfläche
   Schaufenstergruppe III: 108 m² Ausstellungsfläche

6. Das Monatseinkommen unseres Mitarbeiters im Außendienst setzt sich aus einem Festgehalt (Fixum) von 880,00 EUR und einer Umsatzprovision zusammen.
   Wie viel Prozent vom Umsatz erhält er, wenn er bei einem durchschnittlichen Umsatz von 90 000,00 EUR ein durchschnittliches Monatseinkommen von insgesamt 6 000,00 EUR erzielt?

7. Bei einer Warenzustellung wird unser Lieferwagen in einen Unfall verwickelt. Die mitgeführte Ware ist verdorben. Die Versicherung kommt teilweise für den Schaden auf. Der Schaden beläuft sich auf 388,00 EUR. Als Entschädigung erhalten wir 318,16 EUR.
   Wie viel Prozent hat die Versicherung ersetzt?

8. Ein Hersteller von Seifen verringert bei einer Geschenkpackung das Gewicht der Seifen von 180 g auf 153 g. Form und Preis der Packung bleiben unverändert.
   Wie viel Prozent beträgt die „versteckte" Preiserhöhung?

9. Ein Industrieunternehmen weist folgende stark vereinfachte Bilanz aus:

Berechnen Sie den prozentualen Anteil der einzelnen Aktiv- und Passivposten an der Bilanzsumme!

Aktiva		Schlussbilanz zum 31. Dez. 20.. (in Mio. EUR)		Passiva
Grundstücke u. Bauten	65,40	Gezeichnetes Kapital		45,00
Techn. Anlagen u. Maschinen	9,50	Rücklagen		8,90
Roh-, Hilfs- u. Betriebsstoffe	37,40	Verb. gegen. Kreditinstituten		62,30
Forderungen a. Lief. u. Leist.	25,70	Verb. aus Lief. und Leistungen		24,90
Guthaben bei Kreditinstituten	3,10			
	141,10			141,10

(3) Berechnung des Grundwertes

Beispiel:

Ein Unternehmen hat für die Versicherung des Warenlagers 1 692,60 EUR Prämie zu zahlen. Das sind $2^1/_3$ % der Versicherungssumme.

Aufgabe:
Berechnen Sie die Versicherungssumme!

Lösung:

Gegeben: Prozentsatz: $2^1/_3$ %
Prozentwert: 1 692,60 EUR

Gesucht: Grundwert: ?

| Bedingungssatz | → | $2^1/_3$ % ≙ 1 692,60 EUR |
| Fragesatz | → | 100 % ≙ x EUR |

Berechnung des Grundwertes mithilfe der Formel:

Bruchsatz → $x = \dfrac{1\,692,60 \cdot 100}{2^1/_3}$ ⟷ $\text{Grundwert} = \dfrac{\text{Prozentwert} \cdot 100}{\text{Prozentsatz}}$

$$x = \frac{1\,692,60 \cdot 100 \cdot 3}{7}$$

$$x = \underline{72\,540,00 \text{ EUR}}$$

Ergebnis: Die Versicherungssumme des Lagers beträgt 72 540,00 EUR.

Übungsaufgabe

15 1. Bei einem Sonderverkauf wurden die nachfolgenden Nachlässe festgesetzt.

Berechnen Sie den ursprünglichen Verkaufspreis!

Nr.	Nachlass in %	Nachlass in EUR	Nr.	Nachlass in %	Nachlass in EUR
1.1	15 %	209,25 EUR	1.4	2,5 %	105,00 EUR
1.2	11,5 %	402,50 EUR	1.5	3 %	81,00 EUR
1.3	8 %	1 081,60 EUR	1.6	18 %	2 214,00 EUR

2. Wie viel EUR beträgt jeweils die Versicherungssumme, wenn die folgenden Prämien berechnet werden?

Nr.	Prämiensatz	Prämie	Nr.	Prämiensatz	Prämie
2.1	$2^1/_2$‰	134,20 EUR	2.4	$2^3/_4$‰	178,75 EUR
2.2	$3^1/_4$‰	100,75 EUR	2.5	3 ‰	93,00 EUR
2.3	$1^1/_3$‰	301,70 EUR	2.6	$3^1/_2$‰	248,50 EUR

3. Eine Unternehmung hat in der GuV-Rechnung folgende Abschreibungsbeträge ausgewiesen:

Gegenstand	Abschreibungssatz (bei linearer Abschreibung)	Abschreibung in EUR
Gebäude	2,5 %	6 250,00 EUR
Büroeinrichtung	7,69 %	2 829,92 EUR
Lagereinrichtung	7,14 %	3 916,29 EUR
Ladeneinrichtung	12,5 %	11 952,50 EUR

Wie viel EUR betragen die Anschaffungskosten der einzelnen Anlagegüter?

Anmerkung: Bei der linearen Abschreibung werden die Anschaffungskosten gleichmäßig auf die Nutzungsdauer verteilt.

4. Die veranschlagten Kosten für Renovierungsarbeiten der Büroräume wurden um 1 092,25 EUR überschritten. Das sind $8^1/_2$ % über dem Kostenvoranschlag.

   4.1 Berechnen Sie den ursprünglichen Kostenvoranschlag!

   4.2 Wie viel EUR kosteten die Renovierungsarbeiten tatsächlich?

5. Ein Kaufmann hat eine private Hausratversicherung abgeschlossen. Die jährliche Versicherungsprämie beträgt 533,60 EUR oder 2,32 ‰.

   Wie viel EUR beträgt die Versicherungssumme?

6. Ein Kaufmann konnte im Monat August den Umsatz einer Warenart um $4^1/_2$ % oder 6 221,25 EUR steigern.

   Wie viel EUR betrug sein Umsatz im Juli?

7. Auf der Eingangsrechnung E 61 ist ein Umsatzsteueranteil von 19 % ausgewiesen. Das sind 419,52 EUR.

   Wie viel EUR beträgt der Nettoeinkaufspreis?

8. Ein Versicherungsvertreter erhält für den Abschluss einer Lebensversicherung eine Provision von $5^1/_2$‰. Das sind 194,70 EUR.

   Über welche Versicherungssumme lautet die von ihm vermittelte Lebensversicherung?

9. Ein Geschäftsinhaber zahlt an die Feuerversicherung eine Prämie von vierteljährlich 165,00 EUR.

   Mit wie viel EUR ist das Geschäftsgebäude einschließlich Lager versichert, wenn die jährliche Versicherungsprämie $1^1/_4$ % der Versicherungssumme beträgt?

1.1.5.3 Prozentrechnung im Hundert (verminderter Grundwert)

Beispiel:

Wegen kleiner Fehler wird ein Produkt mit einem Nachlass von 15 % zum Sonderpreis von 104,55 EUR verkauft.

Aufgaben:
1. Berechnen Sie den regulären Preis!
2. Berechnen Sie die Preissenkung!

Problemstellung

Die Preissenkung von 15 % bezieht sich auf den ursprünglichen (regulären) Preis (wir sprechen hier vom **reinen Grundwert**). Der reine Grundwert entspricht 100 %. Der herabgesetzte Preis entspricht daher in Prozenten ausgedrückt 85 % **(verminderter Grundwert)**. Da der gegebene Betrag **unter** (und damit **innerhalb**) 100 % liegt, spricht man auch von **Prozentrechnung im Hundert.**

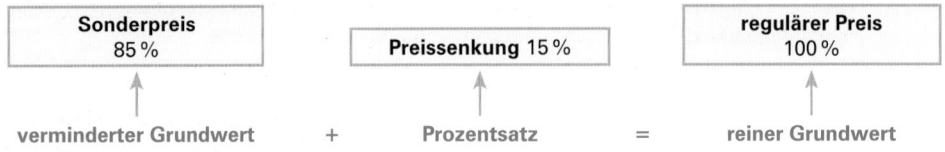

Sonderpreis 85 %	+	Preissenkung 15 %	=	regulärer Preis 100 %
verminderter Grundwert	+	Prozentsatz	=	reiner Grundwert

Lösung:

Die Lösung erfolgt mithilfe des Dreisatzes.

Gegeben: Prozentsatz: 15 %
Verminderter Grundwert in Prozent: 85 %
Verminderter Grundwert in EUR: 104,55 EUR

Gesucht: Grundwert: ?

Bedingungssatz ⟶ 85 % ≙ 104,55 EUR
Fragesatz ⟶ 100 % ≙ x EUR

Bruchsatz ⟶ $x = \dfrac{104{,}55 \cdot 100}{85} = \underline{123{,}00 \text{ EUR}}$

Regulärer Preis	123,00 EUR
− Sonderpreis	104,55 EUR
Preissenkung	18,45 EUR

Anmerkung: Es ist auch möglich, zuerst die Preissenkung von 15 % in EUR zu errechnen. Allerdings wäre es ein Umweg. Man steuert vielmehr im Ansatz direkt auf die gefragte Größe zu. Das ist der reguläre Preis, anders ausgedrückt: der reine Grundwert. Dieser entspricht 100 % (Fragesatz).

Ergebnisse: 1. Der reguläre Preis betrug 123,00 EUR.
2. Die Preissenkung beträgt 18,45 EUR.

Allgemeiner Lösungsweg

■ Beginnen Sie den Rechenansatz mit dem verminderten Grundwert, für den ja der Prozentsatz (unter 100 %) und der absolute Betrag bekannt sind.

■ Berechnen Sie den Grundwert bzw. den Prozentwert mithilfe des Dreisatzes.

■ Tragen Sie die errechneten Werte in die Tabelle ein.

Übungsaufgabe

16 1. Im Sonderangebot wurden Waren zu folgenden Auszeichnungspreisen angeboten:

Nr.	Sonderpreis	Preisnachlass
1.1	118,90 EUR	18 %
1.2	158,76 EUR	16 %
1.3	152,75 EUR	35 %

Wie viel EUR betrugen die ursprünglichen Verkaufspreise, wenn die angegebenen Preisnachlässe gewährt wurden?

2. Die Auszubildende Frieda bekommt vom Geschäft einen Personalrabatt von $12^1/_2$ %.

Mit wie viel EUR war der Artikel ausgezeichnet, wenn sie ihn für 112,00 EUR kaufte?

3. Von der Fischereigesellschaft „Frische Fische" bezieht das Lebensmittelgeschäft „Billig-Markt" 150 kg Heringe netto. Die Tara beträgt $6^1/_4$ %.

Wie viel kg beträgt das Bruttogewicht der Warensendung?

4. Ein Paar Damenhandschuhe ist am vorletzten Tag des Schlussverkaufs mit 57,00 EUR ausgezeichnet. Der ursprüngliche Verkaufspreis wurde um $16^2/_3$ % und dann dieser um 5 % ermäßigt.

Wie teuer war das Paar Handschuhe vor Beginn des Schlussverkaufs?

5. Eine Textilfabrik verkauft von 200 Anzügen zunächst 60 Stück. Nachdem der Preis um $16^2/_3$ % herabgesetzt wurde, konnten weitere 40 Anzüge verkauft werden. Um den Restbestand veräußern zu können, musste dieser Preis nochmals um 20 % gesenkt werden, sodass der Verkaufspreis noch 180,00 EUR betrug.

5.1 Berechnen Sie den ursprünglichen Preis!

5.2 Berechnen Sie den Gesamterlös!

5.3 Wie viel EUR Umsatzeinbuße musste die Textilfabrik hinnehmen?

6. Wie viel kg Rohkaffee sind geröstet worden, wenn bei $16^2/_3$ % Röstverlust 1 403,5 kg Röstkaffee übrig bleiben?

7. Eine Ausstellungshalle soll umgebaut werden. Die Preise für alle Waren werden um $12^1/_2$ % gesenkt. Drei Wochen später werden die Preise in einer Sonderaktion nochmals um 15 % gesenkt.

Zu welchem Preis wurde eine Ware ursprünglich verkauft, wenn der jetzige Preis 431,37 EUR beträgt?

8. Der Preis einer Ware war um 20 % ermäßigt worden. Da die Ware immer noch nicht verkauft werden konnte, wurde dieser Preis nochmals um 30 % gesenkt. Sie kostet jetzt 24,50 EUR.

8.1 Wie viel EUR betrug der ursprüngliche Preis?

8.2 Um wie viel Prozent wurde die Ware insgesamt billiger?

9. Aufgrund einer Mängelrüge gewährt uns der Lieferant einen Nachlass von 15 %. Nach Abzug von 3 % Skonto überweisen wir 2 626,86 EUR.

Wie viel EUR betrug der ursprüngliche Rechnungsbetrag?

1.1.5.4 Prozentrechnung auf Hundert (vermehrter Grundwert)

Beispiel:

Der Umsatz eines Unternehmens stieg gegenüber dem Vorjahr um $8^1/_3$ % auf 410 150,00 EUR an.

Aufgaben:

1. Berechnen Sie den Umsatz des vergangenen Jahres!

2. Berechnen Sie die Umsatzsteigerung!

Problemstellung

Die Umsatzsteigerung von $8^1/_3$ % bezieht sich auf den Umsatz des vergangenen Jahres (reiner Grundwert und damit 100 %). Der diesjährige Umsatz ist daher um $8^1/_3$ % höher (vermehrter Grundwert). In Prozent ausgedrückt beträgt er $108^1/_3$ %. Da der gegebene Betrag **über** 100 % liegt, spricht man auch von der **Prozentrechnung auf Hundert.**

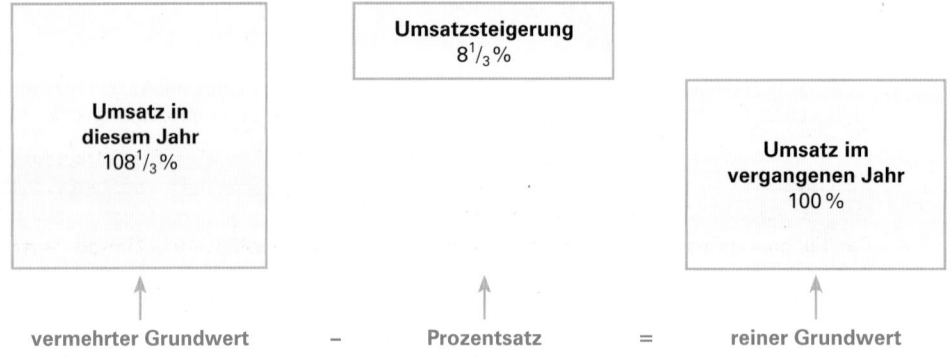

Umsatzsteigerung $8^1/_3$ %		
Umsatz in diesem Jahr $108^1/_3$ %		Umsatz im vergangenen Jahr 100 %

vermehrter Grundwert   –   Prozentsatz   =   reiner Grundwert

Lösung:

Die Lösung erfolgt mithilfe des Dreisatzes.

Gegeben: Prozentsatz: $8^1/_3$ %
vermehrter Grundwert in Prozent: $108^1/_3$ %
vermehrter Grundwert in EUR: 410 150,00 EUR

Gesucht: Grundwert: ?

Bedingungssatz → $108^1/_3$ % ≙ 410 150,00 EUR
Fragesatz → 100   % ≙   x   EUR

Bruchsatz → $x = \dfrac{410\,150 \cdot 100}{108^1/_3} = \underline{378\,600{,}00 \text{ EUR}}$

Beachte: Die rechnerische Vorgehensweise entspricht dem allgemeinen Lösungsweg, der beim Rechnen mit dem verminderten Grundwert aufgezeigt wurde. Ausgangspunkt ist hier der vermehrte Grundwert, für den der Prozentsatz (über 100 %) und der absolute Wert bekannt sind.

Umsatz in diesem Jahr	410 150,00 EUR
– Umsatz im vergangenen Jahr	378 600,00 EUR
Umsatzsteigerung	31 550,00 EUR

Ergebnisse: 1. Der Umsatz des vergangenen Jahres belief sich auf 378 600,00 EUR.

2. Die Umsatzsteigerung beträgt 31 550,00 EUR.

Übungsaufgabe

17 1. Verschiedene Waren wurden neu ausgezeichnet.

Nr.	Auszeichnungspreis	Preiserhöhung
1.1	192,28 EUR	$4^1/_2$ %
1.2	33,15 EUR	2 %
1.3	297,00 EUR	$12^1/_2$ %
1.4	419,75 EUR	15 %

Berechnen Sie den bisherigen Verkaufspreis vor den angegebenen Preiserhöhungen!

2. Ein Importeur bezieht Waren aus Schweden. Einschließlich der Zölle werden die nachfolgenden Beträge gezahlt:

Nr.	Einstandspreise einschl. Zoll	Zollsatz
2.1	5 507,04 EUR	12 %
2.2	14 704,56 EUR	17 %
2.3	1 432,20 EUR	5 %
2.4	969,42 EUR	7 %

Berechnen Sie den Listenverkaufspreis des schwedischen Exporteurs!

3. Die Monatsmiete für unsere Geschäftsräume hat sich um $6^1/_4$ % erhöht. Sie beträgt nun 2 316,25 EUR.
Um wie viel EUR ist die Miete angestiegen?

4. Der Rechnungsbetrag für einen Wareneinkauf beträgt einschließlich 19 % Umsatzsteuer 4 630,29 EUR.
Berechnen Sie den Nettowarenwert und die Umsatzsteuer!

5. Nach einer Werbeaktion für französischen Käse konnte ein Supermarkt in der Käseabteilung gegenüber dem Vormonat eine Umsatzsteigerung für den Monat Juli um $8^1/_4$ % auf 6 087,98 EUR erzielen.
Wie viel EUR beträgt die Umsatzsteigerung?

6. Eine Großhandlung hat den Listenverkaufspreis eines Artikels mit netto 22,08 EUR neu ausgezeichnet, nachdem der bisherige Listenverkaufspreis um einen Teuerungszuschlag von 5 % angehoben wurde.
Wie viel EUR betrug der Listenverkaufspreis vor der Preiserhöhung?

7. Der Mitarbeiter Franz Helm erhält in diesem Jahr eine Gehaltserhöhung von $2^1/_2$ %. Das sind 65,00 EUR. Letztes Jahr betrug die Gehaltserhöhung 3,2 %.
7.1 Wie viel EUR verdient er jetzt?
7.2 Wie viel EUR betrug die Gehaltserhöhung letztes Jahr und wie hoch war sein ursprüngliches Gehalt?

8. Der Vermieter verlangt für die gemieteten Geschäftsräume auch in diesem, dem dritten Jahr, wieder eine Mieterhöhung. Der Geschäftsinhaber stellt fest, dass er für das zweite Geschäftsjahr eine um 8 % höhere Miete als im ersten Geschäftsjahr bezahlen musste und dass die Miete für das dritte Geschäftsjahr nun um $6^2/_3$ % höher ist als für das zweite Geschäftsjahr. Im dritten Geschäftsjahr beträgt die Miete 748,80 EUR monatlich.
Wie viel EUR Miete musste der Geschäftsinhaber im ersten Geschäftsjahr für die Geschäftsräume monatlich bezahlen?

9. Nach zwei Unfällen wurde unser Geschäftswagen in der Haftpflichtversicherung aus der Schadensklasse SF4 (45 % des Beitragssatzes) in SF3 zurückgestuft (80 % des Beitragssatzes). Die neue Prämie für die Kfz-Haftpflichtversicherung beläuft sich jetzt auf 741,30 EUR.
Wie viel EUR betrug die Prämie in der Schadensklasse SF4?

47

1.1.5.5 Verschiedene Aufgaben zur Prozentrechnung

Übungsaufgabe

18　1.　Die Statistik eines Unternehmens weist folgende Zahlen aus:

Jahr	Umsatz	Anzahl der Mitarbeiter
Vorjahr	2 400 000,00 EUR	40
Geschäftsjahr	3 000 000,00 EUR	32

　　　Um wie viel Prozent veränderte sich der durchschnittliche Umsatz je Mitarbeiter?

2.　Bei einem Sonderangebot wird ein Artikel um 20 % herabgesetzt und für 248,80 EUR angeboten.

　　Wie viel EUR kostete der Artikel vor der 20 %igen Ermäßigung?

3.　Das Anlagevermögen stellt mit 178 500,00 EUR 35 % des Gesamtvermögens dar.

　　Wie viel EUR Eigenkapital hat das Unternehmen auf der Passivseite derselben Bilanz aufzuweisen, wenn das Fremdkapital 55 % beträgt?

4.　Die Nutzungsdauer eines modernen Kassensystems beträgt sechs Jahre. Nach zweijähriger linearer Abschreibung steht das Kassensystem noch mit 17 066,00 EUR zu Buche.

　　Wie viel EUR betrugen die Anschaffungskosten des Kassensystems?

5.　Laut Katalog bestellen wir 156 Stück einer Ware, wobei folgende Bedingungen gelten:

　　Listeneinkaufspreis je Artikel: 14,20 EUR

　　Mengenrabatt:　bei Abnahme von mindestens 100 Stück: 5 %
　　　　　　　　　bei Abnahme von mindestens 200 Stück: 6 %
　　　　　　　　　Bis zu einer Abnahme von 200 Stück wird eine Frachtpauschale von 45,00 EUR erhoben.

　　Wie viel EUR beträgt der Bezugspreis?

6.　Die für das 1. Quartal ermittelte Umsatzsteuer (Steuersatz 19 %) beträgt 64 239,00 EUR.

　　Wie viel EUR betrugen die Umsatzerlöse einschließlich Umsatzsteuer?

7.　Das Umlaufvermögen stellt mit 789 760,00 EUR 64 % des Gesamtvermögens dar.

　　Wie viel EUR beträgt das Fremdkapital, wenn es 28 % des Gesamtkapitals ausmacht?

8.　Die Zahl der Mitarbeiter in einer Filialkette verringerte sich von 851 Mitarbeitern im vergangenen Jahr auf 796 in diesem Jahr. Im gleichen Zeitraum stiegen die gesamten Personalkosten von 33 614 500,00 EUR auf 33 957 360,00 EUR an.

　　Um wie viel Prozent stiegen die Personalkosten je Arbeitnehmer an?

9.　Wir verkaufen einen Warenposten, wobei 630,00 EUR USt (Steuersatz 7 %) in Rechnung gestellt werden.

　　Wie viel Stück wurden verkauft, wenn der Nettoverkaufspreis je Stück 18,00 EUR betrug?

10. Ein Unternehmen weist im 1. Halbjahr folgende Umsätze auf:

Januar:	80 500,00 EUR	April:	95 600,00 EUR
Februar:	91 700,00 EUR	Mai:	92 300,00 EUR
März:	78 900,00 EUR	Juni:	89 750,00 EUR

    Im Juli beträgt der Umsatz 93 412,50 EUR.

    Um wie viel Prozent übersteigt der Juliumsatz den Durchschnittsumsatz des 1. Halbjahres?

11. Eine Großhandlung hat einen durchschnittlichen Lagerbestand von 520 000,00 EUR. Um Versicherungskosten zu sparen, wird das Warenlager nur mit 62,5 % versichert.

    11.1 Mit wie viel EUR ist das Warenlager versichert?

    11.2 Nach einem Rohrbruch wird ein Wasserschaden von 112 320,00 EUR festgestellt. Wie viel EUR ersetzt die Versicherung?

12. Ein Sportartikelhersteller weist eine Umsatzsteigerung von 10,95 % gegenüber dem Vormonat auf.

    Wie viel EUR betrug sein Umsatz im Mai, wenn er im Juni 637 518,70 EUR umgesetzt hat?

13. Ein Mitarbeiter erhält folgende Gehaltsabrechnung (Lohnsteuer III/1):

Bruttogehalt:	2 212,00 EUR
Lohnsteuer/Solidaritätszuschlag:	137,45 EUR
Kirchensteuer:	5,70 EUR
Sozialversicherungsabgaben:	446,82 EUR
Auszahlungsbetrag:	1 622,03 EUR

    Wie viel Prozent betragen die Abzüge?

14. Ein Reisender erzielt in den ersten vier Monaten des Jahres folgende Umsätze:

Januar:	12 200,00 EUR	März:	15 400,00 EUR
Februar:	14 100,00 EUR	April:	11 100,00 EUR

    Im Mai erzielt er einen Umsatz von 12 474,00 EUR.

    Um wie viel Prozent hat sich der Umsatz im Mai gegenüber dem Durchschnittsumsatz der ersten vier Monate verändert?

15. Das Gehalt eines Mitarbeiters wird um 4,5 % erhöht, das sind 85,50 EUR.

    Wie viel EUR beträgt das Gehalt nach der Erhöhung?

16. Unser Lieferer gewährt uns aufgrund einer Mängelrüge einen Preisnachlass von 10 %. Nach Abzug von 2 % Skonto überweisen wir ihm 2 518,99 EUR.

    16.1 Wie viel EUR betrug der ursprüngliche Rechnungsbetrag einschließlich der darin enthaltenen Vorsteuer von 19 %?

    16.2 Berechnen Sie die Höhe der Vorsteuer!

17. Die Inhaberin eines Geschenkladens in Regensburg und einer Filiale in Dresden hat für die letzten zwei Jahre die folgenden Umsatzzahlen (jeweils ohne Umsatzsteuer) zusammengestellt. Die Zahlen wurden jeweils auf volle 100,00 EUR aufgerundet.

Geschäft	Umsatz Vorjahr	Umsatz Geschäftsjahr
Hauptgeschäft	1 721 000,00 EUR	1 786 200,00 EUR
Filiale	918 500,00 EUR	973 800,00 EUR

    17.1 Um wie viel Prozent hat der Umsatz gegenüber dem Vorjahr in jedem Geschäft zugenommen?

    17.2 Mit wie viel Prozent war jedes Geschäft am Gesamtumsatz dieses Geschäftsjahres beteiligt?

4 Speth u.a. - ISBN 978-3-8120-0261-5

1.2 Aufgaben des Rechnungswesens

1.2.1 Aufgaben des Rechnungswesens in privaten und öffentlichen Haushalten und in den Unternehmen

(1) Rechnungswesen der privaten Haushalte

Die privaten Haushalte haben ein Rechnungswesen, wenn sie z.B. einen Ausgabenplan über die zu erwartenden Ausgaben für Miete, Versicherungen, Anschaffungen, Urlaub sowie die Ausgaben für das tägliche Leben usw. erstellen und die tatsächlichen Ausgaben in einem Haushalts- oder Ausgabenbuch aufschreiben. Aus der Gegenüberstellung von Ausgabenplan und Haushaltsbuch lassen sich Überdeckungen – in einem bestimmten Zeitraum wurde weniger ausgegeben als geplant – oder Unterdeckungen – es wurde mehr ausgegeben als geplant – ablesen, die unter Umständen zu Änderungen des Ausgabenverhaltens führen können.

Dieses einfache Rechnungswesen erfüllt für den Haushalt mehrere Funktionen: Es ermöglicht die Kontrolle darüber, welche Positionen der Ausgabenplanung nicht eingehalten wurden, und es ist die Grundlage, um über die Ursachen nachzudenken und etwaige Planänderungen oder eine völlige Neuplanung vorzunehmen.

(2) Rechnungswesen der öffentlichen Haushalte

Auch die öffentlichen Haushalte (Bund, Länder, Gemeinden und ihre öffentlichen Betriebe) unterhalten ein Rechnungswesen. Sie sind sogar gesetzlich dazu verpflichtet. Eine besonders wichtige Aufgabe ist in diesem Zusammenhang die Aufstellung von Haushaltsplänen und die Überwachung ihrer Einhaltung. Dem Aspekt der Rechenschaftslegung gegenüber dem Steuerzahler kommt hier besondere Bedeutung zu.

(3) Rechnungswesen der Unternehmen

Für Unternehmen gewinnt das Rechnungswesen eine besondere Bedeutung, weil zum einen eine gesetzliche Verpflichtung dazu besteht und zum anderen der Anfall an Daten besonders zahlreich und vielschichtig ist. Alle Unternehmen kaufen und verkaufen z.B. Güter und Dienstleistungen, sie bezahlen Löhne, Gehälter, Sozialabgaben und verschiedene Arten von Steuern usw. Auch hier dienen die im Rechnungswesen festgehaltenen und ausgewerteten Aufzeichnungen der Information und Kontrolle der betrieblichen Abläufe. Auf der Grundlage dieser Information werden die zukünftigen Betriebsabläufe geplant. Darüber hinaus dienen sie in verschiedener Hinsicht der Rechenschaftslegung.

In allen drei Bereichen (private Haushalte, öffentliche Haushalte, Unternehmen) kann man mit unterschiedlicher Gewichtung folgende **Einzelaufgaben des Rechnungswesens** hervorheben:

Dokumenta-tionsfunktion	Einnahmen, Ausgaben, Bestände und Wertbewegungen werden nach Zeit, Art und Höhe schriftlich festgehalten.
Informations-funktion	Die schriftlichen Aufzeichnungen dienen der Information nach innen – z.B. zur Information des Unternehmers über die Betriebsabläufe – und nach außen – z.B. zur Information der Öffentlichkeit über die Verwendung der Steuergelder.
Planungs-funktion	Sowohl die privaten Haushalte als auch die öffentlichen Haushalte oder die Unternehmen können sich aufgrund der vom Rechnungswesen bereitgestellten Zahlen frühzeitig auf die in Zukunft zu erwartenden Entwicklungen einstellen und bei erkennbaren Fehlentwicklungen rechtzeitig steuernd entgegenwirken.

Kontroll-funktion	Exakte und umfassende Aufzeichnungen bieten in allen Bereichen eine gute Kontrollmöglichkeit. In den Unternehmen betrifft das z.B. die Sorgfalt in der Lagerverwaltung oder die Zweckmäßigkeit der Organisation der Fertigung.
Rechenschafts-funktion	Sowohl Unternehmen als auch private und öffentliche Haushalte haben in unterschiedlicher Weise und aus unterschiedlichen Gründen gegenüber Dritten Rechenschaft abzulegen.

1.2.2 Stellung des kaufmännischen Rechnens innerhalb des betrieblichen Rechnungswesens

In der Praxis steht vor der Buchung immer die **Kontrolle des Belegs,** und zwar auf seine **sachliche und rechnerische Richtigkeit**. Hierzu ist es in vielen Fällen notwendig, z.B. die Summe der Arbeitsstunden auf einem Stundenzettel, den Gesamtbetrag auf einer Rechnung, den Umsatzsteuerbetrag oder die Verzugszinsen zu berechnen oder nachzurechnen. In diesem Sinne ist das kaufmännische Rechnen ein Hilfs- und Kontrollsystem für die Buchführung.

Anhand einiger Beispiele soll diese enge Beziehung zwischen dem betrieblichen Rechnungswesen und dem kaufmännischen Rechnen veranschaulicht werden.

Übungsaufgabe[1]

19   1.   Überprüfen Sie die nachfolgende Rechnung auf ihre Richtigkeit!

Lener-Service-Handelsgesellschaft mbH & Co. KG

Ostendstr. 4   ·   64319 Pfungstadt   ·   Telefon 06157 80413

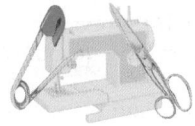

Weber Markt
Huberweg 8
91058 Erlangen

Rechnungsdatum: 31. Jan. 20..
Lieferdatum: 27. Jan. 20..
Lieferschein Nr. 157/19

Artikel-Nr.	Artikel-Bezeichnung	Menge	Einzelpreis	Bruttobetrag
10001	Nähnadel lang 3/7	25	2,40 EUR	60,00 EUR
10016	Glaskopf-Stecknadel bunt	12	4,20 EUR	50,40 EUR
11011	Gummiband glatt 3 m	5	2,90 EUR	14,50 EUR
12440	Zwirn 2er schwarz	30	1,29 EUR	83,70 EUR
13041	Klebefilm-Ersatzrolle	40	1,39 EUR	45,60 EUR
20005	Herrenkamm Celluloid	18	1,48 EUR	26,64 EUR
40020	Vokabelheft 32 Blatt A6	95	0,99 EUR	54,54 EUR
40161	Spiralkassetten A7	60	1,02 EUR	6,12 EUR
41256	Micro-Feinschreiber blau	15	3,99 EUR	59,85 EUR
	Rechnungsbetrag			421,34 EUR

Sitz der Gesellschaft: Pfungstadt; RG Pfungstadt, HRA 710; Steuer-Nr.: 23145/17212

---

1 Berechnungen aus dem Gebiet der Statistik finden Sie auf S. 324ff.

2. Eine Großhandlung vertreibt 7 Warengruppen mit einem Gesamtumsatz (Wert der verkauften Ware) von 1 326 485,00 EUR.

   2.1 Berechnen Sie den Nettoumsatz je m² für die einzelnen Warengruppen!

Warengruppe	Nettoumsatz	
	Gesamt in EUR	m² insgesamt
3	486 820,00	13
2	461 617,00	14
9	115 404,00	10
5	34 489,00	3
7	44 437,00	4
1	44 437,00	5
4	139 281,00	20
	1 326 485,00	69

   2.2 Die Großhandlung beschäftigt 7 Mitarbeiter. Berechnen Sie den Umsatz je beschäftigten Mitarbeiter!

Warengruppe	Umsatz insgesamt	Anzahl der Mitarbeiter
3, 4, 9, 7	785 942,00 EUR	4
2, 5, 1	540 543,00 EUR	3

3. Der Lagerbestand für 3-kg-Waschmittel-Pakete zeigt folgende Bewegungen:

   Bestand: 1. Februar   150 Pakete

Barverkauf:

2. Febr.:	38 Stück	5. Febr.:	150 Stück
3. Febr.:	49 Stück	6. Febr.:	72 Stück
4. Febr.:	54 Stück	7. Febr.:	61 Stück

Einkauf auf Rechnung:

3. Febr.:	Beleg Nr. 123	170 Stück
6. Febr.:	Beleg Nr. 456	195 Stück

   Berechnen Sie den Lagerbestand am 8. Februar!

Hinweis: Übertragen Sie zur Lösung die wichtigsten Spalten der abgedruckten Lager-Dispositionskarte in Ihr Heft!

Bestelltext: 3-kg-Waschmittel-Pakete														
Verrechnungspreis			Einheit		≙ Monatsverbr.		Lagerort			Karte				
										Nr.	A 74			
Tag			Stück	kg						Seite	2			
Betrag				3										
Jahr	JAN	FEB	MÄR	APR	MAI	JUN	JUL	AUG	SEP	OKT	NOV	DEZ	Bestellmenge	Signalzahl
20 ..														
Tag	Auftrag-/Bestellung-Beleg-Nr.		Bedarf		Bestellung		Lagervorgang		Lager-Bestand	Verfügbarer Bestand				
			Menge	Termin	Menge	Termin	Zugang	Abgang						
Lager-Dispositionskarte														

4. Eine Schaufensterscheibe (3,90 m breit und 2,40 m hoch) ist zu Bruch gegangen. Die Versicherung ersetzt uns den Schaden.

Welcher Betrag wird uns von der Versicherung überwiesen, wenn der m^2-Preis für Glas bei 58,60 EUR liegt und 132,40 EUR an Arbeitskosten berechnet werden?

5. Berechnen Sie den Warenwert (Zwischensumme) der Inventuraufnahmeliste!

Anmerkung zur Inventurliste.[1]

In der Praxis wird bei der Inventur der Bruttoverkaufspreis der Waren erfasst. Vom Bruttoverkaufspreis wird sodann die USt herausgerechnet und anschließend mithilfe des vom Finanzamt genehmigten Kalkulationsabschlags der Inventurwert ermittelt. Das ist der sogenannte Einstandspreis (Einkaufswert nach Abzug der gewährten Nachlässe und Hinzurechnung eventueller Nebenkosten, der in der Praxis aus Vereinfachungsgründen durch eine solche Rückwärtsrechnung ermittelt wird). Diese so ermittelten Einstandspreise bilden die Grundlage für die Gesamtaufstellung im Inventar.

Firmenstempel

**Haushaltsmarkt
Fritz Fischer
Gartenstraße 9
53783 Eitorf**

Inventur Aufnahmeliste

zum 31. Dez. 20. .

Seite 1

0 2

Zeile	Artikelbezeichnung	Menge Stück		Brutto-Verkaufspreis je Stck. EUR	Cent	Einstandspreis EUR	Cent	Waren-gruppe
01	Osterkarten	107		1	05			
02	Glückwunschkarten	46		1	52			
03	Karten für Trauerfälle	89		0	25			
04	Blumenkranz	17		3	75			
05	Selbstklebebilder	129		1	15			
06	Mal Mit	28		8	35			
07	Karobatik	54		3	95			
08	Haarschmuck - Ringe	11		8	99			
09	" - Bänder	22		3	99			
10	" - Schleifen	27		6	99			
11	" - Spangen	41		4	98			
12	Natur-Farben	79		1	95			
13	Servietten	24		2	93			
14	Nagelknipser	104		2	79			
15	Fasermaler	15		0	98			
16	Ringbucheinlagen A4	52		2	59			
17	Nagelfeile	7		2	45			
18	Taschennagelfeile	12		1	92			
19	Klebefilm - Ersatzrolle	29		1	44			
20	Haushaltband, 4,5 m	44		2	79			
21	Zwirn 2er	31		1	29			
22	Fönbürste	4		3	05			
23	Tortenunterlagen	104		1	89			
24	Schneebesen	32		3	99			
25	Kaffeelöffel rostfrei	24		1	29			

Aufnahme: Ma   Kontrolle: fi   Zwischensumme:

_____
1 Siehe auch S. 64.

6. Die Gehaltsliste einer Waschmaschinenfabrik enthält folgende Namen und Zahlen:

Name	Familien-stand	Steuer-klasse	Brutto-gehalt	LSt/SolZ.	Kirchen-steuer 9%	Sozial-versiche-rung	Auszahl.-Betrag
Kuhn, P.	led.	I	1 848,50			394,19	
Pung, F.	verh., 2 Kinder	III, 2	2 495,10			536,40	

6.1 Ermitteln Sie anhand der folgenden Lohnsteuertabelle die Lohnsteuer sowie den Soli-daritätszuschlag!

6.2 Ermitteln Sie die Kirchensteuer (9 %)!

6.3 Berechnen Sie jeweils den Auszahlungsbetrag!

1 889,99* MONAT

Lohn/Gehalt	Abzüge an Lohnsteuer, Solidaritätszuschlag (SolZ) und Kirchensteuer (8%, 9%) in den Steuerklassen																									
	I–VI					**I, II, III, IV**																				
		ohne Kinder-freibeträge								mit Zahl der Kinderfreibeträge . . .															
							0,5			**1**			**1,5**			**2**			**2,5**			**3**		
bis €*	LSt	SolZ	8%	9%		LSt	SolZ	8%	9%	SolZ	8%	9%	SolZ	8%	9%	SolZ	8%	9%	SolZ	8%	9%	SolZ	8%	9%	
1 847,99	I,IV 219,41 II 190,33 III 18,33 V 493,50 VI 522,66	12,06 17,55 19,74 10,46 15,22 17,12 — 1,46 1,64 27,14 39,48 44,41 28,74 41,81 47,03			I II III IV	219,41 190,33 18,33 219,41	8,57 12,46 14,02 7,05 10,26 11,54 — 10,29 14,98 16,85			2,90 7,64 8,59 — 5,56 6,26 — 8,57 12,46 14,02			— 3,29 3,70 — 1,64 1,85 — 6,88 10,02 11,27			— — — 2,90 7,64 8,59			— — — — 5,34 6,01			— — — — 3,29 3,70		
1 850,99	I,IV 220,16 II 191,16 III 18,83 V 494,83 VI 523,83	12,10 17,61 19,81 10,51 15,29 17,20 — 1,50 1,69 27,21 39,58 44,53 28,81 41,90 47,14			II II III IV	220,16 191,16 18,83 220,16	8,61 12,52 14,09 7,09 10,32 11,61 — 10,34 15,04 16,92			3,03 7,69 8,65 — 5,62 6,32 — 8,61 12,52 14,09			— 3,34 3,75 — 1,68 1,89 — 6,93 10,08 11,34			— — — 3,03 7,69 8,65			— — — — 5,40 6,07			— — — — 3,34 3,75		
2 492,99	I,IV 399,83 II 367,08 III 134,50 V 755,50 VI 787,75	21,99 31,98 35,98 20,18 29,36 33,03 — 10,76 12,10 41,55 60,44 67,99 43,32 63,02 70,89			I II III IV	399,83 367,08 134,50 399,83	18,03 26,23 29,51 16,31 23,72 26,69 — 6,64 7,47 19,99 29,08 32,71			14,25 20,74 23,33 12,61 18,34 20,63 — 3,01 3,38 18,03 26,23 29,51			10,65 15,50 17,43 9,09 13,22 14,87 — 16,12 23,45 26,38			7,23 10,52 11,83 4,70 8,36 9,40 — 14,25 20,74 23,33			— 5,80 6,52 — 3,89 4,37 — 12,43 18,08 20,34			— 1,83 2,06 — 0,36 0,41 — 10,65 15,50 17,43		
2 495,99	I,IV 400,75 II 368,— III 135,16 V 756,75 VI 789,—	22,04 32,06 36,06 20,24 29,44 33,12 — 10,81 12,16 41,62 60,54 68,10 43,39 63,12 71,01			I II III IV	400,75 368,— 135,16 400,75	18,08 26,30 29,59 16,35 23,79 26,76 — 6,68 7,51 20,04 29,15 32,79			14,30 20,80 23,40 12,65 18,41 20,71 — 3,05 3,43 18,08 26,30 29,59			10,70 15,56 17,51 9,13 13,28 14,94 — 16,17 23,52 26,46			7,27 10,58 11,90 4,85 8,42 9,47 — 14,30 20,80 23,40			— 5,86 6,59 — 3,94 4,43 — 12,48 18,15 20,42			— 1,87 2,10 — 0,40 0,45 — 10,70 15,56 17,51		

7. Eine Saline hatte folgende Kosten für eine Monatsproduktion verkaufsfertigen Speise-salzes:

Verbrauch von Betriebsstoffen	64 124,00 EUR
Löhne und Gehälter	54 320,00 EUR
Sonstige Kosten	38 735,00 EUR
Lagerbestand am Monatsanfang	278 dz
Verkaufte Menge	4 921 dz
Lagerbestand am Monatsende	436 dz

7.1 Wie viel dz betrug die Monatsproduktion?

7.2 Wie viel EUR betragen die Kosten je dz?

7.3 Der Nettoverkaufspreis (ohne Umsatzsteuer) für 1 kg abgepackten Salzes beträgt 0,50 EUR.

    7.3.1 Welcher Gewinn in EUR wurde je kg erzielt?

    7.3.2 Wie viel EUR betrug der Gesamtgewinn der verkauften Menge?

1.3 Aufgabenbereiche des betrieblichen Rechnungswesens als Elemente eines Informations-, Steuerungs- und Kontrollsystems

Ab einer bestimmten Größenordnung eines Unternehmens wird ein modernes Rechnungswesen in die folgenden **vier Teilbereiche** aufgegliedert:

- **Buchführung,**
- **Kosten- und Leistungsrechnung,**
- **Statistik,**
- **Planung und Controlling.**

(1) Buchführung (Finanzbuchführung, Geschäftsbuchführung)

In der Buchführung werden zu Beginn der Geschäftsperiode die Werte der einzelnen Vermögens- und Schuldposten erfasst. Außerdem werden alle Wertveränderungen innerhalb der laufenden Geschäftsperiode festgehalten. Die Vorgänge, durch die solche Wertveränderungen ausgelöst werden, bezeichnet man als **Geschäftsvorfälle.** Da alle Wertveränderungen erfasst werden, kann zu jeder Zeit und vor allem auch am Ende der Geschäftsperiode der Wert der Vermögens- und Schuldposten ermittelt werden. Durch Vergleiche der Schlussbestände mit den Anfangsbeständen können die Veränderungen der einzelnen Werte und damit kann auch der Erfolg der Geschäftsperiode ermittelt werden. Es gilt: Ist der Wert des Reinvermögens (Vermögen – Schulden) am Ende der Geschäftsperiode höher als am Anfang, war das Ergebnis positiv. Es wurde ein Gewinn erzielt. Ist das Reinvermögen am Ende der Geschäftsperiode niedriger als am Anfang, war das Ergebnis negativ, das heißt, das Unternehmen hat einen Verlust erlitten.

(2) Kosten- und Leistungsrechnung (Betriebsbuchführung)

Die Kosten- und Leistungsrechnung bildet bei größeren Unternehmen häufig einen selbstständigen Teilbereich des Rechnungswesens. Hier geht es vor allem darum, den einzelnen Leistungsträgern (z. B. Warengruppen) die für sie entstandenen Kosten verursachungsgerecht zuzurechnen. Dadurch wird der Kaufmann in die Lage versetzt, zu erkennen, mit welchem Anteil die einzelnen Leistungsträger am Gesamtgewinn beteiligt sind. Auf der Grundlage dieser Erkenntnis kann entschieden werden, bei welchem Leistungsträger sich weitere Verkaufsanstrengungen lohnen (Werbung) bzw. welcher Leistungsträger aus dem Sortiment ausscheiden muss.

(3) Statistik

Hier werden Zahlenwerte der Buchführung und der Kosten- und Leistungsrechnung vergleichend dargestellt. Dabei können die Zahlenwerte des eigenen Betriebs im Zeitablauf verglichen werden **(innerbetrieblicher Vergleich)** oder die Zahlenwerte des eigenen Betriebs werden mit den entsprechenden Werten anderer Betriebe der gleichen Branche bzw. mit deren Durchschnittswerten verglichen **(zwischenbetrieblicher Vergleich).** So werden z. B. Lagerbewegungen, Umsatzzahlen, Lohnkosten, Gewinne usw. in tabellarischer oder auch grafischer Form zusammengestellt und evtl. zueinander in Beziehung gesetzt, um positive oder negative Entwicklungen deutlich zu machen.

(4) Planung und Controlling

Die Marktstellung eines Unternehmens hängt nicht nur von Vergangenheits- und Gegenwartsentscheidungen ab, sondern auch in entscheidender Weise von der richtigen Einschätzung zukünftiger Entwicklungen. Hierfür liefert der Teilbereich **Planung und Controlling** die entsprechenden Unterlagen. In ihm werden die durch die drei vorher genannten Teilbereiche des Rechnungswesens erfassten Zahlenwerte unter Berücksichtigung der zukünftigen Erwartungen fortgeschrieben. Es ist klar, dass dieser Teil des Rechnungswesens aufgrund der nicht exakt vorausberechenbaren Daten der Zukunft einen erheblichen Unsicherheitsfaktor in sich birgt. Dennoch kann ein moderner Betrieb heute nicht mehr auf eine in die Zukunft weisende Planungsrechnung verzichten. Die bewertende Analyse von Alternativen im Rahmen der **Entscheidungsvorbereitung** liefert die Grundlagen für eine angezeigte betriebliche Veränderung. Je abgesicherter dieser Teil des Rechnungswesens sein Zahlenwerk erstellt hat, desto risikoloser können die darauf basierenden Entscheidungen gefällt werden. Begleitende **Controllingrechnungen** überwachen die Umsetzung der Pläne und liefern Hinweise für erforderliche Korrekturen.

In vielen Betrieben arbeiten die einzelnen Zweige des Rechnungswesens noch ziemlich isoliert nebeneinander. Durch den verstärkten Einsatz der elektronischen Datenverarbeitung kommt es aber derzeit zu einem organisatorischen Zusammenrücken der einzelnen Zweige des betrieblichen Rechnungswesens. Über die elektronische Datenverarbeitung werden alle Daten der vier Teilbereiche des Rechnungswesens zusammengefasst und gebündelt, sodass z.B. der Wertefluss vom Eingang bis zum Ausgang erfasst, verarbeitet, analysiert, kontrolliert und für neue Entscheidungen aufbereitet werden kann (computerunterstütztes Warenwirtschaftssystem).

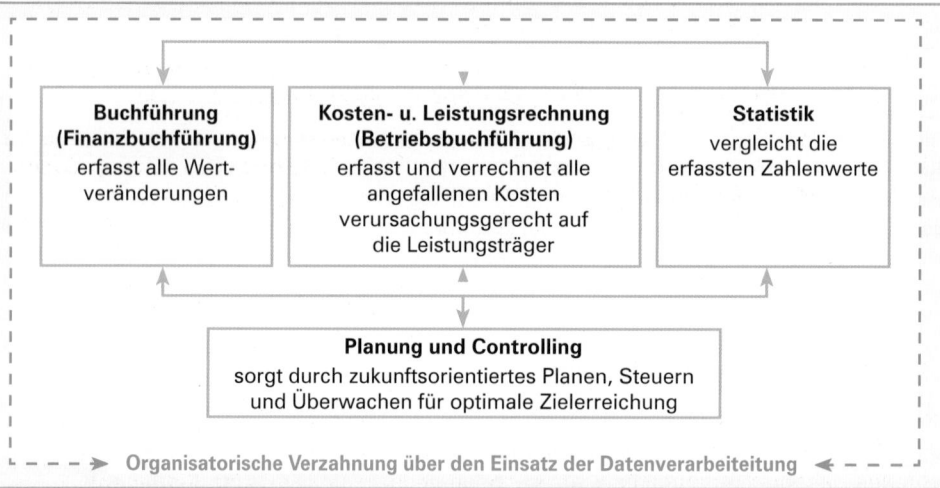

2.1 Begriff, Bedeutung, Aufgaben und Rechtsgrundlagen der Buchführung

2.1.1 Begriff und Bedeutung der Buchführung

Wer eine Übersicht über die Verwendung seines verfügbaren Geldes behalten möchte, greift zu Papier und Schreibstift, um sich alles aufzuschreiben. Das gilt für den Auszubildenden ebenso wie für den privaten Haushalt. Beide betreiben also Buchführung in einfachster Form. Die Notwendigkeit des Festhaltens solcher Vorgänge wird umso wichtiger, je höher und zahlreicher solche Geldbewegungen sind. Daher sind die staatlichen „Haushaltungen" (Bund, Länder und Gemeinden) verpflichtet, alle Ausgaben und Einnahmen in ihren sogenannten **Haushaltsplänen** zu erfassen.

In den **privaten Unternehmen** fällt täglich ebenfalls eine Vielzahl solcher barer, aber auch unbarer Vorgänge an, die Wertveränderungen des Vermögens und/oder der Schulden hervorrufen. Wir nennen sie **Geschäftsvorfälle**. Um die Übersicht über diese Wertveränderungen zu behalten, muss der Kaufmann sie im eigenen Interesse in seiner **Buchführung** erfassen. Darüber hinaus ist er auch im öffentlichen Interesse zur Buchführung verpflichtet. Diese kaufmännische Buchführung ist der Gegenstand unserer weiteren Betrachtung.

- Unter **kaufmännischer Buchführung** versteht man das Festhalten der Anfangsbestände an Vermögen und Schulden sowie deren Veränderungen.

- Die Vorgänge, durch die solche Veränderungen ausgelöst werden, nennen wir **Geschäftsvorfälle**. Sie sind der Erfassungsgegenstand der Buchführung.

- **Geschäftsvorfälle** sind Tätigkeiten, die **Vermögenswerte** und **Schulden** der Unternehmung verändern, die zu **Geldeinnahmen** oder **Geldausgaben** führen, einen Werteverzehr **(Aufwand)** oder einen Wertezuwachs **(Ertrag)** darstellen.

2.1.2 Aufgaben der Buchführung

Die kaufmännische Buchführung erfüllt eine Vielzahl von Aufgaben, die einerseits der Unternehmensleitung dienen **(interne Aufgaben),** und andererseits für außerhalb des Unternehmens stehende Personen bzw. Institutionen gedacht sind **(externe Aufgaben).**

2.1.2.1 Aufgaben der Buchführung aus der Sicht der Unternehmensleitung

Buchführung als Gedächtnisstütze	Die Buchführung dient als Gedächtnisstütze. Sobald das Geschäftsvolumen einen bestimmten Umfang überschreitet, ist es dem Kaufmann nicht mehr möglich, alles im Kopf zu behalten. Das gilt besonders für die noch nicht vollständig abgewickelten Geschäfte (Zielgeschäfte, Ratengeschäfte).
Buchführung als Instrument der Erfolgsermittlung (Ergebnisermittlung)	Jeder Kaufmann möchte sich nach einer gewissen Zeit (Monat, Vierteljahr, Halbjahr), spätestens nach einem Jahr, Rechenschaft über seine Geschäftstätigkeit ablegen. Er möchte wissen, wie erfolgreich er innerhalb der Geschäftsperiode gewesen ist. Der **Erfolg** der Geschäftstätigkeit kann ein **Gewinn,** im ungünstigen Fall aber auch ein **Verlust** sein. Der Begriff Erfolg ist also als eine **neutrale Größe** anzusehen. Er darf nicht mit dem Gewinnbegriff gleichgesetzt werden. Erfolg Gewinn oder Verlust
Buchführung als Instrument der Vermögens- und Schuldenermittlung	Ein Kaufmann will sich zu jeder Zeit über den **Stand seines Vermögens und der Schulden** informieren können. Beides kann er mithilfe der Buchführung erreichen, da sie alle Wertveränderungen erfasst. Allerdings ist die Blickrichtung der Erfolgsermittlung und der Vermögens- und Schuldenermittlung unterschiedlich. Die **Vermögens- und Schuldenrechnung** bezieht sich auf einen bestimmten **Zeitpunkt,** die **Erfolgsermittlung** auf einen bestimmten **Zeitraum.**
Buchführung als Grundlage der Kosten- und Leistungsrechnung (Kalkulation)	Die Kalkulation ermittelt die Selbstkosten und die Verkaufspreise für die Waren. Voraussetzung hierfür ist, dass alle Kosten des Unternehmens vorliegen. Da die Buchführung alle Wertveränderungen des Betriebs erfasst, kann die Kostenrechnung hierauf zurückgreifen. Die Buchführung bildet somit auch die Grundlage für die Kosten- und Leistungsrechnung.
Buchführung als Instrument der Betriebskontrolle	Sobald ein Unternehmen eine bestimmte Größe übersteigt, ist es der Geschäftsleitung nicht mehr möglich, alle Auswirkungen der Geschäftsvorfälle am Ort des Geschehens zu kontrollieren. Mithilfe der Buchführung können die erforderlichen Kontrollen jedoch vom Schreibtisch aus erfolgen. Die Geschäftsleitung braucht sich nur die gewünschten Zahlen aus der Buchführung vorlegen zu lassen. Dabei kann sie erkennen, ob z. B. irgendwelche Aufwendungen gestiegen sind oder die Umsätze in einer Abteilung oder bei einem bestimmten Artikel nicht den Erwartungen entsprechen. Dann kann sie den Ursachen auf den Grund gehen und gegebenenfalls die erforderlichen Maßnahmen ergreifen. Insoweit ist die Buchführung auch ein Instrument der Betriebskontrolle. Mit Recht bezeichnet man die **Buchführung** als das **Spiegelbild der Geschäftstätigkeit.**

Die Buchführung bildet die **Grundlage des gesamten Rechnungswesens**. Bevor weitere Teilbereiche des Rechnungswesens wie die Kostenrechnung, die Planungsrechnung oder die Statistik tätig werden können, müssen die Ausgangsdaten sowie die durch die Geschäftstätigkeiten hervorgerufenen Wertveränderungen durch die Buchführung festgehalten werden.

Neben den genannten Aufgaben hat die Buchführung im Zusammenwirken mit den übrigen Teilbereichen des Rechnungswesens folgende **weitere Aufgaben** zu erfüllen:

- alle wertverändernden Prozesse zu erfassen und darüber zu informieren (**Dokumentationsfunktion, Informationsfunktion**),
- diese für die anstehenden Entscheidungen aufzubereiten (**Dispositionsfunktion**),
- das benötigte Material für eine Entscheidungsfindung bereitzustellen (**Steuerungsfunktion**),
- die getroffenen Entscheidungen sowie alle sich abzeichnenden Entwicklungen zu überwachen (**Kontrollfunktion**).

2.1.2.2 Aufgaben der Buchführung aus der Sicht von außenstehenden Personen bzw. Institutionen

Die Buchführung ist eine unentbehrliche Informationsquelle für die Geschäftsleitung. Neben dem hohen Eigeninteresse der Geschäftsleitung an der Buchführung gibt es noch Interessenten, die außerhalb des Unternehmens stehen und dennoch ein berechtigtes Interesse an der Buchführung eines Unternehmens, insbesondere an deren Ergebnissen in Form der Bilanz und der Gewinn- und Verlustrechnung, nachweisen können. Die wichtigsten **außenstehenden Interessenten** sind:

- Die **Steuerbehörde,** weil für die Berechnung bestimmter Steuern (z. B. Einkommensteuer, Umsatzsteuer, Gewerbesteuer) das Zahlenmaterial der Buchführung zugrunde gelegt wird. Die Buchführung liefert die Unterlagen zur Steuerveranlagung.
- Die **Banken,** da sie bei Kreditgewährungen durch die Vorlage bestimmter Zahlen der Buchführung ihr Risiko besser abschätzen können.
- Die **Kapitalgeber** (z. B. Mitinhaber, Gläubiger), die ihr Geld eingebracht haben, besitzen ein Recht auf Information. Dieses Recht kann mithilfe der Buchführungsergebnisse befriedigt werden.
- Die **Mitarbeiter** haben ein Recht auf Unterrichtung über die wirtschaftliche und soziale Lage ihres Unternehmens [§ 43 I, II BetrVG].
- Die **Gerichte** gehen bei Vermögensstreitigkeiten im Zweifel von der Richtigkeit der Zahlen der Buchführung aus.

Aus der Sicht eines Außenstehenden hat die Buchführung u. a. die Aufgabe, eine breite Öffentlichkeit über die Vermögens- und Ertragslage eines Unternehmens zu informieren (**Informationsfunktion**). Daher sind auch alle Kapitalgesellschaften – und beim Überschreiten einer bestimmten Größenordnung auch alle anderen Unternehmen – zur Veröffentlichung ihrer Buchführungsergebnisse in Form der Bilanz und der GuV-Rechnung von Gesetzes wegen verpflichtet. Darüber hinaus dient die Buchführung bei Vermögensstreitigkeiten vor Gericht als Beweismittel (**Legitimationsfunktion**).

Aufgaben der Buchführung	
Für die **Unternehmensleitung** hat die Buchführung eine: ■ Dokumentationsfunktion ■ Informationsfunktion ■ Dispositionsfunktion ■ Steuerungsfunktion ■ Kontrollfunktion	Für **Außenstehende** hat die Buchführung eine: ■ Informationsfunktion ■ eine Legitimationsfunktion
Im Einzelnen dient sie als: ■ Gedächtnisstütze ■ Instrument zur Feststellung des Erfolges ■ Instrument zur Feststellung der Vermögensverhältnisse ■ Grundlage für die Kalkulation ■ Instrument der Betriebskontrolle	Im Einzelnen informiert sie: ■ Steuerbehörden ■ Banken ■ Kapitalgeber ■ Mitarbeiter Vor Gericht dient sie: ■ als Beweismittel

2.1.3 Rechtsgrundlagen der Buchführung

2.1.3.1 Allgemeine Rechtsvorschriften und Grundsätze ordnungsmäßiger Buchführung (GoB)

Es gibt ein öffentliches Interesse an der Rechenschaftslegung der Unternehmen. Der Staat hat daher gesetzliche Regelungen zur Buchführung der Unternehmen erlassen. Die wichtigsten gesetzlichen Bestimmungen sind im **Handelsgesetzbuch (HGB)** und in der **Abgabenordnung (AO)** enthalten.[1]

Buchführungspflicht: [§ 238 HGB]	Jeder Kaufmann ist verpflichtet, Bücher zu führen und in diesen seine Handelsgeschäfte und die Lage seines Vermögens **nach den Grundsätzen ordnungsmäßiger Buchführung** ersichtlich zu machen [§ 238 HGB]. Hierbei muss auch die Ertragslage des Unternehmens ausgewiesen werden. Dies ergibt sich aus § 242 II HGB, der ausdrücklich die GuV-Rechnung als Bestandteil des Jahresabschlusses nennt. Das Jahresergebnis darf demnach nicht allein durch Vermögensbestandsvergleich ermittelt werden, vielmehr müssen auch die einzelnen Bestandteile, auf denen das Jahresergebnis beruht, ausgewiesen werden.
Pflicht zur Aufstellung von Inventar und Bilanz: [§§ 240, 242 HGB]	**Inventar.** Jeder Kaufmann hat zu Beginn seines Handelsgewerbes seine Grundstücke, seine Forderungen und Schulden, den Betrag seines baren Geldes sowie seine sonstigen Vermögensgegenstände genau zu verzeichnen und dabei den Wert der einzelnen Vermögensgegenstände und Schulden anzugeben. Er hat demnächst für den Schluss eines jeden Geschäftsjahrs ein solches Inventar aufzustellen [§ 240 HGB]. **Bilanz.** Der Kaufmann hat zu Beginn seines Handelsgewerbes und für den Schluss eines jeden Geschäftsjahres einen das Verhältnis seines Vermögens und seiner Schulden darstellenden Abschluss (Eröffnungsbilanz, Bilanz) aufzustellen [§ 242 HGB].

---

1 Unter **Abgaben** verstehen wir Pflichtzahlungen (Steuern, Zölle, Gebühren und Beiträge), die Bund, Länder und Gemeinden von den Staatsbürgern und von juristischen Personen fordern. Das steuerliche Grundgesetz zur Regelung des Abgabenwesens nennen wir **Abgabenordnung**. Sie enthält Vorschriften über das Besteuerungsverfahren, das Steuerstrafwesen, das Rechtsmittelverfahren gegen Steuerbescheide und die Vorschriften über die örtliche Zuständigkeit der Finanzämter.

Die **Grundsätze ordnungsmäßiger Buchführung (GoB)** haben sich aus der Praxis der Buchführung entwickelt. Sie sind nicht in jedem Einzelfall gesetzlich verankert. Allgemein zählt dazu alles, was ein gewissenhafter, ordentlicher Kaufmann darunter versteht. Obwohl z. B. der Gesetzgeber kein bestimmtes Buchführungssystem vorschreibt, wird ab einer bestimmten Größenordnung des Betriebs die Anwendung des Grundprinzips der doppelten Buchführung zu den GoB gerechnet.

Ein großer Teil dieser Grundsätze ist inzwischen im Handelsgesetzbuch bzw. in den Steuergesetzen, namentlich in der Abgabenordnung (AO), gesetzlich verankert. Dabei stimmen die Vorschriften des HGB [§§ 238, 239 und 257 HGB] mit den Vorschriften der AO [§§ 145 – 147 AO] fast wörtlich überein, sodass wir uns auf die Bestimmungen des HGB beziehen. Obwohl das Handelsgesetzbuch Grundsätze ordnungsmäßiger Buchführung einerseits [§§ 238, 239 HGB] und Grundsätze eines ordnungsmäßigen Jahresabschlusses mit Ansatzvorschriften [§§ 246 bis 251 HGB] und Bewertungsvorschriften [§§ 252 bis 256 HGB] andererseits unterscheidet, hängen beide Grundsätze so eng miteinander zusammen, dass selbst in der Fachliteratur diese Unterscheidung oft nicht getroffen wird. Daher wollen wir die für uns wichtigsten Grundsätze unter dem Thema **Grundsätze ordnungsmäßiger Buchführung** zusammenfassen.

1. **Allgemeiner Grundsatz** [§ 238 I, S. 2 HGB]	„Die Buchführung muss so beschaffen sein, dass sie einem sachverständigen Dritten innerhalb angemessener Zeit einen Überblick über die Geschäftsvorfälle und über die Lage des Unternehmens vermitteln kann."
2. Grundsatz der **Klarheit und Übersichtlichkeit** [§ 238 I, S. 3 HGB]	„Die Geschäftsvorfälle müssen sich in ihrer Entstehung und Abwicklung verfolgen lassen." Praktisch führt dieser Grundsatz zu der Forderung: **keine Buchung ohne Beleg** und zu einer ordnungsmäßigen Belegaufbewahrung.
3. Grundsatz der **Vollständigkeit und Richtigkeit** [§ 239 II HGB]	„Die Eintragungen in Büchern und die sonst erforderlichen Aufzeichnungen müssen vollständig, richtig, zeitgerecht und geordnet vorgenommen werden." Die Grundsätze 2 und 3 hängen eng miteinander zusammen. Der dritte Grundsatz erfordert zusätzlich für die Praxis die Führung eines Grundbuches (zeitgerechte Erfassung) und die Führung eines Hauptbuches (sachgerechte, geordnete Erfassung).
4. Grundsatz des **Erhalts der ursprünglichen Eintragungen** [§ 239 III, S. 1 HGB]	„Eine Eintragung oder eine Aufzeichnung darf nicht in einer Weise verändert werden, dass der ursprüngliche Inhalt nicht mehr feststellbar ist." Praktisch bedeutet das ein Verbot der Benutzung von Radier- oder Killerinstrumenten sowie das Verbot des Überschreibens. Es bedeutet auch, dass nicht mit radierfähigen Bleistiften gebucht werden darf.
5. Grundsatz des **Verrechnungsverbots** [§ 246 II HGB]	„Posten der Aktivseite dürfen nicht mit Posten der Passivseite, Aufwendungen nicht mit Erträgen, … verrechnet werden." Praktisch bedeutet das, dass jeweils gesonderte Konten zu führen sind.
6. Grundsatz der **Lesbarkeit der Daten** [§ 239 IV, S. 2 HGB]	„Bei der Führung der Handelsbücher und der sonst erforderlichen Aufzeichnungen auf Datenträgern muss insbesondere sichergestellt sein, dass die Daten während der Dauer der Aufbewahrungsfrist verfügbar sind und jederzeit innerhalb angemessener Frist lesbar gemacht werden können." Der Kaufmann muss also auf seine Kosten entsprechende Geräte dafür bereithalten.

Zusätzlich zu den GoB wurden auch noch **„Grundsätze zur ordnungsmäßigen Führung und Aufbewahrung von Büchern, Aufzeichnungen und Unterlagen in elektronischer Form sowie zum Datenzugriff" (GOBD)** erstellt. Dies ist erforderlich, denn die zu führenden Bücher sowie die sonst erforderlichen Aufzeichnungen können auch auf Datenträgern geführt und aufbewahrt werden [§ 147 II AO]. Als Datenträger im Sinne dieser Vorschrift kommen in erster Linie die nur maschinell lesbaren Datenträger (z. B. CD-ROM) in Betracht. Mit den GoBD werden die GoB an die Entwicklungen einer modernen DV-gestützten Buchführung mit der Möglichkeit einer Speicherbuchführung angepasst.

2.1.3.2 Aufbewahrungsfristen

Bücher und Aufzeichnungen (z. B. Geschäftspapiere, Belege) müssen sowohl nach dem Handelsrecht [§ 257 HGB] als auch nach dem Steuerrecht [§ 147 I AO] aufbewahrt werden. Dadurch soll eine spätere Nachprüfung durch den Geschäftsinhaber bzw. Gesellschafter (interne Revision) oder durch Außenstehende (z. B. Finanzamt) gewährleistet werden.

Während das Handelsrecht nach § 257 HGB nur die Vollkaufleute erfasst, bezieht der § 147 I AO in Verbindung mit § 141 AO alle buchführungs- und aufzeichnungspflichtigen Personen und damit einen viel größeren Personenkreis ein. Die nachfolgende Übersicht gibt beispielhaft Aufschluss über Frist und Form der Aufbewahrung von Unterlagen.

Unterlagen	Fristen*		Form	
	6 Jahre	10 Jahre	Originale	Original, Bild- oder Datenträger
Eröffnungsbilanzen		X	X	
Jahresabschlüsse		X	X	
Inventare		X		X
Handelsbücher		X		X
Lageberichte		X		X
Arbeitsanweisungen		X		X
empfangene Handelsbriefe	X			X
abgesandte Handelsbriefe	X			X
Buchungsbelege[1]		X		X

* Die Aufbewahrungsfrist beginnt mit dem Schluss des Kalenderjahres, in dem die Unterlage entstanden ist. Nach dem Steuerrecht läuft die Aufbewahrungsfrist allerdings so lange nicht ab, soweit und so lange die Unterlagen für die Steuer von Bedeutung sind.

In einem Rechtsstreit oder bei Vermögensauseinandersetzungen sind die Unterlagen auf Anordnung des Gerichts zur Einsichtnahme vorzulegen. Sofern die Unterlagen auf modernen Speichermedien erfasst wurden, sind Bild- und Datensichtgeräte zur Verfügung zu stellen bzw. die Unterlagen sind auf Anordnung auszudrucken.

---

1 Buchungsbelege sind u. a.: Rechnungen, Lieferscheine, Quittungen, Warenbestandsaufnahmen, Bankauszüge, Buchungsanweisungen, Gehaltslisten, Kassenbericht

Übungsaufgabe

20 1. 1.1 Erläutern Sie das Wesen der Buchführung!

1.2 Wie nennt man die Vorgänge, die in der Buchführung erfasst werden?

1.3 Nennen Sie die wichtigsten Aufgaben der Buchführung für die Unternehmensleitung!

1.4 Nennen Sie Beispiele, aus denen hervorgeht, dass die Buchführung eines Unternehmens auch für Außenstehende von Bedeutung sein kann!

2. 2.1 Stellen Sie den wesentlichen Unterschied der Buchführung als Vermögensrechnung und als Erfolgsrechnung heraus!

2.2 Welche Rechtsquellen sind für die Buchführung von Bedeutung?

3. 3.1 Bilden Sie drei Beispiele, aus denen hervorgeht, warum die Aufzeichnung der Geschäftsvorfälle für die Geschäftsleitung des Unternehmens unentbehrlich ist!

3.2 Überlegen Sie, welche Gründe den Staat veranlasst haben können, gesetzliche Bestimmungen zur Buchführung zu erlassen!

3.3 Wann kann eine Buchführung als ordnungsmäßig bezeichnet werden?

4. Wie viel Jahre sind die Quittungen für gekaufte Büroformulare aufzubewahren?

| 1 | 2 Jahre | 3 | 6 Jahre | 5 | 30 Jahre |
| 2 | 5 Jahre | 4 | 10 Jahre | | |

Übertragen Sie die Ziffer der Lösung in Ihr Heft!

2.2 Inventur, Inventar und Bilanz

2.2.1 Inventur, Inventar

2.2.1.1 Ablauf, Arten und Zielsetzung der Inventur

(1) Ablauf der Inventur

Nach § 240 HGB ist jeder Kaufmann verpflichtet, „zu Beginn seines Handelsgewerbes" (d.h. bei der Gründung) und danach „für den Schluss eines jeden Geschäftsjahres" seine Vermögens- und Schuldposten mit ihren Werten anzugeben. Diese Aufstellung nennt der Gesetzgeber **Inventar**. Formale Vorschriften zur Aufstellung des Inventars gibt der Gesetzgeber nicht.

Durch den Vorgang der **Inventur** wird vor Ort festgestellt, welche Vermögens- und Schuldwerte tatsächlich vorhanden sind. Die Inventur ist also eine **Tätigkeit.**

- Man geht in den Betrieb bzw. in das Lager und schaut z.B. nach, welche Menge einer **Werkstoff-** oder **Warenart** noch vorhanden ist. Typische Tätigkeiten für diesen ersten Vorgang der Inventur sind: Zählen, Messen, Wiegen, notfalls auch Schätzen. Durch die Rechnung Menge · Einstandspreis wird anschließend der Wert der vorhandenen Ware ermittelt.

- Zur Feststellung des Wertes an **Bargeld** muss das in der Kasse vorhandene Geld gezählt werden.

- Bei anderen Geldvermögensarten, z.B. dem **Bankguthaben,** geben die Kontoauszüge Auskunft über das gegenwärtige Guthaben.

- **Kundenforderungen** bzw. **Lieferantenschulden** werden namentlich aufgelistet. Die ermittelten Salden lässt man sich von den einzelnen Kunden bzw. Lieferanten bestätigen.

- Der Wert der einzelnen Gegenstände der **Betriebs- und Geschäftsausstattung** wird unter Berücksichtigung planmäßiger Abschreibungsbeträge ermittelt.

Beispiel für eine Inventur-Aufnahmeliste (Einzelinventurliste):

Inventur-Aufnahmeliste

Aufnahme: *Fischer*   Ausrechnung: *Troll*   Kontrolle: *Spralte*

Nr.	Menge	Artikelbezeichnung	Bruttoverkaufs-preis in EUR	Einstandspreis
(1)				
(2)				
(3)				

Die **Inventur** ist die mengen- und wertmäßige Erfassung aller Vermögens- und Schuldenwerte eines Kaufmanns zu einem bestimmten Zeitpunkt. Die Inventur ist also eine Tätigkeit.

(2) Arten (Verfahren) der Inventur

■ Stichtagsinventur (Normalverfahren)

Grundsätzlich sind nach § 240 HGB zu Beginn eines Handelsgewerbes und zum Schluss eines jeden Geschäftsjahres alle Vermögens- und Schuldposten aufgrund einer körperlichen Bestandsaufnahme genau zu verzeichnen und zu bewerten. Diese zeitraubenden Inventurarbeiten sind aber in der Praxis häufig an einem Tag nicht zu bewältigen.

Daher gestatten die Einkommensteuerrichtlinien [R 5.3], dass die Inventurarbeiten für Vorratsvermögen nicht am **Abschlussstichtag (Bilanzstichtag)**, sondern lediglich zeitnah **um den Stichtag herum** durchgeführt werden können. Als zulässige Zeitspanne um den Bilanzstichtag gelten 10 Tage vor bzw. 10 Tage nach dem Bilanzstichtag.

Allerdings muss sichergestellt sein, dass die Bestandsveränderungen zwischen dem Tag der Bestandsaufnahme und dem Bilanzstichtag anhand von Belegen oder Aufzeichnungen ordnungsmäßig berücksichtigt werden können.

■ Vereinfachungsverfahren bei der Inventur

Wegen der Belastungen, die eine körperliche Stichtagsinventur für die Unternehmen mit sich bringt, sieht der Gesetzgeber unter bestimmten Voraussetzungen von einer körperlichen Stichtagsinventur ab und lässt folgende Vereinfachungen zu:

Stichproben-inventur [§ 241 I HGB]	Erfahrungsgemäß macht in einem Werkstofflager eine relativ kleine Menge (z. B. 20 % der Objekte) den größten Teil des Wertes (z. B. 80 %) aus. Das ist die geeignete Situation für die Anwendung der Stichprobeninventur.
	Für die kleine Gütermenge mit einem **hohen Wertanteil** wird eine **vollständige körperliche Bestandsaufnahme** durchgeführt. Nur für die große **Gütermenge** mit vergleichsweise **niedrigem Wertanteil** wird die **Stichprobeninventur** wie folgt durchgeführt:

	Bei diesem Teil des Werkstofflagers, bei dem das Stichprobenverfahren infrage kommt, wird zunächst für einen kleinen Teil der Menge (z. B. für 2 % bis 5 %) eine körperliche Bestandsaufnahme durchgeführt. Aus diesen nach mathematisch-statistischen Methoden ausgewählten Einzelobjekten (den Stichproben) wird ein Durchschnittswert ermittelt.
	Durch Multiplikation der Gesamtmenge dieses Teils der Werkstoffmenge mit dem ermittelten Durchschnittswert der Stichproben erhält man den Gesamtwert für diesen Teil des Werkstofflagers. Bei der Auswahl der Stichproben muss es sich um eine möglichst breite Streuung handeln.
Permanente Inventur [§ 241 II HGB]	Werden die Vermögensgegenstände nach Art, Menge und Wert fortlaufend nach den Grundsätzen ordnungsmäßiger Buchführung erfasst, kann auf eine körperliche Bestandsaufnahme zum Bilanzstichtag gänzlich verzichtet werden.
	Die körperliche Bestandsaufnahme muss dann allerdings zu einem **beliebigen** anderen **Zeitpunkt innerhalb des Jahres** vorgenommen werden.
Verlegte Inventur [§ 241 III HGB]	Sind für einen bestimmten Tag innerhalb von **drei Monaten vor dem Bilanzstichtag** oder innerhalb von **zwei Monaten nach dem Bilanzstichtag** die Werte von Vermögensgegenständen durch eine körperliche Bestandsaufnahme oder auch durch eine permanente Inventur ermittelt und in einem gesonderten Verzeichnis festgehalten worden, dann braucht für diese Vermögensgegenstände eine körperliche Inventur zum Bilanzstichtag nicht mehr vorgenommen zu werden, wenn sichergestellt ist, dass durch eine ordnungsmäßige Fortschreibung bzw. Rückrechnung der Wert am Bilanzstichtag zuverlässig ermittelt werden kann.

(3) Zielsetzung der Inventur

Die vom Gesetzgeber geforderte Inventur ist wesentlicher Bestandteil einer ordnungsmäßigen Buchführung. Die Inventur dient in erster Linie dem **Schutz der Gläubiger.** Durch eine körperliche Bestandsaufnahme soll überprüft werden, ob die in der Buchführung **ausgewiesenen Bestände (Sollbestände)** mit den **tatsächlichen Beständen (Istbeständen) übereinstimmen,** die durch die Inventur ermittelt werden. Treten Differenzen zwischen Soll- und Istbeständen auf, müssen die Ursachen aufgedeckt und entsprechende Korrekturen in der Buchführung vorgenommen werden, damit solche Differenzen nicht noch weitergeschleppt werden. Insofern übt die **Inventur** gegenüber der Buchführung eine **Kontrollfunktion** aus.

- Durch die Inventur erfolgt vor Ort eine **körperliche Bestandsaufnahme** aller **Vermögens- und Schuldwerte** nach ihrer **Art,** ihrer **Menge** und ihrem **Wert.** Die so ermittelten Werte bilden die Grundlage für die Erstellung des Jahresabschlusses.
- Die **Inventur** übt gegenüber der Buchführung eine **Kontrollfunktion** aus.
- Bei auftretenden Differenzen zwischen den in der Buchführung ermittelten Buchbeständen und den durch die Inventur ermittelten Istbeständen müssen die **Werte der Buchführung** an die **Werte der Inventur angepasst werden.**

5 Speth u.a. - ISBN 978-3-8120-0261-5

2.2.1.2 Form, Inhalt und Aufbau des Inventars

(1) Form des Inventars

> Die **Inventur** ist das übersichtlich zusammengestellte **wertmäßige Ergebnis** der Inventur. Das Inventar ist also ein Verzeichnis über die tatsächlich vorhandenen Vermögens- und Schuldenwerte an einem bestimmten Tag (Stichtag).

Die im Inventar zusammengestellten Ergebnisse der Inventur bedürfen einer möglichst übersichtlichen und schnell lesbaren Form. Die in den **Inventurlisten** enthaltene Vielzahl von Einzelergebnissen genügt diesem Anspruch nicht.

Obschon es **keine gesetzlichen Vorschriften** für die **formale Darstellung eines Inventars** gibt, hat es sich in der Praxis allgemein durchgesetzt, dass die Ergebnisse der Inventur nochmals zusammengefasst werden. Bei einzelnen Posten wird dann auf die Einzelverzeichnisse verwiesen.

Da wir in der Schule immer nur beispielhaft arbeiten können, wollen wir hier ein Inventar aufstellen, in dem einerseits die erforderlichen Einzelangaben enthalten sind und andererseits bei Vorliegen eines weiteren Informationsbedürfnisses auf die entsprechenden Einzelverzeichnisse (Einzelinventurlisten) verwiesen wird.

Das Beispiel auf S. 67 dient Ihnen als Muster für den Inhalt und den Aufbau eines Inventarverzeichnisses und für die darin verwendeten Begriffe dient.

Erläuterungen zum Inhalt und Aufbau des Inventars von S. 67

Das Inventar besteht aus drei Teilen: dem **Vermögen,** den **Schulden** und dem **Reinvermögen** (Eigenkapital).

- Das **Vermögen** gibt Aufschluss darüber, welche Gegenstände in einem Unternehmen vorhanden sind. Man unterscheidet zwischen Anlage- und Umlaufvermögen.

  - Zum **Anlagevermögen** gehören alle Vermögensposten, die dazu bestimmt sind, dem Unternehmen langfristig zu dienen. Sie bilden die Grundlage für die Betriebsbereitschaft.

    Beispiele:

    Gebäude, Grundstücke, Maschinen, Geschäftsausstattung, ...

  - Zum **Umlaufvermögen** zählen alle Vermögensposten, die dadurch charakterisiert sind, dass sie sich durch die Geschäftstätigkeit laufend verändern.

    Beispiele:

    Kassenbestand, Bankguthaben, Waren, Forderungen aus Lieferungen und Leistungen, Werkstoffe, Fertigerzeugnisse.

- **Schulden** (Verbindlichkeiten) stellen Fremdkapital dar, das Dritte dem Unternehmen zur Verfügung stellen. Sie werden z. B. nach der Art der Schuld gegliedert.

  Beispiele:

  Verbindlichkeiten gegenüber Kreditinstituten, Verbindlichkeiten aus Lieferungen und Leistungen.

■ Ziehen wir vom Gesamtwert des Vermögens (Rohvermögens) den Gesamtwert der Schulden ab, erhalten wir das **Reinvermögen,** das auch als **Eigenkapital** bezeichnet wird.

(Roh-)Vermögen − Schulden = Reinvermögen (Eigenkapital)

(2) Beispiel für den Inhalt und den Aufbau eines Inventars

Inventar zum 31. Dezember 20. .
von Otto Ehrlich e. Kfm., Dürerstr. 101, 38442 Wolfsburg

A. Vermögen		
I. A n l a g e v e r m ö g e n :		
1. Grundstücke		
– Dürerstr. 101	175 000,00 EUR	
– Georgstraße 10	125 000,00 EUR	300 000,00 EUR
2. Bauten auf eigenen Grundstücken		
– Betriebsgebäude Dürerstr. 101	1 750 000,00 EUR	
– Verwaltungsgebäude Georgstraße 10	675 000,00 EUR	2 425 000,00 EUR
3. Fuhrpark		
– Pkw: WOB - AM 312	45 800,00 EUR	
– Lkw: WOB - EW 418	98 750,00 EUR	144 550,00 EUR
4. Betriebs- und Geschäftsausstattung		
– Regale lt. Einzelinventurliste 1	18 500,00 EUR	
– Büromaschinen lt. Einzelinventurliste 2	45 600,00 EUR	
– Kassenautomat	10 775,00 EUR	
– Verkaufstheke	20 725,00 EUR	95 600,00 EUR
II. U m l a u f v e r m ö g e n :		
1. Warenvorräte		
– PC 20 Stück	9 140,00 EUR	
– Fernsehgeräte 30 Stück	18 450,00 EUR	
– Stereoanlagen 2 Stück	2 950,00 EUR	
– Zubehör- und Ersatzteile lt. Einzelinventurliste 3	1 410,00 EUR	31 950,00 EUR
2. Forderungen aus Lieferungen und Leistungen		
Kunde Otto Schulz OHG, Nürnberg	12 125,00 EUR	
Kunde Werner Müller e. Kfm., Erlangen	21 650,00 EUR	
Kunde Fritz Schäfer KG, Würzburg	13 920,00 EUR	47 695,00 EUR
3. Kassenbestand lt. Einzelinventurliste 4		1 250,00 EUR
4. Guthaben bei Banken		
– Guthaben bei Volksbank Lüneburg	28 780,00 EUR	
– Guthaben bei Stadtsparkasse Wolfsburg	5 900,00 EUR	34 680,00 EUR
Summe des Vermögens (Rohvermögens)		3 080 725,00 EUR
B. Schulden		
1. Verbindlichkeiten gegenüber Kreditinstituten		
– Darlehen bei der Volksbank Lüneburg	230 000,00 EUR	
– Kontokorrentkredit bei der Stadtsparkasse Wolfsburg	50 145,00 EUR	280 145,00 EUR
2. Verbindlichkeiten aus Lieferungen und Leistungen		
– Dortmunder Tele-Technik AG	55 150,00 EUR	
– Kemptener Fernseh-Apparatebau GmbH	45 250,00 EUR	100 400,00 EUR
3. Liefererdarlehen der Rado GmbH, Leipzig		22 100,00 EUR
Summe der Schulden		402 645,00 EUR
C. Ermittlung des Reinvermögens (Eigenkapitals)		
Summe des Vermögens		3 080 725,00 EUR
– Summe der Schulden		402 645,00 EUR
= Reinvermögen (Eigenkapital)		2 678 080,00 EUR

■ Unter **Inventur** versteht man die mengen- und wertmäßige Erfassung aller Vermögens- und Schuldenwerte eines Kaufmanns zu einem bestimmten Zeitpunkt. Die Inventur ist also eine Tätigkeit.

■ Die Inventur ist regelmäßig zum **Bilanzstichtag,** bei **Gründung, Übernahme** oder **Auflösung** des Unternehmens durchzuführen [§ 240 HGB]. Wir unterscheiden zwischen **Stichtags-, Stichproben-, permanenter** und **verlegter Inventur.**

■ Die Inventur übt gegenüber der Buchführung eine **Kontrollfunktion** aus und schafft dadurch **gesicherte Ausgangsdaten** für den Jahresabschluss.

■ Das **Inventar** wird in folgende Teile gegliedert: **Vermögen, Schulden** und **Reinvermögen** (Differenz zwischen Vermögen und Schulden).

■ Für die Begriffsbildung und die Ordnung im Inventar bestehen **keine gesetzlichen Vorschriften.** Wegen des engen Zusammenhanges zur Bilanz orientieren wir uns bei der Aufstellung des Inventars an den **gesetzlichen Vorschriften zur Bilanz.**

Übungsaufgaben

21 Stellen Sie aufgrund der angegebenen Inventurergebnisse für Max Weber e. Kfm. ein Inventar zum 31. Dezember 20.. auf!

Grundstücke		121 180,00 EUR
Bauten auf eigenen Grundstücken		535 925,00 EUR
Büroeinrichtung lt. Inventurliste 1		48 000,00 EUR
Fuhrpark (1 Kombi)		51 400,00 EUR
Forderungen lt. bestätigter Saldenliste		60 510,00 EUR
Warenvorräte:		
145 DVD-Player	15 000,00 EUR	
80 Fernsehgeräte	20 000,00 EUR	
48 Stereo-Anlagen	8 000,00 EUR	
210 Lampen	5 250,00 EUR	
Sonstiges Kleinmaterial lt. Inventurliste 2	3 000,00 EUR	51 250,00 EUR
Kassenbestand lt. Inventurliste 3		1 520,00 EUR
Guthaben bei Kreditinstituten:		
– Guthaben auf dem Kontokorrentkonto bei der A-Bank		27 790,00 EUR
– Guthaben bei der Postbank Niederlassung in der X-Stadt		2 200,00 EUR
Verbindlichkeiten gegenüber Kreditinstituten:		
– Darlehen bei der B-Bank		128 000,00 EUR
Verbindlichkeiten aus Lieferungen und Leistungen:		
– Nürnberger Teleblick AG	31 600,00 EUR	
– Berliner Funk-Fernseh GmbH	59 100,00 EUR	90 700,00 EUR

22 Stellen Sie aufgrund der angegebenen Inventurergebnisse für Susanne Klein e. Kfr. ein Inventar zum 31. Dezember 20.. auf!

Betriebs- und Geschäftsausstattung bestehend aus:

– 20 Büroschränken	18 500,00 EUR	
– 6 Regalen	4 680,00 EUR	
– 2 PC	3 120,00 EUR	
– 4 Faxgeräten	1 150,00 EUR	27 450,00 EUR

Forderungen aus Lieferungen und Leistungen:

– Fritz Krause e. Kfm.	1 200,00 EUR	
– Otto Selmig OHG	1 300,00 EUR	2 500,00 EUR

Verbindlichkeiten aus Lieferungen und Leistungen:

– Otto Süß KG	9 000,00 EUR	
– Friedrich Sauer GmbH	4 000,00 EUR	
– Liane Selbach e. Kfr.	10 000,00 EUR	23 000,00 EUR

Kassenbestand lt. Inventurliste 1		1 370,00 EUR

Warenvorräte:

– Wäsche lt. Inventurliste 2	3 750,00 EUR	
– 120 Kleider	5 000,00 EUR	
– 90 Röcke	2 500,00 EUR	
– 45 Mäntel	4 000,00 EUR	15 250,00 EUR

Guthaben bei Kreditinstituten:

– Guthaben auf dem Kontokorrentkonto bei der C-Bank	36 250,00 EUR

Unbebaute Grundstücke	132 000,00 EUR

Verbindlichkeiten gegenüber Kreditinstituten:

– Darlehen bei der D-Bank	50 000,00 EUR

Liefererdarlehen der Kleider-Fritz GmbH	12 000,00 EUR

2.2.2 Bilanz und ihre Gliederung

2.2.2.1 Gesetzliche Grundlagen zur Aufstellung der Bilanz

(1) Aufstellungspflicht

Nach § 242 HGB hat der Kaufmann zu Beginn seines Handelsgewerbes und danach für den Schluss eines jeden Geschäftsjahres eine Bilanz aufzustellen, aus der das Verhältnis zwischen seinem Vermögen und seinen Schulden erkennbar ist.

Im Gegensatz zum Inventar stellt die Bilanz eine **kurz gefasste Übersicht** dar, die es ermöglicht, das Verhältnis zwischen Vermögen und Schulden in kurzer Zeit zu erkennen. Die Bilanz ist eine **Kurzfassung des Inventars.**

(2) Form und Gliederung der Bilanz

Nach § 266 I, S. 1 HGB, ist die Bilanz in **Kontoform**[1] aufzustellen. Die **linke Seite der Bilanz** ist die **Aktivseite.** Auf ihr stehen die **Aktiva (Vermögensposten).** Die **rechte Seite der Bilanz** ist die **Passivseite.** Auf ihr stehen die **Passiva.** Die Passivseite der Bilanz weist das Kapital, getrennt nach Kapitalgebern (**Eigenkapital** und **Verbindlichkeiten [Fremdkapital]**) aus.

---

1 Ein Konto ist ein zweiseitiges Verrechnungsschema, das sich in der Praxis der kaufmännischen Buchführung bewährt hat. Es wird im schulischen Bereich in der sogenannten T-Form geführt. Näheres siehe S. 80 f.

Da wir uns in der Schule nur mit einfachen Bilanzen beschäftigen können, schlagen wir für unsere vorläufige Arbeit mit Bilanzen folgendes vereinfachtes Bilanzschema vor, wobei wir uns bezüglich der Begriffsbildung weitgehend nach den Vorgaben des § 266 HGB richten. Weil die Hauptgruppen (A, B, C) nicht in Untergruppen (I, II, III) untergliedert sind, beginnt wir die Gliederung nicht mit den Großbuchstaben, sondern mit den römischen Ziffern.

Aktiva	Bilanz zum 31. Dezember 20..	Passiva

I. Anlagevermögen
  1. Grundstücke und Bauten
  2. techn. Anlagen u. Maschinen
  3. And. Anl., Betr.- u. G.-Ausstat.[1]
 	
II. Umlaufvermögen
  1. Waren
  2. Ford. a. Lief. u. Leist.
  3. Kassenbestand
  4. Guthaben bei Kreditinstituten
		I. Eigenkapital
		
		II. Verbindlichkeiten[2]
		  1. Verb. geg. Kreditinstituten
		  2. Verb. a. L. u. Leist.
		  3. Sonstige Verbindlichkeiten[3]

Beispiel:

Stellen Sie zu dem Inventar auf S. 67 die entsprechende Bilanz auf!

Lösung:

Aktiva		Bilanz von Otto Ehrlich e. Kfm. zum 31. Dez. 20..		Passiva
I. Anlagevermögen		**I. Eigenkapital**		2 678 080,00
1. Grundstücke und Bauten	2 725 000,00	**II. Verbindlichkeiten**[2]		
2. Andere Anlagen, Betriebs- und Geschäftsausstattung[1]	240 150,00	1. Verb. geg. Kreditinstituten		280 145,00
II. Umlaufvermögen		2. Verb. a. L. u. Leist.		100 400,00
1. Waren	31 950,00	3. Sonstige Verbindlichkeiten[3]		22 100,00
2. Ford. a. Lief. u. Leist.	47 695,00			
3. Kassenbestand	1 250,00			
4. Guthaben bei Kreditinst.	34 680,00			
	3 080 725,00			**3 080 725,00**

Wolfsburg, den 31. Dez. 20..   *Otto Ehrlich*

---

1 Zu diesem Bilanzposten gehört bei Kapitalgesellschaften auch der Fuhrpark. In Bilanzen von Nichtkapitalgesellschaften wird der Fuhrpark häufig als gesonderter Bilanzposten ausgewiesen.

2 Die nach § 266 HGB vorgegebene Bezeichnung für diesen Bilanzposten wird häufig auch durch den Begriff Fremdkapital ersetzt, was allerdings bei Kapitalgesellschaften nicht erlaubt wäre.

3 Zu diesem Bilanzposten zählt z. B. ein Liefererdarlehen; Sonstige Verbindlichkeiten gegenüber dem Finanzamt; Verbindlichkeiten gegenüber Sozialversicherungsträgern.

Die Bilanz lässt auf einen Blick erkennen, wer das Kapital aufgebracht hat (Passivseite) und wie es verwendet wurde (Aktivseite).

Aktiva		Bilanz	Passiva
Wie wurde das Kapital verwendet?		Wer hat das Kapital aufgebracht?	
I. **Anlagevermögen**	2 965 150,00	I. **Eigenkapital**	2 678 080,00
II. **Umlaufvermögen**	115 575,00	II. **Verbindlichkeiten**	402 645,00
Vermögen	3 080 725,00	**Kapital**	3 080 725,00
↑		↑	
Verwendung finanzieller Mittel (Investition)		**Beschaffung** finanzieller Mittel (Finanzierung)	

Die **Aktivseite** gibt die **Mittelverwendung (Investition)** des Unternehmens wieder, die **Passivseite** die **Mittelbeschaffung (Finanzierung)**.

Für die Bilanz gilt folgende Grundgleichung:

$$\text{Aktiva} \triangleq \text{Passiva}$$

Dabei gilt:

$$\text{Aktiva} \triangleq \text{Vermögen}$$
$$\text{Passiva} \triangleq \text{Eigenkapital} + \text{Verbindlichkeiten}$$

Übungsaufgaben

23   Stellen Sie unter Beachtung des einfachen Bilanzgliederungsschemas aus den Inventaren der Aufgaben 21 und 22 (S. 68 f.) die entsprechenden Bilanzen auf!

24   Erstellen Sie aufgrund folgender Angaben eine Bilanz:

Waren	110 000,00 EUR	Geschäftsausstattung	12 500,00 EUR
Grundstücke und Bauten	130 900,00 EUR	Kasse	4 310,00 EUR
Forderungen aus Liefe-		Bankdarlehen	75 800,00 EUR
rungen und Leistungen	115 000,00 EUR	Guthaben bei der A-Bank	3 120,00 EUR
Verbindl. aus Lief.		Fuhrpark	34 950,00 EUR
und Leistungen	77 700,00 EUR	Liefererdarlehen	25 000,00 EUR

2.2.2.2 Zusammenhang zwischen Inventur, Inventar, Buchführung und Bilanz

Um den Zusammenhang aufzuzeigen, der zwischen Inventar und Bilanz besteht, ist zunächst festzuhalten, dass beide Verzeichnisse **außerhalb der Buchführung** stehen.

Zwischen der Buchführung und der Bilanz besteht ein enger Zusammenhang, denn jede Bilanz – mit Ausnahme der Eröffnungsbilanz – baut auf den Zahlengrundlagen der Buchführung auf. Bevor jedoch diese Ergebnisse der Buchführung über die Bilanz der Öffentlichkeit präsentiert werden, soll sichergestellt sein, dass diese Werte auch tatsächlich vorhanden sind. Es könnten ja Unregelmäßigkeiten (z. B. Rechenfehler, Buchungsfehler,

Diebstahl usw.) aufgetreten sein. Diese Sicherstellung erfolgt über die Inventur, bei der – völlig unabhängig von der Buchführung – vor Ort festgestellt wird, was vorhanden ist. Ohne die Inventur ist ein ordnungsmäßiger Jahresabschluss nicht möglich. Man unterscheidet daher **Inventurbestand (Istbestand)** und **Buchbestand (Sollbestand).**

Liegen Abweichungen zwischen Soll- und Istbeständen vor, müssen die Gründe dafür aufgedeckt und entsprechende Korrekturen in der Buchführung vorgenommen werden, damit die Werte der Buchführung auch mit den tatsächlich vorhandenen übereinstimmen. Die Inventur – mit dem Inventar als Ergebnis – hat also gegenüber der Buchführung eine **Kontrollfunktion.**

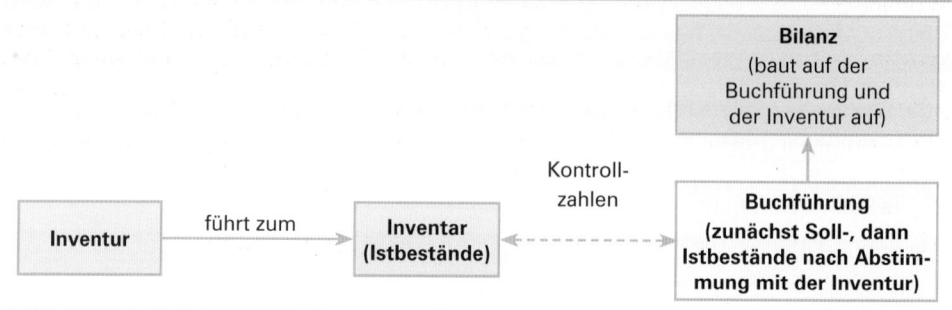

Gegenüberstellung von Inventar und Bilanz:

Inventar	Bilanz
■ Das Inventar ist eine **ausführliche wert- und mengenmäßige** Gegenüberstellung der Vermögens- und Schuldposten.	■ Die Bilanz ist eine **gedrängte wertmäßige** Gegenüberstellung aller Vermögens- und Schuldposten.
■ Im Inventar werden alle selbstständig bewertbaren Gegenstände eines Postens erfasst. Es ist **sehr ausführlich** und dadurch **unübersichtlich.**	■ Die Bilanz weist jeden Posten nur mit einer Summe aus. Sie ist **weniger ausführlich,** dadurch aber **übersichtlich.**
■ Im Inventar stehen Vermögen und Schulden **untereinander.**	■ In der Bilanz stehen Vermögen und Schulden **nebeneinander.**
■ Die Differenz zwischen Vermögen und Schulden heißt **Reinvermögen.**	■ Die Differenz zwischen Vermögen und Schulden heißt **Eigenkapital.**
■ Das Inventar bzw. die Inventur übt gegenüber den Ergebnissen der Buchführung eine **Kontrollfunktion** aus.	■ Die Bilanz **baut auf den Zahlenunterlagen der Buchführung und denen der Inventur auf.**
■ Das Inventar (die Inventur) dient **innerbetrieblichen Zwecken** (Soll-Ist-Vergleich).	■ Die Bilanz informiert die **Außenwelt.**
■ Gesetzliche **Gliederungsvorschriften** für das Inventar **bestehen nicht.**	■ Es **bestehen gesetzliche Gliederungsvorschriften.**

2.3 System der doppelten Buchführung

2.3.1 Wertveränderungen der Bilanzposten durch Geschäftsvorfälle (vier Grundfälle)

Die Bilanz stellt die Werte des Vermögens und der Schulden für einen ganz bestimmten Zeitpunkt dar, und zwar im Allgemeinen für den Schluss eines jeden Geschäftsjahres. Durch Gegenüberstellung der Werte am Schluss des laufenden Geschäftsjahres mit den Werten am Schluss des vorangegangenen Geschäftsjahres können dann die Wertveränderungen im Einzelnen sowie in ihrem Endergebnis in Form der Veränderung des Eigenkapitals festgestellt werden. Ursache für diese Wertveränderungen sind die Geschäftsvorfälle. Will man diese Wertveränderungen in der übersichtlichen Form einer Bilanz verfolgen, müssten Bilanzen in sehr kurzen Zeitabständen aufgestellt werden, aus theoretischer Sicht nach jedem Geschäftsvorfall. Dies ist zu umständlich. Wir können daher jetzt schon festhalten, dass die durch die Geschäftsvorfälle hervorgerufenen Veränderungen außerhalb der Bilanz, nämlich in der Buchführung, festgehalten werden.

- Bilanzen gelten immer nur für einen ganz **bestimmten Zeitpunkt.**
- Jeder Geschäftsvorfall **verändert die Bilanz.**
- Veränderungen aufgrund von Geschäftsvorfällen werden in der **Buchführung festgehalten.**

Bevor wir auf die Erfassung der Geschäftsvorfälle außerhalb der Bilanz, nämlich in der Buchführung, eingehen, wollen wir im Folgenden darstellen, welche Auswirkungen Geschäftsvorfälle **grundsätzlich** auf die Bilanz haben können.

Beispiel:

Aktiva		Ausgangsbilanz	Passiva
And. Anl., Betr.- u. Geschäftsausst.	40 000,00	Eigenkapital	42 000,00
Waren	2 000,00	Verb. a. Lief. und Leistungen	16 000,00
Kassenbestand	4 000,00		
Guthaben bei Kreditinstituten	12 000,00		
	58 000,00		58 000,00

Anmerkung: Wegen der geringen Anzahl von Posten wird auf die Gliederung in Anlagevermögen und Umlaufvermögen bzw. Eigenkapital und Verbindlichkeiten verzichtet.

Aufgaben:

Stellen Sie nach jedem Geschäftsvorfall die Bilanz neu auf, geben Sie an, in welche Richtung (+ oder –) sich die einzelnen Bilanzposten geändert haben und charakterisieren Sie jeweils die Bilanzveränderungen. Machen Sie außerdem eine Aussage über die Bilanzsumme!

Lösungen:

1. Geschäftsvorfall: Wir kaufen Waren gegen Barzahlung für 1 800,00 EUR.

Auswirkungen auf die Bilanz

Aktiva	**1. veränderte Bilanz**		Passiva
And. Anl., Betr.- u. Geschäftsausst.	40 000,00	Eigenkapital	42 000,00
Waren	3 800,00	Verb. aus Lief. und Leistungen	16 000,00
Kassenbestand	2 200,00		
Guthaben bei Kreditinstituten	12 000,00		
	58 000,00		58 000,00

Waren	(Aktivposten)	+	**AKTIVTAUSCH**
Kassenbestand	(Aktivposten)	–	**Die Bilanzsumme bleibt unverändert.**

Erläuterungen:

Es werden zwei Aktivposten verändert. Der Aktivposten Waren nimmt um 1 800,00 EUR zu, der Aktivposten Kassenbestand nimmt um den gleichen Betrag ab.

2. Geschäftsvorfall: Eine Verbindlichkeit aus Lieferungen und Leistungen von 5 000,00 EUR wird in ein Liefererdarlehen (Bilanzposten „Sonstige Verbindlichkeiten") umgewandelt.

Auswirkungen auf die Bilanz

Aktiva	**2. veränderte Bilanz**		Passiva
And. Anl., Betr.- u. Geschäftsausst.	40 000,00	Eigenkapital	42 000,00
Waren	3 800,00	Verb. aus Lief. und Leistungen	11 000,00
Kassenbestand	2 200,00	Sonstige Verbindlichkeiten	5 000,00
Guthaben bei Kreditinstituten	12 000,00		
	58 000,00		58 000,00

Sonstige Verbindlichkeiten	(Passivposten)	+	**PASSIVTAUSCH**
Verb. a. Lief. u. Leist.	(Passivposten)	–	**Die Bilanzsumme bleibt unverändert.**

Erläuterungen:

Die Veränderungen erfolgen auf der Passivseite. Der Passivposten Verbindlichkeiten aus Lieferungen und Leistungen nimmt um 5 000,00 EUR ab. In Höhe des gleichen Betrages kommt ein neuer Bilanzposten, der Passivposten Sonstige Verbindlichkeiten, hinzu.

3. Geschäftsvorfall: Eine Verbindlichkeit aus Lieferungen und Leistungen in Höhe von 3 000,00 EUR wird durch eine Banküberweisung getilgt.

Auswirkungen auf die Bilanz

Aktiva		3. veränderte Bilanz	Passiva
And. Anl., Betr.- u. Geschäftsausst.	40 000,00	Eigenkapital	42 000,00
Waren	3 800,00	Verb. aus Lief. und Leistungen	8 000,00
Kassenbestand	2 200,00	Sonstige Verbindlichkeiten	5 000,00
Guthaben bei Kreditinstituten	9 000,00		
	55 000,00		55 000,00

Verb. a. Lief. u. Leist.	(Passivposten)	–	**AKTIV-PASSIVMINDERUNG**
Guth. b. Kreditinstituten	(Aktivposten)	–	**Die Bilanzsumme vermindert sich.**

Erläuterungen:

Es werden ein Aktivposten und ein Passivposten berührt. Der Passivposten Verbindlichkeiten aus Lieferungen und Leistungen nimmt um 3 000,00 EUR ab, der Aktivposten Guthaben bei Kreditinstituten nimmt ebenfalls um den gleichen Betrag ab.

4. Geschäftsvorfall: Wir kaufen Waren auf Ziel für 6 000,00 EUR.

Auswirkungen auf die Bilanz

Aktiva		4. veränderte Bilanz	Passiva
And. Anl., Betr.- u. Geschäftsausst.	40 000,00	Eigenkapital	42 000,00
Waren	9 800,00	Verb. aus Lief. und Leistungen	14 000,00
Kassenbestand	2 200,00	Sonstige Verbindlichkeiten	5 000,00
Guthaben bei Kreditinstituten	9 000,00		
	61 000,00		61 000,00

Waren	(Aktivposten)	+	**AKTIV-PASSIVMEHRUNG**
Verb. a. Lief. u. Leist.	(Passivposten)	+	**Die Bilanzsumme erhöht sich.**

Erläuterungen:

Es werden ein Aktivposten und ein Passivposten berührt. Der Aktivposten Waren nimmt um 6 000,00 EUR zu, der Passivposten Verbindlichkeiten aus Lieferungen und Leistungen nimmt ebenfalls um diesen Betrag zu.

Ein Blick auf das **Eigenkapital** zeigt, dass bei allen vier Geschäftsvorfällen das Eigenkapital **unverändert** blieb. Es handelte sich also um **erfolgsunwirksame (erfolgsneutrale) Geschäftsvorfälle.**

Jeder Geschäftsvorfall verändert die Bilanz.

- Bezüglich der Auswirkungen von Geschäftsvorfällen auf die Bilanz sind nur vier Grundfälle denkbar:

  - **Aktivtausch:** Ein Aktivposten nimmt im gleichen Maße ab, wie ein anderer Aktivposten zunimmt. Die Bilanzsumme verändert sich nicht.

    Beispiel: Wir kaufen Waren gegen Barzahlung.

  - **Passivtausch:** Ein Passivposten nimmt im gleichen Maße ab, wie ein anderer Passivposten zunimmt. Die Bilanzsumme verändert sich nicht.

    Beispiel: Eine Verbindlichkeit aus Lieferungen und Leistungen wird in ein Liefererdarlehen umgewandelt.

  - **Aktiv-Passivminderung:** Auf der Aktiv- und der Passivseite nimmt jeweils ein Posten um den gleichen Wert ab. Die Bilanzsumme wird verringert.

    Beispiel: Wir zahlen eine Liefererrechnung durch Banküberweisung.

  - **Aktiv-Passivmehrung:** Auf der Aktiv- und der Passivseite nimmt jeweils ein Posten um den gleichen Wert zu. Die Bilanzsumme wird dadurch erhöht.

    Beispiel: Wir kaufen Waren auf Ziel.

- Geschäftsvorfälle, die das Eigenkapital nicht verändern, nennt man **erfolgsunwirksame (erfolgsneutrale) Geschäftsvorfälle.**

Übungsaufgaben

25   **I. Geschäftsvorfälle:**

1.	Wir zahlen eine Lieferantenrechnung durch Banküberweisung	4 500,00 EUR
2.	Wir kaufen einen Schreibtisch bar	1 020,00 EUR
3.	Wir kaufen Ware bar	821,00 EUR
4.	Wir zahlen ein Liefererdarlehen durch Banküberweisung zurück	9 500,00 EUR
5.	Ein Kunde zahlt einen Rechnungsbetrag durch Banküberweisung	1 100,00 EUR
6.	Wir kaufen einen PC bar	845,00 EUR
7.	Wir heben Bargeld von unserem Bankkonto ab und legen das Geld in die Geschäftskasse	3 000,00 EUR
8.	Eine Verbindlichkeit aus Lieferungen und Leistungen wird in ein Liefererdarlehen umgewandelt	12 000,00 EUR

II. Aufgaben:

1. Geben Sie bei den angegebenen Geschäftsvorfällen jeweils die Änderungen der Bilanzposten an!

2. Zeigen Sie auf, um welchen der vier Grundfälle es sich jeweils handelt!

Bearbeitungshinweis:

Zur Lösung der Aufgabe verwenden Sie bitte das folgende Schema:

Nr.	Bilanzposten		Art des Grundfalles
1.	Verb. aus Lief. u. Leistungen	– 4 500,00	Aktiv-Passivminderung
	Guthaben bei Kreditinstituten	– 4 500,00	

26 I. Angaben zur Eröffnungsbilanz:

Andere Anlagen, Betriebs- u. Geschäftsausstattung 34 500,00 EUR; Waren 23 000,00 EUR; Forderungen aus Lieferungen und Leistungen 4 650,00 EUR; Kassenbestand 4 200,00 EUR; Guthaben bei Kreditinstituten 12 600,00 EUR; Eigenkapital 55 250,00 EUR; Verbindlichkeiten gegenüber Kreditinstituten 14 000,00 EUR; Verbindlichkeiten aus Lieferungen und Leistungen 9 700,00 EUR.

II. Geschäftsvorfälle:

1. Zahlung einer Liefererrechnung
    mit Bankscheck   2 450,00 EUR
2. Eine Liefererverbindlichkeit wird in ein
    Liefererdarlehen umgewandelt   3 100,00 EUR
3. Kauf von Waren auf Ziel   2 000,00 EUR
4. Ein Kunde bezahlt einen Rechnungsbetrag bar   1 650,00 EUR

III. Aufgaben:

1. Erstellen Sie die Eröffnungsbilanz!
2. Geben Sie für jeden Geschäftsvorfall die Veränderungen der Bilanzposten an und stellen Sie nach jedem Geschäftsvorfall die Bilanz neu auf!
3. Vergleichen Sie das Eigenkapital der Eröffnungsbilanz mit dem Eigenkapital der Schlussbilanz und ziehen Sie die Schlussfolgerungen aus diesem Vergleich!

2.3.2 Buchungen von Vermögens- und Schuldveränderungen auf Konten

2.3.2.1 Von der Bilanz zu den Konten

In der Praxis ist es nicht sinnvoll, nach jedem Geschäftsvorfall eine Bilanz neu zu erstellen. Das ist auch gar nicht notwendig, da wir die Wertveränderungen, die durch Geschäftsvorfälle hervorgerufen werden, auch **außerhalb der Bilanz** auf besonderen **Konten in der Buchführung** erfassen können. Wir müssen also nur für jeden Vermögens- und Schuldposten – einschließlich für den Posten Eigenkapital – entsprechende Konten einrichten und den vorhandenen Anfangsbestand darauf vortragen. Die **Summe dieser benötigten Konten** bezeichnen wir als unsere **Buchführung.**

Da auf diesen Konten Bestände und deren Veränderungen erfasst werden, nennt man diese Konten **Bestandskonten** (bzw. **Bilanzkonten**).

- In der **Buchführung** werden alle **Veränderungen der Bestände** auf Konten erfasst. Ursache für diese Veränderungen sind die **Geschäftsvorfälle.**

- In unserer Buchführung führen wir **Vermögenskonten (Aktivkonten)** und **Schuldkonten (Passivkonten).** Zu den Schuldkonten gehört auch das **Eigenkapitalkonto.**

- Die **Vermögens- und Schuldkonten** bilden die Gruppe der **Bestandskonten (Bilanzkonten).**

Beispiel:

Die Anfangsbestände zu Beginn der Geschäftsperiode sind in nachfolgender Bilanz zusammengefasst.

Aufgabe:

Richten Sie für die einzelnen Bilanzposten Konten ein und tragen Sie die Bilanzwerte als Anfangsbestände darauf vor!

Dabei vereinbaren wir, dass wir die **Anfangsbestände** bei den **Aktivkonten** auf der **Sollseite** und die **Anfangsbestände** bei den **Passivkonten** auf der **Habenseite** eintragen. Zu beachten ist, dass die Bezeichnung der Bilanzposten nicht mit der Bezeichnung der Konten übereinstimmen muss und dass für bestimmte Bilanzposten eventuell auch mehrere Konten einzurichten sind.

Lösung:

Aktiva	Ausgangsbilanz		Passiva
And. Anl., Betr.- u. G.-Ausst.[1]	10 000,00	Eigenkapital	32 000,00
Waren[2]	15 000,00	Verb. gegenüber Kreditinstituten[4]	3 000,00
Ford. aus Lief. u. Leistungen	5 000,00	Verb. aus Lief. u. Leistungen	5 000,00
Kassenbestand[3]	2 500,00		
Guthaben bei Kreditinstituten[3]	7 500,00		
	40 000,00		40 000,00

In unserer Buchführung haben wir

Aktivkonten

Soll	Betr.- u. Geschäftsausst.	Haben
AB	10 000,00	

Soll	Waren	Haben
AB	15 000,00	

Soll	Ford. a. Lief. u. Leist.	Haben
AB	5 000,00	

Soll	Kasse	Haben
AB	2 500,00	

Soll	Bank	Haben
AB	7 500,00	

Passivkonten

Soll	Eigenkapital	Haben
	AB	32 000,00

Soll	Langfristige Bankverbindl.[4]	Haben
	AB	3 000,00

Soll	Verb. a. Lief. u. Leistungen	Haben
	AB	5 000,00

Bilanzkonten
(Bestandskonten)

---

1 Wenn keine zusätzlichen Erläuterungen gegeben werden, beinhaltet der Bilanzposten „Andere Anlagen, Betriebs- und Geschäftsausstattung" nur Gegenstände der **Betriebs- und Geschäftsausstattung**. So soll dieses Konto der Einfachheit halber vorläufig **bis zur Einführung des Kontenrahmens** auch bezeichnet werden.

2 Da in diesem Buch nach dem **aufwandsrechnerischen Verfahren** gebucht werden soll, werden vor Einführung der Erfolgskonten keine Einkäufe von Waren und Werkstoffen vorgenommen, weil sonst die Lernenden bei der Einführung der Erfolgskonten vom bestandsrechnerischen Verfahren zu dem aufwandsrechnerischen Verfahren umlernen müssten.

3 Die folgenden Konten werden der Einfachheit halber in verkürzter Form benannt:
   – für den Bilanzposten „Kassenbestand" bezeichnen wir das einzurichtende Konto mit **Kasse**
   – für den Bilanzposten „Guthaben bei Kreditinstituten" bezeichnen wir das einzurichtende Konto kurz mit **Bank**.

4 Für den Bilanzposten „Verbindlichkeiten gegenüber Kreditinstituten" ist je nach Art der Bankschuld das Konto „**Langfristige Bankverbindlichkeiten**" oder „**Kurzfristige Bankverbindlichkeiten**" einzurichten.

2.3.2.2 Vermögenskonten (Aktivkonten)

(1) Buchungsregeln für die Buchungen auf den Vermögenskonten (Aktivkonten)

Bei den **Aktivkonten (Vermögenskonten)** gehören

■ der **Anfangsbestand** und die **Zugänge** auf die **Sollseite,**

■ die **Abgänge** und der **Schlussbestand** (Saldo) auf die **Habenseite.**

Soll	Aktivkonten	Haben
Anfangsbestand (AB)		Abgänge
Zugänge		Schlussbestand (SB)

(2) Einseitige Buchungen auf den Aktivkonten

■ **Vorbemerkungen**

Bei einem Geschäftsvorfall gibt es immer zwei Seiten der Betrachtung.

Auf der einen Seite haben wir den Käufer, auf der anderen Seite den Verkäufer. Es taucht daher die Frage auf, ob der Geschäftsvorfall aus der Sicht des Käufers oder aus der Sicht des Verkäufers erfasst werden soll.

> **Beispiel:**
>
> Einkauf von Waren bar.

Um keine Missverständnisse aufkommen zu lassen und um nicht ständig umdenken zu müssen, werden **alle Geschäftsvorfälle** nur von **einem** Standpunkt aus betrachtet und erfasst. Dabei versetzen wir uns in die Rolle eines Kaufmanns, der seine Bücher führt. Alle Geschäftsvorfälle sind als Ereignisse **unseres Betriebes** anzusehen. Wie der Geschäftsvorfall bei unserem Geschäftspartner zu buchen ist, interessiert uns daher aufgrund dieser Vereinbarung im Allgemeinen nicht.

Da wir als Betrieb jede Rolle einnehmen können, ist es nur eine Frage der Formulierung, welcher Geschäftsvorfall gebucht werden soll. Um diesen Standpunkt der Betrachtung ausdrücklich hervorzuheben, heißt es demnächst bei der Formulierung von Geschäftsvorfällen häufig „**wir**" bzw. „**uns**".

> **Beispiele:**
>
> „**Wir**" beliefern einen Kunden mit Waren gegen Rechnung.
>
> „**Wir**" erhalten von einem Kunden eine Banküberweisung.
>
> „**Wir**" kaufen von einem Lieferanten Ware auf Ziel.
>
> Ein Kunde zahlt an „**uns**" durch Bankscheck.

Aber auch die Fälle, bei denen der „Wir-Standpunkt" nicht ausdrücklich in die Formulierung aufgenommen ist, sind so zu verstehen.

> **Beispiele:**
>
> Wareneinkauf bar
> Banküberweisung eines Kunden
> Kauf eines Bürotisches gegen Barzahlung
> Zahlung einer Liefererrechnung durch Banküberweisung

■ Einseitige Buchungen

Bei den folgenden Aufgaben sollen die Auswirkungen von Geschäftsvorfällen zunächst nur im Hinblick auf **ein Konto** betrachtet werden. Dieses Konto soll jeweils ein **Vermögenskonto (Aktivkonto)** sein. Auf diese Weise werden die Auswirkungen eines Geschäftsvorfalles zunächst nur einseitig beurteilt, nämlich im Hinblick auf das vorgegebene Vermögenskonto.

Beispiel:

1. Sachverhalt:

Wir betreiben ein Elektrogeschäft. Es sollen die Einnahmen und Ausgaben der Geschäftskasse in unserem Unternehmen auf einem Kassenkonto festgehalten werden. Vorgänge, die Einnahmen oder Ausgaben der Kasse hervorrufen, bezeichnet man als Bargeschäfte.

Es ereignen sich folgende Bargeschäfte:

1. Karl Kunde kauft 5 Bürolampen zum Gesamtpreis von 1 750,00 EUR.
2. Fritz Müller kauft bei uns 50 Strahler für 6 500,00 EUR.

3. Wir zahlen für einen Auszubildenden die Ausbildungsvergütung in Höhe von 620,00 EUR.
4. Wir erhalten eine Lieferung Ersatzteile per Nachnahme. Wir lösen die Nachnahme über 1 480,00 EUR ein.
5. Klaus Abel zahlt für die erhaltene Werksbeleuchtung 1 980,00 EUR.
6. Anton Beyer kauft diverse Lampen für insgesamt 1 460,00 EUR.

II. Aufgabe:

Führen Sie das Kassenkonto!

Lösung:

Aus den Buchungsregeln für die Vermögenskonten ist abzuleiten, dass alle Einnahmen aus Bargeschäften auf der Sollseite[1] des Kassenkontos und demnach alle Barausgaben auf der Habenseite zu buchen sind.

Soll		Kasse	Haben
Karl Kunde	1 750,00	Ausbildungsvergütung	620,00
Fritz Müller	6 500,00	Nachnahme	1 480,00
Klaus Abel	1 980,00		
Anton Beyer	1 460,00		

■ Kontoabschluss und Saldovortrag

Zur Feststellung des Schlussbestandes muss das Konto **abgeschlossen** werden. Den ermittelten Schlussbestand nennt man in der Sprache des Buchhalters **Saldo,** den Vorgang des Kontoabschlusses bezeichnet man als **Saldieren.** Eine frei bleibende Textstelle ist durch einen **Querstrich (Buchhalternase)** innerhalb der Textspalte zu entwerten.[2]

Um **nach dem Abschluss** weitere Eintragungen vornehmen zu können, muss ein bereits abgeschlossenes Konto wieder **neu eröffnet** werden. Dabei wird der Wert des **Schlussbestands (Saldos)** beim Abschluss auf dem neu zu eröffnenden Konto als **Anfangsbestand (Saldovortrag)** übernommen.

---

1 Die Seitenbezeichnungen „Soll" und „Haben" hängen mit der Entwicklungsgeschichte der Buchführung zusammen. Es sind Restbestände aus der Führung der ersten Konten, bei denen es sich um Personenkonten handelte [Kunden **„sollen"** zahlen (Warenlieferungen), und sie **„haben"** gezahlt (Zahlungen)]. Diese für **alle** Konten geltenden Seitenbezeichnungen können bei anderen Konten nicht mehr zum Konteninhalt in Beziehung gebracht werden.

2 Diese traditionelle Darstellungsform behalten wir für dieses Schulbuch bei. Die in der EDV-Buchhaltung verwendete Darstellungsform wird für dieses Lehrbuch nicht übernommen.

Dies ergibt folgende Darstellung:

Abschluss des Kontos:

Schematische Darstellung:

Soll	Kasse		Haben
Karl Kunde	1 750,00	Ausbildungsvergütung	620,00
Fritz Müller	6 500,00	Nachnahme	1 480,00
Klaus Abel	1 980,00	Schlussbestand (Saldo)	9 590,00
Anton Beyer	1 460,00		
	11 690,00		11 690,00

Soll   Kasse   Haben

- Bareinnahmen
- Barauszahlungen
- Schlussbestand (Saldo)

Neueröffnung des Kontos:

Soll	Kasse	Haben
Anfangsbestand (Saldovortrag)	9 590,00	

Soll   Kasse   Haben

- Anfangsbestand (Saldo)
- Barauszahlungen
- Bareinnahmen
- Schlussbestand (Saldo)

Erläuterungen:

Der ermittelte **Restbetrag (Saldo)** auf einem Konto heißt **Schlussbestand.** Dieser steht immer auf der wertmäßig kleineren Seite. Das ist bei einem Kassenkonto die Habenseite (niemand kann mehr Geld aus der Kasse entnehmen als vorher hineingelegt wurde).

Der **Anfangsbestand (Saldovortrag)** auf dem neu eröffneten Konto steht immer auf der entgegengesetzten Seite wie der Schlussbestand (Saldo). Da auf dem Kassenkonto der Schlussbestand auf der Habenseite steht, muss der Anfangsbestand auf der Sollseite erscheinen.

Der Abschluss eines Kontos vollzieht sich in fünf Schritten

1. Schritt: Das Wort Schlussbestand wird auf der wertmäßig kleineren Seite eingetragen.

2. Schritt: Die wertmäßig größere Seite wird addiert.

3. Schritt: Die errechnete Summe wird auf die wertmäßig kleinere Seite übertragen.

4. Schritt: Der Schlussbestand (Saldo) wird ermittelt.

5. Schritt: Die Abschlussstriche sind zu ziehen und der freie Raum ist zu entwerten.

Übungsaufgaben

27   Führen Sie das Kassenkonto und schließen Sie es nach Buchung der Geschäftsvorfälle ab!

    Bearbeitungshinweis: Denken Sie daran, dass alle Geschäftsvorfälle jeweils nur nach ihrer Auswirkung auf den Kassenbestand befragt werden müssen. Für die Beantwortung gibt es nur zwei Möglichkeiten: Entweder der Kassenbestand nimmt durch den Geschäftsvorfall zu oder er nimmt ab. Zugänge gehören bei der Kasse auf die Sollseite, Abgänge auf die Habenseite.

6 Speth u.a. - ISBN 978-3-8120-0261-5

I. Anfangsbestand:

Bei Geschäftseröffnung weist die Kasse einen Anfangsbestand (Saldovortrag) von 2 160,00 EUR aus.

II. Geschäftsvorfälle:

Es ereignen sich folgende Geschäftsvorfälle, die den Kassenbestand verändern:

1.	Barverkauf von Waren	3 070,00 EUR
2.	Zeitungsinserat bar bezahlt	190,00 EUR
3.	Kauf von Briefmarken	45,00 EUR
4.	Barzahlung eines Kunden	910,00 EUR
5.	Mietzahlung unseres Mieters bar	300,00 EUR
6.	Barzahlung einer Lieferantenrechnung	1 940,00 EUR
7.	Barverkauf von Waren	180,00 EUR
8.	Provisionszahlung bar	2 700,00 EUR

28 Führen Sie das **Bankkonto** und schließen Sie es nach Buchung der Geschäftsvorfälle ab!

Anfangsbestand[1]	2 500,00 EUR
Wir überweisen an einen Lieferanten	280,00 EUR
Wir heben Bargeld vom Bankkonto ab und legen das Geld in die Geschäftskasse	350,00 EUR
Ein Kunde überweist einen Rechnungsbetrag auf unser Bankkonto	420,00 EUR
Wir begleichen betriebliche Steuern durch Banküberweisung	750,00 EUR
Ein Kunde zahlt einen Rechnungsbetrag durch Banküberweisung	365,00 EUR

29 Führen Sie die folgenden Vermögenskonten und stellen Sie jeweils durch Abschluss der Konten den Schlussbestand fest!

Forderungen aus Lieferungen und Leistungen

	Anfangsbestand	4 150,00 EUR
1.	Ein Kunde zahlt einen Rechnungsbetrag bar	2 000,00 EUR
2.	Ein Kunde überweist einen Rechnungsbetrag auf unser Bankkonto	1 500,00 EUR

Betriebs- und Geschäftsausstattung

	Anfangsbestand	3 750,00 EUR
3.	Wir kaufen einen PC bar	1 350,00 EUR
4.	Wir verkaufen ein ausgedientes Faxgerät bar zum Buchwert	50,00 EUR

Bank

	Anfangsbestand	5 150,00 EUR
5.	Wir heben Bargeld vom Bankkonto ab und legen das Geld in die Geschäftskasse	1 200,00 EUR
6.	Ein Kunde überweist einen Rechnungsbetrag auf unser Bankkonto	1 500,00 EUR

Kasse

	Anfangsbestand	560,00 EUR
7.	Ein Kunde zahlt einen Rechnungsbetrag bar	2 000,00 EUR
8.	Wir heben Bargeld vom Bankkonto ab und legen das Geld in die Geschäftskasse	1 200,00 EUR
9.	Wir kaufen einen PC bar	1 350,00 EUR
10.	Wir verkaufen ein ausgedientes Faxgerät bar zum Buchwert	50,00 EUR

---

1 In diesem Lehrbuch gehen wir davon aus, dass das Bankkonto immer ein Guthaben aufweist.

(3) Überleitung zum System der doppelten Buchführung

■ Erfassung der doppelseitigen Auswirkungen von Geschäftsvorfällen mithilfe eines Überlegungsschemas

Anstatt die Auswirkungen eines Geschäftsvorfalles nur einseitig von einem bestimmten Konto ausgehend zu betrachten, wählen wir jetzt nicht mehr ein bestimmtes Konto zum Ausgangspunkt unserer Betrachtung, sondern den Geschäftsvorfall selbst. Wir fragen daher nicht mehr: Wie wird der Kontobestand durch einen bestimmten Geschäftsvorfall verändert, sondern wir fragen jetzt: Welche Konten werden durch diesen Geschäftsvorfall verändert und erst danach: Wie verändert sich jeweils der Bestand auf den einzelnen Konten?

Beispiel:

Geschäftsvorfall: Ein [Kunde] zahlt [bar] 2 000,00 EUR.

Um die Auswirkungen von mehreren Geschäftsvorfällen übersichtlich darstellen zu können, schlagen wir das folgende **Überlegungsschema** vor:

Geschäftsvorfälle	I. Welche Konten werden berührt?	II. Wie verändert sich jeweils der Bestand auf den Konten?	III. Auf welcher Konto-seite ist jeweils zu buchen?	
			Soll	Haben
1. Ein Kunde zahlt einen Rechnungsbetrag bar 2 000,00 EUR	Kasse → Ford. a. Lief. u. Leist. →	Zugang → Abgang →	2 000,00	2 000,00

Übungsaufgabe

Stellen Sie anhand des Überlegungsschemas fest, welche Konten durch die folgenden Geschäftsvorfälle berührt werden, welche Veränderung sich auf dem jeweiligen Konto ergibt und auf welcher Seite jeweils zu buchen ist!

30
1. Ein Kunde zahlt einen Rechnungsbetrag bar · · · · · · · · · · · · · · · · · · · 350,00 EUR
2. Wir kaufen Büroschränke gegen Banküberweisung · · · · · · · · · · · · · 1 250,00 EUR
3. Wir verkaufen einen gebrauchten Schreibtisch bar zum Buchwert · · · · · · · 150,00 EUR
4. Ein Kunde bezahlt einen Rechnungsbetrag mit Bankscheck · · · · · · · · · · 720,00 EUR
5. Wir heben Bargeld vom Bankkonto ab und legen das Geld in die Geschäftskasse · 900,00 EUR
6. Wir kaufen einen PC gegen Bankscheck · 4 310,00 EUR
7. Wir verkaufen eine nicht mehr benötigte Ladentheke gegen Bankscheck zum Buchwert · 680,00 EUR
8. Ein Kunde zahlt einen Rechnungsbetrag durch Banküberweisung · · · · · · 165,00 EUR
9. Wir zahlen auf unser Bankkonto bar ein · 2 200,00 EUR
10. Kundenüberweisung lt. Bankauszug · 910,00 EUR

■ **Buchung von Geschäftsvorfällen im System der doppelten Buchführung (im Überlegungsschema und auf Konten)**

Um die Vorteile der neuen Sichtweise, bei der als Ausgangspunkt nicht ein bestimmtes Konto, sondern der Geschäftsvorfall gewählt wird, besser verstehen zu können, greifen wir auf die Aufgabe Nr. 29 auf der S. 82 zurück. Bei der alten Sichtweise, bei der wir von einem bestimmten Konto ausgingen, musste jeder Geschäftsvorfall zweimal erscheinen, da jeder Geschäftsvorfall zwei Konten berührt (vgl. in Aufgabe 29 z. B. Nr. 1 und Nr. 7, Nr. 2 und Nr. 6 usw.). Bei der neuen Vorgehensweise, bei der wir den Geschäftsvorfall als Ausgangspunkt unserer Bearbeitung wählen, kommen wir bei der gleichen Aufgabe mit der Hälfte der Geschäftsvorfälle aus. Wir wählen dabei nur eine andere Form der Aufgabenstellung und kommen zu den gleichen Ergebnissen auf den Konten.

Beispiel: (Rückgriff auf Aufgabe 29):

I. Anfangsbestände:

Forderungen aus Lieferungen und Leistungen 4 150,00 EUR; Betriebs- und Geschäftsausstattung 3 750,00 EUR; Bank 5 150,00 EUR; Kasse 560,00 EUR.

II. Aufgaben:

1. Stellen Sie mithilfe der drei Fragen unseres eingeführten Überlegungsschemas jeweils fest, wie sich die folgenden Geschäftsvorfälle auf die Kontenbestände auswirken!

2. Übertragen Sie die Ergebnisse Ihrer Überlegungen auf die Konten und ermitteln Sie den Schlussbestand!

Lösungen:

Zu 1.: Feststellung der Auswirkung der Geschäftsvorfälle mithilfe des eingeführten Überlegungsschemas

Nr.	III. Geschäftsvorfälle	I. Welche Konten werden berührt?	II. Wie verändert sich jeweils der Bestand auf den Konten?	III. Auf welcher Kontoseite ist jeweils zu buchen?	
				Soll	Haben
1.	Ein Kunde zahlt einen Rechnungsbetrag bar 2 000,00 EUR	Kasse Ford. a. Lief. u. Leist.	Zugang[1] Abgang[1]	2 000,00	2 000,00
2.	Ein Kunde überweist einen Rechnungsbetrag auf unser Bankkonto 1 500,00 EUR	Bank Ford. a. Lief. u. Leist.	Zugang Abgang	1 500,00	1 500,00
3.	Wir kaufen einen PC bar 1 350,00 EUR	Betr.- u. G.-Ausst. Kasse	Zugang Abgang	1 350,00	1 350,00
4.	Wir verkaufen ein ausgedientes Faxgerät bar zum Buchwert 50,00 EUR	Kasse Betr.- u. G.-Ausst.	Zugang Abgang	50,00	50,00
5.	Wir heben Bargeld vom Bankkonto ab und legen das Geld in die Geschäftskasse 1 200,00 EUR	Kasse Bank	Zugang Abgang	1 200,00	1 200,00

---

1 **Hinweis:** Die scheinbare Gesetzmäßigkeit in Spalte II (Zugang einerseits, Abgang andererseits) haben wir bewusst nicht angesprochen. Dieses Wechselspiel gilt nur im Bereich der Aktivkonten. Nach Einbeziehung der Schuldkonten (Passivkonten) werden wir sehen, dass durchaus auf beiden Konten ein Zugang bzw. Abgang möglich ist, ohne dass dabei das aus Spalte III ableitbare Grundprinzip des Systems der doppelten Buchführung (Betrag der Sollbuchung entspricht dem Betrag der Habenbuchung), auf das wir noch zurückkommen, durchbrochen wird.

Außerdem haben wir die Reihenfolge der Konten so gewählt, dass das Konto, auf dem auf der Sollseite zu buchen ist, immer an erster Stelle steht. An diese Ordnung sind Sie vorläufig nicht gebunden.

Zu 2.: Übertragung der festgestellten Auswirkungen auf die Konten

Soll	Forderungen a. Lief. u. Leist.		Haben
AB	4 150,00	Kasse	2 000,00
		Bank	1 500,00
		SB	650,00
	4 150,00		4 150,00

Soll	Betriebs- u. Geschäftsausst.		Haben
A	B 3 750,00	Kasse	50,00
Kasse	1 350,00	SB	5 050,00
	5 100,00		5 100,00

Soll	Kasse		Haben
AB	560,00	BGA	1 350,00
Ford. a. L. u. L.	2 000,00	SB	2 460,00
BGA	50,00		
Bank	1 200,00		
	3 810,00		3 810,00

Soll	Bank		Haben
A	B 5 150,00	Kasse	1 200,00
Ford. a. L. u. L.	1 500,00	SB	5 450,00
	6 650,00		6 650,00

Erläuterungen zu den Buchungen auf den Konten:

■ Die erforderlichen Buchungen auf den Konten sind jeweils aus dem Überlegungsschema abzulesen. Bei dem Geschäftsvorfall Nr. 1 ist z. B. ablesbar, dass auf dem Kassenkonto auf der Sollseite 2 000,00 EUR einzutragen sind und auf dem Konto Forderungen aus Lieferungen und Leistungen ebenfalls 2 000,00 EUR, allerdings auf der Habenseite.

■ Um feststellen zu können, wie es zu diesem Betrag auf dem betreffenden Konto gekommen ist, trägt man in Höhe des gebuchten Betrages jeweils das andere Konto (das sogenannte Gegenkonto) ein. Aus praktischen Gründen (Platzmangel, Zeit) kann der Kontoname abgekürzt werden.

■ Jeder Geschäftsvorfall wird doppelt gebucht und berührt (mindestens) zwei Konten.

■ Bei jedem Geschäftsvorfall wird der Betrag auf einem Konto auf der Sollseite und auf einem anderen Konto auf der Habenseite gebucht.

■ Für jeden Geschäftsvorfall gilt:

$$\text{gebuchter Sollbetrag} \cong \text{gebuchter Habenbetrag}$$

Das ist das **Grundprinzip** des Systems der doppelten Buchführung.[1]

Übungsaufgaben

31 **I. Anfangsbestände:**

Unbebaute Grundstücke 420 000,00 EUR; Betriebs- und Geschäftsausstattung 20 000,00 EUR; Waren 35 900,00 EUR; Forderungen aus Lieferungen und Leistungen 16 450,00 EUR; Kasse 3 500,00 EUR; Bank 9 100,00 EUR.

---

1 Das System der doppelten Buchführung war bereits im Mittelalter bekannt. Es ist von dem Grundgedanken her so genial, dass es sich bis in unsere heutigen Tage bewährt hat.

II. Geschäftsvorfälle:

1.	Wir kaufen ein Kopiergerät bar	3 000,00 EUR
2.	Wir heben Bargeld vom Bankkonto ab und legen das Geld in die Kasse	2 500,00 EUR
3.	Wir kaufen einen Aktenschrank und zahlen mit Bankscheck	1 750,00 EUR
4.	Ein Kunde überweist einen Rechnungsbetrag auf unser Bankkonto	2 000,00 EUR
5.	Wir kaufen Schreibtische gegen Banküberweisung	2 000,00 EUR
6.	Ein nicht mehr benötigtes Faxgerät wird zum Buchwert bar verkauft	250,00 EUR

III. Aufgaben:

1. Richten Sie für die angegebenen Anfangsbestände die Konten ein und tragen Sie die Anfangsbestände vor!

2. Erfassen Sie die Veränderungen durch die Geschäftsvorfälle zunächst in dem eingeführten Überlegungsschema und übertragen Sie diese anschließend unter Angabe der entsprechenden Gegenkonten auf die Konten!

3. Schließen Sie die Konten ordnungsmäßig ab!

32 I. Anfangsbestände:

Betriebs- und Geschäftsausstattung 12 400,00 EUR; Waren 8 900,00 EUR; Forderungen aus Lieferungen und Leistungen 10 400,00 EUR; Kasse 1 700,00 EUR; Bank 4 200,00 EUR.

II. Geschäftsvorfälle:

1.	Wir kaufen einen Büroschrank gegen Banküberweisung	1 400,00 EUR
2.	Ein Kunde zahlt den Rechnungsbetrag bar	2 200,00 EUR
3.	Wir kaufen einen Aktenvernichter gegen Bankscheck	460,00 EUR
4.	Wir heben Bargeld vom Bankkonto ab und legen das Geld in die Geschäftskasse	900,00 EUR
5.	Ein Kunde zahlt den Rechnungsbetrag durch Überweisung auf das Bankkonto	400,00 EUR
6.	Wir verkaufen einen nicht mehr benötigten Schreibtisch zum Buchwert bar	400,00 EUR

III. Aufgaben:

1. Richten Sie für die angegebenen Anfangsbestände die Konten ein und tragen Sie die Anfangsbestände vor!

2. Erfassen Sie die Veränderungen durch die Geschäftsvorfälle zunächst in dem eingeführten Überlegungsschema und übertragen Sie diese anschließend unter Angabe der entsprechenden Gegenkonten auf die Konten!

3. Schließen Sie die Konten ordnungsmäßig ab!

2.3.2.3 Schuldkonten (Passivkonten)

(1) Buchungsregeln für die Buchungen auf den Schuldkonten (Passivkonten)

Der gegensätzliche Charakter von Vermögen und Schulden führt zwangsläufig dazu, dass auf den Schuldkonten anders zu buchen ist als auf den Vermögenskonten. Auf einem Konto, das durch die zweiseitige Verrechnungsmöglichkeit charakterisiert ist (Soll- oder Habenseite), kann das Wort „anders" nur bedeuten: „auf der **anderen Kontoseite**". Das führt zu der Konsequenz, dass auf den **Schuldkonten** der **Anfangsbestand** und die **Zugänge** auf der **Habenseite**, die **Abgänge** und der **Schlussbestand** auf der **Sollseite** zu buchen sind. In der Gegenüberstellung zu den Aktivkonten ergeben sich daher für die Passivkonten, zu denen auch das Eigenkapitalkonto gehört, folgende **Buchungsregeln**:

Soll	Aktivkonto	Haben
Anfangsbestand		Abgänge
Zugänge		Schlussbestand

Soll	Passivkonto	Haben
	Abgänge	Anfangsbestand
	Schlussbestand	Zugänge

Bei den Aktivkonten (Vermögenskonten) erscheinen:

■ der **Anfangsbestand** und die **Zugänge** auf der **Sollseite**,

■ die **Abgänge** und der **Schlussbestand** auf der **Habenseite**.

Bei den Passivkonten (Schuldkonten und Eigenkapitalkonto) erscheinen:

■ der **Anfangsbestand** und die **Zugänge** auf der **Habenseite**,

■ die **Abgänge** und der **Schlussbestand** auf der **Sollseite**.

Beispiel:

Wir kaufen bei der Karl Sende OHG einen PC auf Ziel (Zahlung später) für 2 500,00 EUR.

Aufgabe:

Buchen Sie den Geschäftsvorfall auf den entsprechenden Konten!

Lösung:

Der Geschäftsvorfall besagt, dass wir bei der Karl Sende OHG Waren einkaufen und zunächst Schulden machen, weil wir die Rechnung nicht unverzüglich zahlen. Die Karl Sende OHG ist unser Lieferant. Schulden bei Lieferanten buchen wir auf dem Schuldkonto „Verbindlichkeiten aus Lieferungen und Leistungen".

Der Geschäftsvorfall berührt also die beiden Konten **Betriebs- und Geschäftsausstattung** und **Verbindlichkeiten aus Lieferungen und Leistungen**.

Betrachtungspunkt: Konto Betriebs- u. Geschäftsausstattung	**Betrachtungspunkt: Konto Verbindlichkeiten aus Lieferungen und Leistungen**
Durch den Kauf des PCs nimmt der Bestand auf dem Konto Betriebs- und Geschäftsausstattung **zu**. Das Konto Betriebs- und Geschäftsausstattung ist ein Aktivkonto. Der **Zugang** auf einem **Aktivkonto** wird nach den festgelegten Buchungsregeln auf der **Sollseite** erfasst.	Durch den Einkauf des PCs auf Ziel nehmen die Verbindlichkeiten **zu**. Das Konto Verbindlichkeiten aus Lieferungen und Leistungen ist ein Passivkonto. Der **Zugang** bei **Passivkonten** wird nach den geltenden Buchungsregeln auf der **Habenseite** erfasst.

Soll	Betr.- u. Geschäftsausstattung	Haben
Verb. a. L. u. L. 2 500,00		

Soll	Verbindlichkeiten a. Lief. u. Leist.	Haben
		BGA 2 500,00

Erläuterungen:

Wir stellen fest, dass auf beiden Konten ein Zugang zu verzeichnen ist. Damit wird klargestellt, dass das Prinzip der doppelten Buchführung nicht in einem Wechsel von Zugang und Abgang besteht. Das ist, wie dieser Fall zeigt, eben nicht so. Dagegen bleibt das Grundprinzip der doppelten Buchführung (Sollbuchung auf dem einen Konto, Habenbuchung auf einem anderen Konto) selbstverständlich erhalten. Um nachvollziehen zu können, wie es jeweils zu dem Betrag auf dem Konto gekommen ist, tragen wir vor dem Betrag jeweils das andere Konto (Gegenkonto) ein.

Übungsaufgaben

33 Stellen Sie in dem unten vorgegebenen Überlegungsschema dar, wie die nachfolgenden Geschäftsvorfälle zu buchen sind!

1. Zielkauf eines Bürosessels	340,00 EUR
2. Wir bezahlen eine bereits gebuchte Liefererrechnung mit Bankscheck[1]	1 210,00 EUR
3. Eine kurzfristige Bankverbindlichkeit wird in ein langfristiges Bankdarlehen umgewandelt	5 500,00 EUR
4. Wir kaufen ein Regal auf Ziel	980,00 EUR
5. Wir tilgen einen Teil des Bankdarlehens durch Banküberweisung	600,00 EUR
6. Ein Kunde zahlt einen Rechnungsbetrag bar	55,00 EUR
7. Kauf eines PCs auf Ziel	3 980,00 EUR
8. Barabhebung vom Bankkonto zur Auffüllung der Geschäftskasse	500,00 EUR
9. Zielkauf eines Notebooks	1 720,00 EUR
10. Kauf eines Büroschrankes auf Ziel	598,00 EUR

Bearbeitungshinweise:

Um Fehler soweit wie möglich zu vermeiden, verwenden Sie bitte das nachfolgende **Überlegungsschema**. Da wir es jetzt mit zwei unterschiedlichen Kontoarten zu tun haben, müssen wir das bereits auf S. 83 eingeführte Überlegungsschema um eine weitere Spalte erweitern.

Geschäftsvorfälle	I. Welche Konten werden berührt?	II. Um welche Kontoart handelt es sich?	III. Wie verändert sich jeweils der Bestand auf den Konten?	IV. Auf welcher Kontoseite ist jeweils zu buchen?	
				Soll	Haben
1. Zielkauf eines Bürosessels 340,00 EUR	Betr.- u. G.-Ausst. Verb. a. Lief. u. Leist.	Aktivkonto Passivkonto	Zugang Zugang	340,00	340,00

34 **I. Anfangsbestände:**

Kasse 300,00 EUR; Forderungen aus Lieferungen und Leistungen 12 000,00 EUR; Eigenkapital 12 300,00 EUR.

II. Geschäftsvorfälle:

1. Ein Kunde zahlt einen Rechnungsbetrag bar	10 000,00 EUR
2. Wir kaufen einen gebrauchten Kombiwagen bar	10 200,00 EUR
3. Wir kaufen Lagerregale auf Ziel	5 000,00 EUR
4. Ein Kunde zahlt einen Rechnungsbetrag bar	1 500,00 EUR
5. Wir zahlen eine Lieferantenrechnung bar	1 000,00 EUR

III. Aufgaben:

1. Richten Sie für die angegebenen Anfangsbestände die Konten ein und tragen Sie die Anfangsbestände vor!

2. Legen Sie zuerst die Buchungen für die Geschäftsvorfälle in einem Überlegungsschema fest und übertragen Sie die Buchungen anschließend auf die Konten!

3. Schließen Sie die Konten ordnungsmäßig ab!

---

1 Bei Zahlungen an Lieferanten bzw. Zahlungseingängen von Kunden ist stets davon auszugehen, dass die entsprechenden Eingangs- bzw. Ausgangsrechnungen bereits gebucht wurden, auch wenn nicht ausdrücklich darauf hingewiesen wird.

35 Buchen Sie mithilfe des Überlegungsschemas von S. 88 die nachfolgenden Geschäftsvorfälle für die Bottroper Metallwerke AG!

1. Ein Kunde begleicht eine Rechnung bar	14 950,00 EUR
2. Einkauf einer Maschine gegen Bankscheck	21 748,00 EUR
3. Zahlung der Liefererrechnung durch Banküberweisung	950,00 EUR
4. Banküberweisung zur Tilgung eines Bankdarlehens	7 000,00 EUR
5. Barverkauf einer nicht mehr benötigten Maschine zum Buchwert von	1 745,00 EUR
6. Bareinzahlung auf unser Bankkonto	10 800,00 EUR
7. Ein Kunde begleicht eine Rechnung durch Banküberweisung	14 500,00 EUR
8. Barkauf eines PCs	920,00 EUR
9. Aufnahme eines Darlehens bei der Bank in Höhe von	50 000,00 EUR

Der Betrag wird uns von der Bank auf dem Kontokorrentkonto zur Verfügung gestellt.

(2) Einordnung des Kontos Eigenkapital in die Gruppe der Passivkonten

Die **Schuldkonten** und das **Eigenkapitalkonto** gehören zu derselben Kontengruppe, den **Passivkonten.** Für das Eigenkapitalkonto gelten somit dieselben Buchungsregeln wie für die Schuldkonten. Hier treten oft Verständigungsschwierigkeiten auf. Ziehen wir aber eine Trennungslinie zwischen dem Unternehmen und seinen Kapitalgebern, d. h., verselbstständigen wir das Unternehmen, dann wird deutlich, warum wir das Eigenkapitalkonto wie ein Schuldkonto behandeln.

Aus dieser Sicht heraus ist es nämlich gleichgültig, wer dem Unternehmen das Kapital zur Verfügung stellt. Das kann **der Unternehmer selbst sein (Eigenkapital)** oder es können auch **fremde Personen** bzw. **Institutionen wie Lieferer oder Banken sein (Fremdkapital[1] bzw. Verbindlichkeiten).** Bezüglich der zur Verfügung gestellten Kapitalbeträge wird das als selbstständige Einheit gedachte Unternehmen auf jeden Fall **Schuldner.** Jeder Kapitalgeber erwartet eine Vergütung für das zur Verfügung gestellte Kapital.

2.3.3 Buchungssatz

2.3.3.1 Einfacher Buchungssatz

(1) Grundlegendes

Das bisher benutzte „Überlegungsschema" (vgl. S. 88) zur Festlegung der erforderlichen Buchungen auf den Konten ist recht aufwendig. Es genügt, wenn wir uns in Zukunft auf zwei Angaben beschränken:

- ■ die **Konten,** auf denen zu buchen ist,
- ■ die Angabe der **Kontoseite,** auf der jeweils auf dem Konto zu buchen ist.

Diese beiden Angaben sind in den Spalten I und IV unseres Überlegungsschemas enthalten. Die übrigen Spalten (II und III) sind daher entbehrlich. Eine solche auf das Mindestmaß beschränkte Buchungsanweisung nennen wir **Buchungssatz.**

---

1 Bei betriebswirtschaftlichen Betrachtungsweisen wird statt des bilanztechnischen Begriffs Verbindlichkeiten häufig der Begriff Fremdkapital verwendet.

Beispiel:

Geschäftsvorfall	Konten	Soll	Haben
Wir kaufen ein Kopiergerät auf Ziel für 1 500,00 EUR	Betr.- u. Geschäftsausstattung an Verbindlichkeiten a. L. u. L.	1 500,00	1 500,00

Buchungssatz

Erläuterungen:

■ Da bezüglich der Kontoseite immer nur zwei Möglichkeiten infrage kommen können (Soll- oder Habenseite), hat man die Vereinbarung getroffen, dass das Konto, auf dem auf der **Sollseite** zu buchen ist, immer **zuerst** genannt wird. Des Weiteren hat man vereinbart, **vor** das Konto, auf dem auf der Habenseite zu buchen ist, das Wörtchen **„an"** zu setzen. Unter Beachtung dieser Vereinbarung kann ein Buchungssatz daher immer nur lauten:

> Konto mit der **Sollbuchung**
> **an** Konto mit der **Habenbuchung**.

■ Zur Vereinheitlichung der Schreibweise legen wir fest, dass beim Bilden von Buchungssätzen für jedes Konto eine Zeile benutzt wird. Es sollen auch immer die drei Spalten des oben dargestellten Schemas eingerichtet werden. Nur so ist eine eindeutige Zuordnung von Konto und Betrag möglich.

Zur Bildung des richtigen Buchungssatzes müssen selbstverständlich auch weiterhin die Denkschritte 1. bis 5. vollzogen werden.

Beispiel:

Wir kaufen ein Kopiergerät auf Ziel für 1 500,00 EUR.

Aufgabe:

Führen Sie für den im Beispiel genannten Geschäftsvorfall die erforderlichen Denkschritte bis zur Bildung des Buchungssatzes durch!

Lösung:

Wir fragen:	Wir antworten:		
1. **Welche Konten werden berührt?**	Das Konto Betriebs- und Geschäftsausstattung und das Konto Verbindlichkeiten aus Lieferungen und Leistungen.		
2. **Um welche Kontoart handelt es sich jeweils?**	Das Konto Betriebs- u. G.-Ausstattung ist ein Vermögenskonto. Das Konto Verb. a. Lief. u. Leist. ist ein Schuldkonto.		
3. **Welche Veränderungen ergeben sich jeweils auf den Konten?**	Der Bestand auf dem Konto Betriebs- und Geschäftsausstattung nimmt zu, die Verbindlichkeiten aus Lieferungen und Leistungen nehmen ebenfalls zu.		
4. **Welche Buchungsregeln sind jeweils anzuwenden?**	Zugänge auf dem Konto Betriebs- und Geschäftsausstattung (Aktivkonto) erscheinen auf der Sollseite. Zugänge auf dem Konto Verb. a. Lief. u. Leist. (Passivkonto) gehören auf die Habenseite.		
5. **Wie lautet der Buchungssatz?** (zuerst das Konto mit der Sollbuchung angeben!)	Konten	Soll	Haben
	Betr.- u. Geschäftsausstatt. an Verbindl. a. L. u. L.	1 500,00	1 500,00

Übungsaufgaben

36 Bilden Sie zu folgenden Geschäftsvorfällen die Buchungssätze, bzw. ermitteln Sie die Geschäftsvorfälle:
1. Wir zahlen auf unser Bankkonto bar ein   500,00 EUR
2. Wir zahlen eine Lieferantenrechnung durch Banküberweisung   375,00 EUR
3. Ein Kunde zahlt einen Rechnungsbetrag bar   570,00 EUR
4. Wir kaufen ein Kopiergerät bar   1 250,00 EUR
5. Wir kaufen einen Aktenvernichter bar   1 320,00 EUR
6. Wir zahlen die Tilgungsrate für ein Bankdarlehen bar   500,00 EUR
7. Ein Kunde zahlt einen Rechnungsbetrag durch Banküberweisung   650,00 EUR
8. Wir heben Bargeld vom Bankkonto ab und legen das Geld in die Kasse   750,00 EUR
9. Welche Geschäftsvorfälle lagen folgenden Buchungssätzen zugrunde?

Nr.	Konten	Soll	Haben
9.1	Verbindlichkeiten a. Lief. u. Leist.	900,00	
	an Bank		900,00
9.2	Kasse	500,00	
	an Bank		500,00

37 Bilden Sie zu den folgenden Geschäftsvorfällen die Buchungssätze, bzw. ermitteln Sie die Geschäftsvorfälle:
1. Wir kaufen einen PC auf Ziel   1 500,00 EUR
2. Ein PC wird wegen eines Mangels an den Lieferanten zurückgeschickt. Die Eingangsrechnung ist bereits gebucht.   300,00 EUR
3. Ein Kunde zahlt durch eine Banküberweisung eine Rechnung über   500,00 EUR
4. Ein Kunde zahlt durch Bankscheck einen Betrag von   700,00 EUR
5. Eine Lieferantenrechnung wird durch Banküberweisung beglichen.   450,00 EUR
6. Wie lauten die Geschäftsvorfälle zu den folgenden Buchungssätzen?

Nr.	Konten	Soll	Haben
6.1	Fuhrpark	21 800,00	
	an Verbindlichkeiten a. Lief. u. Leist.		21 800,00
6.2	Kasse	470,00	
	an Forderungen a. Lief. u. Leist.		470,00

(2) Praktische Anwendung (Buchung nach Belegen)

■ Grundsätzliches

In der Praxis existiert über jeden Geschäftsvorfall ein Beleg. Die Buchungssätze werden somit dort immer nur aufgrund von Belegen (Überweisungen, Rechnungen, Quittungen, Lohnlisten usw.) gebildet.

In der Praxis gilt daher der Grundsatz: **Keine Buchung ohne Beleg!**

Nur durch den Beleg kann die Richtigkeit bzw. Vollständigkeit der Buchführung nachgewiesen werden. Belege sind daher die Grundvoraussetzung für eine ordnungsmäßige Buchführung. Nach der Rechtsprechung ist eine Buchführung aus steuerlicher Sicht nur in Verbindung mit den Belegen beweiskräftig und ordnungsmäßig.

Bei Prüfungen der Buchführung durch die steuerliche Betriebsprüfung oder bei betriebsinterner Revision gibt oft erst der Rückgriff auf den Buchungsbeleg Aufschluss über den zugrunde liegenden Geschäftsvorfall.

■ Bearbeitung der Buchungsbelege

Die **Buchungsanweisung (Buchungssatz, Kontierung)** wird auf dem Beleg festgehalten. Zu diesem Zweck benutzt man in der Regel einen sogenannten Kontierungsstempel, mit dem man die benötigten Spalten auf den Beleg aufdruckt, sodass diese nur noch mit den erforderlichen Daten versehen werden müssen. Da später so gebucht wird wie kontiert wurde, ist die Kontierungsarbeit von grundlegender Bedeutung.

An die Kontierung schließt sich dann der eigentliche **Buchungsvorgang** an. Hierbei wird bei jeder Buchung im Grundbuch[1] die Belegnummer vermerkt (z. B. ER 9 entspricht der Eingangsrechnungsnummer 9), um jederzeit von der Buchung auf den Beleg schließen zu können. Da der Buchhalter auch den Beleg mit einem Buchungsvermerk versieht (Buchungsnummer, Seitennummer, Datum, Zeichen des Buchhalters), kann umgekehrt auch vom Beleg auf die Buchung geschlossen werden.

Beispiel:

WILHELM KRALLE OHG
Bürogroßhandlung Fürth

ER 9 ◄── Beleg-Nummerierung

Wilhelm Kralle OHG · Biberstr. 15 · 90766 Fürth

Möbelfabrik
Franz Merkurius e. Kfm.[2]
Cranachstraße 15
45147 Essen

EINGEGANGEN
1. AUG. 20..
Erl. . . . .

Fürth, Telefon 0911 2371
Bankkonten:
IBAN: DE77 7624 0011 0031 1102 11
BIC: COBADE7F762

Bei Bezahlung und Schriftwechsel angeben		
Kundennummer	Rechnungsnummer	Datum
411/721	679	31. Juli 20..

Rechnung

Liefer-datum	Menge	Mengen-einheit	Bezeichnung	Einzelpreis in EUR	Gesamtpreis in EUR
17. Juli 20..	18	Stück	Lagerregale	790,00	14 220,00*

Konten — Soll — Haben
BGA — 14 220,00 — 14 220,00
an Verb. a. L. u. L.
Gebucht: G VIII/7 2. Aug./Hu

Vorkontierung

Abkürzungen:

G: Grundbuch
VIII: August
7: Grundbuchseite 7
2. Aug.: Buchungsdatum
Hu: Buchhalter Huchler

Bei Barzahlung innerhalb 8 Tagen 2 % Skonto. Die Ware bleibt bis zur völligen Bezahlung mein Eigentum.
Sitz der Gesellschaft: Fürth;   RG Fürth: HRA 2785   Steuer-Nr.: 91479/17040

* Da die Umsatzsteuer noch nicht behandelt wurde, bleibt sie hier unberücksichtigt.

---

1 Im Grundbuch werden die Buchungen in zeitlicher Reihenfolge (chronologisch) erfasst. Zu Einzelheiten siehe S. 162.

2 Bei allen Kaufleuten ist auf den Geschäftsbriefen die Firma, die Bezeichnung als Kaufmann (z. B. e. Kfm. GmbH, GmbH & Co. KG), der Ort der Handelsniederlassung, das Registergericht (HRA → für Einzelunternehmen und Personengesellschaften, HRB → für Kapitalgesellschaften) und die Nummer, unter der die Firma in das Handelsregister eingetragen ist, anzugeben. Zudem muss die Steuernummer oder die Umsatzsteuer-Identifikationsnummer des Bundesamtes für Finanzen ausgewiesen werden [§ 14 IV, S. 1 Nr. 2 UStG]. Zu weiteren Pflichtangaben nach dem Umsatzsteuergesetz siehe Seite 138 f.!

Übungsaufgabe

38 1. Formulieren Sie aufgrund der Belege den jeweils zugrunde liegenden Geschäftsvorfall!

2. Bilden Sie die Buchungssätze für das Großhandelshaus Weber Markt e. Kfm., Gartenstraße 35, 59423 Unna!

Beleg 1

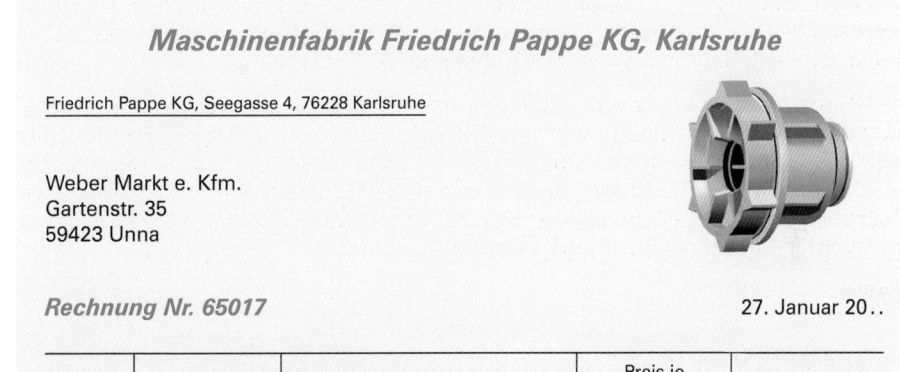

Maschinenfabrik Friedrich Pappe KG, Karlsruhe

Friedrich Pappe KG, Seegasse 4, 76228 Karlsruhe

Weber Markt e. Kfm.
Gartenstr. 35
59423 Unna

Rechnung Nr. 65017   27. Januar 20..

Menge	Artikel-Nr.	Artikelbezeichnung	Preis je Artikel	Gesamtbetrag
5	234176	Lagerregale 2000 Stahl	3070,00 EUR	15350,00 EUR*

Es gelten unsere umseitigen Lieferungs- und Zahlungsbedingungen.
Sitz der Gesellschaft: Karlsruhe, Registergericht Karlsruhe, HRA 748
Steuer-Nr.: 77411/95013

* Da die Umsatzsteuer noch nicht behandelt wurde, bleibt sie unberücksichtigt!

Beleg 2

IBAN DE87443500600000523798		SPARKASSE UNNA		BIC WELADED1UNN	

SIK – KAD. 8/98 S

Bitte beachten Sie die Hinweise auf der Rückseite

5000

Buchungstag	Tag der Wertstellung	Verwendungszweck/Buchungstext		alter Kontostand 10000,00 +
27.01.	27.01.	ÜBERWEISUNG Frieda Freund Rechnung v. 20. Jan.	7588	1450,50 +
27.01.	27.01.	ÜBERWEISUNG Hans Beufele Rechn.-Nr. 102 Rechn.-Datum 20. 01.		3120,80 −
27.01.	27.01.	Bareinzahlung		2100,00 +

Weber Markt e. Kfm.
Gartenstraße 35
59423 Unna

	neuer Kontostand 10429,70 +

Kontoauszug vom 27.01.20..	Auszug 790	Blatt 1

Beleg 3

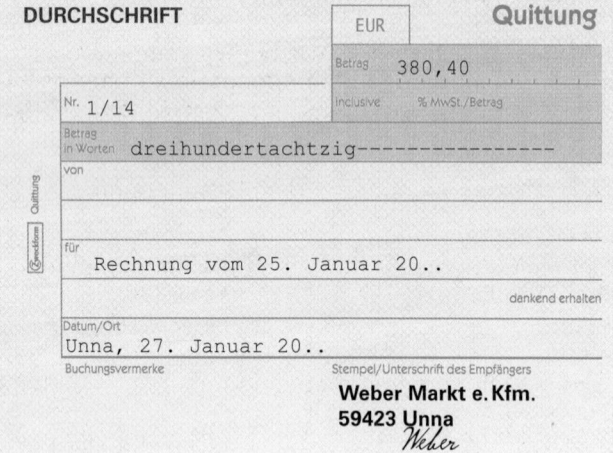

Beleg 4

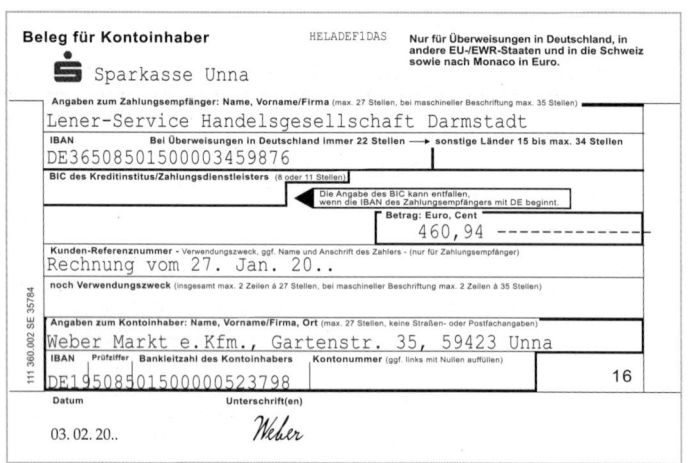

Beleg 5

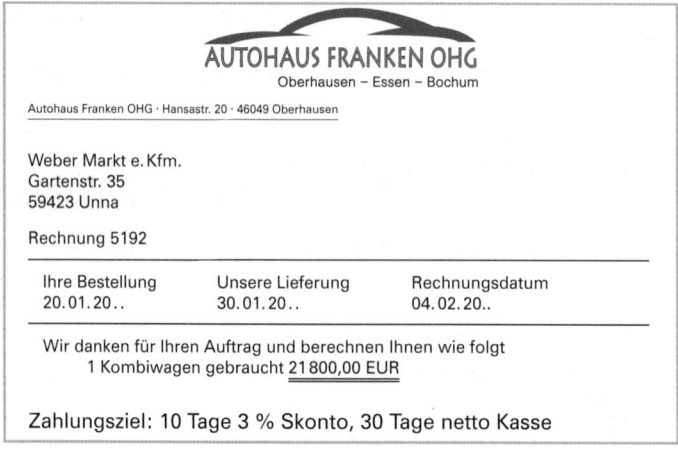

2.3.3.2 Zusammengesetzter Buchungssatz

Sind für einen Buchungssatz **mehr als zwei Konten** erforderlich, spricht man von einem **zusammengesetzten Buchungssatz**. Auch für den zusammengesetzten Buchungssatz gilt, dass bei jedem Buchungssatz die Summe der gebuchten Sollbeträge mit der Summe der gebuchten Habenbeträge übereinstimmen muss.

Beispiel:

I. Anfangsbestände:

Verbindlichkeiten aus Lieferungen und Leistungen 10 000,00 EUR; Bank 7 000,00 EUR; Kasse 5 000,00 EUR.

II. Geschäftsvorfall:

Wir zahlen eine Eingangsrechnung über 3 700,00 EUR, und zwar durch Banküberweisung 3 000,00 EUR, in bar 700,00 EUR.

III. Aufgaben:

1. Buchen Sie den Geschäftsvorfall auf den Konten!

2. Bilden Sie den Buchungssatz!

Lösungen:

Zu 1.: Buchung auf den Konten

Soll	Bank	Haben		Soll	Verb. a. Lief. u. Leist.	Haben
AB	7 000,00	Vb. a. L. u. L. 3 000,00		Ba/Ka	3 700,00	AB 10 000,00

Soll	Kasse	Haben
AB	5 000,00	Vb. a. L. u. L. 700,00

Zu 2.: Buchungssatz

Konten	Soll	Haben
Verbindlichkeiten a. Lief. u. Leist.	3 700,00	
an Bank		3 000,00
an Kasse		700,00

Für den **einfachen Buchungssatz** wie für den **zusammengesetzten Buchungssatz** gilt:

Summe der gebuchten Sollbeträge ≙ Summe der gebuchten Habenbeträge

Übungsaufgaben

39 Bilden Sie zu den folgenden Geschäftsvorfällen die Buchungssätze!

1. Ein Kunde zahlt eine Rechnung über 725,00 EUR
    in bar   225,00 EUR
    durch Banküberweisung   500,00 EUR

2. Wir kaufen Lagerregale für insgesamt 3 500,00 EUR
    gegen Barzahlung   1 500,00 EUR
    auf Ziel   2 000,00 EUR

3. Wir verkaufen einen gebrauchten Kombiwagen in Höhe des
   Buchwertes von 3 800,00 EUR   gegen Barzahlung   800,00 EUR
                                 Restforderung   3 000,00 EUR

4. Ein Kunde zahlt einen Rechnungsbetrag über 1 750,00 EUR
   durch Banküberweisung   1 000,00 EUR
   durch Barzahlung   750,00 EUR

5. Wir bezahlen eine Lieferantenrechnung über 2 550,00 EUR
   in bar   550,00 EUR
   durch Banküberweisung   2 000,00 EUR

6. Wir kaufen einen neuen Kombiwagen zum Preise von 25 000,00 EUR
   gegen Barzahlung   5 500,00 EUR
   durch Banküberweisung   10 000,00 EUR
   Restverbindlichkeit   9 500,00 EUR

40 Bilden Sie zu den folgenden Geschäftsvorfällen die Buchungssätze, bzw. ermitteln Sie die Geschäftsvorfälle!

1. Wir tilgen eine Darlehensschuld bei der Bank über 5 000,00 EUR
   in bar   1 500,00 EUR
   durch Banküberweisung   3 500,00 EUR

2. Wir kaufen neue Lagerregale für 20 000,00 EUR
   Finanzierung: Barzahlung   5 000,00 EUR
                   Banküberweisung   10 000,00 EUR
                   Restverbindlichkeit   5 000,00 EUR

3. Gutschriftanzeigen der Bank:
   für Bareinzahlung   1 500,00 EUR
   für Überweisung eines Kunden   750,00 EUR

4. Welche Geschäftsvorfälle liegen folgenden Buchungssätzen zugrunde?

Nr.	Konten	Soll	Haben
4.1	Fuhrpark	33 750,00	
	an Bank		20 000,00
	an Kasse		13 750,00
4.2	Verbindlichkeiten a. Lief. u. Leist.	2 350,00	
	an Bank		2 000,00
	an Kasse		350,00
4.3	Bank	750,00	
	Kasse	250,00	
	an Forderungen a. Lief. u. Leist.		1 000,00
4.4	Unbebaute Grundstücke	40 000,00	
	an Bank		37 000,00
	an Kasse		3 000,00

41 **I. Anfangsbestände:**

Betriebs- und Geschäftsausstattung 41 355,00 EUR; Kasse 1 670,00 EUR; Bank 33 975,00 EUR; Forderungen aus Lieferungen und Leistungen 12 150,00 EUR; Waren 24 570,00 EUR; Verbindlichkeiten aus Lieferungen und Leistungen 13 220,00 EUR; Langfristige Bankverbindlichkeiten 5 000,00 EUR; Eigenkapital 95 500,00 EUR.

II. Geschäftsvorfälle:

1.	Wir verkaufen nicht mehr benötigte Lagerschränke bar zum Buchwert	2 500,00 EUR
2.	Neuanschaffung einer Büroeinrichtung gegen Banküberweisung	30 000,00 EUR
3.	Ein Kunde überweist einen Rechnungsbetrag auf das Bankkonto	2 120,00 EUR
4.	Zur Auffüllung des Kassenbestandes heben wir vom Bankkonto bar ab	500,00 EUR
5.	Wir zahlen eine Lieferantenrechnung bar	1 200,00 EUR
6.	Teilweise Tilgung des Bankdarlehens bar	1 000,00 EUR

III. Aufgaben:

1. Richten Sie für die angegebenen Anfangsbestände die Bilanzkonten ein und tragen Sie die Anfangsbestände vor!
2. Bilden Sie die Buchungssätze!
3. Buchen Sie die Geschäftsvorfälle auf den Konten und schließen Sie die Konten ordnungsmäßig ab!

2.3.4 Eröffnung und Abschluss der Bestandskonten (Bilanzkonten) im System der doppelten Buchführung (Eröffnungsbilanzkonto und Schlussbilanzkonto)

Das Prinzip der doppelten Buchführung wurde bisher nur bei den Buchungen der Geschäftsvorfälle angewandt. Die Anfangs- und Schlussbestände auf den Konten wurden dagegen nicht doppelt gebucht, sondern nur eingetragen. Das **Prinzip der doppelten Buchführung** ist jedoch ein **generelles Prinzip** und gilt folglich auch für die Anfangs- und Schlussbestände auf den Konten.

Wenn bei der Eröffnung der Konten mit den Anfangsbeständen und beim Abschluss der Konten mit den Schlussbeständen jeweils eine Gegenbuchung erfolgen soll, benötigen wir dafür entsprechende Gegenkonten. Die **Buchung der Anfangsbestände** erfolgt mithilfe des **Eröffnungsbilanzkontos (EBK)** und die **Buchung der Schlussbestände** erfolgt über das **Schlussbilanzkonto (SBK)**.

- Das **Eröffnungsbilanzkonto** und das **Schlussbilanzkonto** bringen die Geschlossenheit des **Systems der doppelten Buchführung** zum Ausdruck.
- Die beiden Konten bieten die Gewähr, dass sowohl bei der Erfassung der **Anfangsbestände** als auch bei der Erfassung der **Schlussbestände** jeder Betrag systemgerecht **doppelt gebucht** wird.

Beispiel:

Als Beispiel für die systemgerechte doppelte Buchung der Anfangs- und Schlussbestände greifen wir auf die Aufgabe 41 zurück.

Aufgaben:

1. Eröffnen Sie die Konten mit den angegebenen Anfangsbeständen mithilfe des Eröffnungsbilanzkontos!
2. Buchen Sie die Geschäftsvorfälle auf den entsprechenden Konten!
3. Schließen Sie die Konten über das Schlussbilanzkonto ab!

97

7 Speth u.a. - ISBN 978-3-8120-0261-5

Lösung:

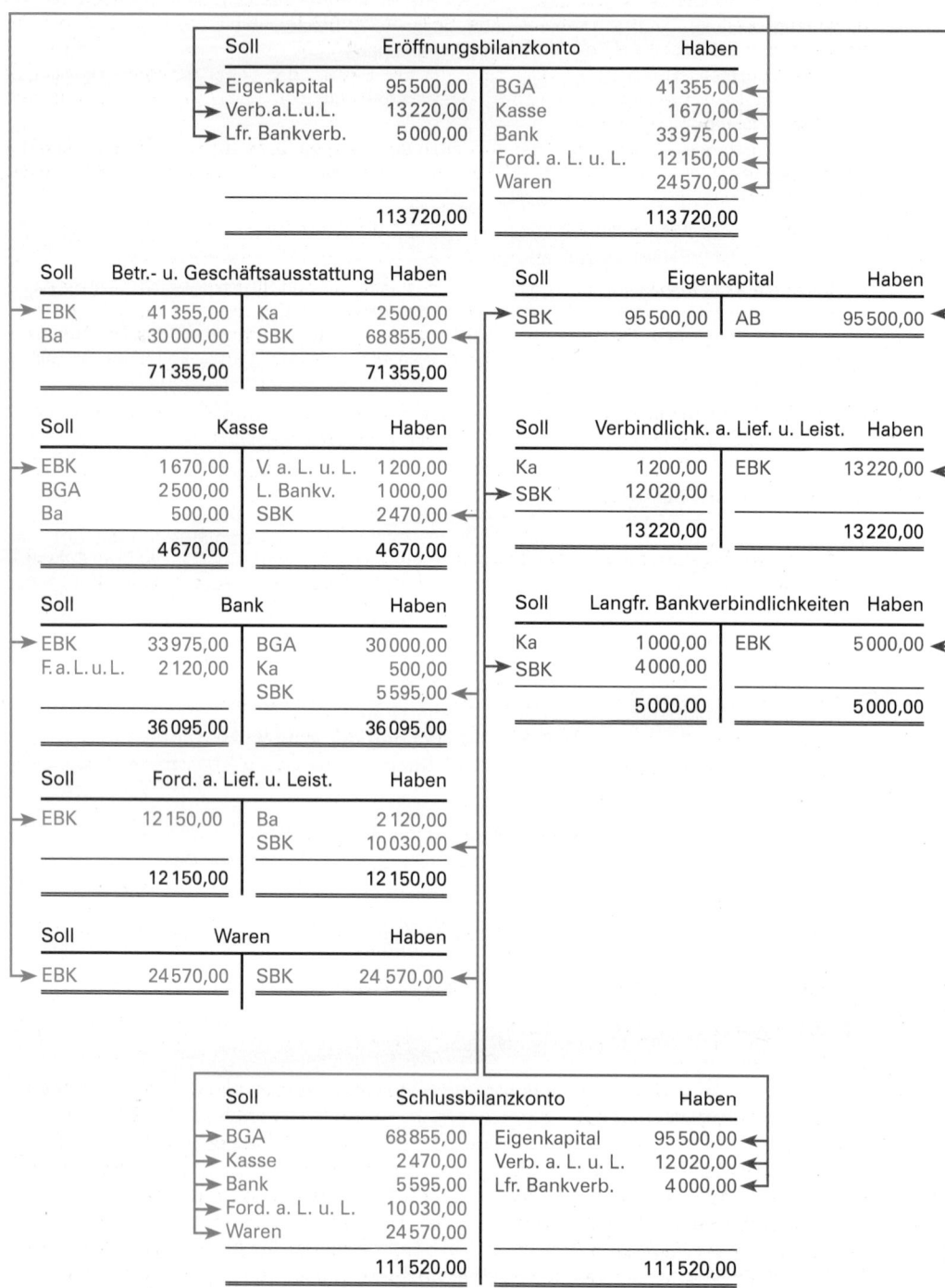

Soll	Eröffnungsbilanzkonto		Haben
Eigenkapital	95 500,00	BGA	41 355,00
Verb.a.L.u.L.	13 220,00	Kasse	1 670,00
Lfr. Bankverb.	5 000,00	Bank	33 975,00
		Ford. a. L. u. L.	12 150,00
		Waren	24 570,00
	113 720,00		113 720,00

Soll	Betr.- u. Geschäftsausstattung		Haben
EBK	41 355,00	Ka	2 500,00
Ba	30 000,00	SBK	68 855,00
	71 355,00		71 355,00

Soll	Eigenkapital		Haben
SBK	95 500,00	AB	95 500,00

Soll	Kasse		Haben
EBK	1 670,00	V. a. L. u. L.	1 200,00
BGA	2 500,00	L. Bankv.	1 000,00
Ba	500,00	SBK	2 470,00
	4 670,00		4 670,00

Soll	Verbindlichk. a. Lief. u. Leist.		Haben
Ka	1 200,00	EBK	13 220,00
SBK	12 020,00		
	13 220,00		13 220,00

Soll	Bank		Haben
EBK	33 975,00	BGA	30 000,00
F. a. L. u. L.	2 120,00	Ka	500,00
		SBK	5 595,00
	36 095,00		36 095,00

Soll	Langfr. Bankverbindlichkeiten		Haben
Ka	1 000,00	EBK	5 000,00
SBK	4 000,00		
	5 000,00		5 000,00

Soll	Ford. a. Lief. u. Leist.		Haben
EBK	12 150,00	Ba	2 120,00
		SBK	10 030,00
	12 150,00		12 150,00

Soll	Waren		Haben
EBK	24 570,00	SBK	24 570,00

Soll	Schlussbilanzkonto		Haben
BGA	68 855,00	Eigenkapital	95 500,00
Kasse	2 470,00	Verb. a. L. u. L.	12 020,00
Bank	5 595,00	Lfr. Bankverb.	4 000,00
Ford. a. L. u. L.	10 030,00		
Waren	24 570,00		
	111 520,00		111 520,00

Erläuterungen:

■ Die Anfangsbestände der Aktivkonten sind auf der Habenseite des Eröffnungsbilanzkontos und die Anfangsbestände der Passivkonten auf der Sollseite des Eröffnungsbilanzkontos zu buchen. Im Vergleich zum Schlussbilanzkonto sind die Seiten vertauscht.

■ Das Eröffnungsbilanzkonto ist ein Hilfskonto, um das System der doppelten Buchung nicht zu durchbrechen. Gleichzeitig wird damit auch die Gleichheit der Soll- und Habenbeträge zu Beginn der Geschäftsperiode dokumentiert.

■ Es ist ein Grundprinzip des Systems der doppelten Buchführung, dass auch bei der Eröffnung der Konten sichergestellt sein muss, dass die Summe der gebuchten Sollbeträge mit der Summe der gebuchten Habenbeträge übereinstimmt.

Zusammenfassung

■ Sollen die Anfangsbestände und die Schlussbestände auf den Bilanzkonten im System der doppelten Buchführung gebucht werden, benötigt man für die Gegenbuchungen ein entsprechendes Gegenkonto. Für die Gegenbuchungen der Anfangsbestände ist das **Eröffnungsbilanzkonto** zuständig, für die Gegenbuchungen der Schlussbestände benötigen wir das **Schlussbilanzkonto**.

■ Da nach den unumstößlichen Buchungsregeln die **Anfangsbestände** bei den **Vermögenskonten** auf der **Sollseite** erscheinen müssen, erfolgen die **Gegenbuchungen** auf dem EBK jeweils auf der **Habenseite**.

        Buchungssätze: jeweiliges Aktivkonto
                                    an EBK

■ Weil die **Anfangsbestände** bei den **Kapitalkonten** (Schuldkonten und Eigenkapitalkonto) auf der **Habenseite** stehen müssen, kann auf dem EBK die **Gegenbuchung** nur auf der **Sollseite** erscheinen.

        Buchungssätze: EBK
                                      an jeweiliges Passivkonto

■ Eine entsprechende Logik ergibt sich für die Buchung der **Schlussbestände**.

  ■ Buchungssätze für die **Schlussbestände auf den Vermögenskonten**:

        Buchungssätze: SBK
                                      an jeweiliges Aktivkonto

  ■ Buchungssätze für die **Schlussbestände auf den Kapitalkonten**:

        Buchungssätze: jeweiliges Passivkonto
                                      an SBK

■ Das Eröffnungsbilanzkonto und das Schlussbilanzkonto gehören zum Kontensystem der doppelten Buchführung.

■ Eröffnungsbilanz und Schlussbilanz stehen außerhalb der Buchführung.

Beachte:

Das Eröffnungsbilanzkonto und das Schlussbilanzkonto wurden hier aus methodischen und systematischen Überlegungen dargestellt. Ob in den nachfolgenden Übungsaufgaben das Eröffnungsbilanzkonto geführt werden soll, bleibt der individuellen Entscheidung der Lehrenden vorbehalten. In elektronischen Finanzbuchhaltungssystemen ist es allerdings aus abstimmungstechnischen Gesichtspunkten unverzichtbar. Demgegenüber wird ein Schlussbilanzkonto in der elektronischen Finanzbuchhaltung nicht geführt. Hier geht man beim Abschluss von den Konten der Buchführung direkt auf die Schlussbilanz über, was in der schulischen Buchführung jedoch nicht sinnvoll ist.

Übungsaufgaben

42 I. Anfangsbestände:

Unbebaute Grundstücke 965 000,00 EUR; Maschinen 470 500,00 EUR; Betriebs- und Geschäftsausstattung 84 900,00 EUR; Waren 54 800,00 EUR; Ford. a. Lief. u. Leist. 105 450,00 EUR; Bank
17 770,00 EUR; Kasse 25 100,00 EUR; Eigenkapital 892 320,00 EUR; Langfristige Bankverbindlichkeiten 450 000,00 EUR; Verb. a. Lief. u. Leist. 381 200,00 EUR.

II. Geschäftsvorfälle:

1. Eingangsrechnung für Büromöbel	27 500,00 EUR
2. Von der bereits gebuchten Büromöbellieferung schicken wir einen nicht bestellten Posten zurück	4 000,00 EUR
3. Ein Kunde zahlt einen Rechnungsbetrag durch Banküberweisung	32 000,00 EUR
4. Wir tilgen teilweise die Darlehensschuld bei der Bank durch Banklastschrift	7 200,00 EUR
5. Wir kaufen eine Abfüllmaschine auf Ziel	87 700,00 EUR
6. Wir zahlen eine Lieferantenrechnung über 28 570,00 EUR bar	6 570,00 EUR
durch Bankscheck	22 000,00 EUR
7. Barkauf eines Schreibtisches für das Büro	2 600,00 EUR
8. Kauf eines Grundstücks für einen Parkplatz auf Ziel	67 000,00 EUR

III. Aufgaben:

1. Eröffnen Sie die Konten mithilfe des Eröffnungsbilanzkontos!
2. Bilden Sie die Buchungssätze und buchen Sie auf den Konten!
3. Schließen Sie die Konten über das Schlussbilanzkonto ab!

43 I. Anfangsbestände:

Bebaute Grundstücke 200 000,00 EUR; Betriebsgebäude 335 850,00 EUR; Betriebs- und
Geschäftsausstattung 228 710,00 EUR; Kasse 7 350,00 EUR; Bank 62 550,00 EUR; Ford. a. Lief.
u. Leist. 98 720,00 EUR; Waren 165 750,00 EUR; Verb. a. Lief. u. Leist. 154 820,00 EUR; Langfristige Bankverbindlichkeiten 200 000,00 EUR; Eigenkapital 744 110,00 EUR.

II. Geschäftsvorfälle:

1. Einkauf einer Maschine 23 500,00 EUR:	
gegen Banküberweisung	12 000,00 EUR
auf Ziel	11 500,00 EUR
2. Ein Kunde bezahlt einen Rechnungsbetrag über 1 250,00 EUR, bar	750,00 EUR
durch Banküberweisung	500,00 EUR
3. Barkauf eines gebrauchten PCs	950,00 EUR
4. Teilrückzahlung eines Bankdarlehens durch Banküberweisung	4 500,00 EUR
5. Barverkauf eines nicht mehr benötigten Büroschrankes zum Buchwert	650,00 EUR
6. Begleichung einer Eingangsrechnung in Höhe von 7 820,00 EUR, bar	2 350,00 EUR
durch Banküberweisung	5 470,00 EUR

III. Aufgaben:

1. Eröffnen Sie die Konten mithilfe des Eröffnungsbilanzkontos!
2. Bilden Sie die Buchungssätze und buchen Sie auf den Konten!
3. Schließen Sie die Konten über das Schlussbilanzkonto ab!

44 1. Formulieren Sie aufgrund der nachfolgenden Belege den jeweils zugrunde liegenden Geschäftsvorfall!

2. Bilden Sie die Buchungssätze für die Möbelwerke Konrad Krause KG, Schlesienstr. 14–18, 53119 Bonn!

Beleg 1[1]

Maschinenfabrik Hans Werner GmbH
ESSEN

Hans Werner GmbH, Winkelstr. 20, 45149 Essen

Möbelwerke
Konrad Krause KG
Schlesienstr. 14–18
53119 Bonn

Rechnung 144/80

Ihre Bestellung 15.10.20..	Unsere Lieferung 28.10.20..	Rechnungsdatum 05.11.20..

Menge	Warenbezeichnung	Einzelpreis EUR	Gesamtbetrag EUR
4	Schleifmaschine	1 420,00	5 680,00

Beleg 2[1]

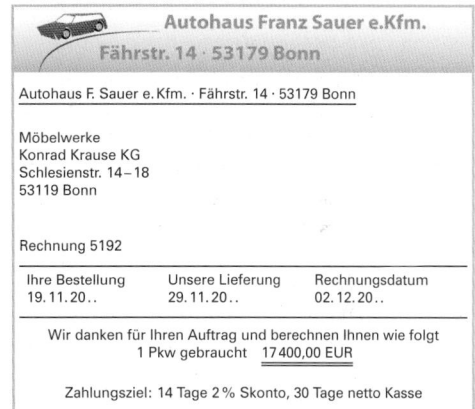

Autohaus Franz Sauer e.Kfm.
Fährstr. 14 · 53179 Bonn

Autohaus F. Sauer e. Kfm. · Fährstr. 14 · 53179 Bonn

Möbelwerke
Konrad Krause KG
Schlesienstr. 14–18
53119 Bonn

Rechnung 5192

Ihre Bestellung 19.11.20..	Unsere Lieferung 29.11.20..	Rechnungsdatum 02.12.20..

Wir danken für Ihren Auftrag und berechnen Ihnen wie folgt
1 Pkw gebraucht   17 400,00 EUR

Zahlungsziel: 14 Tage 2 % Skonto, 30 Tage netto Kasse

Beleg 3

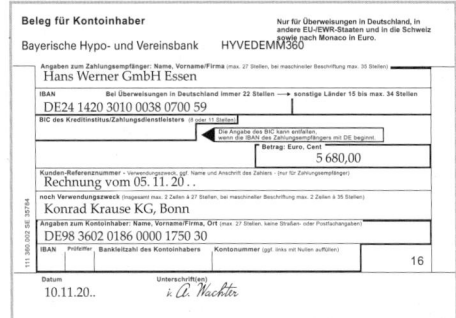

Beleg für Kontoinhaber   Nur für Überweisungen in Deutschland, in andere EU-/EWR-Staaten und in die Schweiz sowie nach Monaco in Euro.

Bayerische Hypo- und Vereinsbank   HYVEDEMM360

Angaben zum Zahlungsempfänger: Name, Vorname/Firma (max. 27 Stellen, bei maschineller Beschriftung max. 35 Stellen)
Hans Werner GmbH Essen

IBAN   Bei Überweisungen in Deutschland immer 22 Stellen ➜ sonstige Länder 15 bis max. 34 Stellen
DE24 1420 3010 0038 0700 59

BIC des Kreditinstituts/Zahlungsdienstleisters (8 oder 11 Stellen)

Betrag: Euro, Cent
5 680,00

Kunden-Referenznummer - Verwendungszweck, ggf. Name und Anschrift des Zahlers - (nur für Zahlungsdienst)
Rechnung vom 05. 11. 20 .

noch Verwendungszweck (insgesamt max. 2 Zeilen à 27 Stellen, bei maschineller Beschriftung max. 2 Zeilen à 35 Stellen)
Konrad Krause KG, Bonn

Angaben zum Kontoinhaber: Name, Vorname/Firma, Ort (max. 27 Stellen, seine Straßen- oder Postfachangaben)
DE98 3602 0186 0000 1750 30

IBAN   Prüfziffer   Bankleitzahl des Kontoinhabers   Kontonummer (ggf. links mit Nullen auffüllen)
16

Datum   Unterschrift(en)
10.11.20..   i. A. Wachter

Beleg 4[1]

Bürotechnik + Organisation Haffner
Sachsenweg 18 | 53119 Bonn | 0228 7721

Fa. Möbelwerke Krause KG

Anz.	Datum 02.11.20..	Einzelpreis EUR	Gesamtbetrag EUR
3	Aktenvernichter	415,00	1 245,00
	Betrag dankend erhalten.		
			Be
Verk. Be	000195-11	Bei Irrtum oder Umtausch bitte diesen Beleg vorlegen.	

Haffner Bürotechnik + Organisation
St.-Nr. 44 111 17931

45 **I. Anfangsbestände:**

Unbebaute Grundstücke 100 000,00 EUR; Betriebs- und Geschäftsausstattung 115 000,00 EUR; Kasse 12 800,00 EUR; Bank 14 230,00 EUR; Forderungen aus Lieferungen und Leistungen 160 780,00 EUR; Waren 114 890,00 EUR; Verbindlichkeiten aus Lieferungen und Leistungen 98 270,00 EUR; Langfristige Bankverbindlichkeiten 200 000,00 EUR; Eigenkapital soll noch ermittelt werden.

---

1 Bei den Belegen in dieser Aufgabe wird auf den Ausweis der Umsatzsteuer verzichtet, weil diese noch nicht behandelt wurde.

II. Geschäftsvorfälle:

1.	Kauf eines Bürotisches bar	1 800,00 EUR
2.	Ein Kunde zahlt bar	12 320,00 EUR
3.	Wir begleichen eine bereits gebuchte Eingangsrechnung durch Banküberweisung	11 700,00 EUR
4.	Wir kaufen eine EDV-Anlage bar	4 850,00 EUR
5.	Eingangsrechnung für eine Verpackungsmaschine	12 300,00 EUR
6.	Wir zahlen auf unser Bankkonto bar ein	10 250,00 EUR
7.	Wir zahlen das Bankdarlehen teilweise durch Banküberweisung zurück	5 500,00 EUR

III. Aufgaben:

1. Stellen Sie die Eröffnungsbilanz auf!
2. Richten Sie die entsprechenden Konten ein und buchen Sie die Anfangsbestände!
3. Bilden Sie die Buchungssätze und buchen Sie auf den Konten!
4. Nach der Buchung der Geschäftsvorfälle sind die Konten über das SBK abzuschließen!
5. Stellen Sie auf der Grundlage des buchhalterischen Abschlusses eine nach handelsrechtlichen Vorschriften gegliederte Bilanz auf.

2.3.5 Zusammenhang zwischen Bilanzkonten, Inventur, Inventar und Bilanz

Die Konten der Buchführung (Bilanzkonten) – unter Einbeziehung des Schlussbilanzkontos und des Eröffnungsbilanzkontos – bilden jetzt eine in sich geschlossene Einheit: **Das Kontensystem der doppelten Buchführung.** Die Zahlen auf diesen Konten stellen für die Geschäftsleitung eine unentbehrliche Informationsquelle dar.

Neben der Geschäftsleitung sind auch außerhalb des Unternehmens stehende Kreise (Steuerbehörden, Banken, Gesellschafter, Mitarbeiter) an den Ergebnissen der Buchführung interessiert. Die berechtigten Informationsansprüche dieser Gruppen werden unter anderem durch die **Bilanz** erfüllt.

Die Bilanz baut auf den Zahlen der Buchführung auf, wobei diese Zahlen jedoch vor ihrer Übernahme in die Bilanz durch die Inventur auf ihre Richtigkeit hin überprüft werden. Vom buchtechnischen Standpunkt aus und auch von der Tatsache ausgehend, dass die Bilanz für die Öffentlichkeit entsprechend aufbereitet werden muss [§§ 247, 266 HGB], stehen **Inventur** (bzw. **Inventar**) und **Bilanz außerhalb der Buchführung.**

Die grafische Darstellung auf S. 103 soll den Zusammenhang zwischen dem Kontensystem der Buchführung und der Bilanz sowie der Inventur (bzw. dem Inventar) veranschaulichen.

Außerhalb der Buchführung haben wir Bilanzen:

Eröffnungsbilanz

A		P
Vermögens-posten	Eigenkapital	
	Verb. a. L. u. L.	

Streng genommen gibt es im Leben eines Unternehmens nur eine Eröffnungsbilanz, nämlich die bei der Gründung. Jede Schlussbilanz kann jedoch als Eröffnungsbilanz für die neue Geschäftsperiode betrachtet werden.

Schlussbilanz

A		P
Vermögens-posten	Eigenkapital	
	Verb. a. L. u. L.	

Zielsetzung:
Informationsinstrument für Außenstehende

Innerhalb der Buchführung haben wir Konten:

(Kontensystem der doppelten Buchführung)

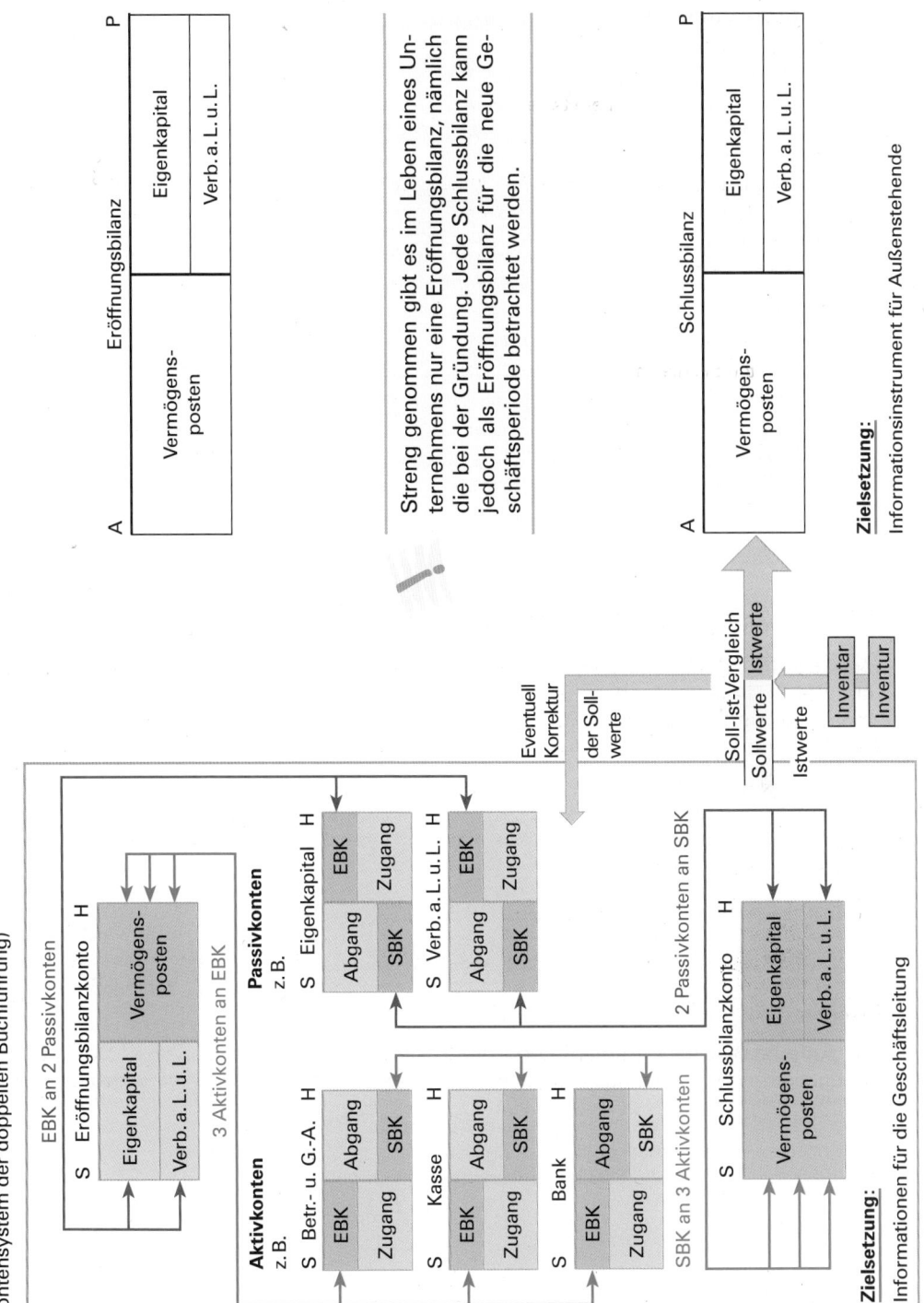

Zielsetzung:
Informationen für die Geschäftsleitung

103

2.4 Auswirkungen von Erfolgsvorgängen auf die Bilanz – Ergebniskonten (Erfolgskonten)

2.4.1 Aufwendungen, Erträge, Aufwandskonten, Ertragskonten

(1) Aufwendungen und Erträge

Bisher wurde das Eigenkapital durch die Geschäftsvorfälle nicht berührt. Dies ändert sich jetzt. Das Eigenkapital kann sich in zwei Richtungen hin verändern, es kann zunehmen oder abnehmen. Die **Zugänge des Eigenkapitals** ergeben sich durch **Erträge,** die **Abgänge** durch **Aufwendungen.**

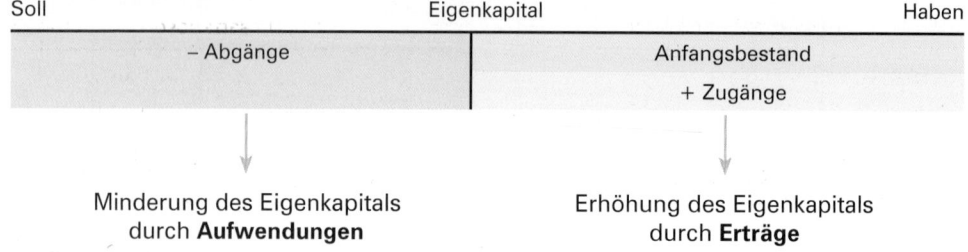

Soll	Eigenkapital	Haben
– Abgänge		Anfangsbestand + Zugänge

Minderung des Eigenkapitals durch **Aufwendungen**

Erhöhung des Eigenkapitals durch **Erträge**

Beispiele:

Aufwendungen	Erträge
■ Gehälter, Löhne ■ Mieten, Pachten ■ Büromaterial ■ Versicherungsbeiträge ■ Aufwendungen für Waren[1] ■ Kraftfahrzeugsteuer	■ Umsatzerlöse[1] ■ Miet- und Pachterlöse ■ Zinserträge ■ Sonstige Erlöse (z.B. aus dem Abgang von Gegenständen des Anlagevermögens)

- **Abgänge beim Eigenkapital** nennen wir **Aufwendungen.**
- **Zugänge beim Eigenkapital** nennen wir **Erträge.**

(2) Aufwands- und Ertragskonten

Um die einzelnen Aufwendungen und Erträge übersichtlich und jederzeit verfügbar zu haben, werden die Aufwendungen und Erträge nicht direkt auf dem Eigenkapital gebucht, sondern es werden **Unterkonten des Eigenkapitals** gebildet. Die **Aufwendungen** werden auf **Aufwandskonten,** die **Erträge** auf **Ertragskonten** gebucht.

---

1 Siehe hierzu Kapitel 2.4.6, S. 117 ff.

2.4.2 Aufwands- und Ertragskonten als Unterkonten des Kontos Eigenkapital

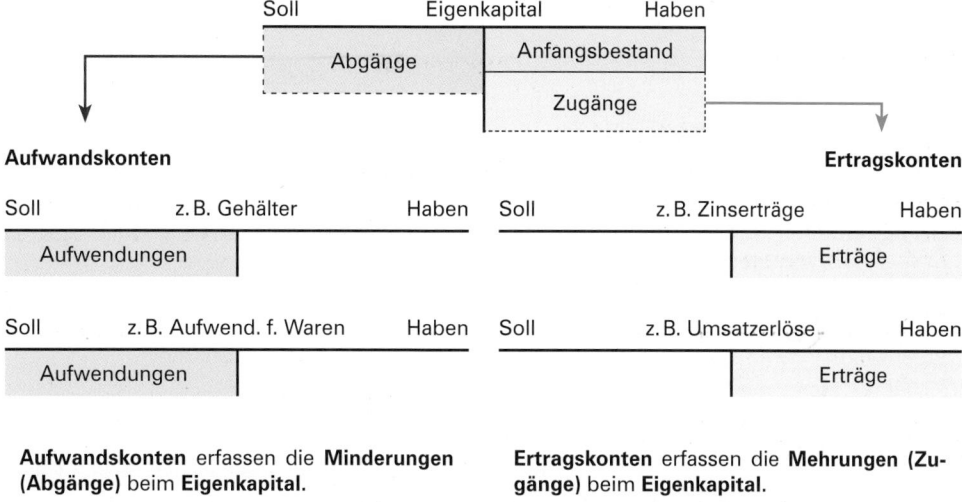

Aufwandskonten erfassen die **Minderungen (Abgänge)** beim **Eigenkapital**.

Ertragskonten erfassen die **Mehrungen (Zugänge)** beim **Eigenkapital**.

- Die Aufwands- und Ertragskonten sind **Unterkonten** des Kontos Eigenkapital.
- Da die Aufwands- und Ertragskonten darüber Auskunft geben, wie der Erfolg (Gewinn oder Verlust) zustande gekommen ist, nennen wir sie **Erfolgskonten**.
- Bei den Aufwandskonten erscheinen die **Aufwendungen** immer auf der **Sollseite,** bei den Ertragskonten erscheinen die **Erträge** immer auf der **Habenseite**.
- Für jede Aufwands- und Ertragsart wird jeweils ein **eigenes Konto** eingerichtet.

2.4.3 Beispiele für die Buchung von Aufwendungen und Erträgen

1. Geschäftsvorfall: Wir zahlen die Ausbildungsvergütung für die kaufmännischen Auszubildenden durch Banküberweisung 570,00 EUR.

Soll	Gehälter	Haben	Soll	Bank	Haben
Bank	570,00		AB	3 000,00 Gehälter	570,00

Buchungssatz:

Konten	Soll	Haben
Gehälter	570,00	
an Bank		570,00

105

2. Geschäftsvorfall: Wir kaufen Briefmarken für 45,00 EUR und Schreibpapier für das Büro 180,00 EUR gegen Barzahlung.

Soll	Portokosten (Bürm.)	Haben		Soll	Kasse	Haben
Kasse	45,00			AB	1200,00	Portokosten 225,00 (Bürm.)

Soll	Büromaterial	Haben
Kasse	180,00	

Buchungssatz:

Konten	Soll	Haben
Portokosten (Bürom.)	45,00	
Büromaterial	180,00	
an Kasse		225,00

3. Geschäftsvorfall: Weitere Aufwendungen werden durch Banküberweisung bezahlt: Strom: 1090,00 EUR; Dekoration: 420,00 EUR; Rechnung des Steuerberaters: 720,00 EUR

Soll	Aufwand für Energie	Haben		Soll	Rechts- u. Beratungskosten	Haben
Bank	1090,00			Bank	720,00	

Soll	Werbung	Haben		Soll	Bank	Haben
Bank	420,00			AB	3480,00	Div. Aufw. 2230,00

Buchungssatz:

Konten	Soll	Haben
Aufwand f. Energie	1090,00	
Werbung	420,00	
Rechts- und Beratungskosten	720,00	
an Bank		2230,00

4. Geschäftsvorfall: Wir erhalten Miete für eine vermietete Garage durch Banküberweisung 60,00 EUR.

Soll	Bank	Haben		Soll	Miet- u. Pachterlöse	Haben
Miet- u. Pachterl.	60,00				Bank	60,00

Buchungssatz:

Konten	Soll	Haben
Bank	60,00	
an Miet- und Pachterlöse		60,00

5. Geschäftsvorfall: Im Betrieb fallen weitere Erträge an: Wir erhalten vom Lieferer eine Verkaufsprovision durch Bankscheck 1 420,00 EUR; Zinsgutschrift der Bank 175,00 EUR.   *Dank*

Soll	Bank	Haben	Soll	Sonstige Nebenerlöse	Haben
So. N.Erl.	1 420,00			Bank	1 420,00
Zinserträge	175,00				

Soll	Zinserträge	Haben
	Bank	175,00

Buchungssätze:

Konten	Soll	Haben
Bank	1 420,00	
an Sonstige Nebenerlöse		1 420,00
Bank	175,00	
an Zinserträge		175,00

- Erfolgskonten erfassen keine Bestände. Es gibt daher auf diesen Konten **keinen Anfangsbestand, keine Zugänge, keine Abgänge und keinen Schlussbestand.**
- Bei den Erfolgskonten gibt es nur: **Aufwendungen (im Soll)** oder **Erträge (im Haben).**

Übungsaufgaben[1]

46   Bilden Sie zu den folgenden erfolgswirksamen Geschäftsvorfällen die Buchungssätze!

1.	Wir zahlen Miete für die Geschäftsräume durch Banküberweisung	4 000,00 EUR
2.	Die Bank schreibt uns Zinsen gut	210,00 EUR
3.	Wir zahlen die Ausbildungsvergütung bar	550,00 EUR
4.	An unsere Verkäufer im Außendienst zahlen wir Provisionen	
	in bar	6 100,00 EUR
	per Bankscheck	2 345,00 EUR
5.	Zinslastschrift der Bank	651,00 EUR
6.	Bankeinzug zum Ausgleich der Stromrechnung für das Geschäft	745,00 EUR
7.	Zahlung der Grundsteuer für das Geschäftsgebäude durch die Bank	2 380,00 EUR
8.	Für Büromaterialien wurden bar bezahlt	123,00 EUR
9.	Banküberweisung der Kfz-Steuer für die Betriebsfahrzeuge	630,00 EUR
10.	Banküberweisung für Heizmaterial für den Betrieb	2 200,00 EUR

---

1 Sofern es sich um Zahlungen handelt, die als Aufwand zu erfassen sind, ist davon auszugehen, dass die zugrunde liegende Rechnung noch **nicht** gebucht wurde.

47 Bilden Sie für die folgenden erfolgsneutralen (erfolgsunwirksamen) und erfolgswirksamen Geschäftsvorfälle die Buchungssätze! Geben Sie in einer besonderen Spalte an, ob der Geschäftsvorfall erfolgswirksam oder erfolgsneutral ist!

1. Wir zahlen Reisekosten an unseren Vertreter durch Banküberweisung — 6 000,00 EUR
2. Die Bank schreibt uns Zinsen gut — 200,00 EUR
3. Wir zahlen die Ausbildungsvergütungen durch die Bank — 2 850,00 EUR
4. Wir kaufen eine Telefonanlage bar — 500,00 EUR
5. Wir zahlen für die Reinigung der Geschäftsräume durch Banküberweisung — 8 750,00 EUR
6. Wir kaufen einen Büroschrank bar — 850,00 EUR
7. Die Bank belastet unser Konto mit Kreditzinsen (Sollzinsen) — 125,00 EUR
8. Wir zahlen Heizöl für eine Lagerhalle durch Banküberweisung — 5 300,00 EUR
9. Ein Kunde zahlt durch Banküberweisung — 450,00 EUR

48 Bilden Sie für die folgenden erfolgsneutralen und erfolgswirksamen Geschäftsvorfälle die Buchungssätze! Geben Sie in einer besonderen Spalte an, ob der Geschäftsvorfall erfolgswirksam oder erfolgsneutral ist!

1. Wir kaufen Büromöbel bar — 1 500,00 EUR
2. Wir bringen Geld zur Bank — 500,00 EUR
3. Wir zahlen Reparaturkosten f. die Geschäftsräume d. Banküberweisung — 4 000,00 EUR
4. Ein Kunde überweist auf unser Bankkonto — 250,00 EUR
5. Bankgutschrift für erhaltene Provisionen — 200,00 EUR
6. Wir bezahlen die Paketgebühren bar — 20,40 EUR
7. Wir kaufen einen Kassenautomaten bar — 3 000,00 EUR
8. Wir zahlen eine Lieferantenrechnung durch Banküberweisung — 350,00 EUR
9. Wir zahlen die Ausbildungsvergütung für einen gewerblichen Auszubildenden durch Banküberweisung — 650,00 EUR
10. Wir zahlen Heizöl für eine Lagerhalle durch Banküberweisung — 5 300,00 EUR
11. Wir zahlen Reisekosten an unseren Vertreter durch Banküberweisung — 6 000,00 EUR
12. Wir bezahlen die Leasingrate für den Geschäfts-Pkw bar — 410,00 EUR
13. Wir überweisen für eine Liefererrechnung durch die Bank — 2 720,00 EUR
14. Zahlung der Telefonrechnung durch Banklastschrift — 140,00 EUR
15. Wir kaufen einen Gabelstapler auf Ziel — 7 980,00 EUR

Zusammen mit dem bereits bekannten Bilanzkontenbereich erhalten wir nun in unserer Buchführung folgende Kontenübersicht:

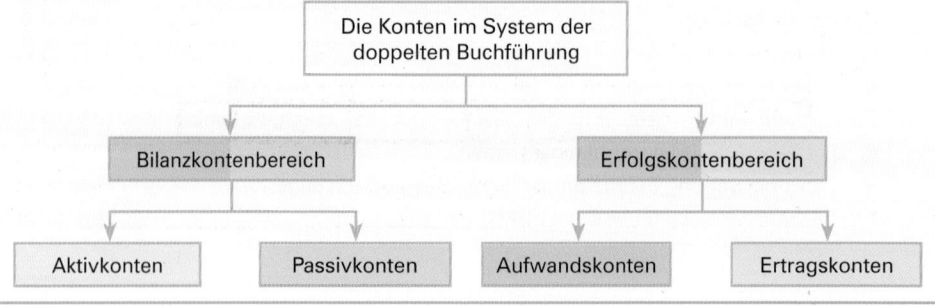

49 Bilden Sie für die folgenden erfolgsunwirksamen und erfolgswirksamen Geschäftsvorfälle die Buchungssätze aus Sicht von Rudolf Walterbeck e. Kfm.! Geben Sie in einer besonderen Spalte an, ob der Geschäftsvorfall erfolgswirksam oder erfolgsunwirksam ist!

1.

IBAN	BIC	erstellt am	Auszug	Blatt
VR-Bank Kreis Steinfurt DE60 4036 1906 0100 1088 00 GENODEM1IBB		31.03.20..	17	1

Alter Kontostand					26 271,59 +
30. 03.	300104	30. 03.	Provisionen	Gutschrift	7 140,00 +
30. 03.	300105	31. 03.	Zinsen für Termingeld	Gutschrift	1 000,00 +
31. 03.	300108	31. 03.	Kraftfahrzeugversicherung	Lastschrift	4 651,71 –
31. 03.	300109	31. 03.	Zinsen für Bankdarlehen	Lastschrift	5 000,00 –
31. 03.	300110	31. 03.	Gehälter	Lastschrift	5 175,00 –
31. 03.	300112	31. 03.	Leasing für Geschäftswagen	Lastschrift	1 230,00 –
Neuer Kontostand					18 354,88 +

Rudolf Walterbeck e. Kfm.
Bismarckstr. 101
49076 Osnabrück

Kontoauszug

Bitte Rückseite beachten.

2.

€uro-Überweisung   GENODEM1IBB

VR-Bank Kreis Steinfurt

Für Überweisungen in Deutschland, in andere EU-/EWR-Staaten und in die Schweiz in Euro.
Überweisender trägt Entgelte und Auslagen bei seinem Kreditinstitut; Begünstigter trägt die übrigen Entgelte und Auslagen.
Bitte Meldepflicht gemäß Außenwirtschaftsverordnung beachten!

Angaben zum Begünstigten: Name, Vorname/Firma (max. 27 Stellen, bei maschineller Beschriftung max. 35 Stellen)

Max Weber GmbH

IBAN
DE16430200000000625566

BIC des Kreditinstituts (8 oder 11 Stellen)

Rechnung

Betrag: Euro, Cent
408,17 --------------

Kunden-Referenznummer - Verwendungszweck, ggf. Name und Anschrift des Überweisenden - (nur für Begünstigten)
Re.-Nr. 4155138 v. 24. Februar 20..

noch Verwendungszweck (insgesamt max. 2 Zeilen à 27 Stellen, bei maschineller Beschriftung max. 2 Zeilen à 35 Stellen)
Rudolf Walterbeck e.Kfm.

Angaben zum Kontoinhaber: Name, Vorname/Firma, Ort (max. 27 Stellen, keine Straßen- oder Postfachangaben)

IBAN
DE604036 19060100 08800

Datum   Unterschrift(en)
07.04.20..   *R. Walterbeck*

Kopie für Kontoinhaber

2.4.4 Abschluss der Aufwands- und Ertragskonten

Als Unterkonten des Eigenkapitals müssten die Erfolgskonten direkt über das Eigenkapitalkonto abgeschlossen werden. Aus Gründen der Übersichtlichkeit wird auf dem Konto Eigenkapital jedoch nur das **Gesamtergebnis** in einer Summe (Gewinn bzw. Verlust) ausgewiesen. Das bedeutet, dass die einzelnen Aufwendungen und Erträge auf einem Zwischenkonto einander gegenübergestellt werden müssen.

Da aus der Gegenüberstellung aller Erträge mit allen Aufwendungen der Gewinn oder Verlust des Unternehmens errechnet wird, heißt dieses Zwischenkonto **Gewinn- und Verlustkonto (GuV-Konto)**. Der auf dem GuV-Konto ermittelte Gewinn oder Verlust wird anschließend auf das Konto Eigenkapital umgebucht. Das GuV-Konto ist daher ein Unterkonto des Eigenkapitalkontos. Dabei erhöht ein Gewinn das Eigenkapital, ein Verlust vermindert es.

$$\text{Erträge} > \text{Aufwendungen} = \text{Gewinn}$$
$$\text{Erträge} < \text{Aufwendungen} = \text{Verlust}$$

Beispiel:

Das folgende Beispiel beschränkt die kontenmäßige Darstellung auf die Erfolgskonten. Die Bilanzkonten werden bewusst ausgeklammert, um den Abschluss der Erfolgskonten deutlich herauszustellen.

I. Anfangsbestand auf dem Eigenkapitalkonto: 30 000,00 EUR

II. Erfolgswirksame Geschäftsvorfälle:

	Konten	Soll	Haben
1. Wir zahlen Ausbildungsbeihilfe an die kaufmännischen Auszubildenden durch Banküberweisung 550,00 EUR	Gehälter an Bank	550,00	550,00
2. Kauf von Büromaterial bar 80,00 EUR	Büromaterial an Kasse	80,00	80,00
3. Abbuchung der Stromkosten vom Bankkonto 150,00 EUR	Aufw. f. Energie an Bank	150,00	150,00
4. Wir erhalten Provisionserträge auf die Bank überwiesen 2 000,00 EUR	Bank an Sonstige Nebenerlöse	2 000,00	2 000,00
5. Gutschrift der Bank für Zinsen 140,00 EUR	Bank an Zinserträge	140,00	140,00

III. Aufgabe:

Führen Sie den Abschluss der Ergebniskonten, des GuV-Kontos und des Eigenkapitalkontos durch!

Lösung:

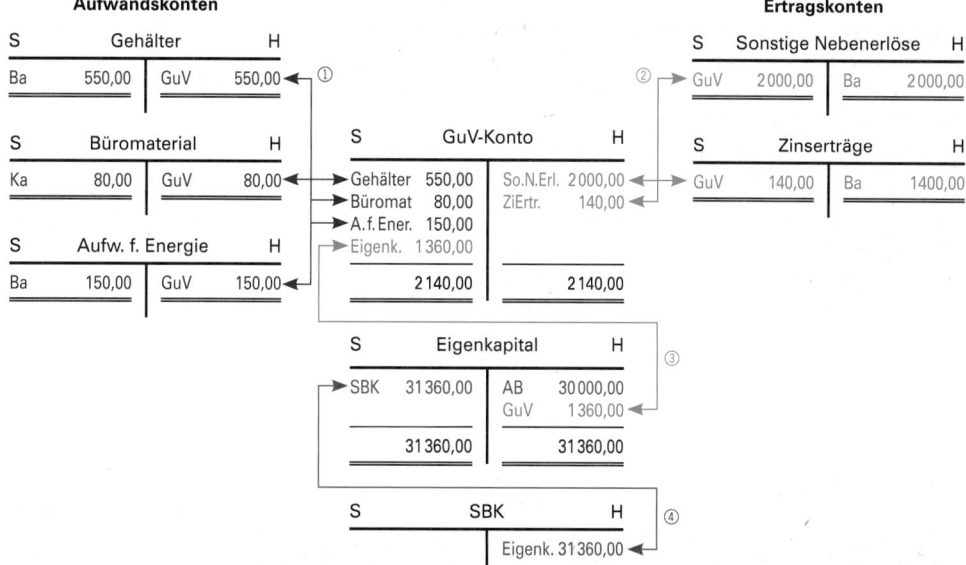

Aufwandskonten

S	Gehälter	H
Ba	550,00	GuV	550,00	①

S	Büromaterial	H
Ka	80,00	GuV	80,00

S	Aufw. f. Energie	H
Ba	150,00	GuV	150,00

Ertragskonten

S	Sonstige Nebenerlöse	H
GuV	2 000,00	Ba	2 000,00	②

S	Zinserträge	H
GuV	140,00	Ba	1 400,00

S	GuV-Konto	H
Gehälter	550,00	So.N.Erl.	2 000,00
Büromat	80,00	ZiErtr.	140,00
A.f.Ener.	150,00		
Eigenk.	1 360,00		
	2 140,00		2 140,00

S	Eigenkapital	H	③
SBK	31 360,00	AB	30 000,00
		GuV	1 360,00
	31 360,00		31 360,00

S	SBK	H	④
		Eigenk.	31 360,00

Abschlussschritte beim Abschluss der Erfolgskonten:

1. Schritt: Abschluss der Aufwandskonten über das GuV-Konto.

2. Schritt: Abschluss der Ertragskonten über das GuV-Konto.

3. Schritt: Abschluss des GuV-Kontos über das Eigenkapitalkonto.

4. Schritt: Abschluss des Eigenkapitalkontos über das Schlussbilanzkonto.

Übungsaufgabe

50 **I. Anfangsbestände:**

Bank 150 000,00 EUR; Eigenkapital 150 000,00 EUR

II. Geschäftsvorfälle:

1.	Banküberweisung für den Beitrag zur Industrie- u. Handelskammer	2 800,00 EUR
2.	Zinsgutschrift der Bank	490,00 EUR
3.	Reparaturkosten für ein Kopiergerät werden mit Bankscheck bezahlt	512,00 EUR
4.	Lohnzahlung durch Banküberweisung	1 290,00 EUR
5.	Banküberweisung für Verbrauchssteuern	950,00 EUR
6.	Mieteinnahmen per Bankscheck	4 650,00 EUR
7.	Banküberweisung für die Feuerversicherung des Lagers	460,00 EUR
8.	Büromaterial wird mit Bankscheck gekauft	370,00 EUR
9.	Wir erhalten Provision durch Banküberweisung	9 980,00 EUR
10.	Ein Zeitungsinserat wird mit Banküberweisung beglichen	290,00 EUR

III. Aufgaben:

1. Eröffnen Sie die Konten Bank und Eigenkapital!
2. Bilden Sie die Buchungssätze und buchen Sie auf den Konten!
3. Führen Sie den Abschluss durch!

2.4.5 Geschäftsgang mit Bestands- und Erfolgskonten

Beispiel:

I. Anfangsbestände:

Betriebs- und Geschäftsausstattung 120 000,00 EUR; Kasse 3 150,00 EUR; Bank 4 800,00 EUR; Verbindlichkeiten aus Lieferungen und Leistungen 26 000,00 EUR; Langfristige Bankverbindlichkeiten 20 000,00 EUR; Eigenkapital 81 950,00 EUR.

II. Geschäftsvorfälle:

1. Zahlung der Gehälter durch Banküberweisung	2 100,00 EUR
2. Wir erhalten eine Provisionszahlung durch Banküberweisung	15 400,00 EUR
3. Barzahlung eines Zeitungsinserates	160,00 EUR
4. Die Bank schreibt uns Zinsen gut	580,00 EUR
5. Barzahlung der Miete für das Geschäft	1 800,00 EUR
6. Wir begleichen eine Lieferantenrechnung durch Bankscheck	750,00 EUR

III. Aufgaben:

1. Stellen Sie unter Angabe der Buchungssätze den Ablauf der buchungstechnischen Schritte dar!

2. Buchen Sie auf den Konten!

3. Schließen Sie die Konten über die Abschlusskonten ab!

Lösungen:

Zu 1.: Ablauf der buchungstechnischen Schritte

Eröffnungsbuchungen

1. Erstellung des Eröffnungsbilanzkontos

2. Buchung der Anfangsbestände auf den Aktiv- und Passivkonten

Bildung der Buchungssätze für die Geschäftsvorfälle

Nr.	Konten	Soll	Haben
1.	Gehälter an Bank	2 100,00	 2 100,00
2.	Bank an Sonstige Nebenerlöse	15 400,00	 15 400,00
3.	Werbung an Kasse	160,00	 160,00
4.	Bank an Zinserträge	580,00	 580,00
5.	Mieten, Pachten an Kasse	1 800,00	 1 800,00
6.	Verbindlichkeiten a. Lief. u. Leist. an Bank	750,00	 750,00

Buchung der Geschäftsvorfälle auf den Konten

Abschlussbuchungen

1. Abschluss der Erfolgskonten über das GuV-Konto

2. Abschluss des GuV-Kontos über das Eigenkapitalkonto

3. Abschluss der Bestandskonten über das Schlussbilanzkonto (SBK)

Zu 2. und 3.: Buchungen auf den Konten und Abschluss der Konten

EBK

Soll		Haben	
Eigenkapital	81 950,00	B.- u. G.-Ausstattung	120 000,00
Langfr. Bankverb.	20 000,00	Kasse	3 150,00
Verb. a. Lief. u. Leist.	26 000,00	Bank	4 800,00
	127 950,00		127 950,00

Betr.- u. G.-Ausstattung

S		H	
EBK	120 000,00	SBK	120 000,00

Kasse

S		H	
EBK	3 150,00	Werb.	160,00
		Miet., P.	1 800,00
		SBK	1 190,00
	3 150,00		3 150,00

Bank

S		H	
EBK	4 800,00	Gehälter	2 100,00
So.N.Erl.	15 400,00	V. a. L. u. L.	750,00
ZiErtr	580,00	SBK	17 930,00
	20 780,00		20 780,00

Eigenkapital

S		H	
SBK	93 870,00	EBK	81 950,00
		GuV	11 920,00
	93 870,00		93 870,00

Langfrist. Bankverbindl.

S		H	
SBK	20 000,00	EBK	20 000,00

Verbindl. a. Lief. u. Leist.

S		H	
Bank	750,00	EBK	26 000,00
SBK	25 250,00		
	26 000,00		26 000,00

Gehälter

S		H	
Bank	2 100,00	GuV	2 100,00

Werbung

S		H	
Kasse	160,00	GuV	160,00

Mieten, Pachten

S		H	
Kasse	1 800,00	GuV	1 800,00

Sonstige Nebenerlöse

S		H	
GuV	15 400,00	Bank	15 400,00

Zinserträge

S		H	
GuV	580,00	Bank	580,00

GuV-Konto

Soll		Haben	
Gehälter	2 100,00	Sonst. Nebenerlöse	15 400,00
Werbung	160,00	Zinserträge	580,00
Mieten, Pachten	1 800,00		
Eigenkapital	11 920,00		
	15 980,00		15 980,00

SBK

Soll		Haben	
B.- u. G.-Ausstattung	120 000,00	Eigenkapital	93 870,00
Kasse	1 190,00	Verb. geg. Kreditinst.	20 000,00
Bank	17 930,00	Verb. aus Lief. u. Leist.	25 250,00
	139 120,00		139 120,00

Doppelte Erfolgsermittlung (Ergebnisermittlung)

Aus dem vorhergehenden Geschäftsgang ersehen wir, dass in der doppelten Buchführung auch eine **doppelte Möglichkeit der Ergebnisermittlung** besteht:

1. Im Erfolgskontenbereich:

Hier wird das Ergebnis (Gewinn oder Verlust) durch die Gegenüberstellung der Aufwendungen mit den Erträgen auf dem GuV-Konto ermittelt. Aus dem GuV-Konto sind auch die einzelnen Ertrags- und Aufwandsarten ersichtlich.

		Soll	GuV		Haben
Summe der Erträge	15 980,00 EUR	Gehälter	2 100,00	So.N.Erlöse	15 400,00
− Summe der Aufwend.	4 060,00 EUR	Werbung	160,00	Zinserträge	580,00
		Miet.,Pacht.	1 800,00		
= Erfolg (Gewinn)	11 920,00 EUR	Gewinn	11 920,00		
			15 980,00		15 980,00

2. Im Bilanzkontenbereich:

Hier wird das Ergebnis (Gewinn oder Verlust) durch den Vergleich des Eigenkapitals am Ende des Geschäftsjahres mit dem Eigenkapital am Anfang des Geschäftsjahres ermittelt.

		Soll	Eigenkapital		Haben
Eigenkapital am Ende des Geschäftsjahres	93 870,00 EUR	SBK	93 870,00	EBK	81 950,00
− Eigenkapital am Anfang des Geschäftsjahres	81 950,00 EUR			Gewinn	11 920,00
= Gewinn	11 920,00 EUR		93 870,00		93 870,00

Übungsaufgaben

51   **I. Anfangsbestände:**

Unbebaute Grundstücke 85 000,00 EUR; Betriebs- und Geschäftsausstattung 15 000,00 EUR; Bank 16 200,00 EUR; Kasse 5 400,00 EUR; Verbindlichkeiten aus Lieferungen und Leistungen 25 000,00 EUR; Eigenkapital 96 600,00 EUR.

II. Geschäftsvorfälle:

1.	Wir zahlen für Werbematerial durch Banküberweisung	5 300,00 EUR
2.	Kauf von Schreibwaren für das Büro bar	120,00 EUR
3.	Zinsgutschrift der Bank	350,00 EUR
4.	Die Verkaufsprovision für einen Großauftrag geht auf dem Bankkonto ein	11 350,00 EUR
5.	Zahlung der Geschäftsmiete durch Banküberweisung	1 100,00 EUR
6.	Die Telefongebühren werden vom Bankkonto abgebucht	215,00 EUR

III. Aufgaben:

1. Erstellen Sie die Eröffnungsbilanz!
2. Eröffnen Sie die Konten mit den angegebenen Anfangsbeständen!

3. Bilden Sie für die Geschäftsvorfälle die Buchungssätze und übertragen Sie die entsprechenden Werte anschließend auf die eröffneten Konten!

4. Schließen Sie die Konten ab und geben Sie das neue Eigenkapital an!

52 **I. Anfangsbestände:**

Unbebaute Grundstücke 96 000,00 EUR; Betriebs- und Geschäftsausstattung 23 600,00 EUR; Forderungen aus Lieferungen und Leistungen 21 000,00 EUR; Kasse 6 100,00 EUR; Bank 13 620,00 EUR; Langfristige Bankverbindlichkeiten 35 900,00 EUR; Verbindlichkeiten aus Lieferungen und Leistungen 19 900,00 EUR; Eigenkapital 104 520,00 EUR.

II. Geschäftsvorfälle:

1.	Barzahlung für Büromaterial	90,00 EUR
2.	Banküberweisung zur Zahlung der Provisionen für die Außendienstmitarbeiter	7 120,00 EUR
3.	Die Bank schreibt uns Zinsen gut	1 300,00 EUR
4.	Die noch nicht gebuchte Rechnung für ein Werbeinserat in der Tageszeitung wird durch Banküberweisung beglichen	120,00 EUR
5.	Barzahlung an den Lieferer	450,00 EUR
6.	Ein Kunde begleicht eine Rechnung durch Banküberweisung	920,00 EUR
7.	Banküberweisung für einen gemieteten Lagerraum	500,00 EUR
8.	Bankabbuchung für die Stromrechnung	210,00 EUR
9.	Wir erhalten Provision für die Vermittlung eines Großauftrages auf das Bankkonto überwiesen	6 300,00 EUR

III. Aufgaben:

1. Erstellen Sie die Eröffnungsbilanz!

2. Eröffnen Sie die Konten mit den angegebenen Anfangsbeständen!

3. Bilden Sie für die Geschäftsvorfälle die Buchungssätze und übertragen Sie die entsprechenden Werte anschließend auf die eröffneten Konten!

4. Schließen Sie die Konten über die Abschlusskonten ab!

53 Bilden Sie die Buchungssätze zu folgenden Geschäftsvorfällen!

1.	Wir bezahlen eine Liefererrechnung durch Banküberweisung		1 825,30 EUR
2.	Ein Kunde begleicht einen Rechnungsbetrag mit Bankscheck		841,70 EUR
3.	Die Bank belastet uns mit		
	der Darlehensrate	2 500,00 EUR	
	den Zinsen	970,20 EUR	3 470,20 EUR
4.	Eingangsrechnung für Computerpapier		721,70 EUR
5.	Bankabbuchung der Monatspauschale der Stadtwerke für Strom und Gas		1 140,00 EUR
6.	Ein Handelsvertreter erhält einen Bankscheck für vermittelte Verkaufsgeschäfte		1 460,00 EUR
7.	Banküberweisung für Renovierung der Büroräume		3 910,00 EUR
8.	Barkauf von neuen Büromöbeln		8 825,80 EUR
9.	Barzahlung einer Rechnung für eine Computerreparatur		571,80 EUR
10.	Banküberweisung der Miete für die Geschäftsräume		3 500,00 EUR
11.	Bareinzahlung auf das Bankkonto		4 100,00 EUR
12.	Die Steuerberatungskosten werden bar bezahlt		1 154,00 EUR
13.	Banküberweisung des Handelskammerbeitrags		620,00 EUR
14.	Wir kaufen eine EDV-Anlage auf Ziel		7 730,00 EUR
15.	Wir kaufen ein Lagerregal bar		2 200,00 EUR

54   Entscheiden Sie außerhalb des Buches, welche der folgenden Aussagen richtig sind:

1.   Der Begriff Erfolg beinhaltet immer einen Gewinn. ✗

2.   Ist das Reinvermögen am Ende der Geschäftsperiode höher als am Anfang, wurde in der Geschäftsperiode ein Gewinn erzielt. ✓

3.   Vermögen – Schulden = Erfolg. ✓

4.   Ein Verlust liegt vor, wenn das Eigenkapital am Anfang der Geschäftsperiode größer ist als am Ende. ✓

5.   Die Formel für die Erfolgsermittlung lautet:

      Eigenkapital am Anfang der Geschäftsperiode
   –   Eigenkapital am Ende der Geschäftsperiode   ✓

      = Erfolg

55

Beleg 1

EBE - WERKE AG
DORTMUND

Hans Wanner GmbH
Industriestraße 80
37079 Goslar

| Kurzmitteilung: 15. 01.-20 . . |

Sehr geehrte Damen und Herren,

wir haben festgestellt, dass Sie unsere Rechnung Nr. 501 vom 10.01.20.. doppelt bezahlt haben.

Den Rechnungsbetrag in Höhe von 8 140,20 EUR haben wir heute auf Ihr Konto bei der Volksbank Nordharz zurücküberwiesen.

Mit freundlichen Grüßen
EBE-Werke AG
i. A. Potte

Beleg 2

NOTHHAFT
FÜR BÜRO, SCHULE UND ZUHAUSE

NONNENWEG 8 - 38640 GOSLAR

RECHNUNG BARVERKAUF

Nopi Paketklebeband 66x50				
57212	1,00	2,19	1	2,19 EUR
PRITT Klebestift WA 13 40 g				
PRI 371047	2,00	3,85	1	7,70 EUR
E-1800/0,1 FARBE 002 rot				
edd1800	1,00	2,89	1	2,89 EUR
Kopierpapier A4 weiß 80 g/qm				
8078451a8	1,00	3,49	1	3,49 EUR
Gesamtsumme:				16,27 EUR

Beleg 3

```
DEUTSCHE POST AG
38640 GOSLAR
85051034   6941   15.01.20..

LABELFREIMACHUNG        1 STÜCK x 4,70 EUR
*4,70 EUR                          A, 1

BRUTTOUMSATZ                      *4,70 EUR

VIELEN DANK FÜR IHREN BBESUCH.
IHRE DEUTSCHE POST AG
```

Aufgabe:

Bilden Sie die Buchungssätze für die Hans Wanner GmbH!

2.4.6 Wareneinkäufe und Warenverkäufe buchen und die Warenkonten abschließen

2.4.6.1 Vorbemerkungen

Die wesentlichen Erfolgskomponenten in einem Unternehmen wurden in unserer Buchführung bisher ausgespart. Sie bestehen in der Buchung des Ein- und Verkaufs der Waren. Kauft ein Unternehmen die Waren zu einem Preis ein, der unter dem jeweils erzielten Verkaufspreis liegt, so entsteht aus der Differenz beider Preise ein Warengewinn. Man bezeichnet den **Warengewinn** auch als **Rohgewinn**.

Verkaufspreis – Einstandspreis[1] = Warengewinn (Rohgewinn)

2.4.6.2 Einführung der Warenkonten

Dadurch, dass wir die Ware zu einem höheren Preis verkaufen als wir sie einkaufen, muss für die **Warenverkäufe** ein **Ertragskonto** eingerichtet werden **(Konto: Umsatzerlöse für Waren)**.

Um den Gewinn aus den Warengeschäften ermitteln zu können, müssen den Verkaufserlösen die dazugehörigen **Einkaufswerte** als **Aufwand** gegenübergestellt werden. Insofern benötigen wir auch ein Warenaufwandskonto, auf dem der Einkaufswert der verkauften Ware erfasst wird **(Konto: Aufwendungen für Waren)**.

Außerdem wird noch ein drittes Konto benötigt, auf dem der Bestand an Waren erfasst wird **(Konto: Waren)**. Auf diesem Konto erscheinen nur der Anfangsbestand und der Schlussbestand an Waren. Das Konto ist also ein reines Bestandskonto (Aktivkonto).

Es sind folgende **drei Warenkonten** zu führen:

- Das **Konto Waren,** auf dem nur der Anfangsbestand und der Schlussbestand erscheinen dürfen. Es handelt sich um ein **Aktivkonto.**
- Das **Konto Aufwendungen für Waren,** auf dem der Wareneinkauf innerhalb der Geschäftsperiode erfasst wird. Es handelt sich um ein **Aufwandskonto.**
- Das **Konto Umsatzerlöse für Waren,** auf dem die Verkaufserlöse erfasst werden. Es handelt sich um ein **Ertragskonto.**

---

1 Der **Einstandspreis** ergibt sich, wenn man vom Einkaufspreis die gewährten Nachlässe abzieht und eventuell anfallende Bezugskosten zu deren Zwischensumme hinzuaddiert.

2.4.6.3 Buchungen auf den Warenkonten und Abschluss der Warenkonten

Beachte:

Im Folgenden wird unterstellt, dass ein Unternehmen versucht, nur so viel Waren ein-zukaufen, wie auch in der gleichen Geschäftsperiode verkauft werden. Bei dieser Art der Anlieferung werden die Waren nicht erst als Lagerbestände erfasst, sondern direkt als Warenaufwand gebucht. Diese Form der Buchung bezeichnet man als **aufwands-rechnerisches Verfahren** oder als **Just-in-time-Verfahren**. Da dieses Verfahren in der Prüfung verlangt wird, werden wir uns in diesem Buch grundsätzlich am aufwands-rechnerischen Verfahren orientieren.

Werden die angelieferten Waren zunächst als Lagerbestände erfasst, werden sie auf das Konto Waren als Bestand gebucht. Man spricht bei dieser Form der Warenbu-chung von **bestandsrechnerischem Verfahren.**[1]

(1) Buchungen auf den Warenkonten ohne Veränderung des Warenbestands

Wir gehen zunächst aus Vereinfachungsgründen von der unrealistischen Annahme aus, dass sich der Warenbestand am Ende der Geschäftsperiode gegenüber dem Waren-bestand am Anfang der Geschäftsperiode nicht verändert hat. Wir haben also bei den Warenvorräten **keine Bestandsveränderungen**. Das bedeutet, dass genau die während der Geschäftsperiode eingekaufte Ware auch wieder verkauft worden ist.

Beispiel:

Wir übernehmen einen Ausschnitt aus der Buchführung der Großhandlung Fritz Leist GmbH.

I. Bestände:

Anfangsbestand an Waren: 20 Radiogeräte zu je 100,00 EUR = 2 000,00 EUR
Schlussbestand an Waren: 20 Radiogeräte zu je 100,00 EUR = 2 000,00 EUR

II. Geschäftsvorfälle:

1. Wareneinkäufe bar: 10 Radiogeräte zu je 100,00 EUR = 1 000,00 EUR
2. Warenverkäufe bar: 10 Radiogeräte zu je 150,00 EUR = 1 500,00 EUR

III. Aufgaben:

1. Stellen Sie diese Situation auf den Warenkonten dar und schließen Sie die Warenkonten ab!
2. Bilden Sie die Buchungssätze:
   2.1 für die beiden Geschäftsvorfälle,
   2.2 für den Abschluss der Warenkonten!
3. Ermitteln Sie außerhalb der Buchführung den Rohgewinn!

Lösungen:

Zu 1.: Darstellung auf den Warenkonten mit Abschluss der Warenkonten

      Bestandskonto   **Erfolgskonten**

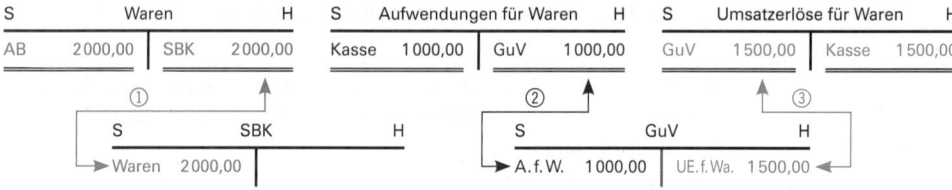

---

1 Auf das bestandsrechnerische Verfahren wird im Anhang auf S. 514 ff. eingegangen.

Zu 2.: Buchungssätze

2.1 Buchungssätze für die beiden Geschäftsvorfälle

Nr.	Geschäftsvorfälle	Konten	Soll	Haben
1.	Wir kaufen 10 Radiogeräte zu je 100,00 EUR bar ein = 1 000,00 EUR	Aufwend. f. Waren an Kasse	1 000,00	1 000,00
2.	Wir verkaufen 10 Radiogeräte zu je 150,00 EUR bar = 1 500,00 EUR.	Kasse an Ums.-Erl. f. Waren	1 500,00	1 500,00

2.2 Buchungssätze für den Abschluss der Konten

Nr.	Abschlussschritte	Konten	Soll	Haben
①	Buchung des durch Inventur ermittelten Warenschlussbestandes 20 Stück à 100,00 EUR = 2 000,00 EUR	SBK an Waren	2 000,00	2 000,00
②	Abschluss des Kontos Aufwendungen für Waren	GuV an Aufwend. f. Waren	1 000,00	1 000,00
③	Abschluss des Kontos Umsatzerlöse für Waren	Ums.-Erl. f. Waren an GuV	1 500,00	1 500,00

Zu 3.: Berechnung des Rohgewinns

Nach Abschluss der Konten stehen sich auf dem GuV-Konto der Wert der verkauften Ware und der dazugehörige Einkaufswert gegenüber. Als Saldo daraus ergibt sich der **Warengewinn (Rohgewinn)**.

Umsatzerlöse für Waren (10 Radiogeräte zu je 150,00 EUR)	1 500,00 EUR
− Aufwendungen für Waren (10 Radiogeräte zu je 100,00 EUR)	1 000,00 EUR
Rohgewinn (Warengewinn)	500,00 EUR

Übungsaufgabe

56 **1. I. Bestände:**

Anfangsbestand an Waren: 30 000,00 EUR;
Schlussbestand an Waren lt. Inventur 30 000,00 EUR.

II. Geschäftsvorfälle:

Einkauf von Waren auf Ziel: 200 Stück zu je 25,00 EUR Einstandspreis
Verkauf von Waren auf Ziel: 200 Stück zu je 35,00 EUR Verkaufspreis

III. Aufgaben:

1.1 Bilden Sie für die Geschäftsvorfälle die Buchungssätze, buchen Sie auf den Warenkonten, schließen Sie die Warenkonten ab und bilden Sie dazu die Buchungssätze!

1.2 Ermitteln Sie den Rohgewinn!

1.3 Worin unterscheidet sich der Reingewinn vom Rohgewinn?

2. **I. Bestände:**

Anfangsbestand an Waren: 45 000,00 EUR;
Schlussbestand an Waren lt. Inventur 45 000,00 EUR.

II. Geschäftsvorfälle:

Einkauf von Waren auf Ziel: 160 500,00 EUR
Verkauf von Waren auf Ziel: 197 800,00 EUR

III. Aufgaben:

2.1 Bilden Sie die Buchungssätze für den Ein- und Verkauf von Waren und buchen Sie auf den Warenkonten!

2.2 Schließen Sie die Warenkonten ab und ermitteln Sie buchhalterisch den Rohgewinn!

2.3 Tragen Sie auf dem GuV-Konto noch zusätzlich folgende Werte ein:
Summe sonstige Aufwendungen   27 700,00 EUR
Summe sonstige Erträge   8 100,00 EUR
und ermitteln Sie anschließend den Reingewinn!

3. Was ist unter dem Begriff „Aufwendungen für Waren" zu verstehen?

⑩ Der Wert der eingekauften Ware zum Verkaufspreis.

⑪ Der Wert der eingekauften Ware zum Rechnungspreis.

⑫ Der Wert der verkauften Ware zum Einstandspreis.

⑬ Der Wert der verkauften Ware zum Verkaufspreis.

Übertragen Sie die entsprechende Ziffer als Lösung in Ihr Heft.

(2) Buchungen auf den Warenkonten mit Veränderung des Warenbestands

Eine sinnvolle Ermittlung des Warengewinnes ist nur möglich, wenn den erzielten Verkaufserlösen der Warenaufwand (Wareneinsatz) für die gleiche Menge gegenübergestellt wird.

■ Wurde innerhalb einer Geschäftsperiode **mehr Ware verkauft als eingekauft,** muss die Mengendifferenz aus dem Lagerbestand entnommen worden sein. Dadurch vermindert sich der Wert des Warenbestands (der Schlussbestand ist niedriger als der Anfangsbestand). Es liegt eine **Bestandsminderung** vor.

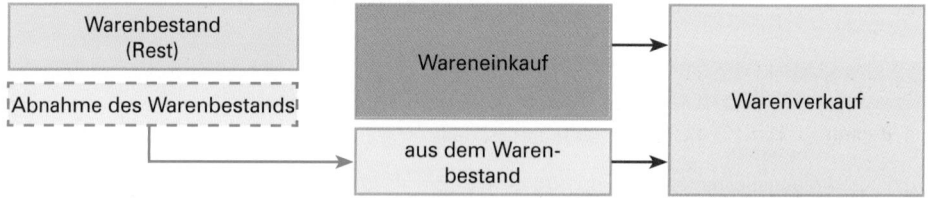

■ Wurde innerhalb einer Geschäftsperiode **weniger Ware verkauft als eingekauft,** erhöht sich der Wert des Warenbestands (der Schlussbestand ist höher als der Anfangsbestand). Es liegt eine **Bestandsmehrung** vor.

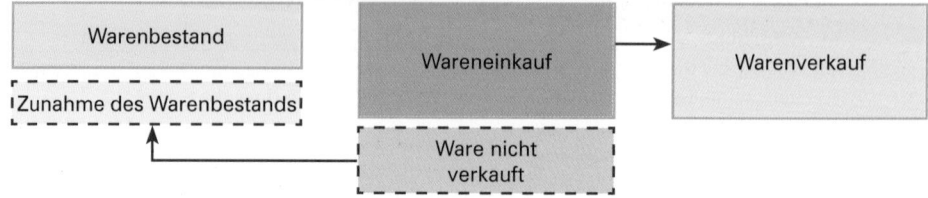

■ Fall 1: Minderung des Warenbestands

Beispiel:

Ausschnitt aus der Buchführung der Großhandlung Fritz Leist GmbH:

I. Bestände:

Anfangsbestand an Waren: 20 Radiogeräte zu je 100,00 EUR = 2 000,00 EUR
Schlussbestand an Waren: 15 Radiogeräte zu je 100,00 EUR = 1 500,00 EUR

II. Geschäftsvorfälle:

1. Wareneinkäufe bar: 40 Radiogeräte zu je 100,00 EUR = 4 000,00 EUR
2. Warenverkäufe bar: 45 Radiogeräte zu je 150,00 EUR = 6 750,00 EUR

III. Aufgaben:

1. Stellen Sie diese Situation auf den Warenkonten dar und schließen Sie die Warenkonten ab!
2. Bilden Sie die Buchungssätze:
    2.1 für die beiden Geschäftsvorfälle,
    2.2 für den Abschluss der Warenkonten!
3. Ermitteln Sie außerhalb der Buchführung den Rohgewinn!

Lösungen:

Zu 1.: Darstellung auf den Warenkonten mit Abschluss der Warenkonten

Bestandskonto   Erfolgskonten

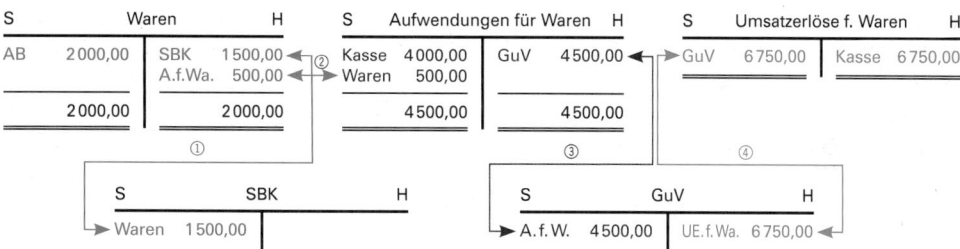

Zu 2.: Buchungssätze

2.1 Buchungssätze für die beiden Geschäftsvorfälle

Nr.	Geschäftsvorfälle	Konten	Soll	Haben
1.	Wir kaufen 40 Radiogeräte zu je 100,00 EUR bar = 4 000,00 EUR	Aufwend. f. Waren an Kasse	4 000,00	4 000,00
2.	Wir verkaufen 45 Radiogeräte zu je 150,00 EUR bar = 6 750,00 EUR	Kasse an Ums.-Erl. f. Waren	6 750,00	6 750,00

121

2.2 Buchungssätze für den Abschluss der Konten

Nr.	Abschlussschritte	Konten	Soll	Haben
①	Buchung des durch Inventur ermittelten Warenschlussbestands im Werte von 1500,00 EUR	SBK an Waren	1 500,00	1 500,00
②	Umbuchung der Bestandsminderung von 5 Radiogeräten zu je 100,00 EUR = 500,00 EUR.	Aufwend. f. Waren an Waren	500,00	500,00
③	Abschluss des Kontos Aufwendungen für Waren	GuV an Aufwend. f. Waren	4 500,00	4 500,00
④	Abschluss des Kontos Umsatzerlöse für Waren	Ums.-Erl. f. Waren an GuV	6 750,00	6 750,00

Zu 3.: Berechnung des Rohgewinns

Es wurden 45 Radiogeräte verkauft, aber nur 40 Stück eingekauft. Daher ergibt sich eine Bestandsminderung in Höhe von 5 Stück zu je 100,00 EUR = 500,00 EUR.

Um den Verkaufserlösen von 45 Stück den entsprechenden Warenaufwand (Wareneinsatz) gegenüberstellen zu können, muss der Wareneinkauf um den Wert der Bestandsminderung erhöht werden.

Aufwendungen für Waren = Wareneinkäufe + Bestandsminderung

	Wareneinkäufe:	40 Radiogeräte zu je 100,00 EUR =	4 000,00 EUR
+	Bestandsminderung:	5 Radiogeräte zu je 100,00 EUR =	500,00 EUR
=	Wareneinsatz	45 Radiogeräte zu je 100,00 EUR =	4 500,00 EUR
	Umsatzerlöse (Ertrag)	45 Radiogeräte zu je 150,00 EUR =	6 750,00 EUR
–	Wareneinsatz (Aufwand)	45 Radiogeräte zu je 100,00 EUR =	4 500,00 EUR
=	Rohgewinn (Warengewinn)		2 250,00 EUR

■ Fall 2: Erhöhung des Warenbestands

Beispiel:

Ausschnitt aus der Buchführung der Großhandlung Fritz Leist GmbH.

I. Bestände:

Anfangsbestand an Waren: 15 Radiogeräte zu je 100,00 EUR = 1 500,00 EUR
Schlussbestand an Waren: 20 Radiogeräte zu je 100,00 EUR = 2 000,00 EUR

II. Geschäftsvorfälle:

1. Wareneinkäufe bar: 45 Radiogeräte zu je 100,00 EUR = 4 500,00 EUR
2. Warenverkäufe bar: 40 Radiogeräte zu je 150,00 EUR = 6 000,00 EUR

III. Aufgaben:

1. Stellen Sie diese Situation auf den Warenkonten dar und schließen Sie die Warenkonten ab!
2. Bilden Sie die Buchungssätze:
   2.1 für die beiden Geschäftsvorfälle,
   2.2 für den Abschluss der Warenkonten!
3. Ermitteln Sie außerhalb der Buchführung den Rohgewinn!

Lösungen:

Zu 1.: Darstellung auf den Warenkonten mit Abschluss der Warenkonten

Bestandskonto   **Erfolgskonten**

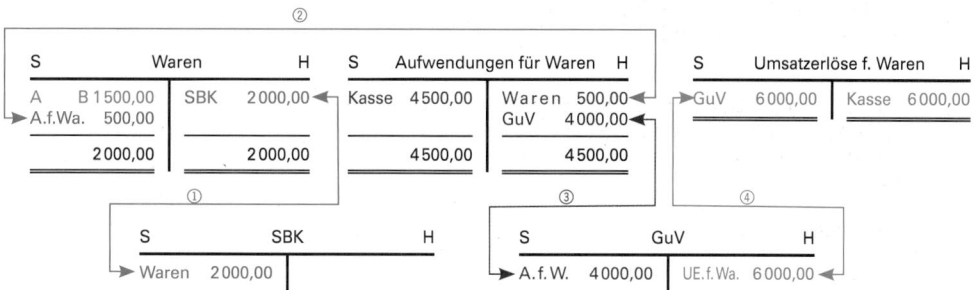

Zu 2.: Buchungssätze

2.1 Buchungssätze für die beiden Geschäftsvorfälle

Nr.	Geschäftsvorfälle	Konten	Soll	Haben
1.	Einkauf von 45 Radiogeräten zu je 100,00 EUR bar = 4 500,00 EUR	Aufwend. f. Waren an Kasse	4 500,00	4 500,00
2.	Verkauf von 40 Radiogeräten zu je 150,00 EUR bar = 6 000,00 EUR	Kasse an Ums.-Erl. f.Waren	6 000,00	6 000,00

2.2 Buchungssätze für den Abschluss der Konten

Nr.	Abschlussschritte	Konten	Soll	Haben
①	Buchung des durch Inventur ermittelten Warenschlussbestands im Werte von 2 000,00 EUR	SBK an Waren	2 000,00	2 000,00
②	Umbuchung der Bestandsmehrung von 5 Radiogeräten zu je 100,00 EUR = 500,00 EUR.	an Waren Aufwend. f. Waren	500,00	500,00
③	Abschluss des Kontos Aufwendungen für Waren	GuV an Aufwend. f. Waren	4 000,00	4 000,00
④	Abschluss des Kontos Umsatzerlöse für Waren	Ums.-Erl. f. Waren an GuV	6 000,00	6 000,00

Zu 3.: Berechnung des Rohgewinns

Es wurden 45 Radiogeräte eingekauft, aber nur 40 Stück verkauft. Daher ergibt sich eine Bestandsmehrung in Höhe von 5 Stück zu je 100,00 EUR = 500,00 EUR.

Um den Verkaufserlösen von 40 Stück den entsprechenden Warenaufwand (Wareneinsatz) gegenüberstellen zu können, muss der Wareneinkauf um den Wert der Bestandserhöhung vermindert werden.

Aufwendungen für Waren = Wareneinkäufe − Bestandsmehrung

Wareneinkäufe:	45 Radiogeräte zu je 100,00 EUR =	4 500,00 EUR
− Bestandsmehrung:	5 Radiogeräte zu je 100,00 EUR =	500,00 EUR
= Wareneinsatz	40 Radiogeräte zu je 100,00 EUR =	4 000,00 EUR
Umsatzerlöse (Ertrag)	40 Radiogeräte zu je 150,00 EUR =	6 000,00 EUR
− Wareneinsatz (Aufwand)	40 Radiogeräte zu je 100,00 EUR =	4 000,00 EUR
= Rohgewinn (Warengewinn)		2 000,00 EUR

Übungsaufgaben

Hinweis: Bei den folgenden Aufgaben soll zunächst nur der Abschluss der Warenkonten geübt werden. Daher wird bei der Aufgabenstellung bewusst auf eine isolierte Betrachtung der Warenkonten abgestellt. Die angegebenen Werte der Aufgaben 57 bis 61 sind so gewählt, dass sich ein ausgeglichenes Schlussbilanzkonto ergibt.

57 **I. Anfangsbestand:**

Anfangsbestand auf dem Konto Waren	17 800,00 EUR
Anfangsbestand auf dem Eigenkapitalkonto	10 000,00 EUR

II. Geschäftsvorfälle:

1. Wareneingänge während des Jahres	185 410,00 EUR
2. Warenverkäufe während des Jahres	193 210,00 EUR

III. Abschlussangabe:

Warenschlussbestand lt. Inventur	12 100,00 EUR

IV. Aufgaben:

1. Übertragen Sie die in der Aufgabe angegebenen Werte für den Anfangsbestand, die Wareneingänge und die Warenverkäufe auf die entsprechenden Konten, buchen Sie den durch Inventur ermittelten Warenschlussbestand, schließen Sie die Warenkonten ab und ermitteln Sie buchhalterisch den Rohgewinn!

2. Bilden Sie den Buchungssatz für die Buchung der Bestandsminderung!

58/ **I. Anfangsbestände**
59

	58	59
Anfangsbestand auf dem Konto Waren	108 700,00 EUR	109 300,00 EUR
Anfangsbestand auf dem Eigenkapitalkonto	85 000,00 EUR	90 000,00 EUR

II. Geschäftsvorfälle

Wareneinkäufe bar	7 500,00 EUR	23 500,00 EUR
Warenverkäufe bar	9 500,00 EUR	12 950,00 EUR
Warenverkäufe auf Ziel	25 650,00 EUR	45 800,00 EUR
Wareneinkäufe auf Ziel	10 500,00 EUR	19 700,00 EUR
Warenverkäufe gegen Bankscheck	6 550,00 EUR	3 750,00 EUR

III. Abschlussangabe

Warenschlussbestand lt. Inventur	95 700,00 EUR	114 300,00 EUR

IV. Aufgaben

1. Richten Sie die drei Warenkonten, das Eigenkapitalkonto, das Schlussbilanzkonto und das Gewinn- und Verlustkonto ein!

2. Tragen Sie auf den eingerichteten Konten die angegebenen Anfangsbestände vor!

3. Übertragen Sie die zu den Geschäftsvorfällen angegebenen Werte auf die entsprechenden Konten!

4. Schließen Sie die Konten ordnungsmäßig ab!

60/	I. Anfangsbestände	60	61
61	Anfangsbestand auf dem Konto Waren	43 650,00 EUR	60 500,00 EUR
	Anfangsbestand auf dem Eigenkapitalkonto	47 400,00 EUR	12 250,00 EUR

II. Geschäftsvorfälle:

Wareneinkäufe bar	47 100,00 EUR	7 850,00 EUR
Warenverkäufe auf Ziel	16 850,00 EUR	43 750,00 EUR
Warenverkäufe bar	25 700,00 EUR	12 200,00 EUR
Wareneinkäufe auf Ziel	2 300,00 EUR	25 650,00 EUR
Warenverkäufe gegen Bankscheck	3 100,00 EUR	25 800,00 EUR

III. Abschlussangabe:

Warenschlussbestand lt. Inventur	44 650,00 EUR	40 500,00 EUR

IV. Aufgaben:

1. Richten Sie die Warenkonten, das Eigenkapitalkonto, das Schlussbilanzkonto und das Gewinn- und Verlustkonto ein!
2. Tragen Sie auf den eingerichteten Konten die angegebenen Anfangsbestände vor!
3. Übertragen Sie die zu den Geschäftsvorfällen angegebenen Werte auf die entsprechenden Konten!
4. Schließen Sie die Konten ordnungsmäßig ab!

2.4.7 Eröffnung der Bestandskonten und Abschluss der Bestands- und Erfolgskonten unter Einbeziehung der Warenkonten

Beispiel:

I. Anfangsbestände:

Unbebaute Grundstücke 50 000,00 EUR; Betriebs- und Geschäftsausstattung 35 000,00 EUR; Waren 40 000,00 EUR; Forderungen aus Lieferungen und Leistungen 15 320,00 EUR; Bank 37 850,00 EUR; Verbindlichkeiten aus Lieferungen und Leistungen 19 450,00 EUR; Langfristige Bankverbindlichkeiten 40 000,00 EUR; Eigenkapital 118 720,00 EUR.

II. Geschäftsvorfälle:

1. Wir kaufen Waren auf Ziel	2 750,00 EUR
2. Die Bank belastet uns mit Zinsen	2 450,00 EUR
3. Wir verkaufen Waren auf Ziel	33 550,00 EUR
4. Die Miete für das Geschäft wird durch die Bank überwiesen	12 900,00 EUR
5. Wir überweisen die Kraftfahrzeugsteuer durch die Bank	4 100,00 EUR
6. Die Bank schreibt uns Zinsen gut	1 200,00 EUR

III. Abschlussangabe:

Schlussbestand an Waren lt. Inventur 34 000,00 EUR.

IV. Aufgaben:

1. Stellen Sie den Ablauf der buchtechnischen Schritte dar!
2. Bilden Sie die Buchungssätze für die Geschäftsvorfälle!
3. Übertragen Sie anschließend die Vorgänge auf die Konten!
4. Schließen Sie die Konten ab!

Lösungen:

Ablauf der buchungstechnischen Schritte (zu 1.)

Erster Schritt: Eröffnungsbuchungen

1. Erstellung des Eröffnungsbilanzkontos.
2. Buchung der Anfangsbestände auf den Aktiv- und Passivkonten.

Zweiter Schritt: Bildung der Buchungssätze für die Geschäftsvorfälle (zu 2.)

Nr.	Konten	Soll	Haben
1.	Aufwendungen für Waren	2 750,00	
	an Verbindlichkeiten a. Lief. u. Leist.		2 750,00
2.	Zinsaufwendungen	2 450,00	
	an Bank		2 450,00
3.	Forderungen a. Lief. u. Leist.	33 550,00	
	an Umsatzerlöse für Waren		33 550,00
4.	Mieten, Pachten	12 900,00	
	an Bank		12 900,00
5.	Kraftfahrzeugsteuer	4 100,00	
	an Bank		4 100,00
6.	Bank	1 200,00	
	an Zinserträge		1 200,00

Dritter Schritt: Buchung der Geschäftsvorfälle auf den Konten (siehe S. 127)

Vierter Schritt: Abschluss (siehe S. 127)

1. Abschluss der Warenkonten

    1.1 Buchung des Warenschlussbestandes lt. Inventur auf dem Konto Waren.

    1.2 Abschluss des Warenschlussbestands über das Schlussbilanzkonto.

    1.3 Abschluss der verkauften Ware zum Einstandspreis (Aufwendungen für Waren) über das GuV-Konto.

    1.4 Abschluss des Kontos Umsatzerlöse für Waren über das GuV-Konto.

2. Abschluss der übrigen Ergebniskonten über das GuV-Konto.

3. Abschluss des GuV-Kontos über das Eigenkapitalkonto.

4. Abschluss der Bestandskonten über das Schlussbilanzkonto.

Buchungen auf den Konten mit Abschluss der Konten (zu. 3. und 4.):

Bilanzkonten-Bereich

Aktivkonten

Unbebaute Grundstücke

S		H	
EBK	50000,00	SBK	50000,00

Betr.- u. Geschäftsausst.

S		H	
EBK	35000,00	SBK	35000,00

Waren

S		H	
EBK	40000,00	SBK	34000,00
		A.f.W.	6000,00
	40000,00		40000,00

Ford. a. Lief. u. Leist.

S		H	
EBK	15320,00	SBK	48870,00
UErl.	33550,00		
	48870,00		48870,00

Bank

S		H	
EBK	37850,00	ZiAuf.	2450,00
ZiErtr.	1200,00	Miet.,P.	12900,00
		Kfz-St.	4100,00
		SBK	19600,00
	39050,00		39050,00

EBK

S		H	
Verb.	19450,00	Unb.Gr.	50000,00
L.Bv.	40000,00	BGA	35000,00
EK	118720,00	Waren	40000,00
		Ford.	15320,00
		Bank	37850,00
	178170,00		178170,00

SBK

S		H	
Unb.Gr.	50000,00	Verb.	22200,00
BGA	35000,00	L.Bv.	40000,00
Waren	34000,00	EK	125270,00
Ford.	48870,00		
Bank	19600,00		
	187470,00		187470,00

Passivkonten

Verbindl. a. Lief. u. Leist.

S		H	
SBK	22200,00	EBK	19450,00
		A.f.W.	2750,00
	22200,00		22200,00

Langfr. Bankverb.

S		H	
SBK	40000,00	EBK	40000,00

Eigenkapital

S		H	
SBK	125270,00	E B K	118720,00
		GuV	6550,00
	125270,00		125270,00

Erfolgskonten-Bereich

Aufwandskonten

Mieten, Pachten

S		H	
Bank	12900,00	GuV	12900,00

Kfz-Steuer

S		H	
Bank	4100,00	GuV	4100,00

Zinsaufwendungen

S		H	
Bank	2450,00	GuV	2450,00

Aufwend. f. Waren

S		H	
Verb.	2750,00	GuV	8750,00
Waren	6000,00		
	8750,00		8750,00

Ertragskonten

UE f. Waren

S		H	
GuV	33550,00	Ford.	33550,00

Zinserträge

S		H	
GuV	1200,00	Bank	1200,00

GuV

S		H	
Miet.,P.	12900,00	UE. f. Wa.	33550,00
Kfz-St.	4100,00	ZiErtr.	1200,00
ZiAufw.	2450,00		
A.f.W.	8750,00		
EK	6550,00		
	34750,00		34750,00

127

Übungsaufgaben

62 **I. Anfangsbestände:**

Betriebs- und Geschäftsausstattung 175000,00 EUR; Kasse 35710,00 EUR; Bank 42400,00 EUR; Waren 321720,00 EUR; Forderungen aus Lieferungen und Leistungen 82900,00 EUR; Verbindlichkeiten aus Lieferungen und Leistungen 112800,00 EUR; Langfristige Bankverbindlichkeiten 190000,00 EUR; Eigenkapital 354930,00 EUR.

II. Geschäftsvorfälle:

1.	Bareinzahlung auf das Bankkonto	15000,00 EUR
2.	Warenverkauf bar	17100,00 EUR
3.	Barzahlung für Aushilfslöhne	4200,00 EUR
4.	Eingangsrechnungen (Wareneinkäufe)	27400,00 EUR
5.	Banküberweisung der Leasingrate	14400,00 EUR
6.	Ausgangsrechnungen (Warenverkäufe)	28660,00 EUR
7.	Zahlung einer Eingangsrechnung durch Banküberweisung	21720,00 EUR
8.	Die Bank schreibt uns Zinsen gut	2480,00 EUR
9.	Barzahlung für den Kauf von Büromaterial	1120,00 EUR
10.	Ein Kunde überweist auf unser Bankkonto	32490,00 EUR
11.	Barverkauf von Waren	19400,00 EUR

III. Abschlussangabe:

Warenschlussbestand lt. Inventur 312520,00 EUR.

IV. Aufgaben:

Bilden Sie zu den Geschäftsvorfällen die Buchungssätze, übertragen Sie die Werte auf die mit den Anfangsbeständen eröffneten Konten und schließen Sie die Konten über das Schlussbilanzkonto ab!

63 **I. Anfangsbestände:**

Betriebs- und Geschäftsausstattung 118700,00 EUR; Waren 216800,00 EUR; Forderungen aus Lieferungen und Leistungen 108100,00 EUR; Bank 59710,00 EUR; Kasse 27220,00 EUR; Verbindlichkeiten aus Lieferungen und Leistungen 155600,00 EUR; Langfristige Bankverbindlichkeiten 120000,00 EUR; Eigenkapital 254930,00 EUR.

II. Geschäftsvorfälle:

1.	Wir kaufen Ware für 22500,00 EUR	gegen Barzahlung	10000,00 EUR
		auf Ziel	12500,00 EUR
2.	Für das Direktionszimmer wird ein neuer Schreibtisch gekauft;		
	Zahlung durch Banküberweisung		1500,00 EUR
3.	Wir zahlen Darlehenszinsen bar		4800,00 EUR
4.	Wir zahlen eine Lieferantenrechnung über 19450,00 EUR		
	gegen Barzahlung		9800,00 EUR
	durch Banküberweisung		9650,00 EUR
5.	Wir verkaufen Ware 34780,00 EUR		
	auf Ziel		25000,00 EUR
	gegen Barzahlung		9780,00 EUR
6.	Teilweise Tilgung des Bankdarlehens durch Barzahlung		4000,00 EUR
7.	Wir kaufen Büromaterial bar		2200,00 EUR
8.	Ein Kunde zahlt eine Rechnung über 17750,00 EUR		
	in bar		8400,00 EUR
	durch Bank		9350,00 EUR
9.	Ein Auszubildender erhält als Ersatz für die Aufwendungen der		
	Fahrten zur Arbeitsstätte einen steuerfreien Zuschuss bar ausbezahlt		300,00 EUR
10.	Wir verkaufen Ware auf Ziel		32500,00 EUR

11. Die Bank schreibt uns Zinsen gut	2 150,00 EUR
12. Wir zahlen eine Rechnung für Werbematerial in bar	10 160,00 EUR

III. Abschlussangabe:

Warenschlussbestand lt. Inventur 206 810,00 EUR.

IV. Aufgaben:

Bilden Sie zu den Geschäftsvorfällen die Buchungssätze, übertragen Sie die Werte auf die mit den Anfangsbeständen eröffneten Konten und schließen Sie die Konten über das Schlussbilanzkonto ab!

2.4.8 Erfolgsermittlung bei Industriebetrieben (ohne Einbeziehung der Bestände an unfertigen und fertigen Erzeugnissen)

2.4.8.1 Grundsätzliches

Sofern Industriebetriebe fertige Waren (sogenannte Handelswaren) einkaufen und diese unverändert weiterverkaufen, ergeben sich die gleichen Buchungsprobleme wie in Handelsbetrieben.

> **Beispiel:**
>
> Eine Möbelfabrik kauft Bilder, Wäsche und Teppiche ein, die sie an interessierte Kunden weiterverkauft.

Die Hauptaufgabe der Industriebetriebe besteht jedoch darin, die zu verkaufenden Produkte selbst herzustellen. Sie kaufen hierfür **Werkstoffe** (Roh-, Hilfs- und Betriebsstoffe sowie Vorprodukte) ein und verarbeiten diese im Produktionsprozess zu neuen Produkten, die sie am Markt absetzen. Zwischen dem Ein- und Verkauf von Waren schiebt sich als wichtigstes Unterscheidungsmerkmal zu Handelsbetrieben der Produktionsprozess, wobei die Erfassung und Verrechnung der dabei anfallenden Aufwendungen besondere Probleme darstellen.

2.4.8.2 Begriffsklärungen

Zu den **Werkstoffen** zählen:

Arten von Werkstoffen	Beispiele
■ **Rohstoffe (Fertigungsmaterial)** Unter Rohstoffen versteht man die Stoffe, die Hauptbestandteile des Fertigprodukts darstellen.	Holz in einer Möbelfabrik, Bleche in der Autoindustrie, Leder in einer Schuhfabrik.
■ **Vorprodukte (Fremdbauteile)** Es handelt sich um Teile oder Baugruppen (zusammengesetzte Teile) von Vorlieferern, die zur Erstellung eigener Produkte benötigt werden.	Schlösser in einer Möbelfabrik, Autositze für die Automobilindustrie, Elektromotoren in der Maschinenindustrie.
■ **Hilfsstoffe** Hilfsstoffe gehen zwar auch in das Fertigprodukt ein, sie bilden aber nur Nebenbestandteile der Erzeugnisse.	Nägel, Schrauben, Leim in einer Möbelfabrik oder Lacke, Dichtungsringe, Schrauben in der Autoindustrie.
■ **Betriebsstoffe** Sie gehen nicht in das fertige Produkt ein, werden aber im Fertigungsprozess verbraucht.	Eine Möbelfabrik kauft Öl, Brennstoffe, Strom, um die Maschinen zu betreiben.

9 Speth u.a. - ISBN 978-3-8120-0261-5

2.4.8.3 Buchungen bei der Beschaffung von Werkstoffen

Der durch den starken Konkurrenzdruck ausgelöste Zwang zur Kostensenkung hat in der Praxis dazu geführt, nach Wegen zu suchen, wie man auch die nicht unerheblichen Lagerkosten minimieren kann. Daher wird in einem modernen Industriebetrieb nach Möglichkeit immer nur so viel an Werkstoffen eingekauft, wie auch unmittelbar für die Produktion benötigt wird. Das bedingt natürlich eine sehr genaue Abstimmung der Bedarfs- und Beschaffungspläne. Werkstoffe müssen also genau dann im Betrieb ankommen, wenn sie benötigt werden. Daher spricht man auch vom **Just-in-time-Verfahren.**

Da die **eingekauften Werkstoffe** direkt in den Fertigungsprozess eingehen, werden sie auch direkt auf den entsprechenden **Aufwandskonten** erfasst. Diese Form der Buchung bezeichnet man als **aufwandsrechnerisches Verfahren (Just-in-time-Verfahren)**. Für die Werkstoffeinkäufe und die Einkäufe für Vorprodukte und Handelswaren stehen folgende **Aufwandskonten** zur Verfügung:

- Aufwendungen für Rohstoffe
- Aufwendungen für Vorprodukte
- Aufwendungen für Hilfsstoffe
- Aufwendungen für Betriebsstoffe
- Aufwendungen für Waren

Beispiel:

Nr.	Geschäftsvorfälle	Konten	Soll	Haben
1.	Einkauf von Rohstoffen auf Ziel 25 000,00 EUR	Aufw. f. Rohstoffe an Verb. a. Lief. u. Leist.	25 000,00	25 000,00
2.	Einkauf von Hilfsstoffen bar 3 450,00 EUR	Aufw. f. Hilfsstoffe an Kasse	3 450,00	3 450,00
3.	Einkauf von Vorprodukten gegen Bankscheck 7 850,00 EUR	Aufw. f. Vorprodukte an Bank	7 850,00	7 850,00
4.	Einkauf von Handelswaren gegen Banküberweisung 10 500,00 EUR	Aufw. f. Waren an Bank	10 500,00	10 500,00

2.4.8.4 Buchungen beim Verbrauch von Werkstoffen

(1) Werkstoffbestände

Bisher haben wir unterstellt, dass die benötigten Werkstoffe fertigungssynchron angeliefert und in der gleichen Periode vollständig verbraucht werden. Es wurde also davon ausgegangen, dass das Unternehmen kein Werkstofflager unterhält. Dies entspricht nicht der Realität, denn die Just-in-time-Konzeption bedeutet keineswegs, dass generell keine Vorratshaltung betrieben wird. Vielmehr ist es unabdingbar, von jedem Werkstoff einen **Sicherheitsbestand** (Mindestbestand; Eiserner Bestand) am Lager zu halten, um die Produktion bei verzögerter Anlieferung eines Werkstoffes aufrechterhalten zu können.

Die gelagerten Werkstoffe zählen zum Vermögensbestand des Unternehmens und sind daher auf **Aktivkonten** zu buchen. Es stehen folgende Konten zur Verfügung:

- Rohstoffe
- Vorprodukte
- Hilfsstoffe
- Betriebsstoffe

Die Konten nehmen jeweils nur den **Anfangsbestand,** den **Schlussbestand** und gegebenenfalls die Veränderung dieser Bestände **(Bestandsveränderungen)** auf, weil die Zugänge ja auf den entsprechenden Aufwandskonten erfasst werden.

Die Werkstoffbestände können sich in zwei Richtungen verändern: Sie können anwachsen **(Bestandsmehrung)** oder abgebaut werden **(Bestandsminderung).** Beide Fälle wirken sich auf die Höhe des Werkstoffverbrauchs aus.

(2) Bestandsveränderungen bei Werkstoffen

■ Bestandsmehrungen bei Werkstoffen

In Bezug auf den Verbrauch von **Roh-, Hilfs- und Betriebsstoffen** bedeutet „periodengerechter" Aufwand nichts anderes als den tatsächlichen Verbrauch einer Abrechnungsperiode zu erfassen. Eine **Bestandsmehrung** liegt vor, wenn der Schlussbestand einer Werkstoffart höher ist als der Bestand am Anfang einer Abrechnungsperiode. Dies bedeutet, dass innerhalb dieser Periode mehr eingekauft als in

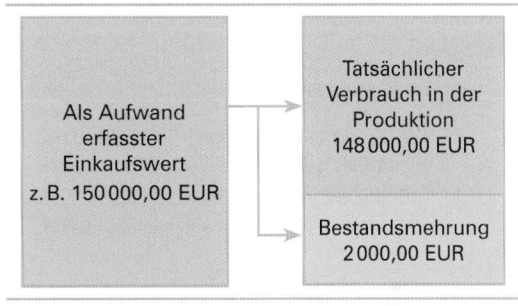

der Produktion verbraucht wurde. Die nicht verbrauchte Menge wurde auf Lager genommen, daher die Bestandsmehrung. Die unmittelbar gebuchten Werkstoffaufwendungen geben deshalb den periodengerechten Aufwand nicht wieder. Der Einkaufswert ist höher als der zu ermittelnde, periodenbezogene Verbrauch, und zwar um den Betrag der Bestandsmehrung.

Werden in einem Unternehmen die eingekauften Werkstoffe direkt als Aufwand erfasst und stellt sich bei der Inventur eine Bestandsmehrung heraus, dann ergibt sich der tatsächliche Verbrauch dadurch, dass von den direkt gebuchten Werkstoffaufwendungen der Wert der Bestandsmehrung wieder abgezogen wird (150000,00 EUR – 2000,00 EUR = 148000,00 EUR). Buchhalterisch erfolgt dies in der Weise, dass die Bestandsmehrung auf dem Werkstoffkonto auf das entsprechende Aufwandskonto umgebucht wird.

Beispiel:

I. Anfangsbestand:

Rohstoffe 4 500,00 EUR

II. Geschäftsvorfälle:

1. Einkauf von Rohstoffen auf Ziel 150 000,00 EUR
2. Verkauf von Erzeugnissen auf Ziel 280 000,00 EUR

III. Schlussbestand:

Inventurbestand an Rohstoffen 6 500,00 EUR

IV. Aufgaben:

1. Ermitteln Sie rechnerisch:
   1.1 den Verbrauch an Rohstoffen,
   1.2 den Rohgewinn!
2. Stellen Sie die Angaben des Beispiels auf Konten dar, wobei bei den Geschäftsvorfällen die Gegenkonten anzugeben, aber nicht zu führen sind![1]
3. Bilden Sie die Buchungssätze:
   3.1 für die Geschäftsvorfälle,
   3.2 für den Abschluss der Konten!

Lösungen:

Zu 1.: Rechnerische Ermittlungen

1.1 Ermittlung des Verbrauchs an Rohstoffen

Einkauf von Rohstoffen in der Geschäftsperiode	150 000,00 EUR
– Bestandsmehrung	2 000,00 EUR
= Verbrauch innerhalb der Geschäftsperiode	148 000,00 EUR

1.2 Ermittlung des Rohgewinns

Umsatzerlöse für eigene Erzeugnisse	280 000,00 EUR
– Verbrauch von Rohstoffen	148 000,00 EUR
= Rohgewinn	132 000,00 EUR

Zu 2.: Darstellung auf den Konten

```
S        Rohstoffe        H   S     Aufwend. f. Rohstoffe   H   S    UErl. f. eig. Erzeugnisse   H
AB     4 500,00  SBK  6 500,00   V.a.L.u.L.150 000,00  Rohst.  2 000,00 ◄── GuV  280 000,00  Fa.L.u.L.280 000,00
A.f.Ro. 2 000,00                                       GuV   148 000,00
       6 500,00        6 500,00            150 000,00        150 000,00


S          SBK          H   S            GuV            H
Rohst.  6 500,00            A.f.Ro.  148 000,00  UErl.  280 000,00
                           Rohgew. 132 000,00
                                    280 000,00         280 000,00
```

---

[1] Der Übersicht wegen werden nur die Vorgänge auf den hier interessierenden Konten (Rohstoffe, Aufwendungen für Rohstoffe, Umsatzerlöse für eigene Erzeugnisse) dargestellt. Die Gegenkonten beim Ein- bzw. Verkauf werden nicht geführt.

Zu 3.: Bildung der Buchungssätze

Nr.	Geschäftsvorfälle und Abschlussschritte	Konten	Soll	Haben
3.1	für die Geschäftsvorfälle:			
	Einkauf von Rohstoffen auf Ziel 150 000,00 EUR	Aufw. f. Rohstoffe an Verbindl. a. L. u. L.	150 000,00	150 000,00
	Verkauf von Erzeugnissen auf Ziel 280 000,00 EUR	Ford. a. L. u. L. an UErl. f. eig. Erzeug.	280 000,00	280 000,00
3.2	für den Abschluss der Konten:			
	Abschluss des Kontos Rohstoffe 6 500,00 EUR	SBK an Rohstoffe	6 500,00	6 500,00
	Umbuchung der Bestands- mehrung von 2 000,00 EUR	Rohstoffe an Aufw. f. Rohstoffe	2 000,00	2 000,00
	Abschluss des Kontos Aufwend. für Rohstoffe	GuV an Aufw. f. Rohstoffe	148 000,00	148 000,00
	Abschluss des Kontos Umsatzerlöse f. eig. Erz.	UErl. f. eig. Erzeug. an GuV	280 000,00	280 000,00

Erläuterungen:

Die **Erhöhung** des Schlussbestands bei den Rohstoffen bedeutet, dass ein Teil der eingekauften und als Aufwand gebuchten **Rohstoffe nicht verbraucht wurde.** Der zunächst gebuchte Aufwand ist um den Wert der Bestandsmehrung zu hoch. Er muss daher um den Wert der **Bestandsmehrung gemindert werden.**

Erkenntnis:

- Beim **aufwandsrechnerischen Verfahren** muss eine **Bestandsmehrung** bei den Werkstoffen vom als Aufwand gebuchten Einkaufswert **abgezogen** werden.
- Buchhalterisch erfolgt das durch eine entsprechende **Umbuchung der Bestands- mehrung.** Der Buchungssatz lautet:

  Bestandskonto (z. B. Rohstoffe)
  an Aufwandskonto (z. B. Aufwendungen für Rohstoffe)

■ Bestandsminderungen bei Werkstoffen

Beispiel:

I. Anfangsbestand:

Rohstoffe 3 500,00 EUR

II. Geschäftsvorfälle:

1. Einkauf von Rohstoffen auf Ziel 150 000,00 EUR
2. Verkauf von Fertigerzeugnissen auf Ziel 280 000,00 EUR

III. Schlussbestand:

Inventurbestand an Rohstoffen 2 000,00 EUR

Aufgaben:

1. Ermitteln Sie rechnerisch:

   1.1 den Verbrauch an Rohstoffen,

   1.2 den Rohgewinn.

2. Stellen Sie die Angaben des Beispiels auf Konten dar, wobei bei den Geschäftsvorfällen die Gegenkonten anzugeben, aber nicht zu führen sind!

3. Bilden Sie die Buchungssätze für den Abschluss der Konten!

Lösungen:

Zu 1.: Rechnerische Ermittlungen

1.1 Ermittlung des Verbrauchs an Rohstoffen

Einkauf von Rohstoffen in der Geschäftsperiode	150 000,00 EUR
+ Bestandsminderung	1 500,00 EUR
= Verbrauch innerhalb der Geschäftsperiode	151 500,00 EUR

1.2 Ermittlung des vorläufigen Gewinns

Umsatzerlöse für eigene Erzeugnisse	280 000,00 EUR
− Verbrauch von Rohstoffen	151 500,00 EUR
= Rohgewinn	128 500,00 EUR

Zu 2.: Darstellung auf den Konten

S	Rohstoffe		H		S	Aufwend. f. Rohstoffe		H		S	UErl. f. eig. Erzeugnisse		H
AB	3 500,00	SBK	2 000,00		V.a.L.u.L.	150 000,00	GuV	151 000,00		GuV	280 000,00	F.a.L.u.L.	280 000,00
		A.f.Ro.	1 500,00		Rohst.	1 500,00							
	3 500,00		3 500,00			151 500,00		151 500,00					

S	SBK		H		S	GuV		H
Rohst.	2 000,00				A.f.Ro.	151 500,00	UErl.	280 000,00
					Rohgew.	128 500,00		
						280 000,00		280 000,00

Zu 3.: Bildung der Buchungssätze für den Abschluss der Konten

Abschlussschritte	Konten	Soll	Haben
Abschluss des Kontos Rohstoffe 2 000,00 EUR	SBK an Rohstoffe	2 000,00	2 000,00
Umbuchung der Bestandsminderung von 1 500,00 EUR	Aufw. f. Rohstoffe an Rohstoffe	1 500,00	1 500,00
Abschluss des Kontos Aufwend. für Rohstoffe	GuV an Aufw. f. Rohstoffe	151 500,00	151 500,00
Abschluss des Kontos Umsatzerlöse f. eig. Erzeugnisse	UErl. f. eig. Erzeug. an GuV	280 000,00	280 000,00

Erläuterungen:

Die **Minderung** des Bestands auf dem Rohstoffkonto bedeutet, dass über den Einkauf von Rohstoffen hinaus noch **Rohstoffe vom Reservelager verbraucht wurden.** Der beim Einkauf gebuchte Aufwand ist um diesen Wert **zu niedrig.** Er muss daher um den Wert der **Bestandsminderung erhöht werden.**

Erkenntnis:

■ Beim **aufwandsrechnerischen Verfahren** muss eine **Bestandsminderung** bei den Werkstoffen zu dem als Aufwand gebuchten Einkaufswert **hinzugerechnet werden.**

■ Buchhalterisch erfolgt das durch eine entsprechende **Umbuchung der Bestandsminderung.** Der Buchungssatz lautet:

> Aufwandskonto (z. B. Aufwendungen für Rohstoffe)
> an Bestandskonto (z. B. Rohstoffe)

2.4.8.5 Buchungen beim Verkauf von eigenen Erzeugnissen

Der Verkauf der hergestellten Erzeugnisse stellt einen Ertrag dar. Buchtechnisch werden die Umsatzerlöse aus eigenen Erzeugnissen und die Umsatzerlöse für Handelswaren auf getrennten Konten ausgewiesen. Wir führen somit die Konten

■ Umsatzerlöse für eigene Erzeugnisse,

■ Umsatzerlöse für Waren.

Beispiel:

Geschäftsvorfall:

Wir verkaufen eigene Erzeugnisse auf Ziel 21 000,00 EUR.

Aufgabe:

Bilden Sie den Buchungssatz!

Lösung:

Konten	Soll	Haben
Ford. a. Lief. u. Leist. an Umsatzerl. für eig. Erz.	21 000,00	21 000,00

Übungsaufgaben

64 | **I. Werkstoffbestände** | Anfangsbestände | Schlussbestände |
|---|---|---|
| Rohstoffe | 310 000,00 EUR | 315 000,00 EUR |
| Vorprodukte | 85 000,00 EUR | 91 200,00 EUR |
| Hilfsstoffe | 47 700,00 EUR | 45 000,00 EUR |
| Betriebsstoffe | 64 400,00 EUR | 59 800,00 EUR |

II. Geschäftsvorfälle:

1. Kauf von Rohstoffen auf Ziel 112 700,00 EUR

2. Kauf von Vorprodukten auf Ziel 21 100,00 EUR

3. Kauf von Hilfsstoffen mit Bankscheck 33 300,00 EUR

4. Kauf von Betriebsstoffen auf Ziel 42 100,00 EUR

5. Verkauf von eigenen Erzeugnissen auf Ziel 480 000,00 EUR

(**Hinweis:** Die Gegenkonten sind anzugeben, aber nicht zu führen!)

III. Aufgaben:

1. Ermitteln Sie rechnerisch den jeweiligen Werkstoffaufwand!
2. Ermitteln Sie rechnerisch den Rohgewinn!
3. Stellen Sie den Sachverhalt auf Konten dar und bilden Sie die Buchungssätze
   3.1 zu den Geschäftsvorfällen und
   3.2 für den Abschluss der Konten!

65 Erläutern Sie folgende Sachverhalte:

1. Der Bestand an Vorprodukten ist um 20 000,00 EUR gestiegen.
2. Der Bestand an Rohstoffen ist um 40 000,00 EUR gesunken.
3. Der Einkauf von Hilfsstoffen ist um 10 000,00 EUR höher als der Verbrauch.
4. Warum lösen Inventurdifferenzen bei Werkstoffen keine Buchung aus?

66 Bilden Sie die Buchungssätze zu folgenden Bestandsveränderungen!

1. Bestandsminderung bei Rohstoffen um 30 510,00 EUR.
2. Bestandsmehrung bei Hilfsstoffen um 7 850,00 EUR.
3. Bestandsminderung bei Vorprodukten um 18 150,00 EUR.
4. Bestandsmehrung bei Betriebsstoffen um 8 570,00 EUR.

67 ### I. Anfangsbestände:

Rohstoffe 150 600,00 EUR, Hilfsstoffe 71 300,00 EUR, Betriebsstoffe 25 200,00 EUR, Bank 25 000,00 EUR, Eigenkapital 272 100,00 EUR.

II. Geschäftsvorfälle:

1. Einkauf von Rohstoffen auf Ziel 40 500,00 EUR
2. Verkauf von Erzeugnissen auf Ziel 150 500,00 EUR
3. Einkauf von Hilfsstoffen auf Ziel 25 700,00 EUR
4. Verkauf von Erzeugnissen gegen Bankscheck 8 500,00 EUR
5. Einkauf von Betriebsstoffen per Bankscheck 1 250,00 EUR

III. Abschlussangaben:

1. Schlussbestand an Rohstoffen lt. Inventur	80 750,00 EUR
2. Schlussbestand an Hilfsstoffen lt. Inventur	90 500,00 EUR
3. Schlussbestand an Betriebsstoffen lt. Inventur	20 600,00 EUR

IV. Aufgaben:

Bilden Sie zu den Geschäftsvorfällen die Buchungssätze, übertragen Sie die Buchungssätze auf die Konten und schließen Sie die Konten über die entsprechenden Abschlusskonten ab!

2.5 Umsatzsteuer (Mehrwertsteuer)

2.5.1 Betriebswirtschaftliche und rechtliche Grundlagen

Bis die Waren zum Verkauf im Einzelhandel angeboten werden, durchlaufen sie häufig mehrere Unternehmen.

> **Beispiel:**
>
> Bis der Kunde in einem Lebensmittelgeschäft eine Ecke Schmelzkäse kaufen kann, hat das Produkt in der Regel folgende Unternehmen durchlaufen:
>
> Milcherzeugung im **landwirtschaftlichen Betrieb** → Verarbeitung zu Käse im **Milchwerk** → Fertigung im **Schmelzkäsewerk** → Vertrieb über den **Großhandel** zum → **Einzelhandel**.

Durch **Kosten** und **Gewinn** erhöht sich in jedem Unternehmen jeweils der **Wert** des Produktes. Diesen **Mehrwert** (Unterschied zwischen Verkaufswert und Einstandswert) besteuert der Staat, d.h., jeder **Unternehmer** hat von dem Mehrwert, der von seinem Unternehmen geschaffen wird, Umsatzsteuer zu entrichten. Aus diesem Grunde wird die **Umsatzsteuer (USt)** häufig auch als **Mehrwertsteuer** bezeichnet.

Die Umsatzsteuer gehört abgaberechtlich zu den Verkehrsteuern, weil Vorgänge des Wirtschaftsverkehrs besteuert werden. Der Wirkung nach ist die Umsatzsteuer eine Verbrauchsteuer, da die Belastung der Endverbraucher zu tragen hat. In vereinfachter und verkürzter Form dargestellt beantwortet das Umsatzsteuergesetz folgende Fragen:

(1) Wer ist umsatzsteuerpflichtig?

Steuerpflichtig ist der **Unternehmer.**

(2) Welche Umsätze sind umsatzsteuerbar?

Es ist zwischen steuerbaren und nicht steuerbaren Umsätzen zu unterscheiden.

■ **Nicht steuerbare Umsätze**

Sie fallen nicht unter das Umsatzsteuergesetz. Deshalb fällt bei diesen Vorgängen auch keine Umsatzsteuer an.

> **Beispiel:**
>
> Ein Autohändler liefert als **Privatmann** seinen gebrauchten Fernseher an einen Interessenten gegen Barzahlung.

■ **Steuerbare Umsätze**

Sie sind entweder steuerpflichtig oder steuerfrei.

■ **Steuerpflichtige Umsätze**

Folgende Umsätze unterliegen der Umsatzsteuer:

1. **Lieferungen,** die ein Unternehmer **im Inland gegen Entgelt** im Rahmen seines Unternehmens ausführt.
2. **Leistungen,** die ein Unternehmer **im Inland gegen Entgelt** im Rahmen seines Unternehmens ausführt (z.B. Reparaturen, Transport von Waren, Errichtung neuer Anlagen usw.).
3. **Einfuhr von Gegenständen** aus einem Drittlandsgebiet **in das Inland** (Einfuhrumsatzsteuer).
4. **Innergemeinschaftlicher Erwerb** im Inland **gegen Entgelt.**

■ Steuerfreie Umsätze

Hierbei handelt es sich um Umsätze, die dem Umsatzsteuergesetz unterliegen, für die aber keine Umsatzsteuer anfällt, da diese Umsätze vom Gesetzgeber für steuerfrei erklärt werden. Die steuerfreien Umsätze sind im Wesentlichen in § 4 Nr. 1 bis Nr. 28 UStG aufgeführt.

Beispiele:

Ausfuhrlieferungen in ein Drittland;[1] innergemeinschaftliche[2] Lieferungen; Umsätze im Geld- und Kapitalverkehr (z. B. die Gewährung und die Vermittlung von Krediten, die Umsätze von Wertpapieren); Vermietung und Verpachtung von Grundstücken; Umsätze aus der Tätigkeit als Arzt, Zahnarzt; Zahlung von Versicherungsbeiträgen.

(3) Wie viel Prozent beträgt der Steuersatz?

Der Steuersatz beträgt im Normalfall 19 %, in besonderen Fällen 7 %.

(4) Von welchem Betrag wird die Umsatzsteuer berechnet (Bemessungsgrundlage)?

Die Umsatzsteuer wird vom **Entgelt** berechnet. Das ist der vom Empfänger der Leistung zu **entrichtende Nettopreis.** Die Umsatzsteuer fällt im Allgemeinen bereits dann an, wenn eine Lieferung bzw. Leistung erbracht wird, also die Forderung entsteht **(Sollbesteuerung).** Erlösminderungen (Skonti, Rabatte, Preisnachlässe usw.) vermindern die Berechnungsgrundlage für die Umsatzsteuer, in Rechnung gestellte Nebenkosten erhöhen das Entgelt.

(5) Welchen Betrag erhält das Finanzamt?

Bei der Berechnung der Umsatzsteuer wird zunächst vom **gesamten Umsatzwert** ausgegangen: 19 % vom Verkaufserlös ergibt die (vorläufige) Umsatzsteuerschuld. Von dieser so berechneten Steuerschuld können die auf den **Eingangsrechnungen ausgewiesenen Umsatzsteuerbeträge** als sogenannte **Vorsteuer** abgezogen werden. Die Vorsteuer stellt somit für den Kaufmann eine **Forderung** an das Finanzamt dar. Die Differenz zwischen Umsatzsteuer und Vorsteuer ist dann die tatsächlich zu zahlende Steuerschuld. Wir nennen sie **Zahllast.**

Damit die Unternehmer und ihre Leistungsempfänger den Vorsteuerabzug geltend machen können, müssen die **Rechnungen** folgende **Angaben** enthalten:

- **Vollständiger Name** und **vollständige Anschrift** des leistenden Unternehmers und des Leistungsempfängers,
- die **Steuernummer** oder die **Umsatzsteuer-Identifikationsnummer,**
- das **Ausstellungsdatum,**
- eine **fortlaufende Nummer** mit einer oder mehreren Zahlenreihen, die zur Identifizierung der Rechnung vom Rechnungssteller einmal vergeben wird **(Rechnungsnummer),**

---

1 Drittlandstaaten sind Staaten, die nicht zur Europäischen Union (EU) gehören.

2 Gemeinschaftsgebiet umfasst das Gebiet der europäischen Staaten, die der Europäischen Union angehören. EU-Länder sind: Belgien, Bulgarien, Dänemark, Deutschland, Estland, Finnland, Frankreich, Griechenland, Großbritannien, Irland, Italien, Lettland, Kroatien, Litauen, Luxemburg, Malta, Niederlande, Österreich, Polen, Portugal, Rumänien, Schweden, Slowakei, Slowenien, Spanien, Tschechien, Ungarn und Zypern (griechischer Landesteil).

- die **Menge** und die **Art** sowie die handelsübliche Bezeichnung der **gelieferten Gegenstände** oder die Art und den Umfang der **sonstigen Leistung,**
- den **Zeitpunkt der Lieferung** oder **sonstigen Leistung,**
- das nach **Steuersätzen** und einzelnen **Steuerbefreiungen** aufgeschlüsselte Entgelt für die Lieferung oder sonstige Leistung sowie jede im Voraus vereinbarte Minderung des Entgelts,
- der **anzuwendende Steuersatz** sowie der auf das Entgelt entfallende Steuerbetrag oder im Falle einer Steuerbefreiung der Hinweis darauf, dass für die Lieferung oder sonstige Leistung eine Steuerbefreiung gilt.

Bei **Rechnungen** über **Kleinbeträge** von bis zu 250,00 EUR muss lediglich angegeben werden: Name und Anschrift des leistenden Unternehmens, Ausstellungsdatum, Menge und Art der gelieferten Gegenstände oder Umfang und Art der sonstigen Leistung, das Entgelt und der darauf entfallende Steuerbetrag in einer Summe sowie der anzuwendende Steuersatz [§ 33 Umsatzsteuer-Durchführungsverordnung, UStDV].

Dargestellt am Beispiel Einkauf und Verkauf von Handelswaren, bei denen die Zusammenhänge am einfachsten dargestellt werden können, ergibt sich die folgende Abrechnung mit dem Finanzamt:

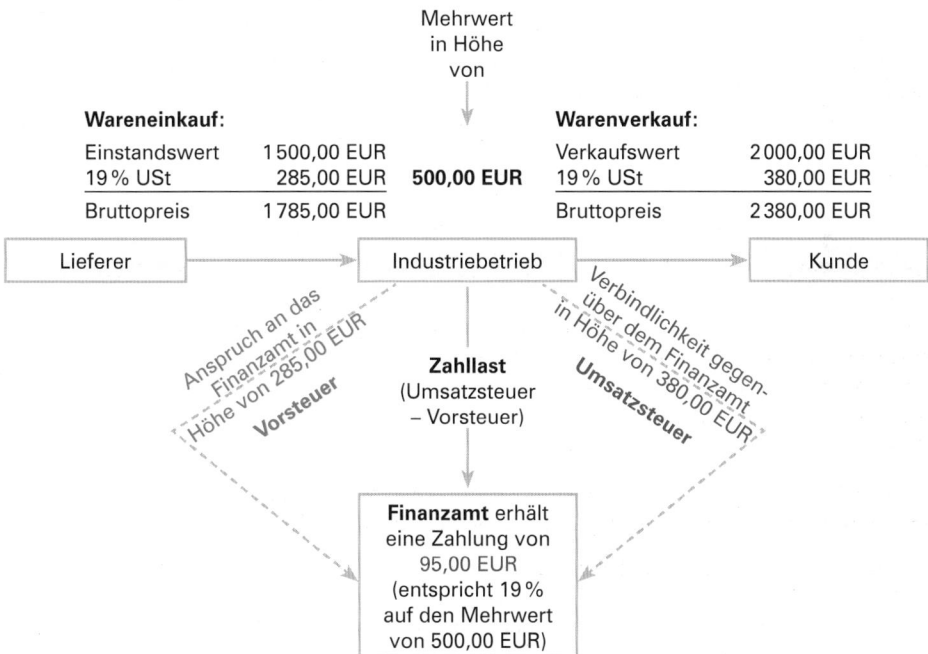

■ **Abrechnung mit dem Finanzamt:**

	19 % v. Nettoverkaufspreis	2 000,00 EUR	380,00 EUR →	Umsatzsteuer	→ Verbindlichkeiten
−	19 % v. Nettoeinkaufspreis	1 500,00 EUR	285,00 EUR →	Vorsteuer	→ Forderungen
=	Mehrwert	500,00 EUR	95,00 EUR →	Zahllast	→ Restschuld

■ **Auswirkungen der Umsatzsteuer auf den Erfolg am Beispiel eines Warengeschäfts:**

Industriebetrieb **zahlt USt**

- an den Lieferer lt. ER   285,00 EUR
- an das Finanzamt   95,00 EUR
  380,00 EUR

Industriebetrieb **erhält USt**

vom Kunden lt. AR   380,00 EUR

Erkenntnis:

- Durch die USt entstehen dem Industriebetrieb **keine** Aufwendungen.
- Die USt ist **ergebnisunwirksam.** Was das Unternehmen auf der einen Seite einnimmt, gibt es auf der anderen Seite aus. Die Umsatzsteuer ist für das Unternehmen ein sogenannter **durchlaufender Posten.**
- Die **Last der Umsatzsteuer trägt** allein der **Verbraucher.**

(6)   Zu welchem Zeitpunkt muss die Umsatzsteuer gezahlt werden?

Der Unternehmer hat nach § 18 UStG bis zum 10. Tag nach Ablauf des Voranmeldezeitraums eine Voranmeldung nach amtlich vorgegebenem Vordruck abzugeben, und zwar – wie heute üblich – auf elektronischem Wege. Die darin ermittelte Vorauszahlung ist zu diesem Zeitpunkt fällig.

Voranmeldezeitraum ist das Kalendervierteljahr. Beträgt die Steuer für das vorangegangene Kalenderjahr mehr als 7 500,00 EUR, wovon im Normalfall auszugehen ist, ist der Kalendermonat der Voranmeldezeitraum. Das bedeutet, dass der Unternehmer im Normalfall bis zum 10. des laufenden Monats für den abgelaufenen Monat eine entsprechende Voranmeldung zu übermitteln hat.

Am Jahresende erfolgt die Endabrechnung mithilfe der Jahressteuererklärung und des Jahressteuerbescheides. Nachzahlungen bzw. Rückerstattungen sind nicht ausgeschlossen, da sich die Bemessungsgrundlage aufgrund nachträglicher Skonti, Rabatte, Preisnachlässe oder aufgrund von Forderungsausfällen ändern kann.

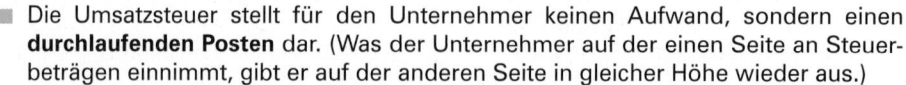

- Die Umsatzsteuer stellt für den Unternehmer keinen Aufwand, sondern einen **durchlaufenden Posten** dar. (Was der Unternehmer auf der einen Seite an Steuerbeträgen einnimmt, gibt er auf der anderen Seite in gleicher Höhe wieder aus.)
- Die **Last der Umsatzsteuer trägt** allein der **Verbraucher.**

2.5.2 Buchhalterische Erfassung der Umsatzsteuer bei den Grundfällen (Einkauf von Waren und Werkstoffen, Verkauf von Waren und Erzeugnissen)

Da dem Unternehmen durch die Umsatzsteuer **keine Kosten** (Aufwendungen) entstehen, kann für die buchhalterische Erfassung nur der Bereich der **Bilanzkonten** infrage kommen.

Buchung der Vorsteuer

Buchung der Umsatzsteuer

Beispiel:

Kauf von Waren auf Ziel
lt. folgender Eingangsrechnung:

Ware, netto	3 000,00 EUR
+ 19 % USt	570,00 EUR
Rechnungsbetrag	3 570,00 EUR

S	Aufwendungen für Waren	H
V. a. L. u. L. 3 000,00		

S	Vorsteuer	H
V. a. L. u. L. 570,00		

S	Verb. a. Lief. u. Leist.	H
	A. f. Wa./VSt. 3 570,00	

Konten	Soll	Haben
Aufwend. f. Waren	3 000,00	
Vorsteuer	570,00	
an Verb. a. L. u. L.		3 570,00

- Die USt auf Eingangsrechnungen stellt eine **Forderung** des Unternehmers gegenüber dem Finanzamt dar. Sie wird auf einem Forderungskonto, genannt **Vorsteuer,** gebucht.

- Das Vorsteuerkonto ist ein **Aktivkonto.**

Beispiel:

Verkauf von Waren auf Ziel
lt. folgender Ausgangsrechnung:

Ware, netto	4 000,00 EUR
+ 19 % USt	760,00 EUR
Rechnungsbetrag	4 760,00 EUR

S	Forderungen a. Lief. u. Leist.	H
UE f. Wa./USt. 4 760,00		

S	Umsatzerlöse für Waren	H
	F. a. L. u. L. 4 000,00	

S	Umsatzsteuer	H
	F. a. L. u. L. 760,00	

Konten	Soll	Haben
Ford. a. L. u. L.	4 760,00	
an UErl. f. Waren		4 000,00
an Umsatzsteuer		760,00

- Die USt auf Ausgangsrechnungen stellt eine **Verbindlichkeit** des Unternehmers gegenüber dem Finanzamt dar. Sie wird auf einem entsprechenden Schuldkonto, genannt **Umsatzsteuer,** gebucht.

- Das Umsatzsteuerkonto ist ein **Passivkonto.**

Übungsaufgabe

Hinweis: Die kaufmännische Berufsausbildung kann sowohl in Handels- als auch Industriebetrieben erfolgen. Um beiden Bereichen gerecht zu werden, wird bei den nachfolgenden Übungsaufgaben – sofern es erforderlich ist – angegeben, ob es sich um einen Handels- oder einen Industriebetrieb handelt.

68   Bilden Sie zu den folgenden Geschäftsvorfällen die Buchungssätze!

1.	Wir kaufen Waren auf Ziel netto	1 350,00 EUR
	+ 19 % USt	256,50 EUR
		1 606,50 EUR
2.	Kauf von Rohstoffen gegen Bankscheck netto	3 198,00 EUR
	+ 19 % USt	607,62 EUR
		3 805,62 EUR
3.	Kauf von Vorprodukten bar netto	7 479,00 EUR
	+ 19 % USt	1 421,01 EUR
		8 900,01 EUR
4.	Wir verkaufen Waren bar netto	10 391,20 EUR
	+ 19 % USt	1 974,33 EUR
		12 365,53 EUR
5.	Verkauf von Fertigerzeugnissen auf Ziel netto	6 220,00 EUR
	+ 19 % USt	1 181,80 EUR
		7 401,80 EUR
6.	Kauf von Hilfsstoffen gegen Rechnung netto	917,00 EUR
	+ 19 % USt	174,23 EUR
		1 091,23 EUR
7.	Für eine Reparaturleistung berechnen wir unserem Kunden netto	778,00 EUR
	+ 19 % USt	147,82 EUR
		925,82 EUR

2.5.3 Buchhalterische Erfassung der Umsatzsteuer bei weiteren Fällen

Die Umsatzsteuer erscheint nicht nur auf den Rechnungen der beiden vorgestellten Grundfälle, sondern ebenfalls bei einer Reihe weiterer Fälle:

(1) Auf der Eingangsseite

Neben den Eingangsrechnungen für den Einkauf von Werkstoffen oder Handelswaren erhalten wir z. B. Rechnungen für den Kauf von Anlagegegenständen (Fahrzeugen, Teilen, die zur Betriebs- und Geschäftsausstattung zählen), Rechnungen von Handwerkern für Reparaturleistungen, Rechnungen für den Einkauf von Büromaterial usw. Die Umsatzsteuer dieser Rechnungen erscheint ebenfalls auf dem Aktivkonto „Vorsteuer".

(2) Auf der Ausgangsseite

Neben dem Verkauf von Fertigerzeugnissen oder Handelswaren können gebrauchte Fahrzeuge oder Teile der Betriebs- und Geschäftsausstattung verkauft werden. Auch solche sogenannten Hilfsgeschäfte sind umsatzsteuerpflichtig. Beim Verkauf müssen wir Umsatzsteuer in Rechnung stellen. Sie erscheint auf dem Passivkonto „Umsatzsteuer".

Übungsaufgaben

69 Buchen Sie im Grundbuch[1] bei dem Großhändler Schnell-Service GmbH folgende Geschäftsvorfälle:

1. Wir kaufen Waschmittel auf Ziel netto 1 000,00 EUR zuzüglich 19 % USt.

2. Wir zahlen eine bereits gebuchte Lieferantenrechnung über 1 700,00 EUR bar.

3. Lt. Eingangsrechnung Nr. 56 Einkauf von Geschirr 2 300,00 EUR zuzüglich 19 % USt gegen Bankscheck.

4. Ein Kunde zahlt die Ausgangsrechnung Nr. 45 durch Überweisung auf unser Bankkonto 2 200,00 EUR.

5. Barzahlung einer noch nicht gebuchten Handwerkerrechnung für Malerarbeiten im Büro netto 300,00 EUR zuzüglich 19 % USt.

6. Wir kaufen ein Notebook gegen Barzahlung netto 1 300,00 EUR zuzüglich 19 % USt.

7. Verkauf eines Postens Bestecke auf Ziel. Warenwert 980,00 EUR zuzüglich 19 % USt.

8. Kauf von Schreibwaren für das Büro bar 685,00 EUR zuzüglich 19 % USt.

9. Bankabbuchung für Telefongebühren einschließlich 19 % USt 1 428,00 EUR.

10. Banküberweisung für Stromverbrauch lt. vorliegender Rechnung. Nettowert 2 210,00 EUR zuzüglich 19 % USt.

11.

Schnell-Service GmbH	Kapellenweg 7 01169 Dresden

Haushaltwaren
Heinz Hammer e. Kfm.
Feldweg 5
01259 Dresden

Rechnung Nr. 971 Reparaturdatum:
Rechnungsdatum: 08.10.20..

15	Speise-Service	
	24-teilig COBURG	2 025,00 EUR
	+ 19 % MWSt	384,75 EUR
		2 409,75 EUR

Sitz der Gesellschaft: Dresden
Registergericht Dresden: HRB 1020.
Steuernummer: 87/100401

---

1 Siehe hierzu die Ausführungen auf S. 162.

12.

Sport · Jakob KG

Sport-Jakob KG, Gärtnerstr. 21, 04209 Leipzig

Skiausrüstungen
Sportartikel

Schnell-Service GmbH
Kapellenweg 7
01169 Dresden

Rechnung Nr. 707

| Lieferdatum: | 24. Nov. 20. . |
| Rechnungsdatum: | 27. Nov. 20.. |

Artikel-Nr.	Menge	Bezeichnung	Einzelpreis	Gesamtpreis
410/520	10	Paar Kinderski mit Bindung	104,00 EUR	1 040,00 EUR
411/519	10	Paar Skistöcke	38,50 EUR	385,00 EUR
				1 425,00 EUR
		+ 19 % USt		270,75 EUR
				1 695,75 EUR

Zahlungs- und Erfüllungsort sowie Gerichtsstand ist Leipzig. Die Ware bleibt bis zur vollständigen Bezahlung mein Eigentum.

Sitz der Gesellschaft: Leipzig   Registergericht Leipzig: HRA 496   Steuer-Nr. 50720/61712

70 Buchen Sie im Grundbuch der Industriewerke Franz Keller KG die folgenden Geschäftsvorfälle:

1. Barkauf von Büromaterial 170,00 EUR
   + 19 % USt 32,30 EUR 202,30 EUR

2. Wir zahlen Miete für die Geschäftsräume
   durch Banküberweisung 3 720,00 EUR

3. Bankeinzug zum Ausgleich der Stromrechnung
   für das Geschäft 745,00 EUR
   + 19 % USt 141,55 EUR 886,55 EUR

4. Wir kaufen einen Büroschrank und zahlen
   mit Bankscheck 900,00 EUR
   + 19 % USt 171,00 EUR 1 071,00 EUR

5. Einkauf von Rohstoffen auf Ziel 1 560,00 EUR
   + 19 % USt 296,40 EUR 1 856,40 EUR

6. Wir zahlen Kraftfahrzeugsteuer durch Banküberweisung 2 769,40 EUR

7. Wir bezahlen die Ausbildungsvergütungen für unsere
   kaufmännischen Auszubildenden bar 4 950,00 EUR

8. Der Kundendienst-Monteur stellt uns für die
   Reparatur einer Maschine in Rechnung 275,00 EUR
   + 19 % USt 52,25 EUR 327,25 EUR

9. Buchen Sie im Grundbuch die folgende Eingangsrechnung (ER) aus der Sicht der Industriewerke Franz Keller KG!

Bürozentrum · B. Sieglinger e. Kfm. · 47228 Duisburg

B. Sieglinger, Feldrain 10, 47228 Duisburg

Industriewerke
Franz Keller KG
Hauptstraße 12
40597 Düsseldorf

Rechnung Nr. 158

Ihre Bestellung	Versandart	Unsere Zeichen	Lieferdatum	Rechnungsdatum
15.01.20..	Spedition	Kl/Ps	15.01.20..	21.01.20..

Anzahl	Art.-Nr.	Bezeichnung	Einzelpreis	Gesamtpreis
2	125/67	Schreibtisch	450,00 EUR	900,00 EUR
1	479/98	Tischlampe	140,00 EUR	140,00 EUR
4	915/54	Drehstuhl	115,00 EUR	460,00 EUR
				1 500,00 EUR
		+ 19 % Umsatzsteuer		285,00 EUR
				1 785,00 EUR

Sitz der Gesellschaft: Duisburg;   Amtsgericht Duisburg: HRA 1850;   Steuer-Nr.: 0730/6612

---

71 Folgende noch nicht gebuchte Rechnungen einschließlich 19 % USt wurden von einer Großhandlung am 1. März per Bankscheck beglichen:

Werbegeschenke	172,55 EUR
Büromaterial	116,62 EUR
Wartungsarbeiten am Geschäftswagen	158,27 EUR
Kauf von Reinigungsmitteln für die Geschäftsräume	208,25 EUR

1. Berechnen Sie jeweils den Nettobetrag und die VSt!
2. Bilden Sie den Buchungssatz!

72 Buchen Sie im Grundbuch die folgenden Geschäftsvorfälle:

1. Wir verkaufen Erzeugnisse gegen Ratenzahlung. Anzahlung einschließlich 19 % USt bar: 38 675,00 EUR.

   Restzahlung in 5 Raten
   (12 500,00 EUR + 800,00 EUR Zinsen* + 19 % USt) zu je 15 675,00 EUR.

   Bilden Sie die Buchungssätze am Verkaufstag!

   * **Hinweis:** Zinsen sind umsatzsteuerfrei, da ein Kreditvertrag vorliegt!

10 Speth u.a. - ISBN 978-3-8120-0261-5

2. Wir zahlen für folgenden Beleg bar aus der Kasse:

   196,35 EUR einschließlich 19 % USt für Reparatur
   des Kopiergeräts erhalten.

   Leverkusen, den 2. April 20..   *Ferner*

3. Bankgutschrift für Zinsen   720,00 EUR

4. Barzahlung für Reparaturen am Maschinenpark, netto   874,00 EUR
   + 19 % USt   166,06 EUR   1 040,06 EUR

5. Verkauf von Erzeugnissen frei Haus lt. AR 143 netto   42 765,00 EUR
   + 19 % USt   8 125,35 EUR   50 890,35 EUR

6. Buchen Sie die Eingangsrechnung aus der Sicht der Industriewerke Franz Keller KG!

Büro-Service – Handelsgesellschaft GmbH
Bahnhofstraße 3 · 45259 Essen

Industriewerke
Franz Keller KG
Hauptstraße 12
40597 Düsseldorf

Seite	Kunden-Nr.	Rechnung Nr.	Liefer-datum	Rechnungs-datum	SR
1	20671	24793	21.10.20..	27.10.20..	2110

Menge	Art.-Nr.	Bezeichnung	Einzelpreis	Gesamtpreis
10	40082	Ringbucheinlagen A4 50 Blatt	2,59 EUR	25,90 EUR
40	40151	Spiralblock A5 50 Blatt kar	1,89 EUR	75,60 EUR
15	41103	Füllhalter	4,99 EUR	74,85 EUR
30	41107	Super Tintenhai 2 ER	2,79 EUR	83,70 EUR
25	41 261	Buntstifte 12 ER	4,49 EUR	112,25 EUR
				372,30 EUR
			+ 19 % USt	70,74 EUR
				443,04 EUR

Sitz der Gesellschaft: Essen;   Registergericht Essen: HRB 910   Steuer-Nr. 705/4411

2.5.4 Ermittlung und Buchung der Zahllast

2.5.4.1 Ermittlung und Begleichung der Zahllast

Nach dem Umsatzsteuergesetz ist der Kaufmann verpflichtet, im Allgemeinen monatlich eine Umsatzsteuervoranmeldung abzugeben. Hierbei ermittelt er die Zahllast. Bei der Berechnung der Zahllast, das ist der Betrag, der an das Finanzamt abgeführt werden muss, wird die Vorsteuer von der Umsatzsteuer des Monats **abgezogen**. Buchhalterisch erfolgt das in der Weise, dass das Vorsteuerkonto über das Umsatzsteuerkonto abgeschlossen wird. Der Saldo, der sich danach auf dem Umsatzsteuerkonto ergibt, stellt die Zahllast dar. Die Zahllast ist innerhalb von 10 Tagen nach Ablauf des Kalendermonats zu begleichen.

Beispiel für den Monat Januar:

Vorsteuer: Summe 1 800,00 EUR; Umsatzsteuer: Summe 6 000,00 EUR. Die Zahllast von 4 200,00 EUR wird an das Finanzamt durch die Bank überwiesen.

Aufgaben:

1. Stellen Sie die Vorgänge auf Konten dar!
2. Bilden Sie die Buchungssätze!

Lösungen:

Zu 1.: Buchung auf den Konten

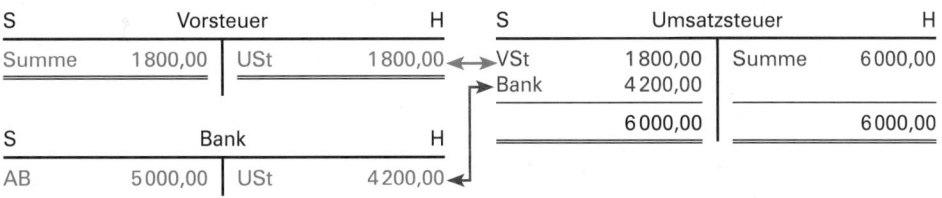

S	Vorsteuer		H	S	Umsatzsteuer		H
Summe	1 800,00	USt	1 800,00	VSt	1 800,00	Summe	6 000,00
				Bank	4 200,00		
					6 000,00		6 000,00

S	Bank		H
AB	5 000,00	USt	4 200,00

Zu 2.: Buchungssätze

Geschäftsvorfälle	Konten	Soll	Haben
Ermittlung der Zahllast	Umsatzsteuer an Vorsteuer	1 800,00	1 800,00
Banküberweisung der Zahllast	Umsatzsteuer an Bank	4 200,00	4 200,00

2.5.4.2 Ermittlung und Passivierung der Zahllast am Ende des Geschäftsjahres

Weil am Bilanzstichtag die **Zahllast** noch **nicht überwiesen** ist, muss sie **passiviert** werden (Abschluss auf der Habenseite des Schlussbilanzkontos), da sie eine Schuld gegenüber dem Finanzamt darstellt.

Beispiel für den Monat Dezember:

Vorsteuer: Summe 4 000,00 EUR; Umsatzsteuer: Summe 9 000,00 EUR. Passivierung der Zahllast am 31. Dezember.

Aufgaben:

1. Ermitteln Sie buchhalterisch die Zahllast!
2. Bilden Sie die Buchungssätze!

Lösungen:

Zu 1.: Buchung auf den Konten

S	Vorsteuer		H	S	Umsatzsteuer		H
Summe	4 000,00	USt	4 000,00	VSt	4 000,00	Summe	9 000,00
				SBK	5 000,00		
					9 000,00		9 000,00

S	SBK		H
		USt	5 000,00

Zu 2.: Buchungssätze

Geschäftsvorfälle	Konten	Soll	Haben
Ermittlung der Zahllast	Umsatzsteuer an Vorsteuer	4 000,00	4 000,00
Passivierung der Zahllast	Umsatzsteuer an SBK	5 000,00	5 000,00

Übungsaufgaben

73

S	Vorsteuer	H
Bank	991,80	
V.a.L.u.L.	3 431,40	

S	Umsatzsteuer	H
	Kasse	4 870,00
	Bank	12 130,70

Aufgaben:

1. Ermitteln Sie buchhalterisch die Zahllast!
2. Die Zahllast ist zu passivieren!
3. Bilden Sie zu 1. und 2. die Buchungssätze!

74 **I. Anfangsbestände:**

Betriebs- und Geschäftsausstattung 128 750,00 EUR; Kasse 21 488,00 EUR; Bank 32 150,00 EUR; Forderungen aus Lieferungen und Leistungen 184 710,00 EUR; Waren 201 080,00 EUR; Umsatzsteuer 12 050,00 EUR; Verbindlichkeiten aus Lieferungen und Leistungen 121 110,00 EUR; Eigenkapital 435 018,00 EUR.

II. Geschäftsvorfälle:

1. Wareneinkauf auf Ziel 13 700,00 EUR zuzüglich 19 % USt.
2. Barzahlung der Ausbildungsvergütungen an die kaufmännischen Auszubildenden 7 120,00 EUR.
3. Warenverkauf auf Ziel 83 400,00 EUR zuzüglich 19 % USt.
4. Banküberweisung an einen Lieferanten 11 720,00 EUR.
5. Zahlung der betrieblichen Grundsteuer durch Banküberweisung 8 490,00 EUR.
6. Zinsgutschrift der Bank 1 080,00 EUR.

III. Abschlussangaben:

1. Warenschlussbestand lt. Inventur 185 000,00 EUR.
2. Die Zahllast ist zu passivieren!

IV. Aufgaben:

1. Bilden Sie zu den angegebenen Geschäftsvorfällen die Buchungssätze!
2. Richten Sie die erforderlichen Konten ein und tragen Sie die angegebenen Anfangsbestände darauf vor!
3. Übertragen Sie die Werte der Buchungssätze für die Geschäftsvorfälle auf die entsprechenden Konten!
4. Schließen Sie die Konten unter Beachtung der Abschlusshinweise über die Abschlusskonten ab!

2.5.4.3 Ermittlung und Buchung des Vorsteuerüberhangs

Beachte:

Ist innerhalb eines Abrechnungszeitraums die Vorsteuer höher als die Umsatzsteuer, was z. B. aufgrund von saisonbedingten Einkäufen durchaus vorkommen kann, entsteht ein sogenannter **Vorsteuerüberhang**. In diesem Fall ist die Forderung gegenüber dem Finanzamt höher als die Verbindlichkeit. Diesen Vorsteuerüberhang muss das Finanzamt auszahlen bzw. verrechnen.

Der Saldo erscheint dann nicht auf dem Passivkonto „Umsatzsteuer", sondern auf dem Aktivkonto „Vorsteuer". Das Vorsteuerkonto wird dann über das Schlussbilanzkonto abgeschlossen.

Anträge auf Vorsteuervergütung können seit 2010 nur noch elektronisch durchgeführt werden. Um Anträge stellen zu können, ist eine vorherige Registrierung erforderlich.

Übungsaufgaben

75

S	Vorsteuer	H	S	Umsatzsteuer	H
Su	12 900,00			Su	8 300,00

Aufgaben:

1. Ermitteln Sie buchhalterisch den Vorsteuerüberhang!
2. Der Vorsteuerüberhang wird vom Finanzamt auf unser Bankkonto überwiesen.
3. Bilden Sie die Buchungssätze zu 1. und 2.!

76   **I. Anfangsbestände:**

Betriebs- und Geschäftsausstattung 75 000,00 EUR; Kasse 3 250,00 EUR; Bank 15 150,00 EUR; Forderungen aus Lieferungen und Leistungen 95 920,00 EUR; Waren 115 700,00 EUR; Verbindlichkeiten aus Lieferungen und Leistungen 79 800,00 EUR; Eigenkapital 225 220,00 EUR.

II. Geschäftsvorfälle:

1. Wareneinkauf auf Ziel, netto 34 500,00 EUR zuzüglich 19 % USt.
2. Warenverkauf auf Ziel 29 500,00 EUR zuzüglich 19 % USt.
3. Barzahlung für Aushilfslöhne 850,00 EUR.
4. Banküberweisung an einen Lieferer 2 750,00 EUR.
5. Barkauf eines PCs 1 000,00 EUR zuzüglich 19 % USt.
6. Begleichung der Benzinrechnung durch Bankscheck, brutto 595,00 EUR.
7. Barverkauf von Waren, netto 2 140,00 EUR zuzüglich 19 % USt.

III. Abschlussangaben:

1. Ermittlung und Aktivierung des Vorsteuerüberhangs.
2. Warenschlussbestand lt. Inventur 135 700,00 EUR.

IV. Aufgaben:

Eröffnen Sie die Konten mit den angegebenen Anfangsbeständen, bilden Sie für die Geschäftsvorfälle die Buchungssätze, übernehmen Sie die Werte auf die Konten und schließen Sie die Konten über die Abschlusskonten ab!

77 Bilden Sie zu den nachfolgenden Belegen aus der Sicht der Tobias Hanselmann KG die Buchungssätze!

Beleg 1

Autowelt GmbH · Mathias Steiner · Ohmstr. 10 · 13629 Berlin

Werkzeugfabrik
Tobias Hanselmann KG
Edisonstr. 20–24   Auftrags-Nr. 00-0398
12459 Berlin   Leistungsdatum: 28.07.20..

Geleistete Arbeiten

Arbeits-Nr.	Art der ausgeführten Arbeiten	EUR
92 3004	Fahrzeugwäsche mit Teilhoch-glanzprogramm Interieuer für den Geschäftswagen	71,43
	+ 19 % USt	13,57
		85,00

Beleg 2

Stadtschmiede GmbH · Bernd King · Eilerstr. 10 · 14165 Berlin

Werkzeugfabrik
Tobias Hanselmann KG
Edisonstr. 20–24
12459 Berlin

Rechnung Nr. 176   Datum: 30.07.20..

Beschreibung	Menge	Stückpreis EUR pro m	Gesamt-preis EUR
Anfertigen von Geländer für die Fabrikhalle	20,4 m	195,00	3978,00
		+ 19 % USt	755,82
Bitte um Überweisung innerhalb 14 Tage ohne Skontoabzug.			4733,82

Beleg 3

Firma: Werkzeugfabrik Tobias Hanselmann KG
Edisonstraße 20 – 24 · 12459 Berlin

QUITTUNG   EINGEGANGEN 30. Juli 20..

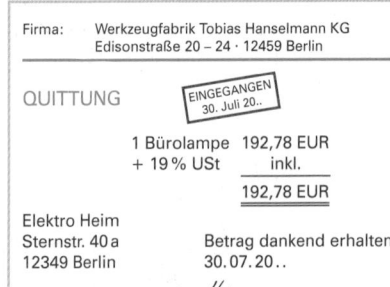

1 Bürolampe   192,78 EUR
+ 19 % USt   inkl.
192,78 EUR

Elektro Heim
Sternstr. 40 a   Betrag dankend erhalten
12349 Berlin   30.07.20..
Heim

Beleg 4

GROSSMANN
ELEKTROANLAGEN

Frank Großmann e.K. · Inhaber M. Hoppe
Elektrische Licht- und Kraftanlagen
Weserstraße 10 · 30519 Hannover
St.-Nr. 24/199

Frank Großmann · Weserstraße 10 · 30519 Hannover

Werkzeugfabrik
Tobias Hanselmann KG
Edisonstr. 20–24
12459 Berlin

Telefax 0511 2360-110

Ihr Zeichen, Ihre Bestellung vom	Unser Zeichen, Unsere Nachricht vom	Telefon, Name 0511 2360-200	Datum
	Ho	Herr Hoppe	28. Juli 20..

EINGEGANGEN 29. Juli 20..
Erl. ....

Rechnung – Nr. 9110 – 20..

Erbringung der Leistung: 03.03.20..
Elektroanschlüsse instand gesetzt

Pos. 001:	Montage Fink	2,5 Std.	41,80 EUR	104,50 EUR
Pos. 002:	Auszubildender (2. Jahr) Gromer	2,5 Std.	21,20 EUR	53,00 EUR
Pos. 003:	Fahrpauschale	1,00 Psch.	8,80 EUR	8,80 EUR
Pos. 004:	Klemmen	8 Stück	0,60 EUR	4,80 EUR

HANDWERKERRECHNUNG   171,10 EUR
gemäß VOB innerhalb von 8 Tagen   + 19 % USt   32,51 EUR
nach Rechnungsdatum fällig! Ohne Abzug!   Gesamtsumme   203,61 EUR
Rechnungsnummer bitte angeben!

Beleg 5

```
        Kontoauszug Nr. 10          DE77 1204 0000 0061 0003 45      COBADEBB120
        * Datum 27.07.20.. *                                         Blatt 1

        Wert    Buchungstext                                      Umsätze Soll      Umsätze Haben


                ALTER SALDO VOM 24.07.20..                                          12 895,40 H


        26. 07. 20..  Hans Kempf GmbH
                      Rechnung 20.07.20..                                            8 720,10 H
        26. 07. 20..  Umsatzsteuererstattung Juni 20..                               5 200,00 H
        26. 07. 20..  Betriebsunterbrechungsversicherung             1 100,00 S
        26. 07. 20..  Umsatzprovision an Mitarbeiter Meißner einschließlich 19 % USt  1 450,50 S



        WERKZEUGFABRIK
        TOBIAS HANSELMANN KG
        EDISONSTR. 20–24
        12459 Berlin                                            NEUER SALDO   24 265,00 H

    Kontobezeichnung/Title of account    Bitte entsprechenden Vermerk auf der Rückseite beachten.    Please see reverse.
```

(Seitliche Nummerierung: 72189/0033794/00002/00006)

2.6 Privatkonto

2.6.1 Privatentnahmen von Geldmitteln

Wie jeder Privatmann, so gibt auch der Unternehmer für sich und seine Familie Geld aus. Er kauft z. B. Kleidung, Nahrung, er fährt in Urlaub, er geht ins Theater usw. Da der Unternehmer nicht wie jeder Arbeiter oder Angestellte Lohn bzw. Gehalt empfängt, muss er das Geld für seine privaten Ausgaben aus dem Betrieb nehmen. Er hebt es vom Geschäftskonto ab bzw. entnimmt es der Kasse. **Privatentnahmen mindern das Eigenkapital.** Private Geldentnahmen werden auf dem Privatkonto gebucht.

Beispiel:

I. Anfangsbestände:

Kasse 40 000,00 EUR; Eigenkapital 40 000,00 EUR.

II. Geschäftsvorfall:

Für den privaten Verbrauch werden 1 000,00 EUR aus der Geschäftskasse entnommen.

III. Aufgaben:

1. Buchen Sie den Geschäftsvorfall auf Konten!
2. Schließen Sie die Konten ab!
3. Bilden Sie die Buchungssätze!.

Lösungen:

Zu 1./2.: Buchung auf den Konten

S	Privatkonto		H
Kasse	1 000,00	EK	1 000,00

S	Eigenkapital		H
Privatk.	1 000,00	AB	40 000,00
SBK	39 000,00		
	40 000,00		40 000,00

S	Kasse		H
AB	40 000,00	Privatk.	1 000,00
		SBK	39 000,00
	40 000,00		40 000,00

S	SBK		H
Kasse	39 000,00	EK	39 000,00

151

Zu 3.: Buchungssätze

Geschäftsvorfälle	Konten	Soll	Haben
Privatentnahme des Geschäfts- inhabers bar 1 000,00 EUR	Privatkonto an Kasse	1 000,00	1 000,00
Abschluss des Privatkontos	Eigenkapital an Privatkonto	1 000,00	1 000,00
Abschluss des Kontos Eigenkapital	Eigenkapital an SBK	39 000,00	39 000,00

Erläuterungen:

Durch die Abnahme des Barvermögens wird unser Vermögen kleiner und damit auch unser **Eigen-kapital** auf der Passivseite der Bilanz. (Die Abnahme des Eigenkapitals ist auf der **Sollseite** zu buchen.) Um das Konto Eigenkapital nicht über Gebühr zu belasten, werden die Privatentnahmen in der Praxis auf einem **Unterkonto** gebucht, und zwar auf dem **Privatkonto**. Beim Abschluss wird das Privatkonto über das Eigenkapitalkonto abgeschlossen.

2.6.2 Privateinlagen von Geldmitteln

Wird aus der Privatsphäre eines Kaufmanns z. B. Bargeld in das Geschäft eingebracht, hat dieser Vorgang die entgegengesetzte Wirkung wie eine Geldentnahme, d. h., das Vermögenskonto **Kasse** nimmt zu (daher erfolgt auf dem Kassenkonto eine **Sollbuchung**). Auf dem **Privatkonto** erfolgt die **Habenbuchung**. (Grund: Das Eigenkapital nimmt zu. Auf dem Privatkonto, als einem Unterkonto des Eigenkapitalkontos, wird genauso gebucht wie auf dem Ursprungskonto Eigenkapital.)

Geschäftsvorfall	Konten	Soll	Haben
Bareinlage des Geschäfts- inhabers 5 000,00 EUR	Kasse an Privatkonto	5 000,00	5 000,00

- Privatentnahmen vermindern das Eigenkapital.
- Privateinlagen erhöhen das Eigenkapital.
- Das Privatkonto ist über das Eigenkapitalkonto abzuschließen.

Übungsaufgabe

78 Sofern bei den folgenden Geschäftsvorfällen eine Buchung erforderlich ist, bilden Sie jeweils den Buchungssatz!
1. Der Kaufmann hebt für eine Urlaubsreise von seinem Geschäftskonto (Bankkonto) 5 000,00 EUR bar ab.
2. Der Kaufmann fährt mit dem Geschäftswagen. An der Tankstelle zahlt er für Benzin 52,50 EUR in bar.
3. Für die Hotelrechnung zahlt er bar 2 400,00 EUR.
4. Nach der Rückkehr zahlt er von dem übrig gebliebenen Geld wieder 500,00 EUR auf das Bankkonto (Geschäftskonto) ein.

5. Für den Haushalt werden aus der Geschäftskasse 1 000,00 EUR entnommen.

6. Mit dem entnommenen Geld werden für eine Geburtstagsfeier Waren im Wert von 345,00 EUR eingekauft.

7. Der Geschäftsinhaber kauft auf einer Geschäftsreise Schmuck für seine Frau im Wert von 800,00 EUR und bezahlt bar.

8. Ein Unternehmer zahlt aus dem Privatvermögen 7 000,00 EUR auf das Geschäftskonto (Bankkonto) ein.

9. Die private Krankenversicherung in Höhe von 220,00 EUR wird durch Einziehungsauftrag vom Geschäftsbankkonto abgebucht.

10. Anlässlich eines Geschäftsbummels kauft sich der Kaufmann ein Bild für sein Wohnzimmer und bezahlt 400,00 EUR in bar.

11. Zur Förderung der Kontakte laden wir zur Silvesterparty in die Privatvilla ein. Die Rechnung für eingekaufte Delikatessen in Höhe von 377,00 EUR wird durch Banküberweisung beglichen.

12. Wir zahlen bar (aus der Geschäftskasse) Miete für die Geschäftsräume 1 800,00 EUR und Miete für die Privatwohnung 700,00 EUR.

Hinweis: Es ist davon auszugehen, dass es sich bei den Zahlungskonten (Bank, Kasse) stets um ein Geschäftskonto handelt.

2.6.3 Erfolgsermittlung durch Eigenkapitalvergleich unter Einbeziehung des Privatkontos

Das **Eigenkapitalkonto** kann durch **zwei Vorgänge verändert werden:**

■ Durch die Übernahme des Erfolgs (Gewinn oder Verlust) vom Konto GuV (**erfolgswirksame Veränderung** des Eigenkapitalkontos).

■ Durch Privateinlagen bzw. Privatentnahmen. Der Erfolg des Unternehmens wird durch die Bewegungen auf dem Konto Privat nicht beeinflusst (**erfolgsunwirksame Veränderung** des Eigenkapitalkontos).

Es gibt also Eigenkapitalveränderungen – verursacht durch Privatentnahmen bzw. Privateinlagen –, die sich nicht auf den Erfolg auswirken. Diese Tatsache ist bei der Erfolgsermittlung durch Eigenkapitalvergleich zu berücksichtigen. Bisher, d. h. vor der buchhalterischen Erfassung von Privatentnahmen bzw. -einlagen, ergab sich der Erfolg durch folgende Berechnung:

> Eigenkapital am Ende des Geschäftsjahres
> – <u>Eigenkapital am Anfang des Geschäftsjahres</u>
> = Erfolg (Gewinn oder Verlust)

Wenn aber im Laufe einer Geschäftsperiode z. B. Privatentnahmen gemacht worden sind, ist dadurch das Eigenkapital um diesen Betrag verringert worden. Unter der Annahme, dass Gewinn vorliegt, würde sich nach der oben aufgestellten Berechnungsformel ein um die Privatentnahmen zu geringer Gewinn ergeben. Um zum richtigen Ergebnis zu kommen, muss man daher die Privatentnahmen hinzuaddieren. Da Privateinlagen die umgekehrte Wirkung haben, müssen diese abgezogen werden. Wir erhalten dann folgende Berechnungsformel:

Eigenkapital am Ende des Geschäftsjahres
– Eigenkapital am Anfang des Geschäftsjahres

Zwischensumme
+ Privatentnahmen

Zwischensumme
– Privateinlagen

= Erfolg (Gewinn oder Verlust)

! Privateinlagen/Privatentnahmen verändern zwar das Eigenkapital, nicht jedoch den Erfolg.

Übungsaufgaben

79 **I. Anfangsbestände:**

Betriebs- und Geschäftsausstattung 50 000,00 EUR; Waren 30 000,00 EUR; Kasse 7 350,00 EUR; Bank 17 850,00 EUR; Verbindlichkeiten aus Lieferungen und Leistungen 26 350,00 EUR; Eigenkapital muss noch ermittelt werden.

II. Geschäftsvorfälle:

1.	Wir zahlen eine bereits gebuchte Wareneingangsrechnung durch Banküberweisung	3 120,00 EUR
2.	Die Bank schreibt uns Zinsen gut	535,00 EUR
3.	Wir verkaufen Waren gegen Bankscheck einschließlich 19 % USt	2 975,00 EUR
4.	Wir zahlen die Geschäftsmiete bar	1 000,00 EUR
5.	Wir kaufen Waren auf Ziel einschließlich 19 % USt	8 508,50 EUR
6.	Für die vermieteten Lagerräume wird uns die Miete auf dem Bankkonto gutgeschrieben	5 800,00 EUR
7.	Für Werbegeschenke zahlen wir bar einschließlich 19 % USt	142,80 EUR
8.	Wir zahlen durch Banküberweisung für Büromaterial einschließlich 19 % USt	416,50 EUR
9.	Barentnahmen für den Haushalt	450,00 EUR
10.	Für die Vermittlung von Geschäften erhalten wir eine Bankgutschrift in Höhe von (einschließlich 19 % USt)	1 487,50 EUR

III. Abschlussangaben:

1. Warenschlussbestand lt. Inventur: 32 300,00 EUR
2. Die Zahllast ist zu passivieren!

IV. Aufgaben:

1. Bilden Sie zu den angegebenen Geschäftsvorfällen die Buchungssätze!
2. Richten Sie die erforderlichen Konten ein und tragen Sie die angegebenen Anfangsbestände darauf vor!
3. Übertragen Sie die Werte der Buchungssätze für die Geschäftsvorfälle auf die entsprechenden Konten!
4. Schließen Sie unter Beachtung der Abschlusshinweise die Konten über die Abschlusskonten ab!

80 Die Buchführung eines Industriebetriebs weist am Ende des Geschäftsjahres Vermögen in Höhe von 1 520 400,00 EUR, Schulden von 465 000,00 EUR und ein Eigenkapital von 1 055 400,00 EUR aus. Die Privatentnahmen betrugen 32 800,00 EUR. Privateinlagen wurden nicht getätigt. Der Anfangsbestand des Eigenkapitals belief sich auf 1 018 200,00 EUR.

Wie viel EUR betrug der Jahresgewinn?

81 Berechnen Sie durch Eigenkapitalvergleich den Reingewinn bzw. -verlust!

Eigenkapital am Anfang des Geschäftsjahres	140 000,00 EUR
Eigenkapital am Ende des Geschäftsjahres	168 000,00 EUR
Privatentnahmen	4 200,00 EUR
Privateinlagen	2 800,00 EUR

2.6.4 Buchung des Eigenverbrauchs

(1) Umsatzsteuerrechtliche Behandlung des Eigenverbrauchs

Sofern es sich um Entnahmen des Unternehmers von Gegenständen aus dem Unternehmen für Zwecke außerhalb des Unternehmens handelt (z. B. Entnahme von Fertigerzeugnissen oder Waren für den eigenen privaten Bedarf des Unternehmers oder die unentgeltliche Zuwendung von Gegenständen an das Personal oder andere Personen), werden diese Vorgänge nach § 3 I b UStG den sonstigen Leistungen gegen Entgelt gleichgestellt.

Daraus folgt, die unentgeltliche Nutzung von Gegenständen für Privatzwecke ist umsatzsteuerpflichtig. Voraussetzung dafür ist, dass die Anschaffung des Gegenstands zum Vorsteuerabzug berechtigt hat.

(2) 1. Fall: Entnahme von Waren für private Zwecke

Wenn ein Unternehmer Waren für private Verwendung aus seinem Unternehmen entnimmt, verändert sich der Vermögensposten Waren. Daher muss die Entnahme gebucht werden. Die Entnahme von Gegenständen für Zwecke, die außerhalb des Unternehmens liegen, ist nach § 3 I b UStG wie eine Lieferung gegen Entgelt zu behandeln. Das heißt, der Vorgang ist umsatzsteuerpflichtig. Die Entnahme von Waren für Privatzwecke wird auf dem Konto **Entnahme von Gegenständen und Leistungen** gebucht.

Beispiel:

Ein Textilgroßhändler erlaubt seiner Tochter, sich als Geburtstagsgeschenk ein Kleid vom Warenlager auszusuchen. Sie entscheidet sich für ein Kleid, das einen Einstandswert von netto 100,00 EUR und einen Verkaufspreis von 198,00 EUR hat. Umsatzsteuer: 19 %.

Aufgaben:

1. Buchen Sie den Geschäftsvorfall auf den Konten!
2. Bilden Sie den Buchungssatz!

Lösungen:

Zu 1.: Buchung auf den Konten

```
S      Privatkonto      H   S Entn. v. Geg. u. Leist. H
Ent./ 119,00          |                   | Priv.  100,00
USt                   |
                       |    S    Umsatzsteuer    H
                       |                   | Priv.   19,00
```

Zu 2.: Buchungssatz

Konten	Soll	Haben
Privatkonto	119,00	
an Entn. v. Geg. u. Leist.		100,00
an Umsatzsteuer		19,00

(3) 2. Fall: Nutzung von betrieblichen Gegenständen für Privatzwecke

Die Nutzung von betrieblichen Gegenständen für Privatzwecke ist nach § 3 IXa UStG umsatzsteuerpflichtig, z.B. Nutzung einer betrieblichen Maschine für den privaten Hausbau, Arbeiten von Betriebsangehörigen für private Belange des Geschäftsinhabers. Die Nutzung von betrieblichen Gegenständen für Privatzwecke wird ebenfalls auf dem Konto **Entnahme von Gegenständen und Leistungen** gebucht. Als Beispiel für die umsatzsteuerliche Behandlung der privaten Nutzung betrieblicher Gegenstände wird hier die **steuerrechtliche Behandlung** der **Privatnutzung eines betrieblichen Fahrzeugs** vorgestellt.

Ermittelt werden kann der private Nutzungsanteil aufgrund eines geführten Fahrtenbuches, auf der Grundlage einer Schätzung[1] oder nach der sogenannten 1%-Regelung, nach der monatlich 1% vom Bruttowert der Anschaffungskosten als privater Nutzungsanteil angenommen wird.[2] Von dem so ermittelten privaten Nutzungsanteil können bei der Ermittlung der anfallenden Umsatzsteuer für Kosten, für die kein Vorsteuerabzug möglich ist (Kfz-Versicherung, Kfz-Steuern), pauschal 20% abgezogen werden. Dadurch vermindert sich die Umsatzsteuer, nicht jedoch der Grundbetrag.

Beispiel:

Im Unternehmen befindet sich ein Fahrzeug, das auch privat genutzt wird. Der Bruttolistenpreis beträgt einschließlich 19% USt 25 000,00 EUR.

Aufgabe:

Bilden Sie den Buchungssatz für die Erfassung des privaten Nutzungsanteils im Juni nach der 1%-Regelung!

Lösung:

Berechnungsgrundlage für die Buchung des privaten Nutzungsanteils:

1% vom Bruttobetrag der Anschaffungskosten	250,00 EUR
+ 19% Umsatzsteuer	38,00 EUR
Buchungsgrundlage	288,00 EUR

Berechnung der Umsatzsteuer:

	250,00 EUR
20%	50,00 EUR
	200,00 EUR
19% USt	38,00 EUR

Buchungssatz:

Konten	Soll	Haben
Privatkonto	288,00	
an Entn. v. Gegenst. u. Leist.		250,00
an Umsatzsteuer		38,00

---

1 Wird weder die 1%-Regelung angewandt noch ein Fahrtenbuch geführt, ist der Privatanteil zu schätzen. Die Verwaltung schätzt den Privatanteil regelmäßig mit mindestens 50%.

2 Voraussetzung für die Anwendung der 1%-Regelung ist, dass das Fahrzeug zu mehr als 50% betrieblich genutzt wird.

Übungsaufgaben

82 Bilden Sie zu den folgenden Geschäftsvorfällen die Buchungssätze!

1. Ein Großhändler entnimmt aus der Geschäftskasse 500,00 EUR für eine private Geldspende an den örtlichen Sportverein.

2. Aus dem Warenlager entnimmt er für den privaten Verbrauch Waren im Wert von 340,00 EUR zuzüglich 19 % USt.

3. Die Anschaffungskosten für einen dem Betriebsvermögen zugeordneten Pkw, der gelegentlich auch für Privatfahrten genutzt wird, betragen einschließlich 19 % Umsatzsteuer 35 000,00 EUR.

    3.1 Ermitteln Sie nach der 1 %-Regelung den monatlichen Wert für die private Nutzung!

    3.2 Bilden Sie den entsprechenden Buchungssatz!

83 Bilden Sie die Buchungssätze zu den folgenden Geschäftsvorfällen!

1. Wir überweisen im Bankauftrag die Miete für die Privatwohnung in Höhe von 1 100,00 EUR.

2. Für den Monat November weist die Telefonrechnung einen Gesamtbetrag von 450,00 EUR zuzüglich 19 % Umsatzsteuer aus. Die Rechnung wurde vom Bankkonto abgebucht. Für die privaten Gespräche ist mit dem Finanzamt ein pauschaler Anteil von 20 % vereinbart worden, der noch zu buchen ist.

    Hinweis: Für den privaten Anteil kann keine Vorsteuer abgezogen werden. Um diesen nicht abziehbaren Vorsteuerbetrag muss die bereits gebuchte Vorsteuer korrigiert werden. Der Wert auf dem Privatkonto erhöht sich um diesen Betrag.

84 Bilden Sie für die nachfolgenden Belege die Buchungssätze aus Sicht der Metallwerke Kempter OHG, Nürnberg!

Beleg 1

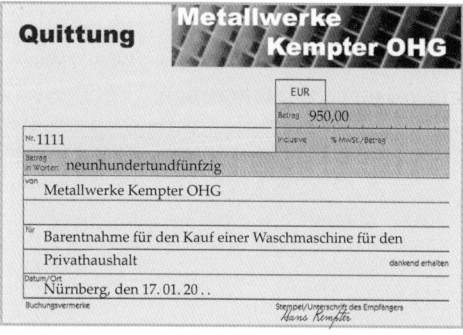

Beleg 2

Beleg 3

Beleg 4

2.7 Organisation der Buchführung

2.7.1 Kontenrahmen als Organisationsmittel der Buchführung

2.7.1.1 Kontenrahmen und Kontenplan

(1) Kontenrahmen

Die Buchführung eines Kaufmanns besteht aus einer Vielzahl von Konten. Um hierüber die wünschenswerte Übersicht zu behalten, bedarf es einer bestimmten Ordnung. Sie wird mithilfe des Kontenrahmens erreicht. Dieses bewährte Ordnungsmittel wurde bereits 1937 in der deutschen Wirtschaft eingeführt. Neben dem genannten Zweck der Übersichtlichkeit sollte mit der Einführung des Kontenrahmens auch die Vergleichbarkeit und Kontrolle der Betriebe besser ermöglicht werden.

Mithilfe der zehn Ziffern unseres Zahlensystems (0 bis 9) wird die Gesamtmenge der Konten nach sachlichen Gesichtspunkten (z. B. alle Finanzanlagen, alle Ertragskonten usw.) zunächst in 10 **Kontenklassen** gegliedert.

Beispiel:		
Kontenklasse 0	Kontenklasse 1	Kontenklasse 2
AKTIVA		
Anlagevermögen	Umlaufvermögen	

Da es in jeder Kontenklasse mehrere Konten gibt, muss man zur eindeutigen Unterscheidung eine zweite Ziffer hinzufügen. Dabei beginnt man ebenfalls wieder mit der Ziffer 0. Diese zweistellige Kontenkennzeichnung bildet jeweils eine **Kontengruppe.**

Beispiel:	
Kontenklasse 0	usw.
AKTIVA	
Anlagevermögen	
⋮ 02 Konzessionen, gewerbliche Schutzrechte und ähnliche Rechte und Werte sowie Lizenzen an solchen Rechten und Werten ⋮ 05 Grundstücke, grundstücksgleiche Rechte und Bauten einschließlich der Bauten auf fremden Grundstücken	

Da auch innerhalb einer Kontengruppe im Allgemeinen unterschiedliche Konten vorkommen, muss jede Kontengruppe wieder nach dem gleichen Verfahren unterteilt werden. Man spricht dann von einer bestimmten **Kontenart.** Notfalls müssen zu einer Kontenart auch **Kontenunterarten** gebildet werden.

Beispiel:

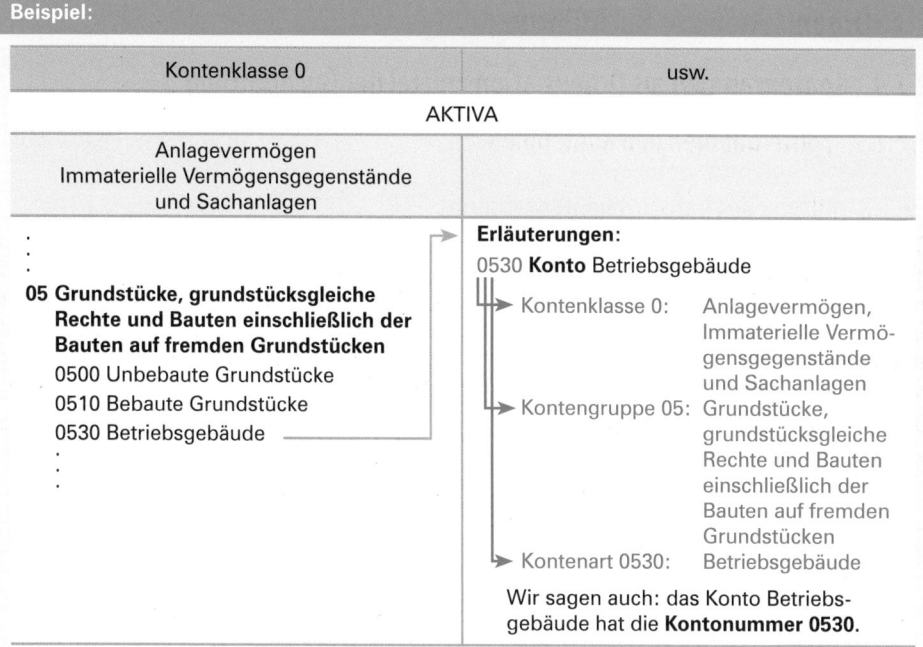

Kontenklasse 0	usw.
AKTIVA	
Anlagevermögen Immaterielle Vermögensgegenstände und Sachanlagen	

05 Grundstücke, grundstücksgleiche Rechte und Bauten einschließlich der Bauten auf fremden Grundstücken
0500 Unbebaute Grundstücke
0510 Bebaute Grundstücke
0530 Betriebsgebäude

Erläuterungen:
0530 **Konto** Betriebsgebäude

Kontenklasse 0: Anlagevermögen, Immaterielle Vermögensgegenstände und Sachanlagen

Kontengruppe 05: Grundstücke, grundstücksgleiche Rechte und Bauten einschließlich der Bauten auf fremden Grundstücken

Kontenart 0530: Betriebsgebäude

Wir sagen auch: das Konto Betriebsgebäude hat die **Kontonummer 0530**.

(2) Kontenplan

Während der Kontenrahmen alle Konten erfasst, die in dem betreffenden Wirtschaftszweig für denkbar gehalten werden, stellt jeder Betrieb – den individuellen Bedürfnissen entsprechend – den eigenen **Kontenplan** auf. In diesem werden jene Konten ausgelassen, die für den betreffenden Betrieb keine Bedeutung haben.

Der **Kontenrahmen** bezieht sich auf eine **bestimmte Wirtschaftsbranche**. Der **Kontenplan** bezieht sich auf einen **bestimmten Betrieb**.

Die Benutzung eines Kontenrahmens weist folgende Vorteile bzw. Nachteile auf:

Vorteile

- Die Benutzung eines einheitlichen Kontenrahmens erleichtert **innerbetriebliche Vergleiche** (Vergleich verschiedener Perioden desselben Betriebs) und **zwischenbetriebliche Vergleiche** (Vergleich derselben Periode von unterschiedlichen Betrieben),

- die Bezeichnung mit Ziffern (Nummern) ist eindeutig und erleichtert ein schnelles Auffinden der Konten,

- die Verwendung von Kontonummern erleichtert die maschinelle Bearbeitung der Konten,

- die Angabe des Gegenkontos in Form einer Kontonummer erspart Zeit und Platz beim Buchen.

Nachteile

- Die Verwendung von zehn Kontenklassen bietet nur eine begrenzte Gruppierungsmöglichkeit,

- eine Zahl ist wesentlich abstrakter als ein Wort.

2.7.1.2 Aufbau des Industriekontenrahmens (IKR)

Nach dem dargestellten Bauprinzip hat jeder Wirtschaftszweig unter Berücksichtigung seiner Interessenlage seinen eigenen Kontenrahmen entwickelt. Der Industriekontenrahmen ist in seiner Grobstruktur wie folgt aufgebaut:

Klasse 0:	Anlagevermögen	← Bestandskonten	
Klasse 1:	Anlagevermögen	← Bestandskonten	Aktiva
Klasse 2:	Umlaufvermögen	← Bestandskonten	
Klasse 3:	Eigenkapital und Rückstellungen	← Bestandskonten	Passiva
Klasse 4:	Verbindl. u. passive Rechnungsabgr.	← Bestandskonten	
Klasse 5:	Erträge	← Erfolgskonten[1]	← Erträge
Klasse 6:	Aufwendungen	← Erfolgskonten	
Klasse 7:	Weitere Aufwendungen	← Erfolgskonten	Aufwendungen
Klasse 8:	Ergebnisrechnung	← Abschlusskonten	
Klasse 9:	Kosten- und Leistungsrechnung (KLR)	← keine Konten, da die KLR im Allgemeinen tabellarisch durchgeführt wird	

Hinweis:

Der vorliegende Kontenrahmen ist sowohl für **Handels-** als auch für **Industriebetriebe** verwendbar.

In den folgenden Kapiteln werden wir die Buchungssätze nur noch unter Zuhilfenahme des Industriekontenrahmens (IKR) bilden, d. h., bei den Buchungen im Grundbuch setzen wir vor den Kontonamen die entsprechende Kontonummer, und im Hauptbuch werden die Gegenkonten nur mit den Kontonummern angegeben.

Beispiel:

Geschäftsvorfall	Konten	Soll	Haben
Wir bezahlen eine bereits gebuchte Wareneingangsrechnung über 3 850,00 EUR durch Banküberweisung 3 000,00 EUR in bar 850,00 EUR	4400 Verb. a. L. u. L. an 2800 Bank an 2880 Kasse	3 850,00	3 000,00 850,00

Buchung auf den Konten:

S	2800 Bank		H
AB	5 000,00	4400	3 000,00

S	4400 Verbindl. a. Lief. u. Leist.		H
2800/2880	3 850,00	AB	10 000,00

S	2880 Kasse		H
AB	3 140,00	4400	850,00

---

1 Einen Hinweis zur Buchung von Erträgen nach dem Bilanzrichtlinie-Umsetzungsgesetz [BilRUG] finden Sie im Anhang 3, S. 544.

Übungsaufgaben

85 Nehmen Sie zur Bearbeitung der folgenden Aufgaben den als Anlage beigefügten Industrie-kontenrahmen zur Hand!

1. In welchen Kontenklassen erscheinen die Aufwendungen des Betriebs?

2. Nennen Sie 5 Aufwandsarten und geben Sie jeweils die entsprechende Ziffernfolge der Kontennummern an!

3. 3.1 Mit welchem Begriff fasst der Industriekontenrahmen die Konten der Klasse 0 und 1 zusammen?

   3.2 Nehmen Sie zu dieser Begriffsbildung Stellung! Wie ist sie begründbar?

4. 4.1 In welcher Kontenklasse finden Sie das Konto Umsatzsteuer?

   4.2 Begründen Sie diese Einordnung!

5. Ordnen Sie den folgenden Konten die entsprechende Kontonummer zu:

   Rohstoffe

   Umsatzerlöse für Waren

   Kasse

   Werkzeuge, Werksgeräte und Modelle, Prüf- und Messmittel

   Fuhrpark

6. Erläutern Sie die Kontobezeichnung 0830! Was bedeutet die Ziffer 0? Was besagt die Ziffernfolge 08? Was drückt die Ziffernfolge 0830 aus?

7. 7.1 Nennen Sie die Ihnen bekannten Abschlusskonten und ordnen Sie ihnen jeweils die richtige Kontenziffernfolge zu! (Name des Kontos, Konto-Nr.)

   7.2 Wie heißt das Konto mit der Ziffernfolge 6750?

86 Bilden Sie unter Angabe der Kontonummern und Kontonamen für folgende Geschäftsvorfälle die Buchungssätze:

1. Kauf von Hilfsstoffen bar
   netto 5 000,00 EUR
   + 19 % USt 950,00 EUR
   5 950,00 EUR

2. Ein Kunde überweist einen Rechnungsbetrag auf unser Bankkonto 896,00 EUR

3. Wir kaufen Büromaterial bar netto 120,00 EUR
   + 19 % USt 22,80 EUR
   142,80 EUR

4. Wir verkaufen Fertigerzeugnisse auf Ziel netto 8 000,00 EUR
   + 19 % USt 1 520,00 EUR
   9 520,00 EUR

5. Wir zahlen eine Lieferrerrechnung per Banküberweisung 560,00 EUR

6. Verkauf von Handelswaren bar brutto (19 % USt) 1 190,00 EUR

7. Entnahme von Fertigerzeugnissen für Privatzwecke netto 400,00 EUR
   + 19 % USt 76,00 EUR
   476,00 EUR

8. Ein Kunde zahlt einen Rechnungsbetrag über 1 750,00 EUR
   in bar 750,00 EUR
   per Bankscheck 1 000,00 EUR

9. Wir kaufen eine Verpackungsmaschine
   netto 10 000,00 EUR
   + 19 % USt 1 900,00 EUR
   11 900,00 EUR
   Finanzierung:
   Bankscheck 3 500,00 EUR
   Barzahlung 200,00 EUR
   Restverbindlichkeit 8 200,00 EUR

11 Speth u.a. - ISBN 978-3-8120-0261-5

2.7.2 Überblick über die Bücher der Buchführung

2.7.2.1 Allgemeines

Obwohl die kaufmännische Buchführung sich weitgehend vom Zwang gebundener Bücher befreit hat, ist im Handelsgesetzbuch [z. B. §§ 238, 239, 257 HGB] sowie in den Steuergesetzen [z. B. §§ 146, 147 AO] von den „Büchern" der Buchführung die Rede.

Im Zuge der technischen Entwicklung in der Buchführung hat der veraltete Begriff „Buch" ständig eine inhaltliche Ausweitung erfahren. Der rechtliche Anspruch, den die einschlägigen Gesetze an die Pflicht zur Führung von Büchern knüpfen, wird heute von jedem lesbaren bzw. reproduzierbaren Medium erfüllt, das nach dem derzeitigen Stand der Technik zur Erfassung buchhalterischer Vorgänge eingesetzt wird. Dabei kann es sich um jede Art von Konten, Listen oder auch um reproduzierbare Speichermedien moderner Datenverarbeitungsanlagen handeln.

Unabhängig vom Einsatz der technischen Hilfsmittel ist jedoch für jede Art kaufmännischer Buchführung ein Mindestmaß an Erfassungspflichten zu erfüllen. Diese bestehen in der Führung eines Grund- und eines Hauptbuches, wobei das Wort „Buch" in der angedeuteten extensiven (ausgeweiteten) Auslegung zu verstehen ist.

2.7.2.2 Grundbuch und Hauptbuch

(1) Grundbuch

Aus den gesetzlichen Bestimmungen ist ableitbar, dass eine geordnete kaufmännische Buchführung folgende Mindestanforderungen erfüllen muss:

Alle Geschäftsvorfälle müssen lückenlos und fortlaufend aufgezeichnet werden. Man spricht auch von **chronologischer Aufzeichnungspflicht** [vgl. § 239 II HGB]. Unabhängig von der Art des dabei verwendeten Mediums wird die Zusammenfassung dieser Eintragungen als **Grundbuch** bezeichnet.

Beispiel:

		Grundbuch: Monat Februar 20 . .		Seite	
Tag	Beleg-Nr.	Geschäftsvorfall	Buchungssatz	Soll	Haben
15. Febr.	173	Barabhebung vom Bankkonto 500,00 EUR	2880 Kasse an 2800 Bank	500,00	500,00

(2) Hauptbuch

Die zeitliche Auflistung der Buchungen allein genügt nicht. Sie müssen vielmehr auch in ihren **sachlichen** Auswirkungen dargestellt werden, d. h., die Buchungen im Grundbuch sind auf die Sachkonten zu übertragen. Dies geschieht im sogenannten **Hauptbuch**. Die Sachkonten werden daher auch als **Hauptbuchkonten** bezeichnet. Erst durch die sachliche Aufgliederung ist der Stand des Vermögens und der Schulden ersichtlich.

Beispiel:

Die Buchung im Grundbuch führt zu der nachfolgenden Buchung im Hauptbuch:

S	2880 Kasse	H		S	2800 Bank	H
2800	500,00			AB	3 000,00	2880 500,00

- Im **Grundbuch** werden alle buchungsbedürftigen Geschäftsvorfälle **chronologisch**, d. h. in der zeitlichen Reihenfolge ihres tatsächlichen Anfalls erfasst.
- Im **Hauptbuch** werden mithilfe von Konten die **sachlichen** Auswirkungen aller Geschäftsvorfälle erfasst.

2.7.2.3 Zusammenhang von Beleg, Grundbuch und Hauptbuch

Grundlage aller Buchungen sind die vorkontierten Belege. Im Grundbuch erfolgen die Buchungen in zeitlicher Reihenfolge, während auf den Konten des Hauptbuchs die sachlichen Auswirkungen der Geschäftsvorfälle erfasst werden. Die Eintragungen im Grund- und im Hauptbuch werden je nach Organisationsform entweder nacheinander (**Übertragungsbuchführung**) oder gleichzeitig (**DV-Buchführung**) vorgenommen.

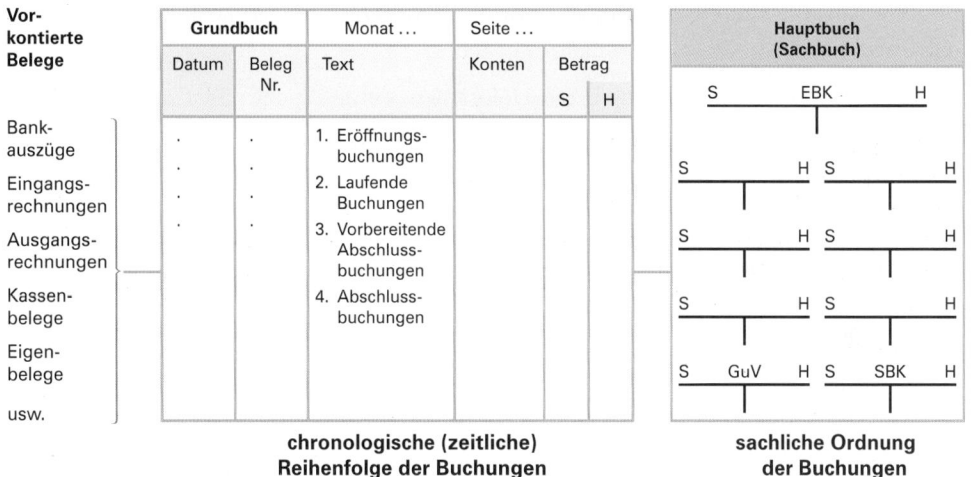

chronologische (zeitliche)   sachliche Ordnung
Reihenfolge der Buchungen   der Buchungen

2.7.2.4 Nebenbücher

Wenn sich auf den Konten des Hauptbuchs eine Vielzahl von Veränderungen ergibt oder zusätzliche Daten erfasst werden sollen, können zur Entlastung des Hauptbuchs **Nebenbücher** geführt werden. Die Nebenbücher erfassen den Buchungsinhalt für jeden einzelnen Beleg und ergänzen somit die zusammengefassten Buchungsinhalte des Hauptbuchs. Wegen dieses sachlichen Zusammenhangs muss jedem Nebenbuch, in dem die Einzelvorgänge erfasst werden, ein Konto des Hauptbuchs entsprechen, das die gesammelten Werte periodenweise aufnimmt. Wichtige Nebenbücher sind: das Kundenbuch, das Lieferantenbuch, das Kassenbuch, das Lagerbuch, das Anlagebuch. Mit Ausnahme des Kassenbuchs spricht man gelegentlich auch von einer Kartei (z. B. Lieferantenkartei, Anlagenkartei).

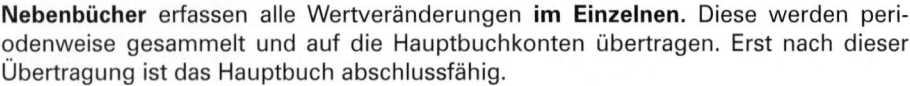

Nebenbücher erfassen alle Wertveränderungen **im Einzelnen.** Diese werden periodenweise gesammelt und auf die Hauptbuchkonten übertragen. Erst nach dieser Übertragung ist das Hauptbuch abschlussfähig.

Das Prinzip der Führung von Nebenbüchern und der Zusammenhang von Nebenbuchhaltung und Hauptbuchhaltung sollen im Folgenden am Beispiel der Debitoren- und Kreditorenkonten verdeutlicht werden.

2.7.2.5 Personenkonten – Debitoren- und Kreditorenkonten

Die Sachkonten **2400 Forderungen aus Lieferungen und Leistungen** und **4400 Verbindlichkeiten aus Lieferungen und Leistungen** des Hauptbuches geben Aufschluss über die **Gesamtheit der Kundenforderungen** und **Liefererverbindlichkeiten.** Um die Außenstände und Zahlungsverpflichtungen überwachen zu können, werden zusätzlich zu den Sachkonten des Hauptbuches noch in einer **Nebenbuchhaltung** die Geschäftsbeziehungen mit den einzelnen Kunden und Lieferern auf gesonderten **Personenkonten**[1] erfasst. Für jeden Kunden und für jeden Lieferer wird dabei ein besonderes Konto (Personenkonto) eingerichtet. **Kundenkonten** werden **Debitorenkonten, Liefererkonten** werden **Kreditorenkonten** genannt.

Die Geschäftsvorfälle mit Kunden und Lieferanten werden nicht direkt auf den beiden Sachkonten Forderungen aus Lieferungen und Leistungen und Verbindlichkeiten aus Lieferungen und Leistungen gebucht, sondern zunächst nur auf den entsprechenden Personenkonten (Debitoren- und Kreditorenkonten). Von Zeit zu Zeit (z. B. monatlich) werden dann die auf den einzelnen Personenkonten gebuchten Beträge in einer Summe auf die entsprechenden Sachkonten übertragen. Erst danach ist hinsichtlich dieser Geschäftsvorfälle der Buchungskreis auf den Konten des Hauptbuches (Soll- und Habenbuchung) geschlossen und für die beiden Sachkonten Forderungen aus Lieferungen und Leistungen und Verbindlichkeiten aus Lieferungen und Leistungen kann z. B. der Monatsabschluss erstellt werden.

Beispiel: Kundenkonten (Debitorenkonten)

24001 Gertrud Brandt KG, Südstraße 7, 20083 Hamburg					
Datum	Beleg	Buchungstext	Soll	Haben	Saldo
1. Okt.		Saldovortrag			5 200,00
5. Okt.	AR 12	Zielverkauf	7 400,00		12 600,00
12. Okt.	AR 19	Zielverkauf	4 300,00		16 900,00
14. Okt.	Ba 53	Bankscheck		6 000,00	10 900,00
26. Okt.	Wa 81	Warenrücksendungen		700,00	10 200,00
28. Okt.	Ba 27	Banküberweisung		8 800,00	1 400,00
31. Okt.		Saldo			1 400,00
	Summe der Verkehrszahlen		11 700,00	15 500,00	

---

1 Das Führen von Personenkonten ist für den **Einsatz eines Finanzbuchhaltungsprogramms** unverzichtbar.

24002 Junges Wohnen GmbH, Katrepeler Str. 45, 28215 Bremen

Datum	Beleg	Buchungstext	Soll	Haben	Saldo
1. Okt.		Saldovortrag			7 300,00
7. Okt.	AR 2	Zielverkauf	12 300,00		19 600,00
19. Okt.	AR 4	Zielverkauf	4 500,00		24 100,00
28. Okt.	Ba 17	Banküberweisung		14 800,00	9 300,00
31. Okt.		Saldo			9 300,00
		Summe der Verkehrszahlen	16 800,00	14 800,00	
		Übernahme aus 24001	11 700,00	15 500,00	
		Gesamtsummen	28 500,00	30 300,00	

Die Salden der Debitorenkonten werden monatlich, vierteljährlich oder jährlich in eine Saldenliste übertragen. Die Summen der Verkehrszahlen werden auf das Konto 2400 Forderungen aus Lieferungen und Leistungen übertragen. Anschließend wird die Saldenliste mit dem Konto Forderungen aus Lieferungen und Leistungen abgestimmt.

Beispiel einer Debitorensaldenliste:

Kunden-Nr.	Kunden	Salden
24001	Gertrud Brandt KG	1 400,00
24002	Junges Wohnen GmbH	9 300,00
Saldensumme		10 700,00

Soll	2400 Ford. a. Lief. u. Leist.	Haben
Saldovortr. 12 500,00	24001/24002	30 000,00
24001/24002 28 500,00	Saldo	10 700,00
41 000,00		41 000,00

Beispiel: Liefererkonten (Kreditorenkonten)

44001 Bernhard Müller OHG, Lindenbergstraße 4, 86807 Buchloe

Datum	Beleg	Buchungstext	Soll	Haben	Saldo
1. Okt.		Saldovortrag			12 000,00
9. Okt.	ER 82	Zielkauf		5 100,00	17 100,00
12. Okt.	Wa 11	Warenrücksendungen	1 200,00		15 900,00
19. Okt.	Ba 81	Bankscheck	7 700,00		8 200,00
29. Okt.	ER	Zielkauf		2 350,00	10 550,00
31. Okt.		Saldo			10 550,00
		Summe der Verkehrszahlen	8 900,00	7 450,00	

44002 Lenz KG, Industriestraße 19, 90441 Nürnberg

Datum	Beleg	Buchungstext	Soll	Haben	Saldo
1. Okt.		Saldovortrag			11 100,00
11. Okt.	ER 11	Zielkauf		3 200,00	14 300,00
14. Okt.	ER 12	Zielkauf		5 500,00	19 800,00
21. Okt.	Ba 51	Banküberweisung	12 500,00		7 300,00
31. Okt.		Saldo			7 300,00
		Summe der Verkehrszahlen	12 500,00	8 700,00	
		Übernahme aus 44001	8 900,00	7 450,00	
		Gesamtsummen	21 400,00	16 150,00	

Die Salden der Kreditorenkonten werden monatlich, vierteljährlich oder jährlich in eine Saldenliste übertragen. Die Summen der Verkehrszahlen werden auf das Konto 4400 Verbindlichkeiten aus Lieferungen und Leistungen übertragen. Anschließend wird die Saldenliste mit dem Konto Verbindlichkeiten aus Lieferungen und Leistungen abgestimmt.

Beispiel einer Kreditorensaldenliste:

Lieferer-Nr.	Lieferer	Salden
44001	Bernhard Müller OHG	10 550,00
44002	Lenz KG	7 300,00
Saldensumme		17 850,00

Soll	4400 Verb. a. Lief. u. Leist.	Haben
44001/44002 21 400,00	Saldovortr.	23 100,00
Saldo 17 850,00	44001/44002	16 150,00
39 250,00		39 250,00

Übungsaufgaben

87 **I. Anfangsbestände zum 1. Juni 20..:**

Richten Sie in der Hauptbuchhaltung das Sachkonto 2400 Forderungen aus Lieferungen und Leistungen ein und tragen Sie einen Anfangsbestand in Höhe von 12 400,00 EUR vor!

Richten Sie innerhalb der Debitorenbuchhaltung die folgenden Kundenkonten ein und tragen Sie jeweils die angegebenen Anfangsbestände darauf vor:

– Möblix GmbH,   Kd.-Nr. 24003, Saldovortrag   5 100,00 EUR,
– Westmoor KG,   Kd.-Nr. 24004, Saldovortrag   7 300,00 EUR.

II. Geschäftsvorfälle:

Erfassen Sie die folgenden Geschäftsvorfälle auf den entsprechenden Personenkonten in der Nebenbuchhaltung!

Datum	Beleg	Kd.-Nr.	Geschäftsvorfälle	Betrag
4. Juni	AR 122	24003	Zielverkauf einschl. 19 % USt	2 380,00 EUR
6. Juni	AR 223	24004	Zielverkauf einschl. 19 % USt	4 760,00 EUR
8. Juni	AR 124	24003	Zielverkauf einschl. 19 % USt	7 735,00 EUR
12. Juni	BA 411	24004	Bankscheck	5 175,00 EUR
15. Juni	Ka 305	24004	Barzahlung	920,00 EUR
18. Juni	AR 125	24003	Zielverkauf einschl. 19 % USt	7 140,00 EUR
24. Juni	BA 423	24003	Banküberweisung	5 980,00 EUR
30. Juni	Ka 307	24004	Barzahlung	1 610,00 EUR

III. Aufgaben:

1. Bilden Sie praxisgerecht die Buchungssätze für die angegebenen Geschäftsvorfälle!

2. Übertragen Sie die entsprechenden Werte auf die Debitorenkonten (Personenkonten)!

3. Übertragen Sie die auf den Debitorenkonten gebuchten Verkehrszahlen auf das Sachkonto 2400 Forderungen aus Lieferungen und Leistungen!

4. Schließen Sie auch die beiden Kundenkonten in der Nebenbuchhaltung und das Forderungskonto zum 30. Juni 20.. ab und erstellen Sie die Saldenliste über die ausstehenden Forderungen!

5. Überprüfen Sie, ob der Saldo auf dem Sachkonto 2400 Forderungen aus Lieferungen und Leistungen der Hauptbuchhaltung mit der Summe der Saldenliste der Debitorenbuchhaltung übereinstimmt!

88 I. Anfangsbestände zum 1. September 20..:

Richten Sie in der Hauptbuchhaltung das Sachkonto 4400 Verbindlichkeiten aus Lieferungen und Leistungen ein und tragen Sie einen Anfangsbestand in Höhe von 18 700,00 EUR vor!

Richten Sie innerhalb der Kreditorenbuchhaltung die folgenden Liefererkonten ein und tragen Sie jeweils die angegebenen Anfangsbestände darauf vor:

– Naturholz AG,   Lief.-Nr. 44003, Saldovortrag   10 500,00 EUR,
– Holz- & Spanplattenfabrik GmbH, Lief.-Nr. 44004, Saldovortrag   8 200,00 EUR.

II. Geschäftsvorfälle:

Erfassen Sie die folgenden Geschäftsvorfälle auf den entsprechenden Personenkonten in der Nebenbuchhaltung!

Datum	Beleg	Kd.-Nr.	Geschäftsvorfälle	Betrag
3. Sept.	ER 105	44003	Zieleinkauf von Rohstoffen einschl. 19 % USt	7 140,00 EUR
5. Sept.	ER 306	44004	Zieleinkauf von Vorprod. einschl. 19 % USt	7 735,00 EUR
8. Sept.	ER 309	44003	Zieleinkauf von Betriebsst. einschl. 19 % USt	4 165,00 EUR
12. Sept.	Ba 406	44003	Bankscheck	9 250,00 EUR
14. Sept.	Ba 408	44004	Banküberweisung	11 100,00 EUR
20. Sept.	ER 109	44004	Zieleinkauf von Rohstoffen einschl. 19 % USt	5 950,00 EUR
24. Sept.	ER 111	44003	Zieleinkauf von Vorprod. einschl. 19 % USt	10 115,00 EUR
28. Sept.	Ka 206	44003	Barzahlung	7 400,00 EUR
30. Sept.	Ka 207	44004	Barzahlung	2 000,00 EUR

III. Aufgaben:

1. Bilden Sie praxisgerecht die Buchungssätze für die angegebenen Geschäftsvorfälle!
2. Übertragen Sie die entsprechenden Werte auf die Kreditorenkonten (Personenkonten)!
3. Übertragen Sie die auf den Kreditorenkonten gebuchten Verkehrszahlen auf das Sachkonto 4400 Verbindlichkeiten aus Lieferungen und Leistungen!
4. Schließen Sie auch die beiden Liefererkonten in der Nebenbuchhaltung und das Sachkonto 4400 Verbindlichkeiten aus Lieferungen und Leistungen zum 30. September 20.. ab und erstellen Sie die Saldenliste!
5. Überprüfen Sie, ob der Saldo auf dem Sachkonto 4400 Verbindlichkeiten aus Lieferungen und Leistungen der Hauptbuchhaltung mit der Summe der Saldenliste der Kreditorenbuchhaltung übereinstimmt!

89 I. Anfangsbestände der Sachkonten:

0500 Unbebaute Grundstücke 440 000,00 EUR; 0760 Verpackungsanlagen und -maschinen 77 850,00 EUR; 0810 Werkstätteneinrichtung 75 650,00 EUR; 0840 Fuhrpark 48 500,00 EUR; 2000 Rohstoffe 51 300,00 EUR; 2010 Vorprodukte 8 000,00 EUR; 2030 Betriebsstoffe 22 700,00 EUR; 2400 Forderungen aus Lieferungen und Leistungen 76 480,00 EUR; 2800 Bank 98 950,00 EUR; 2880 Kasse 3 150,00 EUR; 3000 Eigenkapital 486 200,00 EUR; 4250 Langfristige Bankverbindlichkeiten 260 000,00 EUR; 4400 Verbindlichkeiten aus Lieferungen und Leistungen 156 380,00 EUR.

II. Saldovorträge der Kundenkonten (offene Postenliste der Debitoren):

Kd.-Nr.	Debitoren	Beleg-Nr.	Betrag
24005	Büroausstatter Winter OHG	12	36 480,00 EUR
24006	Brandes GmbH & Co. KG	13	40 000,00 EUR

III. Saldovorträge der Liefererkonten (offene Postenliste der Kreditoren):

Lief.-Nr.	Kreditoren	Beleg-Nr.	Betrag
44005	Schraubenspezialist Müller e. K.	32	112 400,00 EUR
44006	Holzschutz-, Lack- und Leimwerke AG	33	43 980,00 EUR

IV. Kontenplan:

0500, 0760, 0810, 0840, 2000, 2010, 2030, 2400, 24005, 24006, 2600, 2800, 2880, 3000, 3001, 4250, 4400, 44005, 44006, 4800, 5000, 6000, 6010, 6030, 6160, 6870, 8010, 8020

V. Geschäftsvorfälle:

Beleg-Nr.				
	1. Ausgangsrechnungen an			
14	1.1 Büroausstatter Winter OHG (Kd.-Nr. 24005), Verkauf			
	von Erzeugnissen netto		80 000,00 EUR	
	+ 19 % USt		15 200,00 EUR	95 200,00 EUR
15	1.2 Brandes GmbH & Co. KG (Kd.-Nr. 24006), Verkauf			
	von Erzeugnissen netto		12 000,00 EUR	
	+ 19 % USt		2 280,00 EUR	14 280,00 EUR
	2. Gutschriftanzeigen der Bank für			
22	2.1 Scheckgutschrift Büroausstatter Winter OHG (Kd.-Nr. 24005), betrifft Beleg Nr. 12			36 480,00 EUR
23	2.2 Überweisung von Brandes GmbH & Co. KG (Kd.-Nr. 24006), betrifft Beleg Nr. 13			40 000,00 EUR
	3. Eingangsrechnungen von			
34	3.1 Schraubenspezialist Müller e. K. (Lief.-Nr. 44005), Rohstoffe netto		13 000,00 EUR	
	+ 19 % USt		2 470,00 EUR	15 470,00 EUR
35	3.2 Holzschutz-, Lack- und Leimwerke AG (Lief.-Nr. 44006) Betriebsstoffe netto		3 000,00 EUR	
	+ 19 % USt		570,00 EUR	3 570,00 EUR
	4. Lastschriftanzeige der Bank für			
42	4.1 Überweisung an Schraubenspezialist Müller e. K. (Lief.-Nr. 44005), betrifft Beleg Nr. 32			112 400,00 EUR
43	4.2 Scheckbelastung Holzschutz-, Lack- und Leimwerke AG (Lief.-Nr. 44006), betrifft Beleg Nr. 33			43 980,00 EUR
44	4.3 Werbeanzeige netto		1 500,00 EUR	
	+ 19 % USt		285,00 EUR	1 785,00 EUR
	5. Kassenausgänge für			
52	5.1 Privatentnahme			1 000,00 EUR
53	5.2 Autoreparaturen		1 400,00 EUR	
	+ 19 % USt		266,00 EUR	1 666,00 EUR

VI. Abschlussangaben:

1. Schlussbestand an Rohstoffen lt. Inventur 31 600,00 EUR.

2. Schlussbestand an Vorprodukten lt. Inventur 2 200,00 EUR.

3. Schlussbestand an Betriebsstoffen lt. Inventur 10 700,00 EUR.

4. Die Zahllast ist zu passivieren!

VII. Aufgaben:

Führen Sie das Grundbuch, das Hauptbuch, das Kundenbuch und das Liefererbuch für den Industriebetrieb mit den angegebenen Zahlenwerten!

2.7.3 Belege als Grundlage einer ordnungsmäßigen Buchführung

Auf S. 91 f. wurde bereits auf die Buchung nach Belegen eingegangen. Im Folgenden soll dieses Thema wieder aufgegriffen und vertieft werden.

(1) Grundsätzliches

Wir haben festgestellt, in der Praxis existiert über jeden Geschäftsvorfall ein Beleg. Die Buchungssätze werden somit dort immer nur aufgrund von Belegen (Überweisungen, Rechnungen, Quittungen, Lohnlisten usw.) gebildet. In der Praxis gilt daher der Grundsatz: **Keine Buchung ohne Beleg!** Denn nur durch ihn kann die Richtigkeit bzw. Vollständigkeit der Buchführung nachgewiesen werden.

(2) Belegarten

Nach dem Inhalt der Belege unterscheidet man:

Fremdbelege	Darunter versteht man Belege, die von **fremden Unternehmen** erstellt werden. Dazu gehören z. B. Liefererrechnungen (Eingangsrechnungen), Bankbelege, Quittungen, Frachtbriefe.
Eigenbelege	Darunter versteht man Belege, die das **Unternehmen selbst** erstellt hat. Dazu zählen z. B. Kopien der Ausgangsrechnungen; Entnahmescheine, Lohnlisten, Buchungsanweisungen für Abschlussarbeiten usw.

(3) Bearbeitung der Buchungsbelege[1]

Die Bearbeitung der Belege erfolgt in drei Schritten: **Buchungsvorbereitung – Buchung der Belege – Ablage und Aufbewahrung der Belege.**

■ Erster Schritt: Buchungsvorbereitung

Sie umfasst im Allgemeinen **drei Arbeitsstufen:**

Prüfung der Belege	Hierdurch wird festgestellt, ob der Beleg überhaupt für die Buchführung von Bedeutung ist. Wird diese Frage bejaht, dann muss nachgeprüft werden, ob der ausgewiesene Betrag **rechnerisch** richtig ist. Außerdem muss der Beleg daraufhin überprüft werden, ob der Vorgang **sachlich** richtig dargestellt worden ist.
Belegsortierung	Bei diesem Arbeitsvorgang werden die Belege nach ihrem Inhalt geordnet, z. B. Eingangsrechnungen, Bankbelege, Kassenbelege, Ausgangsrechnungen usw. Dabei wird aus Kostengründen versucht, gleichartige Belege soweit wie möglich zu **Sammelbelegen** zusammenzufassen. Anschließend werden die Belege nummeriert.
Buchungs-anweisung (Buchungssatz, Kontierung)	In der dritten Arbeitsstufe wird der Buchungssatz auf dem Beleg festgehalten. Zu diesem Zweck benutzt man in der Regel einen sogenannten Kontierungsstempel, mit dem man die benötigten Spalten auf den Beleg aufdruckt, sodass diese nur noch mit den erforderlichen Daten versehen werden müssen. Da später so gebucht wird wie kontiert wurde, ist die Kontierungsarbeit von grundlegender Bedeutung.

---

1 Wiederholen Sie hierzu die Ausführungen auf S. 92.

■ **Zweiter Schritt: Buchung der Belege**

An die Vorkontierung schließt sich dann der eigentliche Buchungsvorgang an. Hierbei wird bei jeder Buchung im Grundbuch die Belegnummer vermerkt (z. B. ER 9 bedeutet Eingangsrechnungsnummer 9), um jederzeit von der Buchung auf den Beleg schließen zu können. Da der Buchhalter auch den Beleg mit einem Buchungsvermerk versieht (Buchungsnummer, Seitennummer, Datum, Zeichen des Buchhalters), kann auch umgekehrt vom Beleg auf die Buchung geschlossen werden.

■ **Dritter Schritt: Ablage und Aufbewahrung der Belege**

Nach dem Buchungsvorgang werden die Belege abgelegt und aufbewahrt. Die Belege sind sowohl nach Handelsrecht [§ 257 HGB] als auch nach Steuerrecht [§ 147 AO] geordnet aufzubewahren. In der Art der Belegaufbewahrung ist das Unternehmen völlig frei (z. B. chronologisch, alphabetisch, laufende Belegnummerierung, Gliederung nach Sachgebieten u. Ä.). Die Aufbewahrungsfrist für Belege beträgt nach dem Handelsrecht 10 Jahre. Bilanzen, Inventare, Handelsbücher und Aufzeichnungen sowie die hierzu notwendigen Arbeitsanweisungen und sonstigen Organisationsunterlagen sind ebenfalls 10 Jahre aufzubewahren. Die Aufbewahrungsfrist beginnt mit dem Schluss des Kalenderjahres [§ 257 IV, V HGB, § 147 IV AO].

3.1 Besondere Geschäftsvorfälle aus der Beschaffungs- und Absatzwirtschaft buchen[1]

3.1.1 Beschaffungswirtschaft

3.1.1.1 Besonderheiten bei der Beschaffung von Werkstoffen und Waren

(1) Buchhalterische Behandlung von Sofortnachlässen

Nachlässe, die sofort bei Rechnungsstellung gewährt werden, vermindern den Anschaffungspreis. Sie erscheinen in der Buchführung nicht. Gebucht wird der verminderte Einkaufspreis (Anschaffungskosten).

Geschäftsvorfälle		Konten	Soll	Haben
1. Wareneinkauf auf Ziel	2 000,00 EUR			
− 10 % Mengenrabatt	200,00 EUR			
	1 800,00 EUR	6080 Aufwend. f. Waren	1 800,00	
+ 19 % USt	342,00 EUR	2600 Vorsteuer	342,00	
	2 142,00 EUR	an 4400 Verb. a. L. u. L.		2 142,00
2. Kauf von Rohstoffen auf Ziel	1 400,00 EUR			
− 20 % Sonderrabatt	280,00 EUR			
	1 120,00 EUR	6000 Aufwend. f. Rohstoffe	1 120,00	
+ 19 % USt	212,80 EUR	2600 Vorsteuer	212,80	
	1 332,80 EUR	an 4400 Verb. a. L. u. L.		1 332,80

> **Sofortnachlässe,** die der Lieferer gewährt, werden **nicht gebucht.** Sie sind nicht Bestandteil der zu buchenden **Anschaffungskosten.**

(2) Buchung von Bezugskosten

Die Bezugskosten, die dem Käufer zusätzlich in Rechnung gestellt werden, sind Bestandteil der Anschaffungskosten. Sie können direkt auf dem jeweiligen Werkstoffaufwandskonto bzw. Warenaufwandskonto gebucht werden. Um die Bezugskosten für die Kalkulation leichter erfassen zu können, werden sie jedoch zunächst auf einem gesonderten Konto erfasst. Man will wissen, wie hoch der reine Warenwert und wie hoch die Nebenkosten sind.

---

1 **Hinweis:** Die bisher eingeführte Farbzuordnung der verschiedenen Vorgänge auf den unterschiedlichen Kontenarten diente als zusätzliche Anschauungshilfe bei der Einführung in die Buchführung. Von hier ab halten wir die konsequente Farbzuordnung nicht mehr für erforderlich. Mit Einschränkung lässt sie sich auch nicht immer ohne Erweiterung des eingeführten Farbenspektrums konsequent und sinngebend weiterführen. Daher dienen die Farben im Folgenden nur noch als Hervorhebung der Unterschiede.

Der Kontenrahmen sieht für das Konto Aufwendungen für Waren und für jedes Werkstoffaufwandskonto ein gesondertes Bezugskostenkonto vor:

- **6001 Bezugskosten** (für Rohstoffe)
- **6011 Bezugskosten** (für Vorprodukte)
- **6021 Bezugskosten** (für Hilfsstoffe)
- **6031 Bezugskosten** (für Betriebsstoffe)
- **6081 Bezugskosten** (für Waren)

Geschäftsvorfälle		Konten	Soll	Haben
1. Wareneinkauf auf Ziel,				
netto	1 500,00 EUR			
+ Verpackung	50,00 EUR	6080 Aufwend. f. Waren	1 500,00	
+ Fracht	150,00 EUR	6081 Bezugskosten	200,00	
	1 700,00 EUR	2600 Vorsteuer	323,00	
+ 19 % USt	323,00 EUR	an 4400 Verb. a. L. u. L.		2 023,00
	2 023,00 EUR			
2. Kauf von Vorprodukten				
auf Ziel netto	850,00 EUR			
+ Verpackung	40,00 EUR	6010 Aufw. f. Vorprodukte	850,00	
+ Fracht	70,00 EUR	6011 Bezugskosten	110,00	
	960,00 EUR	2600 Vorsteuer	182,40	
+ 19 % USt	182,40 EUR	an 4400 Verb. a. L. u. L.		1 142,40
	1 142,40 EUR			
Abschluss der verschiedenen Bezugskostenkonten über das jeweilige Hauptkonto		6080 Aufw. f. Waren	200,00	
		an 6081 Bezugskosten		200,00
		6010 Aufw. f. Vorprodukte	110,00	
		an 6011 Bezugskosten		110,00

- Das Konto Bezugskosten stellt ein Unterkonto des jeweiligen Werkstoffaufwands-
  kontos bzw. des Kontos Aufwendungen für Waren dar.
- Das Konto Bezugskosten wird über das jeweilige Hauptkonto abgeschlossen.

Übungsaufgaben

90   Ein Industrieunternehmen erhält für einen Rohstoffeinkauf folgende Rechnung:

Listenpreis	1 250,00 EUR
− 25 % Liefererrabatt	312,50 EUR
	937,50 EUR
− 3 % Jubiläumsrabatt	28,13 EUR
	909,37 EUR
+ 19 % USt	172,78 EUR
Rechnungspreis	1 082,15 EUR

Bilden Sie den Buchungssatz für die vorliegende Eingangsrechnung!

91   Einer Möbelgroßhandlung liegt folgende Eingangsrechnung vor:

5 Bürotische zu je 950,00 EUR	4 750,00 EUR
− 20 % Händlerrabatt	950,00 EUR
	3 800,00 EUR
+ Fracht	320,00 EUR
+ Verpackung	90,00 EUR
+ Transportversicherung	47,50 EUR
	4 257,50 EUR
+ 19 % USt	808,93 EUR
Rechnungsbetrag	5 066,43 EUR

Bilden Sie den Buchungssatz für die vorliegende Eingangsrechnung!

92   Ein Lebensmittelgroßhändler bestellt 45 Kartons Wein zu je 12 Flaschen. Eine Flasche Wein kostet 15,60 EUR zuzüglich 19 % USt. An Bezugskosten für die Lieferung fallen 145,00 EUR zuzüglich 19 % USt an. Die Verpackungskosten werden pauschal mit 70,00 EUR zuzüglich 19 % USt in Rechnung gestellt.

1. Erstellen Sie die Eingangsrechnung!

2. Bilden Sie den Buchungssatz für den Geschäftsvorfall!

3. Wie viel EUR beträgt der Einstandspreis für eine Flasche Wein?

93   Für den Bezug von Betriebsstoffen liegt folgende Rechnung vor:

Warenwert	645,00 EUR
+ Frachtpauschale	80,00 EUR
+ Transportversicherung	10,50 EUR
	735,50 EUR
+ 19 % USt	139,75 EUR
Rechnungsbetrag	875,25 EUR

Die Kosten für die Anfuhr in Höhe von 35,80 EUR zuzüglich 19 % USt wurden von uns bar bezahlt.

1. Bilden Sie die Buchungssätze für die beiden Geschäftsvorfälle!

2. Richten Sie die Konten 6030 Aufwendungen für Betriebsstoffe und 6031 Bezugskosten ein! Tragen Sie die Beträge von Geschäftsvorfall 1 und 2 auf diese Konten ein! Schließen Sie das Konto 6031 Bezugskosten ab und ermitteln Sie die Anschaffungskosten der Betriebsstoffe!

(3) Rückgabe von Verpackungsmaterial (Leihverpackung)

Durch die Rückgabe von Verpackungsmaterial, das uns zunächst in Rechnung gestellt worden ist (z. B. Container, Fässer, Kisten), nehmen unsere zuvor gebuchten Bezugskosten wieder ab. Gleichzeitig wird die Vorsteuer entsprechend vermindert. Außerdem nehmen durch die Rücksendung des Verpackungsmaterials unsere Verbindlichkeiten gegenüber dem Lieferer ab.

Beispiel:

Wir senden Verpackung, die beim Bezug von Hilfsstoffen vom Lieferer in Rechnung gestellt wurde, vereinbarungsgemäß zurück. Gutschrift des Lieferers 180,00 EUR zuzüglich 19 % USt.

Aufgabe:

Bilden Sie den Buchungssatz!

Lösung:

Geschäftsvorfall	Konten	Soll	Haben
Wir senden die Verpackung einer Hilfsstoffsendung zurück 180,00 EUR zuzüglich 19 % USt.	4400 Verbindl. a. Lief. u. Leist. an 6021 Bezugskosten an 2600 Vorsteuer	214,20	180,00 34,20

Übungsaufgaben

94   1.   Von einem Lieferer erhalten wir für den Bezug von Hilfsstoffen folgende Rechnung:

Warenwert	5 180,00 EUR
+ Frachtkosten	495,00 EUR
+ Verpackung	300,00 EUR
	5 975,00 EUR
+ 19 % USt	1 135,25 EUR
Rechnungsbetrag	7 110,25 EUR

2.   Gutschrift des Lieferers für die Rückgabe der Verpackung 300,00 EUR zuzüglich 19 % USt.

Bilden Sie die Buchungssätze!

95   Eingangsrechnung 145:

1.   Warenwert der Rohstoffe 897,50 EUR, berechnete Verpackung 120,00 EUR, Frachtkosten 85,10 EUR zuzüglich 19 % USt.

2.   Die Anfuhr in Höhe von 30,00 EUR zuzüglich 19 % USt wird von uns bar bezahlt.

3.   Für die Rückgabe der Verpackung werden uns vom Lieferer 60 % des berechneten Wertes gutgeschrieben.

Bilden Sie die Buchungssätze!

96   Wir haben die uns bei der Lieferung von Betriebsstoffen in Rechnung gestellte Leihverpackung vereinbarungsgemäß an den Lieferer zurückgesandt und erhalten daraufhin eine Gutschrift über 175,00 EUR zuzüglich 19 % USt.

Bilden Sie den Buchungssatz!

97   Bilden Sie zu folgenden Geschäftsvorfällen einer Großhandlung die Buchungssätze!

1.   Wir kaufen Waren auf Ziel, Listeneinkaufspreis 12 000,00 EUR, abzüglich 20 % Rabatt, zuzüglich 510,00 EUR Fracht und Verpackungskosten sowie 19 % USt auf den Rechnungspreis.

2.   Kauf von Textilien von einem ausländischen Exporteur auf Ziel, Listeneinkaufspreis 795,20 EUR. Zölle und Gebühren: 8 % vom Listenpreis. Der Rechnungspreis ist mit 19 % USt zu versteuern.

3.1.1.2 Warenrücksendungen an den Lieferer

Beispiel:

Ausgangs-situation: Folgende Eingangsrechnung für einen Einkauf von Handelswaren auf Ziel wurde bereits bei uns gebucht.

Warenwert	15 000,00 EUR
+ 19 % USt	2 850,00 EUR
Rechnungsbetrag	17 850,00 EUR

Problemfall: Von der Warenlieferung senden wir Ware an den Lieferer zurück (Falschlieferung). Warenwert 500,00 EUR zuzüglich 19 % USt.

Aufgaben:

1. Buchen Sie den Problemfall auf den Konten!
2. Bilden Sie den Buchungssatz!

Lösungen:

Zu 1.: Buchung auf den Konten

S	6080 Aufwend. f. Waren		H
4400	15 000,00	4400	500,00

S	4400 Verbindl. a. Lief. u. Leist.		H
6080/2600	595,00	6080/2600	17 850,00

S	2600 Vorsteuer		H
4400	2 850,00	4400	95,00

Zu 2.: Buchungssatz

Geschäftsvorfall	Konten	Soll	Haben
Von der bereits gebuchten Warenlieferung schicken wir Waren zurück: Nettowert 500,00 EUR + 19 % USt 95,00 EUR Bruttowert 595,00 EUR	4400 Verbindl. a. L. u. L. an 6080 Aufw. f. Waren an 2600 Vorsteuer	595,00	500,00 95,00

Erklärungen zum Problemfall:

- Durch die Warenrücksendung nimmt der ursprünglich gebuchte Bruttowert der Eingangsrechnung um den Bruttowert der Rücksendung ab. Daher erfolgt eine **Sollbuchung auf dem Konto 4400 Verbindlichkeiten aus Lieferungen und Leistungen** in Höhe von 595,00 EUR.

- Auch der ursprünglich gebuchte Warenwert für die Handelswaren nimmt ab, und zwar um den Nettowert der Rücksendung in Höhe von 500,00 EUR. Deshalb erfolgt eine entsprechende **Habenbuchung auf dem Konto 6080 Aufwendungen für Waren.**

- Da sich durch die Rücksendung die ursprüngliche Berechnungsgrundlage für die Umsatzsteuer um 500,00 EUR gemindert hat, muss auch die ursprünglich ausgewiesene Vorsteuer um den darauf entfallenden Anteil von 95,00 EUR korrigiert werden. Daher erfolgt eine **Habenbuchung auf dem Konto 2600 Vorsteuer.**

Die **Rücksendung von Werkstoffen** wird in der gleichen Weise gebucht:

Geschäftsvorfall	Konten	Soll	Haben
Rücksendung nicht bestellter Rohstoffe an den Lieferer. Warenwert 2 100,00 EUR + 19 % USt 399,00 EUR <ins>2 499,00 EUR</ins>	4400 Verbindl. a. L. u. L. an 6000 Aufw. f. Rohst. an 2600 Vorsteuer	2 499,00	2 100,00 399,00

Übungsaufgaben

98   Bilden Sie zu den nachfolgenden vier Geschäftsvorfällen die Buchungssätze!

1. Wir kaufen Betriebsstoffe im Gesamtwert von 2 150,00 EUR zuzüglich 19 % USt gegen Rechnung.

2. Nach Buchung und Überprüfung der Sendung wird ein Teil der Betriebsstoffe wegen Qualitätsmängeln zurückgesandt, netto 430,00 EUR.

3. Wir kaufen Hilfsstoffe auf Ziel lt. ER 689 im Warenwert von 2 900,00 EUR zuzüglich 19 % USt.

4. Einen Teil der bereits gebuchten Hilfsstoffe senden wir wegen Beschädigung zurück. Warenwert 480,00 EUR zuzüglich 19 % USt.

5. Wie ist der Geschäftsvorfall „Rücksendungen von Handelswaren an den Lieferer" zu buchen?

   ① 4400 Verbindl. a. Lief. u. Leist.   an 6080 Aufwend. f. Waren
                                          an 2600 Vorsteuer

   ② 4400 Verbindl. a. Lief. u. Leist.   an 2280 Waren
                                          an 2600 Vorsteuer

   ③ 6080 Aufwend. f. Waren
      2600 Vorsteuer   an 4400 Verbindl. a. Lief. u. Leist.

   Übertragen Sie die entsprechende Ziffer als Lösung in Ihr Heft!

99   **Einkaufsfachverband Bayern GmbH**   85221 Dachau, Isarstraße 15–18

Fahrrad-Center
Fritz Schnell e. Kfm.
Kantstraße 25
35394 Gießen

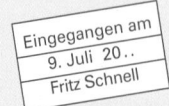

Eingegangen am
9. Juli 20..
Fritz Schnell

Sehr geehrter Herr Schnell,

wir bestätigen die Rücksendung von zwei Rennrädern wegen Qualitätsmangel

Warenwert	995,80 EUR
19 % USt	189,20 EUR
Gesamtwert	<ins>1 185,00 EUR</ins>

Bitte nehmen Sie eine entsprechende Verrechnung in Ihrer Buchführung vor.

Mit freundlichen Grüßen

ppa. *Dreher*

Sitz der Gesellschaft: Dachau   Registergericht Dachau, HRB 51   Steuer-Nr.: 220/3456

Bilden Sie den Buchungssatz für die Warenrücksendung aus der Sicht des Fahrrad-Centers Fritz Schnell e. Kfm.!

3.1.1.3 Nachträgliche Preisänderungen bei Eingangsrechnungen

(1) Überblick

Neben den Preisänderungen, die sofort bei Rechnungserteilung berücksichtigt werden, gibt es im Einkaufsbereich auch Preisänderungen, die **nach** der Buchung einer Eingangsrechnung auftreten. Als nachträglich gewährte Preisnachlässe kommen infrage:

- Preisnachlass des Lieferers aufgrund unserer Reklamationen **(Mängelrüge)**,
- Gewährung eines Umsatzbonus durch den Lieferer **(Liefererboni)**,
- Inanspruchnahme von Skonto bei der Zahlung **(Liefererskonti)**.[1]

Gewährt uns der Lieferer nachträglich einen Preisnachlass, so mindert dies die bereits gebuchten Werkstoffaufwendungen bzw. Aufwendungen für Waren. Die Preisnachlässe können direkt auf die betreffenden Aufwandskonten gebucht werden. Um die Nachlässe später noch feststellen zu können, werden sie jedoch zunächst auf einem Unterkonto des betreffenden Aufwandskontos gebucht. Der hier zugrunde liegende IKR sieht folgende Konten vor:

- **6002 Nachlässe** (für Rohstoffe)
- **6012 Nachlässe** (für Vorprodukte)
- **6022 Nachlässe** (für Hilfsstoffe)
- **6032 Nachlässe** (für Betriebsstoffe)
- **6082 Nachlässe** (für Waren)

(2) Buchung einer Lieferergutschrift wegen Mängelrüge

Gewährt uns der Lieferer aufgrund unserer Mängelrüge **nachträglich** einen Preisnachlass, so mindert dies die bereits gebuchten Werkstoffaufwendungen bzw. Aufwendungen für Waren, die Höhe der Vorsteuer und die Verbindlichkeiten.

> **Beispiel:**
>
> **Ausgangs-situation:** Folgende Eingangsrechnung für einen Einkauf von Handelswaren wurde bereits bei uns gebucht. Warenwert 1 200,00 EUR zuzüglich 19 % USt!
>
> **Problemfall:** Aufgrund unserer Reklamation erhalten wir vom Lieferer eine Gutschrift über 300,00 EUR zuzüglich 19 % USt.
>
> **Aufgaben:**
> 1. Buchen Sie den Problemfall auf Konten und schließen Sie das Konto 6082 ab!
> 2. Bilden Sie die Buchungssätze!

Lösungen:

Zu 1.: Buchung auf den Konten und Abschluss des Kontos 6082

S	6080 Aufwend. f. Waren		H	S	6082 Nachlässe		H
4400	1 200,00	6082	300,00 ⟷	6080	300,00	4400	300,00

S	2600 Vorsteuer		H	S	4400 Verbindl. a. Lief. u. Leist.		H
4400	228,00	4400	57,00	6082/2600	357,00	6080/2600	1 428,00

---

1 Die Buchung der Liefererskonti wird im Rahmen des Zahlungsverkehrs behandelt. Vgl. Kapitel 3.2.2, S. 228f.

12 Speth u.a. - ISBN 978-3-8120-0261-5

Zu 2.: Buchungssätze

Geschäftsvorfälle	Konten	Soll	Haben
Wir erhalten eine Gutschrift aufgrund unserer Reklamation in Höhe von 300,00 EUR zuzüglich 19 % USt.	4400 Verbindl. a. L. u. L. an 6082 Nachlässe an 2600 Vorsteuer	357,00	300,00 57,00
Abschluss des Unterkontos 6082 Nachlässe	6082 Nachlässe an 6080 Aufw. f. Waren	300,00	300,00

Erklärungen:

■ **zur Buchung des Problemfalles:**

■ Abgang auf dem Konto 4400 Verbindlichkeiten aus Lieferungen und Leistungen in Höhe des Bruttowertes von 357,00 EUR.

■ Erfassung der Gutschrift auf dem Unterkonto 6082 Nachlässe in Höhe von 300,00 EUR.

■ Korrektur auf dem Konto 2600 Vorsteuer in Höhe von 57,00 EUR.

■ **zum Abschluss des Unterkontos 6082 Nachlässe:**

Das Konto 6082 Nachlässe ist ein Unterkonto des Kontos Aufwendungen für Waren und wird daher über das Konto 6080 Aufwendungen für Waren abgeschlossen.

(3) Buchung von Liefererboni

Um treue Kunden zu belohnen, gewähren Lieferer beim Erreichen einer bestimmten Umsatzhöhe häufig Umsatzrückvergütungen. Dieser nachträgliche Preisnachlass wird Umsatzbonus (kurz: Bonus) genannt. Der Bonus ist somit ein Mengen- oder Treuerabatt. Die uns von Lieferern gewährten Boni mindern nachträglich die Werkstoffaufwendungen bzw. Aufwendungen für Waren. Sie werden ebenfalls auf dem Konto Nachlässe gebucht. Durch die nachträgliche Preisminderung muss die erfasste Vorsteuer um den auf den Bonus entfallenden Steueranteil korrigiert werden.

Geschäftsvorfall	Konten	Soll	Haben
Der Rohstoff-Lieferer gewährt uns einen Umsatzbonus in Form folgender Gutschrift Umsatzrückvergütung (Bonus) 700,00 EUR + 19 % USt 133,00 EUR 833,00 EUR	4400 Verbindl. a. L. u. L. an 6002 Nachlässe an 2600 Vorsteuer	833,00	700,00 133,00

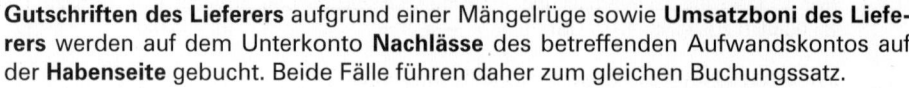

Gutschriften des Lieferers aufgrund einer Mängelrüge sowie **Umsatzboni des Lieferers** werden auf dem Unterkonto **Nachlässe** des betreffenden Aufwandskontos auf der **Habenseite** gebucht. Beide Fälle führen daher zum gleichen Buchungssatz.

Übungsaufgaben

100 Am Monatsende ergeben sich bei einem Industriebetrieb folgende Werte:

S	2000 Rohstoffe	H		S	6000 Aufwendungen für Rohstoffe	H
AB	12 400,00			Su	57 300,00	

S	6001 Bezugskosten	H		S	6002 Nachlässe	H
Su	2 100,00				Su	1 700,00

Der Inventurbestand der Rohstoffe beträgt 9 800,00 EUR.

1. Richten Sie zusätzlich die Konten 8010 SBK und 8020 GuV ein, schließen Sie die Konten ab und bilden Sie die Buchungssätze!

2. Wie viel EUR beträgt der Rohstoffverbrauch?

101 Am Monatsende ergeben sich bei einem Industriebetrieb auf den aufgeführten Konten die folgenden Werte:

S	2280 Waren	H		S	6080 Aufwendungen für Waren	H
AB	81 400,00			Su	67 300,00	

S	6081 Bezugskosten	H		S	6082 Nachlässe	H
Su	2 100,00				Su	1 300,00

Schließen Sie die Konten ab und ermitteln Sie den Warenaufwand, wenn der Schlussbestand lt. Inventur 70 500,00 EUR beträgt!

102 Buchen Sie für einen Industriebetrieb die folgenden Geschäftsvorfälle im Grundbuch!

1. Der Lieferer sendet uns eine Gutschrift für zurückgesandte Hilfsstoffe zu:

Warenwert	350,00 EUR
+ 19 % USt	66,50 EUR
Gutschrift	416,50 EUR

2. Unser Betriebsstoffe-Lieferer gewährt uns am Jahresende einen Bonus in Höhe von 820,00 EUR zuzüglich 19 % USt.

3. Formulieren Sie zu dem folgenden Buchungssatz den Geschäftsvorfall!

4400 Verbindl. a. Lief. u. Leist.	172,55 EUR
an 6010 Aufwend. für Vorprodukte	145,00 EUR
an 2600 Vorsteuer	27,55 EUR

4. Wir senden die Leihverpackung für Rohstoffe zurück und erhalten eine Gutschrift von 85,00 EUR zuzüglich 19 % USt.

5. Wir senden Fertigteile wegen Beschädigung zurück:

Warenwert	4 120,00 EUR	
+ 19 % USt	782,80 EUR	4 902,80 EUR

103 Bilden Sie für einen Handelsbetrieb zu folgenden Geschäftsvorfällen die Buchungssätze:

1. Wir schicken bereits gebuchte Waren
   an den Lieferer zurück:
   Nettowert   571,20 EUR
   + 19 % USt   108,53 EUR   679,73 EUR

2. Ein Lieferer gewährt uns einen Umsatzbonus
   in Form einer Gutschrift:
   Bruttowert einschließlich 19 % USt   1 213,80 EUR

3. Wir erhalten eine Gutschrift aufgrund
   unserer Reklamation,
   Nettowert   540,00 EUR
   + 19 % USt   102,60 EUR   642,60 EUR

4. Retouren an einen Lieferer: Warenwert netto   150,00 EUR
   + 19 % USt   28,50 EUR   178,50 EUR

5. Wareneinkauf auf Ziel, Warenwert netto   5 000,00 EUR
   − 5 % Rabatt   250,00 EUR
                                                    4 750,00 EUR
   + Fracht und Verpackung   50,00 EUR
                                                    4 800,00 EUR
   + 19 % USt   912,00 EUR   5 712,00 EUR

6. Für eine per Bahn erhaltene Warenlieferung lösen
   wir den Frachtbrief bar ein, einschließlich 19 % USt   114,24 EUR

7. Wir schicken die Leihverpackung
   an den Lieferer zurück:
   Nettowert   127,00 EUR
   + 19 % USt   24,13 EUR   151,13 EUR

8. Wir erhalten vom Lieferer eine Gutschrift für Umsatzbonus
   5 % vom Bruttoumsatz in Höhe von 19 040,00 EUR   952,00 EUR

9. Von einer bereits gebuchten Warenlieferung schicken wir
   Waren im Nettowert von 710,00 EUR zuzüglich 19 % USt zurück.

10. Aufgrund unserer Reklamation erhalten wir vom Lieferer
    eine Gutschrift. Betrag der Gutschrift einschließlich 19 % USt   535,50 EUR

11. Für Verpackungs- und Versandkosten stellt der Lieferer eine
    gesonderte Rechnung aus, die wie folgt lautet:

    Für die Warenlieferung vom 11. Okt. 20.. stellen wir Ihnen
    folgende Nebenkosten in Rechnung:
    Verpackungskosten   115,00 EUR
    Transportkosten   90,00 EUR
                                                     205,00 EUR
    + 19 % USt   38,95 EUR   243,95 EUR

3.1.1.4 Aufwendungen für bezogene Leistungen

Mit der **Kontengruppe 61 „Aufwendungen für bezogene Leistungen"** werden die Fremd-
beiträge zum betrieblichen Leistungsprozess erfasst. Die Kontengruppe erfasst die dabei
anfallenden Fremdleistungen:

▪ **im Material- und Fertigungsbereich**	**6100 Fremdleistungen für Erzeugnisse und andere Umsatzleistungen**
z.B. Lohnarbeiten für eigene Erzeugnisse, Aufwendungen für Subunternehmer, außer Haus gegebene Versuchs- und Konstruktionsarbeiten, fremde Entwicklungsleistungen u.Ä.	
▪ **im Vertriebsbereich**	**6140 Fachten und Fremdlager**
z.B. Frachten für den Vertrieb der Erzeugnisse, in Fremd-lagern entstandene Lagerkosten, Speditionskosten für den Transport vom Produktionsbetrieb zum Auslieferungslager, Provisionen an den Handelsvertreter u.Ä.	**6150 Vertriebsprovision**
▪ **im Bereich Reparaturen**	**6160 Fremdinstandhaltung**
z.B. Instandhaltungsarbeiten, Instandhaltungsmaterial, Reparaturen, Reparaturmaterial u. Ä.	

Bezogene Leistungen, die den oben genannten Bereichen nicht genau zuzuordnen sind,
werden auf dem Konto **6170 Sonstige Aufwendungen für bezogene Leistungen** gebucht
(z B. Gebäudereinigung, Abfallentsorgung u.Ä.).

Nr.	Geschäftsvorfälle	Konten	Soll	Haben
1.	Für Entwicklungsarbeiten erhalten wir von einem Konstruktionsbüro eine Rechnung über netto 14 700,00 EUR + 19 % USt 2 793,00 EUR 17 493,00 EUR	6100 Fremdleistungen f. Erzeugnisse u. andere Umsatzleistungen 2600 Vorsteuer an 4400 Verb. a. L. u. L.	14 700,00 2 793,00	17 493,00
2.	Wir begleichen eine Rechnung unseres Spediteurs durch Bank-überweisung für Fahrten im Monat März 1 380,00 EUR + 19 % USt 262,20 EUR 1 642,20 EUR	6140 Frachten und Fremd-lager 2600 Vorsteuer an 2800 Bank	1 380,00 262,20	1 642,20

Nr.	Geschäftsvorfälle	Konten	Soll	Haben
3.	Wir zahlen Vertriebsprovision bar 460,00 EUR + 19 % USt 87,40 EUR 547,40 EUR	6150 Vertriebsprovision 2600 Vorsteuer an 2880 Kasse	460,00 87,40	547,40
4.	Banküberweisung für Reparatur am Dach des Geschäftshauses netto 7 500,00 EUR + 19 % USt 1 425,00 EUR 8 925,00 EUR	6160 Fremdinstandhaltung 2600 Vorsteuer an 2800 Bank	7 500,00 1 425,00	8 925,00

Übungsaufgabe

104   Bilden Sie für einen Industriebetrieb zu den folgenden Geschäftsvorfällen die Buchungssätze!

1.	Wir bezahlen die Vertriebsprovisionen an einen Handelsvertreter bar in Höhe von netto + 19 % USt	765,00 EUR 145,35 EUR	910,35 EUR
2.	Für Fremdlohnarbeiten an unseren Erzeugnissen zahlen wir per Banküberweisung + 19 % USt	19 540,00 EUR 3 712,60 EUR	23 252,60 EUR
3.	Barzahlung für eine Computer-reparatur einschließlich 19 % USt		1 344,70 EUR
4.	Bankabbuchung der Monatspauschale der Stadtwerke für Strom und Gas + 19 % USt	8 940,00 EUR 1 698,60 EUR	10 638,60 EUR
5.	Banküberweisung einer Speditionsrechnung für Ausgangsfrachten + 19 % USt	751,00 EUR 142,69 EUR	893,69 EUR
6.	An Patent- und Lizenzkosten werden uns in Rechnung gestellt netto + 19 % USt	22 390,00 EUR 4 254,10 EUR	26 644,10 EUR
7.	Die Eingangsrechnung für Gebäudereinigung im Monat Mai wird durch Bankscheck beglichen + 19 % USt	891,00 EUR 169,29 EUR	1 060,29 EUR
8.	Die Rechnung der Abfallentsorgungs-GmbH für den Abtransport unseres Mülls wird durch Bankscheck beglichen + 19 % USt	1 860,00 EUR 353,40 EUR	2 213,40 EUR
9.	Die Speditionsrechnung für den Versand verkaufter Waren zahlen wir per Banküberweisung + 19 % USt	420,00 EUR 79,80 EUR	499,80 EUR
10.	Für Reparaturen am Geschäftsgebäude erhalten wir eine Rechnung über + 19 % USt	23 000,00 EUR 4 370,00 EUR	27 370,00 EUR

3.1.2 Absatzwirtschaft

3.1.2.1 Sofortnachlässe und gesondert in Rechnung gestellte Nebenkosten beim Verkauf von Waren und Erzeugnissen

(1) Buchhalterische Behandlung von Sofortnachlässen gegenüber Kunden

Die dem Kunden sofort bei Rechnungserteilung gewährten Nachlässe (Sofortnachlässe) vermindern unsere Verkaufserlöse und erscheinen daher in der Buchführung nicht.

Geschäftsvorfall		Konten	Soll	Haben
Wir verkaufen eigene Erzeugnisse auf Ziel laut folgender Ausgangsrechnung:		2400 Ford. a. L. u. L.	2 677,50	
		an 5000 Umsatzerlöse f.		
Listenpreis	2 500,00 EUR	eigene Erzeugnisse		2 250,00
– 10 % Rabatt	250,00 EUR	an 4800 Umsatzsteuer		427,50
	2 250,00 EUR			
+ 19 % USt	427,50 EUR			
Rechnungsbetrag	2 677,50 EUR			

(2) Buchhalterische Behandlung der den Kunden zusätzlich in Rechnung gestellten Nebenkosten

Werden den Kunden Nebenkosten wie Verpackungsmaterial, Fracht oder Zustellkosten gesondert in Rechnung gestellt, erhöhen diese die Umsatzerlöse.

Im Gegensatz zum Einkaufsbereich sieht der Industriekontenrahmen im Verkaufsbereich für die gesondert in Rechnung gestellten Nebenkosten **keine** Unterkonten vor. Die Nebenkosten erhöhen die Umsatzerlöse und erscheinen zusammen mit dem Nettoverkaufswert auf dem Konto **5000 Umsatzerlöse für eigene Erzeugnisse** bzw. **5100 Umsatzerlöse für Waren**.

Geschäftsvorfall		Konten	Soll	Haben
Wir verkaufen Ware auf Ziel laut folgender Ausgangsrechnung:		2400 Ford. a. L. u. L.	1 618,40	
		an 5100 Umsatzerlöse		
Listenpreis	1 200,00 EUR	für Waren		1 360,00
+ Verpackung	55,00 EUR	an 4800 Umsatzsteuer		258,40
+ Fracht	105,00 EUR			
	1 360,00 EUR			
+ 19 % USt	258,40 EUR			
Rechnungsbetrag	1 618,40 EUR			

- **Sofortnachlässe,** die dem Kunden sofort bei Rechnungserteilung gewährt werden, vermindern die Umsatzerlöse und erscheinen in der Buchführung nicht.
- Werden dem Kunden zusätzlich zu den Waren **Nebenkosten** in Rechnung gestellt, **erhöhen diese die Umsatzerlöse.** Ein Unterkonto dafür ist nicht vorgesehen.

Übungsaufgaben

105

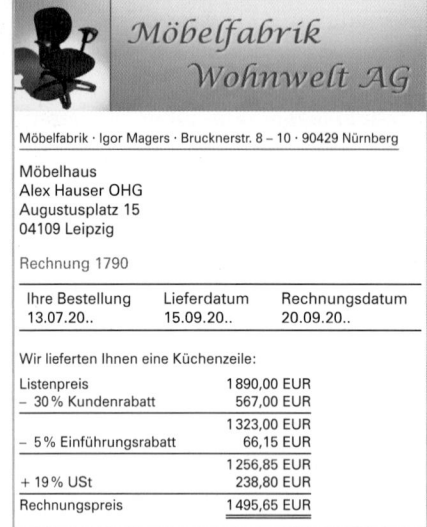

Möbelfabrik · Igor Magers · Brucknerstr. 8 – 10 · 90429 Nürnberg

Möbelhaus
Alex Hauser OHG
Augustusplatz 15
04109 Leipzig

Rechnung 1790

Ihre Bestellung	Lieferdatum	Rechnungsdatum
13.07.20..	15.09.20..	20.09.20..

Wir lieferten Ihnen eine Küchenzeile:

Listenpreis	1 890,00 EUR
– 30 % Kundenrabatt	567,00 EUR
	1 323,00 EUR
– 5 % Einführungsrabatt	66,15 EUR
	1 256,85 EUR
+ 19 % USt	238,80 EUR
Rechnungspreis	1 495,65 EUR

Bilden Sie den Buchungssatz für die Möbelfabrik Wohnwelt AG!

106

Möbelfabrik · Igor Magers · Brucknerstr. 8 – 10 · 90429 Nürnberg

Möbelhaus
Friedrich Lenz
Wielandstr. 21
39108 Magdeburg

Rechnung 1799

Ihre Bestellung	Lieferdatum	Rechnungsdatum
15.08.20..	18.09.20..	21.09.20..

Wir lieferten Ihnen einen Orientteppich:

Listenpreis	865,00 EUR
– 10 % Rabatt	86,50 EUR
	778,50 EUR
+ Zustellkosten	25,00 EUR
	803,50 EUR
+ 19 % USt	152,67 EUR
Rechnungspreis	956,17 EUR

Bilden Sie den Buchungssatz für die Möbelfabrik Wohnwelt AG!

107 Ausgangsrechnung Nr. 2654 für Waren

Warenwert	2 390,00 EUR
+ Verpackungskosten	105,00 EUR
+ Frachtkosten	132,00 EUR
+ Transportversicherung	25,00 EUR
	2 652,00 EUR
+ 19 % USt	503,88 EUR
Rechnungsbetrag	3 155,88 EUR

Bilden Sie den Buchungssatz für die Ausgangsrechnung!

108 Bilden Sie für einen Handelsbetrieb zu folgenden Geschäftsvorfällen die Buchungssätze!

1.	Warenverkauf bar	14 000,00 EUR
	– 10 % Rabatt	1 400,00 EUR
		12 600,00 EUR
	+ 19 % USt	2 394,00 EUR
		14 994,00 EUR
2.	Ein Kunde überweist zum Ausgleich einer Rechnung auf unser Bankkonto	1 870,00 EUR
3.	Wareneinkauf auf Ziel	9 100,00 EUR
	– 5 % Rabatt	455,00 EUR
		8 645,00 EUR
	+ Fracht- und Verpackungspauschale	165,00 EUR
		8 810,00 EUR
	+ 19 % USt	1 673,90 EUR
		10 483,90 EUR

184

4.	Bankbelastung der Leasingrate		1 310,00 EUR
5.	Banküberweisung für eine Werbeanzeige	920,00 EUR	
	+ 19 % USt	174,80 EUR	1 094,80 EUR
6.	Warenverkauf auf Ziel		1 500,00 EUR
	– 15 % Rabatt		225,00 EUR
			1 275,00 EUR
	+ 19 % USt		242,25 EUR
			1 517,25 EUR

3.1.2.2 Rücksendungen durch Kunden

Beispiel:

Ausgangs-situation: Folgende Ausgangsrechnung für verkaufte Waren auf Ziel wurde bereits bei uns gebucht. Warenwert netto 2 000,00 EUR zuzüglich 19 % USt!

Problemfall: Von der Lieferung schickt uns der Kunde wegen Falschlieferung Ware zurück im Werte von 800,00 EUR zuzüglich 19 % USt.

Aufgaben:

1. Buchen Sie den Problemfall auf Konten!
2. Bilden Sie den Buchungssatz!

Lösungen:

Zu 1.: Buchung auf den Konten

S	2400 Forderungen a. Lief. u. Leist.	H		S	5100 Umsatzerlöse für Waren	H
5100/4800	2 380,00	5100/4800 952,00		2400	800,00 | 2400	2 000,00

S	4800 Umsatzsteuer	H
2400	152,00 | 2400	380,00

Zu 2.: Buchungssatz

Geschäftsvorfall	Konten	Soll	Haben
Ein Kunde sendet Waren zurück 800,00 EUR zuzüglich 19 % USt	5100 Umsatzerl. für Waren 4800 Umsatzsteuer an 2400 Ford. a. Lief. u. Leist.	800,00 152,00	952,00

Erläuterungen:

■ Bei Rücksendungen von Waren durch Kunden nehmen die ursprünglich gebuchten Forderungen um den Bruttowert der Rücksendung ab. Daher muss eine **Habenbuchung** auf dem Konto **2400 Forderungen aus Lieferungen und Leistungen** erfolgen.

■ Gleichzeitig nehmen auch die ursprünglich gebuchten Umsatzerlöse um den Nettowert der Rücksendung ab. Das erfordert eine **Sollbuchung** auf dem Konto **5100 Umsatzerlöse für Waren** in Höhe des Nettowertes.

■ Da sich durch die nachträgliche Änderung der Umsatzerlöse die Berechnungsgrundlage für die Umsatzsteuer geändert hat, muss auch die ursprünglich gebuchte Umsatzsteuer korrigiert werden. Dieser Korrekturbetrag ergibt sich aus der Differenz zwischen dem Bruttowert und dem Nettowert der Rücksendung. Dadurch ergibt sich eine **Sollbuchung** auf dem Konto **4800 Umsatzsteuer** in Höhe dieser Differenz.

Die Rücksendung eines Kunden von eigenen Erzeugnissen wird in gleicher Weise gebucht:

Geschäftsvorfall	Konten	Soll	Haben

Rücksendung beschädigter Erzeugnisse durch einen Kunden.
 	
Warenwert   3 200,00 EUR
+ 19 % USt   608,00 EUR
                  3 808,00 EUR
	5000 Umsatzerlöse für
	          eigene Erzeugnisse
	4800 Umsatzsteuer
	an 2400 Ford. a. L. u. L.
		3 200,00
		608,00
			3 808,00

Warenrücksendungen durch Kunden vermindern die Umsatzerlöse, die Umsatzsteuer und die Forderungen aus Lieferungen und Leistungen.

Übungsaufgaben

109 Bilden Sie die Buchungssätze zu den folgenden Geschäftsvorfällen!

1. Ein Kunde sendet einen Teil der Warenlieferung (eigene Erzeugnisse) wegen eines Qualitätsmangels an uns zurück. Wir gewähren eine Gutschrift:

Warenwert	189,00 EUR
+ 19 % USt	35,91 EUR
Gutschrift	224,91 EUR

2. Ein Kunde bringt verkaufte Fertigerzeugnisse zurück und erhält den Nettowert von 85,00 EUR zuzüglich 19 % USt gutgeschrieben.

3. 3.1 Ein Kunde kauft zwei Erzeugnisse zum Bruttowert von 124,95 EUR je Erzeugnis (19 % USt) gegen Rechnung.

    3.2 Nach einigen Tagen gibt er einen Artikel zurück und bezahlt den anderen bar.

110

Quittung Nr. 1420		
Warenwert netto	EUR	850 Cent 00
19 % MWSt	EUR	161 Cent 50
gesamt	EUR	1 011 Cent 50

Gesamtbetrag EUR in Worten

_____ eintausendelf _____

                                                     Cent
     wie
     oben

von   Möbelhaus Düsseldorf GmbH

für   Warenrückgabe

dankend erhalten

Ort Düsseldorf   Datum 5. April 20 ..

Buchungsvermerke | Stempel/Unterschrift des Empfängers

                                  | *Hempel*

Sitz der Gesellschaft: Düsseldorf   Registergericht: Düsseldorf HRB 520 Steuer-Nr.: 8942/273

Bilden Sie den Buchungssatz für das Möbelhaus Düsseldorf GmbH!

3.1.2.3 Nachträgliche Preisänderungen bei Ausgangsrechnungen

(1) Überblick

Neben den Preisänderungen, die sofort bei Rechnungserteilung berücksichtigt werden, gibt es im Verkaufsbereich auch Preisänderungen, die **nach** der Buchung einer Ausgangsrechnung auftreten. Als nachträglich gewährte Preisnachlässe kommen infrage:

- Preisnachlass an den Kunden aufgrund seiner Reklamation (**Mängelrüge**),
- Gewährung eines Umsatzbonus an den Kunden (**Kundenboni**),
- Inanspruchnahme von Skonto bei der Zahlung durch den Kunden (**Kundenskonti**).[1]

Durch die nachträgliche Preisänderung nehmen die Forderungen gegenüber den Kunden ab, d.h., die Umsatzerlöse werden geschmälert. Die Preisnachlässe werden nicht direkt auf das Konto Umsatzerlöse gebucht, sondern zunächst auf dem Unterkonto **5001 bzw. 5101 Erlösberichtigungen** erfasst. Das Konto Erlösberichtigungen wird über das Konto Umsatzerlöse abgeschlossen. Danach erscheint auf dem jeweiligen Konto Umsatzerlöse der bereinigte (tatsächlich erzielte) Umsatzerlös.

(2) Buchung eines Preisnachlasses an den Kunden aufgrund seiner Reklamation

Nachträgliche Gutschriften (Preisnachlässe) an unsere Kunden aufgrund von Reklamationen werden auf dem Unterkonto Erlösberichtigungen gesammelt und am Ende der Rechnungsperiode auf das Konto Umsatzerlöse umgebucht. Beim Abschluss wird das Konto **5001** bzw. **5101 Erlösberichtigungen** über das Hauptkonto **5000 Umsatzerlöse für eigene Erzeugnisse** bzw. **5100 Umsatzerlöse für Waren** abgeschlossen.

Beispiel:	
Ausgangs-situation:	Folgende Ausgangsrechnung für verkaufte Waren auf Ziel wurde bereits bei uns gebucht. Warenwert 30 000,00 EUR zuzüglich 19 % USt!
Problemfall:	Der Kunde reklamiert an der Lieferung von Waren Mängel und erhält daraufhin von uns einen Preisnachlass in Form einer Gutschrift in Höhe von 800,00 EUR zuzüglich 19 % USt.

Aufgaben:

1. Buchen Sie den Problemfall auf den Konten und schließen Sie das Konto 5101 ab!
2. Bilden Sie die Buchungssätze!

Lösungen:

Zu 1.: Buchung auf den Konten und Abschluss des Kontos 5101

S	2400 Forderungen a. Lief. u. Leist.	H		S	4800 Umsatzsteuer	H
5100/4800	35 700,00	5101/4800 952,00		2400	152,00	2400 5 700,00

S	5100 Umsatzerlöse für Waren	H		S	5101 Erlösberichtigungen	H
→5101	800,00	2400 30 000,00		→2400	800,00	5100 800,00

---

1 Die Behandlung der Kundenskonti wird im Rahmen des Zahlungsverkehrs behandelt. Vgl. Kapitel 3.2.2.2, S. 230f.

Zu 2.: Buchungssätze

Geschäftsvorfälle	Konten	Soll	Haben
Wir gewähren einem Kunden eine Gutschrift über 800,00 EUR zuzüglich 19% USt.	5101 Erlösberichtigungen 4800 Umsatzsteuer an 2400 Ford. a. L. u. L.	800,00 152,00	 952,00
Abschluss des Unterkontos 5101 Erlösberichtigungen	5100 UErlöse f. Waren an 5101 Erlösberichtig.	800,00	 800,00

Erklärungen:

■ **zur Buchung des Problemfalles:**
- ■ Rückgang der Forderungen um 952,00 EUR.
- ■ Die Minderung der Umsatzerlöse in Höhe von 800,00 EUR wird auf dem Konto 5101 Erlösberichtigungen im Soll gebucht.
- ■ Korrektur der Umsatzsteuer in Höhe von 152,00 EUR.

■ **zum Abschluss des Unterkontos 5101 Erlösberichtigungen:**
Das Konto 5101 Erlösberichtigungen ist ein Unterkonto des Kontos 5100 Umsatzerlöse für Waren und wird daher über das Konto 5100 Umsatzerlöse für Waren abgeschlossen.

(3) Buchung von Kundenboni

Durch die Gewährung eines Kundenbonus mindern sich die Umsatzerlöse. Die Erlösschmälerung wird nicht direkt auf dem entsprechenden Konto Umsatzerlöse gebucht, sondern zunächst ebenfalls auf den entsprechenden Erlösberichtigungskonten 5001 bzw. 5101. Der dem Kunden gewährte Bonus stellt in Höhe des Nettowertes eine Erlösschmälerung dar. Durch die nachträgliche Minderung des Entgeltes muss die ursprünglich erfasste Umsatzsteuer um den auf den Bonus entfallenden Steueranteil korrigiert werden.

Geschäftsvorfälle	Konten	Soll	Haben
Wir gewähren einem Kunden auf die gelieferten Erzeugnisse einen Umsatzbonus in Form einer Gutschrift. Umsatzrückvergütung (Bonus) 1800,00 EUR + 19% USt 342,00 EUR 2142,00 EUR	5001 Erlösberichtigungen 4800 Umsatzsteuer an 2400 Ford. a. L. u. L.	1800,00 342,00	 2142,00
Wir gewähren einem Kunden auf die gelieferten Waren einen Umsatzbonus in Form einer Gutschrift. Nettowert 600,00 EUR + 19% USt 114,00 EUR 714,00 EUR	5101 Erlösberichtigungen 4800 Umsatzsteuer an 2400 Ford. a. L. u. L.	600,00 114,00	 714,00

Preisnachlässe aufgrund von Kundenreklamationen und gewährte Boni an den Kunden lösen den gleichen Buchungssatz aus. Sie sind zunächst auf dem entsprechenden Erlösberichtigungskonto zu buchen, das über das entsprechende Umsatzerlöskonto abzuschließen ist.

Übungsaufgaben

111 Bilden Sie für einen Handelsbetrieb zu den folgenden Geschäftsvorfällen die Buchungssätze:

1. Ein Kunde sendet die von uns falsch gelieferten Waren zurück, Nettowert 375,00 EUR zuzüglich 19 % USt.

2. Aufgrund seiner Reklamation erhält ein Kunde auf die gelieferten Waren nachträglich einen Preisnachlass in Form einer Gutschrift. Gutschriftbetrag einschließlich 19 % USt 476,00 EUR.

3. Ein treuer Kunde erhält durch Gutschriftanzeige den vierteljährlichen Umsatzbonus. Berechnen und buchen Sie den Bonus aufgrund folgender Daten:

   Erzielter Umsatz aus dem Verkauf von Handelswaren einschließlich 19 % USt 177 310,00 EUR

Bonusstaffelung:	Nettoumsatz:	bis	50 000,00 EUR	Bonus:	1 %
		bis	100 000,00 EUR		2 %
		bis	150 000,00 EUR		3 %
		über	150 000,00 EUR		4 %

4. Ein mit der Belieferung von Kunden beauftragter Spediteur stellt uns für den Monat Juli folgende Beträge in Rechnung, die von uns per Banküberweisung gezahlt werden:

Für Fahrten im Monat Juli	830,00 EUR	
+ 19 % Umsatzsteuer	157,70 EUR	987,70 EUR

112 Bilden Sie für einen Industriebetrieb zu folgenden Geschäftsvorfällen die Buchungssätze!

(**Hinweis:** Bei allen Geschäftsvorfällen ist davon auszugehen, dass die ursprüngliche Rechnung bereits bei uns gebucht war.)

1. Ein Kunde schickt unsere Erzeugnisse zurück

Nettowert	291,30 EUR	
+ 19 % USt	55,35 EUR	346,65 EUR

2. Der Betriebsstoffe-Lieferer gewährt uns aufgrund unserer Reklamation einen Preisnachlass in Form einer Gutschrift über netto

	720,00 EUR	
+ 19 % USt	136,80 EUR	856,80 EUR

3. Wir erteilen einem Kunden aufgrund einer Mängelrüge an zugesandten Erzeugnissen eine Gutschrift über brutto (19 % USt)   221,58 EUR

4. Wir erhalten eine Falschlieferung an Rohstoffen von unserem Lieferer und senden diese zurück. Bruttowert einschließlich 19 % USt   773,50 EUR

5. Wir schicken Hilfsstoffe an den Lieferer zurück

Nettowert	1 123,40 EUR	
+ 19 % USt	213,45 EUR	1 336,85 EUR

113 Richten Sie folgende Konten ein: 2000 Rohstoffe, 6001 Bezugskosten, 6002 Nachlässe, 5000 Umsatzerlöse für eigene Erzeugnisse, 5001 Erlösberichtigungen, 6000 Aufwendungen für Rohstoffe, 8010 SBK und 8020 GuV-Konto.

Tragen Sie die folgenden Beträge auf den Konten vor und ermitteln Sie buchhalterisch den Rohgewinn:

Anfangsbestand an Rohstoffen 71 000,00 EUR, Rohstoffeinkäufe 142 200,00 EUR, Bezugskosten 7 200,00 EUR, Nachlässe 2 100,00 EUR, Umsatzerlöse 235 700,00 EUR, Erlösberichtigungen 5 300,00 EUR, Inventurbestand an Rohstoffen 61 800,00 EUR.

114 Richten Sie folgende Konten ein: 2280 Waren, 6081 Bezugskosten, 6082 Nachlässe, 5100 Umsatzerlöse für Waren, 5101 Erlösberichtigungen, 6080 Aufwendungen für Waren, 8010 SBK und 8020 GuV-Konto.

Tragen Sie die folgenden Beträge auf den Konten vor und ermitteln Sie buchhalterisch den Warengewinn:

Anfangsbestand an Waren 75 500,00 EUR, Wareneinkäufe 137 120,00 EUR, Bezugskosten 5 810,00 EUR, Nachlässe 2 360,00 EUR, Umsatzerlöse 215 310,00 EUR, Erlösberichtigungen 7 630,00 EUR, Inventurbestand an Waren 55 400,00 EUR.

115 Bilden Sie zu dem nachfolgenden Beleg aus der Sicht der Isidor Kohler GmbH den Buchungssatz!

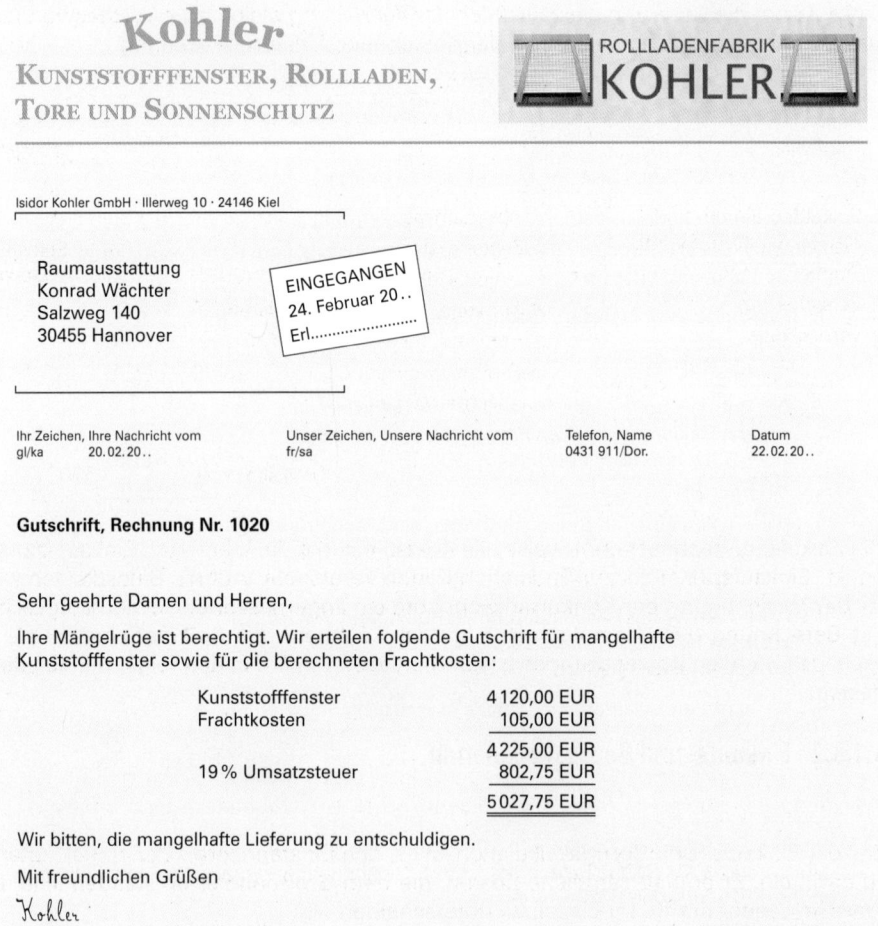

Kohler
KUNSTSTOFFFENSTER, ROLLLADEN, TORE UND SONNENSCHUTZ

ROLLLADENFABRIK
KOHLER

Isidor Kohler GmbH · Illerweg 10 · 24146 Kiel

Raumausstattung
Konrad Wächter
Salzweg 140
30455 Hannover

EINGEGANGEN
24. Februar 20..
Erl......................

Ihr Zeichen, Ihre Nachricht vom	Unser Zeichen, Unsere Nachricht vom	Telefon, Name	Datum
gl/ka 20.02.20..	fr/sa	0431 911/Dor.	22.02.20..

Gutschrift, Rechnung Nr. 1020

Sehr geehrte Damen und Herren,

Ihre Mängelrüge ist berechtigt. Wir erteilen folgende Gutschrift für mangelhafte Kunststofffenster sowie für die berechneten Frachtkosten:

Kunststofffenster	4 120,00 EUR
Frachtkosten	105,00 EUR
	4 225,00 EUR
19 % Umsatzsteuer	802,75 EUR
	5 027,75 EUR

Wir bitten, die mangelhafte Lieferung zu entschuldigen.

Mit freundlichen Grüßen

Kohler
Kohler

3.1.3 Warenkalkulation

Im Buchführungsteil wurden in den vergangenen Kapiteln die Buchungen im Einkaufs- und Verkaufsbereich behandelt. Im Folgenden betrachten wir nun die rechnerische Seite dieser Vorgänge. Wir erfahren, wie stufenweise die Kosten und hierauf aufbauend der Verkaufspreis einer Ware errechnet (kalkuliert) wird **(Zuschlagskalkulation)**.

3.1.3.1 Problemstellung

Im Folgenden wird die Kalkulation in einem Großhandelsbetrieb dargestellt. Jeder Groß- handelsbetrieb ist bestrebt, Gewinn zu erzielen. Der Verkaufspreis muss daher alle Kosten und einen angemessenen Gewinnaufschlag enthalten. Die Berechnung des Verkaufsprei- ses nennen wir **Kalkulation. Kalkulieren heißt also: die Berechnung von Kosten und Prei- sen.**

Grundlage der Kalkulation ist die geordnete Erfassung aller Kosten, die die Waren vom Einkauf über die Lagerung einschließlich der Verwaltung bis hin zum Vertrieb verursachen. Das Sammeln der Kosten erfolgt in der Kosten- und Leistungsrechnung.

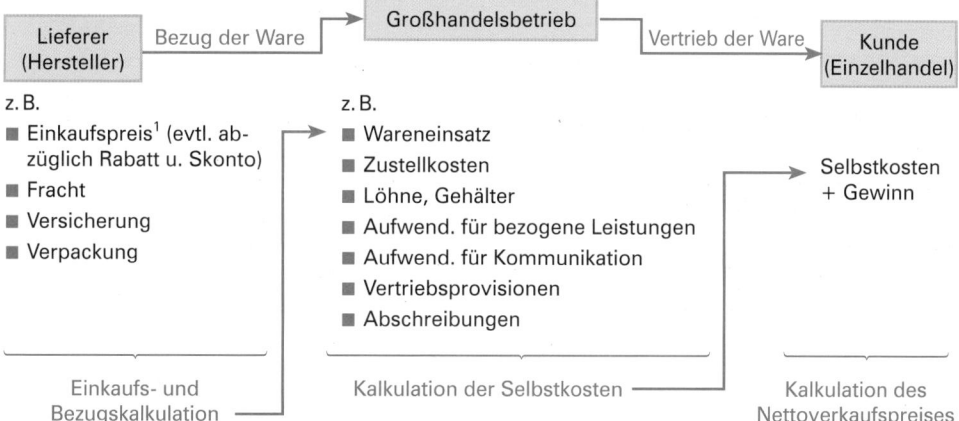

Die Kalkulation rechnet schrittweise alle Kosten ein, die die Ware vom Einkauf (Ausgangs- punkt: Einkaufspreis) bis zur Endstation Kunde verursacht. Auf die Selbstkosten wird un- ter Berücksichtigung der Konkurrenzangebote ein angemessener Gewinn aufgeschlagen. Zur Berechnung des Verkaufspreises hat der Kaufmann ein **Kalkulationsschema** entwi- ckelt, das wichtige Kostengruppen zusammenfasst. Es wird in den folgenden Kapiteln vor- gestellt.

3.1.3.2 Einkaufs- und Bezugskalkulation

(1) Bezugskalkulation ohne Berücksichtigung des Verpackungsgewichts

Ziel der Einkaufs- und Bezugskalkulation ist es, den Einstandspreis der eingekauften Ware zu ermitteln. Er enthält sämtliche Kosten, die dem Großhändler entstanden sind, bis die Ware im Lager eintrifft. Im Einzelnen unterscheiden wir:

---

1 Die Begriffe Einkaufspreis, Listeneinkaufspreis und Rechnungspreis bedeuten inhaltlich dasselbe und können daher beliebig ver- wendet werden.

Warenkosten	Hierunter verstehen wir die Kosten der Ware selbst (Einkaufspreis).
Preisabzüge	Vom Einkaufspreis gewährt der Anbieter oft noch Preisabzüge. ▪ **Rabatt:** Der Rabatt ist ein Preisnachlass, der unabhängig von der Zahlungsfrist gewährt wird. Zweck: z. B. Anreiz für den Kunden, mehr (größere Mengen) zu kaufen (Mengenrabatt.) ▪ **Skonto:** Hierunter versteht man einen Preisnachlass, der dann gewährt wird, wenn der Schuldner innerhalb einer bestimmten Frist bezahlt. Die Klausel lautet z. B.: „3 % Skonto innerhalb von 10 Tagen, 30 Tage netto ab Rechnungsdatum". Zweck: Anreiz für den Kunden, früher zu zahlen, d. h. in diesem Fall innerhalb von 10 Tagen statt danach. Wurden im Kaufvertrag sowohl Rabatt als auch Skonto vereinbart, wird zuerst der Rabatt und dann der Skonto abgesetzt, denn der Skonto als Abzug für vorzeitige Zahlung kann nur von dem tatsächlich geschuldeten Betrag vorgenommen werden.
Bezugskosten	Sie umfassen alle Nebenkosten, die mit der Beschaffung der eingekauften Ware zusammenhängen, wie z. B. Fracht, Versicherung, Zölle, Einkaufsverpackung, Anfuhr usw.

Werden von den Warenkosten die Preisabzüge abgezogen und eventuell anfallende Bezugskosten zu der Zwischensumme hinzugezählt, erhalten wir den **Bezugspreis** oder **Einstandspreis der Waren.**

Beispiel:

Ein Großhändler bestellt Waren zu folgenden Bedingungen: Listeneinkaufspreis 1 800,00 EUR zuzüglich 19 % USt, 20 % Wiederverkäuferrabatt, 2 % Skonto, Kosten für Verpackung, Fracht, Anfuhr und Transportversicherung pauschal 58,00 EUR zuzüglich 19 % Umsatzsteuer.

Aufgabe:

Berechnen Sie den Einstandspreis!

Lösung:

100 %		Listeneinkaufspreis ①	1 800,00 EUR
20 %	–	Liefererrabatt ②	360,00 EUR
100 %	←	= Zieleinkaufspreis	1 440,00 EUR
2 %		– Liefererskonto ③	28,80 EUR
		= Bareinkaufspreis	1 411,20 EUR
		+ Bezugskosten ④	58,00 EUR
		= Einstandspreis (Bezugspreis)	1 469,20 EUR

Allgemeiner Lösungsweg

① Die **Umsatzsteuer ist nicht einzukalkulieren,** da der Großhändler diese als Vorsteuer wieder erstattet erhält. Die Umsatzsteuer hat keinen Kostencharakter.

② Vom gegebenen Listeneinkaufspreis ist zunächst der **Rabatt** zu berechnen.

③ Der **Skonto** wird von dem Betrag gerechnet, der **tatsächlich zu zahlen** ist, also von dem um den Rabatt verminderten Betrag. Der Zieleinkaufspreis ist daher der Ausgangspunkt (Grundwert) und somit 100 % für die Skontoberechnung.

④ Alle Nebenkosten, die mit der Beschaffung der Waren zusammenhängen, fassen wir unter dem Begriff **Bezugskosten** zusammen. Als Kosten sind sie zum Bareinkaufspreis hinzuzurechnen. Sind die Bezugskosten in einem Prozentsatz angegeben, werden sie in einer Vom-Hundert-Rechnung vom Bareinkaufspreis berechnet.

Übungsaufgabe[1]

116 1. Eine Waschmaschine wird uns mit 960,00 EUR abzüglich 22 % Wiederverkäuferrabatt angeboten. Bei Zahlung innerhalb von 14 Tagen dürfen 3 % Skonto abgezogen werden.

Wie viel EUR beträgt der Bareinkaufspreis?

2. Bei der Kalkulation einer Ware fallen folgende Werte an: Liefererrabatt 15 %, Liefererskonto
$2^{1}/_{2}$ %, Fracht 12,20 EUR, Frachtversicherung 4,30 EUR, Hausfracht 3,50 EUR.

Wie viel EUR beträgt der Einstandspreis, wenn der Listeneinkaufspreis 245,80 EUR beträgt?

3. Einem Großhändler liegen zwei Angebote eines Artikels vor:

Angebot	Lieferer A	Lieferer B
Listeneinkaufspreis je Stück	5,20 EUR	126,75 EUR je 25 Stück
Rabatt	25 %	24 %
Skonto	3 %	2 %
Bezugskosten je Stück	0,09 EUR	3,50 EUR je 50 Stück

Welches Angebot ist am billigsten?

4. Ein Lieferer bietet uns eine Ware zu 78,40 EUR je Stück an. Er gewährt uns 15 % Rabatt
und 2 % Skonto bei Zahlung innerhalb von 10 Tagen. An Transportkosten fallen für jeweils
angefangene 20 Stück 52,80 EUR an, die der Lieferer und wir je zur Hälfte tragen.

Wie viel EUR beträgt der Einstandspreis der Warensendung, wenn 75 Stück bestellt werden?

5. Der Listeneinkaufspreis einer Ware beträgt 99,88 EUR je Stück.

Wie viel EUR beträgt der Bezugspreis je Stück, wenn beim Bezug eines Pakets mit 35 Stück
63,00 EUR an Frachtkosten anfallen und der Lieferer uns 15 % Rabatt und 2 % Skonto
gewährt?

6. Einem Großhändler liegen 2 Angebote vor:

1. Angebot: Stückpreis 217,30 EUR, 20 % Liefererrabatt, frachtfrei, 3 % Skonto bei Zahlung innerhalb 14 Tagen.

2. Angebot: Stückpreis 198,40 EUR, 15 % Rabatt, Frachtkosten 8,70 EUR je Stück, Zahlung
innerhalb 30 Tagen ohne Abzug.

Wie viel EUR spart der Großhändler, wenn er das günstigere Angebot annimmt und
30 Stück bestellt?

7. Eine Großhandlung erhält für 100 Badehosen derselben Qualität zwei verschiedene Angebote:

1. Angebot: Gesamtpreis 1 570,00 EUR, 10 % Wiederverkäuferrabatt, Zahlung innerhalb
8 Tagen 2 % Skonto, Lieferung frei Haus.

2. Angebot: Gesamtpreis 1 660,00 EUR, 20 % Treuerabatt, Zahlung innerhalb 30 Tagen
netto, Versandkosten 9,80 EUR.

Wie viel EUR betragen die Einstandspreise dieser Angebote je Badehose und welches ist
das preisgünstigere Angebot?

---

1 Bitte beachten Sie, dass es sich bei allen Preisangaben um Nettowerte (Werte ohne Umsatzsteuer) handelt, weil die Umsatzsteuer
bei der Kalkulation keine Rolle spielt.

193

13 Speth u.a. - ISBN 978-3-8120-0261-5

8. Von einem Lieferer erhalten wir lt. Angebot $33^1/_3$ % Mengenrabatt und 2 % Skonto bei Zahlung innerhalb von 10 Tagen.

   Wie viel EUR beträgt der Bareinkaufspreis je Stück, wenn wir für 75 Stück einen Einkaufspreis von 5 175,00 EUR bezahlt haben?

9. Wir kaufen 20 Damenkostüme zu folgenden Bedingungen: Rechnungspreis (Einkaufspreis) 102,00 EUR je Kostüm, 5 % Mengenrabatt, 3 % Liefererskonto, Bezugskosten je Kostüm 4,00 EUR.

   Wie viel EUR beträgt der Einstandspreis der Sendung?

(2) Bezugskalkulation unter Berücksichtigung der Versandverpackung

■ Möglichkeiten der Preisberechnung für die Versandverpackung

Bei Waren, deren Preise nach Gewicht berechnet werden, taucht das Problem der Preisberechnung für die Versandverpackung auf. Wir unterscheiden folgende handelsübliche Vereinbarungen:

■ Die Verpackung wird wie die Ware berechnet (**brutto für netto**, abgekürzt **bfn**).

Beispiel:	Lösung:
Angebotspreis netto 6,00 EUR je kg (bfn).	Einkaufspreis:
	100 kg · 6,00 EUR = <u>600,00 EUR</u>
Lieferung:	
Nettogewicht 95,00 kg	
+ Verpackungsgewicht (Tara) 5,00 kg	
= Bruttogewicht 100,00 kg	

■ Der Preis bezieht sich auf das Nettogewicht, wobei die Verpackung gesondert berechnet wird **(Nettopreis ausschließlich Verpackung).**

Beispiel:	Lösung:	
Angebotspreis 6,00 EUR netto ausschließlich Verpackung, Verpackungskosten pauschal 20,00 EUR.	Einkaufspreis:	
	95,00 kg · 6,00 EUR =	570,00 EUR
	+ Verpackung	20,00 EUR
Lieferung: Ware 95,00 kg Nettogewicht	= Bezugspreis[1]	590,00 EUR

■ Der Preis bezieht sich auf das Nettogewicht. Für **Verpackung wird nichts berechnet.**

Beispiel:	Lösung:
Angebotspreis netto 6,00 EUR je kg (bfn).	Einkaufspreis:
	95 kg · 6,00 EUR = <u>570,00 EUR</u>
Lieferung:	
Nettogewicht 95,00 kg	
+ Verpackungsgewicht (Tara) 5,00 kg	
= Bruttogewicht 100,00 kg	

---

1 In diesem Fall ist davon auszugehen, dass der Lieferer weder Rabatt noch Skonto gewährt hat.

■ **Beispiel für die Bezugskalkulation unter Berücksichtigung der Versandverpackung**

Beispiel:

Wir beziehen Waren mit einem Bruttogewicht von 588 kg zum Preis von 8,60 EUR je kg netto einschließlich Verpackung. Die Tara beträgt $1^1/_2$%. Der Lieferer gewährt 15% Mengenrabatt und 3% Skonto. An Bezugskosten fallen an: 6% Zoll vom Bareinkaufspreis, Transportversicherung 104,00 EUR, Frachtkosten 231,00 EUR, Ausladen und Ans-Lager-Bringen 45,00 EUR.

Aufgabe:

Berechnen Sie den Einstandspreis für ein kg dieser Ware!

Lösung:

Bruttogewicht	588,00 kg
– $1^1/_2$% Tara	8,82 kg
= Nettogewicht	579,18 kg

	100%		Listeneinkaufspreis (579,18 kg · 8,60 EUR)	4980,95 EUR
	15%	–	Mengenrabatt	747,14 EUR
100%	←	=	Zieleinkaufspreis	4233,81 EUR
3%		–	Liefererskonto	127,01 EUR
		=	Bareinkaufspreis	4106,80 EUR
		+	Bezugskosten:	

Zoll 6% von 4106,80 EUR =	246,41 EUR	
Transportversicherung	104,00 EUR	
Frachtkosten	231,00 EUR	
Ausladen/Ans-Lager-Bringen	45,00 EUR	626,41 EUR
= Einstandspreis (Bezugspreis)		4733,21 EUR

Preis je kg: 4733,21 EUR : 579,18 kg = <u>8,17 EUR</u>

Ergebnis: Der Einstandspreis für 1 kg der Ware beträgt 8,17 EUR.

Übungsaufgabe

117   1. Berechnen Sie den Einstandspreis verschiedener Wareneingänge im Lager!

Warenart	Bruttomenge	Tara	Preis je Einheit/netto
A	2150 kg	2%	14,30 EUR je 100 kg
B	60 Kisten zu je 25 kg	500 g je Kiste	6,40 EUR je kg
C	300 Dosen zu je 350 g	bfn 7,20 EUR je kg	

2. Ein Großhändler kauft 5 Pakete einer Ware mit einem Bruttogewicht von 480 kg. Der Preis für 30 kg beträgt 270,00 EUR. Die Tara beträgt 4,5%. Bei Barzahlung gewährt uns der Lieferer 3% Skonto.

Wie viel EUR beträgt der Bareinkaufspreis für die Sendung, wenn der Preis als Nettopreis einschließlich Verpackung zu verstehen ist?

3. Ein Großhändler bezieht Waren mit einem Nettogewicht von 68 kg, je 5 kg zu 42,00 EUR bfn. Die Tara beträgt 3,06 kg. Vom Lieferer erhalten wir 3% Skonto auf die Ware.

Wie viel EUR beträgt der Einstandspreis für die Lieferung?

4. Wir beziehen Waren mit einem Nettogewicht von 205 kg zum Einkaufspreis netto ausschließlich Verpackung von 13,40 EUR je kg. An Verpackungskosten fallen 71,75 EUR an. Es werden 54,80 EUR Bahnfracht, 38,70 EUR Zoll und 10,50 EUR Anfuhr berechnet. Der Lieferer gewährt 25 % Rabatt auf den Einkaufspreis und $2^1/_2$ % Skonto auf den Zieleinkaufspreis.

   Wie viel EUR beträgt der Bezugspreis?

5. Eine Früchtegroßhandlung kauft Speisekartoffeln ein mit einem Nettogewicht von 450 kg zum Einkaufspreis von 0,35 EUR je kg bfn. Die Tara beträgt $2^1/_2$ %. Der Lieferer gewährt 3 % Skonto. An Bezugskosten fallen an: Fracht je angefangene 100 kg 1,42 EUR.

   Wie viel EUR beträgt der Bezugspreis für einen Beutel von 5 kg Speisekartoffeln?

6. Während des Transports verdarben 46 kg einer Ware. Das waren 8 % der gesamten Sendung. Die Bezugskosten betrugen 5 % des Bareinkaufspreises. Der Bareinkaufspreis beläuft sich auf 8 165,00 EUR.

   6.1 Wie viel kg wog die Warensendung?

   6.2 Wie viel EUR betrug der Verlust einschließlich Bezugskosten?

3.1.3.3 Kalkulation der Selbstkosten

Ziel der Einkaufs- und Bezugskalkulation ist es, den Einstandspreis der eingekauften Ware zu ermitteln. Er enthält sämtliche Kosten, die dem Großhändler entstanden sind, bis die Ware im Lager eintrifft. Von der Lagerung bis zum Verkauf entstehen dem Kaufmann jedoch noch weitere Kosten. Wir nennen sie **Handlungskosten.**

(1) Handlungskosten

Handlungskosten sind die Kosten, die aufgrund der **Betriebstätigkeit** anfallen. Hierzu rechnen beispielsweise

Lagerkosten	Gehälter und Löhne des Lagerpersonals, Lagerzinsen, Reparaturen und Abschreibungen für die Lagergebäude, Kostenanteil für Licht und Heizung.
Verkaufskosten	Ausgangsfrachten, Verpackungskosten, Werbekosten, Gehälter und Löhne des Verkaufspersonals, Kosten für Beförderungsmittel einschließlich Reparaturen und Abschreibungen.
Allgemeine Verwaltungskosten	Rechts- und Beratungskosten, Steuern, Bürokosten, Gehälter und Löhne für Angestellte und Arbeiter, Abschreibungen.

Handlungskosten sind somit – zusätzlich zu den Warenkosten – ein Werteverzehr für die produktive Leistung eines Handelsbetriebs **(betriebliche Aufwendungen).**

Die Handlungskosten werden mit einem Prozentsatz auf den Einstandspreis (Bezugspreis) aufgeschlagen. Der Einstandspreis ist dabei 100 %.

Einstandspreis + Handlungskosten = Selbstkosten

(2) Handlungskostenzuschlagssatz

Zur Ermittlung eines angemessenen Aufschlags für die Handlungskosten beziehen wir die gesamte Handlungskosten der vergangenen Geschäftsperiode auf den **Wareneinsatz**[1] dieser Periode. Der dabei ermittelte Prozentsatz der Handlungskosten stellt den Handlungskostenzuschlagssatz für die Erfassung der Handlungskosten bei der Kalkulation in der laufenden Geschäftsperiode dar.

Beispiel:	Lösung:
Das Großhandelshaus Stark GmbH weist für das vergangene Geschäftsjahr folgende Kosten aus: Wareneinsatz 1 125 000,00 EUR Handlungskosten 213 750,00 EUR **Aufgabe:** Berechnen Sie den Handlungskostenzuschlagssatz!	1 125 000,00 EUR Wareneinsatz $\;\hat{=}\;$ 100 % 213 750,00 EUR Handlungskosten $\;\hat{=}\;$ x % Handlungskostenzuschlagssatz $= \dfrac{213\,750 \cdot 100}{1\,125\,000} = \underline{\underline{19\,\%}}$

Unter Handlungskostenzuschlagssatz verstehen wir den prozentualen Anteil der Handlungskosten am Wareneinsatz

$$\text{Handlungskostenzuschlagssatz} = \frac{\text{Handlungskosten} \cdot 100}{\text{Wareneinsatz}}$$

Aus Gründen der Übersichtlichkeit wiederholen wir an dieser Stelle nochmals die bisher bekannte Warenkalkulation und ergänzen diese jetzt um die Handlungskosten.

Beispiel:	
Das Großhandelshaus Stark GmbH bestellt bei einem Hersteller ein Fitnessgerät zu folgenden Bedingungen: Einkaufspreis 2 100,00 EUR zuzügl. 19 % Umsatzsteuer, $33^{1}/_{3}$ % Wiederverkäuferrabatt, 2 % Skonto, Kosten für Verpackung, Fracht, Anfuhr und Transportversicherung pauschal 140,00 EUR zuzüglich 19 %	Umsatzsteuer. Das Großhandelshaus rechnet mit einem Handlungskostenzuschlagssatz von 19 %. **Aufgabe:** Berechnen Sie die Selbstkosten!

	100 %	Listeneinkaufspreis	2 100,00 EUR
	$33^{1}/_{3}$ %	− Liefererrabatt (vom Hundert)	700,00 EUR
100 %	←	= Zieleinkaufspreis	1 400,00 EUR
2 %		− Liefererskonto (vom Hundert)	28,00 EUR
		= Bareinkaufspreis	1 372,00 EUR
		+ Bezugskosten	140,00 EUR
	100 %	= Einstandspreis (Bezugspreis)	1 512,00 EUR
	19 %	+ Handlungskosten (vom Hundert)	287,28 EUR
		= Selbstkosten	1 799,28 EUR

---

1 Unter Wareneinsatz verstehen wir den Einstandspreis der Ware (vgl. S. 117 Fußnote 1).

Die Selbstkosten decken alle Kosten ab, die mit dem Ein- und Verkauf des Fitnessgerätes zusammenhängen. In der Regel stellen die Selbstkosten die **unterste Grenze des Verkaufspreises** einer Ware im Konkurrenzkampf dar, denn nur bei diesem Preis lässt sich ein Verlust vermeiden.

Übungsaufgabe

118 1. Die Kostenrechnung eines Großhandelsgeschäfts weist für die vergangene Geschäftsperiode folgende Zahlen aus:

Wareneinsatz 250 000,00 EUR
Handlungskosten 75 000,00 EUR

1.1 Berechnen Sie den Handlungskostenzuschlagssatz!

1.2 Dem Großhändler wird eine Bohrmaschine zu einem Preis von 250,00 EUR angeboten. Bei einer Abnahme von 10 Stück erhält er einen Mengenrabatt von 15 % und bei Zahlung innerhalb von 14 Tagen 2 % Skonto. Die Bezugskosten betragen 137,50 EUR für 10 Stück.

Ermitteln Sie mit dem unter 1.1 berechneten Handlungskostenzuschlagssatz die Selbstkosten pro Stück, wenn der Großhändler 15 Bohrmaschinen abnimmt!

2. Die Kostenrechnung eines Sportartikelgroßhandels weist folgende Zahlen aus:

Wareneinsatz 320 600,00 EUR
Handlungskosten 86 562,00 EUR

2.1 Berechnen Sie den Handlungskostenzuschlagssatz!

2.2 Das Großhandelshaus bezieht 80 Tennisanzüge zum Listeneinkaufspreis von 125,00 EUR je Stück. Einkaufsbedingungen: 12 % Rabatt, bei Zahlung innerhalb 20 Tagen 3 % Skonto. Die Frachtkosten für die Sendung betragen insgesamt 48,00 EUR.

Berechnen Sie die Selbstkosten für einen Tennisanzug, indem Sie den in 2.1 errechneten Handlungskostenzuschlagssatz heranziehen!

3. Der Einstandspreis eines Artikels beträgt 35,20 EUR, die Handlungskosten 15,84 EUR.

Wie viel Prozent beträgt der Handlungskostenzuschlagssatz?

4. Das Großhandelshaus Lauf bezieht 15 Rollen Teppichboden zu 465,00 EUR je Rolle ab Werk. Die Teppichweberei gewährt 20 % Liefererrabatt und $2^1/_2$ % Liefererskonto. An Bezugskosten je Rolle fallen an: Verpackungs- und Verladekosten 12,00 EUR, Transportkosten 6,00 EUR und Ausladekosten 5,20 EUR. Das Großhandelshaus Lauf rechnet mit einem Handlungskostenzuschlagssatz von 52 %.

Wie viel EUR betragen die Selbstkosten je Rolle?

5. Der Bezugspreis eines Artikels beträgt 198,00 EUR. Die Selbstkosten betragen 308,09 EUR.

Wie viel Prozent beträgt der Handlungskostenzuschlagssatz?

6. Aus der Kostenrechnung einer Großhandlung entnehmen wir folgende Zahlen: Wareneinsatz 410 500,00 EUR, Personalkosten 68 420,00 EUR, Raumkosten 35 200,00 EUR, Werbungskosten 8 520,00 EUR, Abschreibungen 12 700,00 EUR, Kfz-Kosten 9 400,00 EUR und Kosten für die Warenabgabe 9 435,00 EUR.

Berechnen Sie den Handlungskostenzuschlagssatz!

7. Die Kalkulation eines Artikels weist folgende Werte auf:

Einkaufspreis	19,10 EUR	Einstandspreis	16,25 EUR
Zieleinkaufspreis	15,28 EUR	Selbstkosten	22,43 EUR
Bareinkaufspreis	14,82 EUR		

Wie viel Prozent beträgt der Handlungskostenzuschlagssatz?

3.1.3.4 Verkaufskalkulation

(1) Berechnung des Barverkaufspreises

Der Unternehmer kann sich nicht mit dem Erlös der Selbstkosten zufriedengeben, vielmehr ist er tätig, um einen Gewinn zu erzielen. Durch den **Gewinn** möchte der Unternehmer **drei Leistungen** erstattet haben:

die **Kapitalverzinsung**	für das von ihm investierte Kapital (Eigenkapital);
die **Risikoprämie**	als Vergütung für die Gefahr, dass das Unternehmen Verluste erleidet und dadurch das Kapital aufgezehrt wird;
den **Unternehmerlohn**	für seine Mitarbeit im Geschäft.

Einen absoluten EUR-Betrag für eine angemessene Gewinnhöhe kann man nicht festlegen, da die Einkaufspreise der verschiedenen Artikel unterschiedlich hoch sind. Man kann den Gewinnaufschlag nur als relative Größe, d. h. als prozentualen Aufschlag auf die Selbstkosten bestimmen. Hierbei kann der Unternehmer nicht nach Belieben entscheiden. Der Wettbewerb auf dem freien Markt führt häufig zu einem Druck auf die Preise und setzt so dem Gewinnstreben des Unternehmers Grenzen.

Der **Gewinn** wird über einen **prozentualen Aufschlag (Gewinnsatz) auf die Selbstkosten** einkalkuliert (Gewinnsatz). Die **Selbstkosten** sind dabei **100 %**.

$$\text{Gewinn} = \frac{\text{Selbstkosten} \cdot \text{Gewinnsatz}}{100}$$

$$\text{Selbstkosten} + \text{Gewinn} = \text{Barverkaufspreis}$$

Beispiel:	Lösung:		
Wir führen die Kalkulation des Fitnessgerätes fort. Die Selbstkosten betragen 1 799,28 EUR. Das Großhandelshaus Stark GmbH rechnet mit 20 % Gewinn.	100 %	Selbstkosten	1 799,28 EUR
	20 %	+ Gewinn	359,86 EUR
		= Barverkaufspreis	2 159,14 EUR

Aufgabe:

Berechnen Sie den Barverkaufspreis!

Übungsaufgabe

119 1. Der Bezugspreis einer Ware beträgt 36,40 EUR. Wir kalkulieren mit einem Handlungskostenzuschlagssatz von 55 % und mit 8,5 % Gewinn.

Wie viel EUR beträgt der Barverkaufspreis?

2. Wareneinsatz   480 000,00 EUR
   Handlungskosten   125 500,00 EUR
   Umsatzerlöse zu Barverkaufspreisen   678 160,00 EUR
   Gewinn   72 660,00 EUR

Wie viel Prozent beträgt der Gewinn?

3. Wir kalkulieren einen Artikel aus unserem Sortiment mit einem Handlungskostenzuschlagssatz von 35 % und mit 12 % Gewinn. Der Einstandspreis des Artikels beträgt 159,60 EUR.

Wie viel EUR beträgt der Barverkaufspreis?

4. Der Gewinn an einer Ware beträgt 59,50 EUR, das sind 8,5 % des Selbstkostenpreises.

Wie viel EUR beträgt der Barverkaufspreis?

5. Für die Berechnung des Barverkaufspreises einer Ware liefert uns die Kalkulation die folgenden Daten:

Einstandspreis 12,15 EUR   Selbstkosten 16,20 EUR   Barverkaufspreis 18,80 EUR

Wie viel Prozent beträgt der Handlungskostenzuschlagssatz?

6. Aus der Kostenrechnung entnehmen wir folgende Zahlenwerte:

Wareneinsatz   560 000,00 EUR
Umsatzerlöse zu Barverkaufspreisen   870 400,00 EUR
Handlungskostenzuschlagssatz   30 %

Wie viel EUR betragen die Selbstkosten?

7. Aufgrund einer Anfrage erhalten wir von unserem Lieferer folgendes Angebot für Tischlampen, die in ähnlicher Ausführung bei unserer Konkurrenz als Verkaufsschlager gelten und dort zum Barverkaufspreis von 249,90 EUR verkauft werden.

Listeneinkaufspreis Modell „Star" 133,00 EUR ohne USt. Lieferungs- und Zahlungsbedingungen: Lieferung ab Fabrik, zahlbar ohne jeden Abzug sofort nach Erhalt der Ware. An Frachtkosten fallen an 6,00 EUR; an Verpackungskosten für einen Spezialbehälter 15,00 EUR, wobei uns bei Rücksendung des Behälters $^2/_3$ dieses Betrags wieder gutgeschrieben werden.

Kalkulieren Sie, ob wir diese Lampe in unser Sortiment aufnehmen können, wenn wir mit einem Handlungskostenzuschlagssatz von 45 % und $16^2/_3$ % Gewinn rechnen!

8. Die Kaffeerösterei Heinrich Albert KG bietet uns zum Preis von 15,50 EUR je kg brasilianischen Hochlandkaffee an. Die Zahlungsbedingungen lauten: Zahlbar innerhalb 30 Tagen netto oder binnen 10 Tagen mit 3 % Skonto. Wenn 500 Pakete zu je $^1/_2$ kg Kaffee abgenommen werden, betragen die Frachtkosten 630,00 EUR.

Die Kaffeegroßrösterei Konrad Berger AG bietet uns die gleiche Qualität Kaffee an. 500 Pakete Kaffee zu je $^1/_2$ kg sollen frei Haus 4 750,00 EUR kosten. Wir erhalten einen Sonderrabatt von 6 % und bei Zahlung innerhalb einer Woche 2 % Skonto. Das Zahlungsziel beträgt vier Wochen.

8.1 In beiden Fällen wird nach sechs Tagen bezahlt. Welches Angebot ist günstiger? Wie hoch ist die Differenz in EUR?

8.2 Zu welchem Preis können wir dem Einzelhandel eine 500-Gramm-Dose anbieten, wenn bei dem günstigeren Angebot ein Handlungskostenzuschlagssatz von $12^1/_2$ % und $8^1/_3$ % Gewinnaufschlag einkalkuliert werden?

(2) Berechnung des Nettoverkaufspreises (Listenverkaufspreis) unter Berücksichtigung von Kundenskonto, Kundenrabatt und Vertreterprovision

Wird dem Kunden Rabatt und Skonto gewährt und ist noch ein Vertreter zu bezahlen, hat der Großhändler diese Kosten zuvor in den Preis einzurechnen, ansonsten gehen die Preisnachlässe bzw. die Kosten für den Vertreter zulasten seines Gewinns.

Für die Einrechnung der Preisnachlässe an den Kunden müssen wir uns in **die Lage des Kunden versetzen.** Der Kunde erhält zunächst den Rabatt eingeräumt und kann dann erst (sofern er innerhalb der Skontofrist bezahlt) von dem gekürzten Betrag den angebotenen Skonto abziehen. Weil der Kunde die Nachlässe in dieser Reihenfolge abzieht, muss der Großhändler sie in umgekehrter Reihenfolge aufschlagen.

- **Skonto** und **Rabatt** sind in der gleichen Höhe einzurechnen, in der sie der Kunde abzieht. Da der Kunde den Listenverkaufspreis (Nettoverkaufspreis) bzw. den Zielverkaufspreis zum Ausgangspunkt seiner Rechnung nimmt, sind diese Größen jeweils 100 %, d. h., der Großhändler hat daher **Rabatt** und **Skonto im Hundert einzurechnen.**

- Die **Vertreterprovision** wird in aller Regel vom Zielverkaufspreis gewährt. Da der Kundenskonto ebenfalls vom Zielverkaufspreis gerechnet wird, können beide Prozentsätze zusammengefasst werden.

- Die **Umsatzsteuer** ist bei der Berechnung des Verkaufspreises **kein Kostenfaktor,** sondern lediglich ein durchlaufender Posten. Sie wird daher dem Kunden getrennt in Rechnung gestellt (Bezugsgrundlage ist der Nettoverkaufspreis). Die Umsatzsteuer wird deshalb bei den nachfolgenden Beispielen nicht ausgewiesen.

Beispiel:

Wir führen die Kalkulation des Fitnessgerätes fort. Der Barverkaufspreis beträgt 2 159,14 EUR. Das Großhandelshaus hat dem Kunden bei der Bestellung 20 % Rabatt und 2 % Skonto zugesagt. Die Vertreterprovision beträgt 5 % vom Zielverkaufspreis.

Aufgabe:

Berechnen Sie den Nettoverkaufspreis (Listenverkaufspreis) des Fitnessgerätes!

Lösung:

	93 %	Barverkaufspreis	2 159,14 EUR
	2 %	+ Kundenskonto (im Hundert)	46,43 EUR
	5 %	+ Vertreterprovision (im Hundert)	116,08 EUR
80 %	100 %	= Zielverkaufspreis	2 321,65 EUR
20 %		+ Kundenrabatt (im Hundert)	580,41 EUR
100 %		= Listenverkaufspreis (Nettoverkaufspreis)	2 902,06 EUR

Für die Berechnung des Kundenskontos und Vertreterprovision:

Barverkaufspreis	93 %	$\cong$	2 159,14 EUR
Kundenskonto	2 %	$\cong$	x EUR

$$x = \frac{2\,159,14 \cdot 2}{93} = \underline{46,43\ \text{EUR}}$$

Barverkaufspreis	93 %	$\cong$	2 159,14 EUR
Vertreterprovision	5 %	$\cong$	x EUR

$$x = \frac{2\,159,14 \cdot 5}{93} = \underline{116,08\ \text{EUR}}$$

Für die Berechnung des Kundenrabatts:

Zielverkaufspreis	80 %	$\cong$	2 321,65 EUR
Kundenrabatt	20 %	$\cong$	x EUR

$$x = \frac{2\,321,65 \cdot 20}{80} = \underline{580,41\ \text{EUR}}$$

Übungsaufgabe

120

1. Die Farbengroßhandlung Grün & Gelb GmbH hat einen hohen Vorrat an Autolacken am Lager. Für die 2-kg-Dose wurden dabei Selbstkosten von 8,40 EUR errechnet. In einer Sonderaktion möchte die Farbenhandlung den Bestand abbauen. Für eine Werbeaktion rechnet die Großhandlung mit folgenden Kalkulationsdaten: 8 % Gewinn, 10 % Aktionsrabatt, 2 % Skonto und 6 % Vertreterprovision.
   Zu welchem Listenverkaufspreis kann die 2-kg-Dose bei der Sonderaktion verkauft werden?

2. Ein Getränkegroßmarkt verkauft Getränke auch in Kästen zu je 10 Flaschen und möchte hierauf den Kunden jeweils einen Sonderrabatt einräumen. Die bisherige Kalkulation für einen Kasten Zitronenlimonade ergab einen Barverkaufspreis von 4,20 EUR je Kasten.
   Zu welchem Listenverkaufspreis kann ein Kasten angeboten werden, wenn der Getränkegroßmarkt noch 5 % Sonderrabatt und 3 % Kundenskonto einrechnet?

3. Wir entschließen uns, den Kunden in Zukunft 20 % Rabatt und 3 % Skonto einzuräumen. Die Vertreterprovision beträgt 6,5 % vom Zielverkaufspreis.
   Errechnen Sie den Nettoverkaufspreis für einen Tisch! Bisheriger Barverkaufspreis: 460,00 EUR.

4. Die Kalkulation eines Artikels ergibt folgende Werte:

Einkaufspreis	38,20 EUR	Einstandspreis	32,50 EUR
Zieleinkaufspreis	30,56 EUR	Selbstkosten	44,85 EUR
Bareinkaufspreis	29,64 EUR		

   Wie viel Prozent beträgt der Handlungskostenzuschlagssatz?

5. Die Kalkulation liefert uns für einen Artikel folgende Daten:

Bezugspreis	85,90 EUR	Zielverkaufspreis	135,00 EUR
Selbstkosten	115,40 EUR	Listenverkaufspreis	153,90 EUR
Barverkaufspreis	130,95 EUR		

   Wie viel Prozent beträgt der Kundenskonto?

6. Die Kalkulation ergibt einen Barverkaufspreis von 564,20 EUR. Den Kunden räumen wir 3 % Skonto ein.
   Wie viel EUR beträgt der Zielverkaufspreis?

7. Die Kalkulation liefert uns für eine Ware folgende Daten:

Einstandspreis	749,50 EUR	Zielverkaufspreis	826,00 EUR
Selbstkosten	772,30 EUR	Listenverkaufspreis	938,64 EUR
Barverkaufspreis	791,50 EUR		

   Wie viel Prozent gewähren wir unseren Kunden an Rabatt?

8. Ein Baumarkt erstellt ein Angebot für Bauhandwerker. Hierbei soll auf eine Schlagbohrmaschine ein Sonderrabatt von 12 % und ein Skonto von 3 % gewährt werden. Der errechnete Barverkaufspreis beträgt für die Maschine 340,59 EUR.
   Errechnen Sie den Angebotspreis für die Schleifmaschine!

9. Das Elektrohaus Hell & Dunkel GmbH muss seinen Kunden aus Wettbewerbsgründen bei Haushaltsmaschinen Rabatt und Skonto einräumen.
   Wie viel EUR beträgt der Nettoverkaufspreis, wenn in den Barverkaufspreis von 580,00 EUR 12 % Rabatt und 2 % Skonto einzurechnen sind?

10. Ein Artikel wird wie folgt kalkuliert:

Listeneinkaufspreis	210,00 EUR	Barverkaufspreis	309,00 EUR
Einstandspreis	183,75 EUR	Nettoverkaufspreis	352,26 EUR
Selbstkosten	285,00 EUR		

    Wie viel Prozent beträgt der Liefererrabatt, wenn der Lieferer frei Haus geliefert hat und ein Liefererskonto nicht gewährt wurde?

(3) Darstellung des vollständigen Kalkulationsschemas

Aus Gründen der Übersicht haben wir das Kalkulationsschema in einzelne Teilschritte zerlegt. Im Folgenden wird nun die **Gesamtkalkulation** des Fitnessgerätes im Überblick dargestellt.

Beispiel:

Das Großhandelshaus Stark GmbH bestellt bei einem Hersteller ein Fitnessgerät zu folgenden Bedingungen: Einkaufspreis 2 100,00 EUR zuzüglich 19 % Umsatzsteuer, $33^1/_3$ % Wiederverkäuferrabatt, 2 % Skonto, Kosten für Verpackung, Fracht, Anfuhr und Transportversicherung pauschal 140,00 EUR zuzüglich 19 % Umsatzsteuer. Handlungskostenzuschlagssatz 19 %, Gewinnzuschlagssatz 20 %. Dem Kunden werden 20 % Rabatt und 2 % Skonto gewährt. Die Vertreterprovision beträgt 5 % vom Zielverkaufspreis.

Aufgabe:

Berechnen Sie den Listenverkaufspreis (Nettoverkaufspreis)!

Lösung:

	100 %	Listeneinkaufspreis	2 100,00 EUR
	$33^1/_3$ %	− Liefererrabatt (vom Hundert)	700,00 EUR
100 %	←	= Zieleinkaufspreis	1 400,00 EUR
2 %		− Liefererskonto (vom Hundert)	28,00 EUR
		= Bareinkaufspreis	1 372,00 EUR
		+ Bezugskosten	140,00 EUR
	100 %	= Einstandspreis (Bezugspreis)	1 512,00 EUR
	19 %	+ Handlungskosten (vom Hundert)	287,28 EUR
100 %	←	= Selbstkosten	1 799,28 EUR
20 %		+ Gewinn (vom Hundert)	359,86 EUR
	93 %	= Barverkaufspreis	2 159,14 EUR
	2 %	+ Kundenskonto (im Hundert)	46,43 EUR
	5 %	+ Vertreterprovision (im Hundert)	116,08 EUR
80 %	←	= Zielverkaufspreis	2 321,65 EUR
20 %		+ Kundenrabatt (im Hundert)	580,41 EUR
100 %		= Listenverkaufspreis (Nettoverkaufspreis)	2 902,06 EUR

Übungsaufgabe

121 1. Ein Großhandelshaus bezieht 500 Damenjacken zu je 180,00 EUR. Der Lieferer gewährt 10 % Rabatt und 2 % Skonto. Es fallen für die gesamte Sendung 480,00 EUR Frachtkosten an. Das Großhandelshaus rechnet mit einem Handlungskostenzuschlagssatz von 25 % und will $11^1/_2$ % Gewinn erzielen. Dem Einzelhändler werden 15 % Rabatt und 3 % Skonto gewährt.

Berechnen Sie den Listenverkaufspreis für eine Jacke!

2. Ein Lebensmittelgroßhändler bezieht 165 Gläser Erdbeerkonfitüre zum Preis von 1,32 EUR je Glas. Der Lieferer gewährt 15 % Rabatt und 3 % Skonto. An Bezugskosten fallen an: 3 % Bruchversicherung (vom Einkaufspreis), für Fracht 22,70 EUR. Der Lebensmittelgroßhändler rechnet mit einem Handlungskostenzuschlagssatz von 35 % und will 15 % Gewinn erzielen. Dem Käufer werden 10 % Rabatt und 2 % Skonto angeboten. Die Vertreterprovision beläuft sich auf 8 % vom Zielverkaufspreis.

   Berechnen Sie den Listenverkaufspreis für ein Glas!

3. Ein Großhändler bezieht 10 Kühlschränke zu 398,00 EUR je Stück. Der Hersteller gewährt einen Mengenrabatt von 15 % und bei Zahlung innerhalb von 10 Tagen 2 % Skonto. Die Lieferung erfolgt frachtfrei.

   Berechnen Sie den Listenverkaufspreis für einen Kühlschrank, wenn der Großhändler mit folgenden Kalkulationsvorgaben rechnet: 18 % Handlungskostenzuschlagssatz, 20 % Gewinn, 5 % Kundenrabatt, 2 % Kundenskonto und 5 % Vertreterprovision!

4. Eine Farben- und Lackgroßhandlung erhält ein Angebot einer Lackfabrik über 35 Kanister Farbe, Inhalt 20 kg. Auf den Stückpreis von 86,50 EUR zuzüglich 19 % USt erhält die Großhandlung 22 % Rabatt und 3 % Skonto. An Frachtkosten werden 4,50 EUR je Kanister berechnet, die bei frachtfreier Rücksendung zu einem Drittel gutgeschrieben werden. Die Großhandlung rechnet mit einem Handlungskostenzuschlagssatz von 35 % und einem Gewinnzuschlag von 15 %. Die Handwerker als Abnehmer der Farbe erhalten einen Handwerkerrabatt von 10 % und 2 % Skonto.

   Zu welchem Listenverkaufspreis kann ein Kanister Farbe angeboten werden?

5. Wir beziehen von der Möbelfabrik Fritz Holz GmbH 40 Beistelltische zu einem Listeneinkaufspreis von 74,80 EUR je Stück. Die Möbelfabrik gewährt einen Rabatt von $12^1/_2$ % und bei Barzahlung innerhalb von 10 Tagen 2 % Skonto. Insgesamt fallen an Bezugskosten 232,00 EUR an. Wir rechnen mit einem Handlungskostenzuschlagssatz von 28,5 % und einem Gewinnzuschlagssatz von 8 %. Die Beistelltische werden im Rahmen einer Sonderaktion abgesetzt, wobei den Kunden 10 % Sonderrabatt sowie 2 % Skonto gewährt werden sollen. Die Vertreterprovision beträgt 6 % vom Zielverkaufspreis.

   Zu welchem Listenverkaufspreis wird ein Beistelltisch ausgezeichnet?

6. Ein Elektrogroßhändler will ein neues Haushaltsgerät in sein Sortiment aufnehmen. Sein Lieferer macht ihm folgendes Angebot: 480,00 EUR abzüglich 5 % Einführungsrabatt und 2 % Skonto; Fracht 16,20 EUR. Der Großhändler kalkuliert mit folgenden Zuschlägen: Handlungskostenzuschlagssatz $16^2/_3$ %, Gewinn 14 %, Kundenrabatt 10 %, Kundenskonto 3 %. Aus Konkurrenzgründen kann das Gerät nicht über 750,00 EUR angeboten werden.

   Ermitteln Sie den Listenverkaufspreis für dieses Gerät! Kann der Großhändler das Angebot annehmen?

7. Einem Elektrogroßhändler wird ein Staubsauger zu 273,50 EUR angeboten. Der Lieferer gewährt 20 % Rabatt und 3 % Skonto. Die Bezugskosten betragen 5,00 EUR.

   Kann der Händler das Angebot annehmen, wenn er den Staubsauger zu 368,00 EUR verkaufen will? Er kalkuliert mit einem Handlungskostenzuschlagssatz von $16^2/_3$ %, 12 % Gewinnzuschlag, 15 % Kundenrabatt und 2 % Kundenskonto.

3.1.3.5 Kalkulatorische Rückrechnung (retrograde Kalkulation)

Liegt der Bruttoverkaufspreis aufgrund der gegebenen Markt- bzw. Konkurrenzsituation fest, so eignet sich das Kalkulationsschema in umgekehrter Richtung von **unten nach oben** zur Errechnung des aufwendbaren Einkaufspreises **(Rückwärtskalkulation oder retrograde Kalkulation).** Dabei wird der Einkaufspreis errechnet, der höchstens gezahlt werden darf, um den angestrebten Gewinn zu erreichen.

Beispiel:

Aufgrund der Marktsituation muss die Eisengroßhandlung Fritz Zeh e. Kfm. eine Schleifmaschine zum Listenverkaufspreis in Höhe von 251,86 EUR anbieten. Den Handwerkern muss branchenüblich ein Rabatt von 10 % und ein Skonto von 2 % gewährt werden. Die Vertreterprovision beträgt 5 %. Vom Lieferer erhält die Eisengroßhandlung lt. Angebot 20 % Rabatt und 3 % Skonto. Die Fracht- und Verpackungskosten werden von ihm pauschal mit 18,00 EUR berechnet. Der Handlungskostenzuschlagssatz beläuft sich auf 32 %. Als Gewinn sollen 12 % eingerechnet werden.

Aufgabe:

Berechnen Sie den Listeneinkaufspreis, der höchstens bezahlt werden kann!

Lösung:

	100 %	Listeneinkaufspreis	160,55 EUR
	20 %	+ Liefererrabatt (im Hundert)	32,11 EUR
100 %	80 %	= Zieleinkaufspreis	128,44 EUR
3 %		+ Liefererskonto (im Hundert)	3,85 EUR
97 %		= Bareinkaufspreis	124,59 EUR
		− Bezugskosten	18,00 EUR
	100 %	= Einstandspreis (Bezugspreis)	142,59 EUR
	32 %	− Handlungskosten (auf Hundert)	45,63 EUR
100 %	132 %	= Selbstkosten	188,22 EUR
12 %		− Gewinn (auf Hundert)	22,58 EUR
112 %	93 %	= Barverkaufspreis	210,80 EUR
	2 %	− Kundenskonto (vom Hundert)	4,53 EUR
	5 %	− Vertreterprovision (vom Hundert)	11,34 EUR
90 %	100 %	= Zielverkaufspreis	226,67 EUR
10 %		− Kundenrabatt (vom Hundert)	25,19 EUR
100 %		= Listenverkaufspreis	251,86 EUR

Rechenweg

Ergebnis:

Es kann für die Schleifmaschine höchstens ein Listeneinkaufspreis von netto 160,55 EUR bezahlt werden.

Allgemeiner Rechenweg:

- Stellen Sie zuerst das Kalkulationsschema **von oben nach unten** auf und tragen Sie die in der Aufgabe vorgegebenen Prozentsätze ein.
- Setzen Sie den gegebenen Listenverkaufspreis ein und gehen Sie Schritt für Schritt rückwärts.
- Überlegen Sie bei jedem Rechenschritt, ob es sich um eine Rechnung **vom Hundert** (Kundenrabatt, Kundenskonto, Vertreterprovision), **auf Hundert** (Gewinn, Handlungskosten) oder **im Hundert** (Liefererskonto, Liefererrabatt) handelt.
- Überprüfen Sie das Ergebnis durch eine Vorwärtskalkulation.

Übungsaufgabe

122 1. Ein Unternehmen kann einen Fernseher mit einem Plasma-Bildschirm aus Konkurrenzgründen höchstens für 976,75 EUR auf den Markt bringen. Seine Kalkulationssätze sind: 12,5 % Handlungskostenzuschlagssatz, $16^2/_3$ % Gewinn, 2,5 % Kundenskonto und 14 % Kundenrabatt. An Bezugskosten entstehen 8,80 EUR, wovon $^1/_4$ bei Rücksendung der Verpackung wieder gutgeschrieben werden.

   Welchen Listeneinkaufspreis kann das Unternehmen höchstens beim Einkauf zugrunde legen, wenn der Lieferer noch bereit wäre, uns 2 % Skonto und 10 % Einführungsrabatt einzuräumen?

2. Um den Marktanteil zu erhöhen, startet ein Medienunternehmen eine Werbeaktion und empfiehlt allen Großhändlern, den Listenverkaufspreis pro CD-Box auf 15,00 EUR festzusetzen.

   Welchen Listeneinkaufspreis kann ein Großhändler höchstens anlegen, wenn er mit einem Handlungskostenzuschlagssatz von 8 %, einem Gewinnzuschlag von 5 %, 2 % Kundenskonto und 12 % Kundenrabatt rechnet und vom Lieferer $33^1/_3$ % Liefererrabatt bei Barzahlung und Lieferung frei Haus erhält?

3. Eine Möbelfabrik hat bei einer Handelsware Selbstkosten von 115,30 EUR errechnet. Der Handlungskostenzuschlagssatz beträgt 42 % und an Bezugskosten fallen 11,12 EUR an. Der Lieferer gewährt uns 15 % Rabatt und 3 % Skonto.

   Wie viel EUR beträgt der Listeneinkaufspreis für diese Handelsware?

4. Ein Elektrogroßhändler kann einen Kühlschrank der Marke „Frost" aus Konkurrenzgründen zum Listenverkaufspreis von 480,00 EUR verkaufen. Er muss dem Kunden jedoch noch 15 % Rabatt und 2 % Skonto gewähren.

   Zu welchem Listeneinkaufspreis kann der Elektrogroßhändler den Kühlschrank höchstens einkaufen, wenn er von seinem Lieferer 30 % Rabatt und 3 % Skonto erhält? Er kalkuliert mit 11,00 EUR Bezugskosten, 22 % Handlungskostenzuschlagssatz und 14 % Gewinnzuschlag.

3.1.3.6 Differenzkalkulation

Unverbindliche Preisempfehlungen, aber häufig auch die „Marktlage", verhindern, dass der Großhändler seinen Listenverkaufspreis selbst bestimmen kann. Auch kann der Preis deshalb feststehen, weil z.B. der Hersteller diesen vorgibt. In diesen Fällen muss es das Ziel der Kalkulation sein, festzustellen, ob der so verbleibende Gewinn ausreichend ist.

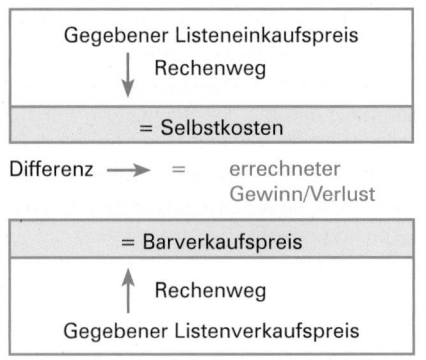

Wird der Gewinn aus der Differenz zwischen Selbstkosten und Barverkaufspreis berechnet, sprechen wir von **Differenzkalkulation.** Da sowohl der **Listeneinkaufspreis** als auch der **Listenverkaufspreis festliegen,** muss von **beiden** Werten aus mit dem Rechenweg begonnen werden, und zwar einmal als **Vorwärtskalkulation** (vom Listeneinkaufspreis bis zu den Selbstkosten) und zum anderen als **Rückwärtskalkulation** (vom Listenverkaufspreis bis zum Barverkaufspreis).

Beispiel:

Das Elektrogroßhandelshaus Xaver Finke e.Kfm. prüft folgendes Angebot eines Markenartikelherstellers:

Der Hersteller empfiehlt für eine Geschirrspülmaschine einen Listenverkaufspreis von 710,14 EUR. Seine Lieferungs- und Zahlungsbedingungen lauten: 20 % Wiederverkäuferrabatt, 2 % Skonto, Frachtanteil pauschal 30,00 EUR. Der Listeneinkaufspreis beträgt 525,00 EUR. Das Elektrogroßhandelshaus rechnet mit einem Handlungskostenzuschlagssatz von 18 % und hat aufgrund der Konkurrenzsituation dem Kunden 2 % Skonto und 10 % Rabatt einzuräumen. Die Vertreterprovision vom Zielverkaufspreis ist mit 6 % einzurechnen.

Aufgabe:

Berechnen Sie den Gewinn in EUR und in Prozent, der dem Großhändler bleibt!

Lösung:

	100 %		Listeneinkaufspreis	525,00 EUR	
	20 %	−	Liefererrabatt v.H.	105,00 EUR	
100 %		← =	Zieleinkaufspreis	420,00 EUR	Vorwärtskalkulation
2 %		−	Liefererskonto v.H.	8,40 EUR	
		=	Bareinkaufspreis	411,60 EUR	
		+	Bezugskosten	30,00 EUR	Berechnung des Gewinn-
	100 %	=	Einstandspreis (Bezugspr.)	441,60 EUR	zuschlagssatzes:
	18 %	+	Handlungskosten v.H.	79,49 EUR	521,09 EUR ≙ 100 %
100 %		← =	Selbstkosten	521,09 EUR	66,91 EUR ≙ x %
12,84 %		−	Gewinn v.H.	66,91 EUR	$x = \dfrac{66{,}91 \cdot 100}{521{,}09} = \underline{12{,}84\%}$
	92 %	=	Barverkaufspreis	588,00 EUR	
	2 %	−	Kundenskonto v.H.	12,78 EUR	
	6 %	−	Vertreterprovision v.H.	38,35 EUR	
90 %	100 %	=	Zielverkaufspreis	639,13 EUR	Rückwärtskalkulation
10 %		−	Kundenrabatt v.H.	71,01 EUR	
100 %		=	Listenverkaufspreis	710,14 EUR	

Ergebnis:

Dem Großhändler bleibt ein Gewinn in Höhe von 66,91 EUR. Das entspricht einem Prozentsatz von 12,84 %.

Allgemeiner Rechenweg:

- Stellen Sie zuerst das Kalkulationsschema **von oben nach unten** auf und tragen Sie die in der Aufgabe vorgegebenen Prozentsätze ein.
- Setzen Sie den gegebenen Listenverkaufspreis bzw. Listeneinkaufspreis ein.
- Kennzeichnen Sie den Rechenweg durch Pfeile und errechnen Sie stufenweise durch **Vorwärtskalkulation** die **Selbstkosten** bzw. durch **Rückwärtskalkulation** den **Barverkaufspreis**.
- Ermitteln Sie den **Gewinn** als **Differenz zwischen Barverkaufspreis und Selbstkosten.**
- Berechnen Sie anschließend den Gewinn in Prozent zu den Selbstkosten (Gewinnzuschlagssatz).

Übungsaufgabe

123 1. Eine Mediengroßhandlung kann aus Konkurrenzgründen die Digitalkamera EX-Z$_4$ zu einem Listenverkaufspreis von höchstens 479,66 EUR anbieten. Der japanische Lieferer gewährt auf den Listeneinkaufspreis von 300,00 EUR 33$^1/_3$ % Liefererrabatt und 3 % Liefererskonto. Die Bezugskosten für die Digitalkamera EX-Z$_4$ betragen 8,10 EUR. Die Mediengroßhandlung kalkuliert mit einem Handlungskostensatz von 42 %. Sie gewährt ihren Kunden 2 % Skonto und 20 % Kundenrabatt. Die Vertreterprovision beträgt 8 %.

Welchen Gewinn in EUR und in Prozent erzielt die Mediengroßhandlung für die Digitalkamera EX-Z$_4$?

2. Eine Fahrradgroßhandlung verkauft ein Markenfahrrad zum empfohlenen Richtpreis von 420,00 EUR. Der Hersteller bietet auf den empfohlenen Richtpreis 25 % Liefererrabatt und 3 % Skonto.

2.1 Wie viel Gewinn in EUR und in Prozent bleibt ihm, wenn er mit 15,20 EUR Bezugskosten, 18 % Handlungskostenzuschlagssatz und 5 % Kundenrabatt kalkuliert?

2.2 Wie viel Prozent muss der Liefererrabatt betragen, wenn die Fahrradgroßhandlung einen Gewinn von 10 % erzielen möchte?

3. Die Handlungskosten für einen Artikel betragen 62,40 EUR. Das sind 30 %. Der Artikel wird einschließlich 16 % Rabatt mit 341,90 EUR ausgezeichnet.

Wie viel Prozent beträgt der Gewinnzuschlag?

4. Die Kalkulation liefert uns für eine Ware folgende Daten:

Einstandspreis	150,40 EUR	Zielverkaufspreis	224,00 EUR
Selbstkosten	175,70 EUR	Listenverkaufspreis	239,68 EUR
Barverkaufspreis	190,40 EUR		

Wie viel EUR gewähren wir unseren Kunden an Rabatt?

5. Ein Baumarkt erstellt ein Angebot für Bauhandwerker. Hierbei soll auf eine Schleifmaschine ein Sonderrabatt von 8 % und ein Skonto von 2 % gewährt werden. Der errechnete Barverkaufspreis beträgt für die Maschine 284,00 EUR.

Errechnen Sie den Angebotspreis für die Schleifmaschine!

6. Die Armbanduhr Axim X 30 wird zum empfohlenen Richtpreis von 250,00 EUR angeboten. Der Lieferer setzte diesen Preis fest. Der Großhändler Dieter Kleinert kalkuliert mit einem Handlungskostenzuschlagssatz von 20 % und 5 % Sonderrabatt.

Anmerkung: Beim empfohlenen Richtpreis entspricht der Listeneinkaufspreis dem Listenverkaufspreis.

Berechnen Sie den Gewinn in EUR und in Prozent, wenn der Lieferer 33$^1/_3$ % Rabatt und 2 % Skonto gewährt! Die Bezugskosten betragen 5,70 EUR.

7. Der Einstandspreis einer Ware beträgt 14,20 EUR. Der Handlungskostenzuschlagssatz beträgt 56 %. Aus Konkurrenzgründen können wir das Produkt zu einem Listenverkaufspreis von 28,30 EUR verkaufen. Den Kunden wird ein Rabatt von 10 % eingeräumt.

Wie viel EUR verbleiben dem Großhändler an Gewinn?

3.1.3.7 Vereinfachung der Kalkulation: Kalkulationszuschlag, Kalkulationsfaktor, Handelsspanne

(1) Kalkulationszuschlag

Ausgehend vom Einstandspreis werden viele Preisberechnungen immer wieder mit den gleichen Prozentzuschlägen vorgenommen. So könnte es beispielsweise sein, dass einzelne Warengruppen wie Spielwaren, Lederwaren, Elektroartikel, Lebensmittel usw. in einem Großhandelsbetrieb gleichartig kalkuliert werden. Um den Arbeitsaufwand bei der Preisauszeichnung zu reduzieren, fasst man in der Praxis mehrere Prozentzuschläge zu **einem Zuschlagssatz** zusammen.

Im Großhandel werden z.B. die **Handlungskosten,** der **Gewinnzuschlag** und eventuelle **Verkaufsaufschläge** (Kundenrabatte, Kundenskonti, Vertreterprovision) in einem Prozentsatz, dem sogenannten **Kalkulationszuschlag,**[1] zusammengefasst.

Beispiel:

Wir greifen auf unser Beispiel von S. 203 zurück.

Aufgabe:
Berechnen Sie den Kalkulationszuschlag, der der Kalkulation des Fitnessgerätes zugrunde liegt!

Lösung:

Gesamtkalkulation

Einstandspreis	1 512,00 EUR
+ 19 % Handlungskosten	287,28 EUR
= Selbstkosten	1 799,28 EUR
+ 20 % Gewinn	359,86 EUR
= Barverkaufspreis	2 159,14 EUR
+ 2 % Kundenskonto	46,43 EUR
+ 5 % Vertreterprovision	116,08 EUR
= Zielverkaufspreis	2 321,65 EUR
+ 20 % Kundenrabatt	580,41 EUR
= Listenverkaufspreis	2 902,06 EUR

Berechnung des Kalkulationszuschlags in EUR:

Listenverkaufspreis	2 902,06 EUR
− Einstandspreis	1 512,00 EUR
= Kalkulationszuschlag	1 390,06 EUR

Berechnung des Kalkulationszuschlags in Prozent:

Einstandspreis	1 512,00 EUR	$\widehat{=}$ 100 %
Kalkulationszuschlag	1 390,06 EUR	$\widehat{=}$ x %

$$x = \frac{1 390,06 \cdot 100}{1 512,00} = \underline{91,94 \%}$$

Erläuterungen zur Aufgabe:

- Zur Berechnung des Kalkulationszuschlags ist der **Unterschied** zwischen dem **Einstandspreis** und dem **Listenverkaufspreis** heranzuziehen.

  In unserem Beispiel: 2 902,06 EUR − 1 512,00 EUR = 1 390,06 EUR.

- Der Unterschiedsbetrag in Höhe von 1 390,06 EUR ist auf den Einstandspreis ($\widehat{=}$ 100 %) zu beziehen.

Der **Kalkulationszuschlag** ist ein prozentualer **Aufschlag** auf den Einstandspreis zur Ermittlung des Listenverkaufspreises.

$$\text{Kalkulationszuschlag} = \frac{(\text{Listenverkaufspreis} - \text{Einstandspreis}) \cdot 100}{\text{Einstandspreis}}$$

---

1 Der Begriff „Kalkulationszuschlag" kann sich sowohl auf den EUR-Betrag als auch auf den Prozentsatz beziehen. Im Allgemeinen wird darunter der Prozentsatz verstanden. Hierfür wird auch der Begriff **Kalkulationszuschlagssatz** verwendet.

14 Speth u.a. - ISBN 978-3-8120-0261-5

(2) Kalkulationsfaktor

Wird der Aufschlag nicht in einem Prozentsatz, sondern als Faktor ausgedrückt, sprechen wir vom **Kalkulationsfaktor.** Der Kalkulationsfaktor dient ebenfalls dazu, ausgehend vom Einstandspreis den Listenverkaufspreis zu berechnen.

Beispiel:

Wir greifen auf unser Beispiel von S. 203 zurück.

Aufgabe:
Berechnen Sie den Kalkulationsfaktor, der der Kalkulation des Fitnessgerätes zugrunde liegt!

Lösung:

$$\text{Kalkulationsfaktor} = \frac{2\,902,06}{1\,512,00} = 1,919351$$

Probe:	Zur Berechnung des Listenverkaufspreises ist der Einstandspreis der Ware mit dem Kalkulationsfaktor zu multiplizieren.

Einstandspreis der Ware	·	Kalkulationsfaktor	=	Listenverkaufspreis
1 512,00 EUR	.	1,919351	=	2 902,06 EUR

Der **Kalkulationsfaktor** ist die Zahl, mit der man den Einstandspreis multipliziert, um den Listenverkaufspreis zu erhalten.

$$\text{Kalkulationsfaktor} = \frac{\text{Listenverkaufspreis}}{\text{Einstandspreis}}$$

(3) Handelsspanne

In der Praxis ist es außerdem üblich, die Differenz zwischen Listenverkaufspreis und Einstandspreis der Ware auf den **Listenverkaufspreis** zu beziehen. Wir sprechen dann von **Handelsspanne**. In diesem Fall möchte der Großhändler wissen, wie viel Prozent er vom Listenverkaufspreis abziehen muss, um den Einstandspreis zu erhalten.

Beispiel:

Wir greifen auf unser Beispiel von S. 203 zurück.

Aufgabe:
Berechnen Sie die Handelsspanne, die der Kalkulation des Fitnessgerätes zugrunde liegt!

Lösung:

Listenverkaufspreis	2 902,06 EUR $\widehat{=}$ 100 %
Differenz zwischen Listenverkaufspreis und Einstandspreis	1 390,06 EUR $\widehat{=}$ x %

$$x = \frac{1\,390,06 \cdot 100}{2\,902,06} = 47,90\,\%$$

Die **Handelsspanne** ist ein prozentualer **Abschlag** vom Listenverkaufspreis zur direkten Ermittlung des Einstandspreises.

$$\text{Handelsspanne} = \frac{(\text{Listenverkaufspreis} - \text{Einstandspreis}) \cdot 100}{\text{Listenverkaufspreis}}$$

Wir müssen uns allerdings die Frage stellen, warum die Handelsspanne in der Praxis überhaupt berechnet wird. Bei der Beantwortung dieser Frage müssen wir von der speziellen Situation des Großhandels ausgehen. In vielen Fällen liegt im Großhandel der Verkaufspreis durch gegebene Markt- und Konkurrenzverhältnisse oder durch empfohlene, unverbindliche Richtpreise der Erzeuger im Großen und Ganzen fest. Durch die Handelsspanne kann der Großhändler errechnen, wie viel EUR der Einstandspreis betragen darf, um die gewünschte Gewinnvorstellung zu verwirklichen bzw. wie weit er von dieser Vorstellung entfernt liegt.

Übungsaufgabe

124   1.   Berechnen Sie den Kalkulationszuschlag, den Kalkulationsfaktor und die Handelsspanne bei den folgenden Waren!

	Ware A	Ware B	Ware C
Einstandspreis	205,20 EUR	86,64 EUR	14,25 EUR
Listenverkaufspreis	285,90 EUR	132,80 EUR	25,90 EUR

2.   Berechnen Sie den Kalkulationszuschlag, den Kalkulationsfaktor und die Handelsspanne bei folgenden Kalkulationsdaten!

	Ware A	Ware B	Ware C
Handlungskostenzuschlagssatz	28 %	30 %	41 %
Gewinnzuschlag	20 %	15 %	19 %
Kundenskonto	2 %	–	3 %
Kundenrabatt	12 %	5 %	15 %
Vertreterprovision	14 %	7 %	14 %

3.   Wir beziehen 200 Kinderbuggys zum Listeneinkaufspreis von 85,00 EUR je Stück. Wir haben mit dem Lieferer folgende Einkaufsbedingungen vereinbart: 10 % Mengenrabatt; bei Zahlung innerhalb 10 Tagen $2^1/_2$ % Skonto oder innerhalb 30 Tagen netto, Frachtkosten 48,25 EUR.

    3.1   Wie viel EUR beträgt der Einstandspreis für einen Buggy, wenn wir mit Skontoabzug bezahlen?

    3.2   Zu welchem Preis kann er einen Buggy anbieten, wenn folgendermaßen kalkuliert wird: $16^2/_3$ % Handlungskostenzuschlagssatz, 20 % Gewinn, 15 % Rabatt, 2 % Skonto und 7 % Vertreterprovision vom Zielverkaufspreis?

    3.3   Berechnen Sie Kalkulationszuschlag, Kalkulationsfaktor und Handelsspanne!

4.   Berechnen Sie die Nettoverkaufspreise bei den folgenden Waren!

Ware	Einstandspreis	Kalkulationszuschlag
Kaffeekanne	14,60 EUR	45,8 %
Waschpulver	9,30 EUR	$33^1/_3$ %
Bratpfanne	34,80 EUR	28 %
Kopfsalat	0,45 EUR	30 %

5.   Wie viel EUR darf der Einstandspreis folgender Markenwaren höchstens betragen, wenn das Kaufhaus Zentrum jeweils die nachfolgenden Handelsspannen zugrunde legt?

Artikel	unverbindlich empfohlener Richtpreis	Handelsspanne
Stehlampe	194,80 EUR	34 %
Herrenschuhe	48,20 EUR	28,5 %
Gardinenstoff je m	20,50 EUR	32,8 %
Goldarmbanduhr	699,00 EUR	45,6 %

3.1.4 Erfolgsermittlung bei Industriebetrieben unter Einbeziehung der Bestände an fertigen und unfertigen Erzeugnissen

3.1.4.1 Bestandsveränderungen bei fertigen Erzeugnissen

3.1.4.1.1 Problemstellung

Sofern es sich um Bestandsveränderungen bei Werkstoffen handelt, wurden diese bereits im Kapitel 2.4.8.4, S. 130 ff. behandelt. Bei den hier zu behandelnden Bestandsveränderungen kann es sich daher nur um Bestandsveränderungen an fertigen und unfertigen Erzeugnissen handeln.

In einem Industriebetrieb müssen die angebotenen Erzeugnisse zunächst im Produktionsprozess hergestellt werden. Die Herstellung dieser Erzeugnisse verursacht Aufwendungen an Werkstoffen und Arbeitsleistungen, die sich in den Herstellungskosten dieser Güter niederschlagen.

Bisher gingen wir davon aus, dass die Menge der hergestellten Güter mit der Menge der verkauften Güter innerhalb der Geschäftsperiode übereinstimmt. Diese Annahme ist jedoch unrealistisch und träfe nur durch Zufall ein. Wenn aber hergestellte und verkaufte Menge nicht übereinstimmen, dann beziehen sich die für die Produktion angefallenen Aufwendungen (Kosten) auf eine andere Gütermenge als die beim Verkauf erzielten Erträge (Verkaufserlöse; Leistungen). Ist z. B. die hergestellte Menge größer als die verkaufte, dann bedeutet dies, dass ein Teil der Produktion auf Lager genommen wurde (Bestandsmehrung an Fertigerzeugnissen). Wurde dagegen mehr verkauft als produziert, dann kann dieser Mehrverkauf nur aus dem Lager stammen. Ein aussagekräftiges Periodenergebnis entsteht aber nur, wenn sich die Aufwands- und Ertragsseite auf die gleiche Menge beziehen. Mit anderen Worten: Die Bestandsveränderungen müssen berücksichtigt werden.

- Die **Menge an Erzeugnissen** auf der Aufwands- und Ertragsseite **müssen sich entsprechen.**
- Stimmt die hergestellte Menge der Erzeugnisse mit der verkauften Menge nicht überein, müssen die **Bestandsveränderungen der fertigen Erzeugnisse** in die Ergebnisermittlung einbezogen werden.

3.1.4.2 Buchung von Bestandsveränderungen bei fertigen Erzeugnissen[1]

Beispiel:

I. Ausgangssituation:

In einem Industriebetrieb werden Kühlschränke einer bestimmten Art und Qualität hergestellt. Die Herstellungskosten eines Kühlschranks betragen 1 700,00 EUR. Davon entfallen 700,00 EUR auf Werkstoffkosten (500,00 EUR Rohstoffe, 200,00 EUR Hilfsstoffe) und 1 000,00 EUR auf Fertigungslöhne. Der Nettoverkaufspreis eines Kühlschranks beträgt 2 000,00 EUR.

II. Anfangsbestände:

2800 Bank 175 000,00 EUR, 3000 Eigenkapital 175 000,00 EUR.

---

1 Moderne ERP-Softwaresysteme sind in der Lage, nach Abschluss des Produktionsprozesses bzw. beim Verkauf von Erzeugnissen automatisch auch die Bestandsveränderungen zu erfassen. Eine Buchung von Bestandsminderungen am Ende der Geschäftsperiode ist dann nur in Ausnahmefällen, z. B. Einstandspreisänderungen oder bei Inventurdifferenzen, notwendig.

(1) Fall 1: Keine Bestandsveränderung (die Menge der hergestellten und verkauften Erzeugnisse ist gleich)

Hinweis:

Um einen besseren Zugang in die schwierigen Gedankengänge bei Bestandsveränderungen an fertigen Erzeugnissen zu finden, gehen wir im ersten Fall von der unrealistischen Annahme aus, dass die innerhalb der Geschäftsperiode hergestellte und verkaufte Menge übereinstimmt. Erst danach wird als zweiter Fall eine Bestandsmehrung und als dritter Fall eine Bestandsminderung behandelt.

Beispiel:

III. 1. Sachverhalt (Fortführung der Ausgangssituation von S. 212):

Innerhalb der Geschäftsperiode werden 100 Kühlschränke hergestellt, die auch in der gleichen Geschäftsperiode verkauft werden. Das führt zu folgenden Geschäftsvorfällen mit den entsprechenden Buchungssätzen:

Nr.	Geschäftsvorfälle	Konten	Soll	Haben
1.	Kauf von Rohstoffen 50 000,00 EUR zuzügl. 19 % USt gegen Bankscheck.	6000 Aufw. f. Rohstoffe 2600 Vorsteuer an 2800 Bank	50 000,00 9 500,00	59 500,00
2.	Kauf von Hilfsstoffen 20 000,00 EUR zuzügl. 19 % USt gegen Bankscheck.	6020 Aufw. f. Hilfsst. 2600 Vorsteuer an 2800 Bank	20 000,00 3 800,00	23 800,00
3.	Banküberweisung für Fertigungslöhne 100 000,00 EUR.	6200 Löhne an 2800 Bank	100 000,00	100 000,00
4.	Verkauf der 100 hergestellten Kühlschränke zum Stückpreis von netto 2 000,00 EUR gegen Bankscheck: Nettowert 200 000,00 EUR + 19 % USt 38 000,00 EUR Bruttowert 238 000,00 EUR	2800 Bank an 5000 UE f. eig. Erz. an 4800 Umsatzsteuer	238 000,00	200 000,00 38 000,00

IV. Abschlussangaben:

1. Lt. Inventur ist kein Schlussbestand an Fertigerzeugnissen vorhanden.

2. Die Umsatzsteuer ist zu passivieren.

V. Aufgaben:

1. Richten Sie die erforderlichen Konten ein und tragen Sie die angegebenen Anfangsbestände darauf vor!

2. Buchen Sie die vier Geschäftsvorfälle auf den entsprechenden Konten!

3. Schließen Sie die Konten ab!

4. Geben Sie das buchhalterische Ergebnis der Geschäftsperiode an und bestätigen Sie die Richtigkeit des Ergebnisses durch eine Berechnung außerhalb der Buchführung!

Lösungen:

Zu 1. bis 3.: Buchung auf den Konten

S	2600 Vorsteuer	H
2800	9500,00	4800	13300,00
2800	3800,00		
	13300,00		13300,00

S	3000 Eigenkapital	H
8010	205000,00	8000	175000,00
		8020	30000,00
	205000,00		205000,00

S	6000 Aufw. f. Rohstoffe	H
2800	50000,00	8020	50000,00

S	2800 Bank	H
8000	175000,00	6000/2600	59500,00
5000/	238000,00	6020/2600	23800,00
4800		6200	100000,00
		8010	229700,00
	413000,00		413000,00

S	4800 Umsatzsteuer	H
2600	13300,00	2800	38000,00
8010	24700,00		
	38000,00		38000,00

S	6020 Aufw. f. Hilfsstoffe	H
2800	20000,00	8020	20000,00

S	6200 Löhne	H
2800	100000,00	8020	100000,00

S	5000 UE f. eig. Erzeugn.	H
8020	200000,00	2800	200000,00

S	8010 SBK	H
2800	229700,00	3000	205000,00
		4800	24700,00
	229700,00		229700,00

S	8020 GuV	H
6000	50000,00	5000	200000,00
6020	20000,00		
6200	100000,00		
3000	30000,00		
	200000,00		200000,00

Zu 4.: Berechnung des Gesamtgewinns

Auf dem GuV-Konto wird ein Ergebnis (Gewinn) von 30000,00 EUR ausgewiesen. Das wird durch folgende Berechnung außerhalb der Buchführung bestätigt:

Verkaufserlös je Stück	2000,00 EUR
− Herstellungskosten je Stück	1700,00 EUR
Stückgewinn:	300,00 EUR
Gesamtgewinn: 300 · 100 =	30000,00 EUR

(2) Fall 2: Bestandsmehrungen

Beispiel:

III. 2. Sachverhalt (Fortführung der Ausgangssituation von S. 212):

Unter den gleichen Bedingungen werden innerhalb der Geschäftsperiode wiederum 100 Kühlschränke hergestellt, aber nur 60 Stück verkauft. Ein Anfangsbestand an Kühlschränken war nicht vorhanden. Daher ergeben sich folgende Geschäftsvorfälle mit den entsprechenden Buchungssätzen:

Nr.	Geschäftsvorfälle	Konten	Soll	Haben
1.	Kauf von Rohstoffen 50000,00 EUR zzgl. 19 % USt gegen Bankscheck.	6000 Aufw. f. Rohstoffe 2600 Vorsteuer an 2800 Bank	50000,00 9500,00	 59500,00
2.	Kauf von Hilfsstoffen 20000,00 EUR zzgl. 19 % USt gegen Bankscheck.	6020 Aufw. f. Hilfsst. 2600 Vorsteuer an 2800 Bank	20000,00 3800,00	 23800,00
3.	Banküberweisung für Fertigungslöhne 100000,00 EUR.	6200 Löhne an 2800 Bank	100000,00	 100000,00

Nr.	Geschäftsvorfälle	Konten	Soll	Haben
4.	Verkauf der 60 hergestellten Kühlschränke zum Stückpreis von netto 2 000,00 EUR gegen Bankscheck: Nettowert 120 000,00 EUR + 19 % USt 22 800,00 EUR Bruttowert 142 800,00 EUR	2800 Bank an 5000 UE f. eig. Erz. an 4800 Umsatzsteuer	142 800,00	120 000,00 22 800,00

IV. Abschlussangaben:

1. Der Schlussbestand an Fertigerzeugnissen beträgt lt. Inventur 40 Stück zu Herstellungskosten von 1 700,00 EUR je Stück = 68 000,00 EUR.
2. Die Umsatzsteuer ist zu passivieren!

V. Aufgaben:

1. Richten Sie die erforderlichen Konten ein und tragen Sie die angegebenen Anfangsbestände darauf vor!
2. Buchen Sie die vier Geschäftsvorfälle auf den entsprechenden Konten!
3. Schließen Sie die Konten ab!
4. Bilden Sie zu den drei Schritten zur Erfassung der Bestandsmehrung die erforderlichen Buchungssätze!
5. Bestätigen Sie das buchhalterische Ergebnis durch eine Berechnung außerhalb der Buchführung!

Lösungen:

Zu 1. bis 3.: Buchung auf den Konten

S	2600 Vorsteuer		H
2800	9 500,00	4800	13 300,00
2800	3 800,00		
	13 300,00		13 300,00

S	3000 Eigenkapital		H
8010	193 000,00	8000	175 000,00
		8020	18 000,00
	193 000,00		193 000,00

S	6000 Aufw. f. Rohstoffe		H
2800	50 000,00	8020	50 000,00

S	6020 Aufw. f. Hilfsstoffe		H
2800	20 000,00	8020	20 000,00

S	2800 Bank		H
8000	175 000,00	6000/2600	59 500,00
5000/	142 800,00	6020/2600	23 800,00
4800		6200	100 000,00
		8010	134 500,00
	317 800,00		317 800,00

S	4800 Umsatzsteuer		H
2600	13 300,00	2800	22 800,00
8010	9 500,00		
	22 800,00		22 800,00

S	6200 Löhne		H
2800	100 000,00	8020	100 000,00

S	5000 UE f. eig. Erzeugn.		H
8020	120 000,00	2800	120 000,00

4.2

S	2200 Fert. Erzeugnisse		H
5202	68 000,00	8010	68 000,00

Aktiv

S	5202 Best.-Veränd. a. f. Erz.		H
8020	68 000,00	2200	68 000,00

Ertrag

4.1

S	8010 SBK		H
2200	68 000,00	3000	193 000,00
2800	134 500,00	4800	9 500,00
	202 500,00		202 500,00

4.3

S	8020 GuV		H
6000	50 000,00	5000	120 000,00
6020	20 000,00	5202	68 000,00
6200	100 000,00		
3000	18 000,00		
	188 000,00		188 000,00

Zu 4.: Buchungssätze

Nr.	Geschäftsvorfälle	Konten	Soll	Haben
4.1	Buchung des Schlussbestands der 40 Kühlschränke zu den Herstellungskosten in Höhe von 1 700,00 EUR je Stück = 68 000,00 EUR.	8010 SBK an 2200 Fertige Erzeugnisse	68 000,00	68 000,00
4.2	Umbuchung der Bestandsmehrung auf das Bestandsveränderungskonto 68 000,00 EUR.	2200 Fertige Erzeugnisse an 5202 B.-Veränd. a. f. Erz.	68 000,00	68 000,00
4.3	Abschluss des Kontos 5202 über das GuV-Konto.	5202 B.-Veränd. a. f. Erz. an 8020 GuV	68 000,00	68 000,00

Zu 5.: Bestätigung des buchhalterischen Ergebnisses durch folgende Berechnung

	Verkaufserlöse	60 Stück zu je	2 000,00 EUR =	120 000,00 EUR
+	Bestandsmehrung	40 Stück zu je	1 700,00 EUR =	68 000,00 EUR
=	Leistungen des Betriebs			188 000,00 EUR
–	Kosten für 100 Stück zu je 1 700,00 EUR			170 000,00 EUR
=	Gewinn 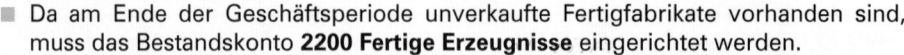			18 000,00 EUR

Erläuterungen zur Buchung des Falls der Bestandsmehrung:

Da 100 Kühlschränke hergestellt wurden, aber nur 60 Stück verkauft werden konnten, verbleiben 40 Kühlschränke als Lagerbestand. Es leuchtet ein, dass den Verkaufserlösen von 60 Stück (60 · 2 000,00 EUR = 120 000,00 EUR) nicht die Herstellkosten für 100 Stück (100 · 1 700,00 EUR = 170 000,00 EUR) gegenübergestellt werden können. Dabei würde sich ein Verlust von 50 000,00 EUR ergeben. Bei einem Stückgewinn von 300,00 EUR und einer Verkaufsmenge von 60 Stück muss sich aber ein Gewinn von 18 000,00 EUR ergeben. Dieser Gewinn muss sich auch in der Buchführung als Saldo auf dem Gewinn- und Verlustkonto darstellen.

Da am Anfang keine fertigen Erzeugnisse vorhanden waren, am Ende der Geschäftsperiode jedoch 40 Kühlschränke im Lager verbleiben, bedeutet das eine Bestandsmehrung von 40 Kühlschränken. Die Herstellungskosten hierfür betragen: 40 · 1 700,00 EUR = 68 000,00 EUR. Um diesen Wert der Bestandsmehrung müssen wir daher die Ertragsseite (Verkaufserlöse) erhöhen.

Die **Summe aus Verkaufserlösen und dem Wert der Bestandsmehrung** wird auch als **Leistung** des Betriebs bezeichnet. Dieser Leistung des Betriebs sind die durch die Produktion innerhalb der Geschäftsperiode entstandenen **Aufwendungen (Kosten)** gegenüberzustellen. Auf beiden Seiten liegen dann gleiche Mengen zugrunde. Auf der Ertragsseite haben wir die Verkaufserlöse von 60 Kühlschränken und die Herstellkosten von 40 Kühlschränken. Auf der Aufwandsseite haben wir die Aufwendungen von 100 Kühlschränken.

- Da am Ende der Geschäftsperiode unverkaufte Fertigfabrikate vorhanden sind, muss das Bestandskonto **2200 Fertige Erzeugnisse** eingerichtet werden.
- Das Aktivkonto 2200 Fertige Erzeugnisse wird über das **Schlussbilanzkonto** abgeschlossen.
- Die **Mengen der Erzeugnisse** auf der Aufwands- und Ertragsseite innerhalb einer Geschäftsperiode **müssen sich entsprechen**.
- Ist der Wert des **Schlussbestands** an Erzeugnissen **höher** als der **Anfangsbestand** an Erzeugnissen, liegt eine **Bestandsmehrung** vor.

- Bei der Bestandsmehrung ist die **Herstellmenge** in einer Rechnungsperiode **größer als** die **Absatzmenge.**

- Für die Bestandsmehrung benötigen wir ein Erfolgskonto, das diesen Wert aufnimmt. Dieses Konto finden wir in der Kontenklasse 5 unter der Bezeichnung **5202 Bestandsveränderungen an fertigen Erzeugnissen.**

- Die **Bestandsmehrung,** die sich als Saldo auf dem Bestandskonto 2200 ergibt, ist daher auf das **Ertragskonto 5202** umzubuchen und „wandert" von dort auf die **Habenseite des Gewinn- und Verlustkontos.**

- **Bestandsmehrungen** werden rechnerisch zu den **Erlösen** für die in der Rechnungsperiode verkauften Erzeugnisse **hinzuaddiert.**

Soll	8020 GuV-Konto	Haben
Aufwendungen für die hergestellten Erzeugnisse der Rechnungsperiode	Erlöse für die verkauften Erzeugnisse der Rechnungsperiode + Bestandsmehrung (Wert der in der Rechnungsperiode hergestellten, aber noch nicht verkauften Erzeugnisse zu Herstellkosten)	

Übungsaufgabe

125 I. Anfangsbestände:

2200 Fertige Erzeugnisse 17 000,00 EUR, 2800 Bank 396 000,00 EUR, 3000 Eigenkapital 362 000,00 EUR, 4800 Umsatzsteuer 51 000,00 EUR.

II. Kontenplan:

2200, 2400, 2600, 2800, 3000, 4800, 5000, 5202, 6000, 6020, 6200, 8010, 8020.

III. Geschäftsvorfälle:

1.	Einkauf von Rohstoffen durch Banküberweisung	135 000,00 EUR	
	+ 19 % Umsatzsteuer	25 650,00 EUR	160 650,00 EUR
2.	Verkauf von fertigen Erzeugnissen auf Ziel	270 000,00 EUR	
	+ 19 % Umsatzsteuer	51 300,00 EUR	321 300,00 EUR
3.	Einkauf von Hilfsstoffen durch Banküberweisung	39 000,00 EUR	
	+ 19 % Umsatzsteuer	7 410,00 EUR	46 410,00 EUR
4.	Banküberweisung für Fertigungslöhne		120 000,00 EUR

IV. Abschlussangaben:

1. Der Schlussbestand an fertigen Erzeugnissen beträgt lt. Inventur 22 500,00 EUR.
2. Die Zahllast ist zu passivieren.

V. Aufgaben:

1. Richten Sie die erforderlichen Konten ein und tragen Sie die Anfangsbestände darauf vor!
2. Bilden Sie zu den Geschäftsvorfällen die Buchungssätze und übertragen Sie die Buchungen auf die Konten des Hauptbuches!
3. Ermitteln Sie durch Abschluss der Konten das Ergebnis der Geschäftsperiode!
4. Bilden Sie für die Erfassung der Bestandsveränderungen an fertigen Erzeugnissen die drei erforderlichen Buchungssätze!

(3) Fall 3: Bestandsminderung

Beispiel:

III. 3. Sachverhalt:

Wir gehen von folgenden Annahmen aus:

Anfangsbestand auf dem Konto 2200 Fertigerzeugnisse	40 Kühlschränke
Wert der Fertigerzeugnisse	68 000,00 EUR
Anfangsbestand auf dem Konto 2800 Bank	175 000,00 EUR
Anfangsbestand auf dem Konto 3000 Eigenkapital	243 000,00 EUR

Innerhalb der Geschäftsperiode werden wiederum 100 Kühlschränke hergestellt, aber 120 Stück verkauft. Dadurch ergeben sich folgende Geschäftsvorfälle mit den entsprechenden Buchungssätzen:

Nr.	Geschäftsvorfälle	Konten	Soll	Haben
1.	Kauf von Rohstoffen 50 000,00 EUR zzgl. 19 % USt gegen Bankscheck.	6000 Aufw. f. Rohstoffe 2600 Vorsteuer an 2800 Bank	50 000,00 9 500,00	59 500,00
2.	Kauf von Hilfsstoffen 20 000,00 EUR zzgl. 19 % USt gegen Bankscheck.	6020 Aufw. f. Hilfsst. 2600 Vorsteuer an 2800 Bank	20 000,00 3 800,00	23 800,00
3.	Banküberweisung für Fertigungslöhne 100 000,00 EUR.	6200 Löhne an 2800 Bank	100 000,00	100 000,00
4.	Verkauf der 120 hergestellten Kühlschränke zum Stückpreis von netto 2 000,00 EUR gegen Bankscheck: Nettowert 240 000,00 EUR + 19 % USt 45 600,00 EUR Bruttowert 285 600,00 EUR	2800 Bank an 5000 UE f. eig. Erz. an 4800 Umsatzsteuer	285 600,00	240 000,00 45 600,00

IV. Abschlussangaben:

1. Der Schlussbestand an Fertigerzeugnissen beträgt lt. Inventur 20 Stück zu Herstellungskosten von 1 700,00 EUR je Stück = 34 000,00 EUR.

2. Die Zahllast ist zu passivieren!

V. Aufgaben:

1. Richten Sie die erforderlichen Konten ein und tragen Sie die angegebenen Anfangsbestände darauf vor!

2. Buchen Sie die vier Geschäftsvorfälle auf den entsprechenden Konten!

3. Schließen Sie die Konten ab!

4. Bilden Sie zu den drei Schritten zur Erfassung der Bestandsminderung die erforderlichen Buchungssätze!

5. Bestätigen Sie das buchhalterische Ergebnis durch eine Berechnung außerhalb der Buchführung!

Lösungen:

Zu 1. bis 3.: Buchung auf den Konten

S	2600 Vorsteuer		H
2800	9 500,00	4800	13 300,00
2800	3 800,00		
	13 300,00		13 300,00

S	3000 Eigenkapital		H
8010	279 000,00	8000	243 000,00
		8020	36 000,00
	279 000,00		279 000,00

S	6000 Aufw. f. Rohstoffe		H
2800	50 000,00	8020	50 000,00

S	2800 Bank		H
8000	175 000,00	6000/2600	59 500,00
5000/	285 600,00	6020/2600	23 800,00
4800		6200	100 000,00
		8010	277 300,00
	460 600,00		460 600,00

S	4800 Umsatzsteuer		H
2600	13 300,00	2800	45 600,00
8010	32 300,00		
	45 600,00		45 600,00

S	6020 Aufw. f. Hilfsstoffe		H
2800	20 000,00	8020	20 000,00

S	6200 Löhne		H
2800	100 000,00	8020	100 000,00

S	5000 UE f. eig. Erzeugn.		H
8020	240 000,00	2800	240 000,00

S	2200 Fert. Erzeugnisse		H
8000	68 000,00	8010	34 000,00
		5202	34 000,00
	68 000,00		68 000,00

4.2

S	5202 Best.-Veränd. a. f. Erz.		H
2200	34 000,00	8020	34 000,00

4.1

S	8010 SBK		H
2200	34 000,00	3000	279 000,00
2800	277 300,00	4800	32 300,00
	311 300,00		311 300,00

4.3

S	8020 GuV		H
6000	50 000,00	5000	240 000,00
6020	20 000,00		
6200	100 000,00		
5202	34 000,00		
3000	36 000,00		
	240 000,00		240 000,00

Zu 4.: Buchungssätze

Nr.	Geschäftsvorfälle	Konten	Soll	Haben
4.1	Buchung des Schlussbestands der noch vorhandenen Kühlschränke: 20 zu je 1 700,00 EUR = 34 000,00 EUR.	8010 SBK an 2200 Fertige Erzeugnisse	34 000,00	34 000,00
4.2	Umbuchung der Bestandsminderung von 34 000,00 EUR vom Konto 2200 auf das Konto 5202.	5202 B.-Veränd. a. f. Erz. an 2200 Fertige Erzeugnisse	34 000,00	34 000,00
4.3	Abschluss des Kontos 5202 über das GuV-Konto.	8020 GuV an 5202 B.-Veränd. a. f. Erz.	34 000,00	34 000,00

219

Zu 5.: Bestätigung des buchhalterischen Ergebnisses durch folgende Berechnung

Verkaufserlöse	120 Stück zu je 2 000,00 EUR =	240 000,00 EUR
– Bestandsminderung	20 Stück zu je 1 700,00 EUR =	34 000,00 EUR
Leistungen des Betriebs in dieser Geschäftsperiode		206 000,00 EUR
– Kosten für 100 Stück zu je 1 700,00 EUR		170 000,00 EUR
Gewinn		36 000,00 EUR

Dieses Ergebnis wird auch durch folgende Überlegung bestätigt:

Bei einem Stückgewinn von 300,00 EUR und einer Verkaufsmenge von 120 Stück muss das zu einem Gewinn von 120 · 300,00 EUR = 36 000,00 EUR führen, der sich auch in unserer Buchführung als Saldo auf dem GuV-Konto darstellen muss.

Erläuterungen zur Buchung der Bestandsminderungen

In diesem Fall wurden in der Geschäftsperiode mehr Kühlschränke verkauft, als in der gleichen Geschäftsperiode hergestellt wurden. Das war nur möglich, weil zu Beginn der Geschäftsperiode noch ein Lagerbestand von 40 Stück vorhanden war.

Da ein sinnvolles Ergebnis nur auf der Grundlage gleicher Mengen auf der Aufwands- und auf der Ertragsseite erzielt werden kann, müssen wir den Erlösen von 120 Stück auch die Aufwendungen von 120 Stück gegenüberstellen, d. h., wir müssen die Herstellkosten der 100 Stück um die Herstellkosten der Bestandsminderung von 20 Stück erhöhen. Dies kann buchhalterisch nur über die Sollseite des GuV-Kontos erfolgen.

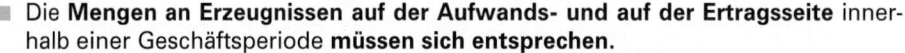

- Die **Mengen an Erzeugnissen auf der Aufwands- und auf der Ertragsseite** innerhalb einer Geschäftsperiode **müssen sich entsprechen.**

- Ist der Wert des **Schlussbestands** an Erzeugnissen **niedriger** als der **Anfangsbestand** an Erzeugnissen, liegt eine **Bestandsminderung** vor.

- Bei der Bestandsminderung ist die **Herstellmenge** in einer Geschäftsperiode (Abrechnungsperiode) **kleiner als** die **Absatzmenge.**

- **Bestandsminderungen** werden rechnerisch zu den Aufwendungen für die hergestellten Erzeugnisse hinzuaddiert und auf der **Sollseite** des **GuV-Kontos** erfasst.

Soll	8020 GuV-Konto	Haben
Aufwendungen für die hergestellten Erzeugnisse der Rechnungsperiode + Bestandsminderungen (Dadurch werden die Aufwendungen der Rechnungsperiode an die in dieser Zeit erzielten Erlöse angepasst.)	Erlöse für die verkauften Erzeugnisse der Rechnungsperiode	

Übungsaufgabe

126 **I. Anfangsbestände:**

2200 Fertige Erzeugnisse 51 000,00 EUR, 2800 Bank 155 000,00 EUR, 3000 Eigenkapital 206 000,00 EUR.

II. Kontenplan:

2200, 2600, 2800, 3000, 4800, 5000, 5202, 6000, 6020, 6200, 8010, 8020.

III. Geschäftsvorfälle:

1. Kauf von Rohstoffen gegen Bankscheck 75 000,00 EUR zuzüglich 19 % USt
2. Kauf von Hilfsstoffen gegen Bankscheck 30 000,00 EUR zuzüglich 19 % USt
3. Verkauf von fertigen Erzeugnissen gegen Bankscheck 340 000,00 EUR zuzüglich 19 % Umsatzsteuer
4. Banküberweisung für Fertigungslöhne 150 000,00 EUR

IV. Abschlussangaben:

1. Der Schlussbestand an fertigen Erzeugnissen beträgt lt. Inventur 17 000,00 EUR.
2. Die Umsatzsteuer ist zu passivieren!

V. Aufgaben:

1. Richten Sie die erforderlichen Konten ein und tragen Sie die Anfangsbestände darauf vor!
2. Bilden Sie zu den Geschäftsvorfällen die Buchungssätze nach dem verbrauchsorientierten Verfahren und übertragen Sie die Buchungen auf die Konten des Hauptbuches!
3. Ermitteln Sie durch Abschluss der Konten das Ergebnis der Geschäftsperiode!
4. Bilden Sie für die Erfassung der Bestandsveränderungen an fertigen Erzeugnissen die drei erforderlichen Buchungssätze!

3.1.4.3 Bestandsveränderungen bei unfertigen Erzeugnissen

Die Herstellung von Gütern verläuft über mehrere Produktionsstufen. Güter, die ihre endgültige Verkaufsreife noch nicht erreicht haben, bezeichnet man als **unfertige Erzeugnisse.** Bestandsveränderungen bei unfertigen Erzeugnissen haben in der Buchführung die gleichen Auswirkungen wie die Bestandsveränderungen an fertigen Erzeugnissen. Das bedeutet, dass **Bestandsmehrungen** auf der **Habenseite des GuV-Kontos** und **Bestandsminderungen** auf der **Sollseite des GuV-Kontos** erscheinen müssen.

Beispiel:

I. Sachverhalt:

Zu Beginn der Geschäftsperiode sind keine Bestände an fertigen und unfertigen Erzeugnissen vorhanden. Innerhalb der Geschäftsperiode wurden unter den uns bekannten Bedingungen 100 Kühlschränke hergestellt, die auch in dieser Geschäftsperiode verkauft wurden.

Des Weiteren nehmen wir an, dass 20 Kühlschränke ihre Endstufe noch nicht erreicht haben und als unfertige Erzeugnisse gelagert werden. Diese unfertigen Erzeugnisse sollen Herstellungsaufwendungen in Höhe von 300,00 EUR an Werkstoffen und 700,00 EUR an Fertigungslöhnen je Stück verursacht haben. Der Schlussbestand an unfertigen Erzeugnissen beträgt damit 20 000,00 EUR.

II. Aufgaben:

1. Stellen Sie auf Konten nur dar, wie sich die Bestandserhöhung bei den unfertigen Erzeugnissen in der Buchführung auswirkt!

2. Bilden Sie die Buchungssätze
   2.1 für den Abschluss des Kontos 2100 Unfertige Erzeugnisse,
   2.2 für die Erfassung der Bestandsmehrung an unfertigen Erzeugnissen,
   2.3 für den Abschluss des Kontos 5201 Bestandsveränderungen an unfertigen Erzeugnissen und nicht abgerechneten Leistungen!

Lösungen:

Zu 1.: Buchung auf den Konten

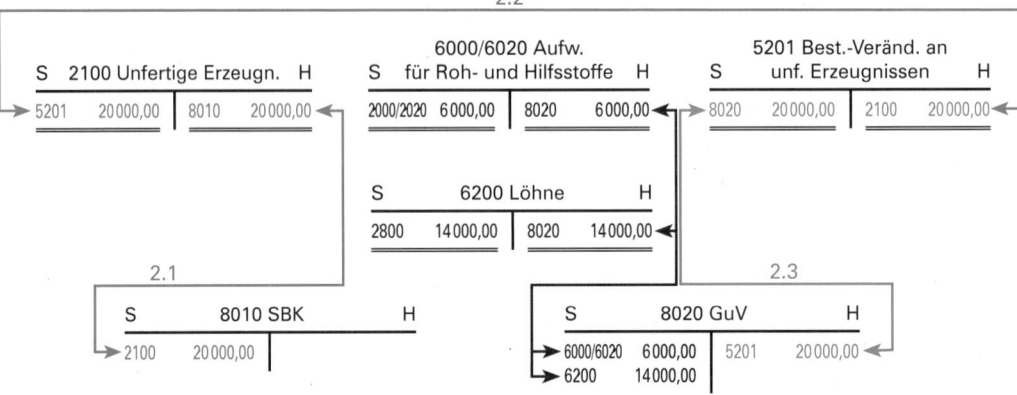

Zu 2.: Buchungssätze

Nr.	Geschäftsvorfälle	Konten	Soll	Haben
2.1	Erfassung des Schlussbestands der unfertigen Erzeugnisse mit den Herstellungsaufwendungen in Höhe von 20 000,00 EUR.	8010 SBK an 2100 Unfertige Erzeugn.	20 000,00	20 000,00
2.2	Umbuchung der Bestandsmehrung an unfertigen Erzeugnissen von dem Bestandskonto 2100 auf das Ertragskonto 5201.	2100 Unfertige Erzeugnisse an 5201 Be.-Veränd.a.unf.Erz.	20 000,00	20 000,00
2.3	Abschluss des Kontos 5201.	5201 Be.-Veränd. a. unf. Erz. an 8020 GuV	20 000,00	20 000,00

Übungsaufgaben

127 Zu Beginn der Geschäftsperiode befinden sich 20 Stück unfertige Erzeugnisse im Wert von 20 000,00 EUR auf dem Lager. Am Ende der Geschäftsperiode sind nur noch 5 Stück im Wert von 5 000,00 EUR vorhanden.

Aufgaben:

1. Richten Sie die Konten 2100 Unfertige Erzeugnisse, 5201 Bestandsveränderungen an unfertigen Erzeugnissen sowie die Konten 8010 SBK und 8020 GuV ein!

2. Tragen Sie den Anfangsbestand an unfertigen Erzeugnissen auf dem Konto 2100 vor!

3. Stellen Sie die Auswirkungen der Bestandsminderung auf den Konten dar und bilden Sie dazu die entsprechenden Buchungssätze:

   3.1 für den Abschluss des Kontos 2100 Unfertige Erzeugnisse,

   3.2 für die Erfassung der Bestandsminderung an unfertigen Erzeugnissen,

   3.3 für den Abschluss des Kontos 5201 Bestandsveränderungen an unfertigen Erzeugnissen!

128 1. Bestände an fertigen Erzeugnissen:

Anfangsbestand: 125 350,00 EUR; Schlussbestand: 150 000,00 EUR

Aufgaben:

   1.1 Richten Sie die Konten 2200 Fertige Erzeugnisse, 5202 Bestandsveränderungen an fertigen Erzeugnissen, 8010 SBK und 8020 GuV ein!

   1.2 Tragen Sie den Anfangsbestand an fertigen Erzeugnissen auf dem entsprechenden Konto vor!

   1.3 Buchen Sie den Schlussbestand an fertigen Erzeugnissen, die Bestandsveränderung an fertigen Erzeugnissen auf den Konten und schließen Sie das Bestandsveränderungskonto über das GuV-Konto ab!

   1.4 Bilden Sie die Buchungssätze:

      1.4.1 für den Schlussbestand an fertigen Erzeugnissen

      1.4.2 für die Bestandsveränderung an fertigen Erzeugnissen

      1.4.3 für den Abschluss des Kontos Bestandsveränderungen an fertigen Erzeugnissen!

2. Bestände an unfertigen Erzeugnissen:

Anfangsbestand: 86 500,00 EUR; Schlussbestand: 71 200,00 EUR

Aufgaben:

   2.1 Richten Sie folgende Konten ein: 2100 Unfertige Erzeugnisse, 5201 Bestandsveränderungen an unfertigen Erzeugnissen, 8010 SBK und 8020 GuV!

   2.2 Tragen Sie den Anfangsbestand an unfertigen Erzeugnissen auf dem entsprechenden Konto vor!

   2.3 Buchen Sie den Schlussbestand an unfertigen Erzeugnissen, die Bestandsveränderung an unfertigen Erzeugnissen auf den Konten und schließen Sie das Bestandsveränderungskonto über das GuV-Konto ab!

   2.4 Bilden Sie die Buchungssätze:

      2.4.1 für den Schlussbestand an unfertigen Erzeugnissen

      2.4.2 für die Bestandsveränderung an unfertigen Erzeugnissen

      2.4.3 für den Abschluss des Kontos Bestandsveränderungen an unfertigen Erzeugnissen!

129

	Anfangsbestände	Schlussbestände
2100 Unfertige Erzeugnisse	75 710,00 EUR	80 430,00 EUR
2200 Fertige Erzeugnisse	57 500,00 EUR	66 840,00 EUR

Die Aufwendungen betragen insgesamt: 521 300,00 EUR
Die Erträge betragen insgesamt: 804 890,00 EUR

Aufgaben:

1. Richten Sie folgende Konten ein:

2100 Unfert. Erzeugnisse, 2200 Fert. Erzeugnisse, 5201 Bestandsveränd. an unfert. Erzeugnissen, 5202 Bestandsveränd. an fert. Erzeugnissen, 8010 SBK und 8020 GuV.

2. Tragen Sie die Summe der Aufwendungen und Erträge auf dem GuV-Konto ein!

3. Ermitteln Sie unter Einbeziehung der Bestandsveränderungen buchhalterisch den Erfolg des Industrieunternehmens!

4. Wie müssen die Bestandsveränderungen in die Erfolgsermittlung einbezogen werden?

130 1. Begründen Sie, warum ein Mehrbestand an Erzeugnissen über die Habenseite und ein Minderbestand an Erzeugnissen über die Sollseite des GuV-Kontos abzuschließen ist!

2. Worin besteht die Gesamtleistung eines Industriebetriebs?

3. **I. Anfangsbestände:**

Die Geschäftsperiode eines Industriebetriebs beginnt mit folgenden Anfangsbeständen, die auf den entsprechenden Konten im Hauptbuch vorzutragen sind:

2000 Rohstoffe	20 000,00 EUR
2020 Hilfsstoffe	10 000,00 EUR
2100 Unfertige Erzeugnisse	15 000,00 EUR
2200 Fertige Erzeugnisse	70 000,00 EUR
2400 Ford. a. Lief. u. Leist.	75 000,00 EUR
2800 Bank	99 400,00 EUR
3000 Eigenkapital	289 400,00 EUR

II. Kontenplan:

2000, 2020, 2100, 2200, 2400, 2600, 2800, 3000, 4400, 4800, 5000, 5201, 5202, 6000, 6020, 6200, 8010, 8020.

III. Geschäftsvorfälle:

3.1	Einkauf von Rohstoffen per Banküberweisung netto	60 000,00 EUR
	+ 19 % USt	11 400,00 EUR
		71 400,00 EUR
3.2	Einkauf von Hilfsstoffen auf Ziel netto	20 000,00 EUR
	+ 19 % USt	3 800,00 EUR
		23 800,00 EUR
3.3	Zahlung von Fertiglöhnen per Banküberweisung:	
	Bruttolohn	25 000,00 EUR
3.4	Verkauf von eigenen Erzeugnissen auf Ziel netto	120 000,00 EUR
	+ 19 % USt	22 800,00 EUR
		142 800,00 EUR

IV. Abschlussangaben:

1.	Schlussbestände lt. Inventur: Konto 2000 Rohstoffe	30 000,00 EUR
	Konto 2020 Hilfsstoffe	12 000,00 EUR
	Konto 2100 Unfertige Erzeugnisse	10 000,00 EUR
	Konto 2200 Fertige Erzeugnisse	77 000,00 EUR

2. Die Zahllast ist zu passivieren!

V. Aufgaben:

1. Richten Sie die erforderlichen Konten ein und tragen Sie die Anfangsbestände darauf vor!

2. Bilden Sie zu den Geschäftsvorfällen die Buchungssätze und übertragen Sie die Buchungen auf die Konten des Hauptbuches!

3. Ermitteln Sie durch Abschluss der Konten das Ergebnis der Geschäftsperiode!

3.2 Zahlungsverkehr/Finanzwirtschaft

3.2.1 Buchung von Zahlungseingängen und Zahlungsausgängen

Im Laufe des Buchführungslehrgangs haben wir das Buchen von Zahlungseingängen und Zahlungsausgängen kennengelernt. Im Folgenden sollen aufgrund von Belegen die Buchungen der wichtigsten Zahlungsvorgänge wiederholt werden.

Übungsaufgaben

131 Buchen Sie für die Franz Mayer KG, Maschinenfabrik, Industriestraße 5, 59425 Unna, die nachfolgenden Belege im Grundbuch!

Beleg 1

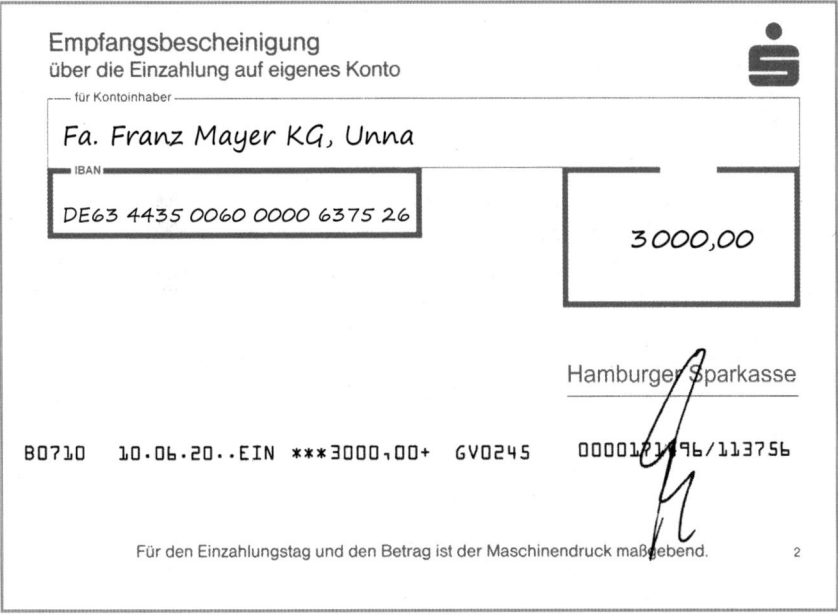

Beleg 2

15 Speth u.a. - ISBN 978-3-8120-0261-5

Beleg 3

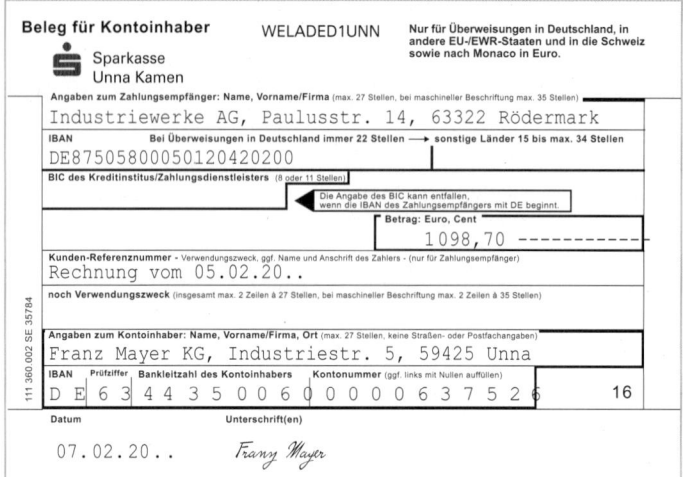

Beleg für Kontoinhaber WELADED1UNN Nur für Überweisungen in Deutschland, in andere EU-/EWR-Staaten und in die Schweiz sowie nach Monaco in Euro.

Sparkasse Unna Kamen

Angaben zum Zahlungsempfänger: Name, Vorname/Firma (max. 27 Stellen, bei maschineller Beschriftung max. 35 Stellen)
Industriewerke AG, Paulusstr. 14, 63322 Rödermark

IBAN Bei Überweisungen in Deutschland immer 22 Stellen → sonstige Länder 15 bis max. 34 Stellen
DE87505800050120420200

BIC des Kreditinstitus/Zahlungsdienstleisters (8 oder 11 Stellen)
Die Angabe des BIC kann entfallen, wenn die IBAN des Zahlungsempfängers mit DE beginnt.

Betrag: Euro, Cent
1098,70 -----------

Kunden-Referenznummer - Verwendungszweck, ggf. Name und Anschrift des Zahlers - (nur für Zahlungsempfänger)
Rechnung vom 05.02.20..

noch Verwendungszweck (insgesamt max. 2 Zeilen à 27 Stellen, bei maschineller Beschriftung max. 2 Zeilen à 35 Stellen)

Angaben zum Kontoinhaber: Name, Vorname/Firma, Ort (max. 27 Stellen, keine Straßen- oder Postfachangaben)
Franz Mayer KG, Industriestr. 5, 59425 Unna

IBAN Prüfziffer Bankleitzahl des Kontoinhabers Kontonummer (ggf. links mit Nullen auffüllen)
D E 6 3 4 4 3 5 0 0 6 0 0 0 0 0 6 3 7 5 2 6   16

Datum Unterschrift(en)
07.02.20.. *Franz Mayer*

Beleg 4

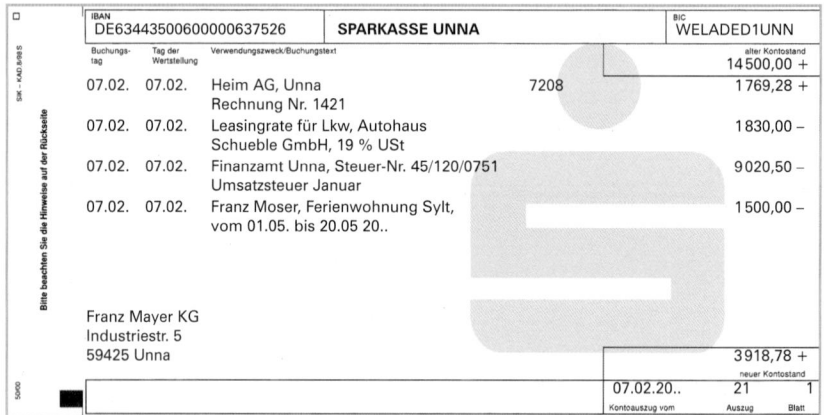

IBAN			BIC
DE63443500600000637526	**SPARKASSE UNNA**		WELADED1UNN

Buchungs-tag	Tag der Wertstellung	Verwendungszweck/Buchungstext		alter Kontostand 14500,00 +
07.02.	07.02.	Heim AG, Unna Rechnung Nr. 1421	7208	1769,28 +
07.02.	07.02.	Leasingrate für Lkw, Autohaus Schueble GmbH, 19 % USt		1830,00 –
07.02.	07.02.	Finanzamt Unna, Steuer-Nr. 45/120/0751 Umsatzsteuer Januar		9020,50 –
07.02.	07.02.	Franz Moser, Ferienwohnung Sylt, vom 01.05. bis 20.05 20..		1500,00 –

Franz Mayer KG
Industriestr. 5
59425 Unna

neuer Kontostand 3918,78 +

Kontoauszug vom	Auszug	Blatt
07.02.20..	21	1

Beleg 5

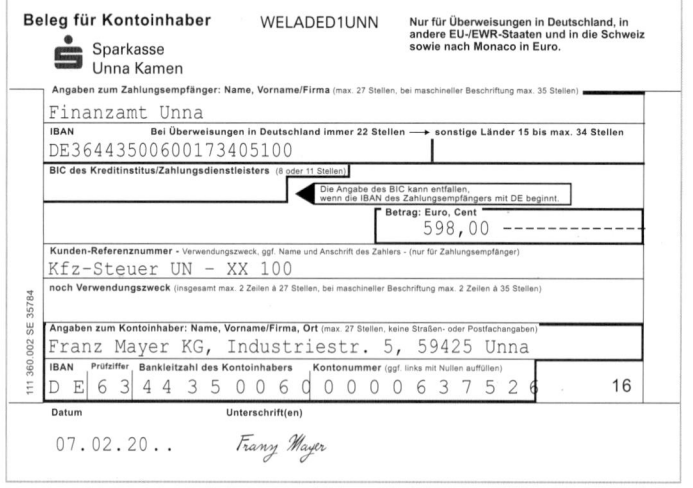

Beleg für Kontoinhaber WELADED1UNN Nur für Überweisungen in Deutschland, in andere EU-/EWR-Staaten und in die Schweiz sowie nach Monaco in Euro.

Sparkasse Unna Kamen

Angaben zum Zahlungsempfänger: Name, Vorname/Firma (max. 27 Stellen, bei maschineller Beschriftung max. 35 Stellen)
Finanzamt Unna

IBAN Bei Überweisungen in Deutschland immer 22 Stellen → sonstige Länder 15 bis max. 34 Stellen
DE36443500600173405100

BIC des Kreditinstitus/Zahlungsdienstleisters (8 oder 11 Stellen)
Die Angabe des BIC kann entfallen, wenn die IBAN des Zahlungsempfängers mit DE beginnt.

Betrag: Euro, Cent
598,00 -------------

Kunden-Referenznummer - Verwendungszweck, ggf. Name und Anschrift des Zahlers - (nur für Zahlungsempfänger)
Kfz-Steuer UN - XX 100

noch Verwendungszweck (insgesamt max. 2 Zeilen à 27 Stellen, bei maschineller Beschriftung max. 2 Zeilen à 35 Stellen)

Angaben zum Kontoinhaber: Name, Vorname/Firma, Ort (max. 27 Stellen, keine Straßen- oder Postfachangaben)
Franz Mayer KG, Industriestr. 5, 59425 Unna

IBAN Prüfziffer Bankleitzahl des Kontoinhabers Kontonummer (ggf. links mit Nullen auffüllen)
D E 6 3 4 4 3 5 0 0 6 0 0 0 0 0 6 3 7 5 2 6   16

Datum Unterschrift(en)
07.02.20.. *Franz Mayer*

226

132 Interpretieren Sie die beiden folgenden Kontoauszüge!

1.

	Volksbank Raiffeisenbank Nürnberg			BLZ 760 900 00

IBAN	Kontoart	letzter Auszug	Erstellungsdatum	Zeit	Auszug-Nr.	Blatt	Filiale
DE05 7606 1801 0010 1088 22	KKT	19. März 20..	11:16		1		4041

Beleg	Buchungstag	Wert	Text		Betrag
300007	27.03.	27.03.	Rechnung-Nr. 4 155 138 Empfänger: WAZ Essen	Überweisung	398,11 –
300102	28.03.	28.03.	Auszahlung	Barauszahlung	1 500,00 –
300103	29.03.	29.03.	Miete März 20.. Empfänger: Schütze, Immobilien Nürnberg	Lastschrift	600,00 –

Elektrotechnik
TEZZO GmbH
Brehmstr. 101
90443 Nürnberg Blatt 1

Saldo alt 1 420,80 +
Saldo neu 1 077,31 –

2.

Kontoauszug in EUR DE70 2001 0020 0013 4383 08 Datum 04.05... Auszug 3 Blatt 1 **Postbank**

Vorgang/Buchungsinformation	PN-Nummer	Buchung	Wertstellung		Umsatz in EUR
Buchungsstelle Telekom DSSD Lastschrift	114	25.03.	25.03.		307,49 –
Finanzamt Nürnberg Kraftfahrzeugsteuer – N-BE 44 Lastschrift	114	25.03.	25.03.		830,00 –
Lastschrift Kfz-Haftpflichtversicherung der Versicherungs AG	117	25.03.	25.03.		847,60 –
Kontoführungsentgelt	117	25.03.	25.03.		22,50 –
03/445/06/008587	1,10 403298 – 1 – 21 – T			Zahlungseingänge / Zahlungsausgänge	0,00 + / 2 007,59 –
				Alter Kontostand	7 122,90 +
				Neuer Kontostand	5 114,61 +

Elektrotechnik
TEZZO GmbH
Brehmstr. 101
90443 Nürnberg

Zinssatz für Dispositionskredit 9,75 %
Zinssatz für geduldete Überziehung 13,25 %
Dispositionskredit in EUR 5 000,00

Postanschrift: Postbank München 80335 München
Direkt-Service: Telefon: 040 63310666 Erreichbarkeit: 7 x 24 Stunden
Telefax: 040 6383-4860
T-Online: *Postbank# Internet: http://www.postbank.de
BIC PBNKDEFFXXX

3.2.2 Lieferer- und Kundenskonti als besondere Buchungsfälle im Zahlungsverkehr

Skonto wird als Anreiz für schnelle Zahlung gewährt. Die Skontogewährung ist vom Zeitpunkt der Zahlung abhängig.

Der Schuldner kann aufgrund der Zahlungsbedingungen selbst entscheiden, ob er innerhalb der Skontofrist zahlen möchte. Die Inanspruchnahme von Skonto verschafft dem Schuldner die Möglichkeit einer **nachträglichen** Preisminderung.

3.2.2.1 Liefererskonti

Werden Liefererrechnungen unter Skontoabzug gezahlt, ist der Skonto auf dem Unterkonto **Nachlässe** zu erfassen, das dem entsprechenden Werkstoffaufwands- oder Warenaufwandskonto zugeordnet ist.

- Werden z. B. **Liefererrechnungen für Rohstoffeinkäufe** mit Skontoabzug gezahlt, ist der Skonto auf dem Unterkonto 6002 zu erfassen.

- Werden **Liefererrechnungen für Einkäufe von Waren** mit Skontoabzug gezahlt, ist der Skonto auf dem Unterkonto **6082** zu buchen.

Beispiel 1:

Wir bezahlen eine bereits gebuchte Liefererrechnung für Rohstoffe über	5 950,00 EUR
unter Abzug von 2 % Skonto	– 119,00 EUR
Banküberweisung	5 831,00 EUR

Aufgaben:

1. Buchen Sie den Geschäftsvorfall auf Konten und schließen Sie das Konto 6002 Nachlässe ab!

2. Bilden Sie die Buchungssätze!

Lösungen:

Zu 1.: Buchung auf den Konten und Abschluss des Kontos 6002

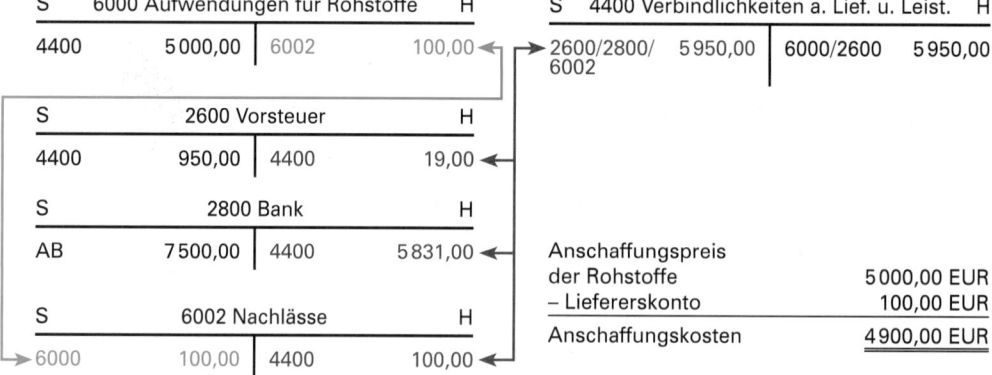

Zu 2.: Buchungssätze

Geschäftsvorfälle	Konten	Soll	Haben
Zahlung der Eingangsrechnung für Rohstoffe mit Skontoabzug:			
Wir bezahlen eine bereits gebuchte Liefererrechnung für Rohstoffe über 5 950,00 EUR unter Abzug von 2 % Skonto 119,00 EUR durch Banküberweisung 5 831,00 EUR	4400 Verbindl. a. L. u. L. an 2800 Bank an 6002 Nachlässe an 2600 Vorsteuer	5 950,00	5 831,00 100,00 19,00
Abschluss des Unterkontos 6002 Nachlässe:	6002 Nachlässe an 6000 Aufw. f. Rohstoffe	100,00	100,00

Zur Berechnung der Steuerberichtigung:

Der Skontoabzug in Höhe von 119,00 EUR stellt eine nachträgliche Preisminderung dar, die eine Korrektur der ursprünglich gebuchten Vorsteuer nach sich ziehen muss. Da der Skontobetrag vom Bruttowert der Eingangsrechnung berechnet wird, ist der Korrekturbetrag in diesem Skontobetrag enthalten. Er kann wie folgt berechnet werden:

$$119\% \,\hat{=}\, 119,00 \text{ EUR}$$
$$19\% \,\hat{=}\, x \quad \text{EUR} \qquad x = \frac{119 \cdot 19}{119} = \underline{\underline{19,00 \text{ EUR}}}$$

Beispiel 2:

Wir bezahlen eine bereits gebuchte Liefererrechnung für Waren

über 3570,00 EUR
unter Abzug von 2 % Skonto – 74,40 EUR
Banküberweisung 3498,60 EUR

Aufgaben:

Bilden Sie den Buchungssatz

1. bei der Zahlung der Eingangsrechnung und
2. beim Abschluss des Kontos 6082!

Lösungen:

Geschäftsvorfälle	Konten	Soll	Haben
Zu 1.: Zahlung der Eingangsrechnung für Handelswaren mit Skontoabzug			
Wir bezahlen eine bereits gebuchte Liefererrechnung für Handelswaren über 3570,00 EUR unter Abzug von 2 % Skonto 71,40 EUR durch Banküberweisung 3498,60 EUR	4400 Verbindl. a. L. u. L. an 2800 Bank an 6082 Nachlässe an 2600 Vorsteuer	3570,00	3498,60 60,00 11,40
Zu 2.: Abschluss des Unterkontos 6082 Nachlässe	6082 Nachlässe an 6080 Aufw. f. Waren	60,00	60,00

Hier wird lediglich das Konto 6002 durch das Konto 6082 ersetzt. Die Berechnung der Steuerberichtigung erfolgt in gleicher Weise wie im Beispiel 1.

3.2.2.2 Kundenskonti

Zahlt der Kunde unter Skontoabzug, ist der Skonto auf dem Unterkonto **Erlösberichtigungen** zu erfassen, das dem entsprechenden Umsatzerlöskonto zugeordnet ist.

- Werden **Ausgangsrechnungen für eigene Erzeugnisse** mit Skontoabzug gezahlt, ist der Skonto auf dem Unterkonto **5001** zu erfassen.
- Werden **Ausgangsrechnungen für Waren** mit Skontoabzug gezahlt, ist der Skonto auf dem Konto **5101** zu buchen.

Beispiel 1:

Ein Kunde bezahlt eine bereits gebuchte Rechnung für Fertigerzeugnisse in Höhe von	11 900,00 EUR
unter Abzug von 2 % Skonto durch Banküberweisung	– 238,00 EUR
Bankgutschrift	11 662,00 EUR

Aufgaben:

1. Buchen Sie den Geschäftsvorfall auf Konten und schließen Sie das Konto 5001 ab!
2. Bilden Sie die Buchungssätze!

Lösungen:

Zu 1.: Buchung auf den Konten und Abschluss des Kontos 5001

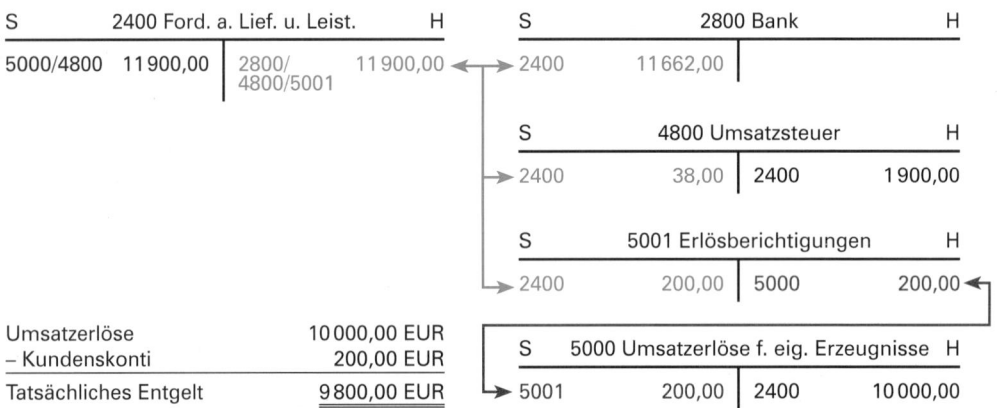

Umsatzerlöse	10 000,00 EUR
– Kundenskonti	200,00 EUR
Tatsächliches Entgelt	9 800,00 EUR

Zu 2.: Buchungssätze

Geschäftsvorfälle	Konten	Soll	Haben
Bankgutschrift für eine Kundenrechnung mit Skontoabzug:			
Ein Kunde überweist uns einen Rechnungsbetrag über 11 900,00 EUR unter Abzug von 2 % Skonto 238,00 EUR Bankgutschrift 11 662,00 EUR	2800 Bank 4800 Umsatzsteuer 5001 Erlösberichtigungen an 2400 Ford. a. L. u. L.	11 662,00 38,00 200,00	11 900,00
Abschluss des Unterkontos 5001 Erlösberichtigungen:	5000 Umsatzerl. f. eig. Erz. an 5001 Erlösberichtig.	200,00	200,00

Zur Berechnung der Steuerberichtigung:

Der Skontoabzug in Höhe von 238,00 EUR stellt eine nachträgliche Preisminderung dar, die eine Korrektur der ursprünglich gebuchten Umsatzsteuer nach sich ziehen muss. Da der Skontobetrag vom Bruttowert der Ausgangsrechnung berechnet wurde, ist der Korrekturbetrag im Skontobetrag enthalten. Er kann wie folgt berechnet werden:

$$119\% \mathrel{\hat=} 238,00 \text{ EUR}$$
$$19\% \mathrel{\hat=} x \quad \text{EUR} \qquad x = \frac{238 \cdot 19}{119} = \underline{38,00 \text{ EUR}}$$

Beispiel 2:

Ein Kunde zahlt eine bereits gebuchte Rechnung für Waren über

Waren über	2 380,00 EUR
unter Abzug von 2 % Skonto	− 47,60 EUR
durch Banküberweisung	2 332,40 EUR

Aufgaben:

Bilden Sie den Buchungssatz

1. beim Zahlungseingang und

2. beim Abschluss des Kontos 5101!

Lösungen:

Geschäftsvorfälle	Konten	Soll	Haben
Zu 1.: Banküberweisung des Kunden unter Skontoabzug			
Ein Kunde bezahlt eine Rechnung für Waren über 2 380,00 EUR unter Abzug von 2 % Skonto 47,60 EUR durch Banküberweisung 2 332,40 EUR	2800 Bank 5101 Erlösberichtigungen 4800 Umsatzsteuer an 2400 Ford. a. L. u. L.	2 332,40 40,00 7,60	2 380,00
Zu 2.: Abschluss des Unterkontos 5101 Erlösberichtigungen	5100 Ums.-Erl. f. Waren an 5101 Erlösberichtig.	40,00	40,00

Hier wird lediglich das Konto 5001 durch das Konto 5101 ersetzt. Die Berechnung der Steuerberichtigung erfolgt in gleicher Weise wie im Beispiel 1.

Übungsaufgaben

133 Bilden Sie die Buchungssätze für ein Industrieunternehmen zu den nachfolgenden Geschäftsvorfällen!

1. 1.1 Das Industrieunternehmen erhält von einem Lieferer eine Rechnung über bezogene Betriebsstoffe in Höhe von 1 760,00 EUR zuzüglich 19 % USt.

   1.2 Am Zahlungstermin begleicht das Unternehmen die Rechnung unter Abzug von 2 % Skonto mit Bankscheck.

2. 2.1 Das Industrieunternehmen erhält von einem Lieferer eine Rechnung über bezogene Waren in Höhe von 4 150,00 EUR zuzüglich 19 % USt.

   2.2 Am Zahlungstermin begleicht das Unternehmen die Rechnung unter Abzug von 3 % Skonto mit Banküberweisung.

134 Bilden Sie die Buchungssätze für ein Industrieunternehmen zu den nachfolgenden Geschäftsvorfällen!

1. 1.1 Das Industrieunternehmen liefert einem Kunden Waren auf Ziel im Wert von 5 200,00 EUR zuzüglich 19 % USt.

   1.2 Der Kunde begleicht die Rechnung unter Abzug von 2 % Skonto durch Banküberweisung.

2. 2.1 Das Industrieunternehmen liefert einem Kunden eigene Erzeugnisse auf Ziel im Wert von 7 300,00 EUR zuzüglich 19 % USt.

   2.2 Der Kunde begleicht die Rechnung unter Abzug von 3 % Skonto mit Bankscheck.

135 Bilden Sie die Buchungssätze aus der Sicht der Sprinz GmbH!

1. Für die Eingangsrechnung!

2. Für die Zahlung innerhalb von 8 Tagen unter Abzug von 2 % Skonto per Bankscheck!

Keramik Werkstatt · 56235 Ransbach-Baumbach

Glasfabrik Sprinz GmbH
Erfurter Str. 10 – 14
10825 Berlin

Rechnung

	Kd.-Nr.	L.-Datum	R.-Nr.	R.-Datum
	11 737	20.07.20..	0727	27.07.20..

Ihr Auftrag vom 27. Juni 20..   Restlieferung   Versand unfrei

Art.-Nr.	Artikel-Bezeichnung	Menge	E-Preis	EUR-Betrag
55	Brottopf flach	1	98,50	98,50
54	Brottopf neu	1	78,50	78,50
27	Käseglocke	1	40,50	40,50
19	Seidel mit Deckel	1	34,50	34,50
14	Becher	12	5,00	60,00
60	Krügchen	12	4,50	54,00

Warenwert	Fracht	Verpackung	EUR-Betrag	MWSt %	MWSt EUR	Rechn.-Betrag
366,00	20,90	7,20	394,10	19	74,88	468,98

Zahlbar innerhalb von 8 Tagen mit 2 % Skonto oder 30 Tage rein netto

Sie sparen   9,38

Sitz der Gesellschaft: Ransbach-Baumbach Registergericht: Ransbach-Baumbach, HRB 510 St.-Nr.: 771/5081 224

136 Bilden Sie die Buchungssätze aus der Sicht der Großhandlung Fritz Pfennig OHG!

1. Für die Ausgangsrechnung!

2. Für den Zahlungseingang auf dem Bankkonto der Fritz Pfennig OHG am 9. Juli unter Abzug des vereinbarten Skontobetrages!

FRITZ PFENNIG OHG – GROSSHANDLUNG FÜR BÜROBEDARF

Bürozentrum
Adler GmbH
Lukasstr. 57
04315 Leipzig

Fröbelstraße 10
09126 Chemnitz

Rechnung Nr. 58/102

Rechnungsdatum: 30. Juni 20..

Menge	Artikel-Bezeichnung	Einzelpreis	Betrag EUR
	Warenlieferungen laut beiliegender Lieferkarte: Mai – Juni 20..		280,00
	10 % Rabatt		28,00
			252,00
	19 % USt		47,88
			299,88
	Bei Bezahlung innerhalb 10 Tagen abzüglich 6,00 EUR Skonto.		

Sitz der Gesellschaft: Chemnitz   Registergericht: Chemnitz: HRA 107   Steuer-Nr.: 54710/91520

137 Auf dem Bankkonto der Industriewerke Fritz Bleicher GmbH, 88212 Ravensburg geht eine Gutschrift von der Hans Merissen OHG, Ravensburg, ein:

1. Berechnen Sie den Skontobetrag und den Rechnungsbetrag!

2. Bilden Sie die Buchungssätze aus der Sicht der Fritz Bleicher GmbH für die Zahlungsein- und -ausgänge!

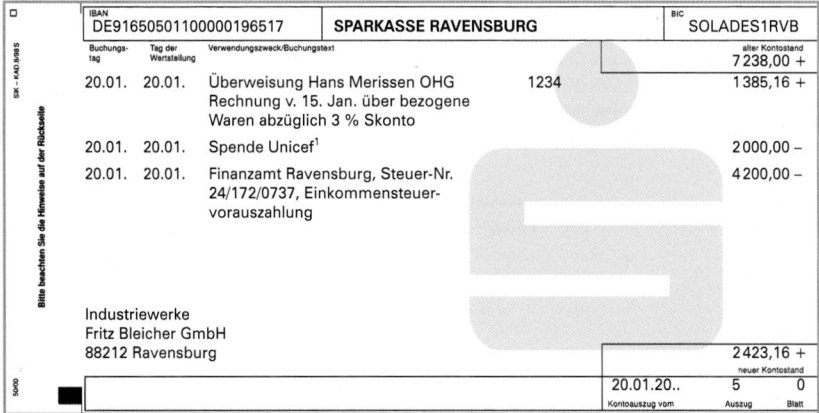

---

1 Spenden stellen für Kapitalgesellschaften Betriebsausgaben dar.

138 1. Formulieren Sie aufgrund der Belege den jeweils zugrunde liegenden Geschäftsvorfall!

2. Buchen Sie die Geschäftsvorfälle im Grundbuch der Fahrradfabrik Fritz Schnell e. Kfm!

Beleg 1

EPPLE WERKE GMBH ROSTOCK

Fahrradfabrik
Fritz Schnell e. Kfm.
Rohrstr. 14
28757 Bremen

Rechnung Nr. 1420   **Rostock: 5. März 20. .**

Sehr geehrter Herr Schnell,

aufgrund Ihrer Reklamation über gelieferte Schmiermittel erhalten Sie eine Gutschrift:

15 % von 4 500,00 EUR

Warenwert	675,00 EUR
+ 19 % USt	128,25 EUR
	803,25 EUR

Mit freundlichen Grüßen

i. V. *Wennel*

Sitz der Gesellschaft: Rostock   Registergericht Rostock: HRB 1612   St.-Nr.: 207/3080

Beleg 2

Einkaufsverband Bayern GmbH

85221 Dachau, Isarstraße 15 – 18

Fahrradfabrik
Fritz Schnell e. Kfm.
Rohrstr. 14
28757 Bremen   Dachau: 6. März 20..

Sehr geehrter Herr Schnell,

wir bestätigen die Rücksendung von zwei Stahlrahmen wegen Qualitätsmangel

Warenwert	995,80 EUR
+ 19 % USt	189,20 EUR
Gesamtwert	1 185,00 EUR

Bitte nehmen Sie eine entsprechende Verrechnung in Ihrer Buchhaltung vor.

Mit freundlichen Grüßen

ppa. *Franz Maier*

Sitz der Gesellschaft: Dachau   Registergericht Dachau: HRB 4080   St.-Nr.: 220/3456

Beleg 3

Werkstoffe Hans Waibel GmbH 99099 Erfurt

Fahrradfabrik
Fritz Schnell e. Kfm.
Rohrstr. 14
28757 Bremen   Erfurt: 4. März 20..

Sehr geehrter Herr Schnell,

Sie erhalten für bezogene Rohstoffe den Jahresbonus!

5 % von 165 000,00 EUR =	8 250,00 EUR
+ 19 % USt	1 567,50 EUR
Gesamtwert	9 817,50 EUR

Mit freundlichen Grüßen

i. A. *Weiss*

Beleg 4

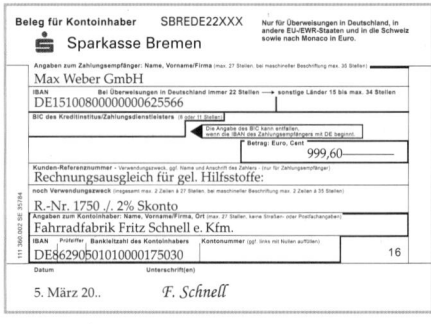

139 Buchen Sie im Grundbuch eines Großhandelsbetriebs:

1. 1.1 Ein Großhändler kauft 25 Damenjacken zu je 105,00 EUR zuzüglich 19 % USt auf Ziel.

    1.2 5 Jacken sind leicht beschädigt. Der Großhändler erhält vom Lieferer hierfür eine Gutschrift von 50,00 EUR zuzüglich 19 % USt je Jacke.

    1.3 2 Jacken sind so stark beschädigt, dass der Großhändler sie zurücksendet.

    1.4 Der Großhändler bezahlt die korrigierte Rechnung unter Abzug von 2 % Skonto durch Bankscheck.

2. 2.1 Ein Großhändler verkauft 30 Herrenmäntel zu je 210,00 EUR zuzüglich 19 % USt auf Ziel.

  2.2 Drei Mäntel sind leicht beschädigt. Der Kunde erhält hierfür eine Gutschrift von 60,00 EUR zuzüglich 19 % USt je Mantel.

  2.3 Ein Mantel ist so stark beschädigt, dass er zurückgenommen wird.

  2.4 Der Kunde bezahlt die Rechnung unter Abzug von 3 % Skonto durch Bankscheck.

140 Bilden Sie zu den folgenden Geschäftsvorfällen die Buchungssätze:

1. Von der bereits gebuchten Lieferung von Waren schicken wir einen Posten falsch gelieferte Ware zurück, wofür uns der Lieferer folgende Gutschrift erteilt:

Gutschrift für Retouren:	Warenwert	380,00 EUR
	+ 19 % USt	72,20 EUR
	Bruttowert	452,20 EUR

2. Wir erhalten auf unsere Rohstoffeinkäufe den vierteljährlichen Umsatzbonus in Form folgender Gutschrift:

   Bruttowert der Rohstofflieferung: 89 250,00 EUR
   Darauf Umsatzbonus 7,5 % = 6 693,75 EUR

3. Aufgrund unserer Reklamation erhalten wir auf eine bereits gebuchte Hilfsstofflieferung einen Preisnachlass in Form einer Gutschrift in Höhe des Nettowertes von 750,00 EUR. Der Umsatzsteuersatz beträgt 19 %.

4. Eine noch ausstehende Rechnung für den Bezug von Rohstoffen über 7 735,00 EUR zahlen wir unter Abzug von 2 % Skonto per Banküberweisung.

5. Einkauf von Rohstoffen auf Ziel zum Nettowert von 33 333,33 EUR. Der Lieferer gewährt 10 % Rabatt und stellt für Fracht und Verpackung 800,00 EUR in Rechnung. Der Umsatzsteuersatz beträgt 19 %.

6. Aufgrund der Reklamation einer bereits gebuchten Lieferung von Hilfsstoffen erhalten wir folgende Gutschrift:

   Gutschrift wegen Reklamation einschließlich 19 % USt 838,95 EUR.

7. Eine noch ausstehende Rechnung für erhaltene Waren über 5 355,00 EUR begleichen wir unter Abzug von 2 % Skonto durch Banküberweisung.

3.2.3 Buchungen bei der Aufnahme und Rückzahlung von Krediten

(1) Vorausinformationen

■ **Buchung der Zinsen**

Im Allgemeinen kommt für einen langfristigen Kredit (Darlehen) eine Bank als Kreditgeber infrage, gelegentlich auch ein Lieferer. Für die Gewährung von Krediten berechnet der Kreditgeber Zinsen. Die **Zinsen** sind für den Kreditnehmer **Aufwendungen,** die auf einem entsprechenden Aufwandskonto **(7510 Zinsaufwendungen)** zu erfassen sind.

Die Darlehensschuld verändert sich durch die Zinszahlung nicht. Sie verändert sich nur, wenn **Rückzahlungsbeträge** geleistet werden. Die Zahlung von Tilgungsbeträgen ist erfolgsunwirksam. Sind in dem vereinbarten Rückzahlungsbetrag sowohl der Zinsanteil als auch der Tilgungsanteil enthalten, wie das in der Praxis üblich ist **(Annuität),** dann muss zum Zwecke der sachgerechten Buchung der Rückzahlungsbetrag in seine Einzelbestandteile zerlegt werden.

■ Buchung der Bearbeitungsgebühr

Neben den laufend zu zahlenden Zinsen berechnet die Bank im Allgemeinen auch eine einmalige Bearbeitungsgebühr. Die Bearbeitungsgebühr stellt für den Kreditnehmer einen Aufwand dar, der in der Buchführung auf einem entsprechenden Aufwandskonto (6750 Kosten des Geldverkehrs) zu erfassen ist.

■ Buchung des Disagios

Wird das Darlehen nicht mit dem vollen Nennbetrag ausgezahlt, sondern ein bestimmter Prozentsatz als sogenanntes **Disagio** (auch **Damnum**[1] genannt) einbehalten, bedeutet dies für den Kreditnehmer einen zusätzlichen Aufwand. Da diese Aufwendungen für die gesamte Laufzeit des Darlehens anfallen, können sie nicht schon im Jahr der Darlehensaufnahme in voller Höhe als Aufwand erfasst werden. Sie werden daher bei der Darlehensauszahlung zunächst als Aktivposten auf dem Konto **2900 Aktive Jahresabgrenzung (AJA)**[2] erfasst und dann gemäß der Laufzeit des Darlehens anteilmäßig als Aufwand umgebucht.

(2) Darstellung der Buchungsvorgänge

Beispiel 1:[3]

Wir nehmen bei unserer Hausbank ein Darlehen in Höhe von 100 000,00 EUR auf. Die Bank berechnet einen Zinssatz von 9,5 %. Die Jahreszinsen in Höhe von 9 500,00 EUR sind jeweils in Raten in Höhe von 4 750,00 EUR halbjährlich zu zahlen. Die Rückzahlung erfolgt vierteljährlich in Raten von 500,00 EUR. Als einmalige Bearbeitungsgebühr, die gesondert in Rechnung gestellt wird, berechnet die Bank 0,4 % von der Darlehenssumme. Die Darlehenssumme wird ungekürzt auf unser Bankkonto überwiesen.

Aufgaben:

Bilden Sie zu den einzelnen Vorgängen den Buchungssatz!

Lösungen:

Nr.	Geschäftsvorfälle	Konten	Soll	Haben
1.	Wir erhalten das Darlehen in Höhe von 100 000,00 EUR auf unser Bankkonto überwiesen.	2800 Bank an 4250 Langfr. Bankver- bindlichkeiten	100 000,00	100 000,00
2.	Die Bearbeitungsgebühr in Höhe von 400,00 EUR wird per Bank überwiesen.	6750 Kosten des Geld- verkehrs an 2800 Bank	400,00	400,00
3.	Wir zahlen die 1. Zinsrate in Höhe von 4 750,00 EUR per Banküberweisung.	7510 Zinsaufwendungen an 2800 Bank	4 750,00	4 750,00
4.	Wir zahlen die 1. Tilgungsrate in Höhe von 500,00 EUR durch Banküberweisung.	4250 Langfr. Bankver- bindlichkeiten an 2800 Bank	500,00	500,00

1 Das Disagio (Damnum) stellt eine Kürzung des auszuzahlenden Darlehensbetrags dar und soll insbesondere den Nominalzins absenken. Es handelt sich um eine laufzeitabhängige Zinsvorauszahlung.

2 Auf dem Konto Aktive Jahresabgrenzung (AJA) werden die im alten Geschäftsjahr **gezahlten Aufwendungen,** die wirtschaftlich für eine bestimmte Zeit dem **neuen Geschäftsjahr zuzurechnen** sind, erfasst. Zu Einzelheiten siehe S. 228f. und S. 230f.

3 Die Gewährung von Krediten (Darlehen) einschließlich der Zinsen und Bearbeitungskosten sind von der Umsatzsteuer befreit.

Beispiel 2:

Wir nehmen am 5. Januar ein Darlehen bei unserer Bank in Höhe von 60 000,00 EUR auf. Auszahlungssatz: 96 %. Laufzeit 4 Jahre. Das Damnum in Höhe von 2 400,00 EUR wird aktiviert und als Zinsaufwand auf die Laufzeit des Darlehens verteilt (abgeschrieben).

Aufgaben:

1. Bilden Sie den Buchungssatz bei der Darlehensaufnahme am 5. Januar!

2. Bilden Sie den Buchungssatz am Bilanzstichtag 31. Dezember!

3. Ermitteln Sie die Bilanzwerte, die sich hinsichtlich des Darlehens am Ende des ersten Jahres ergeben!

Lösungen:

Zu 1.: Buchung am 5. Januar

Konten	Soll	Haben
2800 Bank	57 600,00	
2900 Aktive Jahres- abgrenzung	2 400,00	
an 4250 Langfristige Bankverbindl.		60 000,00

Zu 2.: Buchung am 31. Dezember

Konten	Soll	Haben
7590 Sonst. zinsähnl. Aufwendungen	600,00	
an 2900 Aktive Jahres- abgrenzung		600,00

Zu 3.: Bilanzwerte am Ende des 1. Jahres

4250 Langfr. Bankverbindlichk.	60 000,00 EUR
2900 Aktive Jahresabgrenzung	1 800,00 EUR

Erläuterungen zu 1.:

■ Die Darlehensschuld muss mit dem Rückzahlungswert von 60 000,00 EUR auf dem Konto **4250 Langfristige Bankverbindlichkeiten** passiviert werden.

■ Das Damnum in Höhe von 2 400,00 EUR wird auf dem Konto **2900 Aktive Jahresabgrenzung** aktiviert und auf die vierjährige Laufzeit aufgeteilt.

■ Die Auszahlung in Höhe von 57 600,00 EUR wird als Guthaben auf dem Konto **2800 Bank** gebucht.

Erläuterungen zu 2.:

■ Jeweils am 31. Dezember wird vom Konto **2900 Aktive Jahresabgrenzung** der zeitanteilige Jahresbetrag in Höhe von 600,00 EUR abgeschrieben.

■ Da das Damnum betriebswirtschaftlich als ein „Zinsvoraus" zu verstehen ist, wird als Gegenkonto das Aufwandskonto **7590 Sonstige zinsähnliche Aufwendungen** angesprochen.

Übungsaufgabe

141 Buchen Sie im Grundbuch eines Industriebetriebs die folgenden Geschäftsvorfälle:

1. Vereinbarungsgemäß überweist uns die Bank das gewährte Darlehen in Höhe von 75 000,00 EUR auf unser Bankkonto.

2. An Bearbeitungsgebühr für die Darlehensgewährung belastet die Bank unser Konto mit 375,00 EUR.

3. Im Rückzahlungsbetrag von 2 687,50 EUR, den wir durch Banküberweisung zahlen, beträgt der Tilgungsanteil 1 000,00 EUR.

4. Das Unternehmen nimmt am 10. März ein Bankdarlehen in Höhe von 150 000,00 EUR auf. Auszahlungssatz 97 %. Laufzeit 6 Jahre. Das Damnum (Disagio) ist planmäßig auf die Laufzeit des Darlehens zu verteilen.

   4.1 Buchen Sie die Darlehensaufnahme am 10. März!

   4.2 Buchen Sie am Bilanzstichtag 31. Dezember und geben Sie die Bilanzwerte an!

3.2.4 Kaufmännische Zinsrechnung

3.2.4.1 Einführung in die Zinsrechnung

Beispiel:

Ein Kaufmann nimmt bei seiner Hausbank ein Darlehen in Höhe von 45 000,00 EUR auf. Laufzeit: ein Jahr. Die Bank berechnet ein Disagio von 1,5 % (675,00 EUR) und einen Zinssatz von 8 % (3 600,00 EUR).

Prozentrechnung ⟶	Grundwert	Prozentsatz		Prozentwert
↓	↓	↓		↓
Disagio	45 000,00 EUR	1,5 %		675,00 EUR
Zinsen	45 000,00 EUR	8 %	1 Jahr	3 600,00 EUR
↑	↑	↑	↑	↑
Zinsrechnung ⟶	Kapital	Zinssatz (Zinsfuß)	Zeit	Zinsen

- Bei der Berechnung von Zinsen muss der Faktor **Zeit** (Jahr, Monat, Tag) berücksichtigt werden. (Der Faktor Zeit fehlt in der Prozentrechnung.)

- **Zinsen** sind der Preis für die Nutzung eines Kapitals für eine bestimmte Zeit (entspricht dem Prozentwert in der Prozentrechnung).

- Das **Kapital** ist die zur Nutzung überlassene Geldsumme. Sie ist immer 100 % (entspricht dem Grundwert in der Prozentrechnung).

- Der **Zinssatz** (Zinsfuß) sagt aus, wie viel Prozent Zinsen ein Kapital von 100,00 EUR in einem Jahr erbringt (z. B. für den Sparer) bzw. kostet (z. B. für den Kreditnehmer). Der Zinssatz bezieht sich immer auf ein Jahr (entspricht dem Prozentsatz in der Prozentrechnung).

  Der Zinssatz von z. B. 8 % bedeutet, dass ein Kapital von 100,00 EUR in einem Jahr Zinsen in Höhe von 8,00 EUR erbringt bzw. kostet.

Die Zinsrechnung ist somit eine Anwendung der Prozentrechnung unter Berücksichtigung der Zeit. Von den Größen Kapital, Zinsfuß, Zinsen und Zeit müssen stets **drei Größen** in der Aufgabe gegeben sein, um die vierte Größe mithilfe des Dreisatzes errechnen zu können.

3.2.4.2 Berechnung der Zinsen mit der allgemeinen Zinsformel

(1) Berechnung der Jahreszinsen

Beispiel:

Ein Industrieunternehmen plant die Erstellung einer neuen Lagerhalle. Hierzu benötigt das Unternehmen einen Bankkredit in Höhe von 270 000,00 EUR. Die Laufzeit des Kredits beträgt 5 Jahre. Die Hausbank bietet den Kredit zu einem festen Zinssatz über die gesamte Laufzeit in Höhe von 7,5 % an. Die Rückzahlung erfolgt am Ende der Laufzeit in einer Summe.

Aufgabe:

Berechnen Sie den Zinsaufwand insgesamt in den 5 Jahren!

Lösung:

Gegeben: Kapital: 270 000,00 EUR
Zinssatz: 7,5 %
Zeit: 5 Jahre

Gesucht: Zinsen: ?

Für 100,00 EUR sind in 1 Jahr 7,50 EUR Zinsen fällig
Für 270 000,00 EUR sind in 5 Jahren x EUR Zinsen fällig

Berechnung der Jahreszinsen mithilfe der Formel:

$$x = \frac{7,5 \cdot 270\,000 \cdot 5}{100 \cdot 1} = \overset{\text{durch Umstellung}}{\underset{\text{erhält man}}{\longrightarrow}} \qquad \text{Jahreszinsen} = \frac{\text{Kapital} \cdot \text{Zinssatz} \cdot \text{Jahre}}{100}$$

$x = \underline{101\,250,00 \text{ EUR}}$

Ergebnis: Der Kredit kostet in 5 Jahren insgesamt 101 250,00 EUR an Zinsen.

Übungsaufgabe

142 1. Berechnen Sie die Zinsen für die folgenden Kapitalien!

Nr.	Kapital	Zinssatz	Zeit	Nr.	Kapital	Zinssatz	Zeit
1.1	4 347,00 EUR	$8^1/_2$ %	3 Jahre	1.4	3 480,00 EUR	$4^3/_4$ %	$2^1/_4$ Jahre
1.2	6 165,00 EUR	4 %	$2^1/_2$ Jahre	1.5	2 790,00 EUR	$9^2/_3$ %	$1^3/_4$ Jahre
1.3	10 185,00 EUR	$3^1/_3$ %	6 Jahre	1.6	9 071,00 EUR	$5^1/_4$ %	$3^1/_3$ Jahre

2. Ein Unternehmen hat seinen Kunden die nachfolgenden Kredite eingeräumt:

2.1 5 180,00 EUR für $3^3/_4$ Jahre zum Zinssatz von $6^1/_2$ %

2.2 8 400,00 EUR für $1^2/_3$ Jahre zum Zinssatz von $4^3/_4$ %

2.3 3 800,00 EUR für $2^1/_4$ Jahre zum Zinssatz von $7^1/_2$ %

2.4 4 180,00 EUR für $1^1/_2$ Jahre zum Zinssatz von 3 %

Wie viel EUR betragen die zu erwartenden Zinserträge (ohne Zinseszinsen)?

3. Ein Industrieunternehmen hat zur Finanzierung eines Anbaus einen Kredit in Höhe von 260 000,00 EUR aufgenommen. Die Laufzeit beträgt $5^1/_2$ Jahre.

Wie viel EUR an Zinsen müssen insgesamt aufgewendet werden, wenn das Darlehen mit $9^1/_2$ % verzinst werden muss?

4. Auf dem Geschäftsgebäude der Druckerei Schlecht lasten zwei Grundschulden über 24 000,00 EUR (zu $8^1/_2$%) und 32 400,00 EUR (zu $7^5/_8$%).

   Wie viel EUR beträgt die jährliche Zinsbelastung?

5. Ein Kaufmann hat einen Bankkredit von 8 500,00 EUR zu einem Zinssatz von 9,5 % aufgenommen. Die Bankabrechnung erfolgt vierteljährlich.

   Wie viel EUR an Zinsen muss er vierteljährlich zahlen?

(2) Berechnung der Monatszinsen

Beispiel:

Ein Großhändler legt 48 000,00 EUR für die Zeit vom 31. Juli bis 31. Dezember als Termingeld an. Die Hausbank verzinst das Termingeld mit $6^1/_4$%.

Aufgabe:

Berechnen Sie die Zinsgutschrift am Ende der Laufzeit!

Lösung:

Gegeben: Kapital: 48 000,00 EUR
            Zinssatz: $6^1/_4$%
            Zeit: 31. Juli – 31. Dez. = 5 Monate

Gesucht: Zinsen: ?

Für   100,00 EUR erhalten wir in 12 Monaten 6,25 EUR Zinsen **Berechnung der Monatszinsen**
Für 48 000,00 EUR erhalten wir in 5 Monaten   x EUR Zinsen **mithilfe der Formel:**

$$x = \frac{6{,}25 \cdot 48\,000 \cdot 5}{100 \cdot 12} \xrightarrow[\text{erhält man}]{\text{durch Umstellung}} \text{Monatszinsen} = \frac{\text{Kapital} \cdot \text{Zinssatz} \cdot \text{Monate}}{100 \cdot 12}$$

x = 1 250,00 EUR

Ergebnis: Die Zinsgutschrift beträgt 1 250,00 EUR.

Übungsaufgabe

143 1. Berechnen Sie die Zinsen für die folgenden Kapitalien!

Nr.	Kapital	Zinssatz	Zeit	Nr.	Kapital	Zinssatz	Zeit
1.1	287,00 EUR	$6^1/_2$%	10 Monate	1.4	685,00 EUR	$7^1/_2$%	5 Monate
1.2	1 460,00 EUR	$5^5/_8$%	8 Monate	1.5	820,00 EUR	5 %	4 Monate
1.3	3 100,00 EUR	$3^2/_3$%	11 Monate	1.6	1 260,00 EUR	$2^3/_8$%	3 Monate

2. Ein Kaufmann hat zur Finanzierung eines Großeinkaufs einen Kredit in Höhe von 12 500,00 EUR zu $8^3/_4$% bei seiner Hausbank aufgenommen. Die Laufzeit beträgt $4^1/_2$ Monate.

   Welchen EUR-Betrag hat der Kaufmann nach Ablauf dieser Zeit an die Bank zurückzuzahlen?

3. Ein Kunde hat seit $8^1/_2$ Monaten seinen Rechnungsbetrag in Höhe von 1 280,00 EUR nicht beglichen. Der Kaufmann treibt den Betrag per Mahnbescheid ein.

   Auf welchen EUR-Betrag lautet der Mahnbescheid, wenn der Kaufmann 8 % Zinsen und 14,60 EUR für Auslagen und Gebühren einrechnet?

4. Die Leder-Straub GmbH hat 45 800,00 EUR für 3 Monate als Termingeld zu $2^3/_8$ % angelegt. Wie viel EUR beträgt die Gutschrift der Bank nach Ablauf der Anlagezeit?

5. Für eine Investition benötigt ein Industriebetrieb einen Kredit in Höhe von 19 200,00 EUR für 10 Monate. Der Inhaber erhält von drei Banken folgende Angebote:

   1. Angebot der Bank A: $8^1/_4$ % Zinsen.

   2. Angebot der Bank B: $6^1/_2$ % Zinsen + $1^1/_2$ % Bearbeitungsgebühr von der Kreditsumme

   3. Angebot der Bank C: Auszahlung: 19 200,00 EUR.
      Rückzahlung nach 10 Monaten 20 500,00 EUR

   Welches Angebot ist das günstigste?

6. Vom Lieferer haben wir die Stundung einer Rechnung über 8 140,00 EUR zu folgenden Bedingungen erhalten: Verzugszinsen $7^1/_2$ %, Laufzeit 11 Monate. Nach 3 Monaten nehmen wir eine Sonderzahlung über 3 500,00 EUR vor.

   Welcher EUR-Betrag ist nach Ablauf der Stundungsdauer noch zu überweisen?

(3) Berechnung der Tageszinsen

■ Tageberechnung

Für die Berechnung der Zinstage haben sich **verschiedene Verfahren** herausgebildet:

- Bei der **Kaufmännischen Zinsrechnung** wird das Jahr mit 360 Tagen und jeder Monat mit 30 Tagen angesetzt. Sie ist die Zinsrechnung unter Kaufleuten.

- Bei der **„Englischen Zinsrechnung" (BGB-Zinsformel)** wird das Jahr mit 365 (366) Tagen und die Monate werden mit der genauen Tageszahl (28, 29, 30, 31) angesetzt. Sie ist die Zinsrechnung unter Privatpersonen (Nicht-Kaufleute) und von Behörden. Das BGB legt diese Art der Zinsberechnung zugrunde.

- Bei der **„Eurozinsmethode" (Französische Zinsrechnung)** wird das Jahr mit 360 Tagen und die Monate werden mit der genauen Tageszahl (28, 29, 30, 31) angesetzt. Sie wird z. B. zur Abrechnung von Bundesanleihen mit variablem Zins verwendet.

■ Tageszinsberechnung nach der BGB-Zinsformel (Englische Methode) und nach der Euro-Zinsformel

Die BGB-Zinsformel und die Euro-Zinsformel unterscheiden sich von der Kaufmännischen Zinsformel nur durch eine andere Form der Tageberechnung. Es ergeben sich folgende Formeln:

$$\text{Kaufmännische Zinsformel} = \frac{\text{Kapital} \cdot \text{Zinssatz} \cdot \text{Tage (30)}}{100 \cdot 360}$$

$$\text{BGB-Zinsformel} = \frac{\text{Kapital} \cdot \text{Zinssatz} \cdot \text{Tage (28, 29, 30, 31)}}{100 \cdot 365 \ (366)}$$

$$\text{Euro-Zinsformel} = \frac{\text{Kapital} \cdot \text{Zinssatz} \cdot \text{Tage (28, 29, 30, 31)}}{100 \cdot 360}$$

16 Speth u.a. - ISBN 978-3-8120-0261-5

Beispiele für die Berechnung der Tage nach der Kaufmännischen Zinsrechnung:

■ 24. Juni – 8. Nov.	= 134 Tage	24. Juni – 24. Okt. sind 4 x 30	= 120 Tage	
		24. Okt. – 30. Okt.	= 6 Tage	
		30. Okt. – 8. Nov.	= 8 Tage	
			134 Tage	
■ 17. Jan. – 28. Febr.	= 41 Tage	17. Jan. – 17. Febr. sind 1 x 30	= 30 Tage	
		17. Febr. – 28. Febr.	= 11 Tage	
			41 Tage	
■ 28. Febr. – 15. März	= 17 Tage	Beim Überschreiten des Monats Februar wird mit 30 Tagen gerechnet. Geht die Verzinsung bis zum 28. Februar, werden nur 28 Tage angesetzt (im Schaltjahr dementsprechend 29 Tage).		
■ 1. Jan. – 28. Febr.	= 57 Tage			

■ **Tageszinsberechnung nach der Kaufmännischen Zinsrechnung**

Beispiel:

Ein Unternehmen kauft Waren im Wert von 2 460,00 EUR. Es erhält ein Zahlungsziel bis zum 27. Jan. Die Zahlung erfolgt erst am 2. Mai. Der Lieferer berechnet Verzugszinsen in Höhe von 6 %.

Aufgabe:

Berechnen Sie den EUR-Betrag, den der Kaufmann am 2. Mai zu überweisen hat!

Lösung:

Gegeben: Kapital: 2 460,00 EUR
Zinssatz: 6 %
Tage: 27. Jan. – 2. Mai = 95 Tage

Gesucht: Zinsen: ?

Für 100,00 EUR in 360 Tagen 6,00 EUR Zinsen
Für 2 460,00 EUR in 95 Tagen x EUR Zinsen

$$x = \frac{6 \cdot 2460 \cdot 95}{100 \cdot 360}$$

durch Umstellung erhält man →

$$x = \underline{38,95 \text{ EUR}}$$

Berechnung der Tageszinsen mithilfe der Kaufmännischen Zinsformel:

$$\text{Tageszinsen} = \frac{\text{Kapital} \cdot \text{Zinssatz} \cdot \text{Tage}}{100 \cdot 360}$$

abgekürzt:

$$Z = \frac{K \cdot p \cdot t}{100 \cdot 360}$$

Ergebnis: Der Überweisungsbetrag lautet über 2 498,95 EUR (2 460,00 EUR + 38,95 EUR).

Übungsaufgabe[1]

144 1. Berechnen Sie die Laufzeit eines Kredits nach der Kaufmännischen Zinsrechnung:

      1.1 vom   6. Febr. – 28. Febr.   1.5 vom 13. Juli   – 1. Mai

      1.2 vom 17. April – 1. Aug.   1.6 vom 30. Jan. – 29. Febr.

      1.3 vom 28. Sept. – 31. Dez.   1.7 vom 23. Nov. – 5. Juni

      1.4 vom 19. Nov. – 20. Dez.   1.8 vom 10. Dez. – 1. April

2. Wie viel EUR betragen die Rückzahlungsbeträge einschließlich Zinsen bei den nachfolgenden Krediten?

      2.1   5 800,00 EUR vom 31. Mai – 2. Aug., Zinssatz $4^3/_4$ %

      2.2 14 760,00 EUR vom 19. Sept. – 5. März, Zinssatz 8 %

      2.3   945,00 EUR vom 30. Jan. – 3. April, Zinssatz $2^1/_4$ %

3. Franz Marget schuldet seinem Freund Heinz Mennel 2 480,00 EUR seit dem 12. April.

    Wie viel EUR Verzugszinsen muss Franz Marget seinem Freund Heinz Mennel am 1. Juni bei einem Zinssatz von $6^1/_2$ % überweisen, wenn die Zinsberechnung nach der BGB-Zinsformel[2] erfolgt (kein Schaltjahr)?

4. Ein Kaufmann bittet einen Lieferer um Stundung des Rechnungsbetrages vom 15. Januar – 8. April. Der Rechnungsbetrag beläuft sich auf 10 580,00 EUR. Der Lieferer stimmt zu und berechnet für die Stundungszeit $5^1/_4$ % Zinsen.

    Wie viel EUR beträgt der zu zahlende Rechnungsbetrag einschließlich Zinsen, wenn die Zinsberechnung nach der Euro-Zinsformel[3] erfolgt (kein Schaltjahr)?

5. Eine Liefererrechnung über 2 150,00 EUR, fällig am 20. Juli, wurde durch ein Versehen der Buchhaltung nicht rechtzeitig gezahlt. Am 10. September erfolgt eine Mahnung des Lieferers. Der Lieferer fordert 5 % Verzugszinsen und Ersatz seiner Auslagen in Höhe von 10,80 EUR.

    Über welchen EUR-Betrag lautet die Mahnung?

6. Der Möbelhändler August Braun e. Kfm. geht am 25. September die Kundenkonten durch und stellt fest, dass der Kunde Emil Mayr eine am 13. Mai fällige Rechnung über 630,00 EUR noch nicht beglichen hat.

    Über welchen EUR-Betrag ist die Mahnung auszuschreiben, wenn der Möbelhändler 6 % Verzugszinsen berechnet?

7. Igor Wetzel begleicht ein privates Darlehen seines Bekannten Fabian Pröll über 1 224,00 EUR, fällig am 15. April, nicht.

    Welchen EUR-Betrag kann Fabian Pröll am 20. Juni fordern, wenn 6,6 % Verzugszinsen und 6,50 EUR Mahnkosten in Rechnung gestellt werden sollen? Die Berechnung der Zinsen erfolgt nach der BGB-Zinsformel. Es liegt ein Schaltjahr vor.

---

1 Sofern keine andere Angabe vorgegeben wird, gehen wir bei allen nachfolgenden Aufgaben von der **Kaufmännischen Zinsberechnung** aus.

2 Vgl. hierzu S. 241.

3 Vgl. hierzu S. 241.

8. Ein Sparguthaben wird mit 3,5 % verzinst. Zu Beginn des Jahres betrug das Guthaben 5 200,00 EUR. Am 20. Mai erfolgte eine Einzahlung von 1 300,00 EUR.

   Wie viel EUR an Zinsen werden uns am 31. Dezember von der Bank gutgeschrieben?

9. Ein Großhändler erweitert zum 15. Okt. sein Geschäft. Dazu nahm er am 1. Okt. bei seiner Hausbank einen Kredit von 30 000,00 EUR auf, der mit 8,25 % zu verzinsen ist.

   Wie viel EUR beträgt seine Schuld einschließlich Zinsen zum 21. September des folgenden Jahres, wenn der Zinssatz am 10. Februar auf 8,75 % angehoben worden ist und der Großhändler am 10. Februar 18 000,00 EUR zurückgezahlt hat? Die Berechnung der Zinsen erfolgt nach der Euro-Zinsformel. Es liegt ein Schaltjahr vor.

10. Ein Kaufmann erhält am 5. November von seiner Bank ein Darlehen über 20 000,00 EUR. Am 26. Februar des folgenden Jahres zahlt er 7 500,00 EUR, am 15. März 5 000,00 EUR und am 1. April weitere 2 000,00 EUR zurück. Am 23. April tilgt er den Rest. Der Zinssatz betrug bis zum 15. März $6^2/_3$ %, danach $7^1/_2$ %.

    Wie teuer kommt dem Kaufmann der gesamte Kredit, wenn die Bank noch eine einmalige Bereitstellungsgebühr von 1 % aus der Kreditsumme verlangt?

3.2.4.3 Berechnung der Größen Kapital, Zinssatz und Zeit

(1) Berechnung des Kapitals nach der Kaufmännischen Zinsrechnung

Beispiel:

Ein Kaufmann erhält am 28. Februar von einem Lieferer für eine nicht rechtzeitig bezahlte Lieferung eine Rechnung über 278,10 EUR Verzugszinsen. Der Lieferer rechnete mit einem Zinssatz von 6 %. Die Liefererrechnung ist am 15. November des Vorjahres fällig gewesen.

Aufgabe:

Berechnen Sie den Rechnungsbetrag!

Lösung:

Gegeben: Zinsen: 278,10 EUR
Zinssatz: 6 %
Zeit: 15. Nov. – 28. Febr. = 103 Tage

Gesucht: Kapital: ?

6,00 EUR in 360 Tagen bei 100,00 EUR
278,10 EUR in 103 Tagen bei   x   EUR

$x = \dfrac{100 \cdot 278,10 \cdot 360}{6 \cdot 103}$ durch Umstellung erhält man →

Berechnung des Kapitals mithilfe der Kaufmännischen Zinsformel:[1]

$\text{Kapital} = \dfrac{\text{Zinsen} \cdot 100 \cdot 360}{\text{Tage} \cdot \text{Zinssatz}}$

$x = \underline{16\,200,00 \text{ EUR}}$

Ergebnis: Die Rechnung lautete über 16 200,00 EUR.

---

1 **BGB-Zinsformel:**

$\text{Kapital} = \dfrac{\text{Zinsen} \cdot 100 \cdot 365\,(366)}{\text{Tage }(28, 29, 30, 31) \cdot \text{Zinssatz}}$

Euro-Zinsformel:

$\text{Kapital} = \dfrac{\text{Zinsen} \cdot 100 \cdot 360}{\text{Tage }(28, 29, 30, 31) \cdot \text{Zinssatz}}$

Anmerkung: Herleitung der Formel aus der allgemeinen Zinsformel:

$$Z = \frac{K \cdot p \cdot t}{100 \cdot 360} \qquad \text{oder:} \quad Z \cdot 100 \cdot 360 = K \cdot p \cdot t$$

$$\text{oder:} \quad \frac{Z \cdot 100 \cdot 360}{t \cdot p} = K$$

$$\text{oder:} \quad K = \frac{Z \cdot 100 \cdot 360}{t \cdot p}$$

Übungsaufgabe

145 1. Berechnen Sie das Kapital aufgrund der nachfolgenden Angaben!

Nr.	Zinsen	vom – bis		Zinsfuß
1.1	16,20 EUR	15. April	– 1. Juli	$4^{1}/_{2}\%$
1.2	184,40 EUR	1. Juni	– 31. Oktober	$8\ \ \%$
1.3	144,20 EUR	22. Juni	– 10. Dezember	$5^{3}/_{4}\%$
1.4	290,50 EUR	17. Januar	– 31. März	$3^{1}/_{3}\%$
1.5	52,70 EUR	2. Februar	– 29. Februar	$6^{2}/_{3}\%$

2. Welchen Sparbetrag muss man bei $6^{1}/_{2}\%$iger Verzinsung anlegen, damit man nach vier Monaten eine Zinsgutschrift von 220,35 EUR erhält?

3. Der Pächter einer Lagerhalle muss für die Zeit vom 2. April – 18. Juli eine Pachtsumme von 10 800,00 EUR entrichten. Der Pacht ist der Gedanke zugrunde gelegt, dass sich das Objekt zu $5^{3}/_{4}\%$ verzinsen soll. Die Berechnung erfolgt nach der BGB-Zinsformel. Kein Schaltjahr.

    Mit welchem Wert wurde die Lagerhalle angesetzt?

4. Ein säumiger Kunde überweist einem Lieferer insgesamt 431,00 EUR. Dieser Betrag enthält 8 % Verzugszinsen für 56 Tage sowie 5,40 EUR für Auslagen.

    Wie viel EUR betrug der Rechnungsbetrag?

5. Zum Kauf eines Lieferwagens nimmt der Zeitungsgroßhändler Klug am 15. Januar ein Darlehen zu $8^{1}/_{2}\%$ bei seiner Hausbank auf. Er zahlt es am 21. Juli zurück. Für das Darlehen muss er 604,50 EUR Zinsen bezahlen. Die Abrechnung erfolgt nach der Euro-Zinsformel. Kein Schaltjahr.

    Wie viel EUR betrug das Darlehen?

6. Ein Kaufmann hat am 17. Juli einen Kredit zu $7^{1}/_{5}\%$ in Anspruch genommen. Der Kredit wurde am 2. Dezember zuzüglich 145,80 EUR Zinsen zurückgezahlt. Die Zinsberechnung erfolgt nach der Euro-Zinsformel. Es liegt ein Schaltjahr vor.

    Wie viel EUR betrug der Kredit?

7. Eine Fahrradreparaturwerkstatt wird zum Verkauf angeboten. Der durchschnittliche monatliche Reingewinn beläuft sich auf 4 500,00 EUR. Für langfristig angelegtes Kapital beträgt der Zinssatz derzeit 6 %.

    Wie viel EUR würde ein Käufer bei diesen Voraussetzungen höchstens bezahlen?

8. Der Kaufmann Fritz Alt möchte sich zur Ruhe setzen. Er möchte sein Geschäft verkaufen und den Erlös so anlegen, dass er monatlich 3 250,00 EUR Zinserträge erhält.

    Welchen Erlös muss er beim Verkauf seines Geschäftes erzielen, wenn er mit einer durchschnittlichen Verzinsung der Anlage von 4,8 % rechnet?

(2) Berechnung des Zinssatzes

■ Berechnung des Nominalzinssatzes nach der Kaufmännischen Zinsrechung

Beispiel:

Für die verspätete Zahlung einer Liefererrechnung in Höhe von 6 150,00 EUR wird ein Kaufmann vom Lieferer mit Verzugszinsen in Höhe von 51,25 EUR belastet. Der Zahlungstermin wurde um 60 Tage überschritten.

Aufgabe:

Berechnen Sie den Zinssatz, den der Lieferer zugrundelegt!

Lösung:

Gegeben: Zinsen: 51,25 EUR
Kapital: 6 150,00 EUR
Tage: 60 Tage

Gesucht: Zinssatz: ?

Für 6 150,00 EUR in 60 Tagen 51,25 EUR Zinsen
Für 100,00 EUR in 360 Tagen x EUR Zinsen

$$x = \frac{51{,}25 \cdot 100 \cdot 360}{6150 \cdot 60}$$

Berechnung des Zinssatzes mithilfe der Kaufmännischen Zinsformel:[1]

$$\text{Zinssatz} = \frac{\text{Zinsen} \cdot 100 \cdot 360}{\text{Kapital} \cdot \text{Tage}}$$

x = 5,00 EUR für 100,00 EUR Kapital im Jahr; d.h., der Zinssatz beträgt 5 %.

Ergebnis: Der zugrunde gelegte Zinssatz des Lieferers beträgt 5 %.

Anmerkung: Herleitung der Formel aus der allgemeinen Zinsformel:

$$Z = \frac{K \cdot p \cdot t}{100 \cdot 360} \qquad \text{oder:} \quad Z \cdot 100 \cdot 360 = K \cdot p \cdot t$$

$$\text{oder:} \quad \frac{Z \cdot 100 \cdot 360}{K \cdot t} = p$$

$$\text{oder:} \quad p = \frac{Z \cdot 100 \cdot 360}{K \cdot t}$$

---

[1] **BGB-Zinsformel:**

$$\text{Zinssatz} = \frac{\text{Zinsen} \cdot 100 \cdot 365 \, (366)}{\text{Kapital} \cdot \text{Tage} \, (28, 29, 30, 31)}$$

Euro-Zinsformel:

$$\text{Zinssatz} = \frac{\text{Zinsen} \cdot 100 \cdot 360}{\text{Kapital} \cdot \text{Tage} \, (28, 29, 30, 31)}$$

Übungsaufgabe

146   1.   Berechnen Sie den Zinssatz aufgrund der nachfolgenden Angaben!

Nr.	Kapital	vom – bis	Zinsen
1.1	3 440,80 EUR	23. März – 29. Juli	59,70 EUR
1.2	790,50 EUR	2. Jan. – 15. Mai	22,70 EUR
1.3	12 970,00 EUR	15. Nov. – 1. März	294,20 EUR
1.4	2 150,80 EUR	31. März – 29. Mai	24,10 EUR
1.5	48 500,00 EUR	13. März – 30. Juli	681,50 EUR

2.   Ein Hersteller hat ein Kapital von 45 000,00 EUR als Termingeld vom 15. Februar – 30. Juni bei der Bank angelegt und erhält eine Zinsgutschrift von 911,25 EUR.

     Welcher Zinssatz war vereinbart?

3.   Zu welchem Zinssatz war ein Kapital von 43 200,00 EUR ausgeliehen, das vom 15. Januar bis zum 5. September 2 070,00 EUR Zinsen brachte? Die Zinsberechnung erfolgt nach der BGB-Zinsformel. Kein Schaltjahr.

4.   Zu welchem Zinssatz war ein Kapital von 18 500,00 EUR ausgeliehen, das vom 12. Mai bis zum 18. Dezember 777,00 EUR Zinsen brachte?

5.   Ein Kaufmann zahlt am 20. Juni ein Darlehen einschließlich der Zinsen mit 6 394,44 EUR zurück, das er am 11. März in Höhe von 6 240,00 EUR aufgenommen hatte.

     Zu welchem Zinssatz hatte er das Darlehen aufgenommen?

6.   Eine Bank räumte einem Kunden einen kurzfristigen Kredit in Höhe von 10 000,00 EUR ein, den dieser vom 15. Juni bis 30. August beanspruchte. Am 30. August zahlte der Kunde einschließlich der Zinsen 10 250,00 EUR zurück. Die Zinsberechnung erfolgt nach der Euro-Zinsformel.

     Wie viel Prozent betrug der Zinssatz?

7.   Die Grundsteuer über 6 400,00 EUR, fällig am 26. Februar, wird am 8. April einschließlich Verzugszinsen mit 6 444,80 EUR bezahlt. Die Zinsberechnung erfolgt nach der BGB-Zinsformel. Kein Schaltjahr.

     Wie viel Prozent Verzugszinsen wurden berechnet?

8.   Ein Hersteller gewährt einem Kunden 30 Tage Ziel für die Bezahlung der gelieferten Waren im Werte von 11 250,00 EUR mit Rechnungsdatum vom 14. September. Der Kunde zahlt die Rechnung am 29. Dezember einschließlich 187,50 EUR Verzugszinsen.

     Wie viel Prozent Verzugszinsen wurden berechnet?

9.   Der Großhändler Friedrich Gut hat auf dem Geschäftsgebäude eine Grundschuld über 85 400,00 EUR eingetragen. An Zinsen werden vierteljährlich 1 708,00 EUR fällig.

     Zu welchem Zinssatz muss die Grundschuld verzinst werden?

10.   Die Industriewerke Franz AG erhalten vom Rohstofflieferer eine Rechnung über 10 720,00 EUR, zahlbar innerhalb 30 Tagen netto, Rechnungsdatum 2. Nov. 20.. Die Industriewerke AG zahlen erst am 17. März des folgenden Jahres auf eine Mahnung des Rohstofflieferers, der 187,60 EUR Verzugszinsen berechnet.

     Welchen Zinssatz hat der Rohstofflieferer bei der Berechnung der Verzugszinsen zugrunde gelegt?

■ Berechnung des Effektivzinssatzes

Bei der Aufnahme von Krediten werden den Kreditnehmern in der Regel nicht nur Zinsen, sondern auch eine Bearbeitungsgebühr sowie sonstige Kosten wie Auslagen für Porto u. a. berechnet.

Um alternative Kreditangebote vergleichen zu können, ist es sinnvoll, die gesamten Kreditkosten als Zinssatz auszudrücken, um so den tatsächlichen Zinssatz, d. h. den Effektivzinssatz, zu erhalten.

Die Bank kann mit dem Kreditnehmer einen geringeren Auszahlungsbetrag (z. B. 98 %) im Vergleich zur beantragten Kreditsumme (100 %) vereinbaren. Der nicht ausbezahlte Prozentsatz (z. B. 2 %) wird **Damnum (Disagio)** oder **Abschlag** genannt. Da der Nominalzins aus 100 % der Kreditsumme berechnet wird und auch 100 % getilgt werden müssen – also Auszahlungsbetrag + Damnum –, stellt das Damnum einen **zusätzlichen Zinsaufwand** dar und führt somit zu einer **höheren Effektivverzinsung.**

Beispiel:

Für einen Kredit in Höhe von 90 000,00 EUR, der für 180 Tage in Anspruch genommen werden soll, berechnet die Stadtsparkasse Stuttgart 3 % Zinsen und ein Disagio von 2 %.

Aufgabe:

Berechnen Sie den effektiven Zinssatz!

Lösung:

Berechnung der tatsächlichen Kreditkosten

3 % Zinsen von 90 000,00 EUR für 180 Tage	1 350,00 EUR
2 % Disagio	1 800,00 EUR
Kreditkosten insgesamt	3 150,00 EUR

Berechnung des Effektivzinssatzes

$$\text{Effektiver Zinssatz} = \frac{3\,150 \cdot 100 \cdot 360}{88\,200 \cdot 180} = \underline{7,14\,\%}$$

Ergebnis: Der Kredit kostet 3 % nominal und 7,14 % effektiv.

$$\text{Effektiver Zinssatz} = \frac{\text{Kreditkosten} \cdot 100 \cdot 360}{\text{Auszahlungsbetrag} \cdot \text{Tage}}$$

Übungsaufgabe

147 1. Ein Kredit über 10 000,00 EUR wird nach 5 Jahren getilgt. Der Zinssatz beträgt 8 %, das Damnum 5 %.

Wie viel Prozent beträgt der effektive Jahreszinssatz?

2. Für die Erweiterung des Lagers benötigt ein Kaufmann für die Zeit vom 15. März – 20. Oktober einen Kredit in Höhe von 32 000,00 EUR. Auf seine Anfrage erhält der Kaufmann folgende Angebote:

1. Angebot: 9,75 % Zinsen + 0,3 % Damnum von der Kreditsumme
+ 24,67 EUR Auslagenersatz.

2. Angebot: 7,75 % Zinsen + 0,8 % Damnum von der Kreditsumme.

Bei beiden Angeboten wird die Bearbeitungsgebühr jeweils von der Kreditsumme einbehalten.

Berechnen Sie für beide Angebote den Effektivzinssatz, wenn die Zinsberechnung nach der Euro-Zinsformel erfolgt!

■ Umwandlung des Skontosatzes in einen Zinssatz

Der Skonto ist die Vergütung für den Verzicht auf das vom Lieferer gewährte Zahlungsziel. Da der Skonto in einem Prozentsatz, die Kosten für andere Kreditarten aber in einem Zinssatz angegeben werden, ist ein Kostenvergleich nur möglich, wenn man den Prozentsatz für den Skonto in einen effektiven Zinssatz umwandelt.

Beispiel 1:

Ein Großhändler erhält aufgrund einer Lieferung eine Rechnung über 2 000,00 EUR. Die Zahlungsbedingungen lauten: zahlbar innerhalb von 10 Tagen mit 2 % Skonto oder Zahlungsziel 30 Tage rein netto.

Aufgabe:

Ermitteln Sie, welchem Zinsfuß der gewährte Skonto von 2 % entspricht!

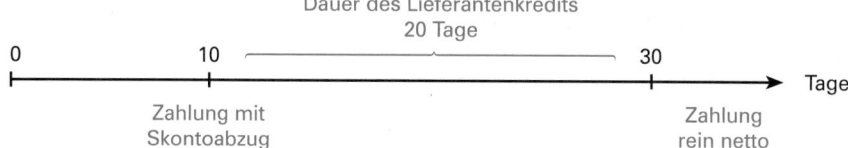

```
                    Dauer des Lieferantenkredits
                           20 Tage
   0              10  ┌──────────────────────┐  30
   ├──────────────┼──────────────────────────┼──────────────▶ Tage
         Zahlung mit                      Zahlung
         Skontoabzug                      rein netto
```

Um den Skonto in Anspruch nehmen zu können, genügt es, wenn die Rechnung am 10. Tag nach der Ausstellung beglichen wird. Der Skonto wird also dafür gewährt, dass 20 Tage vor Ablauf des Zahlungsziels gezahlt wird. Unter Berücksichtigung, dass sich der Zinssatz immer auf ein Jahr (360 Tage) bezieht, erhalten wir für die Umrechnung des Skontosatzes in einen effektiven Zinssatz folgenden Ansatz.

Lösung:

In 20 Tagen erhalten wir 2 %
In 360 Tagen erhalten wir x %

$$x = \frac{2 \cdot 360}{20} = \underline{\underline{36\,\%}}$$

Ergebnis:

Dem Skontosatz von 2 % für 20 Tage entspricht nach einer allgemein angewandten groben **Faustformel** ein Zinssatz von 36 %.

$$\text{Zinssatz} = \frac{\text{Skontosatz} \cdot 360}{(\text{Zahlungsziel} - \text{Skontofrist})}$$

Bei einer genauen Umrechnung des Skontosatzes in einen Zinssatz ist im Zähler statt des Skontosatzes der Skontobetrag und im Nenner die effektiv beanspruchte Kredithöhe in die Berechnungsformel einzubeziehen.

$$\text{Zinssatz} = \frac{\text{Skontobetrag} \cdot 100 \cdot 360}{(\text{Rechnungsbetrag} - \text{Skontobetrag}) \cdot (\text{Zahlungsziel} - \text{Skontofrist})}$$

Fehlt ein absoluter Betrag, dann kann folgende Formel angewandt werden:

$$\text{Zinssatz} = \frac{\text{Skontosatz} \cdot 360}{\dfrac{100 - \text{Skontosatz}}{100} \cdot (\text{Zahlungsziel} - \text{Skontofrist})}$$

Wegen der hohen Kosten, die der Verzicht auf eine Zahlung mit Skontoabzug für einen Kaufmann bedeutet, sollte er immer bestrebt sein, seine Rechnungen unter Abzug von Skonto zu begleichen. Da dem Prozentsatz für den Skonto ein sehr hoher Zinssatz entspricht, ist eine Zahlung mit Skontoabzug im Allgemeinen auch dann vorteilhaft, wenn man sich die für die vorzeitige Zahlung erforderlichen Mittel durch einen Bankkredit beschaffen muss.

Beispiel 2:

Angenommen, dem Großhändler fehlen die nötigen Finanzmittel, um die Rechnung aus Beispiel 1 (vgl. S. 249) innerhalb der Skontofrist begleichen zu können.

Aufgabe:

Ermitteln Sie, ob es sich für den Großhändler lohnt, zur Ausnutzung des Skontos einen Bankkredit in Anspruch zu nehmen, wenn die Bank 12 % Zinsen verlangt!

Lösung:

Rechnungsbetrag	2 000,00 EUR
– 2 % Skonto	40,00 EUR
Zahlung (benötigter Kredit)	1 960,00 EUR

Gegeben: benötigter Kredit (Kapital) 1 960,00 EUR
　　　　　Kreditzeit 20 Tage
　　　　　Zinssatz 12 %

Gesucht: Zinsen: ?

$$\text{Zinsen} = \frac{1960 \cdot 12 \cdot 20}{100 \cdot 360} = \underline{13,07 \text{ EUR}}$$

Die Kosten für den beanspruchten Bankkredit betragen 13,07 EUR.

Skontoertrag bei vorzeitiger Zahlung	40,00 EUR
– Kosten des Bankkredits für 20 Tage	13,07 EUR
Nettoersparnis	26,93 EUR

Ergebnis:

Trotz des benötigten Bankkredits für die vorzeitige Zahlung hat der Großhändler noch eine Nettoersparnis in Höhe von 26,93 EUR.

Übungsaufgabe

148　1. Welchem Jahreszinsfuß entspricht der jeweils gewährte Skontoabzug in den folgenden Zahlungsbedingungen?

　　　1.1 Zahlbar innerhalb von 8 Tagen mit 2 % Skonto oder innerhalb von 30 Tagen rein netto.

　　　1.2 Zahlbar innerhalb von 10 Tagen mit 3 % Skonto oder innerhalb von 60 Tagen rein netto.

　　2. Der Eisenhandlung Klier OHG werden von einem Lieferer folgende Zahlungsbedingungen eingeräumt: „Zahlbar innerhalb 30 Tagen netto oder innerhalb 10 Tagen mit 3 % Skonto."

　　　2.1 Welchem Jahreszinsfuß entspricht der Skontosatz von 3 %?

　　　2.2 Der Rechnungsbetrag für einen Wareneinkauf beträgt 8 125,00 EUR.

　　　　Wie viel EUR spart die Klier OHG bei Ausnutzung des Skontos, wenn sie für die Zahlung einen Bankkredit mit einer Verzinsung von 9,5 % in Anspruch nimmt?

3. Eine Maschinenfabrik erhält von ihrem Vorprodukte-Lieferer folgende Rechnung:

Rechnungsdatum 4. Oktober 01, Rechnungsbetrag einschließlich 19 % Umsatzsteuer 10 720,00 EUR, zahlbar innerhalb 30 Tagen netto oder innerhalb 8 Tagen mit 3 % Skonto.

3.1 Welchem Jahreszinssatz entspricht der Skontosatz von 3 % bei den gegebenen Zahlungsbedingungen?

3.2 Die Maschinenfabrik zahlt erst am 19. Februar 02 nach einer Mahnung. Der Lieferer berechnet 275,20 EUR Verzugszinsen.

Welchen Zinssatz hat der Lieferer bei der Berechnung der Verzugszinsen zugrunde gelegt?

3.3 Wie viel EUR hätte die Maschinenfabrik bei rechtzeitiger Zahlung unter Ausnutzung des Skontos bei der Inanspruchnahme eines Bankkredites zu 9,5 % sparen können? Dabei ist davon auszugehen, dass der Bankkredit nur für die Zeit des Zahlungsziels (30 Tage – 8 Tage Skontofrist) benötigt wird.

(3) Berechnung der Zeit

Beispiel:

Ein Kaufmann hat einem Kunden am 15. Januar eine Rechnung in Höhe von 4 500,00 EUR zu einem Zinssatz von 6,5 % gestundet. Der Rückzahlungsbetrag einschließlich Zinsen beträgt 4 682,00 EUR.

Aufgaben:

1. Berechnen Sie, wie viel Tage die Stundung gewährt wurde!

2. Ermitteln Sie, zu welchem Zeitpunkt der Rechnungsbetrag zurückgezahlt worden ist!

Lösungen:

Gegeben: Kapital: 4 500,00 EUR
Zinssatz: 6,5 %
Zinsen: 182,00 EUR

Gesucht: Tage: ?

Für 100,00 EUR erhält man 6,50 EUR in 360 Tagen
Für 4 500,00 EUR erhält man 182,00 EUR in x Tagen

Berechnung der Tage mithilfe der Kaufmännischen Zinsformel:[1]

$$x = \frac{360 \cdot 100 \cdot 182}{4500 \cdot 6,5} \xrightarrow[\text{erhält man}]{\text{durch Umstellung}} \qquad \text{Tage} = \frac{\text{Zinsen} \cdot 100 \cdot 360}{\text{Kapital} \cdot \text{Zinssatz}}$$

$$x = \underline{224 \text{ Tage}}$$

Ergebnis: 1. Der Rechnungsbetrag wurde 224 Tage gestundet.
2. Rückzahlungstermin: 15. Januar + 224 Tage = 29. August

Anmerkung: Herleitung der Formel aus der allgemeinen Zinsformel:

$$Z = \frac{K \cdot p \cdot t}{100 \cdot 360} \qquad \text{oder:} \quad Z \cdot 100 \cdot 360 = K \cdot p \cdot t$$

$$\text{oder:} \quad \frac{Z \cdot 100 \cdot 360}{K \cdot p} = t$$

$$\text{oder:} \quad t = \frac{Z \cdot 100 \cdot 360}{K \cdot p}$$

---

1 **BGB-Zinsformel:** $\text{Tage} = \frac{\text{Zinsen} \cdot 100 \cdot 365 \, (366)}{\text{Kapital} \cdot \text{Zinssatz}}$

Die **Euro-Zinsformel** entspricht der Kaufmännischen Zinsformel.

Übungsaufgabe

149 1. Wie viele Tage war das Kapital ausgeliehen?

Nr.	Kapital	Zinssatz	Zinsen
1.1	7 800,00 EUR	$2^3/_8\%$	63,90 EUR
1.2	287,40 EUR	$3^1/_2\%$	5,60 EUR
1.3	2 610,00 EUR	$6^1/_4\%$	68,40 EUR

2. Zu welchem Zeitpunkt ist ein Sparkapital von 2 500,00 EUR, das am 2. April bei einer Bank zu $5^1/_4\%$ angelegt wird, auf 2 620,00 EUR angewachsen?

3. Am 20. August wurde eine Rechnung über 1 680,00 EUR einschließlich 6 % Verzugszinsen mit 1 695,96 EUR beglichen. Die Zinsberechnung erfolgte nach der Euro-Zinsformel.

   Zu welchem Zeitpunkt war die Rechnung fällig?

4. An welchem Tag wurde ein Kapital in Höhe von 8 400,00 EUR ausgeliehen, das am 20. November einschließlich 5 % Zinsen mit 8 522,50 EUR zurückbezahlt wurde?

5. Eine Kundin zahlt am 20. April eine Rechnung über 216,00 EUR zuzüglich 7 % Verzugszinsen mit 220,62 EUR.

   An welchem Tag war die Rechnung zur Zahlung fällig?

6. Die Kreissparkasse gewährte einer Verkäuferin zur Finanzierung eines Pkws ein Darlehen über 5 400,00 EUR. Der Zinssatz betrug 7,5 %. Die Verkäuferin zahlte das Darlehen am 5. September zurück und entrichtete zusätzlich 63,00 EUR Zinsen.

   An welchem Tag hatte sie das Darlehen aufgenommen?

7. An welchem Tag war ein Privatdarlehen über 15 800,00 EUR fällig, wenn am 17. August dafür einschließlich 6 % Verzugszinsen 15 971,16 EUR berechnet werden? Die Zinsberechnung erfolgte nach der BGB-Zinsformel. Es liegt kein Schaltjahr vor.

8. Eine Möbelfabrik zahlt am 15. Mai ein Darlehen über 13 200,00 EUR mit 13 450,80 EUR (einschließlich 9,5 % Zinsen) an die Bank zurück.

   An welchem Tag wurde das Darlehen aufgenommen?

9. Ein Kapital von 27 000,00 EUR wurde einschließlich $5^2/_3\%$ Zinsen am 30. November mit 27 850,00 EUR zurückbezahlt. Die Zinsberechung erfolgt nach der BGB-Zinsformel. Es liegt ein Schaltjahr vor.

   Wann wurde das Kapital ausgeliehen?

10. Zur Erweiterung seines Sortiments nimmt ein Großhändler am 12. Juni bei seiner Bank einen Kredit in Höhe von 9 000,00 EUR zu einem Zinssatz von 7 % auf.

   An welchem Tag wurde der Kredit einschließlich Zinsen in Höhe von zusammen 9 472,50 EUR zurückgezahlt?

3.2.4.4 Berechnung der Zinsen bei mehreren Kapitalien zum gleichen Zinssatz (summarische Zinsrechnung)

(1) Ableitung der Summarischen Kaufmännischen Zinsformel aus der Allgemeinen Kaufmännischen Zinsformel

Aus Gründen der Vereinfachung hat sich im kaufmännischen Rechnen folgende Veränderung der allgemeinen Zinsformel herausgebildet:

■ **Allgemeine Kaufmännische Zinsformel**[1]

$$\text{Zinsen} = \frac{\text{Kapital} \cdot \text{Zinssatz} \cdot \text{Tage}}{100 \cdot 360}$$

$$\text{Zinsen} = \frac{\text{Kapital} \cdot \text{Tage} \cdot \text{Zinssatz}}{100 \cdot 360}$$

1. Schritt: Andere Anordnung der Elemente der Zinsformel.

$$\text{Zinsen} = \boxed{\frac{\text{Kapital} \cdot \text{Tage}}{100}} \cdot \boxed{\frac{\text{Zinssatz}}{360}}$$

2. Schritt: Zerlegung der Zinsformel in zwei Teile.

$$\text{Zinsen} = \frac{\text{Zinszahl}}{\#}$$

3. Schritt: Das Ergebnis aus dem ersten Teil der Zinsformel nennen wir Zinszahl oder Zinsnummer. Symbol: #

4. Schritt: Den zweiten Teil der Zinsformel stellt man um.

Statt zu rechnen:

$$\text{Zinsen} = \text{Zinszahl} \cdot \frac{\text{Zinssatz}}{360}$$

rechnet man:

$$\text{Zinsen} = \text{Zinszahl} : \frac{360}{\text{Zinssatz}}$$

(Regel: Statt eine Zahl mit einem Bruch zu multiplizieren, kann auch mit dem Kehrwert dividiert werden.)

Zinsteiler

5. Schritt: Den Wert aus $\frac{360}{\text{Zinssatz}}$ nennt man Zinsteiler.

$$\text{Zinsen} = \boxed{\frac{\text{Kapital} \cdot \text{Tage}}{100}} : \boxed{\frac{360}{\text{Zinssatz}}}$$

■ **Summarische Kaufmännische Zinsformel**

$$\text{Zinsen} = \boxed{\frac{\text{Zinszahl}}{\text{Zinsteiler}}}$$

6. Schritt: Zur Errechnung der Zinsen ist nun die Zinszahl durch den Zinsteiler zu dividieren.

---

[1] **Summarische BGB-Zinsformel:**

$$\text{Zinszahl} = \frac{\text{Kapital} \cdot \text{Tage (28, 29, 30, 31)}}{100}$$

$$\text{Zinsteiler} = \frac{365 \,(366)}{\text{Zinssatz}}$$

Summarische Euro-Zinsformel:

$$\text{Zinszahl} = \frac{\text{Kapital} \cdot \text{Tage (28, 29, 30, 31)}}{100}$$

$$\text{Zinsteiler} = \frac{360}{\text{Zinssatz}}$$

(2) Berechnung der Zinsen bei mehreren Kapitalien zum gleichen Zinssatz

Beispiel:

Ein säumiger Fabrikant hat bei seinem Rohstofflieferer drei Rechnungen ausstehen:

Rechnung 1: 2 560,40 EUR, fällig am 19. Oktober

Rechnung 2: 4 130,00 EUR, fällig am 17. November

Rechnung 3: 3 704,00 EUR, fällig am 1. Dezember

Auf Bitten des Fabrikanten werden die drei fälligen Rechnungen bis zum 31. Dezember gestundet, wobei 6 % Verzugszinsen berechnet werden.

Aufgabe:

Berechnen Sie, mit wie viel Zinsen der Fabrikant belastet wird und wie hoch die Zahlungsverpflichtung am 31. Dezember ist, wenn die Zinsrechnung nach der Kaufmännischen Zinsformel erfolgt!

Lösung:

①

Kapital	zu verzinsen vom – bis	Tage	# ②
2 560,40 EUR	19. Okt. – 31. Dez.	71	1 818
4 130,00 EUR	17. Nov. – 31. Dez.	43	1 776
3 704,00 EUR	1. Dez. – 31. Dez.	29	1 074

10 394,40 EUR	Gesamtbetrag	③ 4 668
77,80 EUR	Zinsen	
10 472,20 EUR	Zahlung/Wert 31. Dez.	

$$\text{Zinsteiler} \stackrel{④}{=} \frac{360}{6} = 60$$

$$\text{Zinsen} = \frac{4668}{60} \stackrel{⑤}{=} 77,80 \text{ EUR}$$

Ergebnis:

Der Fabrikant wird mit 77,80 EUR Verzugszinsen belastet. Die Zahlungsverpflichtung am 31. Dezember beträgt 10 472,20 EUR.

> **Centbeträge** des Kapitals werden bei der Berechnung der Zinszahlen **berücksichtigt**. Die Zinszahlen werden immer auf ganze Zahlen gerundet, z. B. 1 817,6 ergibt 1 818.

Erläuterungen zum Rechenweg:

① Es ist sinnvoll, die Aufgabe in einer Tabelle mit 4 Spalten zu lösen. In den einzelnen Spalten sind die Kapitalbeträge, die Verzinsungszeit, die Tage und die Zinszahlen einzutragen.

② Zur Berechnung der Zinszahlen:

1 % des Kapitals	·	Tage	=	#
25,604 EUR	·	71	=	1 817,8 = 1 818
41,30 EUR	·	43	=	1 775,9 = 1 776
37,04 EUR	·	29	=	1 074,2 = 1 074

③ Addition der Zinszahlen.

④ Berechnung des Zinsteilers: $\dfrac{360}{\text{Zinssatz}}$

⑤ Die Zinsen werden nach der kaufmännischen Zinsformel berechnet: Zinsen $= \dfrac{\#}{\text{Zinsteiler}}$

Übungsaufgabe

150 1. Errechnen Sie die Zinszahlen bei den nachfolgenden Fällen!

    1.1   160,00 EUR vom 17. April – 30. Juni   1.2   270,60 EUR vom 18. Aug. – 27. Dez.

          380,00 EUR vom 1. Mai   – 17. Aug.   867,20 EUR vom 6. Okt. – 30. Okt.

      1 460,00 EUR vom 11. Nov. – 30. Dez.   5 232,50 EUR vom 2. Jan. – 29. Febr.

      4 230,80 EUR vom 28. Jan. – 5. April   1 989,00 EUR vom 27. Sept. – 1. Juni

2. Am 2. Mai bezahlen wir folgende Liefererrechnungen:

   Rechnung 1:   4 150,00 EUR, fällig am 12. März

   Rechnung 2:   1 720,00 EUR, fällig am 19. März

   Rechnung 3:   510,00 EUR, fällig am 1. April

   Berechnen Sie die Summe der Zinszahlen!

3. Wie viel EUR betragen die Zinsen, wenn folgende Zinszahlen und Zinssätze gegeben sind? Benutzen Sie, wo immer möglich, bequeme Zinsteiler!

    3.1 #   4 680 bei $7^1/_2$ %   3.2 # 2 920 bei $5^1/_2$ %

        # 14 760 bei 7   %   # 9 109 bei 8   %

        #   840 bei $1^1/_4$ %   # 3 732 bei 9   %

        #   4 120 bei 4   %   # 2 040 bei $6^2/_3$ %

4. Welchen EUR-Betrag einschließlich $8^1/_2$ % Zinsen muss ein Kaufmann am 30. Dezember an die Bank zurückzahlen, wenn die nachfolgenden Kredite zu diesem Zeitpunkt zur Rückzahlung fällig werden?

    4 800,00 EUR, aufgenommen am 15. Februar

  15 600,00 EUR, aufgenommen am 1. Juli

   8 500,00 EUR, aufgenommen am 15. Oktober

   3 750,00 EUR, aufgenommen am 10. November

5. Der Kunde Franz Freund OHG schuldet uns aus Lieferungen von Waren folgende Beträge:

   seit dem 10. April   3 251,40 EUR

   seit dem 30. April   740,30 EUR

   seit dem 18. Mai   2 460,50 EUR

   Entsprechend unseren Zahlungsbedingungen sind bei Zahlungsverzug 6 % Verzugszinsen zu bezahlen. Für Mahngebühren werden einschließlich 19 % USt 16,82 EUR in Rechnung gestellt. Für die Zinsberechnung ist die BGB-Zinsformel vereinbart. Es liegt kein Schaltjahr vor.

   Welchen EUR-Betrag muss die Freund OHG einschließlich Verzugszinsen und Mahngebühren überweisen, wenn sie die Gesamtschuld am 1. Juli begleicht?

6. Wegen Zahlungsschwierigkeiten haben wir um Stundung mehrerer Rechnungen beim Lieferer gebeten.

   1 980,40 EUR, fällig am 16. Juli

   6 431,50 EUR, fällig am 12. August

   3 945,30 EUR, fällig am 13. September

    590,10 EUR, fällig am 1. Oktober

   Wie viel EUR beträgt der Gesamtbetrag einschließlich $4^4/_5$ % Verzugszinsen, wenn wir den Betrag am 15. Oktober überweisen?

7. Ein Kaufmann zahlt auf sein privates Sparkonto folgende Beträge ein:

   2 500,00 EUR am 15. September
   3 100,00 EUR am 17. November
   5 500,00 EUR am 1. Dezember

   Der Zinssatz beträgt $3^1/_2$ %.

   Wie viel EUR beträgt das Sparguthaben am 31. Dezember?

8. Ein Kaufmann hat liquide Mittel[1] als Termingeld zu 6 % angelegt:

    8 000,00 EUR am 12. April
   12 000,00 EUR am 1. Mai
   15 000,00 EUR am 15. Juni

   Die Bank berechnet die Zinsen nach der Euro-Zinsformel.

   Berechnen Sie das Guthaben am 30. August!

9. Wir haben einem Kunden eine Rechnung über 2 400,00 EUR gestundet. Bei der Berechnung der Verzugszinsen haben wir eine Zinszahl von 360 errechnet.

   Für wie viele Tage wurden Verzugszinsen berechnet?

10. Ein Möbelhaus liefert an einen Kunden Waren für

    898,40 EUR am 3. Februar, Ziel 30 Tage
    570,70 EUR am 10. Februar, Ziel 60 Tage
   1 040,30 EUR am 1. März, Ziel 14 Tage
    740,00 EUR am 29. März, zahlbar sofort

   Der Kunde zahlt am 5. Juli per Scheck den Gesamtbetrag einschließlich 4,5 % Verzugszinsen.

   Über welchen EUR-Betrag lautet der Scheck?

11. Ein Industriebetrieb kauft bei seinem Rohstofflieferer zu folgenden Bedingungen ein:
    – Rohstofflieferungen bis zu einem Rechnungsbetrag von 500,00 EUR sind sofort zu bezahlen.
    – Rechnungen über diesen Betrag hinaus werden jeweils zu folgenden Terminen fällig: 31. März; 30. Juni; 30. September; 31. Dezember
    – Bis zum jeweils fälligen Termin sind die Rechnungsbeträge mit 6 % zu verzinsen.
    – Für jede Quartalsabrechnung sind pauschal 15,00 EUR an Auslagen zusätzlich zu entrichten.

    Das Industrieunternehmen bezog während eines Quartals folgende Rohstoffe:

Kaufdatum	Rohstoffwert	Kaufdatum	Rohstoffwert
14. April	1 500,00 EUR	20. Mai	3 000,00 EUR
27. April	2 400,00 EUR	10. Juni	1 800,00 EUR

   Wie viel EUR hat das Industrieunternehmen zum Schluss des 2. Quartals am 30. Juni an seinen Lieferer zu bezahlen?

12. Der Teilhaber Groß von der Groß & Klein OHG hat im Laufe des Geschäftsjahres folgende Privatentnahmen getätigt:

   15. Jan.   1 500,00 EUR   30. März 2 000,00 EUR   30. Nov.   5 500,00 EUR
    2. Febr. 4 000,00 EUR   24. Aug. 1 600,00 EUR

   Nach dem Gesellschaftsvertrag sind Privatentnahmen mit 8 % zu verzinsen. Aufgrund des Gesellschaftsvertrags werden die Zinsen mit der BGB-Zinsformel berechnet. Es liegt kein Schaltjahr vor.

   Wie viel EUR an Zinsen muss Groß am 31. Dez. an die Gesellschaft entrichten?

---

1 Liquide Mittel: flüssige Mittel, z. B. Bargeld, Guthaben auf dem Bankkonto.

3.2.4.5 Verschiedene Aufgaben zur Zinsrechnung

151 1. Eine Rechnung über 9 600,00 EUR, fällig am 28. März, wird am 10. Mai einschließlich Verzugszinsen mit 9 667,20 EUR bezahlt.

Wie viel Prozent Verzugszinsen wurden berechnet?

2. Ein Kaufmann nimmt bei seiner Bank am 1. März ein Darlehen in Höhe von 9 500,00 EUR auf. Vereinbarter Zinssatz: 10,5 %.

Wie viel EUR betragen die Kreditzinsen bei der Abrechnung am 30. Juni?

3. Wir haben am 15. April bei unserer Hausbank einen Kredit in Höhe von 12 240,00 EUR in Anspruch genommen. Die Bank berechnet 8 % Zinsen. Der Rückzahlungsbetrag einschließlich der Zinsen betrug 12 389,60 EUR.

An welchem Tag haben wir den Kredit zurückgezahlt?

4. Zum Kauf eines neuen Lkws nimmt ein Kaufmann am 15. März ein Darlehen zu 9 % bei seiner Bank auf. Er zahlt es am 21. September zurück. Für das Darlehen muss er 1 209,00 EUR an Zinsen bezahlen. Die Bank berechnet die Zinsen nach der Euro-Zinsformel.

Wie viel EUR betrug der Kredit?

5. Ein Großhändler hat zur Modernisierung seiner Geschäftsräume vor 8 Monaten ein Darlehen in Höhe von 36 000,00 EUR zu 8 % Zinsen aufgenommen. 3 Monate nach der Kreditaufnahme hat er einen Teil des Darlehens in Höhe von 12 000,00 EUR zurückgezahlt.

Wie viel EUR sind heute, am Ende der Kreditlaufzeit, an die Bank einschließlich der Zinsen zu zahlen?

6. Ein Kaufmann legt auf seinem Sparkonto folgende Beträge zu einem Zinssatz von 3 % an:

am 18. Jan. 3 617,00 EUR am 30. März 3 784,00 EUR am 13. Nov. 6 712,00 EUR
am 25. Febr. 1 223,70 EUR am 28. Juni 157,30 EUR

Wie viel EUR betragen die zu erwartenden Zinserträge und wie viel EUR beträgt das Guthaben einschließlich der Zinsen am Ende des Jahres?

7. Wir haben einem Kunden eine Rechnung über 3 600,00 EUR gestundet. Bei der Berechnung der Verzugszinsen haben wir eine Zinszahl von 540 errechnet.

Für wie viele Tage wurden Verzugszinsen berechnet?

8. Ein Rechnungsbetrag über 15 300,00 EUR ist am 12. Febr. fällig. Am Fälligkeitstag können nur 6 750,00 EUR gezahlt werden. Der Restbetrag wird am 24. April einschließlich 9,5 % Verzugszinsen überwiesen. Für die Berechnung der Zinsen ist die BGB-Zinsformel vereinbart. Es liegt kein Schaltjahr vor.

Wie viel EUR betragen die Verzugszinsen?

9. Ein Kaufmann nahm für die Zeit vom 15. Jan. bis 15. April ein Darlehen zu einem Zinssatz von 7,5 % auf. Bei der Rückzahlung des Darlehens zahlte er 240,00 EUR Zinsen.

9.1 Für wie viele Tage wurde das Darlehen aufgenommen?

9.2 Wie viel EUR betrug das Darlehen?

17 Speth u.a. - ISBN 978-3-8120-0261-5

10. Ein Kaufmann nimmt einen Kredit in Höhe von 30 000,00 EUR für 6 Monate auf. Seine Bank unterbreitet ihm folgendes Angebot:

- 2 % Disagio von der Kreditsumme. Das Disagio wird bei der Auszahlung des Kredits einbehalten.
- 8 % Zinsen, fällig bei Rückzahlung des Kredits.
- 85,00 EUR Auslagen, fällig bei Rückzahlung des Kredits.

10.1 Wie viel EUR erhält der Kaufmann ausbezahlt?

10.2 Wie viel EUR betragen die Zinsen bei Rückzahlung des Kredits?

10.3 Wie viel EUR sind am Ende der Kreditlaufzeit insgesamt zurückzuzahlen?

11. Die Moll GmbH nimmt bei ihrer Bank ein Darlehen in Höhe von 20 000,00 EUR zu $8^{1}/_{2}$ % auf, ein zweites Darlehen zu 9 %. Die Zinsen entrichtet sie halbjährlich für beide Darlehen zusammen. Für das erste Halbjahr hat sie 1 930,00 EUR Zinsen zu zahlen.

Wie viel EUR beträgt das zweite Darlehen?

12. Von unserem Lieferer erhalten wir folgende Zahlungsbedingungen: Zahlbar innerhalb 20 Tagen netto oder innerhalb 8 Tagen mit 2 % Skonto.

12.1 Welchem Jahreszinsfuß entspricht der Skonto?

12.2 Der Rechnungsbetrag für einen Wareneinkauf beträgt 1 580,00 EUR. Wie viel EUR sparen wir bei Ausnutzung des Skontos, wenn wir für die Zahlung einen Bankkredit in Höhe von $8^{3}/_{4}$ % in Anspruch nehmen müssen?

13. Ein Kaufmann verkaufte am 25. August Waren zum Preis von 2 800,00 EUR. Auf Wunsch des Kunden vereinbarte er Ratenzahlung mit folgenden Bedingungen:

Anzahlung bei Lieferung 300,00 EUR, der Rest ist mit 5 Raten von je 500,00 EUR zu begleichen. Die Raten sind zu folgenden Zeitpunkten fällig:

1. Rate am 15. Sept.   3. Rate am 15. Nov.   5. Rate am 15. Jan. n. J.
2. Rate am 5. Okt.   4. Rate am 5. Dez.

Für nicht rechtzeitig bezahlte Raten werden 8,5 % Verzugszinsen berechnet.

Nach der pünktlichen Überweisung der 1. Rate stellte der Kunde die Zahlungen ein. Das daraufhin eingeleitete kaufmännische Mahnverfahren brachte keinen Erfolg. Jetzt will der Kaufmann einen Mahnbescheid beantragen.

Welchen Gesamtbetrag fordert er einschließlich 21,00 EUR Gerichtskosten und 8,50 EUR Auslagen, wenn der Mahnbescheid auf den 17. März ausgestellt werden soll?

14. Ein Kaufmann erhält von einem Lieferer eine Warenrechnung über 12 450,00 EUR, fällig am 15. Mai. Da der Kaufmann erst am 15. Juli über liquide Mittel verfügt, muss er den obigen Betrag fremdfinanzieren.

Bei der Bank kann der Kaufmann einen Kredit zu einem Zinssatz von 8 % in Anspruch nehmen, Limit 10 000,00 EUR.

Berechnen Sie die Zinsen, wenn die Bank $1^{1}/_{2}$ % Überziehungszinsen verlangt! Die Bank berechnet die Zinsen nach der Euro-Zinsformel.

15. Ein Kunde zahlt eine Rechnung über 5 520,00 EUR, fällig am 13. April. Am 3. Juli zahlt der Kunde einschließlich Zinsen 5 624,26 EUR durch Banküberweisung. Für die Zinsberechnung ist die BGB-Zinsformel vereinbart. Es liegt ein Schaltjahr vor.

Wie viel Prozent Verzugszinsen haben wir berechnet?

3.2.5 Bewertung von Forderungen

3.2.5.1 Arten von Forderungen unter dem Gesichtspunkt ihrer Wertigkeit

Bezüglich ihrer Wertigkeit (Sicherheit des Zahlungseingangs) lassen sich drei Arten von Forderungen unterscheiden:

Vollwertige Forderungen	Forderungen sind nach § 253 I HGB zum **Nennwert (Anschaffungskosten)** zu bewerten. Bei Forderungen aus Warenlieferungen entspricht das dem nach dem Kaufvertrag tatsächlich zu zahlenden Gegenwert. Für vollwertige Forderungen kommt eine Abschreibung nicht in Betracht.
Zweifelhafte Forderungen	Diese sind mit ihrem **wahrscheinlichen Eingangswert** anzusetzen. Der Teil, von dem nach gewissenhafter Schätzung angenommen wird, dass er nicht eingeht, **muss** abgeschrieben werden. Dieser Zwang zur Abschreibung ergibt sich aus § 253 IV HGB.
Uneinbringliche Forderungen	Ist eine **Forderung uneinbringlich**, so ist sie in der **entsprechenden Höhe abzuschreiben**. Auch das ergibt sich aus § 253 IV HGB.

- **Vollwertige Forderungen** sind mit dem Rechnungsbetrag anzusetzen.
- **Zweifelhafte Forderungen** sind mit dem wahrscheinlichen Eingangswert zu bilanzieren.
- **Uneinbringliche Forderungen** sind abzuschreiben.

3.2.5.2 Höhe der Abschreibung und die Behandlung der Umsatzsteuer bei der Abschreibung auf Forderungen

Im Gegensatz zu anderen abschreibungsbedürftigen Vermögensposten (z. B. Lager- und Transporteinrichtungen, Fuhrpark) enthält der auf dem Forderungskonto ausgewiesene Bestand auch die Umsatzsteuer. Da Abschreibungen jedoch nur vom **Nettowert** (Anschaffungskosten) vorgenommen werden dürfen, ist darauf zu achten, dass bei der Berechnung des Abschreibungsbetrags vom Nettowert der Forderungen auszugehen ist, da die Umsatzsteuer keinen Kosten- bzw. Aufwandsbestandteil darstellt.

Beispiel:	
Die nachfolgend angeführte Forderung wird uneinbringlich:	
Forderungen einschließlich 19 % USt	5 950,00 EUR
– 19 % Umsatzsteuer	950,00 EUR
= Nettowert der Forderungen (Anschaffungskosten)	5 000,00 EUR

In diesem Beispiel beträgt die Abschreibung 5 000,00 EUR. Gleichzeitig führt der Forderungsausfall zu einer Korrektur der Umsatzsteuer in Höhe von 950,00 EUR. Die Umsatzsteuerkorrektur darf allerdings erst vorgenommen werden, wenn der tatsächliche Ausfall der Forderung feststeht. Das bedeutet, dass auf einen – im Rahmen der Aufstellung des Jahresabschlusses – zunächst nur geschätzten Forderungsausfall keine Umsatzsteuerkorrektur vorgenommen werden darf.

■ Die **Abschreibung eines Forderungsausfalls** erfolgt vom **Nettowert** der Forderung.

■ Die **Berichtigung der USt** darf erst vorgenommen werden, wenn die **Höhe des tatsächlichen Ausfalls endgültig feststeht**.

3.2.5.3 Bewertungsverfahren bei Forderungen

(1) Einzelbewertung

Für alle Vermögensgegenstände gilt der Grundsatz der Einzelbewertung [§ 252 I, Nr. 3 HGB]. Danach ist davon auszugehen, dass am Bilanzstichtag grundsätzlich jede einzelne Forderung für sich zu bewerten ist. Bei einem hohen Forderungsbestand, der sich aus einer Vielzahl von kleinen Einzelforderungen zusammensetzt, würde das einen erheblichen Zeitaufwand beanspruchen. Daher kann nach § 252 II HGB in begründeten Fällen von dem oben genannten Grundsatz abgewichen werden.

(2) Pauschalbewertung[1]

Aus praktischen Gründen räumen die Finanzbehörden in begründeten Fällen die Möglichkeit der pauschalen Bewertung der Forderungen ein. Dabei wird zur Erfassung des erfahrungsgemäßen Kreditrisikos ein bestimmter Prozentsatz (2 % – 5 %) vom gesamten Nettobetrag der Forderungen abgeschrieben.

> **Beispiel für eine Pauschalwertberichtigung:**
>
> Der ausgewiesene Gesamtwert der Forderungen am Ende des Geschäftsjahres beträgt einschließlich 19 % USt 238 000,00 EUR. Es soll erstmals eine Pauschalwertberichtigung gebildet werden. Die erfahrungsgemäße Ausfallquote beträgt 2 %.
>
> **Aufgabe:**
> Berechnen Sie die pauschale Wertberichtigung (Abschreibung)!

Lösung:

Gesamtwert der Forderungen am Ende des Geschäftsjahres	238 000,00 EUR
− 19 % Umsatzsteuer	38 000,00 EUR
= Nettowert der sicheren Forderungen	200 000,00 EUR

davon 2 % Ausfallquote = 4 000,00 EUR.

---

1 Im Folgenden wird auf die Pauschalbewertung nicht eingegangen.

Übungsaufgabe

152 1. Ein Kunde, von dem wir noch 7 140,00 EUR zu fordern haben (19 % Umsatzsteuer), gerät in Zahlungsschwierigkeiten. Am Jahresende wird der Forderungsausfall auf 30 % geschätzt.

Aufgaben:

1.1 Wie viel EUR beträgt die Wertberichtigung (Abschreibung) für diese Forderung?

1.2 Mit welchem Wert wird die Forderung in die Bilanz aufgenommen?

1.3 Nehmen Sie Stellung zu dieser Wertermittlung!

1.4 Nehmen Sie Stellung zu der Frage der Umsatzsteuerkorrektur!

2. Der Forderungsbestand der Starnecker GmbH, der sich aus einer Vielzahl von Einzelforderungen zusammensetzt, beträgt am Ende des Geschäftsjahres insgesamt 1 904 000,00 EUR. Der erfahrungsmäßige Forderungsausfall beträgt 3 %.

Aufgabe:

Berechnen Sie den EUR-Betrag, der als pauschale Wertberichtigung angesetzt werden kann!

3.2.5.4 Buchungen bei der Abschreibung auf Forderungen

Sobald sich eine Forderung als zweifelhaft erweist, kann sie nach den Grundsätzen ordnungsmäßiger Buchführung von den einwandfreien Forderungen abgesondert und auf das Konto **2470 Zweifelhafte Forderungen** umgebucht werden. Da in der Praxis und in der computergestützten Finanzbuchhaltung eine solche Umbuchung im Allgemeinen nicht vorgenommen wird, verzichten wir im Folgenden auf eine solche Umbuchung. Stellt sich heraus, dass die Forderung ganz oder teilweise uneinbringlich ist, dann ist der uneinbringliche Teil der Forderung in Höhe des **Nettowertes** abzuschreiben. Der Kontenrahmen sieht hierfür das Konto **6951 Abschreibungen auf Forderungen wegen Uneinbringlichkeit** vor. Die darauf entfallende Umsatzsteuer ist nach § 17 I UStG zu berichtigen. Wir unterscheiden die beiden folgenden Fälle:

(1) Forderung ist in voller Höhe uneinbringlich

Beispiel:

Unser Kunde Franz Schnell e. Kfm. teilt uns am 5. Februar mit, dass er das Insolvenzverfahren beantragt hat. Unsere Forderung beträgt 5 950,00 EUR einschließlich 19 % USt. Am 1. Dezember wird das Insolvenzverfahren abgeschlossen. Der Insolvenzverwalter teilt uns mit, dass wir keine Zahlung aus dem Insolvenzverfahren erhalten.

Aufgaben:

1. Nehmen Sie die erforderlichen Buchungen auf Konten vor!

2. Bilden Sie die Buchungssätze für die Buchung der Umsatzsteuer-Korrektur am 5. Februar und für den endgültigen Forderungsausfall am 1. Dezember!

Lösungen: [1]

Zu 1.: Buchung auf den Konten

S	2400 Ford. a. Lief. u. Leist.		H
AB	23 800,00	4800	950,00 ⟷ 2400
		6951	5 000,00 ←
		8010	17 850,00
	23 800,00		23 800,00

S	4800 Umsatzsteuer		H
		2400	950,00

S	6951 Abschreib. a. Ford. wg. U.		H
		2400	5 000,00

Zu 2.: Buchungssatz

Geschäftsvorfälle	Konten	Soll	Haben
Buchung der Umsatzsteuer-korrektur am 5. Februar.	4800 Umsatzsteuer an 2400 Ford. a. Lief. u. Leist.	950,00	950,00
Buchung des Forderungs-ausfalls am 1. Dezember.	6951 Abschreib. a. Ford. wg. U. an 2400 Ford. a. Lief. u. Leist.	5 000,00	5 000,00

Erläuterung:

■ Mit der Beantragung des Insolvenzverfahrens am 5. Februar ist die volle Umsatzsteuer zu berichtigen, und zwar auch dann, wenn noch eine Insolvenzquote zu erwarten ist.[2]

■ Mit dem Abschluss des Insolvenzverfahrens am 1. Dezember ist festgestellt, dass die gesamte Forderung uneinbringlich ist. Aus diesem Grund ist die gesamte Forderung abzuschreiben.

(2) Forderung ist teilweise uneinbringlich

Beispiel:

Mit unserem Kunden Hubert Wenz GmbH haben wir am 1. Februar einen freiwilligen Vergleich vereinbart. Unsere Forderung beträgt 5 950,00 EUR einschließlich 19 % USt. Nach Abschluss des Verfahrens überweist uns der Kunde am 11. Dezember eine Vergleichsquote von 60 % auf unser Bankkonto.

Aufgaben:

Nehmen Sie die erforderlichen Buchungen auf Konten vor und bilden Sie die Buchungssätze:

1. für die durch die Hubert Wenz GmbH veranlasste Banküberweisung am 11. Dezember!

2. für die Buchung des Forderungsausfalls!

Lösungen:

S	2400 Ford. a. Lief. u. Leist.		H
AB	23 800,00	2800	3 570,00
		6951/4800	2 380,00
		8010	17 850,00
	23 800,00		23 800,00

S	2800 Bank		H
2400	3 570,00		

S	6951 Abschreib. a. Ford. wg. U.		H
2400	2 000,00		

S	4800 Umsatzsteuer		H
2400	380,00		

---

1 In den folgenden Fällen wird nur die **direkte Abschreibung** in Verbindung mit der **Einzelbewertung** der Forderungen dargestellt. Es werden nur die Fälle behandelt, bei denen die Zweifelhaftigkeit der Forderung und der Forderungsausfall in dieselbe Geschäftsperiode fallen.

2 **Hinweise zur Buchung:** „Wird über das Vermögen eines Unternehmens das **Insolvenzverfahren** eröffnet, werden die gegen ihn gerichteten Forderungen spätestens zu diesem Zeitpunkt unbeschadet einer möglichen Insolvenzquote in voller Höhe uneinbringlich im Sinne des § 17 II, Nr. 1, S. 1 UStG" [Umsatzsteuerrichtlinie R 223 Abschnitt 5, S. 5]. Führt der Abschluss des Insolvenzverfahrens zu einer Insolvenzquote, so ist der ausbezahlte Nettobetrag umsatzsteuerpflichtig.

Geschäftsvorfälle	Konten	Soll	Haben
Gutschrift der Vergleichsquote (60 % von 5 950,00 EUR = 3 570,00 EUR) am 11. Dez.	2800 Bank an 2400 Ford. a. Lief. u. Leist.	3 570,00	3 570,00
Buchung des Forderungsaus-falls (40 % von 5 950,00 EUR = 2 380,00 EUR)	6951 Abschreib. a. Ford. wg. U. 4800 Umsatzsteuer an 2400 Ford. a. Lief. u. Leist.	2 000,00 380,00	2 380,00

(3) Buchung der Umsatzsteuer bei Zahlungseingängen von bereits abgeschriebenen Forderungen

Geht unerwartet von einer bereits abgeschriebenen Forderung ein Betrag ein, lebt die darin enthaltene Umsatzsteuer wieder als Steuerschuld auf. Der Nettobetrag der ein-gegangenen Forderungen stellt einen Ertrag dar. Konto: **5460 Erträge aus abgeschriebe-nen Forderungen.**[1]

Beispiel:

Für eine bereits abgeschriebene For-derung gehen unerwartet 476,00 EUR einschl. 19 % Umsatzsteuer auf unse-rem Bankkonto ein.

Aufgabe:

Bilden Sie den Buchungssatz!

Lösung:

Konten	Soll	Haben
2800 Bank an 5460 Erträge aus abge- schriebenen Ford. an 4800 Umsatzsteuer	476,00	400,00 76,00

Bei Zahlungseingängen für bereits abgeschriebene Forderungen lebt die Umsatz-steuer wieder auf.

Übungsaufgaben

153 Bilden Sie für die folgenden Geschäftsvorfälle die Buchungssätze!

1. Über das Vermögen unseres Kunden Herbert Kunst e. Kfm. wurde am 3. Februar beim zuständigen Amtsgericht das Insolvenzverfahren eingeleitet. Die Forderungen an Herbert Kunst e. Kfm. belaufen sich einschließlich 19 % USt auf 2 380,00 EUR.

   Am 5. Dezember des gleichen Jahres wird das Insolvenzverfahren abgeschlossen. Der Insolvenzverwalter teilt uns mit, dass keine Zahlung erfolgt.

2. Unser Kunde, die Franz Gutekunst KG, beantragt am 30. Januar einen freiwilligen (außer-gerichtlichen) Vergleich. Unsere Forderung an die Franz Gutekunst KG beträgt einschließ-lich 19 % USt 5 236,00 EUR.

   Am 10. Oktober des gleichen Jahres wird das Vergleichsverfahren abgeschlossen. Die Ver-gleichsquote beträgt 60 %. Die Vergleichsquote in Höhe von 3 141,60 EUR geht auf unse-rem Bankkonto ein.

---

1 Erfolgt der Zahlungseingang für eine bereits abgeschriebene Forderung erst in der **folgenden Geschäftsperiode**, so wird der Zah-lungsbetrag auf dem Konto **5490 Periodenfremde Erträge** gebucht.

3. Die Franz Klappert OHG, teilt uns am 15. Januar schriftlich mit, dass sie die Zahlungen eingestellt und die Eröffnung des Insolvenzverfahrens beantragt hat. Unsere Forderungen belaufen sich auf 2 499,00 EUR einschließlich 19 % USt.

   Am 16. September erhalten wir vom Insolvenzverwalter die Mitteilung, dass das Insolvenzverfahren abgeschlossen worden ist. Insolvenzquote: 8,5 %. Die Insolvenzquote in Höhe von 212,42 EUR geht auf unserem Bankkonto ein.

4. Vom Insolvenzverwalter erhalten wir aus dem Verfahren über unseren Kunden Herbert Kunst e. Kfm. (Geschäftsfall 1) doch noch eine Zahlung per Bankscheck in Höhe von 214,20 EUR.

5. Der Kunde Peter Friedrich teilt uns mit, dass er bei einem Verkehrsunfall schwer verletzt worden sei. Er habe hohe zusätzliche Ausgaben gehabt und sei nun zahlungsunfähig. Aufgrund der geringen Forderungshöhe von 178,50 EUR (einschließlich 19 % USt) verzichten wir auf eine gerichtliche Eintreibung und schreiben unsere Forderung ab.

6. Vom Amtsgericht erhalten wir am 20. August den Bescheid, dass uns in einer am 10. Mai beantragten Zwangsvollstreckung ein Betrag von 666,40 EUR überwiesen wurde. Unsere Forderung betrug 1 689,80 EUR. Eine Abschreibung auf die Forderung wurde bisher nicht vorgenommen.

7. Für eine im vergangenen Jahr abgeschriebene Forderung gehen unerwartet 1 487,50 EUR (einschließlich 19 % USt) auf unserem Bankkonto ein.

8. Durch ein Versehen unserer Mahnabteilung erfolgte die Mahnung an einen Kunden nicht rechtzeitig. Unsere Forderung in Höhe von 3 760,40 EUR (einschließlich 19 % USt) ist verjährt!

154 Beantworten Sie die nachfolgenden Verständnisfragen!

1. Begründen Sie, warum die Abschreibungen auf Forderungen vom Nettowert zu berechnen sind!

2. 2.1 Warum ist eine Umsatzsteuerkorrektur erforderlich, wenn Forderungen während des Jahres uneinbringlich werden?

   2.2 Warum entfällt eine Umsatzsteuerkorrektur, wenn der Wert der Forderungen für die Bilanzerstellung geschätzt wird?

155 Im Falle eines Kunden kommt ein außergerichtlicher Vergleich zustande. Der Kunde überweist uns auf das Bankkonto 5 688,20 EUR einschließlich 19 % USt. Der Rest der Forderung in Höhe von 4 498,20 EUR ist abzuschreiben.

Bilden Sie für den Geschäftsvorfall die Buchungssätze!

3.3 Personalwirtschaft

3.3.1 Aufbau der Lohn- und Gehaltsabrechnung

Die Lohn- und Gehaltsabrechnung vollzieht sich in drei Stufen:

- Ermittlung des Arbeitsentgeltes (Gesamtentgelt),
- Ermittlung des Nettoentgeltes,
- Ermittlung des Auszahlungsbetrages.

(1) Ermittlung des Arbeitsentgelts (Bruttoentgelts)

Zum Arbeitsentgelt (Arbeitslohn) gehören alle Einnahmen, die dem Arbeitnehmer aus dem Dienstverhältnis zufließen. Es ist gleichgültig in welcher Form oder unter welcher Bezeichnung die Einnahmen gewährt werden. Neben **Geldbeträgen** können dem Arbeitnehmer auch **Sachwerte** (freie Kost und Wohnung oder Waren) zugeflossen sein. Welcher Wert für derartige Sachbezüge anzusetzen ist, richtet sich nach besonderen Verordnungen bzw. orientiert sich am Marktpreis. Neben den Sachbezügen zählen auch sogenannte **geldwerte Vorteile**, z. B. die kostenlose Zurverfügungstellung eines Geschäftswagens, zum Arbeitsentgelt. Dem Arbeitnehmer werden dann die ersparten Aufwendungen, die für ein eigenes Auto dieses Typs anfallen, als Arbeitslohn hinzugerechnet.

(2) Ermittlung des Nettoentgelts

Zieht man vom steuer- und sozialversicherungspflichtigen Bruttoentgelt die vom Arbeitnehmer zu tragende Lohn- und Kirchensteuer, den zurzeit erhobenen Solidaritätszuschlag und den Arbeitnehmeranteil an den Sozialversicherungsbeiträgen (Kranken-, Renten-, Pflege- und Arbeitslosenversicherung) ab, erhält man das Nettoentgelt.

(3) Ermittlung des Auszahlungsbetrags

Das Nettoentgelt stellt nicht zwangsläufig auch den Auszahlungsbetrag dar. In vielen Fällen wird das Nettoentgelt um bestimmte Abzugsbeträge gekürzt. Als Abzugsbeträge können z. B. infrage kommen: vermögenswirksame Anlagen, Verrechnung von Vorschüssen, Kostenanteil für das Kantinenessen, Mietverrechnung für eine Werkswohnung, evtl. auch Lohnpfändungen.

In schematischer Darstellung erhalten wir folgendes **Abrechnungsschema**:

Ermittlung des Bruttoentgelts[1]	Addition von Gehalt, Überstundenvergütungen, Urlaubsgeld, Sachwerte, geldwerte Vorteile
– Steuern[2]	Lohnsteuer, Solidaritätszuschlag, Kirchensteuer
– Sozialversicherungsbeiträge[3]	Kranken-, Pflege-, Renten- und Arbeitslosenversicherung (unter Berücksichtigung der Beitragsbemessungsgrenzen)
= Nettoentgelt	
– sonstige Abzüge	Verrechnung von Vorschüssen, Kantinenessen, Lohnpfändung, vermögenswirksamen Leistungen
= Auszahlungsbetrag	

---

1 Das Arbeitsentgelt wird im Folgenden nicht berechnet, sondern jeweils vorgegeben.

2 Vgl. hierzu die Ausführungen auf S. 266f.

3 Zur Berechnung der Sozialversicherungsbeiträge siehe S. 268f.

3.3.2 Berechnung der Lohnsteuer, des Solidaritätszuschlags und der Kirchensteuer

(1) Lohnsteuer und Solidaritätszuschlag

Nach dem Einkommensteuergesetz sind alle inländischen natürlichen Personen – von einer bestimmten Einkommenshöhe ab – zur Zahlung von Steuern aus dem Einkommen verpflichtet. Die Lohnsteuer ist eine Sonderform der Einkommensteuer. Besteuert werden dabei die **Einkünfte aus nichtselbstständiger Arbeit.** Die **Höhe der Lohn- bzw. Einkommensteuer** wird bestimmt durch die **Höhe des Bruttolohns** bzw. **-gehalts,** den **Familienstand,** die **Anzahl der Kinder** und durch bestimmte **Freibeträge.** Auf die Lohnsteuer wird derzeit ein Solidaritätszuschlag von 5,5 % erhoben.

Die **Feststellung der Lohnsteuer, der Kirchensteuer und des Solidaritätszuschlags** erfolgt in der Regel unter Einsatz spezieller Anwendungsprogramme, welche die entsprechenden Beträge automatisch ermitteln. Innerhalb der Lohnsteuer unterscheidet man **sechs Lohnsteuerklassen,** in denen die persönlichen Verhältnisse des Arbeitnehmers berücksichtigt werden.

Übersicht über die Lohnsteuerklassen

Steuer-klasse	Personenkreis	Pauschbeträge u. Freibeträge[1]	EUR[2]
I	Arbeitnehmer, die (1) ledig oder geschieden sind; (2) verheiratet sind, aber von ihrem Ehegatten dauernd getrennt leben, oder wenn der Ehegatte nicht im Inland wohnt; (3) verwitwet sind und bei denen die Voraussetzungen für die Steuerklasse III und IV nicht erfüllt sind.	Grundfreibetrag Arbeitnehmer-Pauschbetrag	8 820,00 1 000,00
II	Arbeitnehmer der Steuerklasse I, wenn bei ihnen der Entlastungsbeitrag für Alleinerziehende zu berücksichtigen ist.	Grundfreibetrag Arbeitnehmer-Pauschbetrag	8 820,00 1 000,00
III	**Verheiratete** Arbeitnehmer, von denen nur ein Ehegatte in einem Dienstverhältnis steht oder der andere Partner zwar arbeitet, aber in der Steuerklasse V eingestuft ist, und verwitwete Arbeitnehmer für das Kalenderjahr, in dem der Ehegatte verstorben ist.	Grundfreibetrag Arbeitnehmer-Pauschbetrag	17 640,00 1 000,00
IV	**Verheiratete** Arbeitnehmer, wenn **beide** Ehegatten Arbeitslohn beziehen.	Grundfreibetrag Arbeitnehmer-Pauschbetrag	8 820,00 1 000,00
V	Verheiratete Arbeitnehmer, die unter die Lohnsteuerklasse IV fallen würden, bei denen jedoch ein Ehegatte nach Steuerklasse III besteuert wird.	Arbeitnehmer-Pauschbetrag	1 000,00
VI	Arbeitnehmer, die aus **mehr** als einem Arbeitsverhältnis (von verschiedenen Arbeitgebern) Arbeitslohn beziehen.		

---

1 Aus Vereinfachungsgründen wird nur die wichtigste Pauschale und der wichtigste Freibetrag angeführt.

2 Stand Januar 2017.

Neben dem Einsatz spezieller Anwendungsprogramme können die Steuerbeträge auch mithilfe von **Lohnsteuertabellen** ermittelt werden.

Auszug aus der Lohnsteuertabelle

MONAT 1938,–*

bis €*	(I–VI)	LSt	SolZ	8%	9%	(I,II,III,IV)	LSt	SolZ	8%	9%	SolZ	8%	9%	SolZ	8%	9%	SolZ	8%	9%	SolZ	8%	9%	SolZ	8%	9%
			ohne Kinderfreibeträge					0,5			1			1,5			2			2,5			3**		
1 940,99	I,IV	193,50	10,64	15,48	17,41	I	193,50	6,53	9,50	10,68	—	4,02	4,52	—	—	—	—	—	—	—	—	—	—	—	—
	II	165,08	9,07	13,20	14,85	II	165,08	2,20	7,36	8,28	—	2,32	2,61	—	—	—	—	—	—	—	—	—	—	—	—
	III	17,66	—	1,41	1,58	III	17,66	—	—	—	—	—	—	—	—	—	—	—	—	—	—	—	—	—	—
	V	414,66	22,80	33,17	37,31	IV	193,50	8,55	12,44	13,99	6,53	9,50	10,68	0,41	6,64	7,47	—	4,02	4,52	—	1,79	2,01	—	—	—
	VI	445,33	24,49	35,62	40,07																				
1 943,99	I,IV	194,25	10,68	15,54	17,48	I	194,25	6,56	9,54	10,73	—	4,06	4,57	—	—	—	—	—	—	—	—	—	—	—	—
	II	165,75	9,11	13,26	14,91	II	165,75	2,31	7,40	8,33	—	2,36	2,65	—	—	—	—	—	—	—	—	—	—	—	—
	III	18,—	—	1,44	1,62	III	18,—	—	—	—	—	—	—	—	—	—	—	—	—	—	—	—	—	—	—
	V	415,66	22,86	33,25	37,40	IV	194,25	8,58	12,49	14,05	6,56	9,54	10,73	0,53	6,69	7,52	—	4,06	4,57	—	1,83	2,06	—	—	—
	VI	446,16	24,53	35,69	40,15																				
1 946,99	I,IV	194,91	10,72	15,59	17,54	I	194,91	6,60	9,60	10,80	—	4,10	4,61	—	0,02	0,02	—	—	—	—	—	—	—	—	—
	II	166,41	9,15	13,31	14,97	II	166,41	2,45	7,46	8,39	—	2,39	2,69	—	—	—	—	—	—	—	—	—	—	—	—
	III	18,33	—	1,46	1,64	III	18,33	—	—	—	—	—	—	—	—	—	—	—	—	—	—	—	—	—	—
	V	416,50	22,90	33,32	37,48	IV	194,91	8,62	12,54	14,11	6,60	9,60	10,80	0,66	6,74	7,58	—	4,10	4,61	—	1,86	2,09	—	0,02	0,02
	VI	447,33	24,60	35,78	40,25																				

Durch ein **elektronisches Verfahren zur Erhebung der Lohnsteuer** werden die Daten für die Besteuerung der Arbeitnehmer in einer Datenbank bei dem Bundeszentralamt für Steuern (BZSt) in Form von „**E**lektronischen **L**ohn**st**euer**a**bzugs**m**erkmalen" (kurz: **ELStAM**) gesammelt.

Die Finanzverwaltung ist dafür zuständig, dem Arbeitgeber die notwendigen Merkmale für die Besteuerung des Arbeitnehmers zu übermitteln. Der Arbeitgeber ist **verpflichtet,** die Lohnsteuerabzugsmerkmale seiner Mitarbeiter elektronisch aus der ELStAM-Datenbank der Finanzverwaltung abzurufen. Dazu muss er sich über **das ElsterOnline-Portal** bei der Finanzverwaltung authentifizieren.[1] Die dem Lohnsteuerabzug zugrunde gelegten Lohnsteuerabzugsmerkmale muss der Arbeitgeber **in der Gehaltsabrechnung** ausweisen.

Die Arbeitnehmer müssen bei Beginn des Arbeitsverhältnisses lediglich ihre **steuerliche Identifikationsnummer** und das **Geburtsdatum** angeben. Außerdem ist dem Arbeitgeber mitzuteilen, ob es sich um einen Haupt- oder Nebenjob handelt.

Am Ende des Jahres erhält der Arbeitnehmer vom Arbeitgeber eine **Lohnsteuerbescheinigung**[2] mit den Angaben über Bruttoverdienst und einbehaltene Abzüge (Lohnsteuer, Solidaritätszuschlag und Kirchensteuer). Sie dient dann dem Arbeitnehmer im Falle der Einkommensteuerveranlagung als Nachweis über die gezahlten Abzüge.

---

1 **Authentifizieren:** beglaubigen, die Echtheit bezeugen.

2 Die Arbeitgeber sind verpflichtet, die ausgestellten Lohnsteuer-Bescheinigungen bis zum 28. Februar des Folgejahres elektronisch an die Finanzverwaltung zu übermitteln.

(2) Kirchensteuer

Die Kirchensteuer erheben die Kirchen von ihren Mitgliedern. Die Veranlagung erfolgt durch die Finanzämter, an die auch die Zahlungen zu leisten sind. Bei den Arbeitnehmern wird die Kirchensteuer zusammen mit der Lohnsteuer und dem Solidaritätszuschlag vom Arbeitgeber einbehalten und abgeführt. Zurzeit beträgt die Kirchensteuer 9 % von der zu zahlenden Lohn- bzw. Einkommensteuer. Lediglich in Baden-Württemberg und Bayern beträgt der Kirchensteuersatz 8 %.

Beispiel:

Edda Meyer ist Angestellte bei der Lampenfabrik Franz Kraemer OHG. Sie bezieht für den Monat Juli ein Bruttogehalt in Höhe von 1 941,00 EUR. Sie ist ledig (Lohnsteuerklasse I) und hat keine Kinder. Konfession: röm.-kath.

Bruttogehalt	1 941,00 EUR
Lohnsteuer lt. LSt.-Tabelle (Klasse I, ohne Kinder)	194,25 EUR
Solidaritätszuschlag	10,68 EUR
Kirchensteuer 9 %	17,48 EUR.

Die Angestellte hat insgesamt 222,41 EUR an Steuern zu entrichten. (Siehe Auszug aus der Lohnsteuertabelle auf S. 267!)

Beachte:

Die Lohnsteuer wird im **Abzugsverfahren** erhoben, d. h., die Arbeitgeber sind verpflichtet, die Lohnsteuer, die Kirchensteuer und den Solidaritätszuschlag einzubehalten und bis zum 10. des folgenden Monats an das Finanzamt abzuführen.

3.3.3 Berechnung der Sozialversicherungsbeiträge

Die Sozialversicherung ist eine gesetzliche Versicherung (Pflichtversicherung), der ca. 90 % der Bevölkerung angehören. Sie soll die Versicherten vor finanzieller Not bei Krankheit **(gesetzliche Krankenkasse)**, bei Arbeitslosigkeit **(gesetzliche Arbeitsförderung)**, bei Pflegebedürftigkeit **(soziale Pflegeversicherung)** und bei Erwerbsunfähigkeit, meistens aus Altersgründen **(gesetzliche Rentenversicherung)**, schützen.

Außer der **Unfallversicherung**, die der Arbeitgeber allein zu tragen hat, müssen Arbeitnehmer und Arbeitgeber je 50 % der Beiträge zur Kranken-, Pflege-, Renten- und Arbeitslosenversicherung zahlen. Die Beiträge für jeden Sozialversicherungszweig werden bis zur jeweiligen **Beitragsbemessungsgrenze** über einen festen Prozentsatz vom jeweiligen Bruttoverdienst berechnet. Über die Beitragsbemessungsgrenze hinaus werden keine Beiträge zur jeweiligen Sozialversicherung erhoben.[1]

Derzeit gelten für die Sozialversicherung folgende monatliche **Beitragssätze** bzw. **Beitragsbemessungsgrenzen** (seit 1. Januar 2017):[2]

---

1 Die Höhe und die Aufteilung der geleisteten Beiträge wird vom Arbeitgeber für jeden Abrechnungszeitraum auf einem **Beitragsnachweis** dokumentiert und an die zuständigen Krankenkassen weitergeleitet. Der Beitragsnachweis ist rechtzeitig, **spätestens zwei Arbeitstage vor Fälligkeit der SV-Beiträge** zu übermitteln. Zusätzlich sind die vom Arbeitgeber aufzubringenden Beiträge zu den **Unterstützungs- bzw. Ausgleichskassen (U 1/U 2/U 3)** vermerkt. Neben den Umlagen zur Lohnfortzahlung im Krankheitsfall (U 1) und zum Mutterschaftsgeld (U 2) betrifft dies die Insolvenzgeldumlage (U 3).

2 Die Beitragssätze für die Sozialversicherung bzw. die Beitragsbemessungsgrenzen werden in der Regel jährlich neu festgelegt. Informieren Sie sich bitte über die derzeit geltenden Beitragssätze und Bemessungsgrenzen.

	In den alten Bundesländern	In den neuen Bundesländern
Krankenversicherung: 14,6 % Beitragsbemessungsgrenze:	4 350,00 EUR	4 350,00 EUR
Pflegeversicherung: 2,55 % Beitragsbemessungsgrenze:	4 350,00 EUR	4 350,00 EUR
Rentenversicherung: 18,7 % Beitragsbemessungsgrenze:	6 350,00 EUR	5 700,00 EUR
Arbeitslosenversicherung: 3,0 % Beitragsbemessungsgrenze:	6 350,00 EUR	5 700,00 EUR

Beachte:

- Der **Beitragssatz zur Krankenversicherung** in Höhe von 14,6 % gilt bundeseinheitlich. Zusätzlich kann jede Krankenkasse einen einkommensabhängigen **Zusatzbeitrag** erheben. Der Zusatzbeitrag ist je nachdem, wie die Krankenkasse wirtschaftet, unterschiedlich hoch. Der durchschnittliche Zusatzbeitrag beträgt 2017 1,1 %. Er ist eine Richtschnur für die Krankenkassen bei der Festlegung ihres individuellen Zusatzbeitragssatzes. An dem Zusatzbeitrag ist der **Arbeitgeber nicht beteiligt**.

- Für alle kinderlosen Pflichtversicherten erhöht sich der **Beitrag zur Pflegeversicherung** um 0,25 % des beitragspflichtigen Einkommens. Für diesen Personenkreis beträgt der Beitragssatz 1,525 %. An dieser Erhöhung ist der **Arbeitgeber nicht beteiligt**.

Beispiel 1:

Die kinderlose Angestellte Edda Meyer, 25 Jahre alt, erhält ein Bruttogehalt in Höhe von 1 941,00 EUR. Ihre Krankenkasse verlangt einen Zusatzbeitragssatz von 1,1 %.

Aufgaben:

Berechnen Sie

1. den Arbeitnehmeranteil zum Sozialversicherungsbeitrag!
2. den Arbeitgeberanteil zum Sozialversicherungsbeitrag!

Lösungen:

Bruttogehalt	1 941,00 EUR
Krankenversicherung: 14,6 % (7,3 % AN-Anteil)	141,69 EUR
Sonderbeitrag für Arbeitnehmer: 1,1 %	21,35 EUR
Pflegeversicherung: 2,55 % (1,275 % AN-Anteil)	24,75 EUR
Sonderbeitrag für kinderlose Arbeitnehmer: 0,25 %	4,85 EUR
Rentenversicherung: 18,7 % (9,35 % AN-Anteil)	181,48 EUR
Arbeitslosenversicherung: 3,0 % (1,5 % AN-Anteil)	29,12 EUR
1. Arbeitnehmeranteil	403,24 EUR
2. Arbeitgeberanteil (403,24 EUR – 26,20 EUR)	377,04 EUR

Beispiel 2:

Der Abteilungsleiter Peter Sonnenschein arbeitet in Köln, ist verheiratet und hat ein Kind. Er verdient 6 980,00 EUR. Peter Sonnenschein ist in der gesetzlichen Krankenkasse versichert.

Seine Krankenversicherung verlangt einen Zusatzbeitragssatz von 1 %.

Aufgaben:

Berechnen Sie

1. den Arbeitnehmeranteil zu den Sozialversicherungsbeiträgen,
2. den Arbeitgeberanteil zu den Sozialversicherungsbeiträgen!

Lösungen:

Bruttogehalt	6 980,00 EUR

Krankenversicherung: 7,3 % (von 4 350,00 EUR)	317,55 EUR
Sonderbeitrag für Arbeitnehmer: 1,0 % (von 4 350,00 EUR)	43,50 EUR
Pflegeversicherung: 1,275 % (von 4 350,00 EUR)	55,46 EUR
Rentenversicherung: 9,35 % (von 6 350,00 EUR)	593,73 EUR
Arbeitslosenversicherung: 1,5 % (von 6 350,00 EUR)	95,25 EUR
1. Arbeitnehmeranteil	1 105,49 EUR
2. Arbeitgeberanteil (1 105,49 EUR – 43,50 EUR)	1 061,99 EUR

Die Lohnabrechnung erfolgt heute in der Regel mithilfe eines EDV-Programms. In diesem EDV-Programm werden die Beitragssätze der Sozialversicherung im Rahmen regelmäßiger Updates aktualisiert. Das Programm rechnet dann die entsprechenden Sozialversicherungsbeiträge für jede Gehaltshöhe automatisch aus. Die Arbeitnehmeranteile zur Sozialversicherung werden zusammen mit den Arbeitgeberanteilen vom Arbeitgeber an die zuständigen Krankenkassen abgeführt, welche die entsprechenden Beiträge an die Träger der Renten- und Arbeitslosenversicherung weiterleiten.

Übungsaufgaben

156 1. Ein verheirateter Mitarbeiter, dessen Ehefrau nicht berufstätig ist, erhält ein Bruttogehalt von 1 984,20 EUR. Er hat ein Kind und ist kirchensteuerpflichtig mit 9 %.

Aufgabe:

Erstellen Sie die Gehaltsabrechnung für den Mitarbeiter (Steuerklasse III/1) unter Verwendung des abgedruckten Auszugs aus der Lohnsteuertabelle und der Beitragssätze zur Sozialversicherung lt. S. 267! Der Zusatzbeitrag seiner Krankenkasse beträgt 0,9 %.

2 015,99* MONAT

Lohn/ Gehalt		Abzüge an Lohnsteuer, Solidaritätszuschlag (SolZ) und Kirchensteuer (8%, 9%) in den Steuerklassen																							
		I–VI				**I, II, III, IV**																			
			ohne Kinder-freibeträge								mit Zahl der Kinderfreibeträge . . .														
								0,5			**1**			**1,5**			**2**			**2,5**			**3 ****		
bis €*		LSt	SolZ	8%	9%		LSt	SolZ	8%	9%	SolZ	8%	9%	SolZ	8%	9%	SolZ	8%	9%	SolZ	8%	9%	SolZ	8%	9%
1 982,99	I,IV	221,66	12,19	17,73	19,94	I	221,66	8,—	11,64	13,09	—	5,94	6,68	—	1,35	1,52	—	—	—	—	—	—	—	—	—
	II	192,75	10,60	15,42	17,34	II	192,75	6,50	9,46	10,64	—	4,05	4,55	—	0,02	0,02	—	—	—	—	—	—	—	—	—
	III	38,66	—	3,09	3,47	III	38,66	—	—	—	—	—	—	—	—	—	—	—	—	—	—	—	—	—	—
	V	444,83	24,46	35,58	40,03	IV	221,66	10,06	14,64	16,47	8,—	11,64	13,09	5,63	8,73	9,82	—	5,94	6,68	—	3,46	3,89	—	1,35	1,52
	VI	473,83	26,06	37,90	42,64																					
1 985,99	I,IV	222,41	12,23	17,79	20,01	I	222,41	8,03	11,69	13,15	—	5,98	6,73	—	1,38	1,55	—	—	—	—	—	—	—	—	—
	II	193,41	10,63	15,47	17,40	II	193,41	6,54	9,51	10,70	—	4,09	4,60	—	0,05	0,05	—	—	—	—	—	—	—	—	—
	III	39,16	—	3,13	3,52	III	39,16	—	—	—	—	—	—	—	—	—	—	—	—	—	—	—	—	—	—
	V	445,83	24,52	35,66	40,12	IV	222,41	10,10	14,69	16,52	8,03	11,69	13,15	5,76	8,78	9,88	—	5,98	6,73	—	3,50	3,93	—	1,38	1,55
	VI	474,66	26,10	37,97	42,71																					
1 988,99	I,IV	223,08	12,26	17,84	20,07	I	223,08	8,07	11,74	13,21	—	6,03	6,78	—	1,42	1,59	—	—	—	—	—	—	—	—	—
	II	194,08	10,67	15,52	17,46	II	194,08	6,57	9,56	10,76	—	4,13	4,64	—	0,08	0,09	—	—	—	—	—	—	—	—	—
	III	39,50	—	3,16	3,55	III	39,50	—	—	—	—	—	—	—	—	—	—	—	—	—	—	—	—	—	—
	V	446,66	24,56	35,73	40,19	IV	223,08	10,14	14,75	16,59	8,07	11,74	13,21	5,90	8,84	9,94	—	6,03	6,78	—	3,54	3,98	—	1,42	1,59
	VI	475,66	26,16	38,05	42,80																					

157 Ein Mitarbeiter erhält einschließlich vermögenswirksamer Leistung des Arbeitgebers (monatlich 36,00 EUR) einen Bruttolohn von 3 610,00 EUR; Lohnsteuerklasse II/1. Abzüge: Vermögenswirksame Sparleistung 36,00 EUR, Lohnpfändung 110,00 EUR, Wareneinkauf im Betrieb 90,00 EUR zuzüglich 19 % USt, Miete für Geschäftswohnung 360,00 EUR.

Aufgabe:

Berechnen Sie den Auszahlungsbetrag für den Mitarbeiter! Die Kirchensteuer beträgt 9 %. Der Zusatzbeitragssatz seiner Krankenkasse beträgt 1,1 %.

3 608,99* MONAT

Lohn/ Gehalt	Abzüge an Lohnsteuer, Solidaritätszuschlag (SolZ) und Kirchensteuer (8%, 9%) in den Steuerklassen																											
		I–VI					I, II, III, IV																					
		ohne Kinderfreibeträge										mit Zahl der Kinderfreibeträge ...															
								0,5			1			1,5			2			2,5			3**					
bis €*		LSt	SolZ	8%	9%		LSt	SolZ	8%	9%	SolZ	8%	9%	SolZ	8%	9%	SolZ	8%	9%	SolZ	8%	9%	SolZ	8%	9%			
3 608,99	I,IV	625,16	34,38	50,01	56,26	I	625,16	29,01	42,20	47,47	23,90	34,76	39,11	19,04	27,70	31,16	14,45	21,02	23,64	10,11	14,70	16,54	5,71	8,76	9,86			
	II	588,16	32,34	47,05	52,93	II	588,16	27,07	39,38	44,30	22,05	32,08	36,09	17,30	25,16	28,31	12,80	18,62	20,94	8,55	12,44	14,—	0,41	6,64	7,47			
	III	348,66	19,17	27,89	31,37	III	348,66	15,06	21,90	24,64	7,86	16,10	18,11	—	10,56	11,88	—	5,70	6,41	—	1,65	1,85	—	—	—			
	V	990,41	54,47	79,23	89,13	IV	625,16	31,66	46,06	51,81	29,01	42,20	47,47	26,42	38,44	43,24	23,90	34,76	39,11	21,44	31,18	35,08	19,04	27,70	31,16			
	VI	1 026,66	56,46	82,13	92,39																							
3 611,99	I,IV	626,—	34,43	50,08	56,34	I	626,—	29,05	42,26	47,54	23,94	34,82	39,17	19,08	27,76	31,23	14,48	21,07	23,70	10,14	14,76	16,60	5,83	8,81	9,91			
	II	589,—	32,39	47,12	53,01	II	589,—	27,11	39,44	44,37	22,10	32,14	36,16	17,33	25,22	28,37	12,83	18,67	21,—	8,58	12,49	14,05	0,53	6,69	7,52			
	III	349,33	19,21	27,94	31,43	III	349,33	15,09	21,96	24,70	8,—	16,16	18,18	—	10,60	11,92	—	5,74	6,46	—	1,68	1,89	—	—	—			
	V	991,50	54,53	79,32	89,23	IV	626,—	31,71	46,12	51,89	29,05	42,26	47,54	26,46	38,50	43,31	23,94	34,82	39,17	21,48	31,24	35,15	19,08	27,76	31,23			
	VI	1 027,75	56,52	82,22	92,49																							
3 614,99	I,IV	626,91	34,48	50,15	56,42	I	626,91	29,10	42,33	47,62	23,98	34,89	39,25	19,13	27,82	31,30	14,52	21,13	23,77	10,18	14,81	16,66	5,96	8,86	9,97			
	II	589,91	32,44	47,19	53,09	II	589,91	27,16	39,51	44,45	22,14	32,21	36,23	17,38	25,28	28,44	12,87	18,72	21,06	8,62	12,54	14,11	0,66	6,74	7,58			
	III	350,—	19,25	28,—	31,50	III	350,—	15,13	22,01	24,76	8,13	16,21	18,23	—	10,65	11,98	—	5,78	6,50	—	1,72	1,93	—	—	—			
	V	992,58	54,59	79,40	89,33	IV	626,91	31,75	46,19	51,96	29,10	42,33	47,62	26,51	38,56	43,38	23,98	34,89	39,25	21,52	31,31	35,22	19,13	27,82	31,30			
	VI	1 028,83	56,58	82,30	92,59																							

158 Ein leitender Angestellter erhält ein Bruttogehalt von 5 455,00 EUR einschließlich 36,00 EUR monatlich vermögenswirksame Leistung. Lohnsteuerklasse III/3. Für die Abwicklung eines Großauftrags erhält der Angestellte eine Sonderzahlung von 250,00 EUR. Abzüge: Vermögenswirksame Sparleistung 36,00 EUR, Tilgung und Zinsen für ein Arbeitgeberdarlehen 450,00 EUR, einbehaltener Vorschuss 500,00 EUR.

Aufgabe:

Berechnen Sie den Auszahlungsbetrag für den Angestellten! Die Kirchensteuer beträgt 9 %. Seine gesetzliche Krankenkasse verlangt einen Zusatzbeitragssatz von 1,0 %.

	Kinderfreibetrag		0		0,5		1		1,5		2		2,5		3	
ab €	StK	Steuer	SolZ	KiStr	SolZ	KiStr	SolZ	KiStr	SolZ	KiStr	SolZ	KiStr	SolZ	KiStr	SolZ	KiStr
5.703,00 €																
	1	1.381,91	76,00	124,37	69,25	113,33	62,52	102,30	55,96	91,57	49,65	81,26	43,61	71,37	37,83	61,90
	2	1.336,16	-	-	66,74	109,21	60,04	98,24	53,57	87,67	47,37	77,51	41,42	67,79	35,73	58,47
	3	902,83	49,65	81,25	44,68	73,12	39,84	65,20	35,13	57,49	30,56	50,00	26,10	42,71	21,78	35,64
	4	1.381,91	76,00	124,37	72,63	118,85	69,25	113,33	65,88	107,81	62,52	102,30	59,21	96,89	55,96	91,57
	5	1.802,08	99,11	162,18	-	-	-	-	-	-	-	-	-	-	-	-
	6	1.838,33	101,10	165,44	-	-	-	-	-	-	-	-	-	-	-	-
5.706,00 €																
	1	1.383,08	76,06	124,47	69,32	113,44	62,58	102,41	56,02	91,67	49,72	81,36	43,67	71,46	37,88	61,99
	2	1.337,33	-	-	66,80	109,31	60,10	98,35	53,64	87,77	47,43	77,61	41,48	67,88	35,79	58,56
	3	903,66	49,70	81,32	44,73	73,19	39,89	65,27	35,18	57,56	30,60	50,08	26,15	42,79	21,82	35,71
	4	1.383,08	76,06	124,47	72,69	118,95	69,32	113,44	65,95	107,92	62,58	102,41	59,27	96,98	56,02	91,67
	5	1.803,25	99,17	162,29	-	-	-	-	-	-	-	-	-	-	-	-
	6	1.839,50	101,17	165,55	-	-	-	-	-	-	-	-	-	-	-	-
5.709,00 €																
	1	1.384,25	76,13	124,58	69,39	113,54	62,64	102,51	56,08	91,77	49,77	81,45	43,73	71,56	37,94	62,08
	2	1.338,50	-	-	66,87	109,42	60,17	98,46	53,70	87,87	47,49	77,71	41,53	67,97	35,84	58,65
	3	904,50	49,74	81,40	44,77	73,27	39,93	65,35	35,22	57,64	30,64	50,14	26,18	42,85	21,86	35,77
	4	1.384,25	76,13	124,58	72,76	119,07	69,39	113,54	66,01	108,02	62,64	102,51	59,33	97,09	56,08	91,77
	5	1.804,41	99,24	162,39	-	-	-	-	-	-	-	-	-	-	-	-
	6	1.840,66	101,23	165,65	-	-	-	-	-	-	-	-	-	-	-	-

Quelle: www.imacc.de

271

3.3.4 Buchung von Personalaufwendungen

3.3.4.1 Buchung der Grundfälle bei Lohn- und Gehaltszahlungen

Die erforderlichen Buchungen lassen sich mithilfe der nachfolgenden Fragen ableiten. Hierbei gehen wir von der Entgeltabrechnung von Edda Meyer, Angestellte der Lampenfabrik Franz Kraemer OHG für den Monat Juli aus.

Arbeitgeber-anteil an der Sozial-versicherung	Name	Brutto-gehalt	Abzüge			Abzüge insgesamt	Nettogehalt (Auszah-lungs-betrag)
			Lohnst./ Sol.-Zuschl.	Kirchen-steuer	Sozialver-sicherung		
377,04	Edda Meyer	1 941,00	204,93	17,48	403,24	625,65	1 315,35

Aufwendungen des Arbeitgebers | Abzuführende Beträge (Verbindlichkeiten) ▪ an das Finanzamt ▪ an die zuständige Krankenkasse | Aus-zahlungs-betrag

(1) Welche Aufwendungen erwachsen der Lampenfabrik monatlich für diese Mitarbeiterin?

Für Frau Meyer hat die Lampenfabrik folgende Beträge aufzuwenden:

Personalkosten (Bruttogehalt)	1 941,00 EUR
+ Sozialversicherungsbeiträge (Arbeitgeberanteil)	377,04 EUR
	2 318,04 EUR

Diese beiden Aufwandsposten müssen auf entsprechenden Aufwandskonten in unserer Buchführung gebucht werden: das **Bruttogehalt** auf dem Konto **6300 Gehälter**, der **Arbeitgeberanteil zur Sozialversicherung** auf dem Konto **6410 Arbeitgeberanteil zur Sozialversicherung**.

(2) Welche Abzüge werden einbehalten?

An **Lohnsteuer, Solidaritätszuschlag und Kirchensteuer** werden 222,41 EUR (194,25 EUR + 10,68 EUR + 17,48 EUR) einbehalten. Solange die einbehaltenen Steuern nicht an das Finanzamt abgeführt sind, stellen sie für das Unternehmen Verbindlichkeiten dar. Die Buchung erfolgt auf dem Konto **4830 Sonstige Verbindlichkeiten gegenüber Finanzbehörden**.

Die **einbehaltenen Sozialversicherungsbeiträge** umfassen 403,24 EUR. Sie müssen an die zuständige Krankenkasse weitergeleitet werden. Solange dies noch nicht erfolgt ist, stellen die einbehaltenen Sozialversicherungsbeiträge ebenso wie der Arbeitgeberanteil Verbindlichkeiten dar. Die Buchung erfolgt auf dem Konto **2640 Sozialversicherungs-Beitragsvorauszahlung**.

(3) Welcher Betrag wird monatlich an Frau Meyer ausbezahlt?

Edda Meyer erhält das Nettogehalt in Höhe von 1315,35 EUR ausgezahlt. In Höhe dieses Betrages erfolgt bei der Gehaltsauszahlung ein Abgang auf dem Zahlungskonto. Bei Bankzahlung, wie wir annehmen wollen, bedeutet das eine Habenbuchung auf dem Bankkonto.

(4) Wie sind die einzelnen Beträge bei der Lohn- und Gehaltsabrechnung zu buchen?

Es ergeben sich folgende Buchungen:[1]

1. Zum drittletzten Bank-arbeitstag des laufen-den Monats:	▣ Zahlung der fälligen Sozialversicherungsbeiträge.
2. Am Monatsende:	▣ Buchung des Bruttogehaltes mit Auszahlung des Nettogehaltes, Verrechnung des Arbeitnehmeranteils zur Sozialversicherung und der Erfassung der einbehaltenen und abzuführenden Beträge an das Finanzamt. ▣ Buchung des Arbeitgeberanteils zur Sozialversicherung mit Verrechnung des bereits bezahlten Arbeitgeberanteils zur Sozialversicherung.
3. Am 10. des folgenden Monats:	▣ Zahlung der einbehaltenen Lohnsteuer, der Kirchensteuer und des Solidaritätszuschlags.

Beispiel:

Wir greifen zurück auf die Gehaltsabrechnung von Edda Meyer (siehe S. 272).

Aufgabe:

Bilden Sie die Buchungssätze für die Gehaltsabrechnung!

Lösung:

Nr.	Konten	Soll	Haben
1.	2640 SV-Beitragsvorauszahlung an 2800 Bank	780,28	780,28
2.	6300 Gehälter an 2800 Bank an 2640 SV-Beitragsvorauszahlung an 4830 Verbindlichkeiten gegenüber Finanzbehörden	1 941,00	1 315,35 403,24 222,41
	6400 AG-Anteil zur Sozialversicherung an 2640 SV-Beitragsvorauszahlung	377,04	377,04
3.	4830 Sonst. Verbindlichk. gegenüber Finanzbehörden an 2800 Bank	225,08	225,08

Erläuterungen:

■ Die Sozialversicherungsbeiträge werden spätestens bis zum drittletzten Bankarbeitstag des laufenden Monats und damit vor der eigentlichen Gehaltsbuchung der Krankenkasse gemeldet und durch Bankeinzug bezahlt. Die Vorauszahlung der Sozialversicherungsbeiträge (780,28 EUR) wird auf dem **Konto 2640 Sozialversicherungs-Beitragsvorauszahlung erfasst (Sollbuchung).**

■ Zusammen mit der Gehaltsbuchung werden die einbehaltenen Sozialversicherungsbeiträge der Arbeitnehmer (403,24 EUR) sowie der Arbeitgeberanteil zur Sozialversicherung (377,04 EUR) mit dem **Konto 2640 Sozialversicherungs-Beitragsvorauszahlung verrechnet (Habenbuchung).**

---

1 Alle Zahlungen erfolgen durch Banküberweisung.

18 Speth u.a. - ISBN 978-3-8120-0261-5

3.3.4.2 Informationstechnische Unterstützung der Entgeltabrechnung

Eine integrierte Unternehmenssoftware (ERP-Software: Enterprise Resource Planning) unterstützt das Unternehmen in der Planung und Verwaltung der Entgeltabrechnung. Ziel ist es, die betrieblichen Prozesse, u. a. auch die Personalprozesse, effizient[1] abzuwickeln.

Zum Funktionsumfang einer Software rund um die Entgeltabrechnung gehören z. B.:

- Verwaltung der Personalstammdaten,
- Berechnung des Grundgehaltes,
- Berechnung gesetzlicher bzw. tariflicher Zulagen, wie z. B. Krankengeld,
- Abwicklung flexibler Arbeitszeitmodelle, z. B. Altersteilzeit,
- Berechnung und Abführung von Lohn- und Kirchensteuer und des Solidaritätszuschlags sowie der Sozialversicherungsbeiträge,
- Berechnung und Abführung von Pfändungen,
- Erstellen von Bescheinigungen, z. B. Entgeltbescheinigung für die Agentur für Arbeit.

Um diese Arbeiten durchführen zu können, müssen die Daten erfasst werden, die zur Entgeltabrechnung erforderlich sind. Die nachfolgende Abbildung zeigt die graphische Benutzeroberfläche für einen Mitarbeiter (Auszug) aus **Microsoft Dynamics - NAV®**. Um den Bildschirm nicht zu überfrachten und nur aufgabenbezogene Informationen anzuzeigen, sind die Daten auf mehrere Registerkarten verteilt. Die nachfolgenden Oberflächen zeigen nur die Inhalte der Registerkarte Allgemein und Steuer.

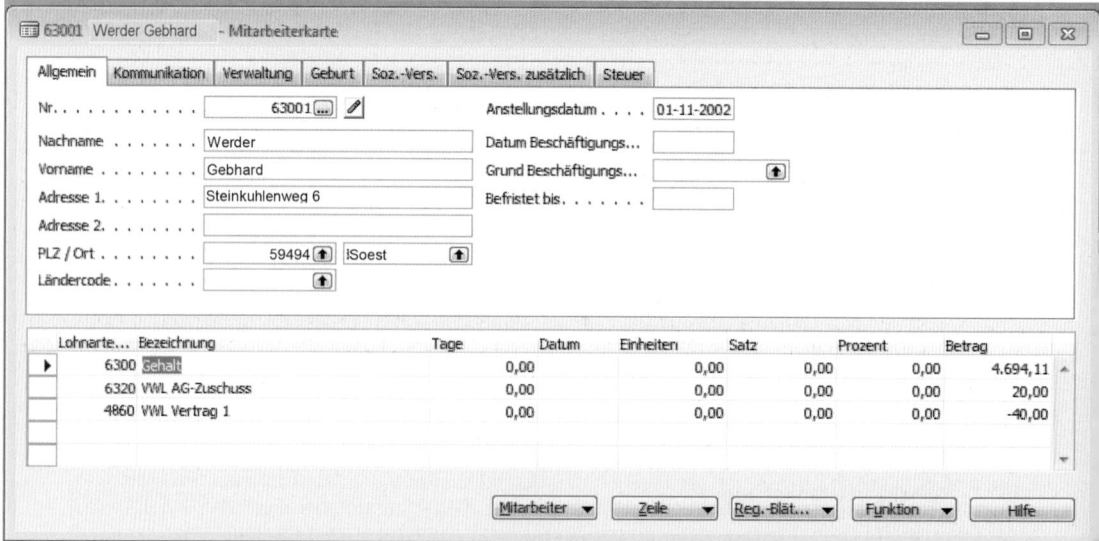

Sind diese Rahmendaten einmal eingegeben und ist das Modul „Entgeltabrechnung" gestartet, hat der Mitarbeiter der Personalabteilung keinen Einfluss mehr auf den Programmablauf.

---

1 **Effizient:** besonders wirksam.

Ein regelmäßiges Update der Software sorgt dafür, dass das Programm bei der Entgeltabrechnung die aktuell gültige Rechtslage (Steuersätze, Beitragssätze der Sozialversicherungen usw.) berücksichtigt.

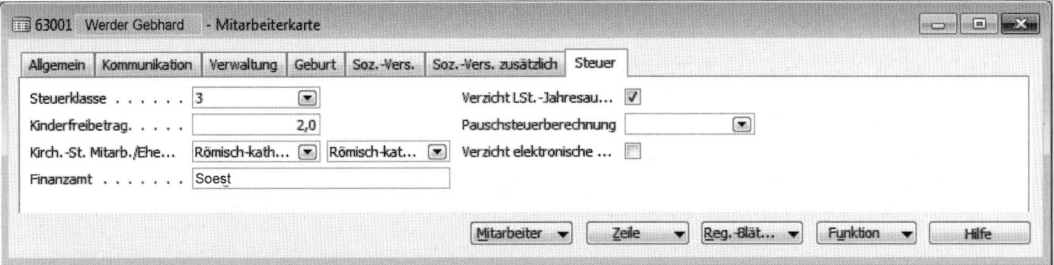

Übungsaufgaben

159 Bilden Sie die Buchungssätze zu der folgenden Gehaltsabrechnung!

1. Wir überweisen die einbehaltenen Sozialversicherungsbeiträge für unsere Mitarbeiter in Höhe von 10 099,68 EUR durch die Bank.

2. **Gehaltsliste Monat Juni**

Bruttogehälter	LSt, Sol.-Zuschlag und Kirchensteuer	Sozial-versicherung	Bank-überweisung	Arbeitgeber-anteil
25 440,00	3 869,00	5 96,12	16 374,88	4 903,56

160 Wir überweisen das Gehalt in Höhe von brutto 2 980,00 EUR an eine Mitarbeiterin durch die Bank. Der Arbeitnehmeranteil zur Sozialversicherung beträgt 608,67 EUR, die Lohnsteuer, der Solidaritätszuschlag und die Kirchensteuer betragen 278,04 EUR. Der Arbeitgeberanteil zur Sozialversicherung beträgt 581,85 EUR. Die Sozialversicherungsbeiträge werden am drittletzten Bankarbeitstag überwiesen.

Aufgabe:

Bilden Sie die Buchungssätze für obige Angaben!

161 Wir zahlen einbehaltene Abzüge (Lohnsteuer, Solidaritätszuschlag und Kirchensteuer) in Höhe von 4 670,00 EUR sowie die fällige Grundsteuer für die betrieblichen Grundstücke und Gebäude in Höhe von 3 120,80 EUR durch Banküberweisung.

Aufgabe:

Bilden Sie die Buchungssätze für die Geschäftsvorfälle!

162 **Gehaltsliste Monat Juni**

Brutto-gehälter	Lohnsteuer/ Sol.-Zuschlag	Kirchen-steuer	Sozial-versicherung	Gesamt-abzüge	Auszahlung Bank
30 390,00	4 686,00	393,00	6 131,18	11 210,18	19 179,82

Aufgabe:

Bilden Sie die Buchungssätze bei einem Arbeitgeberanteil zur Sozialversicherung in Höhe von 5 948,84 EUR!

163 Ein Filialleiter erhält ein monatliches Grundgehalt von 3 200,00 EUR. Sofern seine Verkaufserlöse 25 000,00 EUR übersteigen, erhält er vom Mehrbetrag 3 % Umsatzprovision, die im Folgemonat ausbezahlt wird.

Im Oktober beträgt sein Umsatz 51 400,00 EUR.

Aufgaben:

1. Berechnen Sie den Auszahlungsbetrag vom November, wenn folgende Abzüge anfallen: Lohnsteuer, Solidaritätszuschlag und Kirchensteuer 1 041,75 EUR. Der Arbeitnehmeranteil zur Sozialversicherung beträgt 805,39 EUR! Der Arbeitgeberanteil zur Sozialversicherung beträgt 769,46 EUR.

2. Bilden Sie die Buchungssätze

  2.1 für die Zahlung der Sozialversicherungsbeiträge (Banküberweisung) und

  2.2 für die Gehaltsabrechnung (Banküberweisung)!

3. Beschreiben Sie die Auswirkungen eines Steuerfreibetrages als Lohnsteuerabzugsmerkmal für den Steuerpflichtigen bei seiner Gehaltsabrechnung!

164 Die Prokuristin Frieda Fleißig hat ein Bruttogehalt von 5 708,00 EUR. Sie ist röm.-kath., unterliegt der Lohnsteuerklasse I und erhält einen Kinderfreibetrag. Frieda Fleißig ist in der gesetzlichen Krankenversicherung versichert. Ihre gesetzliche Krankenkasse verlangt einen Zusatzbeitragssatz von 1,1 %. Frieda Fleißig ist kirchensteuerpflichtig.

Aufgaben:

1. Erstellen Sie die Gehaltsabrechnung aufgrund der abgedruckten Lohnsteuertabelle! Zu den Abzügen für die Sozialversicherung vergleichen Sie bitte die Angaben auf S. 268.

2. Berechnen Sie den Arbeitgeberanteil zur Sozialversicherung!

3. Bilden Sie die Buchungssätze

  3.1 für die Zahlung der Sozialversicherungsbeiträge (Banküberweisung),

  3.2 für die erstellte Gehaltsabrechnung (Banküberweisung)!

Kinderfreibetrag			0		0,5		1		1,5		2		2,5		3
ab €	StK	Steuer	SolZ	KiStr	SolZ	KiStr	SolZ	KiStr	SolZ	KiStr	SolZ	KiStr	SolZ	KiStr	SolZ	KiStr
5.703,00 €															
	1	1.381,91	76,00	124,37	69,25	113,33	62,52	102,30	55,96	91,57	49,65	81,26	43,61	71,37	37,83	61,90
	2	1.336,16	-	-	66,74	109,21	60,04	98,24	53,57	87,67	47,37	77,51	41,42	67,79	35,73	58,47
	3	902,83	49,65	81,25	44,68	73,12	39,84	65,20	35,13	57,49	30,56	50,00	26,10	42,71	21,78	35,64
	4	1.381,91	76,00	124,37	72,63	118,85	69,25	113,33	65,88	107,81	62,52	102,30	59,21	96,89	55,96	91,57
	5	1.802,08	99,11	162,18	-	-	-	-	-	-	-	-	-	-	-	-
	6	1.838,33	101,10	165,44	-	-	-	-	-	-	-	-	-	-	-	-
5.706,00 €															
	1	1.383,08	76,06	124,47	69,32	113,44	62,58	102,41	56,02	91,67	49,72	81,36	43,67	71,46	37,88	61,99
	2	1.337,33	-	-	66,80	109,31	60,10	98,35	53,64	87,77	47,43	77,61	41,48	67,88	35,79	58,56
	3	903,66	49,70	81,32	44,73	73,19	39,89	65,27	35,18	57,56	30,60	50,08	26,15	42,79	21,82	35,71
	4	1.383,08	76,06	124,47	72,69	118,95	69,32	113,44	65,95	107,92	62,58	102,41	59,27	96,98	56,02	91,67
	5	1.803,25	99,17	162,29	-	-	-	-	-	-	-	-	-	-	-	-
	6	1.839,50	101,17	165,55	-	-	-	-	-	-	-	-	-	-	-	-
5.709,00 €															
	1	1.384,25	76,13	124,58	69,39	113,54	62,64	102,51	56,08	91,77	49,77	81,45	43,73	71,56	37,94	62,08
	2	1.338,50	-	-	66,87	109,42	60,17	98,46	53,70	87,87	47,49	77,71	41,53	67,97	35,84	58,65
	3	904,50	49,74	81,40	44,77	73,27	39,93	65,35	35,22	57,64	30,64	50,14	26,18	42,85	21,86	35,77
	4	1.384,25	76,13	124,58	72,76	119,07	69,39	113,54	66,01	108,02	62,64	102,51	59,33	97,09	56,08	91,77
	5	1.804,41	99,24	162,39	-	-	-	-	-	-	-	-	-	-	-	-
	6	1.840,66	101,23	165,65	-	-	-	-	-	-	-	-	-	-	-	-

Quelle: imacc.de

3.3.4.3 Buchung von Vorschüssen und Sondervergütungen

(1) Vorschüsse

■ Auszahlung von Vorschüssen

Geschäftsvorfall	Konten	Soll	Haben
Unser Mitarbeiter Franz Heine erhält einen Gehaltsvorschuss von 200,00 EUR in bar	2650 Forderungen an Mitarbeiter an 2880 Kasse	200,00	200,00

Erläuterungen:

Bei der Kasse ergibt sich ein Abgang von 200,00 EUR, daher erfolgt eine Habenbuchung auf dem Kassenkonto. Für die von uns geleistete Vorauszahlung haben wir noch die Gegenleistung in Form der Arbeitsleistung zu „fordern". Insofern ist der hier ausgewiesene Vorschuss eine Forderung besonderer Art. Die Buchung erfolgt auf der Sollseite des **Kontos 2650 Forderungen an Mitarbeiter.**

■ Verrechnung von Vorschüssen

Die Vorauszahlung wird – je nach Vereinbarung – bei der nächsten Gehaltsabrechnung ganz oder teilweise verrechnet.

Geschäftsvorfall	Konten	Soll	Haben
Bruttogehalt 2 600,00 EUR – LSt, Solidaritäts- zuschlag und KSt 150,83 EUR – Sozialv.-Beiträge 524,55 EUR Nettogehalt 1 924,62 EUR – Vorschuss 200,00 EUR Banküberweisung 1 724,62 EUR Der Arbeitgeberanteil an der Sozial- versicherung beträgt 501,15 EUR.	2640 SV-Beitragsvorausz. an 2800 Bank 6300 Gehälter an 2800 Bank an 4830 Verb. g. Finanz- behörden an 2640 SV-Beitragsvorausz. an 2650 Ford. an Mitarb. 6410 AG-Anteil z. Sozial- versicherung an 2640 SV-Beitragsvorausz.	1 025,70 2 600,00 501,15	1 025,70 1 724,62 150,83 524,55 200,00 501,15

Erläuterungen:

Dadurch, dass der Vorschuss bei der Gehaltszahlung abgezogen wird, ist die Forderung an den Mitarbeiter erloschen. Für die Auszahlung auf dem Zahlungskonto (Bank oder Kasse) ergibt sich ein um den Vorschuss geminderter Betrag.

(2) Sondervergütungen

■ Direkte Sondervergütungen („sonstige Bezüge" nach EStG)

Direkte Sondervergütungen sind Vergütungen, die ein Mitarbeiter zusätzlich zu seinem laufenden Arbeitslohn erhält, z. B. Weihnachtsgeld, 13. Monatsgehalt, Urlaubsgeld, Gratifikation, Beihilfe zu einem Kur- oder Sanatoriumsaufenthalt, vermögenswirksame Leistungen[1] u. Ä. Diese „sonstigen Bezüge" stellen zusätzliches Arbeitsentgelt dar, die auf besonderen Lohn- bzw. Gehaltskonten gebucht werden können. Der Einfachheit halber erfassen wir sie zusammen mit den Grundvergütungen auf dem **Konto 6200 Löhne** bzw. **6300 Gehälter.** Sie unterliegen (unter Berücksichtigung von Freigrenzen) der Lohnsteuer, dem Solidaritätszuschlag und der Sozialversicherung.

Beispiel:

Wir gewähren einem Mitarbeiter zu seinem laufenden Bruttogehalt in Höhe von 2 250,00 EUR eine Gratifikation in Höhe von 750,00 EUR. Abzüge: Lohnsteuer, Solidaritätszuschlag und Kirchensteuer 310,29 EUR. Der Arbeitnehmeranteil zur Sozialversicherung beträgt 612,75 EUR. Die Sozialversicherungsbeiträge sowie die Auszahlung des Gehaltes erfolgen durch Banküberweisung.

Aufgabe:

Bilden Sie die Buchungssätze zu den Geschäftsvorfällen bei einem Arbeitgeberanteil zur Sozialversicherung in Höhe von 585,75 EUR!

Lösung:

Konten	Soll	Haben
2640 SV-Beitragsvorauszahlung	1 198,50	
an 2800 Bank		1 198,50
6300 Gehälter	3 000,00	
an 2800 Bank		2 075,46
an 4830 Verb. g. Finanzbehörden		310,29
an 2640 SV-Beitragsvorauszahlung		612,75
6410 AG-Anteil zur Sozialversicherung	585,75	
an 2640 SV-Beitragsvorauszahlung		585,75

■ Indirekte Sondervergütungen

Indirekte Sondervergütungen kommen allen Mitarbeitern zugute, z. B. Aufwendungen für betriebliche Fortbildungsmaßnahmen, Belegschaftsveranstaltungen, Betriebsausflüge, betriebliche Sozialeinrichtungen, betriebliche Sportgruppen u. Ä. Diese Aufwendungen stellen keine „sonstigen Bezüge" im Sinne des Einkommensteuergesetzes dar. Sie liegen vielmehr im betrieblichen Interesse. Die Buchung erfolgt in der **Kontengruppe 66 Sonstige Personalaufwendungen.**

---

1 Vgl. S. 280 ff.

■ **Sonstige Bezüge** (direkte Sondervergütungen) buchen wir auf dem Konto **6200 Löhne** bzw. **6300 Gehälter.**

■ **Indirekte Sondervergütungen** buchen wir in der Kontengruppe **66 Sonstige Personalaufwendungen.**

Übungsaufgaben

165 | **Gehaltsliste Monat Mai**

Bruttogehalt	LSt, Sol.-Zuschl. und KSt	Sozial-versicherung	Verrechneter Vorschuss	Auszahlung Bank	Arbeitgeber-anteil
31 200,00	4 440,00	6 294,60	2 400,00	18 065,40	6 013,80

Bilden Sie die Buchungssätze lt. Gehaltsliste!

166 | **Gehaltsliste Monat Juni**

Brutto-gehalt	Urlaubs-geld	Gratifi-kation	LSt, Sol.-Zuschl. und KSt	Sozial-versicherung	Auszahlung Bank	Arbeit-geberanteil
6 420,00	500,00	200,00	1 080,50	1 436,46	4 603,04	1 372,38

Bilden Sie die Buchungssätze lt. vorliegender Gehaltsliste!

167 Bilden Sie zu folgenden Geschäftsvorfällen die Buchungssätze!

1. Lohnzahlung durch Banküberweisung:

Bruttolohn	2 319,00 EUR
– Lohnsteuer, Solidaritätszuschlag und Kirchensteuer	347,88 EUR
– Sozialversicherung	467,86 EUR
– einbehaltener Vorschuss	100,00 EUR
Auszahlungsbetrag	1 403,26 EUR
Der Arbeitgeberanteil zur Sozialversicherung beträgt	446,99 EUR

2. Buchen Sie folgende Lohnabrechnung eines Mitarbeiters:

Brutto-lohn	LSt/SolZ/KiSt	Sozial-versicherung	einbeh. Miete	Grati-fikation	Auszahlung Bank	Arbeit-geberanteil
3 372,00	486,30	739,79	720,00	250,00	1 675,91	707,20

3. Für Vorträge anlässlich einer betrieblichen Weiterbildungsveranstaltung werden für unselbstständige Referenten 1 200,00 EUR Honorarkosten bar bezahlt.

4. Zuschuss des Betriebs für eine Betriebssportveranstaltung 800,00 EUR. Zahlung durch Bankscheck.

5. Bruttolohn 1 900,00 EUR
    – Lohnsteuer, Solidaritätszuschlag und Kirchensteuer 259,07 EUR
    – Sozialversicherung/Arbeitnehmeranteil 383,33 EUR

    Auszahlungsbetrag bar 1 257,60 EUR

    Der Arbeitgeberanteil zur Sozialversicherung beträgt
    366,23 EUR.

6. Zahlung der Gehälter durch Banküberweisung zum 31. Juli

    Gehälter lt. Gehaltsliste für den Monat Juli
    Bruttogehälter 75 780,00 EUR
    Gratifikationen 12 000,00 EUR
    Lohnsteuer, Solidaritätszuschlag und Kirchensteuer 14 985,00 EUR
    Sozialversicherung der Arbeitnehmer 17 709,62 EUR
    einbehaltene Vorschüsse 4 100,00 EUR
    einbehaltene Mieten 5 900,00 EUR

    Der Arbeitgeberanteil zur Sozialversicherung beträgt
    16 919,60 EUR.

7. Banküberweisung an die Berufsgenossenschaft
    für Berufsgenossenschaftsbeiträge 4 180,00 EUR

8. Zum 10-jährigen Dienstjubiläum erhält ein Mitarbeiter einen
    Anerkennungsbetrag bar ausbezahlt 500,00 EUR

    Die Lohnsteuer sowie die Sozialversicherungsbeiträge übernimmt
    das Unternehmen. Diese Beiträge sind bereits gebucht.

9. Auszahlung eines Gehaltsvorschusses bar an einen Angestellten 2 000,00 EUR

10. Ein Auszubildender erhält als Ersatz für die Aufwendungen
    der Fahrten zur Arbeitsstätte einen bereits versteuerten
    Zuschuss bar ausbezahlt. 240,00 EUR

3.3.4.4 Buchung vermögenswirksamer Leistungen

(1) Darstellung der Rechtsgrundlagen des 5. VermBG

Wegen der Kompliziertheit des Gesetzes können hier nur die wesentlichen Punkte in vereinfachter und verkürzter Form dargestellt werden.

■ **Vermögenswirksame Leistungen** sind Geldleistungen, die der Arbeitgeber für den Arbeitnehmer in Form bestimmter Vermögensbildungen anlegt. Diese Vermögensbildung für Arbeitnehmer wird unter bestimmten Voraussetzungen staatlich gefördert.

Vermögenswirksame Leistungen sind für den Arbeitnehmer arbeitsrechtlich Bestandteil des Lohns oder Gehalts, sie sind deshalb **lohnsteuer- und sozialversicherungspflichtig.**

Vermögenswirksame Leistungen sind für den Arbeitgeber Aufwendungen, die im Rahmen der **Lohnabrechnung**[1] getrennt auszuweisen sind.

---

1 Sind die vermögenswirksamen Leistungen Bestandteil des Tarifvertrags bzw. des Arbeitsvertrags, sind sie auf dem **Konto 6220 Sonstige tarifliche oder vertragliche Aufwendungen** (für Lohnempfänger) bzw. auf dem **Konto 6320 Sonstige tarifliche oder vertragliche Aufwendungen** (für Gehaltsempfänger) zu buchen.

- **Anlagemöglichkeiten für vermögenswirksame Leistungen** sind: Bausparen mithilfe eines Bausparvertrags, Beteiligung an einen Investmentfonds, Beteiligung an einem Unternehmen (z. B. Aktien, Genossenschaftsanteile an einer Genossenschaftsbank), Sparvertrag bei einem Kreditinstitut, Anlage in einer Kapitallebensversicherung, Beteiligung am Mitarbeiterbeteiligungs-Sondervermögen.

- Die **Arbeitnehmersparzulage** beträgt für bestimmte Anlageformen (z. B. Bausparverträge) 9 % der vermögenswirksamen Sparleistung, soweit diese 470,00 EUR jährlich nicht übersteigt.[1] Das Einkommen darf während der siebenjährigen Sperrphase nicht größer als 17 900,00 EUR (Ehepaare 35 800,00 EUR) betragen.

  Die Arbeitnehmersparzulage gilt arbeitsrechtlich nicht als Bestandteil des Lohns oder Gehalts. Sie unterliegt daher weder der Lohnsteuer- noch der Sozialversicherungspflicht. Die Arbeitnehmersparzulage wird auf Antrag des Arbeitnehmers vom zuständigen Finanzamt jährlich auf Antrag festgesetzt und nach Ablauf der für die Anlage geltenden Sperrfrist ausbezahlt.

  Daneben können **zusätzlich** vermögenswirksame Leistungen bis zu einem Höchstbetrag von 400,00 EUR in betriebliche oder außerbetriebliche Beteiligungen (Aktien, Beteiligungen am arbeitgebenden Unternehmen durch stille Beteiligung oder Darlehensgewährung, Beteiligung am Mitarbeiterbeteiligungs-Sondervermögen) getätigt werden. Die darauf gewährte Arbeitnehmersparzulage beträgt 20 %. In diesem Fall beträgt die Einkommensgrenze für die Gewährung der Arbeitnehmersparzulage 20 000,00 EUR (Ehepaare 40 000,00 EUR).

- Vermögenswirksame Leistungen können in **Einzelverträgen,** in **Betriebsvereinbarungen,** in **Tarifverträgen** oder in **bindenden Festsetzungen** vereinbart werden. Sind keine vermögenswirksamen Leistungen vereinbart, kann der Arbeitnehmer verlangen, dass Teile seines Arbeitslohnes vermögenswirksam angelegt werden. Für sie hat er dann ebenfalls einen Anspruch auf die Arbeitnehmersparzulage.

(2) Buchhalterische Darstellung

Beispiel:		
Bruttogehalt		2 275,00 EUR
+ vermögenswirksame Leistung lt. Tarifvertrag		39,00 EUR
= steuer- und sozialversicherungspflichtiges Gehalt		2 314,00 EUR
Abzüge: Lohnsteuer	341,91 EUR	
Solidaritätszuschlag	11,35 EUR	
Kirchensteuer (9 %)	18,57 EUR	
Sozialversicherung	472,63 EUR	
vermögenswirksame Sparleistung	39,00 EUR	883,46 EUR
= Auszahlungsbetrag per Bank		1 430,54 EUR

Der Arbeitgeberanteil zur Sozialversicherung beträgt 446,02 EUR.

Aufgabe:

Buchen Sie die Gehaltsabrechnung auf den Konten und bilden Sie dazu die Buchungssätze!

---

1 Alternativ hierzu können Sparer unter bestimmten Voraussetzungen die **Wohnungsbauprämie** erhalten: Pro Jahr zahlt der Staat 8,8 % auf die jährlichen Einzahlungen – höchstens aber 45,06 EUR pro Jahr. Die Einkommensgrenzen liegen bei einem Jahreseinkommen von 25 600,00 EUR (Alleinstehende) bzw. 51 200,00 EUR (Ehepaare).

Lösungen:

S	6300 Gehälter		H
2640/4830/ 2800	2 275,00		

S	6320 So. tarifl. o. vertragl. Aufwend.		H
4860	39,00		

S	6410 Arbeitgeberanteil zur Sozialversicherung		H
2640	446,02		

S	2640 SV-Beitragsvorauszahlung		H
2800	918,65	6300	472,63
		6410	446,02

S	4830 Verb. geg. Finanzbeh.		H
		6300	371,83

S	4860 Verbindlichkeiten aus vermögensw. Leistungen		H
		6320	39,00

S	2800 Bank		H
AB	3500,00	2640	918,65
		6300	1 430,54

Buchungssätze:

Konten	Soll	Haben
1. 2640 SV-Beitragsvorauszahlung	918,65	
an 2800 Bank		918,65
2. 6300 Gehälter	2275,00	
6320 So. tarifl. o. vertr. Aufwend.	39,00	
an 2800 Bank		1430,54
an 4830 Verb. g. Finanzbehörden		371,83
an 2640 SV-Beitragsvorauszahlung		472,63
an 4860 Verb. aus vermögensw. Leistungen		39,00
6410 AG-Anteil zur Sozialversicherung	446,02	
an 2640 SV-Beitragsvorauszahlung		446,02

Erläuterungen zur Gehaltsbuchung:

- Die Zahlung von Gehältern stellt einen Aufwand dar. Die Buchung erfolgt auf dem **Konto 6300 Gehälter.**

- Tarifliche oder vertragliche vermögenswirksame Leistungen stellen direkte Sondervergütungen ("sonstige Bezüge") dar. Sie sind auf dem **Konto 6320 Sonstige tarifliche oder vertragliche Aufwendungen** zu erfassen.

- Die Vorauszahlung der Sozialversicherungsbeiträge wird auf dem **Konto 2640 Sozialversicherungs-Beitragsvorauszahlung** im Soll gebucht. Die Verrechnung der einbehaltenen Sozialversicherungsbeiträge sowie des Arbeitgeberanteils zur Sozialversicherung erfolgt über die Habenseite des Kontos 2640 Sozialversicherungs-Beitragsvorauszahlung.

- Durch die Einbehaltung der vermögenswirksamen Sparleistung wird der Auszahlungsbetrag gekürzt. Bis zur Weiterleitung an die betreffende Institution (z. B. Bank, Bausparkasse usw.) handelt es sich bei diesem Betrag um eine Verbindlichkeit des Betriebs. Daher: Habenbuchung auf dem **Konto 4860 Verbindlichkeiten aus vermögenswirksamen Leistungen.**

- Die einbehaltenen Abzüge für Lohnsteuer, Solidaritätszuschlag und Kirchensteuer stellen ebenfalls Verbindlichkeiten des Betriebs dar. Daher: Habenbuchung auf dem **Konto 4830 Verbindlichkeiten gegenüber Finanzbehörden.**

- Die Auszahlung des Gehalts erfolgt über die Bank. Daher: Habenbuchung auf dem **Konto 2800 Bank.**

■ Die **vermögenswirksame Leistung des Arbeitgebers** führt für den Arbeitnehmer zu einer Erhöhung des Bruttogehalts (Bruttolohns) und ist damit steuer- und sozialversicherungspflichtig.

■ Die **vermögenswirksamen Sparleistungen** werden bei der Lohn- bzw. Gehaltsauszahlung einbehalten und an die entsprechende Stelle weitergeleitet. Bis zur Weiterleitung stellen sie für den Betrieb eine Verbindlichkeit dar.

■ Für die vermögenswirksame Sparleistung erhält der Arbeitnehmer, sofern bestimmte Einkommensgrenzen nicht überschritten werden, vom Staat eine steuer- und sozialversicherungsfreie **Arbeitnehmersparzulage,** die je nach Anlageform 9 % oder 20 % beträgt.

Übungsaufgaben

168   1.   Bilden Sie die Buchungssätze zu den folgenden Angaben:

Gehaltsliste Monat Mai

Name	Brutto-lohn	vermö-genswirks. Leist. lt. Tarif-vertrag	Lohn-steuer/ Sol.-Zu-schlag	Kirchen-steuer 9 %	Sozialab-gaben	vermö-genswirks. Sparleist.	Auszah-lungsbe-trag (Bank)
Sonne	2 860,00	20,00	539,86	33,19	581,04	39,00	1 686,91
Lieb	2 910,00	20,00	250,16	–	591,13	39,00	2 049,71
Kramer	2 070,00	20,00	300,49	25,63	417,62	39,00	1 307,26
Peter	3 108,00	20,00	313,29	16,88	631,07	28,00	2 138,76
	10 948,00	80,00	1 403,80	75,70	2 220,86	145,00	7 182,64

Der Arbeitgeberanteil zur Sozialversicherung beträgt 2 125,65 EUR.

2.   Ein Angestellter erhält einen Gehaltsvorschuss von 350,00 EUR in bar

3.
Bruttogehalt	2 015,00 EUR
+ vermögenswirksame Leistung des Betriebs lt. Betriebsvereinbarung	12,00 EUR
= steuer- und sozialversicherungspflichtiges Gehalt	2 027,00 EUR
– Abzüge:	
Lohnsteuer, Solidaritätszuschlag u. Kirchensteuer 526,70 EUR	
Sozialversicherung 414,01 EUR	
Vermögenswirksame Sparleistung 39,00 EUR	979,71 EUR
Auszahlungsbetrag	1 047,29 EUR
Arbeitgeberanteil zur Sozialversicherung	395,77 EUR

169 Buchen Sie im Grundbuch eines Handelsbetriebs die folgenden Geschäftsvorfälle!

1.	Barabhebung vom Bankkonto	5 000,00 EUR
2.	Wir zahlen eine Lieferantenrechnung mit Bankscheck	2 100,00 EUR
3.	Bankbelastungen für	
	3.1 Reisekosten des Vertreters	1 550,00 EUR
	3.2 Einkommensteuer des Geschäftsinhabers	850,00 EUR
4.	Wir zahlen die einbehaltenen Steuerbeträge einschließlich des Solidaritätszuschlags durch Banküberweisung	1 016,00 EUR

5. Warenverkauf auf Ziel an verschiedene Großabnehmer

netto	103 000,00 EUR
+ 19 % USt	19 570,00 EUR
	122 570,00 EUR

6. Wareneinkauf auf Ziel netto

Wareneinkauf auf Ziel netto	8 700,00 EUR
+ 19 % USt	1 653,00 EUR
	10 353,00 EUR

7.	Wir zahlen eine Liefererrechnung über durch Banküberweisung!	3 200,00 EUR
8.	Ein Angestellter erhält einen Vorschuss bar	1 500,00 EUR
9.	Für eine verspätete Zahlung stellt uns der Lieferer Zinsen in Rechnung:	215,00 EUR

10.			
Bruttogehalt			2 149,50 EUR
+ vermögenswirksame Leistung des Betriebs (tariflich)			34,00 EUR
steuer- und sozialversicherungspflichtiges Gehalt			2 183,50 EUR
− Abzüge:			
Lohnsteuer, Solidaritätszuschlag und Kirchensteuer		71,00 EUR	
Sozialversicherung		445,98 EUR	
Vermögenswirksame Sparleistung		34,00 EUR	
Vorschuss		130,00 EUR	680,98 EUR
Auszahlungsbetrag durch Banküberweisung			1 502,52 EUR

Der Arbeitgeberanteil zur Sozialversicherung beträgt 426,33 EUR. Die Sozialversicherungsbeiträge werden durch Banküberweisung beglichen.

11. Beantworten Sie folgende Verständnisfragen!

    11.1 An wen muss der Arbeitgeber Lohnsteuer, Solidaritätszuschlag und Kirchensteuer sowie die Sozialversicherungsbeiträge abführen?

    11.2 Erklären Sie, wie es zu einem Vorsteuerüberschuss kommen kann!

3.4 Anlagenwirtschaft

3.4.1 Beschaffung von Anlagen

Zum Anlagevermögen zählen die Vermögensposten, die dem Unternehmen **langfristig** dienen. Sie werden nur allmählich verbraucht (z. B. Gebäude, Büromaschinen, Fuhrpark). Beim Erwerb werden die Güter des Anlagevermögens mit ihren **Anschaffungskosten** erfasst.

Die **Berechnung der Anschaffungskosten** erfolgt somit nach folgendem Schema:

Anschaffungspreis:	Nettopreis ohne Umsatzsteuer
− Anschaffungspreisminderungen:	z. B. Rabatte, Skonti, Boni, sonstige Nachlässe.
+ Anschaffungsnebenkosten:	Typische Beispiele sind: Transport-, Umbau-, Montagekosten, Aufwendungen für Provisionen, Notariats-, Gerichts- und Registerkosten.
= Anschaffungskosten	

Anmerkung:

Finanzierungskosten (z. B. Kreditzinsen, Diskont, Gebühren) gehören **nicht** zu den Anschaffungskosten.

Buchhalterisch gesehen ist die Anschaffung eines Anlagegutes ein **erfolgsunwirksamer** Vorgang. Es findet lediglich entweder ein **Aktivtausch** statt (z. B. Barkauf eines Autos: Zugang auf dem Konto 0840 Fuhrpark, Abgang auf dem Konto 2880 Kasse) oder eine **Aktiv-Passiv-Mehrung** (z. B. beim Kreditkauf eines Autos: Zugang auf dem Konto 0840 Fuhrpark und Zugang auf dem Konto 4400 Verbindlichkeiten aus Lieferungen und Leistungen).

Beispiel:

Kauf von Lagerregalen zu Beginn der Geschäftsperiode gegen Rechnungsstellung. Nettopreis: 19 730,00 EUR zuzüglich 19 % USt. Die gesondert in Rechnung gestellten Transportkosten in Höhe von 1 230,00 EUR zuzüglich 19 % USt wurden sofort bar bezahlt.

Die Rechnung für die Regale wird später durch Banküberweisung unter Abzug von 3 % Skonto beglichen.

Aufgaben:

1. Berechnen Sie die Anschaffungskosten!

2. Buchen Sie die Geschäftsvorfälle auf Konten!

3. Bilden Sie die Buchungssätze:
   - 3.1 Bei der Anschaffung der Lagerregale,
   - 3.2 bei der Zahlung:
     - 3.2.1 der Eingangsrechnung für die Transportkosten bar,
     - 3.2.2 der Eingangsrechnung für die Lagerregale durch Banküberweisung!

Lösungen:

Zu 1.: Berechnung der Anschaffungskosten

Anschaffungspreis	19 730,00 EUR
− 3 % Skonto	591,90 EUR
= vorläufige Anschaffungskosten	19 138,10 EUR
+ Transportkosten	1 230,00 EUR
= Anschaffungskosten	20 368,10 EUR

Zu 2.: Buchung auf Konten

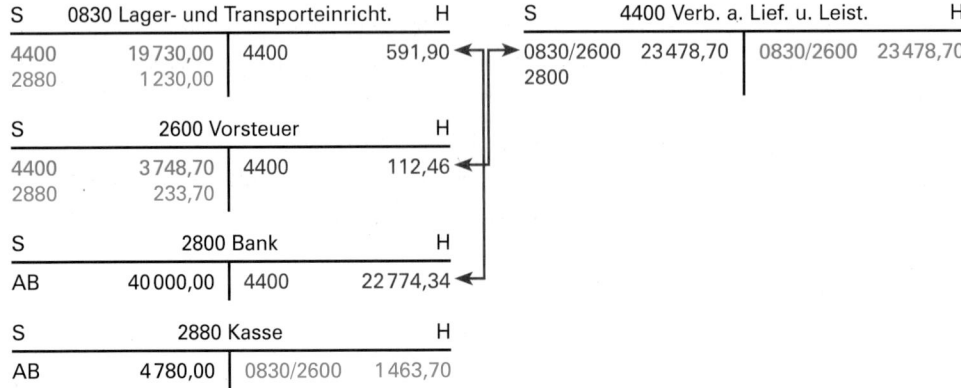

S	0830 Lager- und Transporteinricht.	H		S	4400 Verb. a. Lief. u. Leist.	H
4400	19 730,00	4400	591,90	0830/2600	23 478,70	0830/2600 23 478,70
2880	1 230,00			2800		

S	2600 Vorsteuer	H
4400	3 748,70	4400	112,46
2880	233,70		

S	2800 Bank	H
AB	40 000,00	4400	22 774,34

S	2880 Kasse	H
AB	4 780,00	0830/2600	1 463,70

Erläuterungen zu den Zahlengrundlagen für die Buchung:

Bei der Anschaffung:

Anschaffungskosten	19 730,00 EUR
+ 19 % USt	3 748,70 EUR
= Verbindlichkeiten	23 478,70 EUR

Aufteilung des Skontobetrages:

119 % ≙ 704,36 EUR
19 % ≙ x EUR

$$x = \frac{704,36 \cdot 19}{119} = \underline{\underline{112,46 \text{ EUR}}}$$

Berechnung des Zahlungsbetrages:

Rechnungsbetrag	23 478,70 EUR
− 3 % Skonto	704,36 EUR
= Banküberweisung	22 774,34 EUR

Skontobetrag brutto	704,36 EUR
− Vorsteuerkorrektur	112,46 EUR
= Skontobetrag netto	591,90 EUR

Zu 3.: Buchungssätze

Nr.	Geschäftsvorfälle	Konten	Soll	Haben
3.1	Buchung bei der Anschaffung der Lagerregale	0830 L.- u. Transporteinr. 2600 Vorsteuer an 4400 Verb. a. L. u. L.	19 730,00 3 748,70	 23 478,70
3.2.1	Buchung der Barzahlung der Transportkosten	0830 L.- u. Transporteinr. 2600 Vorsteuer an 2880 Kasse	1 230,00 233,70	 1 463,70
3.2.2	Buchung bei der Zahlung der Rechnung der Trans AG unter Abzug von 3 % Skonto durch Banküberweisung	4400 Verb. a. L. u. L. an 0830 L.- u. Transporteinr. an 2600 Vorsteuer an 2800 Bank	23 478,70	 591,90 112,46 22 774,34

- Beim Erwerb werden Anlagegüter mit den Anschaffungskosten bewertet.

- Anschaffungskosten = Anschaffungspreis + Nebenkosten – Nachlässe

- Spätere Nachlässe werden unmittelbar auf dem entsprechenden Anlagekonto gebucht.

- Spätere Nachlässe machen eine Korrektur der Vorsteuer erforderlich.

- Finanzierungskosten und Folgekosten gehören nicht zu den Anschaffungskosten.

- Gebühren einer Behörde unterliegen nicht der Umsatzsteuer.

Übungsaufgaben

Hinweis: Berechnen Sie zu den Aufgaben 170 bis 172 vor der Buchung jeweils die **Anschaffungskosten!** Bilden Sie anschließend zu allen folgenden Vorgängen die Buchungssätze!

170 1. 1.1 Wir kaufen für unsere Büroräume Möbel im Wert von 14 500,00 EUR zuzüglich 19 % USt. Der Lieferer räumt uns 10 % Rabatt ein.

1.2 Die Begleichung der Rechnung erfolgt durch Banküberweisung unter Abzug von 2 % Skonto.

2. 2.1 Ein Großhandelsgeschäft kauft eine kleine Verpackungsmaschine zum Nettopreis von 1 800,00 EUR zuzüglich 19 % USt. Nach einer Überprüfung der Anlage wird noch ein Zusatzgerät im Wert von 480,00 EUR zuzüglich 19 % USt hinzugekauft.

2.2 Die Zahlung erfolgt in Höhe von 1 200,00 EUR bar, über den Restbetrag wird ein Wechsel akzeptiert.

3. 3.1 Wir kaufen ein Kopiergerät im Wert von 4 500,00 EUR zuzüglich 19 % USt und erhalten einen Sonderrabatt von 10 %. An Transportkosten fallen 80,00 EUR zuzüglich 19 % USt an. Für die Inbetriebnahme werden Kosten in Höhe von 150,00 EUR zuzüglich 19 % USt berechnet.

3.2 Die Rechnung wird durch Banküberweisung beglichen.

4. Kauf einer Verpackungsanlage. Anschaffungspreis 100 000,00 EUR, abzüglich 3 % Rabatt. Verpackungskosten 910,00 EUR, Fracht 1 080,00 EUR, Fundamentierungskosten 2 000,00 EUR, Aufwendungen für eine Sicherheitsprüfung 150,00 EUR. Der Umsatzsteuersatz beträgt 19 %.

171 1. Sie sind Mitarbeiter im Großhandelshaus Zentral GmbH und erhalten folgende Eingangsrechnung.

MASCHINENFABRIK WEINGARTEN AG

Maschinenfabrik · 88250 Weingarten · Industriestraße 1 – 20

Großhandelshaus Zentral GmbH
Zum Erlenholz
18147 Rostock

Lieferdatum:	16.05.20..
Rechnungsdatum:	20.05.20..

Rechnung Nr. 197/4

Menge	Bezeichnung	Betrag EUR
1	Verpackungsautomat MS 100	3 140,00 EUR
5	Zubehörteile	420,00 EUR
	Transportverpackung	240,00 EUR
	4 Stunden Montagearbeiten	320,00 EUR
		4 120,00 EUR
	+ 19 % USt	782,80 EUR
		4 902,80 EUR

Zahlungsbedingungen: 2 % Skonto innerhalb 14 Tage, 30 Tage Ziel

Sitz der Gesellschaft: Weingarten; Registergericht Weingarten; HRB 99; Steuer-Nr.: 47895/23685

2. Die Zahlung am 20. Mai erfolgt unter Abzug von 2 % Skonto durch Banküberweisung!

172 1. 1.1 Wir kaufen einen Geschäftswagen zum Listenpreis von 28 500,00 EUR zuzüglich 19 % USt. Die Überführungskosten in Höhe von 680,00 EUR zuzüglich 19 % USt sowie die Zulassungsgebühren in Höhe von 38,00 EUR werden bar bezahlt.

1.2 Die Zahlung der Eingangsrechnung erfolgt durch Bankscheck abzüglich $2^1/_2$ % Skonto.

1.3 Der Pkw weist Lackschäden auf. Aufgrund unserer Reklamation erhalten wir vom Lieferer in Form einer Gutschrift einen Nachlass von 714,00 EUR (einschließlich 19 % USt).

2. Wir kaufen einen Büroschrank im Wert von 2 860,00 EUR zuzüglich 19 % USt. Der Kaufpreis wurde unter Abzug von 3 % Skonto vom Nettopreis sofort bar bezahlt.

3. Zum Ausbau unseres Werkgeländes kaufen wir ein 4 500 m² großes Grundstück zum Preis von 20,00 EUR je m². An Nebenkosten fallen an: Grunderwerbsteuer 5 %, Notariatskosten 6 420,00 EUR zuzüglich 19 % USt, Zeitungsinserat 840,00 EUR zuzüglich 19 % USt, Maklergebühren 5 200,00 EUR zuzüglich 19 % USt und Erschließungs- und Anliegerkosten 15,00 EUR je m².

Alle Zahlungen erfolgen durch Banküberweisung.

4. Kauf einer neuen Lagereinrichtung aufgrund folgender Kaufabrechnung:

Kaufpreis	145 000,00 EUR
Transport und Montage	6 300,00 EUR
Fundament	2 300,00 EUR
	153 600,00 EUR
+ 19 % USt	29 184,00 EUR
Rechnungsbetrag	182 784,00 EUR

3.4.2 Wertminderungen des Anlagevermögens

3.4.2.1 Ursachen der Abschreibung

Anlagegüter wie z. B. ein Gebäude, einen Aktenschrank, eine Maschine, einen Gabelstapler oder einen Lkw nutzt das Unternehmen langfristig. Durch den täglichen Gebrauch verlieren diese Güter an Wert (abnutzbare Güter[1]). Um ihren Wert auf dem Schlussbilanzkonto richtig darstellen zu können, ist ein bestimmter Betrag als **Wertminderung von den Anschaffungskosten** abzuschreiben.

- Die **Wertminderung der abnutzbaren Anlagegüter** wird durch **Abschreibungen** erfasst.

- Durch die **Abschreibung** werden die Anschaffungskosten (aufgrund der geschätzten jährlichen Wertminderung) auf die Jahre der Nutzung als Aufwand verteilt.[2]

Für die Bemessung der Höhe der Abschreibung können folgende Gründe eine Rolle spielen: [2]

Gebrauch	Jeder Gebrauchsgegenstand hat eine begrenzte Lebensdauer, die u. a. von der Häufigkeit der Nutzung abhängt. Je häufiger ein Gegenstand genutzt wird, desto schneller verschleißt er und desto mehr verliert er an Wert. Ein Auto, das 100 000 km gefahren wurde, ist weniger wert als das sonst gleiche Auto, das nur 50 000 km gefahren wurde.
Technischer Fortschritt	In unserer durch hohe Technisierung und starken Konkurrenzdruck gekennzeichneten Wirtschaft werden die Produkte immer weiter verbessert. Sobald ein verbessertes Produkt auf den Markt kommt, verliert das alte Produkt schlagartig an Wert.
Wirtschaftliche Überholung	Geht die Nachfrage nach einem Gut aufgrund neuer Erfindungen oder aufgrund des Modewechsels zurück, so hat das wertmindernde Rückwirkungen sowohl auf die Güter selbst als auch auf die zu ihrer Herstellung benötigten Maschinen.

---

1 **Nicht abnutzbare Gegenstände des Anlagevermögens** sind zum Beispiel Beteiligungen, unbebaute Grundstücke und der Wert des Grund und Bodens bebauter Grundstücke. Da unbebaute Grundstücke im Allgemeinen im Wert nicht sinken, ist eine planmäßige Abschreibung darauf nicht erlaubt. Bei bebauten Grundstücken ist daher immer nur vom Gebäudewert abzuschreiben.

2 Über den Verkauf der Erzeugnisse kommt die Abschreibung wieder in Form von Geldmitteln zurück. Sofern die Geldmittel nicht anders verwendet werden, stehen sie dem Unternehmen wieder für den Kauf von Anlagegütern zur Verfügung. Anlagegüter können unter dieser Bedingung teilweise über Abschreibungsrückflüsse finanziert werden.

19 Speth u.a. - ISBN 978-3-8120-0261-5

Natürlicher Verschleiß	Selbst wenn ein Gegenstand überhaupt nicht genutzt würde und auch die übrigen Ursachen der Abschreibung nicht infrage kämen, würde z. B. durch Witterungseinflüsse (Wechsel von Wärme und Kälte, Nässe und Trockenheit) eine wertmindernde Veränderung des Gegenstandes eintreten.

Infolge der Abschreibung vermindern sich die Anschaffungskosten jährlich um die mit der Abschreibung erfassten Wertminderung, sodass sich der Buchwert von Jahr zu Jahr verringert.

$$\text{Anschaffungskosten} - \text{Abschreibung} = \text{Buchwert}$$

3.4.2.2 Berechnungsmethoden für die Abschreibung

(1) Berechnung der Abschreibung nach der linearen Methode

Bei der linearen Abschreibung wird ein jährlich gleichbleibender Betrag von den **Anschaffungskosten** des Anlagegutes abgeschrieben. Auf diese Weise werden die gesamten Anschaffungskosten gleichmäßig auf die Nutzungsdauer verteilt. Nach Ablauf der Nutzungsdauer ist der Buchwert gleich null.

Beispiel:

Die Anschaffungskosten eines Kombiwagens zu Beginn der Geschäftsperiode betragen 30 000,00 EUR. Es wird eine Nutzungsdauer von sechs Jahren angenommen. In diesem Fall beträgt der jährliche Abschreibungsbetrag 5 000,00 EUR und der Abschreibungssatz $16^2/_3\%$.

Aufgabe:

Führen Sie rechnerisch die Abschreibung über die gesamte Laufzeit durch!

Lösung:

Anschaffungskosten	30 000,00 EUR
− $16^2/_3\%$ Abschreibung 1. Jahr	5 000,00 EUR
Buchwert Ende 1. Jahr	25 000,00 EUR
− $16^2/_3\%$ Abschreibung 2. Jahr	5 000,00 EUR
Buchwert Ende 2. Jahr	20 000,00 EUR
− $16^2/_3\%$ Abschreibung 3. Jahr	5 000,00 EUR
Buchwert Ende 3. Jahr	15 000,00 EUR
− $16^2/_3\%$ Abschreibung 4. Jahr	5 000,00 EUR
Buchwert Ende 4. Jahr	10 000,00 EUR
− $16^2/_3\%$ Abschreibung 5. Jahr	5 000,00 EUR
Buchwert Ende 5. Jahr	5 000,00 EUR
− $16^2/_3\%$ Abschreibung 6. Jahr	5 000,00 EUR
Buchwert Ende 6. Jahr	0,00 EUR

$$\text{Jährlicher Abschreibungsbetrag} = \frac{\text{Anschaffungskosten}}{\text{Nutzungsdauer}}$$

$$\text{Jährlicher Abschreibungssatz} = \frac{100\%}{\text{Nutzungsdauer}}$$

Bei der linearen Abschreibung geht man davon aus, dass sich das Wirtschaftsgut gleichmäßig abnutzt. Ein eventuell höherer Wertverlust durch technische oder wirtschaftliche Überholung oder infolge eines unterschiedlich hohen Verschleißes durch unterschiedliche Nutzung in den verschiedenen Nutzungsjahren wird dabei nicht berücksichtigt.

Die lineare Abschreibungsmethode hat insbesondere folgende Vorteile:

- einfache und nur einmalige Berechnung des Abschreibungsbetrags;
- gute Vergleichbarkeit der aufeinanderfolgenden Erfolgsrechnungen;
- gleichmäßige Aufwandsbelastung bzw. Belastung der Kostenrechnung mit Abschreibungen.

(2) Berechnung der Abschreibung nach der degressiven Methode

Bei der degressiven Abschreibung wird die Abschreibung durch einen gleichbleibenden Prozentsatz auf den jeweiligen Buchwert (Restbuchwert) ermittelt. Da der Buchwert von Jahr zu Jahr geringer wird, werden bei einem gleichbleibenden Prozentsatz auch die Abschreibungsbeträge von Jahr zu Jahr geringer.

Beispiel:

Die Anschaffungskosten eines Kombiwagens zu Beginn der Geschäftsperiode betragen 30 000,00 EUR. Die betriebsgewöhnliche Nutzungsdauer beträgt 6 Jahre.

Aufgaben:

1. Führen Sie rechnerisch die Abschreibung über die gesamte Laufzeit durch! Der Abschreibungssatz beträgt 25 %!

2. Berechnen Sie die Abschreibungsbeträge, wenn im vierten Nutzungsjahr von der degressiven zur linearen Abschreibung übergegangen wird!

Lösungen:

	Zu 1.: degressive Abschreibung	Zu 2.: Übergang zur linearen Abschreibung
Anschaffungskosten	30 000,00 EUR	
− 25 % Abschreibung 1. Jahr	7 500,00 EUR	
Buchwert Ende 1. Jahr	22 500,00 EUR	
− 25 % Abschreibung 2. Jahr	5 625,00 EUR	
Buchwert Ende 2. Jahr	16 875,00 EUR	
− 25 % Abschreibung 3. Jahr	4 218,75 EUR	
Buchwert Ende 3. Jahr	12 656,25 EUR ⟶	12 656,25 EUR
− 25 % Abschreibung 4. Jahr	3 164,06 EUR	4 218,75 EUR
Buchwert Ende 4. Jahr	9 492,19 EUR	8 437,50 EUR
− 25 % Abschreibung 5. Jahr	2 373,05 EUR	4 218,75 EUR
Buchwert Ende 5. Jahr	7 119,14 EUR	4 218,75 EUR
− Abschreibung 6. Jahr (Restwert)	7 119,14 EUR	4 218,75 EUR
Buchwert Ende 6. Jahr	0,00 EUR[1]	0,00 EUR

---

1 Ablauf der Nutzungsdauer noch weiter genutzt wird, ist in der als Nebenbuchhaltung betriebenen computerunterstützten Anlagenbuchführung nicht üblich. Hier wird auch bei Weiternutzung des Wirtschaftsgutes mit der letzten Rate auf den Restbuchwert von 0,00 EUR abgeschrieben.

Erkenntnisse:

- Bei degressiver Abschreibung sind die Abschreibungsbeträge in den **ersten Jahren höher als bei linearer Abschreibung.** Das ist zweifellos ein Vorteil, weil dadurch der anfänglich höhere Wertverlust beim Anlagegut ausgeglichen wird.

- Im Gegensatz zur linearen Abschreibung, bei der nach Ablauf der Nutzungsdauer die gesamten Anschaffungskosten abgeschrieben sind, bleibt bei degressiver Abschreibung noch ein **erheblicher Restwert.**

- Um auch bei (fortgesetzter) degressiver Abschreibung auf den Nullwert zu kommen, ist im letzten Jahr der zugrunde gelegten Nutzungsdauer der gesamte **verbleibende Restwert abzuschreiben.** Das führt dann zu einer sehr ungleichen Aufwandsbelastung.

- Um diesen Nachteil zu vermeiden, kann zu einem **beliebigen Zeitpunkt** ein **Wechsel zur linearen Abschreibung** vorgenommen werden. Dadurch wird der vorhandene Restwert gleichmäßig auf die noch verbleibende Nutzungsdauer verteilt. Es ist sinnvoll, diesen Wechsel zu dem Zeitpunkt vorzunehmen, von dem an die Abschreibungsbeträge bei linearer Abschreibung höher sind als bei der degressiven Abschreibung. Im vorgegebenen Beispiel ist dieser Übergang im vierten Jahr sinnvoll.

  Angenommen, der Wechsel findet am Ende des vierten Jahres (also nach der dritten Abschreibung) statt, ergibt sich für die Restlaufzeit der drei Jahre folgende Berechnung für die jährlichen Abschreibungsbeträge: 12 656,25 EUR : 3 = 4 218,75 EUR.

Für die degressive Abschreibungsmethode sprechen folgende Argumente:

- Die degressive Abschreibung geht von der Überlegung aus, dass der Wertverlust eines Wirtschaftsgutes in den ersten Nutzungsjahren wesentlich höher ist als in den Folgejahren.

- Dem Risiko, dass durch den technischen Fortschritt das Wirtschaftsgut schnell an Wert verlieren kann, wird durch die anfangs hohe Abschreibung entsprochen.

- Durch die Addition der jährlich abnehmenden Abschreibungsbeträge mit den jährlich ansteigenden Wartungs- und Reparaturaufwendungen (durch die Abnutzung des Wirtschaftsgutes) wird eine etwa gleichmäßige Gesamtbelastung der Erfolgs- und Kostenrechnung in den einzelnen Jahren erreicht.

Beachte:

Die **degressive Abschreibung** ist **steuerrechtlich nicht erlaubt.**

(3) Berechnung der Abschreibung nach erbrachten Leistungseinheiten

Wenn es praktisch möglich ist, kann bei beweglichen Wirtschaftsgütern des Anlagevermögens die Abschreibung auch aufgrund der im Geschäftsjahr erbrachten Leistungseinheiten (z. B. Stückzahl, Maschinenlaufstunden, gefahrene Kilometer) berechnet werden. **Voraussetzung** dafür ist, dass

- der Umfang der insgesamt möglichen Leistungseinheiten (LE) geschätzt werden kann und
- die auf den Abschreibungszeitraum entfallenden Leistungseinheiten nachgewiesen werden können.

Dabei ergeben sich folgende Berechnungen:

$$\text{Abschreibungsbetrag je Leistungseinheit} = \frac{\text{Anschaffungskosten}}{\text{mögliche Gesamtleistungseinheiten}}$$

Jährlicher Abschreibungsbetrag = Menge der jährlichen LE · Abschreibungsbetrag je LE

Übungsaufgaben

173 1. Die Anschaffungskosten für einen Warenautomaten zu Beginn der Geschäftsperiode betragen 6 550,00 EUR.

    1.1 Berechnen Sie den jährlichen Abschreibungsbetrag bei linearer Abschreibung und einer angenommenen Nutzungsdauer von fünf Jahren!

    1.2 Versuchen Sie eine Formulierung, in der das Wesen der Abschreibung zum Ausdruck kommt!

  2. Ein zu Beginn der Geschäftsperiode angeschaffter Kleintraktor wird am Ende des 3. Nutzungsjahres linear mit jährlich 930,00 EUR abgeschrieben, Abschreibungssatz: $12^1/_2\%$.

  Berechnen Sie die Anschaffungskosten für den Kleintraktor!

174 1. Die Anschaffungskosten für die Ladeneinrichtung zu Beginn der Geschäftsperiode betragen 35 000,00 EUR. Die betriebsgewöhnliche Nutzungsdauer beträgt 8 Jahre.

    1.1 Führen Sie rechnerisch die degressive Abschreibung mit einem Abschreibungssatz von 20 % ohne Übergang zur linearen Abschreibung über die gesamte Laufzeit durch!

    1.2 Führen Sie rechnerisch die degressive Abschreibung mit einem Abschreibungssatz von 20 % mit Übergang zur linearen Abschreibung nach dem vierten Jahr über die gesamte Laufzeit durch!

  2. Ein zu Beginn der Geschäftsperiode angeschaffter Gabelstapler wird mit 15 % degressiv abgeschrieben. Sein Buchwert beträgt am Ende des 2. Jahres (nach der Abschreibung) 16 545,25 EUR.

  Wie viel EUR betragen die Anschaffungskosten?

  3. Die Anschaffungskosten einer Stanzmaschine zu Beginn der Geschäftsperiode betragen 180 180,00 EUR. Die Gesamtleistung wird während der Nutzungsdauer von 14 Jahren vom Hersteller mit 234 000 Stanzteilen angegeben.

    3.1 Ermitteln Sie die Abschreibung in den ersten vier Jahren bei folgenden Jahresleistungen: 1. Nutzungsjahr: 16 000 Stück, 2. Nutzungsjahr: 18 400 Stück, 3. Nutzungsjahr 21 900 Stück, 4. Nutzungsjahr 11 500 Stück.

    3.2 Was spricht betriebswirtschaftlich für eine Abschreibung nach Leistungseinheiten?

  4. Für eine Verpackungsmaschine liegen folgende Informationen vor:

Anschaffungskosten:	15 300,00 EUR
betriebliche Nutzungsdauer:	13 Jahre
geschätzte Gesamtkapazität:	2 448 000 Teile
geschätzte Maschinenleistung im 1. Nutzungsjahr:	194 195 Teile
geschätzte Maschinenleistung im 2. Nutzungsjahr:	210 480 Teile
geschätzte Maschinenleistung im 3. Nutzungsjahr:	244 100 Teile

  Erstellen Sie einen Abschreibungsplan für die ersten drei Nutzungsjahre

    4.1 nach der linearen Abschreibung,

    4.2 nach der degressiven Abschreibung bei einem Abschreibungssatz von 15 % sowie

    4.3 nach der Abschreibung nach erbrachten Leistungseinheiten!

3.4.2.3 Beginn der Abschreibung

Die Abschreibung beginnt mit der **Anschaffung des Anlagegutes.** Wird ein Anlagegut im Laufe des Geschäftsjahres angeschafft, kann in diesem Jahr die **Abschreibung nur zeitanteilig** verrechnet werden, wobei **monatsgenau** gerechnet wird und der **Monat der Anschaffung mitgezählt** wird.

Beispiel:

Kauf von Lagerregalen am 30. September 2018 im Wert von 20000,00 EUR. Nutzungsdauer: 14 Jahre (Abschreibungssatz von 7,14 %). Eine Abschreibung auf die Lagerregale ist im Anschaffungsjahr nur für 4 Monate möglich.[1]

$$\text{Abschreibung} = \frac{20\,000 \cdot 7,14 \cdot 4}{100 \cdot 12} = \underline{\underline{476,00 \text{ EUR}}}$$

Übungsaufgabe

175 1. Am 9. Juni 20.. wurde eine computergesteuerte Wasserenthärtungsanlage im Werk installiert. Die Anschaffungskosten betrugen 24624,00 EUR. Die Nutzungsdauer beträgt zwölf Jahre. Es wird linear abgeschrieben.

Ermitteln Sie den Restbuchwert zum Ende des 8. Nutzungsjahres!

2. Die Anschaffungskosten für ein am 17. Oktober 20.. gekauftes Reinigungsgerät betragen 4200,00 EUR. Die Nutzungsdauer wird auf sieben Jahre geschätzt. Der Abschreibungssatz beträgt 20 %.

Erstellen Sie die Abschreibungstabelle für die gesamte Nutzungsdauer bei degressiver Abschreibung mit Übergang zur linearen Abschreibung nach dem dritten Jahr!

3. Die Anschaffungskosten für einen am 15. Juli 20.. gekauften Großrechner betragen 42000,00 EUR. Die Nutzungsdauer wird auf 7 Jahre geschätzt.

3.1 Erstellen Sie die Abschreibungstabelle für die gesamte Nutzungsdauer bei linearer Abschreibung!

3.2. Erklären Sie, warum die lineare Abschreibung für den Kaufmann sinnvoll ist!

4. Die Anschaffungskosten für einen am 15. September 20.. gekauften Laptops betragen 3 528,00 EUR.

4.1 Ermitteln Sie den Bilanzwert des Computers per 31. Dezember 20.., bei einer Nutzungsdauer von drei Jahren!

4.2 Erläutern Sie, wodurch sich die lineare und degressive Abschreibung unterscheiden!

5. Eine Werkzeugfabrik kauft zu Beginn des Geschäftsjahres eine neue Stanzmaschine mit einer Nutzungsdauer von acht Jahren. Nach dreimaliger linearer Abschreibung in der Buchführung wird sie mit den fortgeführten Anschaffungskosten in Höhe von 23000,00 EUR ausgewiesen.

5.1 Berechnen Sie die Anschaffungskosten!

5.2 Berechnen Sie die jährliche Abschreibung!

---

[1] Nach Ablauf von 14 Jahren fehlen noch 8 Monate an Abschreibungen. Diese Abschreibungszeit wird im 15. Jahr nachgeholt. Die Abschreibungszeit für die Lagerregale läuft somit vom September 2018 bis einschließlich August 2032.

6. Eine Werkzeugfabrik kauft zu Beginn des Geschäftsjahres einen neuen Lkw. Der Lkw mit einer Nutzungsdauer von neun Jahren wird nach dreimaliger linearer Abschreibung in der Buchführung mit den fortgeführten Anschaffungskosten in Höhe von 52 800,00 EUR ausgewiesen.

Aufgaben:

6.1 Berechnen Sie die Anschaffungskosten!

6.2 Berechnen Sie die jährliche Abschreibung!

3.4.2.4 Ermittlung der betriebsgewöhnlichen Nutzungsdauer mithilfe der AfA-Tabelle

Abnutzbare Anlagegüter sind planmäßig abzuschreiben [§ 253 III, S. 1 und S. 2 HGB]. Die Höhe der Abschreibung hängt von der **betriebsgewöhnlichen Nutzungsdauer** ab. Je geringer die betriebsgewöhnliche Nutzungsdauer angesetzt wird, desto höher ist der Abschreibungsbetrag und umgekehrt. Ein hoher Abschreibungsaufwand verringert den ausgewiesenen Gewinn und umgekehrt.

Da die Höhe des ausgewiesenen Gewinns die Steuerzahlung des Unternehmens beeinflusst, hat das Bundesministerium der Finanzen eine **AfA-Tabelle**[1] herausgegeben, aus der die betriebsgewöhnliche Nutzung des jeweiligen Anlagegutes hervorgeht. Die in der AfA-Tabelle angegebene Nutzungsdauer stellt eine Richtgröße dar. In der Handelsbilanz kann hiervon abgewichen werden.

Auszug aus der AfA-Tabelle:

Anlagegüter	Nutzungsdauer	Anlagegüter	Nutzungsdauer
Laptop	3	Autotelefon	5
Personenwagen	6	Ladeneinrichtung	8
Lkw	9	Betonmischer	6
Kopiergeräte	7	Kühlhallen	20
Notebooks	3	Entlüftungsgeräte (mobil)	10
Frankiermaschine	8	Laderampen	25

3.4.2.5 Buchung der Abschreibung

Die Wertminderung des Anlagevermögens stellt einen betrieblichen Aufwand dar. Er wird buchhalterisch auf dem **Konto 6520 Abschreibungen auf Sachanlagen** erfasst.

Beispiel:

Die Anschaffungskosten für eine EDV-Anlage zu Beginn der Geschäftsperiode betragen 21 000,00 EUR. Am Ende der Geschäftsperiode werden 7 000,00 EUR abgeschrieben.

Aufgaben:

1. Buchen Sie die Abschreibung auf Konten und schließen Sie die betreffenden Konten ab!

2. Bilden Sie die Buchungssätze!

---

1 Im Steuerrecht wird die Abschreibung als „**A**bsetzung für **A**bnutzung" (**AfA**) bezeichnet.

Lösungen:

Zu 1.: Buchung auf den Konten und Abschluss der Konten

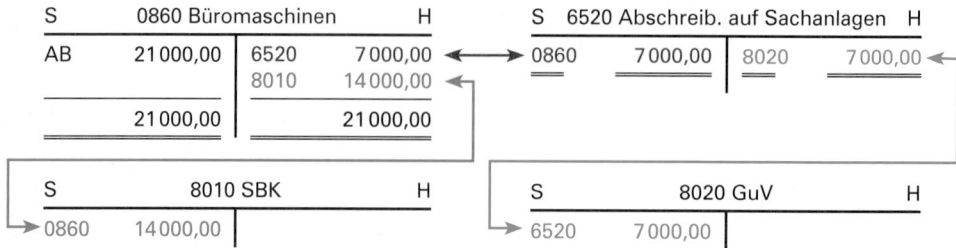

S	0860 Büromaschinen		H
AB	21 000,00	6520	7 000,00
		8010	14 000,00
	21 000,00		21 000,00

S	6520 Abschreib. auf Sachanlagen		H
0860	7 000,00	8020	7 000,00

S	8010 SBK		H
0860	14 000,00		

S	8020 GuV		H
6520	7 000,00		

Zu 2.: Buchungssätze

Geschäftsvorfälle	Konten	Soll	Haben
Buchung der Abschreibung	6520 Abschr. a. Sachanlagen	7 000,00	
	an 0860 Büromaschinen		7 000,00
Buchungen beim Abschluss	8010 SBK	14 000,00	
	an 0860 Büromaschinen		14 000,00
	8020 GuV	7 000,00	
	an 6520 Abschr. a. Sachanlagen		7 000,00

Erläuterungen:

■ Für die erfolgswirksame Erfassung der jährlichen Abschreibungen auf das abnutzbare Anlagevermögen wird das Aufwandskonto **6520 Abschreibungen auf Sachanlagen** eingerichtet. Das Abschreibungskonto erfasst am Jahresende den festgestellten Abnutzungsbetrag als Aufwand. Dieser erscheint auf der **Sollseite** des Kontos 6520 Abschreibungen auf Sachanlagen.

■ Die **Gegenbuchung** erfolgt direkt auf dem entsprechenden **Anlagekonto auf der Habenseite**, in unserem Fall auf dem Konto 0860 Büromaschinen. Dort bewirkt sie, dass der entsprechende Anlageposten auf den jeweils gültigen **Zeitwert** fortgeschrieben wird.

■ Abschreibungen sind betrieblicher Aufwand und mindern den Gewinn.

■ Buchungssatz: Abschreibungen auf Sachanlagen an Anlagekonto

■ Anschaffungskosten – Abschreibung = (Rest-)Buchwert

Übungsaufgaben

176 Wir kaufen (für die Warenauslieferung) zu Beginn des Geschäftsjahres einen Pkw für netto 27 996,00 EUR zuzüglich 19 % USt. Anzahlung 15 000,00 EUR bar, 8 000,00 EUR werden mit Bankscheck beglichen und der Rest ist in 3 Monaten zur Zahlung fällig.

1. Bilden Sie den Buchungssatz beim Kauf!

2. Bilden Sie den Buchungssatz für die Abschreibung am Ende des ersten Geschäftsjahres! Es wird linear abgeschrieben. Die Nutzungsdauer beträgt 6 Jahre.

177 Kauf eines kleinen Betonmischers für 9 000,00 EUR zuzüglich 19 % USt. Datum der Anlieferung: 15. August 20.., Nutzungsdauer: 6 Jahre.

1. Berechnen Sie die Abschreibung über die gesamte Nutzungsdauer nach dem linearen Abschreibungsverfahren!

2. Buchen Sie die Abschreibung am Ende des 3. Jahres auf Konten und schließen Sie die Konten über das SBK und über das GuV-Konto ab!

178 Wir kaufen zu Beginn des Geschäftsjahres einen Pkw zum Anschaffungspreis von 48 500,00 EUR gegen Bankscheck. Der Autohändler gewährt uns einen Rabatt von 8 % sowie 2 % Skonto. Die Überführungskosten betragen 410,00 EUR, die Kosten für die Zulassung 118,40 EUR. Beide Beträge sind Nettowerte.

1. Wie viel EUR beträgt der jährliche Abschreibungsbetrag bei linearer Berechnung und einer angenommenen Nutzungsdauer von sechs Jahren?

2. 2.1 Richten Sie folgende Konten ein:
   0840 Fuhrpark, 6520 Abschreibungen auf Sachanlagen, 8010 SBK, 8020 GuV!

   2.2 Tragen Sie die Anschaffungskosten auf dem Fuhrparkkonto als Anfangsbestand vor und buchen Sie die Abschreibung im ersten Jahr! Schließen Sie anschließend die Konten ab!

3.4.3 Bewertung des Sach- und Finanzanlagevermögens

3.4.3.1 Allgemeine Bewertungsregel

Den einzelnen Bewertungsvorschriften ist im § 253 I HGB eine **allgemeine Bewertungsregel,** die für alle Vermögensgegenstände gilt, vorangestellt.

- Vermögensgegenstände sind höchstens mit ihren **Anschaffungs- oder Herstellungskosten,**[1] vermindert um **Abschreibungen,** anzusetzen.
- Die **Anschaffungs- oder Herstellungskosten** stellen somit die Höchstgrenze **(Bewertungsobergrenze)** dar, die auch dann nicht überschritten werden darf, wenn die Wiederbeschaffungskosten über den Anschaffungskosten liegen **(Anschaffungskostenprinzip).**

3.4.3.2 Bewertung des abnutzbaren Anlagevermögens

Beim **abnutzbaren Anlagevermögen** ist die **Nutzung zeitlich begrenzt** (z.B. Betriebsgebäude, Maschinen, Fuhrpark, Betriebs- und Geschäftsausstattung).

(1) Bilanzwerte auf der Grundlage planmäßiger Abschreibung

- Grundsätzlich sind die **abnutzbaren Anlagegüter planmäßig (linear)** nach ihrer betriebsgewöhnlichen Nutzungsdauer, **abzuschreiben** [§ 253 III, S. 1 und S. 2 HGB].
- Zum Bilanzstichtag sind die Anlagegüter mit den **fortgeführten Anschaffungskosten** anzusetzen.

---

1 Zu den Anschaffungskosten vgl. S. 285, zu den Herstellungskosten S. 267 ff.

Beispiel:

Kauf einer Büroeinrichtung am Anfang des Geschäftsjahres zum Nettopreis von 78 000,00 EUR zuzüglich 19 % USt; betriebsgewöhnliche Nutzungsdauer: 13 Jahre; lineare Abschreibung.

Aufgabe:

Ermitteln Sie, mit welchem Wert die Büroeinrichtung am Ende des 1. Nutzungsjahres (Nj.) bilanziert werden muss!

Lösung:

Anschaffungskosten	78 000,00 EUR
− planmäßige Abschreibung	6 000,00 EUR
fortgeführte Anschaffungskosten zum 31. Dezember des 1. Nj.	72 000,00 EUR

Als Abschreibungsverfahren sind sowohl **zeitbezogene** (lineare Abschreibung, degressive Abschreibung) als auch **leistungsbezogene Abschreibungen** (Abschreibung nach Leistungseinheiten) zulässig.

(2) Bilanzwerte auf der Grundlage außerplanmäßiger Abschreibung

■ **Außerplanmäßige Abschreibung bei vorübergehender Wertminderung**

Beim **abnutzbaren Anlagevermögen kann** eine außerplanmäßige Abschreibung bei einer **vorübergehenden Wertminderung nicht** vorgenommen werden.

Beispiel 1: Vorübergehende Wertminderung beim Anlagevermögen

Die Franz Buschmann OHG kauft zu Beginn der Geschäftsperiode einen Pkw für 48 000,00 EUR zuzüglich 19 % USt; betriebsgewöhnliche Nutzungsdauer: 6 Jahre; lineare Abschreibung.

Infolge einer kurzfristigen Wirtschaftsflaute sind die Marktpreise für Pkw allgemein gesun-

ken. Der Marktpreis für den Pkw liegt am Ende des 2. Nutzungsjahres bei ca. 30 000,00 EUR.

Aufgabe:

Ermitteln Sie, mit welchem Wert der Pkw am Ende des 2. Nutzungsjahres bilanziert werden kann!

Lösung:

Eine außerplanmäßige Abschreibung darf nicht vorgenommen werden. Bilanziert wird mit den fortgeführten Anschaffungskosten in Höhe von 32 000,00 EUR.

Anschaffungskosten	48 000,00 EUR
− planmäßige Abschreibung zum 31. Dez. des 1. Nj.	8 000,00 EUR
= fortgeführte Anschaffungskosten zum 31. Dez. des 1. Nj.	40 000,00 EUR
− planmäßige Abschreibung zum 31. Dez. des 2. Nj.	8 000,00 EUR
= fortgeführte Anschaffungskosten zum 31. Dezember des 2. Nj.	32 000,00 EUR

Bei **Finanzanlagen können außerplanmäßige Abschreibungen** bei einer **vorübergehenden Wertminderung** vorgenommen werden [§ 253 III, S. 6 HGB]. Es handelt sich um ein **Bewertungswahlrecht.**

Beispiel 2: Vorübergehende Wertminderung bei Finanzanlagen

Die Fritz Hulter GmbH kauft zur langfristigen Anlage Aktien im Nennwert von 80 000,00 EUR zum Kurs von 14,20 EUR. Der Nennwert je Aktie beträgt einen Euro. Am Bilanzstichtag notiert die Aktie mit 12,50 EUR.

Aufgabe:

Ermitteln Sie, mit welchem Wert die Aktien am Bilanzstichtag bilanziert werden können!

Lösung:

Die Aktien können weiterhin mit den **Anschaffungskosten** bilanziert werden: 80 000,00 EUR · 14,20 EUR = 1 136 000,00 EUR.

Wird das **Bewertungswahlrecht genutzt** und eine **außerplanmäßige Abschreibung vorgenommen**, werden die Wertpapiere mit 80 000,00 EUR · 12,50 EUR = 1 000 000,00 EUR bilanziert.

Vorübergehende Wertminderung beim Anlagevermögen	
§ 253 III, S. 6 HGB	■ **Wahlrecht** für außerplanmäßige Abschreibung bei vorübergehender Wertminderung bei **Finanzanlagen**.
	■ **Verbot** für außerplanmäßige Abschreibung bei vorübergehender Wertminderung beim **sonstigen Anlagevermögen**.

■ **Außerplanmäßige Abschreibung bei voraussichtlich dauernder Wertminderung**

Eine außerplanmäßige Abschreibung **muss** vorgenommen werden, wenn es sich um eine voraussichtlich **dauernde Wertminderung** handelt **(strenges Niederstwertprinzip)** [§ 253 III, S. 5 HGB].

Beispiel:

Die Hugo Prompt KG kauft zu Beginn der Geschäftsperiode einen Kombiwagen für 30 000,00 EUR zuzüglich 19 % USt; betriebsgewöhnliche Nutzungsdauer: 6 Jahre; lineare Abschreibung.

Da inzwischen ein neues Modell mit erheblichen technischen Verbesserungen auf den Markt gebracht wurde, ist der Marktwert des alten Modells nachweislich gesunken. Der Kombiwagen hat daher am Ende des 2. Nutzungsjahres einen Wert von ca. 9 900,00 EUR.

Aufgaben:

1. Ermitteln Sie, mit welchem Wert der Kombiwagen am Ende des 2. Nutzungsjahres zu bilanzieren ist!
2. Beurteilen Sie die Auswirkungen dieser Bewertung auf das Unternehmensergebnis!

Lösungen:

Zu 1.: Anschaffungskosten	30 000,00 EUR
– planmäßige Abschreibung zum 31. Dez. des 1. Nj.	5 000,00 EUR
= fortgeführte Anschaffungskosten zum 31. Dez. des 1. Nj.	25 000,00 EUR
– planmäßige Abschreibung zum 31. Dez. des 2. Nj.	5 000,00 EUR
– außerplanmäßige Abschreibung zum 31. Dez. des 2. Nj.	10 100,00 EUR
= Wertansatz zum 31. Dez. des 2. Nj.	9 900,00 EUR

Zu 2.: Das Unternehmensergebnis verschlechtert sich zusätzlich um 10 100,00 EUR.

Obwohl der Kombiwagen noch nicht zu dem niedrigen Wert verkauft ist, muss der Wert wegen der dauernden Wertminderung und aus Gründen kaufmännischer Vorsicht herabgesetzt werden. Das **Niederstwertprinzip** führt somit zum **Ausweis** eines **noch nicht realisierten** (entstandenen) **Verlustes.**

Voraussichtlich dauernde Wertminderung beim Anlagevermögen	
§ 253 III, S. 5 HGB	**Pflicht** zur **außerplanmäßigen Abschreibung** bei voraussichtlich dauernder Wertminderung.

3.4.3.3 Bewertung des nicht abnutzbaren Anlagevermögens

Beim **nicht abnutzbaren Anlagevermögen** ist die **Nutzung zeitlich unbegrenzt**. Zum nicht abnutzbaren Anlagevermögen zählen u. a. Grund und Boden, Auszahlungen, Finanzanlagen.

(1) Allgemeine Bewertungsregel

- Beim **nicht abnutzbaren Anlagevermögen** ist die Nutzung **zeitlich unbegrenzt**. Nicht abnutzbares Anlagevermögen ist **höchstens** mit den **Anschaffungs- bzw. Herstellungskosten** anzusetzen [§ 253 I HGB]. Eine **planmäßige Abschreibung** ist **nicht erlaubt.**

- Ist dem Vermögensgegenstand am Bilanzstichtag **dauerhaft** ein **niedrigerer Wert** beizumessen, **muss handelsrechtlich abgeschrieben werden** [§ 253 III, S. 5 HGB]. Es gilt das **strenge Niederstwertprinzip.**

Beispiel:

Ein Betriebsgrundstück steht mit 500 000,00 EUR Anschaffungskosten zu Buch. Da die Gemeinde für dieses Betriebsgrundstück überraschend ein Bauverbot beschlossen hat, tritt eine dauernde Wertminderung ein.

Der Tageswert beträgt zum 31. Dez. nur noch 300 000,00 EUR.

Aufgabe:

Ermitteln Sie den Wert, mit welchem das Grundstück am 31. Dezember zu bilanzieren ist!

Lösung:

Anschaffungskosten des Grundstücks	500 000,00 EUR
− außerplanmäßige Abschreibung	200 000,00 EUR
= Buchwert zum 31. Dezember	300 000,00 EUR

(2) Besonderheiten bei der Bewertung von bebauten Grundstücken

Bei bebauten Grundstücken ist bei der Ermittlung des Buchwertes zwischen dem abnutzbaren Gebäude und dem nicht abnutzbaren Grundstück zu unterscheiden. Rechtlich gesehen sind bebaute Grundstücke als eine Einheit anzusehen. Bei der Bewertung muss jedoch das Grundstück als nicht abnutzbarer Vermögensgegenstand vom Gebäude getrennt werden, weil das Gebäude als abnutzbarer Vermögensgegenstand planmäßig abgeschrieben werden muss.

Beispiel:

Die Essener Textil AG hat am 1. Januar eine Lagerhalle von einem Wettbewerber übernommen. Der Kaufpreis in Höhe von 2 100 000,00 EUR verteilt sich auf Grund und Boden in Höhe von 800 000,00 EUR und einen Gebäudewert von 1 300 000,00 EUR. Die Anschaffungsnebenkosten betragen insgesamt 129 990,00 EUR.

Aufgaben:

1. Berechnen Sie die Anschaffungskosten von Gebäude und Grundstück!

2. Die Nutzungsdauer des Gebäudes beträgt 40 Jahre, die Abschreibung erfolgt linear. Berechnen Sie, mit welchem Wert das bebaute Grundstück am Ende des 1. Jahres anzusetzen ist!

Lösungen:

Zu 1.: Aufteilung der Anschaffungsnebenkosten

Grund und Boden	800 000,00 EUR	→ 8 Teile →	49 520,00 EUR	$8 \cdot 6190$ EUR
Gebäude	1 300 000,00 EUR	→ 13 Teile →	80 470,00 EUR	$13 \cdot 6190$ EUR
		21 Teile ≙	129 990,00 EUR	
		1 Teil ≙	6 190,00 EUR	

Berechnung der Anschaffungskosten

Grund und Boden	800 000,00 EUR	+ 49 520,00 EUR	=	849 520,00 EUR
Gebäude	1 300 000,00 EUR	+ 80 470,00 EUR	=	1 380 470,00 EUR

Zu 2.:

Anschaffungskosten Gebäude	1 380 470,00 EUR
− 2,5 % Abschreibung 1. Jahr	34 511,75 EUR
= Gebäudewert am Ende des 1. Jahres	1 345 958,25 EUR
+ Grundstückswert unverändert	849 520,00 EUR
= Bilanzansatz am Ende des 1. Jahres	2 195 478,25 EUR

Wertminderung beim nicht abnutzbaren Anlagevermögen	
§ 253 III, S. 5 HGB	**Pflicht** zur **außerplanmäßigen Abschreibung** bei voraussichtlich dauernder Wertminderung.

3.4.3.4 Wertaufholungsgebot

Werden beim **Sachanlagevermögen** oder bei den Finanzanlagen außerplanmäßige Abschreibungen vorgenommen und stellt sich später heraus, dass die Gründe für diese Abschreibung nicht mehr bestehen, dann **muss** eine **Zuschreibung,** maximal bis zu den **(fortgeführten) Anschaffungskosten,** erfolgen. Eine Beibehaltung des niedrigeren Werts ist nicht möglich [§ 253 V, S. 1 HGB].

Mit dieser generellen Zuschreibungspflicht besteht für den Bilanzierenden zu jedem Bilanzstichtag die Verpflichtung, die Voraussetzungen für eine Wertaufholung zu prüfen.

Beispiel:

Das Holzwerk Baumann GmbH möchte seinen Holzlagerplatz erweitern und kauft ein angrenzendes Grundstück zu Anschaffungskosten in Höhe von 250 000,00 EUR. Nach dem Kauf erhebt der örtliche Naturschutzbund Einspruch gegen die Nutzung, da dadurch die Lurche im anschließenden Feuchtgebiet gestört werden. Der Stadtrat beschließt die Nutzung zu untersagen. Das Grundstück verliert dadurch 60 % an Wert.

Aufgaben:

1. Geben Sie an, mit welchem Wert das Grundstück zu bilanzieren ist. Begründen Sie den Wertansatz!

2. Durch den Verzicht der Baumann GmbH auf die Nutzung von 15 % des Grundstücks als Holzlagerplatz kommt es zu einer Einigung mit dem Naturschutzbund. Der Stadtrat genehmigt daraufhin die Nutzung des Grundstücks als Holzlagerplatz. Der Wert des Grundstücks wird vom Gutachter auf 210 000,00 EUR geschätzt. Ermitteln und begründen Sie den neuen Wertansatz!

Lösungen:

Zu 1.:

	Anschaffungskosten des Grundstücks	250 000,00 EUR
–	60 % außerplanmäßige Abschreibung	150 000,00 EUR
=	fortgeführte Anschaffungskosten	100 000,00 EUR

Begründung: Es handelt sich um eine dauerhafte Wertminderung. Es ist eine außerplanmäßige Abschreibung vorzunehmen.

Zu 2.:

	Fortgeführte Anschaffungskosten	100 000,00 EUR
+	Zuschreibung	110 000,00 EUR
=	neue fortgeführte Anschaffungskosten	210 000,00 EUR

Begründung: Da die Gründe für die Wertminderung nicht mehr bestehen, ist eine Zuschreibung bis zum festgestellten Wert des Gutachters, maximal bis zu den Anschaffungskosten, zwingend.

- ■ Durch die Zuschreibung wird die außerplanmäßige Abschreibung rückgängig gemacht. Dies stellt einen **Ertrag** dar und führt zu einer Erhöhung des Gewinns.

- ■ Da der Grund für die Wertminderung weggefallen ist, besteht ein **Zuschreibungspflicht**.

Wertaufholung	
§ 253 V, S. 1 HGB	Pflicht zur Wertaufholung.

Übungsaufgaben

179 1. Berechnen Sie jeweils die Anschaffungskosten bzw. die Herstellungskosten!

    1.1 Wir kaufen eine Stanzmaschine im Wert von 48 000,00 EUR zuzüglich 19 % USt und erhalten einen Sonderrabatt von 10 %. An Transportkosten fallen 1 760,00 EUR zuzüglich 19 % USt an. Für die Inbetriebnahme werden Kosten in Höhe von 4 108,00 EUR zuzüglich 19 % USt berechnet. Die Rechnung wird unter Abzug von 2 % Skonto auf den Zieleinkaufspreis durch Banküberweisung beglichen. Für die Skontozahlung wurde ein Kontokorrentkredit aufgenommen. Die Bank berechnet 240,80 EUR Zinsen.

    1.2 Kauf einer Abfüllanlage zu folgenden Bedingungen: Listeneinkaufspreis 85 100,00 EUR, abzüglich 3 % Rabatt. Verpackungskosten 980,00 EUR, Fracht 1 200,00 EUR, Transportversicherung 90,00 EUR, Fundamentierungskosten 2 000,00 EUR, Aufwendungen für eine Sicherheitsprüfung 150,00 EUR. Der Umsatzsteuersatz beträgt 19 %.

  2. Die Werkzeugfabrik Böhler KG kauft zu Beginn des Geschäftsjahres 20.. einen neuen Lkw. Der Lkw mit einer Nutzungsdauer von 9 Jahren wird nach dreimaliger linearer Abschreibung vor dem Abschluss in der Buchführung mit den fortgeführten Anschaffungskosten in Höhe von 52 800,00 EUR ausgewiesen. Inzwischen ist der gleiche Typ mit verbesserter Technik auf den Markt gekommen. Dadurch ist der Marktwert für vergleichbare Altmodelle um 25 % gesunken.

Aufgaben:

    2.1 Berechnen Sie die Anschaffungskosten!

    2.2 Berechnen Sie die jährliche Abschreibung!

    2.3 Ermitteln Sie den Wert, mit dem der Lkw beim Jahresabschluss des vierten Geschäftsjahres zu bilanzieren ist!

  3. Die Druck-Zuck OHG hat in der Bilanz des Geschäftsjahres 09 bei den Finanzanlagen ein Aktienpaket in Höhe der Anschaffungskosten von 150 000,00 EUR ausgewiesen. Beim Abschluss des Geschäftsjahres 17 beträgt der Kurswert der Aktien 170 000,00 EUR, beim Abschluss 18 ergibt sich ein Wert von 120 000,00 EUR und beim Abschluss 19 haben die Aktien einen Kurswert von 160 000,00 EUR.

Aufgabe:

Diskutieren Sie über die Möglichkeit der Bewertung der Aktien bei den Jahresabschlüssen 17, 18 und 19!

  4. Die Franz Prenner OHG kauft ein unbebautes Grundstück mit einer Größe von 3 100 m^2 zum Preis von 40,00 EUR/m^2. Die Grunderwerbsteuer beträgt 5 %, an Notariatskosten fallen 1 950,00 EUR zuzüglich 19 % USt an, Kosten der Grundbucheintragung 1 050,00 EUR, Kosten für ein Gutachten zur Bewertung des Kaufpreises 2 000,00 EUR zuzüglich 19 % USt, Maklergebühren 3,0 % vom Kaufpreis zuzüglich 19 % USt.

Aufgaben:

    4.1 Berechnen Sie die Anschaffungskosten!

    4.2 Am Ende des Jahres wird bekannt, dass das geplante Einkaufszentrum aus baurechtlichen Gründen nicht gebaut wird. Der Verkaufswert sinkt auf 80 000,00 EUR ab. Ermitteln Sie den Wert, mit dem das Grundstück zu bilanzieren ist!

5. Die Hans Lemmer GmbH kauft zu Beginn des Jahres einen Kombiwagen:

Listeneinkaufspreis netto	32 376,00 EUR
Überführungskosten	600,00 EUR
	32 976,00 EUR
+ 19 % USt	6 265,44 EUR
Kaufpreis	39 241,44 EUR

Aufgaben:

5.1 Berechnen Sie die Anschaffungskosten!

5.2 Die Nutzungsdauer des Autos beträgt 6 Jahre (lineare Abschreibung). Wie lautet der Wertansatz zu Beginn des 3. Jahres?

5.3 Durch einen selbst verschuldeten Unfall tritt im 3. Jahr ein Wertverlust von 2 500,00 EUR ein. Begründen Sie, wie der Kombiwagen am Ende des 3. Jahres zu bewerten ist!

180 1. Die Westfälische Getränke AG weist ihre Abfüllanlage, deren Nutzungsdauer 10 Jahre beträgt, zu Beginn des 7. Geschäftsjahres bei planmäßiger linearer Abschreibung mit den fortgeführten Anschaffungskosten in Höhe von 280 000,00 EUR aus. Inzwischen ist eine technisch wesentlich verbesserte Anlage auf den Markt gekommen. Dadurch ist der Wert der alten Anlage um 50 % gesunken.

Aufgaben:

1.1 Ermitteln Sie die Anschaffungskosten!

1.2 Erklären Sie, mit welchem Wert die Anlage beim Jahresabschluss im 7. Jahr zu bilanzieren ist!

2. Die Huber Kleinmotoren AG hat für eine eventuelle Erweiterung des Betriebes 3 000 m² eines angrenzenden Grundstücks zum ortsüblichen Preis von 155,00 EUR/m² gekauft. Der Notar schickt eine Rechnung einschließlich der Umsatzsteuer in Höhe von 4 284,00 EUR. Die Grundbuchkosten betrugen 6 975,00 EUR. Die Grunderwerbsteuer beträgt 5 %. Aufgrund der vorübergehenden Flaute in der Bauwirtschaft fiel der ortsübliche Grundstückspreis zum Abschlussstichtag um 20 %.

Aufgaben:

2.1 Ermitteln Sie die Anschaffungskosten für das Grundstück!

2.2 Stellen Sie dar, wie das Grundstück beim Abschlussstichtag zu bewerten ist!

3. Die Textilwerke Markus Böhlen GmbH besitzen in ihrem Anlagevermögen 5 000 Stückaktien der Patrik Weibel AG. Kurs am Anschaffungstag 14,25 EUR/Stück.

Aufgabe:

Ermitteln Sie den Betrag, mit dem die Aktien anzusetzen sind, wenn der Kurs der Aktien am Ende des Geschäftsjahres auf 13,05 EUR/Stück gesunken und zu Beginn des neuen Geschäftsjahres wieder auf 14,55 EUR/Stück gestiegen ist!

4. Bei der Secura AG stellen sich am Ende des Geschäftsjahres folgende Bewertungsfragen:

Kauf einer Lagerhalle mit Grundstück am 1. Januar	600 000,00 EUR
5 % Grunderwerbsteuer	30 000,00 EUR

Kosten für die Prüfung der Bodenbeschaffenheit 25 000,00 EUR zuzüglich 19 % USt, Maklerkosten 11 000,00 EUR zuzüglich 19 % USt.

Der Wert des Grundstücks beträgt $\frac{1}{5}$ des Gesamtpreises, Kreditkosten infolge einer Darlehensaufnahme im Zusammenhang mit dem Kauf der Lagerhalle 2 650,00 EUR, Grundsteuer 4 100,00 EUR.

Aufgaben:

4.1 Berechnen Sie die Anschaffungskosten von Gebäude und Grundstück!

4.2 Die Nutzungsdauer des Gebäudes beläuft sich auf 50 Jahre, die Abschreibung erfolgt linear. Ermitteln Sie, mit welchem Wert Grundstück und Gebäude zu Beginn des 3. Jahres anzusetzen sind!

4.3 Ein Gutachten hat ergeben, dass das Grundstück am Ende des dritten Jahres einen Wert von 530 000,00 EUR hat. Begründen Sie, ob die Secura AG diesen Wert ansetzen kann!

181 1. Die Nowotek GmbH hält in Form von Aktien eine Beteiligung an der Compakt AG, die mit den Anschaffungskosten in Höhe von 250 000,00 EUR bilanziert wurde. Wegen eines inzwischen beseitigten Mangels an einem der Hauptprodukte kam der Aktienkurs der Compakt AG vorübergehend unter Druck und betrug bei Aufstellung des Jahresabschlusses nur noch 80 % der Anschaffungskosten.

Aufgabe:

Diskutieren Sie, wie die Nowotek GmbH die Beteiligung an der Compakt AG bewerten kann!

2. Die ABC-AG hat ein unbebautes Grundstück, das nach Auskunft der Baubehörde in der Bebauungsplanung vorgesehen ist, mit einem um 50 % über den Preisen für noch nicht im Bebauungsplan einbezogene Grundstücke für 450 000,00 EUR gekauft.

Wegen der Proteste von Bürgerinitiativen und der Umweltschützer erwies sich die Spekulation auf eine mögliche Bebauung als nicht realisierbar. Daraufhin wurde das Grundstück den Werten für nicht bebaubare Grundstücke angepasst und mit dem niedrigeren Wert von 300 000,00 EUR angesetzt.

Durch eine nicht vorhersehbare neue politische Konstellation und eine weitere Einbeziehung von Grundstücken in die Bebauungsplanung sowie einer steuerlichen Förderung von Betriebserweiterungen und Baumaßnahmen stieg der Grundstückswert auf 550 000,00 EUR an.

Aufgaben:

2.1 Erklären Sie, ob die außerplanmäßige Abschreibung des Grundstücks rechtlich begründet war!

2.2 Begründen Sie, welcher Wert beim Jahresabschluss des laufenden Jahres für das Grundstück angesetzt werden muss!

3. Die fortgeführten Anschaffungskosten einer Nietmaschine der Kontakt AG, deren Nutzungsdauer mit 10 Jahren anzusetzen ist, betragen zu Beginn des 4. Jahres nach der Anschaffung 49 000,00 EUR. Aufgrund einer Konjunkturschwäche ist das Preisniveau für derartige Maschinen nachweislich um 20 % gesunken.

Aufgabe:

Stellen Sie den Bilanzansatz am Ende des 4. Geschäftsjahres nach der Anschaffung fest!

3.4.4 Bewertung geringwertiger Anlagegüter (geringwertige Wirtschaftsgüter)

3.4.4.1 Bewertung geringwertiger Anlagegüter nach Steuerrecht

(1) Berechnung der Abschreibung auf geringwertige Anlagegüter

Geringwertige Anlagegüter (Wirtschaftsgüter) sind Vermögensgegenstände, die **abnutzbar, beweglich** und **selbstständig nutzbar** sind und bestimmte **Wertgrenzen** nicht übersteigen.

20 Speth u.a. - ISBN 978-3-8120-0261-5

Geringwertige Anlagegüter (Wirtschaftsgüter)		
AK bis 150,00 EUR **[§ 6 II a EStG]**	**AK über 150,00 EUR bis 410,00 EUR** **[§ 6 II EStG]**	**AK über 410,00 EUR** **bis 1 000,00 EUR** **[§ 6 II a EStG]**

<table>
<tr>
<td rowspan="3">Wahlmöglichkeiten</td>
<td>1.</td>
<td colspan="2">Sofort absetzen als Betriebsausgabe im Jahr der Anschaffung/Herstellung.</td>
<td>Aktivierung und Abschreibung nach betriebsgewöhnlicher Nutzungsdauer.</td>
</tr>
<tr>
<td>2.</td>
<td>Sofort absetzen als Betriebsausgabe im Jahr der Anschaffung/Herstellung.</td>
<td colspan="2">Poolabschreibung, d.h. Zusammenfassung in einem jahrgangsbezogenen Sammelposten und pauschale, lineare Abschreibung über 5 Jahre, und zwar auch dann, wenn das Anlagegut vor Ablauf dieser 5 Jahre aus dem Anlagevermögen ausscheidet, z.B. wegen Abnutzung, Beschädigung, Verkauf. Wenn das Wahlrecht der Poolabschreibung in Anspuch genommen wird, dann muss es für alle Wirtschaftsgüter des Wirtschaftsjahres **einheitlich** ausgeübt werden.</td>
</tr>
<tr>
<td>3.</td>
<td colspan="3">Aktivierung und Abschreibung nach betriebsgewöhnlicher Nutzungsdauer.</td>
</tr>
<tr>
<td colspan="2">**Dokumentation**</td>
<td>Keine Einzelaufzeichnungspflicht.</td>
<td>Einzelaufzeichnung (mit Tag der Anschaffung und Höhe der Anschaffungskosten) in einem besonderen, laufend zu führenden Verzeichnis oder in der Buchführung.</td>
<td>Nur buchmäßige Erfassung und damit reduzierte Aufzeichnungspflichten.</td>
</tr>
</table>

Beispiel:

Die Kleinbenz GmbH kauft am 10. Januar drei Schreibtischstühle (AfA-Dauer: 13 Jahre)

1. Stuhl   Nettoanschaffungswert = 130,00 EUR für den Portier

2. Stuhl   Nettoanschaffungswert = 400,00 EUR für die Sekretärin von Herrn Kleinbenz

3. Stuhl   Nettoanschaffungswert = 845,00 EUR für Herrn Kleinbenz selbst

Aufgabe:

Geben Sie die alternativen Abschreibungsmöglichkeiten an und berechnen Sie die jeweiligen Abschreibungsbeträge für das 1. und das 2. Jahr!

Lösung:

Möglichkeit 1

	Verfahren	AfA-Betrag
1. Stuhl	Sofortabschreibung	130,00 EUR
2. Stuhl	Sofortabschreibung	400,00 EUR
3. Stuhl	Abschreibung nach betriebsgewöhnlicher Nutzungsdauer	845,00 EUR : 13 = 65,00 EUR
AfA-Betrag im 1. Jahr		595,00 EUR
AfA-Betrag im 2. Jahr		65,00 EUR

Erläuterung:

Die Poolabschreibung kann nur einheitlich für alle Wirtschaftsgüter zwischen 151,00 und 1 000,00 EUR in Anspruch genommen werden.

Möglichkeit 2

	Verfahren	AfA-Betrag	
1. Stuhl	Sofortabschreibung	130,00 EUR	**Erläuterung:**
2. Stuhl	Poolabschreibung	Berechnung der Anschaffungs-kosten:	Gemeinsame Pool-abschreibung der Wirtschaftsgüter zwischen 151,00 EUR und 1 000,00 EUR.
3. Stuhl	Poolabschreibung	400,00 + 845,00 = 1 245,00 EUR AfA-Betrag = 1 245,00 EUR : 5 = 249,00 EUR	
AfA-Betrag im 1. Jahr		379,00 EUR	
AfA-Betrag im 2. Jahr		249,00 EUR	

Möglichkeit 3

	Verfahren	AfA-Betrag
1. Stuhl	Abschreibung nach betriebsgewöhnli-cher Nutzungsdauer	130,00 EUR : 13 = 10,00 EUR
2. Stuhl	Abschreibung nach betriebsgewöhnli-cher Nutzungsdauer	400,00 EUR : 13 = 30,77 EUR
3. Stuhl	Abschreibung nach betriebsgewöhnli-cher Nutzungsdauer	845,00 EUR : 13 = 65,00 EUR
AfA-Betrag im 1. Jahr		105,77 EUR
AfA-Betrag im 2. Jahr		105,77 EUR

(2) Buchung der Anlagegüter bis zu Anschaffungskosten in Höhe von 150,00 EUR

■ Betragen die **Anschaffungskosten** eines selbstständig nutzbaren beweglichen Wirt-schaftsgutes des Anlagevermögens **nicht über 150,00 EUR netto** (der abziehbare Vorsteuerabzug bleibt außer Ansatz), so können die Anlagegüter sofort **als Aufwand gebucht werden.** Das Wahlrecht kann für **jedes Wirtschaftsgut** individuell in Anspruch genommen werden **(wirtschaftsgutbezogenes Wahlrecht).**

Beispiel:

I. Geschäftsvorfall:

Barkauf einer Schreibtischlampe zum Netto-preis von 148,50 EUR zuzüglich 19 % USt.

II. Aufgaben:

1. Buchen Sie den Geschäftsvorfall auf Kon-ten!
2. Bilden Sie den Buchungssatz!

Lösungen:

Zu 1.: Buchung auf den Konten

S	6800 Büromaterial	H	S	2600 Vorsteuer	H	S	2880 Kasse	H
2880	148,50		2880	28,22		AB	1 148,50	6800/2600 176,72

307

Zu 2.: Buchungssatz

Geschäftsvorfall	Konten	Soll	Haben
Barkauf einer Schreibtischlampe zum Nettopreis von 148,50 EUR zuzüglich 19 % USt.	6800 Büromaterial 2600 Vorsteuer an 2880 Kasse	148,50 28,22	176,72

■ Es ist auch möglich, den Barkauf der Schreibtischlampe auf dem Konto **0870 Büromöbel und sonstige Geschäftsausstattung** zu buchen und über die **betriebsgewöhnliche Nutzungsdauer abzuschreiben.**

(3) Buchung der Anlagegüter mit Anschaffungskosten über 150,00 EUR bis 410,00 EUR

Beispiel:

I. Geschäftsvorfall:

Barkauf einer Stichsäge zum Nettopreis von 405,80 EUR zuzüglich 19 % USt.

II. Aufgaben:

1. Das Unternehmen erfreut sich einer sehr guten Geschäftslage. Erläutern Sie, welches Bewertungswahlrecht es ausüben sollte!
2. Zeigen Sie die Buchungsmöglichkeiten für den vorliegenden Geschäftsvorfall auf!

Lösungen:

Zu 1.: Entscheidung

Bei ausreichenden Erträgen führt die sofortige Buchung als Betriebsausgabe zu der steuerlich günstigsten Wahl.

Zu 2.:

■ **Buchung als sofortiger Aufwand**

Geschäftsvorfall	Konten	Soll	Haben
Barkauf einer Stichsäge zum Nettopreis von 405,80 EUR zuzüglich 19 % USt.	6300 Aufw. f. Betriebsstoffe 2600 Vorsteuer an 2880 Kasse	405,80 77,10	482,90

■ Es ist auch möglich, den Barkauf der Stichsäge auf dem **Konto 0820 Werkzeuge zu aktivieren** und über die **betriebsgewöhnliche Nutzungsdauer** abzuschreiben.

Ein Verzicht auf die Vollabschreibung kann vor allem bei neu gegründeten Unternehmen oder in Zeiten geringer Erträge betriebswirtschaftlich sinnvoll sein.

Geschäftsvorfälle	Konten	Soll	Haben
Barkauf einer Stichsäge zum Nettopreis von 405,80 EUR zuzüglich 19 % USt. Die Nutzungsdauer beträgt 8 Jahre.	0820 Werkzeuge 2600 Vorsteuer an 2880 Kasse	405,80 77,10	482,90
Abschreibung auf 0820 Werkzeuge am Bilanzstichtag 50,73 EUR.	6520 Abschr. a. Sachanlagen an 0820 Werkzeuge	50,73	50,73

■ Es besteht auch die Möglichkeit, einen **Sammelposten** zu bilden und die Stichsäge über einen Zeitraum von 5 Jahren mit 20 % pauschal abzuschreiben (siehe S. 309).

(4) Buchung der Anlagegüter mit Anschaffungskosten über 150,00 EUR bis 1 000,00 EUR

■ Buchung nach dem Sammelpostenverfahren

Betragen die Anschaffungskosten für ein einzelnes abnutzbares bewegliches Wirtschaftsgut, das einer selbstständigen Nutzung fähig ist, über **150,00 EUR, aber nicht mehr als 1 000,00 EUR** netto, so kann ein **Sammelposten** gebildet werden **(Konto 0790 GWG-Sammelposten Anlagen und Maschinen** oder **0890 GWG-Sammelposten BGA.**[1] Dieser Sammelposten wird pauschal mit 20 % pro Jahr abgeschrieben (d. h. über einen 5-Jahres-Zeitraum). Dabei ist es unerheblich, in welchem Monat im laufenden Geschäftsjahr die einzelnen Wirtschaftsgüter erworben werden.

Die Abschreibung erfolgt über das Konto **6540 Abschreibungen auf GWG-Sammelposten.** Scheidet ein Wirtschaftsgut aus dem Sammelposten aus (z. B. durch nachträgliche Entnahme, Veräußerung oder Verlust), so beeinflusst dies den Wert des Sammelpostens nicht. Der Sammelposten ist für jedes Geschäftsjahr neu zu bilden.

Beispiel:

Im Laufe des Geschäftsjahres wurden folgende geringwertige Vermögensgegenstände gegen Banküberweisung gekauft:

- am 10. März ein Faxgerät für 498,00 EUR zuzüglich 19 % USt,
- am 17. Mai ein Notebook für 652,00 EUR zuzüglich 19 % USt,
- am 9. September ein Bürostuhl für 420,00 EUR zuzüglich 19 % USt und
- am 15. Dezember ein Laptop für 990,00 EUR zuzüglich 19 % USt.

Aufgaben:

1. Buchen Sie die Geschäftsvorfälle bei der Anschaffung auf dem Konto 0891 GWG-Sammelposten BGA!
2. Berechnen Sie die Abschreibung am Jahresende nach den steuerrechtlichen Vorgaben!
3. Buchen Sie die Abschreibung auf den Konten und bilden Sie den Buchungssatz!
4. Schließen Sie die Konten 0891 und 6541 ab!

Hinweis: Führen Sie die Konten 0891, 6541, 8010 und 8020!

Lösungen:

Zu 2.: 2560,00 EUR : 5 Jahre = <u>512,00 EUR/Jahr</u>

Zu 1./3. und 4.:

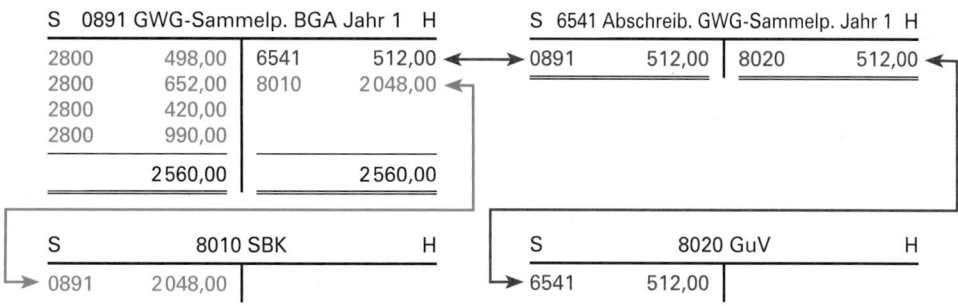

---

1 Der Sammelposten ist **kein Wirtschaftsgut,** sondern eine **Rechengröße** [R 6.13, VI, S. 1 EStR].

Geschäftsvorfall	Konten	Soll	Haben
Buchung der Abschreibung	6541 Abschr. auf GWG.-Sammelp. Jahr 1 an 0891 GWG-Sammelposten BGA Jahr 1	512,00	512,00

■ **Abschreibung nach der gewöhnlichen Nutzungsdauer**

Das Unternehmen hat auch die Möglichkeit, Wirtschaftsgüter zwischen 150,00 EUR und 1 000,00 EUR im **Anlageverzeichnis** zu erfassen und über die **betriebsgewöhnliche Nutzungsdauer abzuschreiben.** In diesem Fall kann es für andere geringwertige Wirtschaftsgüter im Bereich von 150,00 EUR bis 1 000,00 EUR **keinen Sammelposten** mehr bilden.

■ **Verkauf geringwertiger Anlagegüter**

Der Verkaufserlös des geringwertigen Anlagegutes wird auf dem Konto **5410 Sonstige Erlöse** erfasst. Wurden die geringwertigen Anlagegüter nach dem Sammelpostenverfahren gebucht, so bleibt der **Sammelposten** beim Verkauf des geringwertigen Anlagegutes **unverändert bestehen.**

3.4.4.2 Bewertung geringwertiger Anlagegüter nach Handelsrecht

Das **Einkommensteuergesetz** regelt lediglich die **Bewertung geringwertiger Wirtschaftsgüter** nach dem **Steuerrecht.** Es sagt nichts darüber aus, wie geringwertige Wirtschaftsgüter in der **Handelsbilanz** zu behandeln sind. Derzeit werden in der betriebswirtschaftlichen Literatur folgende Bewertungsmöglichkeiten nach Handelsrecht als unstrittig angesehen:

- Der nach § 6 IIa EStG mögliche Sofortabzug von Anschaffungs- oder Herstellungskosten bis einschließlich 150,00 EUR **stimmt mit dem Vorsichtsprinzip überein.** Wirtschaftsgüter mit Anschaffungs- oder Herstellungskosten von bis zu 150,00 EUR dürfen auch in der Handelsbilanz sofort abgeschrieben werden.

- Die Übernahme der vom Steuerrecht geforderten **Sammelposten** für geringwertige Wirtschaftsgüter, deren Anschaffungs- oder Herstellungskosten mehr als 150,00 EUR netto, aber nicht mehr als 1 000,00 EUR netto betragen [§ 6 IIa EStG], in die Handelsbilanz **ist möglich,** wenn der Sammelposten – bezogen auf das Gesamtvermögen – von **untergeordneter Bedeutung** ist.

- Ist der **Sammelposten** – bezogen auf das Gesamtvermögen – **wesentlich,** so ist seine Übernahme in die Handelsbilanz – mit der linearen Abschreibung über einen Zeitraum von fünf Jahren – **nicht möglich,** weil es dadurch zu einer Überbewertung des Anlagevermögens kommen kann.[1]

Beispiel:

Kauf eines Laptops im Wert von netto 980,00 EUR. Die betriebsgewöhnliche Nutzungsdauer beträgt drei Jahre. Der Laptop wird nach drei Jahren auch tatsächlich entsorgt. Würde der Laptop weiterhin – wie das Steuerrecht es vorschreibt – in der Bilanz ausgewiesen (Wert im 4. Jahr 40 % von 980,00 EUR = 392,00 EUR), so kommt es zu einer Überbewertung des Anlagevermögens. Dies widerspricht dem in § 252 I, Nr. 4 HGB niedergelegten Vorsichtsprinzip. Handelsrechtlich muss daher der Laptop als geringwertiges Wirtschaftsgut aktiviert und (bei linearer Abschreibung) mit jährlich 326,67 EUR abgeschrieben werden.

---

1 Zu der Frage, wann ein Bilanzposten als „wesentlich" einzustufen ist, sind generelle Aussagen nicht möglich.

Übungsaufgaben

182 Wir kaufen am 5. Januar ein Autotelefon Modell „Konsul", für 155,33 EUR, abzüglich 10 % Sonderrabatt zuzüglich 19 % USt gegen Barzahlung. Die betriebsgewöhnliche Nutzungsdauer beträgt 5 Jahre.

Aufgabe:

Ermitteln Sie den Wertansatz nach Steuerrecht und bilden Sie den Buchungssatz für den Geschäftsvorfall am 5. Januar!

183 Wir kaufen am 15. Februar einen PC für 2 300,00 EUR zuzüglich 19 % USt und einen Drehstuhl für 236,00 EUR zuzüglich 19 % USt auf Ziel.

Ermitteln Sie den Wertansatz für diese Anlagegüter! Das Unternehmen hat sich dafür entschieden, Beträge bis 410,00 EUR netto als Aufwand zu buchen.

Aufgabe:

Bilden Sie die Buchungssätze für die beiden Geschäftsvorfälle!

184 Am 30. April kauft ein Industriebetrieb zwei Schredder zum Preis von insgesamt 831,00 EUR zuzüglich 19 % USt gegen Banküberweisung. Der Lieferant gewährt 5 % Rabatt.

Am 7. Juni kauft der Industriebetrieb ein Lagerregal zum Preis von 783,20 EUR zuzüglich 19 % USt und am 15. November drei Bohrmaschinen im Wert von insgesamt 1 290,00 EUR zuzüglich 19 % USt jeweils gegen Banküberweisung. Legen Sie das Sammelpostenverfahren nach § 6 II a EStG zugrunde.

Aufgaben:

1. Buchen Sie die Geschäftsvorfälle bei der Anschaffung auf dem Konto 0890 GVG d. BGA!

2. Berechnen Sie die Abschreibung am Jahresende nach den steuerrechtlichen Vorgaben, buchen Sie die Abschreibung auf den Konten und bilden Sie den Buchungssatz für die Abschreibung!

3. Schließen Sie die Konten 0890 Sammelposten der Betriebs- und Geschäftsausstattung und 6540 Abschreibungen auf Sammelposten ab!

4. Am 10. Januar des folgenden Geschäftsjahres wird eine Bohrmaschine während einer Ausstellung gestohlen. Am 20. März wird eine Bohrmaschine zum Preis von 178,50 EUR zuzüglich 19 % USt bar verkauft. Bilden Sie den Buchungssatz!

185 Die Herbert Breher GmbH kauft am 15. August folgende Anlagegüter zur Neuausstattung eines Großraumbüros:

5 Schreibtische zu je 1 200,00 EUR, 5 Laptops zu je 950,00 EUR, 5 Schreibtischlampen zu je 145,00 EUR und 5 Bürosessel zu je 640,00 EUR jeweils zuzüglich 19 % USt. Die Nutzungsdauer der Schreibtische wird mit 13 Jahren festgelegt.

Aufgaben:

1. Ermitteln Sie die Wertansätze für diese Anlagegüter, wenn diese steuerrechtlich anerkannt werden sollen. Das Unternehmen legt für die Bewertung das Sammelpostenverfahren zugrunde.

2. Erklären Sie, in welcher Situation es für das Unternehmen sinnvoll ist, die Abschreibungen über die voraussichtliche betriebsgewöhnliche Nutzungsdauer der Anlagegüter zu verteilen!

3. Stellen Sie dar, welche Auswirkungen eintreten, wenn das Unternehmen, das die geringwertigen Anlagegüter gewöhnlich nach dem Sammelpostenverfahren erfasst, ein Anlagegut im Wert von 189,00 EUR zuzüglich 19 % USt über das betreffende Anlagekonto bucht und über die betriebsgewöhnliche Nutzungsdauer abschreibt!

311

3.4.5 Verkauf gebrauchter Anlagegüter

(1) Berechnung des Buchwertes

Durch die Nutzung des Anlagegutes tritt eine Wertminderung ein. Sie wird durch die Abschreibung am Ende des Geschäftsjahres erfasst. Wird das Anlagegut während des Geschäftsjahres verkauft, so ist zunächst über eine **zeitanteilige Abschreibung** der Buchwert zu ermitteln. Zeitanteilig heißt, das **Anlagegut ist bis zu seinem Ausscheiden aus dem Betriebsvermögen abzuschreiben,** wobei auch der **Monat des Ausscheidens berücksichtigt** wird.[1]

Beispiel:

Ein betriebseigener Pkw hat am 1. Januar des laufenden Geschäftsjahres einen Buchwert von 12500,00 EUR. Die Abschreibung erfolgt jährlich mit 6000,00 EUR. Der Pkw wird am 15. September des gleichen Jahres verkauft.

Aufgabe:

Berechnen Sie den Buchwert des Pkw zum Zeitpunkt des Verkaufs!

Lösung:

Buchwert des Pkw am 1. Januar	12500,00 EUR
− Abschreibung für 9 Monate ($^9/_{12}$)	4500,00 EUR
= Buchwert am Verkaufstag	8000,00 EUR

(2) Buchungen beim Verkauf eines Anlagegutes

Der Verkauf von Anlagegütern stellt ein Hilfsgeschäft dar und ist umsatzsteuerpflichtig [§ 1 I, Nr. 1 UStG]. Die Umsatzsteuer wird vom erzielten Nettoverkaufspreis berechnet. Um am Jahresende die Umsatzsteuerverprobung leicht durchführen zu können, werden in der Praxis **alle umsatzsteuerpflichtigen Vorgänge auf Erlöskonten** gebucht.

- Der Verkauf von Anlagegütern wird über das **Konto 5410 Sonstige Erlöse (z. B. aus Anlagenabgänge)** gebucht.
- Die Auflösung des Restwertes des betreffenden Anlagegutes wird nach zeitanteiliger Abschreibung über das Konto **6979 Anlagenabgänge** gebucht.

Beim Verkauf von gebrauchten Anlagegütern sind **drei Fälle** denkbar:

1. Fall: Der Nettoverkaufspreis entspricht genau dem Buchwert.

2. Fall: Der Nettoverkaufserlös übersteigt den Buchwert (Buchgewinn).

3. Fall: Der Nettoverkaufserlös ist niedriger als der Buchwert (Buchverlust).

---

1 **Hinweis bei der Berechnung der zeitanteiligen Abschreibung**
Grundsätzlich ist es möglich, den Abgangsmonat voll abzuschreiben oder diesen nicht mehr abzuschreiben [R 7.4 EStR und z.B. Beck'scher Bilanzkommentar, 9. Aufl. 2014]. In diesem Lehrbuch gehen wir von folgender Regelung aus: Bei der Anschaffung **und** beim Verkauf zählt der Anschaffungs- bzw. Verkaufsmonat bei der Berechnung der Abschreibung mit.

■ 1. Fall: Der Nettoverkaufspreis entspricht dem Buchwert

Beispiel:

Ein betriebseigener Pkw weist unter Berücksichtigung der zeitanteiligen Abschreibung am Verkaufstag einen Buchwert von 8 000,00 EUR auf. Wir verkaufen den Pkw bar zum Buchwert von 8 000,00 EUR zuzüglich 19 % USt.

Erzielter Nettoverkaufspreis	8 000,00 EUR
− errechneter Buchwert	8 000,00 EUR
= Buchgewinn/Buchverlust	0,00 EUR

Aufgaben:

1. Stellen Sie den Geschäftsvorfall auf den Konten dar!
2. Schließen Sie die Konten 0840 Fuhrpark, 6979 Anlagenabgänge und 5410 Sonstige Erlöse ab!
3. Bilden Sie die Buchungssätze beim Verkauf des Pkw und die Ausbuchung des Buchwertes!

Lösungen:

Zu 1. und 2.: Buchung auf den Konten

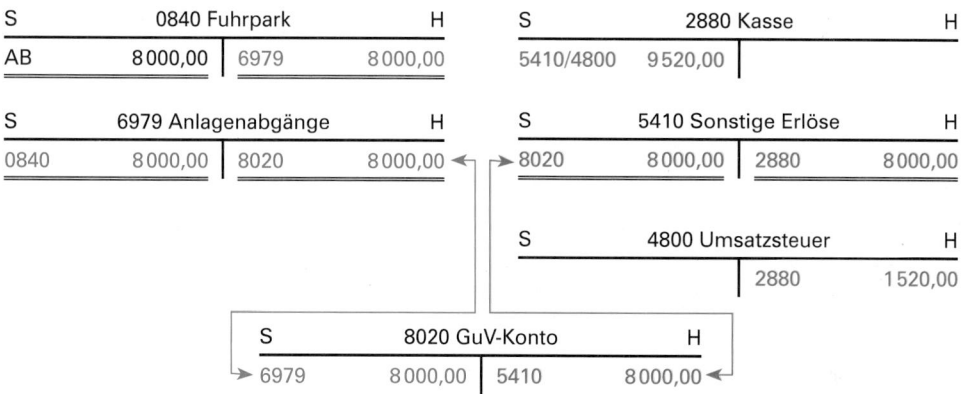

Zu 3.: Buchungssätze

Geschäftsvorfälle	Konten	Soll	Haben
Buchung des Anlage-verkaufs	2880 Kasse	9 520,00	
	an 5410 Sonstige Erlöse		8 000,00
	an 4800 Umsatzsteuer		1 520,00
Ausbuchung des Buch-wertes	6979 Anlagenabgänge	8 000,00	
	an 0840 Fuhrpark		8 000,00

Erklärung:

■ Der Verkauf des Pkw stellt einen umsatzsteuerpflichtigen Erlös dar. Aus diesem Grund ist auf dem Konto 5410 Sonstige Erlöse zu buchen.

■ Durch den Verkauf scheidet der Pkw aus dem Vermögensbestand aus. Demzufolge muss der Bestand auf dem Konto 0840 Fuhrpark ausgebucht werden. Dies geschieht über das Konto 6979 Anlagenabgänge.

■ 2. Fall: Der Nettoverkaufspreis ist höher als der Buchwert

Beispiel:

Ein betriebseigener Pkw weist unter Berücksichtigung der zeitanteiligen Abschreibung am Verkaufstag einen Buchwert von 8 000,00 EUR auf. Wir verkaufen den Pkw bar für 8 500,00 EUR zuzüglich 19 % USt.

	Erzielter Nettoverkaufspreis	8 500,00 EUR
–	errechneter Buchwert	8 000,00 EUR
=	Buchgewinn	500,00 EUR

Aufgaben:

1. Stellen Sie den Geschäftsvorfall auf den Konten dar!
2. Schließen Sie die Konten 0840 Fuhrpark, 6979 Anlagenabgänge und 5410 Sonstige Erlöse ab!
3. Bilden Sie die Buchungssätze beim Verkauf des Pkw und die Ausbuchung des Buchwertes!

Lösungen:

Zu 1. und 2.: Buchung auf den Konten

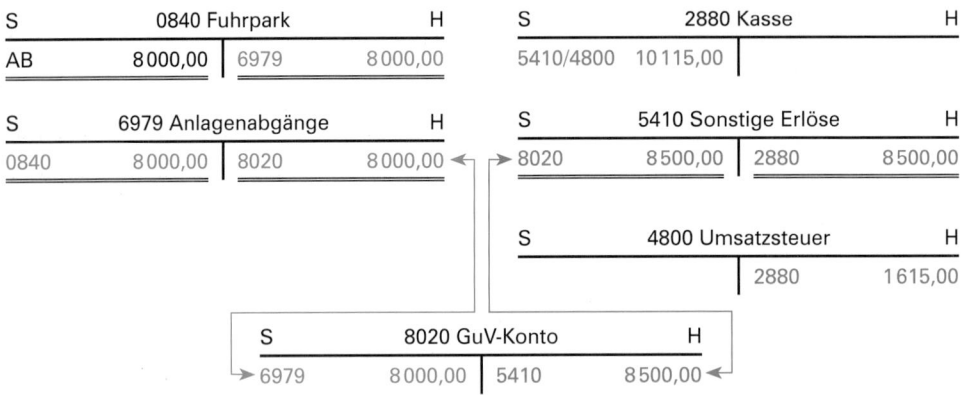

Zu 3.: Buchungssätze

Geschäftsvorfälle	Konten	Soll	Haben
Buchung des Anlageverkaufs	2880 Kasse an 5410 Sonstige Erlöse an 4800 Umsatzsteuer	10 115,00	8 500,00 1 615,00
Ausbuchung des Buchwertes	6979 Anlagenabgänge an 0840 Fuhrpark	8 000,00	8 000,00

Erklärung:

■ Der Verkauf des Pkw stellt einen umsatzsteuerpflichtigen Erlös dar, der auf dem Konto 5410 Sonstige Erlöse zu erfassen ist.

■ Durch den Verkauf scheidet der Pkw aus dem Vermögensbestand aus. Demzufolge muss der Bestand auf dem Konto 0840 Fuhrpark in Höhe von 8 000,00 EUR ausgebucht werden. Dies geschieht über das Konto 6979 Anlagenabgänge.

■ Der Buchgewinn in Höhe von 500,00 EUR wird auf dem GuV-Konto ausgewiesen.

■ 3. Fall: Der Nettoverkaufspreis ist niedriger als der Buchwert

Beispiel:

Ein betriebseigener Pkw weist unter Berücksichtigung der zeitanteiligen Abschreibung am Verkaufstag einen Buchwert von 8 000,00 EUR auf. Wir verkaufen den Pkw bar für 7 000,00 EUR zuzüglich 19 % USt.

Erzielter Nettoverkaufspreis	7 000,00 EUR
− errechneter Buchwert	8 000,00 EUR
= Buchverlust	1 000,00 EUR

Aufgaben:

1. Stellen Sie den Geschäftsvorfall auf den Konten dar!
2. Schließen Sie die Konten 0840 Fuhrpark, 6979 Anlagenabgänge und 5410 Sonstige Erlöse ab!
3. Bilden Sie die Buchungssätze beim Verkauf des Pkw und die Ausbuchung des Buchwertes!

Lösungen:

Zu 1. und 2.: Buchung auf den Konten

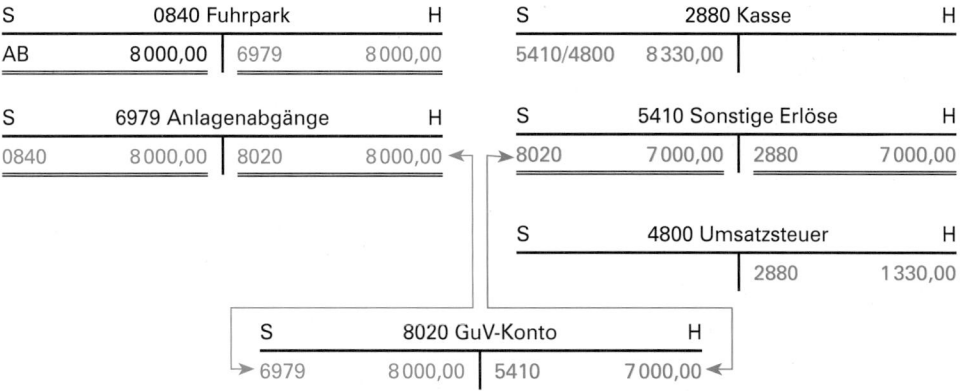

Zu 3.: Buchungssätze

Geschäftsvorfälle	Konten	Soll	Haben
Buchung des Anlage-verkaufs	2880 Kasse an 5410 Sonstige Erlöse an 4800 Umsatzsteuer	8 330,00	7 000,00 1 330,00
Ausbuchung des Buch-wertes	6979 Anlagenabgänge an 0840 Fuhrpark	8 000,00	8 000,00

Erklärung:

■ Der Verkauf des Pkw stellt einen umsatzsteuerpflichtigen Erlös dar, der auf dem Konto 5410 Sonstige Erlöse zu erfassen ist.

■ Durch den Verkauf scheidet der Pkw aus dem Vermögensbestand aus. Demzufolge muss der Bestand auf dem Konto 0840 Fuhrpark in Höhe von 8 000,00 EUR ausgebucht werden. Dies geschieht über das Konto 6979 Anlagenabgänge.

■ Der Buchverlust in Höhe von 1 000,00 EUR wird auf dem GuV-Konto ausgewiesen.

- Der **Verkauf von Anlagegütern** stellt einen **umsatzsteuerpflichtigen Erlös** dar und ist daher auf dem Erlöskonto **5410 Sonstige Erlöse** zu buchen.

- Der Restbuchwert des jeweils betroffenen Anlagekontos wird über das Konto **6979 Anlagenabgänge** ausgebucht.

- Ein **Buchgewinn** bzw. ein **Buchverlust** wird auf dem **Gewinn- und Verlustkonto** ausgewiesen.

Übungsaufgaben

186 Ein Kombiwagen hat unter Berücksichtigung der zeitanteiligen Abschreibung am Verkaufstag einen Restbuchwert von 7 200,00 EUR. Der Verkauf erfolgt bar, und zwar

1.1	zum Preis von	7 200,00 EUR
	+ 19 % USt	1 368,00 EUR
		8 568,00 EUR
1.2	zum Preis von	8 100,00 EUR
	+ 19 % USt	1 539,00 EUR
		9 639,00 EUR
1.3	zum Preis von	6 000,00 EUR
	+ 19 % USt	1 140,00 EUR
		7 140,00 EUR

Aufgaben:

1. Stellen Sie jeweils zu 1.1, 1.2 und 1.3 den gesamten Vorgang auf Konten dar! Schließen Sie die Konten 0840, 6979 und 5410 ab! Bilden Sie die Buchungssätze für den Verkaufsvorgang und den Abschluss der angegebenen Konten!

2. Erläutern Sie, warum die Praxis die Erlöse aus Anlageverkäufen zunächst immer auf einem Erlöskonto erfasst!

187 Ein Warenautomat mit Anschaffungskosten zu Beginn des Geschäftsjahres in Höhe von 7 500,00 EUR und einer Nutzungsdauer von 5 Jahren wird linear abgeschrieben. Der Warenautomat wird im Dezember des 3. Nutzungsjahres für 2 400,00 EUR zuzüglich 19 % USt gegen Bankscheck verkauft.

Aufgaben:

1. Nennen Sie den Buchungssatz für die jährliche Abschreibung!

2. Ermitteln Sie, welcher Betrag bis zum Verkauf des Warenautomaten insgesamt abgeschrieben wurde!

3. Errechnen Sie den Veräußerungsgewinn bzw. -verlust beim Verkauf des Warenautomaten!

4. Bilden Sie die Buchungssätze für den Verkauf des Warenautomaten!

188

Aufgabe:

1. Bilden Sie den Buchungssatz aus Sicht der Papiergroßhandlung Tiermann OHG für die vorliegende Quittung!

   (Die Eisenregale waren voll abgeschrieben und standen mit einem Erinnerungswert[1] von 1,00 EUR in der Buchführung.)

2. Bilden Sie die Buchungssätze für die Ausbuchung des Buchwerts und den Abschluss der Konten 6979 und 5410!

189 Eine Verpackungsmaschine hat am 1. Januar einen Buchwert von 15 000,00 EUR. Es wurden jährlich 5 400,00 EUR abgeschrieben. Die Verpackungsmaschine wird am 15. Mai des gleichen Jahres gegen Bankscheck verkauft.

Aufgaben:

1. Berechnen Sie den Buchwert am Veräußerungstag!

2. Bilden Sie den Buchungssatz für die Erfassung der zeitanteiligen Abschreibung!

3. Bilden Sie die Buchungssätze für den Verkauf der Verpackungsmaschine für

   3.1 16 400,00 EUR zuzüglich 19 % USt

   3.2 12 500,00 EUR zuzüglich 19 % USt

   sowie für die Ausbuchung des Buchwerts und den Abschluss der Konten 6979 und 5410!

190 **I. Anfangsbestände:**

0700 Technische Anlagen und Maschinen 400 000,00 EUR; 0840 Fuhrpark 290 000,00 EUR; 2000 Rohstoffe 180 000,00 EUR; 2030 Betriebsstoffe 70 000,00 EUR; 2200 Fertige Erzeugnisse 80 000,00 EUR; 2400 Forderungen aus Lieferungen und Leistungen 75 000,00 EUR; 2800 Bank 92 000,00 EUR; 3000 Eigenkapital 537 000,00 EUR; 4250 Langfristige Bankverbindlichkeiten 420 000,00 EUR; 4400 Verbindlichkeiten aus Lieferungen und Leistungen 200 000,00 EUR; 4800 Umsatzsteuer 30 000,00 EUR.

---

1 Die in der manuellen Buchführung übliche Abschreibung auf einen **Erinnerungswert** von 1,00 EUR, wenn das Wirtschaftsgut nach Ablauf der Nutzungsdauer noch weiter genutzt wird, ist in der als Nebenbuchhaltung betriebenen computerunterstützten Anlagenbuchführung **nicht üblich**. Hier wird auch bei Weiternutzung des Wirtschaftsguts mit der letzten Rate auf den Restbuchwert von 0,00 EUR abgeschrieben.

II. Anfangsbestände der Kundenkonten (offene Postenliste der Debitoren):

Kd.-Nr.	Debitoren	Betrag
24007	Innovation AG	35 000,00 EUR
24008	Weyermann & Söhne KG	40 000,00 EUR

III. Anfangsbestände der Liefererkonten (offene Postenliste der Kreditoren):

Lief.-Nr.	Kreditoren	Betrag
44007	Blitz-Spedition GmbH	120 000,00 EUR
44008	Franz Meyer e. Kfm.	80 000,00 EUR

IV. Kontenplan:

0700, 0840, 2000, 2030, 2200, 2400, 24007, 24008, 2600, 2800, 3000, 4250, 4400, 44007, 44008, 4800, 5000, 5202, 6000, 6030, 6200, 6520, 8010, 8020

V. Geschäftsvorfälle:

Beleg-Nr.

1. Eingangsrechnungen

20   1.1 Kauf von Rohstoffen bei Franz Meyer e. Kfm.
auf Ziel   20 000,00 EUR
+ 19 % USt   3 800,00 EUR   23 800,00 EUR

21   1.2 Kauf von Betriebsstoffen bei der Blitz-Spedition GmbH
auf Ziel   5 000,00 EUR
+ 19 % USt   950,00 EUR   5 950,00 EUR

2. Ausgangsrechnungen

22   2.1 Verkauf von Erzeugnissen an die Innovation AG
auf Ziel   229 000,00 EUR
+ 19 % USt   43 510,00 EUR   272 510,00 EUR

23   2.2 Verkauf von Erzeugnissen an die Weyermann & Söhne KG
auf Ziel   112 500,00 EUR
+ 19 % USt   21 375,00 EUR   133 875,00 EUR

24   2.3 Rücksendungen von Erzeugnissen der Innovation AG
(Beleg 22)   13 000,00 EUR
+ 19 % USt   2 470,00 EUR   15 470,00 EUR

3. Lastschriftanzeigen der Bank

25   3.1 Banküberweisung an Franz Meyer e. Kfm. als Teilzahlung
(Beleg 20)   16 000,00 EUR

26   3.2 Wir zahlen Löhne durch Banküberweisung   78 000,00 EUR

27   3.3 Banküberweisung an die Blitz-Spedition GmbH
(Beleg 21)   5 950,00 EUR

4. Gutschriftanzeigen der Bank

28   4.1 Banküberweisung der Innovation AG   55 000,00 EUR

29   4.2 Banküberweisung der Weyermann & Söhne KG   120 000,00 EUR

VI. Abschlussangaben:

Beleg-Nr.

30	5. Passivierung der Zahllast	
	6. Schlussbestände lt. Inventur	
31	Rohstoffe	160 000,00 EUR
32	Betriebsstoffe	50 000,00 EUR
33	Fertige Erzeugnisse	72 000,00 EUR
	7. Abschreibungen auf	
34	0700 Technische Anlagen und Maschinen	80 000,00 EUR
	0840 Fuhrpark	47 000,00 EUR

VII. Aufgaben:

Führen Sie das Grundbuch, das Hauptbuch und das Debitoren- und Kreditorenbuch für den Industriebetrieb mit den angegebenen Zahlenwerten!

191 I. Summen:

		Soll	Haben
0510	Bebaute Grundstücke	120 000,00 EUR	
0530	Betriebsgebäude	180 000,00 EUR	14 000,00 EUR
0700	Technische Anlagen und Maschinen	35 000,00 EUR	1 400,00 EUR
0840	Fuhrpark	20 000,00 EUR	2 000,00 EUR
0870	Büromöbel und sonstige Geschäftsausstattung	28 000,00 EUR	5 200,00 EUR
2280	Waren	81 000,00 EUR	
2400	Forderungen a. Lief. u. Leist.	192 350,00 EUR	114 450,00 EUR
2600	Vorsteuer	19 310,00 EUR	17 000,00 EUR
2880	Kasse	620 300,00 EUR	613 400,00 EUR
3000	Eigenkapital		279 180,00 EUR
3001	Privatkonto	1 400,00 EUR	
4400	Verbindlichkeiten a. Lief. u. Leist.	703 950,00 EUR	734 600,00 EUR
4800	Umsatzsteuer	21 700,00 EUR	28 380,00 EUR
5100	Umsatzerlöse für Waren	326 000,00 EUR	670 600,00 EUR
5101	Erlösberichtigungen	9 000,00 EUR	
6080	Aufwendungen für Waren		
6081	Bezugskosten	3 100,00 EUR	
6082	Nachlässe		5 400,00 EUR
6520	Abschreibungen auf Sachanlagen		
6600/6800	Zusammenfassung betr. Aufwendungen	120 000,00 EUR	
7510	Zinsaufwendungen	4 500,00 EUR	
		2 485 610,00 EUR	2 485 610,00 EUR

II. Abschlussangaben:

1. Warenschlussbestand lt. Inventur: 77 000,00 EUR

2. Abschreibungen auf:
    0530 Betriebsgebäude: 3 320,00 EUR
    0700 Technische Anlagen und Maschinen: 12 000,00 EUR
    0840 Fuhrpark: 4 000,00 EUR
    0870 Büromöbel und sonstige Geschäftsausstattung: 6 840,00 EUR

III. Aufgaben:

Übertragen Sie die Summen auf Konten und führen Sie für einen Handelsbetrieb den Jahresabschluss durch!

3.4.6 Bestandsverzeichnis und Anlagespiegel zur Darstellung des Anlagevermögens

3.4.6.1 Bestandsverzeichnis

Nach § 240 II HGB ist der Kaufmann verpflichtet, für die durch Inventur ermittelten Mengen und Werte ein Inventar aufzustellen. Diese Verpflichtung zur Aufstellung eines Bestandsverzeichnisses schließt auch das bewegliche Anlagevermögen ein. Wegen des Nachweises der korrekten Berechnung der Abschreibungsbeträge ist das Bestandsverzeichnis für das bewegliche Anlagevermögen steuerrechtlich von besonderem Interesse.

■ In das Bestandsverzeichnis müssen sämtliche beweglichen Gegenstände des Anlagevermögens, auch wenn sie bereits in voller Höhe abgeschrieben wurden, aufgenommen werden. **Ausgenommen** davon sind die **geringwertigen Wirtschaftsgüter,** wenn ihr **Nettowert bis 150,00 EUR** beträgt, oder wenn sie auf einem besonderen Konto gebucht oder bei der Anschaffung in einem besonderen Verzeichnis erfasst worden sind, sowie die Wirtschaftsgüter, die mit einem zulässigen Festwert angesetzt wurden (siehe S. 306).

■ Das Bestandsverzeichnis muss

　■ die genaue Bezeichnung des Gegenstandes und

　■ seinen Bilanzwert am Bilanzstichtag enthalten.

■ Das Bestandsverzeichnis ist aufgrund einer körperlichen Bestandsaufnahme aufzustellen. Die Vereinfachungsverfahren (siehe Seite 64 f.) bleiben dabei unberührt.

■ Insbesondere ist die körperliche Inventur dann entbehrlich, wenn (im Sinne der permanenten Inventur) jeder Zugang und Abgang in das Bestandsverzeichnis eingetragen wird, sodass die Vermögensgegenstände am Bilanzstichtag aus dem fortlaufend geführten Bestandsverzeichnis ermittelt werden können. Voraussetzung dafür ist jedoch, dass zusätzlich zu den obigen Angaben die folgenden Fakten ersichtlich sind:

　■ der Tag der Anschaffung oder Herstellung des Gegenstandes,

　■ die Höhe der Anschaffungs- oder Herstellungskosten,

　■ der Tag des Abgangs.

Unter der Voraussetzung, dass die oben genannten fünf Angaben ersichtlich sind, kann das Anlageverzeichnis auch in Form einer Anlagekartei, einer Nebenbuchhaltung oder auf Sachkonten innerhalb der Geschäftsbuchführung geführt werden. Wird das Anlageverzeichnis in Form einer Anlagekartei geführt, könnten darin z.B. folgende Angaben enthalten sein:

Beispiele:

■ Als **technische Daten** werden z.B. festgehalten: Hersteller und Lieferer der Anlage, Fabriknummer, Baujahr, Jahr der Inbetriebnahme, Leistungsmöglichkeit, Flächenbedarf, Standort, Inventarnummer usw.	■ Als **betriebswirtschaftliche** Daten werden z.B. ausgewiesen: Tag der Anschaffung; Höhe der Anschaffungs- oder Herstellungskosten; Nutzungsdauer; Abschreibungen (bilanzmäßig, kalkulatorisch, steuerlich); Tag des Abgangs mit Angabe des Erlöses.

3.4.6.2 Entwicklung des Anlagevermögens im Anlagespiegel

(1) Rechtslage

Mittelgroße und große Kapitalgesellschaften **müssen** im Anhang die Entwicklung der einzelnen Posten des Anlagevermögens darstellen [§ 284 III, S. 1 HGB]. Dies geschieht in der Regel mithilfe eines **Anlagespiegels (Anlagegitters).**[1]

Der Anlagespiegel muss die folgenden Angaben enthalten:

- Anschaffungs- und Herstellungskosten
- Zugänge
- Abgänge
- Umbuchungen

- Zuschreibungen
- gesamte Abschreibungen
- Buchwert am Schluss des Geschäftsjahres

Beachte:

- Zu den **Abschreibungen** sind gesondert folgende Angaben zu machen:

  1. die Abschreibungen in ihrer gesamten Höhe zu Beginn und Ende des Geschäftsjahres,

  2. die im Laufe des Geschäftsjahres vorgenommenen Abschreibungen und

  3. Änderungen in den Abschreibungen in ihrer gesamten Höhe im Zusammenhang mit Zu- und Abgängen sowie Umbuchungen im Laufe des Geschäftsjahres.

- Sind in den Herstellungskosten **Zinsen für Fremdkapital** einbezogen worden, ist für **jeden Posten des Anlagevermögens** anzugeben, welcher Betrag an Zinsen im Geschäftsjahr aktiviert worden ist [§ 284 III, S. 4 HGB]. Die **Angabe der Zinsen** erfolgt in der Regel **außerhalb des Anlagespiegels,** z. B. bei den Erläuterungen zu den einzelnen Posten des Anlagevermögens.

Im Anlagespiegel ist die **Angabe der Vorjahreszahlen nicht vorgeschrieben.** Die Vorjahresangaben werden nur für die Posten der Bilanz und der GuV-Rechnung verlangt [§ 265 II, S. 1 HGB].

(2) Ziel des Anlagespiegels

Die Bilanz zeigt lediglich die Buchwerte des Anlagevermögens zum Jahresende und Jahresbeginn an und die GuV-Rechnung nur die Abschreibungen des Geschäftsjahres. Für Investoren sind jedoch auch folgende Fragen von Bedeutung:

- Wie hoch sind die ursprünglich investierten Anschaffungs- und Herstellungskosten?
- Welcher Betrag wurde im Geschäftsjahr investiert (Zugänge)?
- In welcher Höhe sind die Investitionen bereits abgeschrieben (kumulierte Abschreibungen)?

Antworten auf diese Fragen gibt der Anlagespiegel.

Der **Anlagespiegel** hat das Ziel, die im Geschäftsjahr **getätigten Investitionen** einschließlich der bereits vorgenommenen Abschreibungen sichtbar zu machen.

---

1 Kleine Kapitalgesellschaften sind von der Erstellung eines Anlagespiegels befreit [§ 288 I, Nr. 1 HGB].

321

(3) Aufbau des Anlagespiegels

Der Anlagespiegel ist meist in drei Teile gegliedert:

- Der **erste Teil** zeigt die **Entwicklung des Anlagevermögens zu Anschaffungs- oder Herstellungskosten** an. Es ist erkennbar, was die noch im Anlagevermögen befindlichen Vermögensgegenstände bei der Anschaffung gekostet haben.
- Der **zweite Teil** zeigt die **Entwicklung der Abschreibungen** im Geschäftsjahr.
- Der **dritte Teil** nennt die **Buchwerte des Anlagevermögens** am Ende des Berichtsjahres. Die Buchwerte findet man in gleicher Höhe auch in der Bilanz.

Beispiel: [1]

Anlage-vermögen	Anschaffungs- oder Herstellungskosten (in TEUR)				
	Stand zu Beginn des Berichts-jahres zu AHK	Zugänge im Berichtsjahr zu AHK	Abgänge zu AHK	Umbuchungen zu AHK	Stand am Ende des Berichts-jahres zu AHK
Gebäude	46 468	+121	0	0	46 589
Maschinen	117 652	+4 179	−231	+175	121 775

Erläuterungen:

- Die erste Spalte zeigt die Anschaffungskosten der am Beginn des Berichtsjahres im Anlagevermögen befindllichen Gebäude (46 468 TEUR) und Maschinen (117 652 TEUR).
- Die Spalte Zugänge zeigt die Ausgaben für Investitionen im Berichtsjahr (Gebäude 121 TEUR, Maschinen 4 179 TEUR).
- Die Spalte Abgänge zeigt die Anschaffungskosten der im Berichtsjahr aus dem Anlagevermögen ausgeschiedenen Maschinen (231 TEUR).
- Bei den Umbuchungen handelt es sich hier um eine Verpackungsmaschine, auf die im Vorjahr eine Anzahlung geleistet und die jetzt in Betrieb genommen wurde (175 TEUR).
- Werden die Zugänge und die Umbuchungen addiert und die Abgänge subtrahiert, so ergeben sich am Ende des Berichtsjahres die ausgewiesenen Bestände (Gebäude 46 589 TEUR und Maschinen 121 775 TEUR).

Anlage-vermögen	Abschreibungen (in TEUR)				
	Kumulierte Abschrei-bungen[2]	Abschrei-bungen im Berichtsjahr[3]	Umbuchungen	Abgänge im Berichtsjahr	Kumulierte Abschrei-bungen am Ende des Berichtsjahres
Gebäude	27 176	+1 161	0	0	28 337
Maschinen	41 704	+4 303	+ 58	− 211	45 854

---

1 Üblicherweise wird der Anlagespiegel in einer großen Tabelle nebeneinander dargestellt (hier aus Platzgründen untereinander).

2 Kummulieren: anhäufen.

3 Die eigenständige Angabe der Abschreibungen auf Zugänge [§ 284 III, S. 3, Nr. 3] ist nicht erforderlich, da sie bereits in den Abschreibungen des Berichtsjahres enthalten sind. Möglich ist eine solche Angabe außerhalb des Anlagespiegels, z. B. als „davon"-Vermerk.

Erläuterungen:

■ In Spalte 1 werden die bereits vorgenommenen Abschreibungen auf Gebäude (27 176 TEUR) und Maschinen (41 704 TEUR) ausgewiesen. Die Tabelle zeigt, dass Gebäude und Maschinen bereits zu über 40 % abgeschrieben sind.

■ Im Berichtsjahr fielen Abschreibungen von 1 161 TEUR (Gebäude) und 4 361 TEUR (Maschinen) an.

■ Die Spalte Abgänge zeigt, dass auf die im Berichtsjahr ausgeschiedenen Maschinen (Anschaffungskosten 231 TEUR) bereits Abschreibungen von 211 TEUR entfielen. Der Buchwert der Maschinen betrug somit 20 TEUR.

Werden die Maschinen z. B. verschrottet und ein Schrottpreis von 4 TEUR erzielt, so ergibt sich ein Buchverlust von 16 TEUR, der in den „sonstigen betrieblichen Aufwendungen" auszuweisen ist. Werden die Maschinen zu einem Preis von 23 TEUR verkauft, so entsteht ein Buchgewinn von 3 TEUR, der in den „sonstigen betrieblichen Erträgen" auszuweisen ist.

■ Der Stand der Abschreibungen am Ende des Geschäftsjahres beträgt 28 337 TEUR (Gebäude) und 45 854 TEUR (Maschinen).

Der Buchwert des Berichtsjahres von 18 252 TEUR (Gebäude) und 75 921 TEUR (Maschinen) ergibt sich, wenn man die Abschreibungen am Ende des Berichtsjahres 28 337 TEUR Gebäude bzw. 45 854 TEUR (Maschinen) von den Anschaffungs-/ Herstellungskosten zum Ende des Berichtsjahres 46 589 TEUR (Gebäude) bzw. 121 775 TEUR (Maschinen) abzieht.

Buchwerte (in TEUR)	
Anlagevermögen	Buchwert Berichtsjahr
Gebäude	18 252
Maschinen	75 921

Übungsaufgaben

192   1.   Warum wird von der Steuergesetzgebung für die beweglichen Wirtschaftsgüter des Anlagevermögens ein Bestandsverzeichnis gefordert?

       2.   In welchen Formen kann das Anlageverzeichnis geführt werden?

       3.   Welche Angaben muss das Bestandsverzeichnis enthalten, wenn es in Form einer Anlagenkartei geführt wird?

       4.   Bis zu welchem Nettowert müssen Anschaffungen des beweglichen Anlagevermögens nicht in das Bestandsverzeichnis aufgenommen werden?

193   Beim Bilanzposten „Technische Anlagen und Maschinen" sind noch folgende Angaben zu berücksichtigen:

    –   Kauf einer Solaranlage am 1. Juli 20.. Die Anschaffungskosten betragen 630 500,00 EUR, die Nutzungsdauer beträgt 10 Jahre. Die Abschreibung erfolgt linear mit 10% von den Anschaffungskosten.

    –   Eine gebrauchte Abfüllanlage wurde am 30. September 20.. verkauft. Ursprüngliche Anschaffungskosten 120 000,00 EUR. Sie war bei einer geschätzten Nutzungsdauer von 10 Jahren mit jeweils 10 % von den Anschaffungskosten abgeschrieben worden. Restnutzungsdauer: 2 Jahre. Monatsgenaue Abschreibung im Jahr der Veräußerung.

    –   Kumulierte Abschreibungen bis Ende des Vorjahres: 530 000,00 EUR.

    –   Die Anschaffungs-/Herstellungskosten betragen zu Beginn des Berichtsjahres 1 100 000,00 EUR.

Aufgabe:

Erstellen Sie den Anlagespiegel!

4.1 Allgemeines zur Betriebsstatistik

Die Betriebsstatistik ist ein besonderer Teil des Rechnungswesens. Ihr fällt die Aufgabe zu, betriebliche oder auch außerbetriebliche Zahlen zu erfassen, aufzubereiten und auszuwerten. Sie kann organisatorisch gesehen ihre Aufgaben als selbstständige betriebliche Abteilung (zentralisiert) oder aber in den einzelnen Abteilungen (dezentralisiert) durchführen. Die statistische Abteilung kann mit Zahlenmaterial arbeiten, das von anderen Abteilungen erstellt wurde (Sekundärmaterial), oder aber mit Zahlenmaterial, das von ihr neu erstellt wurde (Primärmaterial). Um bestimmte Einsichten zu gewinnen, bedient sich die Betriebsstatistik verschiedener Rechenverfahren. Zur besseren Veranschaulichung werden die ermittelten Ergebnisse in tabellarischer oder grafischer Form dargestellt.

4.2 Übliche Rechenverfahren der Betriebsstatistik

4.2.1 Verhältniszahlen

(1) Überblick

Von Verhältniszahlen spricht man, wenn absolute Zahlenwerte zueinander in Beziehung gesetzt werden. Verhältniszahlen dienen in der Praxis der Verbesserung von Vergleichsmöglichkeiten.

Beispiel:

Zur Beantwortung der Frage, ob sich der Eigenkapitaleinsatz gelohnt hat, muss der Unternehmensgewinn zum eingesetzten Eigenkapital ins Verhältnis gesetzt werden. Durch die ermittelte Verhältniszahl (Eigenkapitalrentabilität) kann man jetzt das erzielte Ergebnis mit den Renditen bei anderen Kapitaleinsatzmöglichkeiten vergleichen.

Je nachdem, in welchem Zusammenhang Verhältniszahlen errechnet werden, unterscheidet man Gliederungs-, Beziehungs- und Messzahlen.

(2) Gliederungszahlen

Gliederungszahlen sind **Verhältniszahlen,** bei denen **Teilgrößen** auf eine **Gesamtgröße** bezogen werden, beispielsweise der Umsatz eines Werks zum Umsatz des gesamten Unternehmens oder der Betriebsgewinn zum Unternehmensgewinn. Das Ergebnis wird allgemein als Prozentzahl angegeben. Sie gibt das Verhältnis eines Teils zum Ganzen an bzw. sie drückt aus, wie sich die gesamte Einheit aufgliedern lässt.

Beispiel:

Ein Unternehmen beschäftigt weltweit 53 000 Mitarbeiter, davon 2 862 in den neuen Bundesländern.

Aufgabe:

Ermitteln Sie, wie viel Prozent der Anteil der Mitarbeiter in den neuen Bundesländern beträgt!

Lösung:

53 000 Mitarbeiter $\cong$ 100 %
2 862 Mitarbeiter $\cong$ x %

$$x = 100 \cdot \frac{2862}{53000} = \underline{\underline{5,4\%}}$$

(3) Beziehungszahlen

Beziehungszahlen drücken das **Verhältnis zweier verschiedenartiger statistischer Größen** aus, zwischen denen ein sinnvoller sachlicher Zusammenhang besteht, wie z. B. das Verhältnis von Gewinn und Eigenkapital. Der sachliche Zusammenhang besteht darin, dass das Eigenkapital maßgeblich an der Erwirtschaftung des Gewinns beteiligt ist.

Beispiel:

Der Gewinn eines Unternehmens beträgt in diesem Jahr 186 000,00 EUR, das durchschnittlich eingesetzte Eigenkapital 2 790 000,00 EUR.

Aufgabe:

Berechnen Sie die Verzinsung des Eigenkapitals!

Lösung:

2 790 000,00 EUR $\cong$ 100 %
186 000,00 EUR $\cong$ x %

$$x = \frac{100 \cdot 186000}{2790000} = \underline{\underline{6^{2}/_{3}\%}}$$

(4) Messzahlen (Indexzahlen)

Messzahlen sind Verhältniszahlen, bei denen die einzelnen Zahlenwerte einer gleichartigen Zahlenreihe auf eine **Basiszahl** bezogen werden. Die Basiszahl ist immer 100 %. Aufgrund von Messzahlen kann man die Entwicklung der einzelnen Zahlen über einen bestimmten Zeitraum hinweg verfolgen.

Beispiel:

Ein Unternehmen hatte in den letzten 5 Jahren folgende Umsätze:

Jahre	Umsätze	Messzahlen	Jahre	Umsätze	Messzahlen
1. Jahr	2,45 Mio. EUR	100 %	4. Jahr	2,69 Mio. EUR	109,8 %
2. Jahr	2,62 Mio. EUR	106,9 %	5. Jahr	3,12 Mio. EUR	127,3 %
3. Jahr	2,73 Mio. EUR	111,4 %			

Aufgabe:

Berechnen Sie, wie sich der Umsatz des zweiten Jahres gemessen an dem Umsatz des ersten Jahres entwickelt!

Lösung:

Beispiel für die Berechnung der Messzahl für das 2. Jahr

2,45 Mio. EUR $\cong$ 100 %
2,62 Mio. EUR $\cong$ x %

$$x = \frac{100 \cdot 2,62}{2,45} = \underline{\underline{106,9\%}}$$

Ergebnis: Der Umsatz im 2. Jahr ist verglichen mit dem 1. Jahr um 6,9 % gestiegen.

4.2.2 Durchschnittszahlen (Mittelwerte)

(1) Überblick

In vielen Fällen ist es nicht sinnvoll, in anderen Fällen gar nicht möglich, alle Einzelinformationen zu kennen. In einer Besprechung über die Altersstruktur der Mitarbeiter eines Betriebs interessiert zum Beispiel nicht das Alter jedes einzelnen Mitarbeiters, sondern die Anzahl der Mitarbeiter verschiedener Altersgruppen. Des Weiteren kann es wichtig sein, die Anzahl der Mitarbeiter zu kennen, für die bestimmte Rechtsvorschriften gelten. Auch hier sind Gruppen zu bilden, z.B. Gruppen der Auszubildenden, der Schwerbehinderten, der Teilzeitbeschäftigten usw. Von Interesse kann aber auch das Durchschnittsalter der Belegschaft sein.

Die statistische Verarbeitung der Daten kann also dazu führen, dass aus Einzelwerten Mittel- bzw. Durchschnittswerte zu errechnen sind. Dabei gilt, dass Mittelwerte so auszuwählen sind, dass sie die Reihe der Einzelwerte optimal repräsentieren. Unter diesem Aspekt kann man verschiedene Arten von Mittelwerten unterscheiden. Von besonderer Bedeutung sind: das arithmetische Mittel, der Modalwert und der Zentralwert.

(2) Arithmetische Mittel (Durchschnittswert)

Das arithmetische Mittel ergibt sich, indem man die **Summe der Werte** durch die **Anzahl der Werte dividiert.**

Beispiel:

In einem Handwerksbetrieb erhalten die 13 Mitarbeiter folgende Löhne:

1 450,00 EUR; 1 750,00 EUR; 3 250,00 EUR; 1 500,00 EUR; 1 600,00 EUR; 1 500,00 EUR; 1 600,00 EUR; 1 700,00 EUR; 1 750,00 EUR; 1 600,00 EUR; 1 720,00 EUR; 1 650,00 EUR; 1 940,00 EUR

Aufgabe:

Berechnen Sie den durchschnittlichen Monatslohn der Mitarbeiter!

Lösung 1:

1 450,00 EUR	
1 750,00 EUR	**Ergebnis:** Der Durchschnittslohn beträgt
3 250,00 EUR	1 770,00 EUR.
1 500,00 EUR	
1 600,00 EUR	
1 500,00 EUR	Da hier alle Einzelwerte addiert wurden, spricht
1 600,00 EUR	man bei dieser Berechnungsmethode vom
1 700,00 EUR	**einfachen arithmetischen Mittel.**
1 750,00 EUR	
1 600,00 EUR	
1 720,00 EUR	
1 650,00 EUR	
1 940,00 EUR	

23 010,00 EUR : 13 = 1 770,00 EUR

Bei der Betrachtung der Einzelwerte (Löhne) fällt auf, dass einige Mitarbeiter einen gleich hohen Lohn beziehen, d. h., dass einige Einzellöhne mehrfach im Gesamtlohn enthalten sind. Diese Überlegung führt zu einer vereinfachenden Berechnungsmethode des arithmetischen Mittels.

Lösung 2:

Höhe des Lohns	Häufigkeit	Produkt
1 450,00 EUR	1	1 450,00 EUR
1 500,00 EUR	2	3 000,00 EUR
1 600,00 EUR	3	4 800,00 EUR
1 650,00 EUR	1	1 650,00 EUR
1 700,00 EUR	1	1 700,00 EUR
1 720,00 EUR	1	1 720,00 EUR
1 750,00 EUR	2	3 500,00 EUR
1 940,00 EUR	1	1 940,00 EUR
3 250,00 EUR	1	3 250,00 EUR
	13	23 010,00 EUR

$$\varnothing \text{ Lohn} = 23\,010,00 \text{ EUR} : 13 = \underline{1\,770,00 \text{ EUR}}$$

Ergebnis: Der Durchschnittslohn beträgt 1 770,00 EUR.

Bei dieser Art der Berechnung gehen die Einzellöhne mit ihrer Häufigkeit bzw. ihrem „Gewicht" in den Gesamtlohn ein. Man spricht hier vom **gewogenen arithmetischen Mittel**. Rechnerisch führt diese Methode zum gleichen Ergebnis wie die einfache arithmetische Mittelung.

Bei kritischer Betrachtung der vorliegenden Ergebnisse stößt man auf die Tatsache, dass das arithmetische Mittel mit 1 770,00 EUR errechnet wurde, obwohl 11 der in die Rechnung einbezogenen Werte kleiner sind als der Mittelwert. Trotz korrekter Berechnung ist das arithmetische Mittel in diesem Fall kein optimaler Repräsentant der Lohnreihe.

(3) Modalwert

Hierbei handelt es sich um den in der Zahlenreihe vorkommenden **häufigsten Wert**. Diesem Mittelwert liegt die statistische Tatsache zugrunde, dass bei vielen Zahlenreihen die mittleren Werte gehäuft auftreten.

Um den Modalwert zu bestimmen, müssen die Zahlenwerte zunächst nach ihrer Größe geordnet werden. Bezogen auf das vorgegebene Beispiel ergibt sich dann folgendes Ergebnis:

Zahlenwert (Lohnhöhe)	1 450,00	1 500,00	1 600,00	1 650,00	1 700,00	1 720,00	1 750,00	1 940,00	3 250,00
Häufigkeit	1	2	3	1	1	1	2	1	1

↑
Modalwert

Ergebnis: Der am häufigsten auftretende Wert (Modalwert) ist der Betrag von 1 600,00 EUR.

(4) Zentralwert (Median)

Der Zentralwert liegt genau in der **Mitte einer geordneten Merkmalsreihe.** Bezogen auf das vorgegebene Beispiel ergibt dies folgendes Ergebnis:

Ordnungs- nummer:	Zahlenwerte (Lohnhöhe)
1	1 450,00
2	1 500,00
3	1 500,00
4	1 600,00
5	1 600,00
6	1 600,00
7	1 650,00
8	1 700,00
9	1 720,00
10	1 750,00
11	1 750,00
12	1 940,00
13	3 250,00

◄—— Zentralwert

Ergebnis: Der Zentralwert ist 1 650,00 EUR.

Anmerkung: Bei einer **geraden Anzahl** von Zahlenwerten wird das arithmetische Mittel der mittleren Zahlenwerte genommen.

Beispiel:

Bei 6 Überprüfungen einer Maschine wurden folgende Mengen an fehlerhaften Produkten festgestellt:

Ordnungsnummer:	1.	2.	3.	4.	5.	6.
fehlerhafte Produkte:	3	6	7	9	12	13

Aufgabe:

Berechnen Sie den Zentralwert!

Lösung:

$$\text{Zentralwert} = \frac{7 + 9}{2} = \underline{\underline{8}}$$

Ergebnis: Der Zentralwert beträgt 8 fehlerhafte Produkte.

Übungsaufgaben

194 1. Die Gewinnentwicklung eines Unternehmens der vergangenen 11 Jahre ist den folgenden Tabellen zu entnehmen:

Jahr	01	02	03	04	05
Gewinn in EUR	58 900,00	72 100,00	99 700,00	69 500,00	58 200,00

Jahr	06	07	08	09	10	11
Gewinn in EUR	95 300,00	107 900,00	100 400,00	110 500,00	88 394,00	89 000,00

1.1 Ermitteln Sie den durchschnittlichen Gewinn der vergangenen 11 Jahre!

1.2 Beurteilen Sie die Aussagekraft dieses arithmetischen Mittelwertes!

1.3 Berechnen Sie den Zentralwert!

2. Einem Unternehmen liegen für den Monat September folgende Aufträge vor:

17 Aufträge mit einem Auftragswert von 1 400,00 EUR je Auftrag
 9 Aufträge mit einem Auftragswert von 7 300,00 EUR je Auftrag
12 Aufträge mit einem Auftragswert von 3 500,00 EUR je Auftrag
20 Aufträge mit einem Auftragswert von 9 200,00 EUR je Auftrag

2.1 Ermitteln Sie die durchschnittliche Auftragssumme!

2.2 Beurteilen Sie die Aussagekraft dieser Werte!

3. Ein Unternehmen hatte in den letzten 5 Geschäftsjahren folgende Gewinnentwicklung:

Geschäftsjahr	Gewinn
1	150 200,00 EUR
2	155 457,00 EUR
3	168 244,00 EUR
4	142 690,00 EUR
5	153 204,00 EUR

Stellen Sie dar, wie sich der Gewinn gemessen an dem Gewinn des ersten Geschäftsjahres entwickelte!

195 Ein Industrieunternehmen stellt dem Umsatz die Vertriebskosten gegenüber. Folgende Entwicklung wird festgestellt:

Geschäftsjahr	Umsatz	Vertriebskosten
1	621 400,00 EUR	87 617,40 EUR
2	845 700,00 EUR	116 706,60 EUR
3	770 000,00 EUR	107 800,00 EUR
4	891 500,00 EUR	128 376,00 EUR

1. Ermitteln Sie das Verhältnis von Vertriebskosten zum Umsatz in Prozent!

2. Wie entwickelte sich der Vertriebskostenanteil der Geschäftsjahre 2 – 4 gemessen an dem Vertriebskostenanteil des 1. Geschäftsjahres?

Zur Wiederholung

196 Sie sind Mitarbeiter der PETRA AG, Bachstraße 4, 89073 Ulm. Es liegen folgende Geschäftsvorfälle vor, die Sie als Sachbearbeiter zu bearbeiten haben.

1. Die Rechnung des Autohauses Werner OHG (Anlage 1) ist eingegangen. Für die Versicherung des Geschäftswagens liegt ein Überweisungsauftrag vor (Anlage 2).

   Bilden Sie die Buchungssätze zu dem Sachverhalt!

2. Beim Rechnungsausgleich durch Banküberweisung ist die Aktennotiz (Anlage 3) zu berücksichtigen. Bilden Sie den Buchungssatz!

3. Zum Begleichen der Rechnung des Autohauses Werner OHG ist es erforderlich, einen Kredit bei der Sparkasse Ulm aufzunehmen. Der Zinssatz beträgt 13,6 %.

   Ist es bei diesem Sachverhalt sinnvoll, den angebotenen Skonto auszunutzen? Begründen Sie Ihre Entscheidung rechnerisch!

4. Die Nutzungsdauer des Geschäftswagens wird mit sechs Jahren angesetzt.

    4.1 Ermitteln Sie den Buchwert zum 31. Dezember des Anschaffungsjahres!

    4.2 Machen Sie einen begründeten Vorschlag zur Abschreibungsart, wenn aufgrund des Einsatzes im Außendienst eine hohe Kilometerleistung des Fahrzeugs zu erwarten ist!

Anlage 1

Autohaus Werner OHG

Autohaus Werner OHG · Dieselstraße 14 · 89079 Ulm

PETRA AG
Bachstraße 4
89073 Ulm

Betriebs-Nr. 13625305
Auftrags-Nr.
Kunden-Nr.
Abn.-Gr.
Telefon
0731 52566/6837
Telefax
0731 65356
Ulmer Volksbank
IBAN: DE93630901000431801002
BIC: ULMVDE66XXX

Amtl. Kennzeichen	Ty Modell	Fahrzeug-Ident-Nr.	Zulassungstag	Annahmetag	km-Stand	KD-Meister
	4A2084	WAUZZZ4AZRN042867			11	

Rechnung Nr. 11471   18.03.20..

Gemäß unserer Lieferbedingungen erhielten Sie
am 15.03.20.. folgendes Fahrzeug

Astra 1.6 „Königsblau"	14 665,00 EUR
Klimaanlage	1 230,00 EUR
	15 895,00 EUR
zuzüglich Umsatzsteuer 19 %	3 020,05 EUR
	18 915,05 EUR

Bei Zahlung innerhalb 10 Tagen erhalten Sie 2 % Skonto, Ziel 30 Tage.

Mit freundlichen Grüßen
Autohaus Werner OHG

Sitz der Unternehmung: Ulm   Registergericht: Ulm; HRA 1718   Steuer-Nr. 73501/09931

Anlage 2

€uro-Überweisung	ULMVDE66XXX	

€uro-Überweisung   ULMVDE66XXX

Ulmer Volksbank

Für Überweisungen in Deutschland, in andere EU-/EWR-Staaten und in die Schweiz in Euro.
Überweisender trägt Entgelte und Auslagen bei seinem Kreditinstitut; Begünstigter trägt die übrigen Entgelte und Auslagen.
Bitte Meldepflicht gemäß Außenwirtschaftsverordnung beachten!

Angaben zum Begünstigten: Name, Vorname/Firma (max. 27 Stellen, bei maschineller Beschriftung max. 35 Stellen)

Versicherung AG Berlin

IBAN
DE57600700700344455688

BIC des Kreditinstituts (8 oder 11 Stellen)

Betrag: Euro, Cent
471,20--------------------------------

Kunden-Referenznummer - Verwendungszweck, ggf. Name und Anschrift des Überweisenden - (nur für Begünstigten)
Kfz-Versicherung 89098856

noch Verwendungszweck (insgesamt max. 2 Zeilen à 27 Stellen, bei maschineller Beschriftung max. 2 Zeilen à 35 Stellen)
UL - BS 843

Angaben zum Kontoinhaber: Name, Vorname/Firma, Ort (max. 27 Stellen, keine Straßen- oder Postfachangaben)
PETRA AG, Bachstraße 4, 89073 Ulm

IBAN
D E 85500000040000413795   16

€URO-ÜBERWEISUNG (S€PA)

Datum   Unterschrift(en)

20. März 20..   i. A. *Ludwig*

Anlage 3

Aktennotiz

An:	Buchhaltung	Kopien an:
Von:	Geschäftsleitung Ludwig	
Datum:	20.03.20..	
Betreff:	Zahlung Pkw-Rechnung vom 18.03.20.. Autohaus Werner OHG mit Banküberweisung	

Bei Bezahlung beachten!

■ Pkw UL – AX 411 wird in Zahlung gegeben! Verkaufspreis wie vereinbart 4 100,00 EUR zuzüglich 19 % Umsatzsteuer!

■ Buchwert des Pkw UL – AX 411 2 000,00 EUR.

■ Skonto ausnutzen! (2 %) innerhalb 10 Tagen; Zahlungsziel 30 Tage

4.3 Möglichkeiten der optischen Veranschaulichung statistischer Auswertungen durch grafische Darstellungen (Einsatz eines Grafikprogramms)

(1) Problemstellung

Beispiel:

Die Kosten- und Leistungsrechnung eines Möbelgroßhandelsgeschäfts liefert die folgenden verdichteten Informationen über den Umsatz des ersten Halbjahres getrennt nach Monaten und Artikelgruppen:

	Türen	Tische	Betten	Stühle	Summen
Januar	2 500	3 400	1 200	1 800	8 900
Februar	2 400	3 000	1 150	1 400	7 950
März	2 200	3 100	1 000	1 900	8 200
April	2 600	3 300	1 200	1 500	8 600
Mai	3 100	3 900	1 400	1 700	10 100
Juni	3 200	3 700	1 500	1 900	10 300
Summen	16 000	20 400	7 450	10 200	54 050

Die Zahlen sind bereits in Tabellenform aufbereitet und lassen sich in dieser Form relativ leicht erfassen. Es ist jedoch erwiesen, dass Zahlenmaterial noch besser erfasst werden kann, wenn eine optische Aufbereitung erfolgt. In diesem Zusammenhang hat die Statistik verschiedene Darstellungstechniken entwickelt.

Wesentliche Unterschiede in der Art der Darstellung ergeben sich aus dem Zweck:

■ Soll die Abhängigkeit zwischen verschiedenen Werten veranschaulicht werden, so wählt man Darstellungen, die auf der Basis eines Koordinatensystems erstellt werden. Allgemein kann dabei zwischen unabhängigen und abhängigen Größen unterschieden werden. In unserem Fall sind die Monate die unabhängigen Größen, von denen die anderen Werte (Umsätze) abhängen. Üblicherweise werden die unabhängigen Größen an der waagerechten Achse (Abszisse) des Koordinatensystems eingetragen, während die abhängigen Werte an der senkrechten Achse (Ordinate) eingezeichnet werden.

■ Will man die Zusammensetzung eines Wertes aus verschiedenen Teilwerten veranschaulichen, so werden häufig Darstellungen benutzt, bei der eine Gesamtfläche in Teilflächen aufgeteilt wird. In unserem Fall könnte man z. B. den Gesamtumsatz eines Monats, aufgeteilt nach Artikelgruppen, darstellen. Derartige Darstellungen lassen sich heute mühelos mithilfe des Computers und eines entsprechenden Grafikprogramms erstellen. Sofern die Schule über die erforderlichen Voraussetzungen verfügt, sollten sie genutzt werden.

(2) Linien- oder Kurvendiagramm

Dieses Diagramm soll den Zusammenhang zwischen unabhängigen Größen (z. B. Monate) und abhängigen Werten (z. B. Umsätze) demonstrieren (**rechnerische Grundlage** sind **Beziehungszahlen**). Die Zuordnung der Werte erfolgt über Punkte im Koordinatensystem, die durch eine Linie miteinander verbunden werden. Diese Art der Darstellung wirkt immer dann anschaulich, wenn zu jeder unabhängigen Größe ein oder zwei abhängige Werte existieren. Sind mehrere Werte von einer unabhängigen Größe abhängig, so verliert der Betrachter leicht den Überblick. Die Abbildungen a) und b) verdeutlichen diesen Sachverhalt. Liniendiagramme sind gut geeignet, die Entwicklung der abhängigen Werte darzustellen. Zeitreihen und Trends werden häufig mit Liniendiagrammen veranschaulicht.

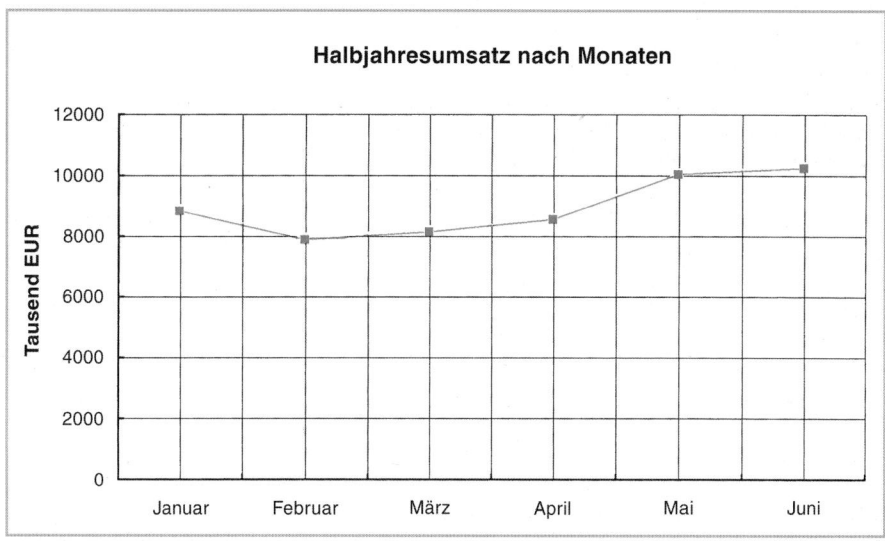

Abbildung a

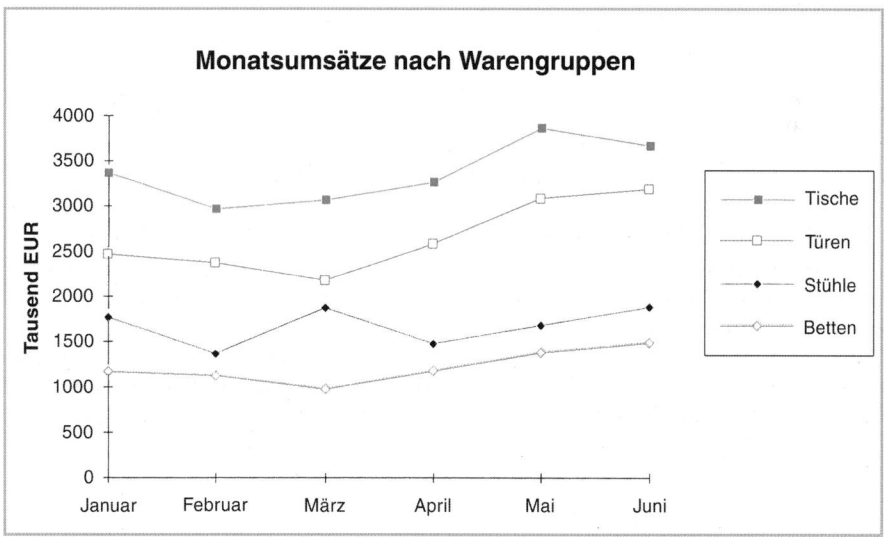

Abbildung b

Liniendiagramme sind auch dazu geeignet, **Indexzahlen** zu veranschaulichen. Um die Umsatzentwicklung, bezogen auf den Monat Januar, darzustellen, sind die entsprechenden Indexzahlen auszurechnen. Die Umsatzentwicklung stellt sich danach wie folgt dar:

Januar	Februar	März	April	Mai	Juni
100 %	89,33 %	92,13 %	96,63 %	113,48 %	115,73 %

Rechenbeispiel: Monat März

$$8\,900,00 \text{ EUR} \,\hat=\, 100\,\%$$
$$\underline{8\,200,00 \text{ EUR} \,\hat=\, \text{x }\%} \qquad\qquad x = \frac{100 \cdot 8\,200}{8\,900} = \underline{92,13\,\%}$$

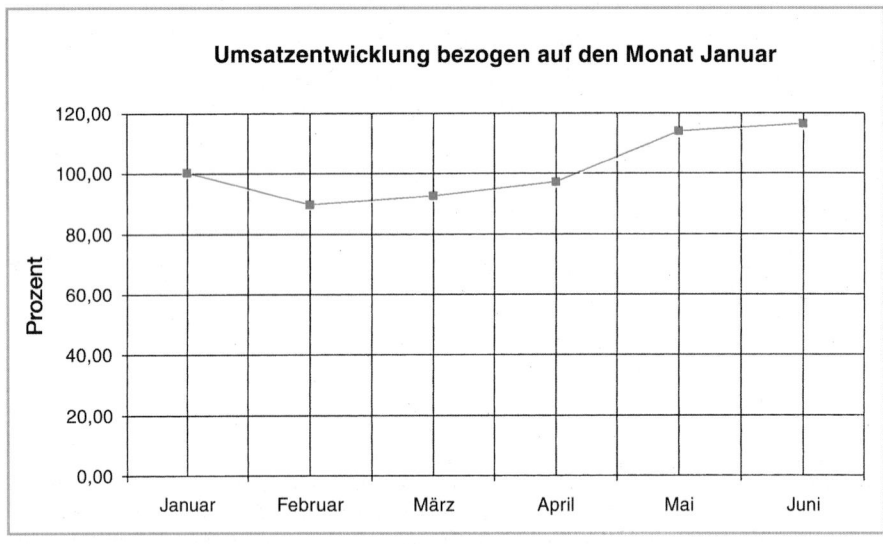

Umsatzentwicklung bezogen auf den Monat Januar

Abbildung c

(3) Säulendiagramm[1]

Im Falle mehrerer abhängiger Werte bedient man sich häufig der Darstellungsweise des Säulendiagramms (siehe Abb. d). Die Höhe der abhängigen Werte wird hierbei durch die Höhe rechteckiger Säulen im Koordinatensystem dargestellt. Durch unterschiedliche Schraffur der Säulen ist es möglich, eine größere Anzahl von abhängigen Werten in einer Zeichnung darzustellen.

Rechnerische Grundlage sind auch hier **Beziehungszahlen.**

---

1 Sind die Säulen horizontal angeordnet, spricht man vom **Balkendiagramm.**

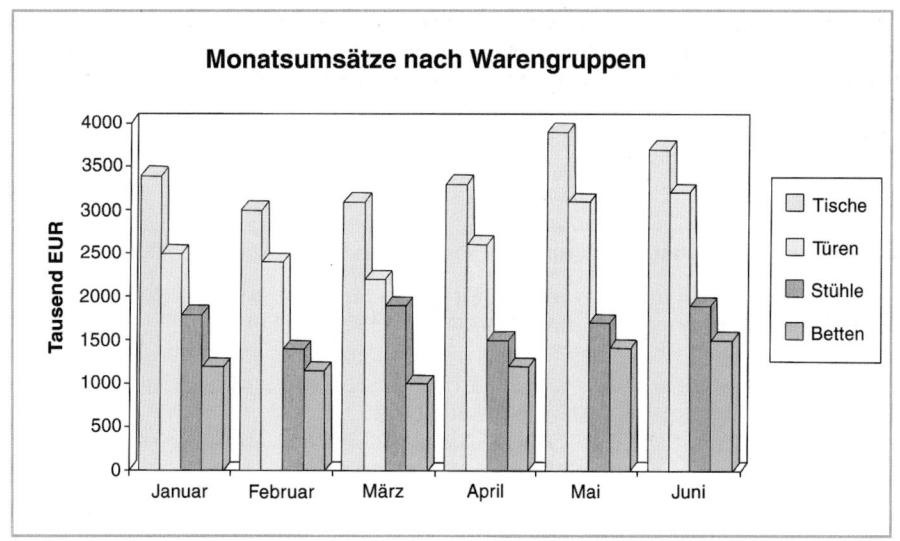

Abbildung d

Linien-, Säulen- und Kurvendiagramme sind dazu geeignet, **Beziehungs- und Index-zahlen** zu veranschaulichen.

---

(4) Kreisdiagramm

Interessieren nicht unbedingt die absoluten Zahlen, sondern der Aufbau eines Wertes aus anderen Werten, so wählt man häufig das Kreisdiagramm (Tortendiagramm) zur Veran-schaulichung (Abb. e und f). Die Gesamtfläche eines Kreises stellt dann einen Gesamtwert dar (z. B. Halbjahresumsatz), die einzelnen Sektoren des Kreises zeigen an, aus welchen Einzelwerten (z. B. Monatsumsatz) sich der Gesamtwert zusammensetzt. Die Größe der einzelnen Sektoren lässt sich leicht mithilfe der Dreisatzrechnung ermitteln, wenn wir uns klar machen, dass jeder Kreis einen Winkel von 360° umschließt. Jeder Sektor muss also den Winkel beinhalten, der dem Anteil des Teils am Gesamtwert entspricht. Unter dem Gesichtspunkt der **Rechenverfahren** handelt es sich hierbei um **Gliederungszahlen**.

Die Aufteilung der Halbjahresumsätze nach den anteiligen Monatsumsätzen soll durch Abb. e verdeutlicht werden.

Beispiel:

Der Halbjahresumsatz beträgt 54 050,00 TEUR, der Umsatz im Januar beträgt 8 900,00 TEUR.

Aufgaben:

Berechnen Sie den Umsatzanteil des Monats Januar am Halbjahresumsatz 1. in Grad und 2. in Prozent!

Lösungen:

Berechnung in Grad:

$54\,050{,}00$ TEUR $\,\triangleq\, 360°$

$\underline{8\,900{,}00}$ TEUR $\,\triangleq\quad x$ $°$

$$x = \frac{360 \cdot 8900}{54\,050{,}00}$$

$\underline{x = 59{,}28°}$

Berechnung in Prozent:

$54\,050{,}00$ TEUR $\,\triangleq\, 100\,\%$

$\underline{8\,900{,}00}$ TEUR $\,\triangleq\quad x$ $\%$

$$x = \frac{360 \cdot 8900}{54\,050{,}00}$$

$\underline{x = 16{,}47\,\%}$

Der Sektor, der dem Monat Januar entspricht, muss also insgesamt 59,28° ausmachen. Zusätzlich werden die Anteile im Allgemeinen auch in Prozenten angegeben.

Auf die gleiche Weise können die Winkel für die anderen Monate berechnet werden. Die verschiedenen Sektoren können zur besseren Veranschaulichung durch unterschiedliche Schraffur gekennzeichnet werden. Häufig werden neben Kreisdiagrammen zusätzlich zu den absoluten Zahlen die entsprechenden Prozentsätze angegeben. Hierdurch wird der Informationsgrad des Diagrammes erheblich erhöht.

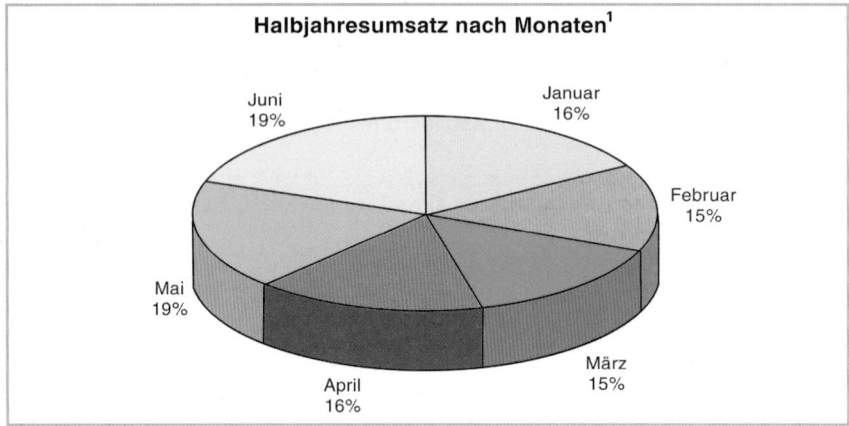

Abbildung e

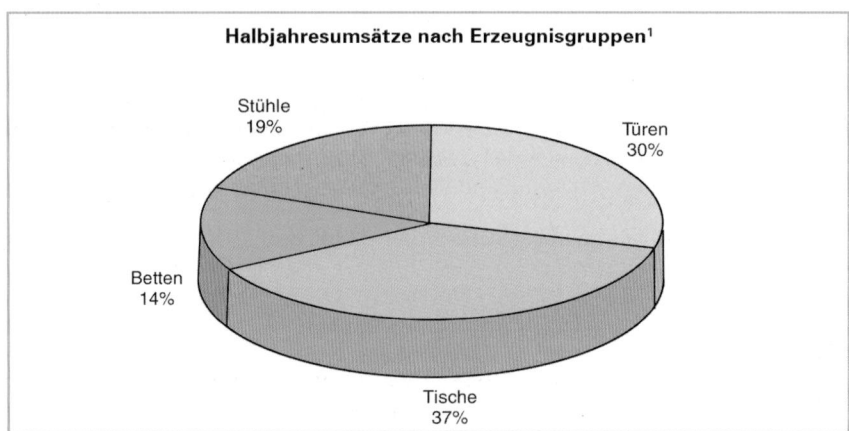

Abbildung f

---

1 Prozentsätze sind gerundet.

(5) Gestapeltes Säulendiagramm

Die unterschiedlichen Aussagen von Säulen- und Kreisdiagramm werden durch das gestapelte Säulendiagramm (Abb. g) miteinander verbunden. Hierbei werden die einzelnen Säulen mittels unterschiedlicher Schraffur in Teilflächen zerlegt. Jede Teilfläche steht jetzt für einen Einzelwert, der zusammen mit den übrigen Einzelwerten den Gesamtwert (Säulen) ergibt.

Rechnerische Grundlage sind **Gliederungszahlen.**

Kreisdiagramme und **gestapelte Säulendiagramme** sind dazu geeignet, **Gliederungszahlen** zu veranschaulichen.

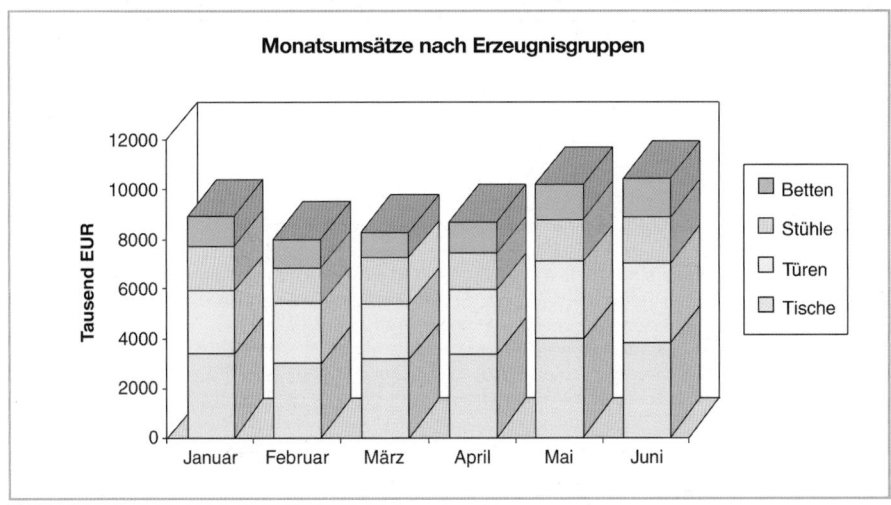

Abbildung g

Das in einem Unternehmen gewonnene Zahlenmaterial kann durch Diagramme anschaulich und aussagekräftig dargestellt werden. In Abhängigkeit von der Struktur des Zahlenmaterials und vom Zweck der Darstellung können verschiedene **Diagrammarten** zur Anwendung kommen.

■ **Linien- oder Kurvendiagramm**
  - ■ dient häufig zur Veranschaulichung von Zeitreihen,
  - ■ zeigt Trends relativ deutlich,
  - ■ ist sinnvoll, wenn die Anzahl der abhängigen Werte überschaubar ist.

■ **Säulendiagramm**
  - ■ die absolute Höhe der Einzelwerte wird hervorgehoben,
  - ■ ist auch bei mehreren abhängigen Werten noch überschaubar.

337

22 Speth u.a. - ISBN 978-3-8120-0261-5

■ **Kreisdiagramm (Tortendiagramm)**
   ■ wird eingesetzt, wenn die Struktur eines Gesamtwertes dargestellt werden soll,
   ■ eignet sich nicht zur Darstellung von Zeitreihen.

■ **Gestapeltes Säulendiagramm**
   ■ ermöglicht die Darstellung der Entwicklung eines Gesamtwertes bei gleichzeitiger Betrachtung der in dem Gesamtwert enthaltenen Einzelwerte.

(6) Hinweise für den Einsatz von Grafikprogrammen

Die Softwareindustrie bietet eine Reihe verschiedener Produkte an, die jedoch meist nach ähnlichen Gesichtspunkten funktionieren. Einige Programme sind in Tabellenkalkulationsprogrammen integriert, andere können Daten aus Tabellenkalkulationsprogrammen importieren, erlauben aber auch die getrennte Eingabe von Daten zwecks grafischer Darstellung. Wenn man mit solchen Programmen arbeitet, stellt man fest, dass einige Fachbegriffe in fast allen Programmen Verwendung finden. Diese Fachbegriffe sind kurz zu erläutern:

Rubriken	Sie werden die unabhängigen Werte genannt. Im Koordinatensystem sind das in der Regel die x-Werte. Die Rubrikenachse ist also die Achse, an der die unabhängigen Werte abgetragen werden.
Größen	Sie sind die jeweils abhängigen Werte. Im Koordinatensystem sind dies in der Regel die y-Werte. Somit ist die Größenachse diejenige Achse, an der die abhängigen Werte abgetragen werden.
Datenreihen	Sie werden die Gruppen von „verwandten" Werten genannt, die entweder als x- oder y-Werte darzustellen sind. Jede Datenreihe besteht aus einzelnen **Datenpunkten.**
Legenden	Sie werden als Zeichenerklärungen immer dann benötigt, wenn mehr als eine abhängige Datenreihe zu veranschaulichen ist.

Mithilfe des einführenden Beispiels und der daraus entwickelten Abbildungen wollen wir die Begriffe nachvollziehen:

In **Abbildung a** wird lediglich eine abhängige Datenreihe veranschaulicht. Sie besteht aus den Datenpunkten [8.900, 7.950, 8.200, 8.600, 10.100 und 10.300].

Diese Datenreihe wird aus der letzten Tabellenspalte gebildet. Die erste Tabellenspalte stellt die Datenreihe dar, die die Rubriken (d.h. die x-Achse) beschreibt. Da lediglich eine abhängige Datenreihe zu veranschaulichen ist, wird keine Legende benötigt.

In den **Abbildungen b, d und g** werden jeweils 4 abhängige Datenreihen zusammen veranschaulicht. Die einzelnen Datenreihen werden jeweils aus den Spalten der Tabelle gebildet. Aus der ersten Tabellenspalte werden (wie oben) die Rubriken gebildet. Die notwendige Legende wird aus den Spaltenüberschriften gebildet.

Die **Abbildungen e und f** (Kreisdiagramme) veranschaulichen jeweils eine abhängige Datenreihe. Die Abbildung e entspricht dabei im Aufbau der Abbildung a. Mithilfe von Grafikprogrammen lässt sich mit wenigen Befehlen die Darstellungsart sehr einfach verändern. Die abhängige Datenreihe in Abbildung f wird aus der untersten Tabellenzeile gebildet. Die Rubriken werden diesmal aus der 1. Tabellenzeile übernommen.

Übungsaufgaben

Die folgenden Aufgaben eignen sich für den Einsatz eines Grafikprogramms.

197 Die Südfrüchte Dortmund GmbH hat für 20.. die unten stehende Umsatzentwicklung und -verteilung festgehalten.

Sie sind aufgefordert, im Rahmen der Präsentation des Jahresabschlusses die entsprechenden Zahlen grafisch aufzubereiten.

Südfrüchte Dortmund GmbH – Umsatzliste 20..

	1. Quartal	2. Quartal	3. Quartal	4. Quartal	Jahresumsatz
Mango	4 500,00 EUR	6 000,00 EUR	8 000,00 EUR	12 000,00 EUR	30 500,00 EUR
Bananen	23 850,00 EUR	17 000,00 EUR	22 560,00 EUR	24 890,00 EUR	88 300,00 EUR
Papaya	2 600,00 EUR	7 800,00 EUR	5 400,00 EUR	6 700,00 EUR	22 500,00 EUR
Orangen	78 000,00 EUR	85 000,00 EUR	77 900,00 EUR	95 700,00 EUR	336 600,00 EUR
Zitronen	45 900,00 EUR	43 800,00 EUR	56 900,00 EUR	51 500,00 EUR	198 100,00 EUR
Summen	154 850,00 EUR	159 600,00 EUR	170 760,00 EUR	190 790,00 EUR	676 000,00 EUR

1. Übernehmen Sie die Daten in Ihr Grafikprogramm!

2. Die Geschäftsleitung wünscht:

    2.1 Ein **Säulendiagramm** über die **Umsatzentwicklung** von **Mangofrüchten, Bananen und Zitronen**.

    2.2 Ein **gestapeltes Säulendiagramm** zur Veranschaulichung der **Umsatzentwicklung aller Fruchtarten**.

    2.3 Ein **Kreisdiagramm** zur Veranschaulichung der **Verteilung** des Jahresumsatzes auf die **verschiedenen Fruchtarten**.

    Erstellen Sie die gewünschten Diagramme, benutzen Sie aussagefähige Diagrammtitel, Achsenbezeichnungen und Legenden!

198 Stellen Sie die folgenden Zahlenwerte in einem Linien- oder Kurvendiagramm dar:

1. Über die Entwicklung der Mitarbeiterzahl in einem Industrieunternehmen liegen folgende Daten vor:

	1985	1991	1997	2003	2018
Anzahl der Mitarbeiter	160 400	104 200	83 000	69 000	55 000

2. 2.1 Der Umsatz eines Unternehmens verlief wie folgt:

Umsatz in TEUR				
01	02	03	04	05
3 000	3 300	3 860	4 000	4 140

    2.2 Der Unternehmer möchte auch die prozentuale Steigerung des Umsatzes, bezogen auf das Jahr 01, veranschaulichen.

    Rechnen Sie die Veränderung des Umsatzes, gemessen an dem Umsatz des Jahres 01, in Prozent aus und zeichnen Sie das entsprechende Linien- oder Kurvendiagramm!

3. Von je 100,00 EUR Warenwert entfallen derzeit auf die Verpackung folgende Beträge:

Nahrungs-mittel	Glas	chemische Erzeugnisse	Feinkeramik Porzellan	Möbel	Bekleidung
5,90	2,70	2,30	2,10	0,80	0,40

Stellen Sie die Werte in einem Säulendiagramm dar!

199 Ein Großhändler stellt den Umsatz seiner drei Abteilungen für das vergangene Jahr zusammen! Es ergeben sich folgende Zahlenwerte:

Monate	Abteilung I	Abteilung II	Abteilung III
Januar	10 500,00 EUR	14 800,00 EUR	5 300,00 EUR
Februar	25 300,00 EUR	30 200,00 EUR	10 500,00 EUR
März	12 700,00 EUR	17 000,00 EUR	8 200,00 EUR

1. Rechnen Sie die jeweiligen Gesamt-Monatsumsätze aus!

2. Berechnen Sie den Prozent-Anteil der einzelnen Abteilungen am gesamten Monatsumsatz!

3. Stellen Sie die Monatsumsätze der drei Abteilungen in einem gemeinsamen Säulendiagramm dar!

200 Von einem Hunderteuroschein, den der Facheinzelhandel derzeit von seiner Kundschaft einnimmt, verbleiben als noch zu versteuernder Gewinn 3,90 EUR. Der übrige Teil verteilt sich wie folgt:

Wareneinsatz	Löhne, Gehälter	Umsatzsteuer	Miete	Sonstiges
61,50 EUR	12,00 EUR	10,70 EUR	3,20 EUR	8,70 EUR

Stellen Sie die Zahlenwerte in einem Kreisdiagramm dar!

201 Ein Industrieunternehmen arbeitet im Außenhandel mit 3 Vertretern. Im vergangenen Quartal erreichten die 3 Vertreter folgende Ergebnisse:

2. Quartal	Vertreter Abel		Vertreter Bebel		Vertreter Cebel	
	Kunden	Umsatz	Kunden	Umsatz	Kunden	Umsatz
April	28	159 460 EUR	17	161 670 EUR	22	126 104 EUR
Mai	32	136 320 EUR	29	124 990 EUR	27	165 240 EUR
Juni	46	281 520 EUR	21	90 720 EUR	25	150 750 EUR
	106	577 300 EUR	67	377 380 EUR	74	442 094 EUR

Stellen Sie

1. den Gesamtumsatz der 3 Vertreter in einem Kreisdiagramm dar;

2. die Monatsumsätze der 3 Vertreter in einem gestapelten Säulendiagramm dar;

3. den Umsatz je Kunde und Monat für jeden Vertreter in getrennten Liniendiagrammen dar!

Themenkreis 5: Jahresabschluss

5.1 Rechtliche Grundlagen

5.1.1 Aufstellungs-, Prüfungs- und Offenlegungspflicht

(1) Abhängigkeit der Rechnungslegungsvorschriften von der Größe der Kapitalgesellschaft

Maßgebend für den Zeitpunkt der Aufstellungspflicht, den Umfang der Prüfungspflicht und die Art der Offenlegungspflicht ist die Größe der Kapitalgesellschaft (KapG). Es wird zwischen kleinsten, kleinen, mittelgroßen und großen Kapitalgesellschaften unterschieden [§ 267 I bis III HGB].

Merkmale / Größenklasse	Bilanzsumme Mio. EUR	Umsatzerlöse Mio. EUR	Durchschnittliche Anzahl der Arbeitnehmer
Kleinst-KapG	bis einschl. 0,35	bis einschl. 0,7	bis einschl. 10
kleine KapG	über 0,35 bis 6	über 0,7 bis 12	über 10 bis 50
mittelgroße KapG	über 6 bis 20	über 12 bis 40	über 50 bis 250
große KapG	über 20	über 40	über 250

Für die Einordnung in eine der vier Größenklassen müssen zwei der drei angegebenen Merkmale an zwei aufeinanderfolgenden Bilanzstichtagen erfüllt sein [§ 267 IV HGB]. Außerdem gelten Kapitalgesellschaften auch dann als groß, wenn sie einen organisierten Markt[1] durch von ihnen ausgegebene Wertpapiere[2] in Anspruch nehmen oder die Zulassung derartiger Wertpapiere zum Handel an einem organisierten Markt beantragt haben [§§ 267 III, 264 d HGB].

(2) Aufstellungs- und Prüfungspflicht

Art der Kapital- gesellschaft	Aufstellungspflicht	Prüfungspflicht
Große und mittel- große Kapital- gesellschaften	Sie haben den Jahresabschluss und den Lagebericht in den **ersten drei Monaten des Geschäftsjahres** für das vergangene Geschäftsjahr aufzustellen [§ 264 I, S. 3 HGB].	Sie müssen ihren Jahresabschluss mit Lagebericht durch einen **Abschlussprüfer** prüfen lassen [§ 316 I, S. 1 HGB]. Der Jahresabschluss ist unter **Einbeziehung der Buchführung** zu prüfen [§ 317 I, S. 1 HGB].

---

1 **Organisierte Märkte** im Sinne des Wertpapierhandelsgesetzes sind Märkte, die von staatlich anerkannten Stellen (vor allem durch die „Bundesanstalt für Finanzdienstleistungsaufsicht") geregelt und überwacht werden, regelmäßig stattfinden und für das Publikum (z. B. Käufer und Verkäufer der Effekten) unmittelbar oder mittelbar zugänglich sind.

2 Hierzu gehören z. B. Aktien, Zertifikate, die Aktien vertreten, Schuldverschreibungen und Investmentzertifikate der Kapitalanlagegesellschaften.

Art der Kapital-gesellschaft	Aufstellungspflicht	Prüfungspflicht
Kleine Kapital-gesellschaften und Kleinstkapital-gesellschaften	Sie können ihren Jahresabschluss innerhalb der **ersten sechs Mona-te** des Geschäftsjahres aufstellen [§ 246 I, S. 4 HGB].	Sie sind von der **Abschlussprüfung befreit** [§ 316 I, S. 1 HGB].

(3) Offenlegungspflicht

■ Überblick

Die gesetzlichen Vertreter von großen Kapitalgesellschaften haben für die Gesellschaft folgende Unterlagen in **deutscher Sprache** offenzulegen [§ 325 I, S. 1 HGB]:

- den **festgestellten Jahresabschluss** mit Ergebnisverwendungsbeschluss, den **Lagebericht** und den **Bestätigungs- oder Versagungsvermerk** [§ 322 I HGB],
- den **Bericht des Aufsichtsrats** und die vorgeschriebene **Erklärung nach § 161 AktG.**[1]

Für die Speicherung und Veröffentlichung des Jahresabschlusses eines Unternehmens ist der **Betreiber des elektronischen Bundesanzeigers**[2] zuständig [§ 325 I, S. 2 HGB]. Veröffentlichungspflichtig sind:

- **Kapitalgesellschaften** (z. B. AG, GmbH) und
- **Personengesellschaften,** bei denen nicht wenigstens ein persönlich haftender Gesellschafter eine natürliche Person ist (z. B. GmbH & Co. KG). Sobald eine **natürliche Person unbeschränkt** für die Verbindlichkeiten der Personengesellschaft haftet, zählt die Personengesellschaft **nicht** zu den veröffentlichungspflichtigen Unternehmen.

Welche Unterlagen beim Betreiber des elektronischen Bundesanzeigers einzureichen sind, hängt von der **Größenklasse** der Gesellschaft ab. Dies gilt grundsätzlich auch für die nach § 264 a HGB **publizierungspflichtigen Personengesellschaften.**

■ Offenlegungsfristen und veröffentlichungspflichtige Unterlagen

Bezüglich der **Offenlegung** schreibt das HGB Folgendes vor:[3]

Große und mittel-große Kapital-gesellschaften	Der geprüfte Jahresabschluss und Lagebericht sowie der Bestätigungs-vermerk ist **spätestens vor Ablauf des 12. Monats** des **neuen Geschäfts-jahres** beim Betreiber des elektronischen Bundesanzeigers einzureichen [§ 325 I, 1 a HGB]. Sonstige offenzulegende Unterlagen können später nachgereicht werden. Der Betreiber veröffentlicht die Unterlagen anschlie-ßend im elektronischen Bundesanzeiger.

---

1 In § 161 AktG sind Grundsätze verantwortungsvoller Unternehmensleitung und -überwachung formuliert (Corporate Governance).

2 Einzelheiten zum elektronischen Bundesanzeiger gibt es unter **www.bundesanzeiger.de.**

3 Man spricht auch von der sogenannten Publizitätpflicht der Unternehmen (Publizität: Öffentlichkeit, Veröffentlichung).

Kleine Kapital-gesellschaften	Sie müssen spätestens **vor Ablauf des 12. Monats** des **neuen Geschäfts-jahres** die Bilanz[1] und den Anhang beim Betreiber des elektronischen Bundesanzeigers einreichen. Der Anhang braucht die Gewinn- und Verlustrechnung betreffenden Anlagen nicht zu enthalten [§§ 325 I, 326 I HGB].
Kleinstkapital-gesellschaften	Sie müssen spätestens **vor Ablauf des 12. Monats** des **neuen Geschäfts-jahres** die Bilanz[1] beim Betreiber des Bundesanzeigers einreichen. Alle weiteren Pflichten können die gesetzlichen Vertreter von Kleinstgesellschaften dadurch erfüllen, dass sie die Bilanz dauerhaft beim Betreiber des Bundesanzeigers hinterlegen und einen Hinterlegungsauftrag erteilen [§ 326 II HGB].

■ Durchsetzung der Offenlegungspflicht (Publizitätspflicht)

Der Betreiber des elektronischen Bundesanzeigers hat das Recht, die eingereichten Unterlagen darauf zu überprüfen, dass sie fristgerecht und vollständig eingereicht wurden. Ergibt die Prüfung, dass die **Unterlagen unvollständig** und/oder **zu spät** eingereicht wurden, ist dies im **elektronischen Bundesanzeiger** anzuzeigen.

Außerdem ist die für die Verfolgung/Ahndung der Ordnungswidrigkeiten **zuständige Verwaltungsbehörde** darüber **zu unterrichten.** Ein Verstoß gegen die Offenlegungspflicht gilt als Ordnungswidrigkeit und kann mit einem Bußgeld geahndet werden.

5.1.2 Überblick über die Bestandteile des Jahresabschlusses

Der Jahresabschluss ist im 3. Buch des HGB für Einzelkaufleute/Personengesellschaften, Kapitalgesellschaften und kapitalmarktorientierte Kapitalgesellschaften unterschiedlich geregelt.

■ **Einzelkaufleute und Personengesellschaften** haben nach § 242 III HGB nur eine **Bilanz** und eine **Gewinn- und Verlustrechnung** zu erstellen.[2]

Einzelkaufleute, die in zwei aufeinanderfolgenden Geschäftsjahren je Geschäftsjahr einen geringeren Umsatz als 600 000,00 EUR und einen geringeren Jahresüberschuss als 60 000,00 EUR aufweisen, haben keine Buchführungs-, Inventarerstellungs- und Jahresabschlussaufstellungspflicht [§ 241a HGB].

■ **Kapitalgesellschaften** und diesen **nach § 264a HGB gleichgestellte Personengesellschaften**[3] haben den Jahresabschluss zudem um einen **Anhang** zu erweitern sowie ergänzend zum Jahresabschluss einen **Lagebericht** nach § 289 HGB zu erstellen [§ 264 I, S. 1 HGB]. Der Lagebericht gilt **nicht** als **Bestandteil des Jahresabschlusses.**

---

1 Da kleine Kapitalgesellschaften und Kleinstkapitalgesellschaften nach § 266 I, S. 3 HGB nur verpflichtet sind, eine verkürzte Bilanz aufzustellen, brauchen sie auch nur diese Bilanz zur Veröffentlichung einzureichen. Nicht vermeiden lässt es sich, dass das Jahresergebnis (Jahresüberschuss, -fehlbetrag) veröffentlicht wird.

2 Handelt es sich bei dem Einzelkaufmann oder der Personengesellschaft um ein **Großunternehmen** (Bilanzsumme > 65 Mio. EUR, Umsatz > 130 Mio. EUR, Arbeitnehmer > 5000), so ist der Jahresabschluss nach den Vorgaben der Kapitalgesellschaften zu erstellen. Die Kriterien des Großunternehmens sind erfüllt, wenn für den Tag des Ablaufs eines Geschäftsjahres und für zwei darauffolgende Geschäftsjahre jeweils mindestens zwei der drei Merkmale zutreffen [§ 1 I, II PublG].

3 Es handelt sich um Personengesellschaften, die keinen persönlich haftenden Gesellschafter haben (z. B. GmbH & Co. KG).

■ **Kapitalmarktorientierte Kapitalgesellschaften**[1] sind verpflichtet, ihren Jahresabschluss um eine **Kapitalflussrechnung** und einen **Eigenkapitalspiegel** zu erweitern, die mit der Bilanz, Gewinn- und Verlustrechnung und dem Anhang eine Einheit bilden. Der Jahresabschluss kann – auf freiwilliger Basis – um eine **Segmentberichterstattung** ergänzt werden.

Jahresabschluss von Kapitalgesellschaften			
	Kapitalmarktorientierte Kapitalgesellschaften	**Große und mittelgroße Kapitalgesellschaften**	**Kleine Kapital- gesellschaften]**
Bestandteile	■ Bilanz ■ GuV-Rechnung ■ Anhang ■ Kapitalflussrech- nung[2] ■ Eigenkapitalspiegel[3] ■ Segmentbericht- erstattung (freiwillig)[4] Ergänzend: Lagebericht	■ Bilanz ■ GuV-Rechnung ■ Anhang Ergänzend: Lagebericht	■ Bilanz ■ GuV-Rechnung ■ Anhang Ergänzend: Lagebericht
Aufstellung	innerhalb von **drei Monaten** des neuen Geschäftsjahres	innerhalb von **drei Monaten** des neuen Geschäftsjahres	innerhalb von **sechs Monaten** des neuen Geschäftsjahres
Offenlegung	spätestens vor Ablauf des **vierten Monats** des neuen Geschäftsjahres	spätestens vor Ablauf des **zwölften Monats** des neuen Geschäfts- jahres	spätestens vor Ablauf des **zwölften Monats** des neuen Geschäfts- jahres

Übungsaufgabe

202 1. Welches sind die einzelnen Bestandteile des Jahresabschlusses bei einer kapitalmarktori- entierten Kapitalgesellschaft, die nicht konzernpflichtig ist?

2. In welcher Form müssen Kapitalgesellschaften
   2.1 die Bilanz,
   2.2 die Gewinn- und Verlustrechnung aufstellen?

3. Welche Aufgabe hat der Jahresabschluss zu erfüllen?

---

1 **Kapitalmarktorientiert** sind alle Unternehmen, deren Wertpapiere – gleich welcher Art – auf einem organisierten Kapitalmarkt (z. B. Börse) zugelassen sind bzw. deren Zulassung zum Handel beantragt wurde [§ 264 d HGB].

2 Die **Kapitalflussrechnung** zeigt die **Quellen (liquide Mittelzugänge)** und die **Verwendung (liquide Mittelabgänge) der Finanzmit- tel** während einer Berichtsperiode auf. Die Mittelzu- und -abgänge aus der Geschäftstätigkeit eines Unternehmens werden drei verschiedenen Tätigkeitsbereichen zugeordnet: der **laufenden (operativen) Geschäftstätigkeit,** der **Investitionstätigkeit** und der **Finanzierungstätigkeit.**

3 Der **Eigenkapitalspiegel** legt den Eigentümern und Gläubigern die **Veränderungen des Eigenkapitals** eines Geschäftsjahres offen.

4 Die im **Segmentbericht** enthaltenen Informationen sollen es den Adressaten des Jahresabschlusses ermöglichen, die **Art** und die **finanziellen Auswirkungen** der von dem Unternehmen ausgeübten Geschäftstätigkeiten sowie das **wirtschaftliche Umfeld,** in dem das Unternehmen tätig ist, zu beurteilen.

4. Welche Fristen müssen Kapitalgesellschaften für die Aufstellung ihres Jahresabschlusses einhalten?

   4.1 Kleine Kapitalgesellschaften

   4.2 Große und mittlere Kapitalgesellschaften

5. Die Westfalenmilch AG hatte in den beiden letzten Jahren einen Umsatz von 145 Mio. EUR bzw. 153 Mio. EUR, eine durchschnittliche Mitarbeiterzahl von 300 und Bilanzsummen von 29 Mio. EUR bzw. 32 Mio. EUR.

   Aufgabe:

   In welchem Umfang und in welcher Form muss der Jahresabschluss offengelegt werden (vgl. §§ 325–329 HGB)?

5.2 Zeitliche Abgrenzung

5.2.1 Zahlungszeitpunkt liegt in der neuen Geschäftsperiode (nachträgliche Zahlung) – Übrige sonstige Verbindlichkeiten und Übrige sonstige Forderungen

5.2.1.1 Problemstellung

Bisher sind wir davon ausgegangen, dass alle Aufwendungen und Erträge, die in einem Geschäftsjahr angefallen sind, auch in diesem gebucht wurden. Da jedoch bis jetzt eine Erfolgsbuchung im Allgemeinen erst durch die Zahlung ausgelöst wird (Beispiel: Wir zahlen Löhne durch Banküberweisung), ist es möglich, dass am Ende des Geschäftsjahres **noch nicht gebuchte Aufwendungen** bestehen, weil die Zahlung erst im neuen Geschäftsjahr getätigt wird.

Außerdem gibt es **Erträge,** die wirtschaftlich im alten Jahr entstanden sind, aber **noch nicht gebucht** sind, da die Zahlung noch nicht eingetroffen ist.

> **Beispiel:**
>
> Wir geben am 10. Dezember einen Lkw in die Reparaturwerkstätte. Die Rechnung, für die ein verbindlicher Kostenvoranschlag vorliegt, ist am 31. Dezember 20.. noch nicht bei uns eingegangen.

> **Beispiel:**
>
> Wir haben am 1. Januar 20.. einem Kunden ein Darlehen über 10 000,00 EUR gewährt. Vereinbarter Zinssatz: 8 %. Zinszahlung: halbjährlich; nachträgliche Zahlung. Die Zinsen für das 2. Halbjahr in Höhe von 400,00 EUR gehen erst im Januar des neuen Geschäftsjahres ein.

Wirtschaftlich gehört sowohl der Reparaturaufwand für unseren Lkw als auch der Zinsertrag für das gewährte Darlehen in das **alte** Geschäftsjahr. Die Erfolgsauswirkungen beider Geschäftsvorfälle müssen also am Ende des alten Geschäftsjahres noch erfasst werden, weil sonst der **ausgewiesene** Geschäftserfolg nicht mit dem **tatsächlich erzielten** Geschäftserfolg übereinstimmt.

Alle Aufwendungen und Erträge sind (unabhängig vom Zeitpunkt der Zahlung) in dem Geschäftsjahr zu erfassen, dem sie wirtschaftlich zuzuordnen sind. Diese **periodengerechte Erfolgszurechnung** bezeichnen wir als **zeitliche Erfolgsabgrenzung.**

5.2.1.2 Buchhalterische Darstellung

(1) Übrige sonstige Verbindlichkeiten[1]

Beispiel:

Wir mieten am 1. September eine Garage. Die Miete ist nachträglich jeweils am 1. März und am 1. September zu zahlen. Die Halbjahresmiete beträgt 600,00 EUR. Die erste Mietzahlung erfolgt per Banküberweisung am 1. März des neuen Geschäftsjahres.

Aufgaben:

Bilden Sie den Buchungssatz
1. im alten und
2. im neuen Geschäftsjahr!

Lösungen:

Folgende Skizze soll unsere Überlegungen unterstützen:

altes Geschäftsjahr	neues Geschäftsjahr
Mietaufwand: 400,00 EUR	Mietaufwand: 200,00 EUR

| Sept. | Okt. | Nov. | Dez. | | Jan. | Febr. | März |

400,00 EUR
sind **erfolgswirksam** zu buchen

200,00 EUR
sind **erfolgswirksam** zu buchen

1. März. Bei der Zahlung von 600,00 EUR sind 400,00 EUR **erfolgsunwirksam** zu buchen.

Zu 1.: Buchung im alten Geschäftsjahr

Konten	Soll	Haben
6700 Mieten, Pachten	400,00	
an 4890 Übr. sonstige Verbindlichkeiten		400,00

Zu 2.: Buchung im neuen Geschäftsjahr

Konten	Soll	Haben
6700 Mieten, Pachten	200,00	
4890 Übr. sonst. Verbindl.	400,00	
an 2800 Bank		600,00

Aufwendungen, die teilweise das alte und teilweise das neue Geschäftsjahr betreffen, sind periodengerecht aufzuteilen.

Buchungssätze:

im alten Geschäftsjahr

Aufwandskonto
an Übr. sonstige Verbindlichkeiten

im neuen Geschäftsjahr

Aufwandskonto
Übr. sonstige Verbindlichkeiten
an Zahlungskonto (z. B. Bank)

---

1   Verbindlichkeiten aus Dauerschuldverhältnissen (z. B. Miete, Pacht, Leasing) werden in der Praxis in der Regel auf dem **Konto 4400 Verbindlichkeiten aus Lieferungen und Leistungen** gebucht.

(2) Übrige sonstige Forderungen

Für die Zeit vom 1. November des laufenden Geschäftsjahres bis zum 31. Januar des neuen Geschäftsjahres stehen uns für ein kurzfristig gegebenes Darlehen Zinsen in Höhe von 300,00 EUR zu, die nachträglich am 15. Februar auf unserem Bankkonto eingehen.

Aufgaben:

Bilden Sie den Buchungssatz
1. im alten und
2. im neuen Geschäftsjahr!

Lösungen:

Folgende Skizze soll unsere Überlegungen unterstützen:

altes Geschäftsjahr	**neues Geschäftsjahr**
Zinserträge: 200,00 EUR	Zinserträge: 100,00 EUR

November	Dezember		Januar	Februar

erfolgswirksam zu buchen 200,00 EUR

erfolgswirksam zu buchen 100,00 EUR

1. Febr. Bei der Zahlung von 300,00 EUR sind 200,00 EUR **erfolgsunwirksam** zu buchen.

Zu 1.: Buchung im alten Geschäftsjahr

Konten	Soll	Haben
2690 Übr. sonstige Forderungen	200,00	
an 5710 Zinserträge		200,00

Zu 2.: Buchung im neuen Geschäftsjahr

Konten	Soll	Haben
2800 Bank	300,00	
an 5710 Zinserträge		100,00
an 2690 Übr. sonstige Forderungen		200,00

Erträge, die teilweise das alte und teilweise das neue Geschäftsjahr betreffen, sind periodengerecht aufzuteilen.

Buchungssätze:

im alten Geschäftsjahr

Übr. sonstige Forderungen
an Ertragskonto

im neuen Geschäftsjahr

Zahlungskonto (z. B. Bank)
an Ertragskonto
an Übr. sonstige Forderungen

(3) Buchung der umsatzsteuerpflichtigen Vorgänge im Rahmen der zeitlichen Abgrenzung

■ Buchung der Vorsteuer

Für eine **erhaltene** Lieferung bzw. Leistung im alten Geschäftsjahr darf die **Vorsteuer** nur dann im alten Geschäftsjahr erfasst werden, wenn auch die Rechnung im alten Geschäftsjahr vorliegt.

Beispiel:

Für eine im Dezember durchgeführte Lkw-Reparatur wurden verbindlich Reparaturkosten einschließlich 19 % Umsatzsteuer von 595,00 EUR vereinbart. Die am 10. Januar vorgelegte Rechnung über diesen Betrag wird durch Banküberweisung beglichen.

Aufgaben:

Bilden Sie jeweils den Buchungssatz
1. im alten und
2. im neuen Geschäftsjahr!

Lösungen:

Zu. 1.: Buchung im alten Geschäftsjahr

Konten	Soll	Haben
6160 Fremdinstandhaltung	500,00	
an 4890 Übr. sonstige		
Verbindlichkeiten		500,00

Zu 2.: Buchung im neuen Geschäftsjahr

Konten	Soll	Haben
4890 Übr. sonst. Verbindl.	500,00	
2600 Vorsteuer	95,00	
an 2800 Bank		595,00

■ Buchung der Umsatzsteuer

Für eine **erbrachte** Lieferung bzw. Leistung im alten Geschäftsjahr ist die **Umsatzsteuer** auch dann im alten Jahr zu erfassen, wenn die Rechnung erst im neuen Jahr ausgestellt wird.

Beispiel:

Für Vermittlungstätigkeiten im alten Geschäftsjahr haben wir noch netto 5 000,00 EUR zuzüglich 19 % USt zu fordern. Die Rechnung stellen wir erst im neuen Geschäftsjahr aus.

Aufgabe:

Bilden Sie jeweils den Buchungssatz
1. im alten und
2. im neuen Geschäftsjahr!

Lösungen:

Zu 1.: Buchung im alten Geschäftsjahr:

Konten	Soll	Haben
2690 Übr. sonst. Ford.	5 950,00	
an 5090 Sonst. Neben. Erl.		5 000,00
an 4800 Umsatzsteuer		950,00

Zu 2.: Buchung im neuen Geschäftsjahr bei Zahlungseingang:

Konten	Soll	Haben
2800 Bank	5 950,00	
an 2690 Übr. sonstige		
Forderungen		5 950,00

Übungsaufgaben

203 Bilden Sie die Buchungssätze zum 31. Dezember!

1. Die Garagenmiete für Dezember in Höhe von 45,00 EUR wird von unserem Mieter am 3. Januar des folgenden Jahres überwiesen.

2. Die Zinsgutschrift bis einschließlich Dezember in Höhe von 400,00 EUR für unsere Termineinlage erfolgt erst im Januar des folgenden Jahres.

3. Für eine Reparatur an unserem Geschäftswagen im alten Jahr liegt die Rechnung in Höhe von 820,00 EUR zuzüglich 19 % USt beim Jahresabschluss noch nicht vor.

4. Die Auszahlung der Vertreterprovision in Höhe von 15 300,00 EUR zuzüglich 19 % USt für die Monate November und Dezember erfolgt erst im Januar. Die Abrechnungen werden erst Ende Januar erstellt.

5. Der Eingang der Dezembermiete für eine Werkswohnung in Höhe von 300,00 EUR steht zum 31. Dezember noch aus.

6. Der Beitrag für das zweite Halbjahr an unseren Fachverband in Höhe von 600,00 EUR wird erst im Januar des folgenden Jahres beglichen.

204 Bilden Sie zu folgenden Geschäftsvorfällen die Buchungssätze zum 31. Dezember des laufenden Geschäftsjahres und bei der Zahlung im neuen Geschäftsjahr!

1. Die Vierteljahresmiete für eine gemietete Lagerhalle in Höhe von 3 000,00 EUR wird erst bei Eingang der Rechnung am 5. Januar des folgenden Jahres durch Banküberweisung gezahlt.

2. Die Darlehenszinsen für das zweite Halbjahr in Höhe von 3 600,00 EUR überweisen wir am 2. Januar des folgenden Jahres durch die Bank.

3. Für ein Darlehen erhalten wir die Zinsen für die Monate Oktober, November und Dezember in Höhe von 750,00 EUR erst am 8. Januar des neuen Jahres auf unser Bankkonto überwiesen.

4. Für Werbegeschenke, die zum Jahreswechsel an unsere Kunden verteilt werden, erhalten wir am 28. Dezember folgende Rechnung:
   Werbegeschenke 2 500,00 EUR zuzüglich 19 % Umsatzsteuer.
   Wir begleichen die Rechnung am 12. Januar durch Banküberweisung.

5. Für vermietete Garagen erhalten wir die Dezembermiete in Höhe von 450,00 EUR erst am 10. Januar auf unser Bankkonto überwiesen.

6. Für die Renovierung der Büroräume, die im alten Jahr durchgeführt wurde, lag ein verbindlicher Kostenvoranschlag in folgender Höhe vor:
   Material- und Arbeitslohn 3 500,00 EUR zuzüglich 19 % Umsatzsteuer
   Die endgültige Rechnung über diesen Betrag, die am 10. Januar bei uns eingeht, wird am 15. Januar durch Banküberweisung beglichen.

205 Bilden Sie für die folgenden Geschäftsvorfälle die Buchungssätze beim Jahresabschluss im alten Geschäftsjahr und bei der Zahlung im neuen Geschäftsjahr!

1. Ein Darlehensschuldner zahlt uns die Zinsen nachträglich jeweils für ein halbes Jahr. Die Zinszahlungstermine sind: 30. November und 30. Mai.
   Am 30. Mai ist ein Betrag von 600,00 EUR fällig.
   1.1 Buchung im alten Jahr zum 31. Dezember,
   1.2 Buchung bei der Zahlung per Bank am 30. Mai.

2. Für eine gemietete Lagerhalle zahlen wir die vierteljährliche Miete nachträglich. Für die Monate Dezember, Januar und Februar ist am 28. Februar ein Betrag von 450,00 EUR zu zahlen.
   2.1 Buchung im alten Jahr zum 31. Dezember,
   2.2 Buchung bei der Zahlung am 28. Februar durch Banküberweisung.

3. Die uns für Dezember zustehende Provision ist zum 31. Dezember noch nicht bei uns eingegangen. Die Abrechnung liegt am 31. Dezember vor. Der Betrag von 750,00 EUR zuzüglich 19 % USt wird uns am 20. Januar per Bank überwiesen.

    3.1 Buchung im alten Jahr zum 31. Dezember,

    3.2 Buchung bei der Zahlung am 20. Januar.

4. Wir vermieten eine leer stehende Fabrikhalle zum 31. Oktober. Die Zahlung erfolgt vierteljährlich in Höhe von 4 500,00 EUR, erstmals am 1. Februar des folgenden Jahres.

    4.1 Buchung im alten Jahr zum 31. Dezember,

    4.2 Buchung bei Zahlungseingang auf unserem Bankkonto am 1. Februar.

5. Jeweils zum 1. Februar und 1. August überweisen wir (halbjährlich) an unseren Lieferer für ein aufgenommenes Darlehen 840,00 EUR Zinsen nachträglich.

    5.1 Buchung im alten Jahr zum 31. Dezember,

    5.2 Buchung bei der Zahlung per Banküberweisung am 1. Februar.

6. Am 15. Dezember wurden unsere Büromaschinen durch den Kundendienst überholt. Die Reparaturrechnung beläuft sich laut Auskunft des Monteurs auf 410,00 EUR zuzüglich 19 % USt. Die Rechnung über diesen Betrag trifft am 10. Januar bei uns ein und wird am gleichen Tag per Banküberweisung beglichen.

    6.1 Buchung im alten Jahr zum 31. Dezember,

    6.2 Buchung bei Zahlung am 10. Januar des folgenden Jahres.

206 Bilden Sie zu folgenden Geschäftsvorfällen die Buchungssätze beim Jahresabschluss zum 31. Dezember und bei der Zahlung im neuen Geschäftsjahr.

1. Die Zinsen für ein Darlehen an einen Geschäftsfreund sind vertragsgemäß halbjährlich jeweils am 30. April und am 30. Oktober nachträglich zu zahlen. Die erste Zahlung in Höhe von 660,00 EUR ging termingerecht am 30. April auf unserem Bankkonto ein.

2. Für die Monate November, Dezember und Januar betragen die Stromrechnungen jeweils 357,00 EUR, 476,00 EUR und 416,50 EUR einschließlich 19 % Umsatzsteuer. Die vierteljährliche Gesamtabrechnung in Höhe von 1 249,50 EUR geht am 5. Februar bei uns ein und wird am gleichen Tage durch Banküberweisung gezahlt.

3. Einem unserer Vertreter stehen für die abgelaufenen Monate noch Vermittlungsprovisionen einschließlich 19 % Umsatzsteuer in folgender Höhe zu: für Dezember 666,40 EUR, für November 1 047,20 EUR und für Januar 928,20 EUR.

    Die endgültige vierteljährliche Abrechnung wird am 5. März erstellt. Der Gesamtbetrag in Höhe von 2 641,80 EUR wird am 8. März per Bank überwiesen.

4. Vereinbarungsgemäß erhalten wir nachträglich die vierteljährliche Miete für eine vermietete Lagerhalle.

    Die erste Zahlung in Höhe von 4 200,00 EUR ist am 28. Februar fällig und geht auch termingerecht auf unserem Bankkonto ein.

5.2.2 Zahlungszeitpunkt liegt in der alten Geschäftsperiode (Zahlung im Voraus) – Aktive Jahresabgrenzung und Passive Jahresabgrenzung

5.2.2.1 Problemstellung

Das Problem der periodengerechten Erfolgsrechnung taucht nicht nur in den Fällen auf, bei denen die Zahlung erst in einer späteren Periode als die Verursachung erfolgt, sondern es taucht ebenso für die Fälle auf, bei denen die Zahlung bereits in der laufenden Periode erfolgt, obschon der Vorgang erfolgsrechnerisch erst in die neue Periode gehört. Dies ist möglich, weil Einnahmen und Ausgaben zum Zeitpunkt der Zahlung gebucht werden, und zwar unabhängig davon, ob die zugrunde liegenden Aufwendungen oder Erträge das alte oder das neue Geschäftsjahr betreffen.

Die Januarmiete für eine Werkswohnung geht bereits am 20. Dezember des laufenden Geschäftsjahres auf unserem Bankkonto ein.

Wir zahlen die Haftpflichtversicherung für das nächste Geschäftsjahr bereits im Dezember des laufenden Jahres.

Weil grundsätzlich zum Zeitpunkt der Zahlung gebucht wird, ergibt sich für diese Beispiele, dass die **Aufwendungen** und **Erträge,** die das **neue Geschäftsjahr betreffen,** bereits im **alten Geschäftsjahr gebucht wurden. Die gebuchten Aufwendungen bzw. Erträge im alten Geschäftsjahr sind also zu hoch.** Das würde zu einer falschen Erfolgsrechnung führen. Es muss also beim Jahresabschluss dafür gesorgt werden, dass die Erfolgswirkung in die Periode überführt wird, in die sie verursachungsgemäß gehört.

Als Übergangskonten (von der Wissenschaft auch transitorische Posten genannt) dienen die Konten **2900 Aktive Jahresabgrenzung (AJA)** und **4900 Passive Jahresabgrenzung (PJA).**

- Transitorische Posten sind nach § 250 I, II HGB dann gegeben, wenn Ausgaben bzw. Einnahmen vor dem Abschlussstichtag vorgenommen werden, die Aufwand bzw. Ertrag innerhalb einer **bestimmten Zeit** nach dem Abschlussstichtag darstellen.

- Ausgaben vor dem Abschlussstichtag, die Aufwand für eine **unbestimmte Zeit** danach darstellen, dürfen **nicht** als aktive Jahresabgrenzung in der Bilanz ausgewiesen werden.

Kurz vor Ende des Wirtschaftsjahres hat eine Farbengroßhandlung einen Reklamefeldzug für die im neuen Wirtschaftsjahr herauskommende Tapetenkollektion durchgeführt und für diesen Zweck 20 000,00 EUR ausgegeben.

Eine Rechnungsabgrenzung kommt in diesem Fall nicht in Betracht, da es sich um Aufwendungen mit **unbestimmter** Langzeitwirkung handelt.

5.2.2.2 Buchhalterische Darstellung

(1) Aktive Jahresabgrenzung

Die Prämie für die betriebliche Feuerversicherung für die Zeit vom 1. November bis 30. April (halbjährlich) in Höhe von 300,00 EUR wird von uns am 1. November per Banküberweisung gezahlt.

Aufgaben:

Buchen Sie jeweils auf den Konten und bilden Sie dazu jeweils den Buchungssatz

1. im alten und

2. im neuen Geschäftsjahr!

Lösungen:

Folgende Skizze soll unsere Überlegungen unterstützen:

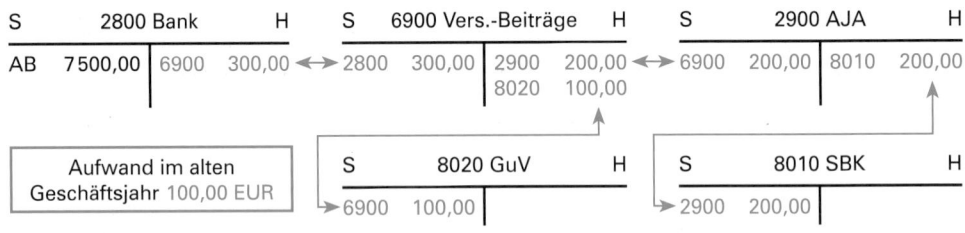

altes Geschäftsjahr

Versicherungsaufwand: 100,00 EUR

neues Geschäftsjahr

Versicherungsaufwand: 200,00 EUR

| November | Dezember | | Januar | Februar | März | April |

Zahlung 1. Nov.
300,00 EUR

Zu 1.: Buchungen im alten Geschäftsjahr

S	2800 Bank	H	S	6900 Vers.-Beiträge	H	S	2900 AJA	H
AB 7500,00	6900 300,00		◄► 2800 300,00	2900 200,00	◄►	6900 200,00	8010 200,00	
				8020 100,00				

Aufwand im alten Geschäftsjahr 100,00 EUR		S	8020 GuV	H	S	8010 SBK	H
		6900 100,00			2900 200,00		

Geschäftsvorfälle	Konten	Soll	Haben
Buchung beim Zahlungsvorgang am 01.11.:	6900 Versicherungsbeiträge an 2800 Bank	300,00	300,00
Buchung der zeitlichen Abgrenzung am 31.12.	2900 Aktive Jahresabgrenzung an 6900 Versicherungsbeiträge	200,00	200,00

Zu 2.: Buchung im neuen Geschäftsjahr

Aufwand im neuen Geschäftsjahr 200,00 EUR		S	6900 Vers.-Beiträge	H	S	2900 AJA	H
		2900 200,00			AB 200,00	6900 200,00	

Geschäftsvorfall	Konten	Soll	Haben
Auflösung des Kontos 2900 im neuen Geschäftsjahr	6900 Versicherungsbeiträge an 2900 Aktive Jahresabgrenzung	200,00	200,00

- Auf dem Konto **2900 Aktive Jahresabgrenzung** werden die im alten Geschäftsjahr **gezahlten Aufwendungen,** die wirtschaftlich für eine bestimmte Zeit dem **neuen Geschäftsjahr zuzurechnen** sind, erfasst.

- Gezahlte Aufwendungen, die teilweise das alte Geschäftsjahr und für eine bestimmte Zeit das neue Geschäftsjahr betreffen, sind **periodengerecht aufzuteilen.**

- Das Konto Aktive Jahresabgrenzung ist im neuen Geschäftsjahr sofort **nach der Eröffnung aufzulösen,** indem der Betrag auf das betreffende Aufwandskonto umgebucht wird.

(2) Passive Jahresabgrenzung

Beispiel:

Ein Darlehensschuldner hat uns am 1. September Zinsen für die Zeit vom 31. August des laufenden Geschäftsjahres bis zum 28. Februar des folgenden Geschäftsjahres (halbjährlich) in Höhe von 300,00 EUR durch Banküberweisung gezahlt.

Aufgaben:

Buchen Sie jeweils auf den Konten und bilden Sie dazu jeweils den Buchungssatz

1. im alten und
2. im neuen Geschäftsjahr!

Lösungen:

Folgende Skizze soll unsere Überlegungen unterstützen:

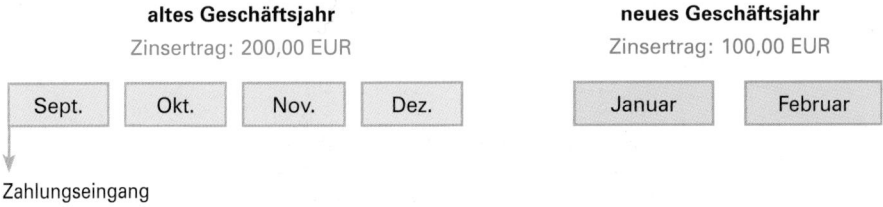

altes Geschäftsjahr	neues Geschäftsjahr
Zinsertrag: 200,00 EUR	Zinsertrag: 100,00 EUR

| Sept. | Okt. | Nov. | Dez. | Januar | Februar |

Zahlungseingang
am 1. Sept. 300,00 EUR

Zu 1.: Buchungen im alten Geschäftsjahr

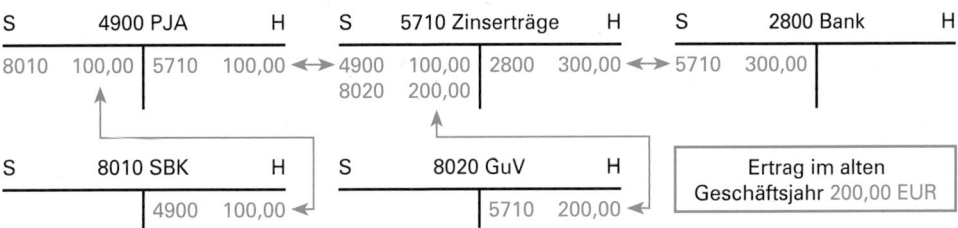

Geschäftsvorfälle	Konten	Soll	Haben
Buchung beim Zahlungseingang am 01.09.:	2800 Bank an 5710 Zinserträge	300,00	300,00
Buchung der zeitlichen Abgrenzung am 31.12.:	5710 Zinserträge an 4900 Passive Jahresabgrenz.	100,00	100,00

Zu 2.: Buchung im neuen Geschäftsjahr

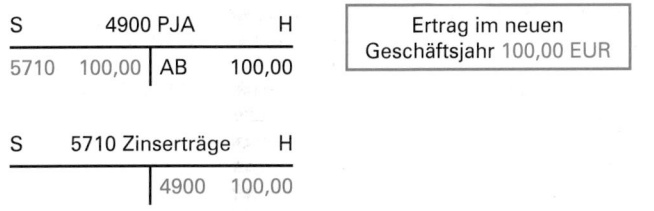

353

23 Speth u.a. - ISBN 978-3-8120-0261-5

Geschäftsvorfall	Konten	Soll	Haben
Auflösung der zeitlichen Begrenzung	4900 Passive Jahresabgrenz. an 5710 Zinserträge	100,00	100,00

> ■ **Auf dem Konto 4900 Passive Jahresabgrenzung** werden die im alten Geschäftsjahr **eingegangenen Erträge,** die wirtschaftlich für eine bestimmte Zeit dem **neuen Geschäftsjahr** zuzurechnen sind, erfasst.
>
> ■ Erhaltene Erträge, die teilweise das alte Geschäftsjahr und für eine bestimmte Zeit das neue Geschäftsjahr betreffen, sind **periodengerecht aufzuteilen.**
>
> ■ Das Konto Passive Jahresabgrenzung ist im neuen Geschäftsjahr sofort **nach der Eröffnung aufzulösen,** indem der Betrag auf das betreffende Ertragskonto umgebucht wird.

Übungsaufgaben

207 Bilden Sie die Buchungssätze beim Jahresabschluss im alten Geschäftsjahr am 31. Dezember und im neuen Geschäftsjahr!

  1. Die Garagenmiete für den Monat Januar ging am 28. November auf unserem Bankkonto ein: 65,00 EUR.

  2. Für ein von uns aufgenommenes Darlehen werden die Zinsen in Höhe von 300,00 EUR für das 4. Quartal erst am 2. Januar des folgenden Jahres durch Bankscheck beglichen.

  3. Die Geschäftsmiete für den Monat Januar wird im Voraus am 28. November vom Bankkonto überwiesen: 5 825,00 EUR.

  4. Die Stromkosten für den Monat November werden erst im Januar des folgenden Jahres mit 792,00 EUR zuzüglich 19 % USt überwiesen. Die Rechnung liegt bereits im alten Jahr vor.

  5. Am 9. Dezember begleichen wir die Miete für das erste Quartal des folgenden Jahres von 4 000,00 EUR durch Banküberweisung.

208 Nehmen Sie für die folgenden Fälle die erforderliche Kontierung im alten und im neuen Geschäftsjahr vor (Bildung der Buchungssätze)!

  1. Wir zahlen durch Banküberweisung am 1. November Miete für die Geschäftsräume in Höhe von 4 500,00 EUR für 3 Monate im Voraus.

    1.1 Buchung bei Zahlung.

    1.2 Buchung am 31. Dezember.

    1.3 Buchung im neuen Jahr nach Konteneröffnung.

  2. Wir erhalten am 1. September per Banküberweisung Darlehenszinsen für die Zeit vom 1. September bis 28. Februar in Höhe von 480,00 EUR im Voraus.

    2.1 Buchung beim Zahlungseingang.

    2.2 Buchung am 31. Dezember.

    2.3 Buchung im neuen Jahr.

3. Die Haftpflichtversicherung für das kommende Jahr in Höhe von 800,00 EUR wird von uns bereits am 8. Dezember per Bankauftrag überwiesen.

   3.1 Buchung bei Zahlung.

   3.2 Buchung am 31. Dezember.

   3.3 Buchung im neuen Jahr.

4. Wir erhalten für vermietete Büroräume die Januarmiete in Höhe von 560,00 EUR bereits am 9. Dezember auf das Bankkonto überwiesen.

   4.1 Buchung beim Zahlungseingang.

   4.2 Buchung am 31. Dezember.

   4.3 Buchung im neuen Jahr.

209 Bilden Sie die Buchungssätze zu den folgenden Geschäftsvorfällen:

1. Für ein von uns aufgenommenes Darlehen sind die Zinsen für das laufende Quartal in Höhe von 450,00 EUR am Ende des Geschäftsjahres noch nicht beglichen. Die Zahlung erfolgt am 2. Januar des folgenden Jahres durch Banküberweisung.

   1.1 Buchung im alten Jahr.

   1.2 Buchung im neuen Jahr.

2. Am 1. September überweisen wir vom Bankkonto die Miete für eine Lagerhalle in Höhe von 600,00 EUR für ein halbes Jahr im Voraus.

   2.1 Buchung im alten Jahr

      2.1.1 bei Zahlung,

      2.1.2 am Jahresende.

   2.2 Buchung im neuen Jahr.

3. Wir erhalten vertragsgemäß am 2. April nachträglich Miete für die Zeit vom 1. Oktober bis 31. März in Höhe von 1 800,00 EUR auf das Bankkonto überwiesen.

   3.1 Buchung im alten Jahr.

   3.2 Buchung im neuen Jahr bei Erhalt der Bankgutschrift.

210 Bilden Sie die Buchungssätze für die erforderlichen Buchungen zum 31. Dezember!

1. Abschreibungen:

   1.1 auf 0840 Fahrzeuge 20 % von den Anschaffungskosten in Höhe von 300 000,00 EUR,

   1.2 auf 0530 Betriebsgebäude $2^{1}/_{2}$ % von den Anschaffungskosten in Höhe von 1 200 000,00 EUR.

2. Das Honorar für den Rechtsanwalt für eine Vertretung vor Gericht steht noch offen. Als Festhonorar sind 3 500,00 EUR zuzüglich 19 % USt vereinbart.

3. Die Zinsen für die Zeit vom 1. Dezember bis 1. März in Höhe von 900,00 EUR wurden uns am 1. Dezember vom Kreditnehmer auf unser Bankkonto überwiesen.

4. Die Löhne der letzten Dezember-Woche für Aushilfskräfte in Höhe von 32 500,00 EUR werden erst am 2. Januar ausgezahlt.

5. Die Miete für eine vermietete Büroetage wurde uns vertragsgemäß bereits am 29. Oktober für die Monate November, Dezember und Januar überwiesen. Betrag 4 500,00 EUR.

6. Die Kraftfahrzeugsteuer in Höhe von 360,00 EUR wurde zum 1. November für ein Jahr im Voraus durch Bank überwiesen.

7. Für Instandsetzungsarbeiten am Geschäftsgebäude steht eine Rechnung in Höhe des Nettowertes von 6 500,00 EUR aus.

355

5.3 Bewertung von Vermögen und Schulden

5.3.1 Problematik der Wertansätze in der Handelsbilanz (Bewertung)

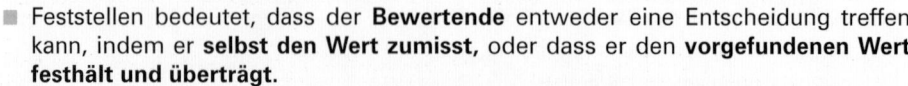

- **Bewerten** ist eine **Tätigkeit,** die das Ziel hat, den **Wert einer Sache** festzustellen.
- Feststellen bedeutet, dass der **Bewertende** entweder eine Entscheidung treffen kann, indem er **selbst den Wert zumisst,** oder dass er den **vorgefundenen Wert festhält und überträgt.**

Die im Zusammenhang mit der Bewertung zu treffenden Entscheidungen beeinflussen sowohl die Bilanz als auch die Gewinn- und Verlustrechnung.

Beispiel:

An der Entscheidung über die Bewertung der noch nicht verkauften Fertigerzeugnisse der Geschäftsperiode wollen wir die Auswirkungen der Bewertung aufzeigen. Der Einfachheit halber gehen wir von folgenden zusammengefassten Werten aus:

Material- und Fertigungseinzelkosten	22 500,00 EUR
Material- und Fertigungsgemeinkosten	33 500,00 EUR
Abschreibungen aufgrund der Fertigung	7 500,00 EUR
Allgemeine Verwaltungskosten	1 400,00 EUR
Soziale Aufwendungen	2 100,00 EUR
Aufwendungen betrieblicher Altersversorgung	1 000,00 EUR
Übrige Vermögensposten am Ende der Geschäftsperiode	615 000,00 EUR
Schulden (Fremdkapital) am Ende der Geschäftsperiode	400 000,00 EUR
Eigenkapital am Anfang der Geschäftsperiode	230 000,00 EUR

Die Fertigerzeugnisse sind nach dem Handelsrecht [§ 255 II, IIa, III HGB] mit den **Herstellungskosten** zu bewerten. Zu den Herstellungskosten, die **aktivierungspflichtig** sind, zählen die Material- und Fertigungseinzelkosten, die Material- und Fertigungsgemeinkosten sowie die Abschreibungen aufgrund der Fertigung. Für die allgemeinen Verwaltungskosten, die sozialen Aufwendungen und die Aufwendungen für die betriebliche Altersversorgung besteht ein **Aktivierungswahlrecht.**[1]

Aufgabe:

Stellen Sie dar, wie sich die unterschiedliche Bewertung der Fertigerzeugnisse auf das Vermögen und den Erfolg auswirken!

Lösung:

Entscheidung I:

Der Bestand an Fertigerzeugnissen wird mit den aktivierungspflichtigen Kosten in Höhe von 63 500,00 EUR bewertet (Wertuntergrenze).

Entscheidung II:

Der Bestand an Fertigerzeugnissen wird mit den verursachten Gesamtkosten in Höhe von 68 000,00 EUR bewertet (Wertobergrenze).

---

1 Eine Darstellung der Bewertung von Fertigerzeugnissen erfolgt auf S. 365 ff.

Aufstellung der Schlussbilanz
auf der Grundlage der Entscheidung I:

Aktiva	Schlussbilanz	Passiva
Fert.-erzeugn. 63 500,00	Eigenkapital	278 500,00
Übr. Verm.-P. 615 000,00	Schulden	400 000,00
678 500,00		678 500,00

Aufstellung der Schlussbilanz
auf der Grundlage der Entscheidung II:

Aktiva	Schlussbilanz	Passiva
Fert.-erzeugn. 68 000,00	Eigenkapital	283 000,00
Übr. Verm.-P. 615 000,00	Schulden	400 000,00
683 000,00		683 000,00

Erkenntnisse:

Die wichtigste Erkenntnis aus den beiden Entscheidungen besteht darin, dass bei der Bilanz auf der Grundlage der Entscheidung II das Eigenkapital um 4 500,00 EUR höher ist als bei der Entscheidung I. Das bedeutet gleichzeitig, dass auch der Gewinn auf der Grundlage der Entscheidung II um 4 500,00 EUR höher ausfällt als bei der Entscheidung I, was durch nachfolgende Rechnung bewiesen wird.

Ergebnisermittlung auf der Grundlage der Entscheidung I:

Eigenkapital am Ende	278 500,00 EUR
– Eigenkapital am Anfang	230 000,00 EUR
Ergebnis (Gewinn)	48 500,00 EUR

Ergebnisermittlung auf der Grundlage der Entscheidung II:

Eigenkapital am Ende	283 000,00 EUR
– Eigenkapital am Anfang	230 000,00 EUR
Ergebnis (Gewinn)	53 000,00 EUR

Der Unterschied bei der Ergebnisermittlung in Höhe von 4 500,00 EUR ist ausschließlich auf die unterschiedliche Bewertung der Fertigerzeugnisse zurückzuführen.

■ Eine **niedrige Bewertung** führt zu **niedrigeren Vermögenswerten** und damit auch zu einem **niedrigeren Eigenkapital.**

■ Das bedeutet gleichzeitig eine **Verringerung des Gewinns** bzw. eine **Erhöhung des Verlusts.**

■ Bei einer vergleichsweise **höheren Bewertung** tritt die **entgegengesetzte Wirkung** ein.

Um willkürliche Wertansätze zu verhindern, hat der Gesetzgeber **Bewertungs- und Bilanzierungsvorschriften** erlassen.

■ Die **handelsrechtlichen** Bewertungs- und Bilanzierungsvorschriften sollen dazu beitragen, die Gesellschafter, Eigentümer, Gläubiger und die Öffentlichkeit über die Vermögens-, Finanz- und Ertragslage des Unternehmens zu informieren. Vor allem soll eine zu hohe Bewertung des Vermögens und zu niedrige Bewertung der Verbindlichkeiten zum **Schutz der Gesellschafter (Teilhaberschutz)** und **Gläubiger (Gläubigerschutz)** verhindert werden.

■ Die **steuerrechtlichen** Bewertungs- und Bilanzierungsvorschriften ermöglichen der Finanzverwaltung die Festlegung der Besteuerungsgrundlagen. Sie sollen damit die Gleichbehandlung aller Steuerpflichtigen gewährleisten **(Gedanke der Steuergerechtigkeit)** und insbesondere einen zu geringen Gewinnausweis verhindern.

Übungsaufgabe

211 1. Geben Sie den Zweck der Bewertung an!

2. Aus welchem Grund erlässt der Staat handelsrechtliche Bewertungsvorschriften?

3. Aus welchem Grund erlässt der Staat steuerrechtliche Bewertungsvorschriften?

4. Nennen Sie die Adressaten der verschiedenen Bilanzen!

5. Zeigen Sie an einem selbst gewählten Beispiel den Zusammenhang von Bewertung, Eigenkapital und Erfolg auf!

5.3.2 Bewertung des Umlaufvermögens[1]

5.3.2.1 Allgemeine Bewertungsregeln für die Bewertung des Umlaufvermögens

Zum Umlaufvermögen zählen nach § 266 HGB die folgenden Vermögensgruppen:

I.   **Vorräte**

II. **Forderungen und sonstige Vermögensgegenstände[2]**

III. **Wertpapiere des Umlaufvermögens[3]**

IV. **Kassenbestand, Bundesbankguthaben, Guthaben bei Kreditinstituten und Schecks[4]**

■ Grundsätzlich sind Vermögensgegenstände des Umlaufvermögens mit den **Anschaffungs- oder Herstellungskosten** zu bewerten. Ist der **Börsen- oder Marktpreis** am Abschlussstichtag **niedriger,** so **muss** – unabhängig von der Dauer der Wertminderung – der niedrigere Wert angesetzt werden **(strenges Niederstwertprinzip)**[§ 253 IV, S. 1 HGB].

■ Ist ein **Börsen- oder Marktpreis nicht festzustellen** und **übersteigen die Anschaffungs- oder Herstellungskosten** den Wert, der den Vermögensgegenständen am Abschlussstichtag beizulegen ist, so ist auf den **beizulegenden Zeitwert**[5] abzuschreiben [§ 253 IV, S. 2 HGB].

Fallen die Gründe für eine vorgenommene Abschreibung später weg, so besteht ein **Zuschreibungsgebot (Wertaufholungsgebot),** maximal bis zu den **Anschaffungs- oder Herstellungskosten** [§ 253 V HGB].

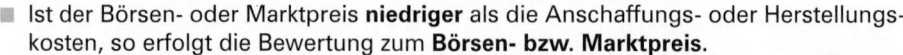

■ Ist der Börsen- oder Marktpreis **niedriger** als die Anschaffungs- oder Herstellungskosten, so erfolgt die Bewertung zum **Börsen- bzw. Marktpreis.**

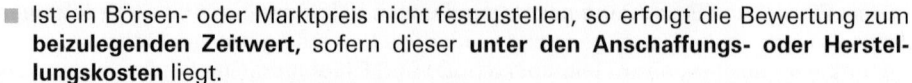

■ Ist ein Börsen- oder Marktpreis nicht festzustellen, so erfolgt die Bewertung zum **beizulegenden Zeitwert,** sofern dieser **unter den Anschaffungs- oder Herstellungskosten** liegt.

---

1 Die Bewertung des Anlagevermögens wurde schon im Kapitel 3.4.2.3, S. 297 ff. angesprochen.

2 Die Bewertung von Forderungen wurde im Kapitel 3.2.5, S. 259 ff. angesprochen.

3 Aus Vereinfachungsgründen wird auf eine Behandlung dieses Stoffgebietes im Folgenden verzichtet.

4 Bei der Bewertung dieser Guthaben wird der auf dem jeweiligen Konto ausgewiesene Betrag übernommen.

5 Ist ein Marktpreis nicht festzustellen, so ist ein beizulegender Zeitwert mithilfe anerkannter Bewertungsmethoden zu bestimmen. Lässt sich ein solcher Wert nicht ermitteln, so sind die Anschaffungs-/Herstellungskosten fortzuführen.

- Ist der Börsen- oder Marktpreis **höher** als die Anschaffungs- oder Herstellungskosten, so erfolgt die Bewertung zu den **Anschaffungs- bzw. Herstellungskosten.**

- Fallen die Gründe für eine Abschreibung weg, so besteht ein **Zuschreibungsgebot** (Wertaufholungsgebot), maximal bis zu den **Anschaffungs- oder Herstellungskosten.**

Bewertung des Umlaufvermögens	
§ 253 I, S. 1 HGB	Bewertung zu den Anschaffungs- oder Herstellungskosten.
§ 253 IV, S. 1 HGB	Börsen- oder Marktpreis niedriger als Anschaffungs- oder Herstellungskosten: Bewertung zum Börsen- oder Marktpreis.
§ 253 IV, S. 2 HGB	Börsen- oder Marktpreis nicht feststellbar: Bewertung zum beizulegenden Zeitwert, sofern er niedriger ist als die Anschaffungs- oder Herstellungskosten.
§ 253 V, S. 1 HGB	Zuschreibungsgebot, maximal bis zu den Anschaffungs- oder Herstellungskosten.

5.3.2.2 Bewertung der Vorräte

Zum Vorratsvermögen eines Industriebetriebs zählen folgende Bestände:

Art des Vorratsvermögens	Ausgangswert für die Bewertung (Zugangsbewertung)
1. Roh-, Hilfs- und Betriebsstoffe, bezogene Vorprodukte und Handelswaren	Anschaffungskosten
2. Fertige Erzeugnisse, unfertige Erzeugnisse	Herstellungskosten

5.3.2.2.1 Bewertung der Roh-, Hilfs- und Betriebsstoffe, der bezogenen Vorprodukte sowie der Handelswaren

(1) Generelle Vorschriften

Grundsätzlich gilt das **Anschaffungskostenprinzip** in Verbindung mit dem **Niederstwertprinzip.**

Beispiel:

Am 31. Dezember hat eine Maschinenfabrik lt. Inventur noch 1 000 Einheiten Blechteile. Die Anschaffungskosten betrugen je Blechteil 15,00 EUR.

Aufgabe:

Stellen Sie dar, wie der Bestand beim Jahresabschluss zum 31. Dezember zu bewerten ist, wenn im 1. Fall der Marktpreis 15,80 EUR und im 2. Fall der Marktpreis 13,50 EUR beträgt!

Lösung:

1. Fall: Der Marktpreis beträgt pro Blechteil 15,80 EUR.

Der Bestand ist mit den Anschaffungskosten von 15,00 EUR je Blechteil zu bewerten, da dieser Wert unter dem Marktpreis liegt. Die Anschaffungskosten dürfen nicht überschritten werden. Diese Vorgehensweise führt dazu, dass ein noch **nicht entstandener (nicht realisierter) Gewinn** zum Bilanzstichtag **nicht ausgewiesen wird (Realisationsprinzip).**

Bilanzansatz: 1 000 Blechteile · 15,00 EUR = 15 000,00 EUR

2. Fall: Der Marktpreis beträgt pro Blechteil 13,50 EUR.

Es gilt das **strenge Niederstwertprinzip.** Danach ist der niedrigere von beiden infrage kommenden Preisen zu wählen. Das ist der Marktpreis. Die Vorgehensweise führt dazu, dass ein noch nicht entstandener **(nicht realisierter) Verlust** zum Bilanzstichtag **ausgewiesen wird (Grundsatz der Vorsicht).**

Bilanzansatz: 1 000 Blechteile · 13,50 EUR = 13 500,00 EUR

- Für die **Bewertung des Umlaufvermögens** gilt das **strenge Niederstwertprinzip.**

  - Sind die **Anschaffungskosten niedriger** als der **Markt- oder Börsenpreis** bzw. der **beizulegende Zeitwert,** wird zu **Anschaffungskosten** bewertet. Nicht realisierte Gewinne dürfen nicht ausgewiesen werden **(Realisationsprinzip).**

  - Sind die **Anschaffungskosten höher** als der **Markt- oder Börsenpreis** bzw. der **beizulegende Zeitwert,** wird zum **Markt- oder Börsenpreis** bzw. zum **beizulegenden Zeitwert** bewertet. Nicht realisierte Verluste müssen ausgewiesen werden.

- Die verschiedene Behandlung nicht realisierter Gewinne und nicht realisierter Verluste wird als **Imparitätsprinzip** bezeichnet.

(2) Spezielle Vorschriften zur Bewertung des Vorratsvermögens

Da der Grundsatz der Einzelbewertung bei der Bewertung des Vorratsvermögens oft mit erheblichen Schwierigkeiten verbunden ist, sind für **gleichartige Vorratsbestände** bestimmte **Vereinfachungsverfahren** der Bewertung zulässig [§ 256 I, S. 1 i. V. m. § 240 IV HGB] . Als solche sind nur die folgenden Vereinfachungsverfahren der Sammelbewertung erlaubt:

- **Bewertung nach bestimmten Verbrauchs- und Verkaufsfolgen** [§ 256, S. 1 HGB]:

Fifo-Methode (first in – first out). Die Methode unterstellt, dass die **zuerst eingekauften (hergestellten)** Güter auch **zuerst verkauft (verbraucht)** werden. Da die **Schlussbestände** dadurch stets **aus den letzten Zugängen** stammen, werden sie jeweils zu deren Anschaffungs-/Herstellungskosten bzw. dem niedrigeren Markt- oder Börsenpreis bzw. dem beizulegenden Zeitwert bewertet.

Der Grundsatz der kaufmännischen Vorsicht gebietet, dass das **Fifo-Verfahren** nur dann herangezogen wird, wenn die **Einkaufspreise sinken.**

Lifo-Methode (last in – first out). Die Methode unterstellt, dass die **zuletzt eingekauften (hergestellten)** Güter **zuerst verkauft (verbraucht)** werden. Da die Schlussbestände dadurch stets aus dem Anfangsbestand und den ersten Zugängen stammen, werden sie jeweils zu deren Anschaffungs-/Herstellungskosten bzw. zu dem niedrigeren Markt- oder Börsenpreis bzw. dem beizulegenden Zeitwert bewertet.

Der Grundsatz der kaufmännischen Vorsicht gebietet, dass das **Lifo-Verfahren** nur dann herangezogen wird, wenn die **Einkaufspreise steigen.**

■ **Bewertung nach der gewogenen Durchschnittswertermittlung** [§ 240 IV HGB]:

Bei gleichartigen Gütern kann die Bewertung nach der gewogenen Durchschnittswertermittlung erfolgen. Der Durchschnittswert wird errechnet, indem die Summe der Anschaffungs-/Herstellungskosten aus Anfangsbestand und Zugängen durch die Menge der gekauften (hergestellten) Güter zuzüglich des Schlussbestands dividiert wird. Die durchschnittlichen Anschaffungskosten werden mit dem **Markt- oder Börsenpreis** bzw. **dem beizulegenden Zeitwert am Bilanzstichtag** verglichen und der **niedrigere Wert angesetzt.**

Beispiel:

Ein Industrieunternehmen hat im Laufe des Wirtschaftsjahres in seinem Sortiment für Handelswaren gleichartige Waren erworben, und zwar am:

15. Jan.	100 t zum Nettopreis von 800,00 EUR je Tonne =	80 000,00 EUR
15. März	100 t zum Nettopreis von 700,00 EUR je Tonne =	70 000,00 EUR
15. Juli	200 t zum Nettopreis von 850,00 EUR je Tonne =	170 000,00 EUR
15. Nov.	100 t zum Nettopreis von 900,00 EUR je Tonne =	90 000,00 EUR
insgesamt:	500 t	410 000,00 EUR

Schlussbestand am Ende des Wirtschaftsjahres: 50 t. Der Marktpreis am 31. Dezember beträgt 890,00 EUR.

Aufgaben:

Berechnen Sie den Wertansatz in der Bilanz

1. nach dem Fifo-Verfahren,

2. nach dem Lifo-Verfahren und

3. nach der gewogenen Durchschnittswertermittlung!

Lösungen:

Zu 1.: Fifo-Verfahren

Wertansatz: 50 t · 900,00 EUR = 45 000,00 EUR

Marktpreis am 31. Dez.: 50 t · 890,00 EUR = 44 500,00 EUR

Ergebnis: Nach dem Niederstwertprinzip beträgt der Bilanzwert 44 500,00 EUR.

Zu 2.: Lifo-Verfahren

Wertansatz: 50 t · 800,00 EUR = 40 000,00 EUR

Marktpreis am 31. Dez.:   50 t · 890,00 EUR = 44 500,00 EUR

Ergebnis: Nach dem Niederstwertprinzip beträgt der Bilanzwert 40 000,00 EUR.

Zu 3.: Gewogene Durchschnittswertermittlung

Summe der Nettopreise 410 000,00 EUR : 500 t = 820,00 EUR Durchschnittspreis.

Wertansatz: 50 t · 820,00 EUR = 41 000,00 EUR

Marktpreis am 31. Dez.:   50 t · 890,00 EUR = 44 500,00 EUR

Ergebnis: Nach dem Niederstwertprinzip beträgt der Bilanzwert 41 000,00 EUR.

Wenn gleichartige Vorratsgüter zu verschiedenen Zeitpunkten und zu verschiedenen Anschaffungs-/Herstellungskosten beschafft (hergestellt) werden, so führt der Einsatz der **gewogenen Durchschnittswertermittlung** zu einer Reduzierung des Arbeitsaufwandes und damit zu Kostenersparnissen.

■ Bewertung nach der permanenten Durchschnittswertermittlung

Bei der permanenten Durchschnittswertermittlung[1] werden die durchschnittlichen Anschaffungskosten **permanent (laufend) nach jedem Lagerzugang und -abgang** ermittelt. Da die Abgänge jeweils zum neuesten Durchschnittswert bewertet werden, erhält man zum Bilanzstichtag die **durchschnittlichen Anschaffungskosten des Schlussbestands**. Diese werden mit dem **Markt- oder Börsenpreis** bzw. dem **beizulegenden Zeitwert am Bilanzstichtag** verglichen und der **niedrigere Wert angesetzt**. Die permanente Durchschnittswertermittlung ist genauer als die gewogene Durchschnittswertermittlung.

Beispiel:

01.01.	Anfangsbestand	100 Stück zu je 10,00 EUR = 1 000,00 EUR
15.02.	Zugang	300 Stück zu je 12,00 EUR = 3 600,00 EUR
	Bestand	400 Stück zu je 11,50 EUR = 4 600,00 EUR
20.03.	Abgang	150 Stück zu je 11,50 EUR = 1 725,00 EUR
	Bestand	250 Stück zu je 11,50 EUR = 2 875,00 EUR
10.08.	Zugang	250 Stück zu je 9,50 EUR = 2 375,00 EUR
	Bestand	500 Stück zu je 10,50 EUR = 5 250,00 EUR
24.12.	Abgang	350 Stück zu je 10,50 EUR = 3 675,00 EUR
31.12.	Schlussbestand	150 Stück zu je 10,50 EUR = 1 575,00 EUR

---

1 Man spricht auch von der Bewertung nach dem **gleitenden gewogenen Durchschnitt**.

Bewertung von Vorräten				
■	**Generelle Bewertungsvorschriften**			
§ 253 I, S. 1 HGB § 253 IV, S. 1 HGB	■ **Zugangsbewertung:** Bewertung zu Anschaffungs- bzw. Herstellungskosten ■ **Folgebewertung:** strenges Niederstwertprinzip – Anschaffungs- bzw. Herstellungskosten < als Markt- oder Börsenwert bzw. beizulegender Zeitwert → Anschaffungs- bzw. Herstellungskosten. – Anschaffungs- bzw. Herstellungskosten > als Markt- oder Börsenwert bzw. beizulegender Zeitwert → Bewertung zu Markt- oder Börsenwert bzw. beizulegendem Zeitwert			

■	**Bewertungsvereinfachungsverfahren**			
	Fifo-Methode	Lifo-Methode	gewogene Durchschnitts-wertermittlung	permanente Durchschnitts-wertermittlung
Charakterisierung	■ zuerst einge-kauft, zuerst verkauft ■ nur bei sinkenden Einkaufs-preisen	■ zuletzt ein-gekauft ■ zuerst ver-kauft ■ nur bei stei-genden Ein-kaufspreisen	gewogener Durchschnitts-preis einer Periode	durchschnitt-liche Anschaf-fungskosten des Schluss-bestands
Handelsrecht	erlaubt § 256, S. 1 V HGB		erlaubt § 240 IV HGB	
Endgültige Bewertung	Es ist immer zu prüfen, ob nicht anstelle der mit dem Vereinfachungs-verfahren ermittelten (durchschnittlichen) Anschaffungs- oder Her-stellungskosten der niedrigere Markt- oder Börsenpreis bzw. beizule-gender Zeitwert zu wählen ist (Niederstwerttest).			

■	**Wertaufholungsgebot**	
§ 253 V, S. 1 HGB	Bei späterem Wegfall der Abschreibungsgründe besteht ein Zuschrei-bungsgebot.	

Übungsaufgabe

212   1. Die Maschinenfabrik Kluge OHG kauft im Herbst einen größeren Posten Motoren zum Nettopreis von 10 000,00 EUR zuzüglich 19 % USt.

Zum Ende des Geschäftsjahres kommt eine neue Generation Motoren auf den Markt, wodurch der Preis der bisherigen Motoren schlagartig um 40 % am Markt sinkt. Am Bilanz-stichtag zum 31. Dezember hat die Fabrik noch den halben Bestand an Motoren auf Lager.

Aufgabe:

Mit welchem Wert ist der Lagerbestand an Motoren zum 31. Dezember zu bewerten?

363

2. Im Laufe des Jahres kauft die Würzburger Industriewaren GmbH einen Posten von 20 Stück einer Handelsware zu je 1 500,00 EUR zuzüglich 19 % USt.

   Durch eine Preissteigerung steigt der Wert eines Stücks am Jahresende auf netto 1 600,00 EUR an. Restbestand: 12 Stück.

   Aufgabe:

   Wie ist der Restposten zu bewerten?

3. Die Möbelfabrik Karl Braun e. Kfm. kauft 400 m² Eichenfurnier zum Listeneinkaufspreis von 18 000,00 EUR zuzüglich 19 % USt. Der Lieferer gewährt 15 % Rabatt und 3 % Skonto. Die Bezugskosten betragen insgesamt 561,00 EUR zuzüglich 19 % USt.

   Aufgaben:

   3.1 Wie viel EUR betragen die Anschaffungskosten insgesamt und je m²?

   3.2 Mit welchem Wert ist am 31. Dez. der Restbestand von 150 m² Eichenfurnier zu bilanzieren, wenn der Einstandspreis auf 35,00 EUR je m² abgesunken ist?

   3.3 Wie wirkt sich dieser Ansatz auf den Gewinn aus?

4. Bei einer Betriebsprüfung wurde der Wertansatz für einen Bestand an Hilfsstoffen zum 31. Dezember von 42 000,00 EUR beanstandet.

   Die Betriebsprüfung stellte anhand der Unterlagen Folgendes fest:

Einkaufspreis während des Jahres	40 000,00 EUR
darauf gewährte Rabatte	5 %
Eingangsfrachten	1 000,00 EUR

   Aufgabe:

   Beurteilen Sie, ob die Beanstandung zu Recht erfolgt ist!

5. Bei der Münchner Tele GmbH wurde der Bestand an Bildschirmröhren im Laufe der Zeit durch folgende Einkäufe ergänzt:

   Anfangsbestand: 400 Stück zu je 52,00 EUR

   Einkäufe am:

3. Februar	610 Stück zu je 52,40 EUR	5. Juli	800 Stück zu je 53,10 EUR
14. April	1 200 Stück zu je 52,60 EUR	19. November	150 Stück zu je 58,00 EUR

   Die Anschaffungskosten je Stück betrugen am 31. Dezember 56,20 EUR.
   Restbestand: 120 Stück.

   Aufgabe:

   Bewerten Sie den Restvorrat am 31. Dezember nach dem Fifo-Verfahren und nach der gewogenen Durchschnittswertermittlung! Welcher Wert ist anzusetzen?

6. Für eine bestimmte Art von Hilfsstoffen liegen folgende Werte vor:

Anfangsbestand am 1. Januar:	80 Stück zu je 13,00 EUR
Einkauf am 15. Februar:	120 Stück zu je 13,50 EUR
Abgang am 14. April:	100 Stück zu je 13,30 EUR
Einkauf am 6. Juni:	140 Stück zu je 14,50 EUR
Abgang am 10. November:	60 Stück zu je 14,00 EUR
Preis am 31. Dezember: 13,50 EUR	

   Aufgaben:

   6.1 Bewerten Sie den Restvorrat am 31. Dez. nach dem Lifo-Verfahren und nach der permanenten Durchschnittswertermittlung!

   6.2 Welcher Wert ist anzusetzen?

5.3.2.2.2 Bewertung der fertigen und unfertigen Erzeugnisse

Fertige und unfertige Erzeugnisse sowie selbst hergestellte aktivierungspflichtige Vermögensgegenstände werden mit ihren **Herstellungskosten** bewertet.

(1) Begriff Herstellungskosten

Die Herstellungskosten sind bei **selbst erstellten** oder bei wesentlich **selbst erweiterten Vermögensgegenständen** anzusetzen [§ 255 II HGB] sowie bei **selbst geschaffenen immateriellen Vermögensgegenständen des Anlagevermögens** [§ 255 II a HGB].

> **Herstellungskosten sind Aufwendungen,** die durch den **Verbrauch von Gütern** und die **Inanspruchnahme von Diensten** für die **Herstellung, Erweiterung oder wesentliche Verbesserung** eines Vermögensgegenstands entstehen [§ 255 II HGB].

Bei der Berechnung der Herstellungskosten unterscheidet das HGB in Kosten,

- die pflichtgemäß zu den Herstellungskosten zählen **(Aktivierungspflicht),**
- die wahlweise zu den Herstellungskosten gerechnet werden können **(Aktivierungswahlrecht)** und
- die nicht einbezogen werden dürfen **(Aktivierungsverbot).**

(2) Ermittlung der Herstellungskosten

Kostenarten	Herstellungskosten
Materialeinzelkosten + Fertigungseinzelkosten + Sondereinzelkosten der Fertigung + Angemessene Teile der Materialgemeinkosten + Angemessene Teile der Fertigungsgemeinkosten + Verwaltungsgemeinkosten des Material- u. Fertigungsbereichs + Werteverzehr des (sonstigen) Anlagevermögens, soweit dieser durch die Fertigung veranlasst ist	**Aktivierungspflicht**
= Wertuntergrenze	
+ angemessene Teile der Kosten der allgemeinen Verwaltung + Aufwendungen für freiwillige soziale Leistungen + Aufwendungen für die betriebliche Altersversorgung + angemessene Aufwendungen für soziale Einrichtungen des Betriebs + Fremdkapitalzinsen (unter bestimmten Voraussetzungen [§ 255 III, S. 2 HGB])	**Aktivierungswahlrecht**
= Wertobergrenze	
Forschungskosten Vertriebskosten	**Aktivierungsverbot**

Erläuterungen:

Materialeinzel-kosten	Sie umfassen den bewerteten **Verbrauch von Roh- und Hilfsstoffen** sowie die selbst erstellten und fremdbezogenen **Fertigteile**. Die Höhe der Kosten bemisst sich bei Fremdbezug nach den Anschaffungskosten und bei Eigenherstellung nach den ermittelten Herstellungskosten.
Fertigungs-einzelkosten	Hierzu zählen im Wesentlichen die anfallenden Löhne und Lohnnebenkosten. Löhne und Gehälter können jedoch nur zu den Fertigungseinzelkosten gerechnet werden, wenn sie dem **jeweiligen Produkt einzeln zurechenbar** sind.
Sondereinzelkos-ten der Fertigung	Dies sind Kosten, die einem **einzelnen Kostenträger** oder einer **Gruppe von Kostenträgern direkt zugerechnet werden können**. Hierzu zählen z. B. Kosten für Modelle, Spezialwerkzeuge, Entwürfe.
Material- und Fertigungs-gemeinkosten	Es dürfen nur **angemessene[1] (notwendige) Teile** der Material- und Fertigungsgemeinkosten aktiviert werden. Das Angemessenheitsprinzip besagt, dass nur **tatsächlich angefallene Kosten** verrechnet werden dürfen, sodass die Istkosten die absolute Obergrenzen darstellen. Dabei ist von einer **Normalbeschäftigung** auszugehen.
Verwaltungs-gemeinkosten des Material- und Fertigungsbereichs[2]	Die Verwaltungsgemeinkosten sind aufzuschlüsseln und einer betrieblichen Funktion (z. B. Produktion, Materialbereich, Vertrieb, allgemeine Verwaltung) zuzuordnen. Für Verwaltungsgemeinkosten, die der Produktion bzw. dem **Materialbereich** zuzuordnen sind, besteht eine **Aktivierungspflicht**. Für Kosten, die der **allgemeinen Verwaltung** zuzurechnen sind, besteht ein **Aktivierungswahlrecht** (s. u.). Sind die Verwaltungsgemeinkosten bereits in die Material- und Fertigungsgemeinkosten eingerechnet, entfällt dieser gesonderte Ausweis der Verwaltungsgemeinkosten.
Werteverzehr des Anlagevermögens	Hierzu zählt die **planmäßige Abschreibung** [§ 253 III, S. 1 und 2 HGB], die durch die **Fertigung veranlasst** wurde, nicht jedoch eine außerplanmäßige Abschreibung (Angemessenheitsprinzip).
Allgemeine Verwaltungskosten	Zu den Kosten der allgemeinen Verwaltung zählen z. B. Aufwendungen für Geschäftsleitung, Einkauf und Wareneingang, Betriebsrat, Personalbüro, Rechnungswesen, Ausbildungswesen u. Ä. **(Aktivierungswahlrecht)**. Handelt es sich um Kosten der **Material- oder Fertigungsverwaltung**, so **müssen** sie als Bestandteil der Material- und Fertigungsgemeinkosten **aktiviert** werden (s. o.). **Verwaltungskosten des Vertriebsbereichs** dürfen **nicht aktiviert** werden.
Aufwendungen für freiwillige soziale Leistungen	Hierzu zählen solche Kosten, die **nicht arbeitsrechtlich** oder **tariflich** vereinbart worden sind, z. B. Jubiläumsgeschenke, Weihnachtszuwendungen, Wohnungsbeihilfen, Beteiligung der Arbeitnehmer am Unternehmensergebnis.
Aufwendungen für die betriebliche Altersversorgung	Dazu gehören z. B. Beiträge zu Direktversicherungen, Zuwendungen an Pensions- und Unterstützungskassen, Zuführung zu Pensionsrückstellungen.
Aufwendungen für soziale Einrichtungen des Betriebs	Dazu gehören z. B. Aufwendungen für Kantine, Sportstätten, Ferienerholungsheime.

---

1 In die Herstellungskosten einzubeziehen sind nur Gemeinkosten, deren Zurechnung sich klar nachvollziehen lässt. Nicht zu aktivieren sind außergewöhnliche, betriebsfremde, periodenfremde und unangemessen hohe Aufwendungen.

2 Falls nicht in den Material- oder Fertigungskosten bereits enthalten.

Fremdkapitalzinsen	Sie können nur einbezogen werden, soweit sie der **Herstellungsfinanzierung** dienen, **direkt zurechenbar** sind und auf den Herstellungszeitraum entfallen [§ 255 III, S. 2 HBG].
Forschungskosten	Forschungskosten werden im HGB definiert als eigenständige und planmäßige Suche nach neuen wissenschaftlichen oder technischen Erkenntnissen oder Erfahrungen **allgemeiner Art,** über deren technische Verwertbarkeit und wirtschaftliche Erfolgsaussichten grundsätzlich keine Aussagen gemacht werden können [§ 255 II a, S. 3 HGB]. Forschungskosten **(Grundlagenforschung)** dürfen **nicht aktiviert** werden [§ 255 II, S. 4 HGB]. Sie sind unmittelbar als Aufwand zu buchen.
Vertriebskosten	Vertriebskosten zählen nicht zu den Herstellungskosten.

(3) Beispiel für die Berechnung der Herstellungskosten

Beispiel:

Aus der KLR einer Maschinenfabrik ergeben sich folgende Kosten für die Herstellung von 800 Stichsägen pro Jahr bei normaler Kapazitätsauslastung:

Verbrauch von Fertigungsmaterial 42 500,00 EUR, Fertigungslöhne 44 700,00 EUR, Sondereinzelkosten der Fertigung 10 900,00 EUR, angemessene Teile der Materialgemeinkosten 20 900,00 EUR, angemessene Teile der Fertigungsgemeinkosten 44 620,00 EUR, Verwaltungsgemeinkosten des Material- und Fertigungsbereichs 2 100,00 EUR, Abschreibungen, die durch die Fertigung veranlasst sind 14 100,00 EUR, angemessene allgemeine Verwaltungskosten 4 100,00 EUR, Aufwendungen für soziale Einrichtungen des Betriebs 550,00 EUR, Aufwendungen für freiwillige soziale Leistungen 50,00 EUR, Aufwendungen für

betriebliche Altersversorgung 5 100,00 EUR, Fremdkapitalzinsen nach § 255 III, S. 2 HGB 995,00 EUR, Vertriebskosten 8 800,00 EUR. Die anteiligen Forschungskosten sind mit 9 400,00 EUR anzusetzen.

Aufgaben:

1. Ermitteln Sie den Mindestwertansatz (Wertuntergrenze)!

2. Ermitteln Sie den Höchstwertansatz (Wertobergrenze)!

3. Ermitten Sie, mit welchem Wert ein Lagerbestand von 60 Stichsägen am Ende des Geschäftsjahres anzusetzen ist!

4. Erläutern Sie, welcher Ansatz zu wählen ist, um einen möglichst geringen Gewinnausweis zu erzielen!

Lösungen:

Zu 1.–3.:

Materialeinzelkosten	42 500,00 EUR	
Fertigungseinzelkosten	44 700,00 EUR	
Sondereinzelkosten der Fertigung	10 900,00 EUR	
Materialgemeinkosten	20 900,00 EUR	
Fertigungsgemeinkosten	44 620,00 EUR	
Verwaltungsgemeinkosten des Material- u. Fertigungsbereichs	2 100,00 EUR	
Werteverzehr des Anlagevermögens	14 100,00 EUR	
Herstellungskosten Mindestwertansatz		179 820,00 EUR
Angemessene allgemeine Verwaltungskosten	4 100,00 EUR	
Aufwendungen für freiwillige soziale Leistungen	50,00 EUR	
Aufwendungen für betriebliche Altersversorgung	5 100,00 EUR	
Aufwendungen für soziale Einrichtungen des Betriebs	550,00 EUR	
Fremdkapitalzinsen	995,00 EUR	10 795,00 EUR
Herstellungskosten Höchstwertansatz/800 Stück		190 615,00 EUR
Herstellungskosten Höchstwertansatz/Stück		238,27 EUR
Herstellungskosten Höchstwertansatz/60 Stück		14 296,20 EUR

Zu 4.: In diesem Fall sollte jeweils nur der Mindestwert aktiviert werden. Dadurch wird in der Bilanz ein niedrigeres Eigenkapital ausgewiesen und damit auch ein niedrigerer Gewinn.

(4) Fortgeführte Herstellungskosten

Fortgeführte Herstellungskosten bezeichnen den Sachverhalt, dass auf den Wert der ursprünglichen Herstellungskosten Abschreibungen oder Zuschreibungen vorgenommen worden sind.

> Herstellungskosten
> − Abschreibungen
> + Zuschreibungen
> = fortgeführte Herstellungskosten

Übungsaufgabe

213   1.   In einem Industriebetrieb entfallen auf den durch Inventur festgestellten Bestand an unfertigen Erzeugnissen folgende Kosten:

Fertigungsmaterial 12 000,00 EUR, Prüfung des Fertigungsmaterials 800,00 EUR, Lagerung 510,00 EUR, Fertigungslöhne 7 100,00 EUR, planmäßige Abschreibung auf Maschinen der Fertigung 1 280,00 EUR, außerplanmäßige Abschreibungen auf Maschinen der Fertigung 1 940,00 EUR, Gehälter in der Einkaufsabteilung 1 400,00 EUR, Forschungskosten 700,00 EUR, Lohnkosten für die Lohnabrechnung des Fertigungsbereichs 580,00 EUR, sonstige Fertigungsgemeinkosten 8 480,00 EUR, sonstige Materialgemeinkosten 4 420,00 EUR, freiwillige Sozialleistungen 1 080,00 EUR, betriebliche Altersversorgung 1 720,00 EUR, allgemeine Verwaltungskosten 2 940,00 EUR.

Aufgaben:

Zu welchem Wert sind die unfertigen Erzeugnisse zu bilanzieren, wenn

1.1 ein möglichst niedriges Jahresergebnis,

1.2 ein möglichst hohes Jahresergebnis

angestrebt wird?

2. Aus der Kosten- und Leistungsrechnung einer Schulmöbelfabrik ergeben sich folgende Kosten für die Herstellung von 400 Schülertischen pro Jahr bei normaler Kapazitätsauslastung: Verbrauch von Fertigungsmaterial 21 250,00 EUR, Fertigungslöhne 22 350,00 EUR, Sondereinzelkosten der Fertigung 5 450,00 EUR, angemessene Teile der Materialgemeinkosten 10 450,00 EUR, angemessene Teile der Fertigungsgemeinkosten 21 400,00 EUR, allgemeine Verwaltungsgemeinkosten 9 100,00 EUR, Vertriebsgemeinkosten 4 800,00 EUR, Aufwendungen für soziale Einrichtungen des Betriebs 1 400,00 EUR, Aufwendungen für die betriebliche Altersversorgung 4 100,00 EUR, Werteverzehr des Anlagevermögens, der durch die Fertigung veranlasst ist, 3 200,00 EUR.

Aufgaben:

2.1 Ermitteln Sie den Mindestwertansatz der 400 Tische!

2.2 Ermitteln Sie den Höchstwertansatz der 400 Tische!

2.3 Mit welchem Wert ist ein Lagerbestand von 120 Tischen am Ende des Geschäftsjahres anzusetzen, wenn ein möglichst niedriger Gewinn ausgewiesen werden soll?

3. Ein Industrieunternehmen fertigt 50 Werkzeuge für die Produktion eines bestimmten Maschinentyps. Hierfür waren 120 Arbeitsstunden zu je 46,00 EUR notwendig. Der Materialverbrauch betrug laut Entnahmescheinen 8 700,00 EUR. An Modellkosten für das Werkzeug fielen 4 200,00 EUR an. Die Kostenrechnungsabteilung rechnet mit folgenden Normalgemeinkostenzuschlagssätzen und Gemeinkosten: MGK 9 %, FGK 110 %, allgemeine VerwGK 3 300,00 EUR und VertrGK 7 200,00 EUR.

Der Werteverzehr des Anlagevermögens, der durch die Fertigung veranlasst ist, beträgt 800,00 EUR, die Aufwendungen für freiwillige soziale Leistungen 200,00 EUR, die Aufwendungen für die betriebliche Altersversorgung 1040,00 EUR, die anteiligen Forschungskosten sind mit 5100,00 EUR anzusetzen.

Anmerkung: Die Gemeinkosten sind im Sinne der Bewertung als angemessen anzusehen.

Aufgaben:

Berechnen Sie die Herstellungskosten je Werkzeug

3.1 mit dem Mindestwertansatz,

3.2 mit dem Höchstwertansatz!

3.3 Welcher Ansatz ist für einen möglichst hohen Gewinnausweis zu wählen?

4. Die Werkzeugfabrik Ralf Weibel GmbH konstruiert und fertigt eine Formpresse für die eigene Produktion. Der Materialaufwand beträgt 21450,00 EUR, die Fertigungslöhne 14910,00 EUR, die Modellkosten 4210,00 EUR und der Werteverzehr des Anlagevermögens, soweit dieser durch die Fertigung veranlasst ist, 1890,00 EUR. Die geplante Nutzungsdauer beträgt 8 Jahre.

Der Kosten- und Leistungsrechnung liegen aus der Vorperiode folgende Daten vor:

	Materialbereich einschließlich zugeordneter Verwaltungs-gemeinkosten	Fertigungsbe-reich einschließ-lich zugeordneter Verwaltungs-gemeinkosten	Verwaltungs-bereich (restliche Verwaltungs-gemeinkosten)	Vertriebs-bereich
Summe der Gemeinkosten (ohne kalkula-torische Kosten)	454250,00 EUR	4424000,00 EUR	841953,75 EUR	581713,50 EUR

Materialkosten insgesamt   6397887,00 EUR
Fertigungslöhne insgesamt   3950000,00 EUR

Die Aufwendungen für soziale Einrichtungen des Betriebs belaufen sich auf 1100,00 EUR, die Aufwendungen für die betriebliche Altersversorgung auf 3580,00 EUR und die Kosten für Grundlagenforschung im Maschinenbau auf 7790,00 EUR.

Aufgaben:

4.1 Berechnen Sie die Herstellungskosten für die Formpresse!

4.2 Mit welchem Betrag ist die Formpresse in der Bilanz anzusetzen, wenn ein möglichst hoher Jahresüberschuss ausgewiesen werden soll?

4.3 Berechnen Sie den Bilanzansatz am Ende des 1. Nutzungsjahres!

24 Speth u.a. - ISBN 978-3-8120-0261-5

5.3.3 Bewertung von Schulden

Die Bewertungsvorschriften für das **Vermögen** sollen erreichen, dass die **Güter eher zu niedrig als zu hoch** angesetzt werden. Dieser Vorsichtsgedanke beherrscht auch die Bewertung der Verbindlichkeiten. Er führt dazu, dass **Schulden eher zu hoch als zu niedrig** angesetzt werden müssen. Dieses Prinzip nennt man **Höchstwertprinzip**.

5.3.3.1 Bewertung von Fremdwährungsverbindlichkeiten

(1) Zugangsbewertung

Verbindlichkeiten, die auf eine **fremde Währung lauten,** sind mit dem **Devisenkassamittelkurs**[1] **des Bilanzstichtags** umzurechnen und der **ermittelte Wert** in der **Bilanz auszuweisen** [§ 256 a, S. 1 HGB].

Beispiel:

Die Textilfabrik Impex AG kauft in England Stoffe für 20 000,00 GBP gegen Rechnungsstellung. Der Devisenkassamittelkurs beträgt GBP 0,7208.

Aufgabe:

Berechnen Sie den Rechnungsbetrag!

Lösung:

20 000,00 GBP : 0,7208 = 27 746,95 EUR

---

(2) Folgebewertung

■ **Fremdwährungsverbindlichkeiten mit einer Restlaufzeit von mehr als einem Jahr**

- ■ Die **Fremdwährungsverbindlichkeit** ist mit dem **Devisenkassamittelkurs des Abschlussstichtags** umzurechnen [§ 256 a, S. 1 HGB] und mit dem Wertansatz zum **Zahlungszeitpunkt** zu vergleichen.
- ■ Nach dem **Höchstwertprinzip** muss die **Verbindlichkeit** mit dem **höheren Wert** bilanziert werden [§ 253 I, S. 2 HGB].

Aus der gesetzlichen Bewertungsvorschrift ergeben sich **zwei Bewertungsmöglichkeiten:**

- ■ Ist der **Devisenkassamittelkurs (Tageskurs)** am Bilanzstichtag **niedriger als der Zugangskurs,** führt das zu einem höheren Eurowert der Verbindlichkeiten. Daher muss der **Wert des Bilanzstichtags** in der Bilanz ausgewiesen werden. Währungsverluste müssen auch vor ihrer Realisation ausgewiesen werden **(Imparitätsprinzip).**
- ■ Liegt der **Devisenkassamittelkurs (Tageskurs)** am Bilanzstichtag **höher als der Zugangskurs,** führt das zu einem niedrigeren Eurowert der Verbindlichkeiten. Daher muss aus Gründen der kaufmännischen Vorsicht die Verbindlichkeit in der Bilanz mit dem **Zugangswert** ausgewiesen werden **(Höchstwertprinzip).** Währungsgewinne dürfen vor der Realisation nicht ausgewiesen werden **(Realisationsprinzip).**

---

1 Der **Devisenkassamittelkurs** ist der Kurs, der genau zwischen dem Geld- und dem Briefkurs liegt.

Beispiel:

Am 20. November 20.. nimmt ein Industrieunternehmen ein Liefererdarlehen in Höhe von 81 000,00 USD in Anspruch. Die Laufzeit beträgt 2 Jahre. Es wird nach der Umrechnung in EUR mit 54 800,00 EUR gebucht.

Aufgaben:

Stellen Sie dar, wie die Verbindlichkeiten beim Jahresabschluss zum 31. Dezember 20.. zu bewerten sind, wenn im 1. Fall der Wert am Bilanzstichtag 54 200,00 EUR und im 2. Fall der Wert am Bilanzstichtag 56 100,00 EUR beträgt!

Lösungen:

1. Fall: Das Liefererdarlehen darf nicht mit dem niedrigeren Tageswert bewertet werden, da sonst ein noch nicht realisierter Gewinn von 600,00 EUR ausgewiesen würde. Der Ansatz bleibt unverändert mit den höheren **Anschaffungskosten.**

Bilanzansatz = 54 800,00 EUR

2. Fall: Nach dem **Höchstwertprinzip** ist der höhere Rückzahlungsbetrag anzusetzen. Noch nicht realisierte Verluste sind zum Bilanzstichtag auszuweisen. Der Ansatz erfolgt zum höheren **Tageswert.**

Bilanzansatz = 56 100,00 EUR

■ **Fremdwährungsverbindlichkeiten mit einer Restlaufzeit von einem Jahr oder weniger**

■ Die **Fremdwährungsverbindlichkeit** ist mit dem **Devisenkassamittelkurs des Bilanzstichtags** umzurechnen [§ 256 a, S. 1 HGB] und der **ermittelte Wert in der Bilanz auszuweisen.**

Die gesetzliche Bewertungsvorschrift bedeutet, das **Höchstwertprinzip** sowie das **Realisations- und Imparitätsprinzip** sind **nicht anzuwenden.** Es ist somit möglich, dass der Bilanzansatz zum **Ausweis eines nicht realisierten Kursgewinns** führt.

Beispiel:

Die Franz Weise GmbH nimmt am 31.05.20.. einen Liefererkredit in Höhe von 60 000,00 CHF für 8 Monate in Anspruch. Devisenkassamittelkurs zum Zugangszeitpunkt 1,10 CHF/EUR.

Aufgaben:

1. Berechnen Sie die Anschaffungskosten zum Zugangszeitpunkt!

2. Stellen Sie dar, wie die Verbindlichkeiten beim Jahresabschluss zu bewerten sind, wenn im 1. Fall der Devisenkassamittelkurs 1,08 CHF/EUR und im 2. Fall der Devisenkassamittelkurs 1,12 CHF/EUR beträgt!

Lösungen:

Zu 1.: 60 000,00 CHF : 1,10 CHF/EUR = 54 545,45 EUR

Zu 2.: **1. Fall:** 60 000,00 CHF : 1,08 CHF/EUR = 55 555,56 EUR

Bilanzansatz: 55 555,56 EUR. Es entsteht ein Währungsverlust in Höhe von 1 010,11 EUR.

2. Fall: 60 000,00 CHF : 1,12 CHF/EUR = 53 571,43 EUR

Bilanzansatz: 53 571,43 EUR. Es entsteht ein Währungsgewinn in Höhe von 974,02 EUR. Das Anschaffungskosten- und Realisationsprinzip darf nicht beachtet werden.

371

Wichtig:

Die Vorschriften zur Währungsumrechnung gelten auch für Forderungen aus Lieferungen und Leistungen sowie für Darlehensforderungen in Fremdwährung.

Bewertung von Währungsverbindlichkeiten		
Zeitpunkt der Bewertung	**HGB**	**Inhalt**
Zugangsbewertung	Analog § 256a HGB	Umrechnung zum Devisenkassamittelkurs
Folgebewertung: ■ Restlaufzeit von mehr als einem Jahr	§ 256a, S. 1 HGB § 253 I, S. 1 HGB § 252 I, Nr. 4 HGB	■ Umrechnung am Abschlussstichtag zum Devisenkassamittelkurs ■ Anwendung des – Höchstwertprinzips, – Realisations- und Imparitätsprinzips
■ Restlaufzeit von einem Jahr oder weniger	§ 256a, S. 2 HGB	■ Umrechnung am Abschlussstichtag zum Devisenkassamittelkurs ■ Keine Anwendung des Höchstwertprinzips und des Realisations- und Imparitätsprinzip

5.3.3.2 Bewertung eines Bankdarlehens

Bankdarlehen, die unter Abzug eines Abgeldes **(Damnum, Disagio)** ausgezahlt werden bzw. mit einem Aufgeld **(Agio)** zurückgezahlt werden müssen, sind mit dem höheren **Erfüllungsbetrag** anzusetzen. Der Erfüllungsbetrag ist der Betrag, den ein Schuldner zur Erfüllung einer Verbindlichkeit oder Rückstellung (siehe S. 376) unter Berücksichtigung vernünftiger kaufmännischer Beurteilung aufwenden muss [§ 253 I, S. 2 HGB]. Bei **Geldleistungen** ist der Erfüllungsbetrag mit dem **Rückzahlungsbetrag** gleichzusetzen. Bei **Sach- und Dienstleistungsverpflichtungen** entspricht der Erfüllungsbetrag dem voraussichtlichen **Geldwert der anfallenden Aufwendungen**. Die im Erfüllungszeitpunkt voraussichtlich bestehende Kostensituation ist zu berücksichtigen.

- ■ **Disagio (Damnum)** ist der **Unterschiedsbetrag** zwischen dem **Erfüllungsbetrag** und dem **Ausgabebetrag** einer Verbindlichkeit.

- ■ Für das Disagio besteht ein **Aktivierungswahlrecht** [§ 250 III, S. 1 HGB]. Wird von diesem **Aktivierungswahlrecht Gebrauch gemacht,** ist das Disagio in den **Rechnungsabgrenzungsposten** der Aktivseite einzustellen und über die Laufzeit des Kredits **planmäßig abzuschreiben** [§ 250 III, S. 2 HGB].

- ■ Wird von dem **Aktivierungsrecht kein Gebrauch** gemacht, ist das Disagio in der laufenden Rechnungsperiode als **Aufwand** zu buchen.

Beispiel:

Wir nehmen am 5. Januar ein Festdarlehen bei unserer Bank in Höhe von 60 000,00 EUR auf. Auszahlungssatz: 96 %. Laufzeit 4 Jahre. Das Damnum in Höhe von 2 400,00 EUR wird als Zinsaufwand auf die Laufzeit des Darlehens verteilt (abgeschrieben).

Aufgaben:

1. Bilden Sie den Buchungssatz bei der Darlehensaufnahme am 5. Januar!

2. Bilden Sie den Buchungssatz am Bilanzstichtag 31. Dezember!

3. Nennen Sie die Bilanzwerte, die sich hinsichtlich des Darlehens am Ende des ersten Jahres ergeben!

4. Das Aktivierungswahlrecht wrid nicht genutzt. Bilden Sie den Buchungssatz!

Lösungen:

Zu 1.: Buchung am 5. Januar

Geschäftsvorfall	Konten	Soll	Haben
Wir nehmen ein Darlehen in Höhe von 60 000,00 EUR auf. Auszahlungssatz: 96 %. Der Auszahlungsbetrag wird auf dem Bankkonto gutgeschrieben.	2800 Bank 2900 Aktive Jahresabgrenz. an 4250 Langfristige Bankverbindlichkeiten	57 600,00 2 400,00	60 000,00

Erläuterungen:

- Die Darlehensschuld muss mit dem Erfüllungsbetrag von 60 000,00 EUR passiviert werden. Dies erfolgt auf dem Konto **4250 Langfristige Bankverbindlichkeiten**.

- Das Disagio in Höhe von 2 400,00 EUR wird auf dem Konto **2900 Aktive Jahresabgrenzung** aktiviert.

- Die Auszahlung in Höhe von 57 600,00 EUR wird als Guthaben auf dem Konto **2800 Bank** gebucht.

Zu 2.: Buchung am 31. Dezember

Geschäftsvorfall	Konten	Soll	Haben
Abschreibung des Damnums im ersten Jahr.	7590 Sonst. zinsähnliche Aufwendungen an 2900 Aktive Jahresabgrenzung	600,00	600,00

Erläuterungen:

- Jeweils am 31. Dezember wird vom Konto **2900 Aktive Jahresabgrenzung** der zeitanteilige Jahresbetrag in Höhe von 600,00 EUR abgeschrieben.

- Da das Disagio betriebswirtschaftlich als ein „Zinsvoraus" zu verstehen ist, wird als Gegenkonto das Aufwandskonto **7590 Sonstige zinsähnliche Aufwendungen** angesprochen.

Zu 3.: Bilanzwerte am Ende des 1. Jahres:

4250 Langfr. Bankverbindlichkeiten	60 000,00 EUR
2900 Aktive Jahresabgrenzung	1 800,00 EUR

Zu 4.: Disagio wird nicht aktiviert

Geschäftsvorfall	Konten	Soll	Haben
Das Disagio wird durch Banküberweisung beglichen 2 400,00 EUR.	7590 Sonst. zinsähnliche Aufwendungen an 2800 Bank	2 400,00	2 400,00

Bewertung von Bankdarlehen		
Darlehensart	**HGB**	**Inhalt**
Darlehen ohne Disagio	§ 253 I, S. 2 HGB	Erfüllungsbetrag
Darlehen mit Disagio ■ Bilanzierung des Darlehensbetrags ■ Bilanzierung des Disagios	§ 253 I, S. 2 HGB § 250 III HGB	■ Erfüllungsbetrag ■ Aktivierung und planmäßige Abschreibung (Wahlrecht) oder Buchung als Aufwand

Übungsaufgaben

214 1. Ein Liefererdarlehen im Wert von 12 000,00 USD und mit einer Laufzeit von 15 Monaten wurde am Entstehungstag zum damaligen Devisenkassamittelkurs mit 8 850,00 EUR bilanziert. Am 31. Dezember 20.. beträgt der Tageswert 9 030,00 EUR.

Aufgaben:

1.1 Ermitteln Sie den Bilanzwert zum 31. Dezember 20..!

1.2 Erklären Sie die Auswirkung, die der Anstieg des Devisenkassamittelkurses auf das Unternehmensergebnis hat!

2. Die Verbindlichkeiten aus Rohstofflieferungen belaufen sich am 31. Dezember 20.. auf 29 500,00 EUR. Da wir die Schulden zu Beginn des neuen Jahres unter Abzug von 3 % Skonto begleichen wollen, werden sie in der Bilanz mit 28 615,00 EUR ausgewiesen.

Aufgabe:

Nehmen Sie hierzu Stellung!

3. Ein Liefererdarlehen in Höhe von 22 000,00 CHF und mit einer Laufzeit von 24 Monaten wurde am 31. Dezember 20.. (Bilanzstichtag) zum damaligen Devisenkassamittelkurs von 1,1205 bilanziert.

Aufgaben:

3.1 Am 31. Dez. d. folgenden Jahres beträgt der Devisenkassamittelkurs 1,1413. Wie ist zu bewerten?

3.2 Am 31. Dez. d. folgenden Jahres beträgt der Devisenkassamittelkurs 1,1140. Wie ist zu bewerten?

4. In dem Posten Verbindlichkeiten aus Lieferungen und Leistungen sind zwei Rechnungen eines Lieferers mit einem Ziel von 3 Monaten enthalten:

Rechnung 1 vom 12. September 20..:   120 000,00 GBP
Rechnung 2 vom 12. November 20...:   100 000,00 GBP.

Für GBP wurden folgende Devisenkassamittelkurse notiert:

12. Oktober 20..:   EUR   0,9069
12. November 20..:   EUR   0,9231
31. Dezember 20..:   EUR   0,9190

Aufgaben:

4.1 Ermitteln Sie den Rechnungsbetrag der beiden Rechnungen!

4.2 Stellen Sie dar, mit welchem Wert die beiden Rechnungen in der Bilanz zum 31. Dezember 20.. ausgewiesen werden müssen!

4.3 Beschreiben Sie, wie das Unternehmensergebnis durch die Bewertung beeinflusst wird!

5. Eine Maschinenfabrik hat Fertigteile aus Schweden im Wert von 15 200 SEK bezogen. Vereinbart ist ein Zahlungsziel von 60 Tagen. Der Devisenkassamittelkurs am Buchungstag der Rechnung (15. November) beträgt 8,6213 SEK/EUR. Am 31. Dezember (Bilanzstichtag) beträgt der Devisenkassamittelkurs 8,6425 SEK/EUR.

Aufgabe:

Mit welchem Wert sind die Verbindlichkeiten am 31. Dezember zu bilanzieren? Begründen Sie Ihre Entscheidung!

215 1. Wie wirkt sich ein in der Fremdwährung vereinbarter Preis einer Importware auf den Europreis aus, wenn

1.1 der Kurs für den Euro steigt,

1.2 der Kurs für den Euro sinkt?

2. Wie ist bei einer vereinbarten Verbindlichkeit mit einer Laufzeit von 18 Monaten zu reagieren, wenn sich am Bilanzstichtag herausstellt, dass im Vergleich zum Rechnungseingang

2.1 der Kurs für einen Euro gestiegen ist,

2.2 der Kurs für einen Euro gesunken ist?

3. Wir beziehen Rohstoffe laut vorliegender Rechnung in Höhe von 13 090,00 EUR einschließlich 19 % USt.

Aufgaben:

Nehmen Sie Stellung zu folgender Frage: Ist die Verbindlichkeit auszuweisen

3.1 mit dem Nettowert in Höhe von 11 000,00 EUR oder

3.2 mit dem Bruttowert in Höhe von 13 090,00 EUR?

4. Die Planbau GmbH nimmt am 5. Januar 20.. ein Darlehen in Höhe von 200 000,00 EUR auf. Es wird ein Disagio von 4 % vereinbart.

Aufgaben:

4.1 Welcher Betrag wird der Planbau GmbH auf dem Konto gutgeschrieben?

4.2 Mit welchem Betrag ist die Verbindlichkeit auszuweisen?

4.3 Welche Möglichkeiten bestehen für die Behandlung des Disagios?

5. Die Zip-Zap AG bezieht Tackergeräte aus Norwegen zu einem vereinbarten Preis von 80 000,00 NOK. Das Zahlungsziel beträgt 90 Tage.

Aufgaben:

5.1 Mit welchem Wert ist die Eingangsrechnung zu erfassen, wenn zum Zeitpunkt des Rechnungseingangs der Devisenkassamittelkurs wie folgt lautet: NOK 7,2939?

5.2 Wie ist die noch ausstehende Rechnung zu bewerten, wenn am Bilanzstichtag folgender Devisenkassamittelkurs gilt: NOK 7,0256? Begründen Sie Ihre Entscheidung!

216 Das strenge Niederstwertprinzip besagt, dass bei der Bilanzierung von bestimmten Vermögensgegenständen immer der niedrigere Wert angesetzt werden muss.

Das Höchstwertprinzip besagt, dass bei der Bilanzierung von Schulden immer der höhere Wert angesetzt werden muss.

Aufgabe:

Von welchem allgemeinen Bewertungsgrundsatz gehen beide Bewertungsvorschriften jeweils aus? Begründen Sie Ihre Meinung!

5.3.4 Bildung und Auflösung von Rückstellungen

5.3.4.1 Begriff Rückstellungen

- **Rückstellungen** sind **Schulden für künftige Aufwendungen,** die dem alten Geschäftsjahr zuzurechnen sind, deren genaue **Höhe** und (oder) **Fälligkeit** am Jahresende (Bilanzstichtag) aber noch **nicht feststehen.**

- Die **Bildung von Rückstellungen** bedeutet den **Ausweis einer Schuld** in der Bilanz und gleichzeitig eine **Aufwandserfassung in entsprechender Höhe** in der Gewinn- und Verlustrechnung.

Beispiel:

Die Zwischenbesprechung einer Steuerprüfung am 20. Dezember ergab, dass mit einer Grundsteuernachzahlung zu rechnen ist, da die Stadt den Hebesatz erhöht hat. Der zuständige Prüfer gab uns die unverbindliche Auskunft, dass eine Grundsteuernachzahlung von ca. 4 000,00 EUR zu erwarten ist.

Aufgabe:

Ermitteln Sie, in welcher Höhe eine Rückstellung am Ende des Geschäftsjahres am 31. Dezember zu bilden ist, wenn die Zahlung innerhalb des nächsten Jahres erfolgen wird!

Lösung:

Für die zu erwartende Grundsteuernachzahlung ist am 31. Dezember eine Rückstellung von 4 000,00 EUR zu bilden.

Erläuterung:

Obwohl die Höhe der Grundsteuernachzahlung und der Fälligkeitstermin noch nicht genau bekannt sind, muss der (geschätzte) Steueraufwand dem alten Geschäftsjahr zugerechnet werden. Ohne die Berücksichtigung der Grundsteuernachzahlung als Aufwand wäre nämlich der ausgewiesene Gesamtaufwand in der Gewinn- und Verlustrechnung zu niedrig **(Gedanke der periodengerechten Ergebnisermittlung).** In Höhe des zu erwartenden Aufwandes ist eine **Rückstellung** zu bilden.

5.3.4.2 Bildung von Rückstellungen

Für folgende (ungewisse) Aufwendungen besteht eine **Passivierungspflicht** [§ 249 I HGB]:

- **ungewisse Verbindlichkeiten.** Hierzu zählen, neben Garantieverpflichtungen, zu erwartende Steuernachzahlungen, Prozesskosten und Jahresabschlusskosten, auch laufende Pensionen bzw. Pensionsanwartschaften;

- **drohende Verluste aus schwebenden Geschäften** [Drohverlustrückstellungen] (z. B. Preisrückgang bei von uns bestellten, aber noch nicht gelieferten Waren, bei denen ein Festpreis vereinbart wurde);

- im Geschäftsjahr **unterlassene Instandhaltungsaufwendungen,** die **innerhalb** der ersten **drei Monate** des neuen Geschäftsjahres nachgeholt werden (Beispiel: Ein Unternehmen muss eine Produktionsmaschine dringend überholen. Da dies in der Vorweihnachtszeit nicht möglich ist, plant das Unternehmen die Durchführung der Reparatur für Januar oder Februar des kommenden Jahres.);

- **unterlassene Abraumbeseitigung,** die im folgenden Geschäftsjahr nachgeholt wird;

- **Gewährleistungen,** die **ohne rechtliche Verpflichtung** erbracht werden (Kulanz).

Für andere als die im § 249 I HGB bestimmten Zwecke dürfen Rückstellungen nicht gebildet werden [§ 249 II, S. 1 HGB]. Rückstellungen dürfen nur aufgelöst werden, soweit der Grund hierfür entfallen ist [§ 249 II, S. 2 HGB].

Rückstellungen sind Schulden. Sie sind daher auf der **Passivseite der Bilanz** auszuweisen. Im § 266 III B. HGB wird folgende Aufgliederung der Rückstellungen vorgeschrieben:

■ Rückstellungen für Pensionen und ähnliche Verpflichtungen	■ Steuerrück-stellungen	■ Sonstige Rückstellungen (z. B. für Gewährleistungen)

5.3.4.3 Buchungen bei der Bildung und Auflösung von Rückstellungen

(1) Bildung der Rückstellung im alten Geschäftsjahr

Beispiel:

Für eine zu erwartende Grundsteuernachzahlung ist am 31. Dezember eine Rückstellung von 4 000,00 EUR zu bilden.

Aufgaben:

Buchen Sie den Geschäftsvorfall

1. auf Konten,
2. schließen Sie die Konten ab,
3. bilden Sie die Buchungssätze!

Lösungen:

Zu 1. und 2.: Buchung auf den Konten und Abschluss der Konten

S	3800 Steuerrückstellungen		H		S	7020 Grundsteuer		H
8010	4 000,00	7020	4 000,00	◄──►	3800	4 000,00	8020	4 000,00

S	8010 SBK		H		S	8020 GuV		H
		3800	4 000,00		7020	4 000,00		

377

Zu 3.: Buchungssätze

Geschäftsvorfälle	Konten	Soll	Haben
Bildung der Rückstellungen	7020 Grundsteuer	4 000,00	
	an 3800 Steuerrückstellungen		4 000,00
Abschlussbuchungen	8020 GuV	4 000,00	
	an 7020 Grundsteuer		4 000,00
	3800 Steuerrückstellungen	4 000,00	
	an 8010 SBK		4 000,00

Erklärung:

■ Die Grundsteuer mit dem Schätzwert von 4 000,00 EUR gehört in voller Höhe als Aufwand in das alte Geschäftsjahr (also Konto 7020 Grundsteuer).

■ Da am 31. Dezember des alten Jahres die Zahlung noch nicht erfolgt ist, besteht hinsichtlich des geschätzten Betrags noch eine Schuld, die auf dem Konto 3800 Steuerrückstellungen zu erfassen ist.

(2) Auflösung der Rückstellungen im neuen Geschäftsjahr

Es liegt im Wesen der Schätzung, dass der tatsächliche Aufwand im Vergleich zur vorgenommenen Schätzung **höher** oder **niedriger** liegt. Nur theoretisch wäre auch noch der dritte Fall denkbar, nämlich der, dass der geschätzte Betrag genau der Höhe des tatsächlich zu zahlenden Betrags entspricht.

■ 1. Fall: Der geschätzte Betrag war zu niedrig angesetzt

Liegt der **geschätzte Betrag** im Vergleich zur tatsächlichen Schuld **zu niedrig,** ist eine Korrektur der abgelaufenen und abgeschlossenen Geschäftsperiode nicht mehr möglich. Der Differenzbetrag kann nur noch als zusätzlicher Aufwand in der neuen Geschäftsperiode erfasst werden. Dies geschieht bei der Zahlung, die gleichzeitig zur Auflösung der Rückstellung führt.

Beispiel:

Wir greifen auf das Beispiel von S. 377 zurück. Am 25. April des neuen Geschäftsjahres erhalten wir einen Steuerbescheid über eine Nachzahlung für Grundsteuer in Höhe von 4 500,00 EUR. Die Steuerschuld wird am 30. April des neuen Jahres per Banküberweisung beglichen.

Aufgaben:

1. Buchen Sie den Sachverhalt auf Konten!
2. Bilden Sie den Buchungssatz!

Lösungen:

Zu 1.: Buchung auf den Konten

S	3800 Steuerrückstellungen	H		S	2800 Bank	H
2800	4 000,00	AB	4 000,00	AB	12 500,00	6990/3800 4 500,00

S	6990 Periodenfremde Aufwend.	H
2800	500,00	

Zu 2.: Buchungssatz

Geschäftsvorfall	Konten	Soll	Haben
Auflösung einer Rückstellung bei einem höheren Aufwand als die Schätzung.	3800 Steuerrückstellungen 6990 Periodenfremde Aufwend. an 2800 Bank	4000,00 500,00	 4500,00

Erklärung:

■ Das Passivkonto 3800 Steuerrückstellungen ist mit dem Betrag von 4000,00 EUR im neuen Jahr zu eröffnen.

■ Bei der Zahlung im neuen Geschäftsjahr sind die Steuerrückstellungen aufzulösen. Diese Buchung ist erfolgsunwirksam. (Der Steueraufwand von 4000,00 EUR ist im alten Geschäftsjahr ja schon gebucht.)

■ Der tatsächliche Aufwand ist um 500,00 EUR höher als die Schätzung. Dieser zusätzliche Aufwand wird gleichzeitig mit der Zahlung im neuen Geschäftsjahr auf dem Konto 6990 Periodenfremde Aufwendungen[1] gebucht, weil es sich um einen aperiodischen Aufwand handelt.

Rückstellungen < Zahlung:

Buchung der Differenz auf dem Konto 6990 Periodenfremde Aufwendungen

■ **2. Fall: Der geschätzte Betrag war zu hoch angesetzt**

Liegt die gebildete **Rückstellung höher** als die tatsächlich anfallende Zahlung, ist die verbleibende **Differenz** auf dem Rückstellungskonto als **Ertrag** auszubuchen (**5480 Erträge aus der Herabsetzung von Rückstellungen**).

Beispiel:

Wir greifen auf das Beispiel von S. 377 zurück. Am 25. April des neuen Jahres erhalten wir einen Steuerbescheid lt. dem die Nachzahlung für die Grundsteuer 3800,00 EUR beträgt. Die Steuerschuld wird am 30. April des neuen Jahres per Banküberweisung beglichen.

Aufgaben:

1. Buchen Sie den Sachverhalt auf Konten!
2. Bilden Sie den Buchungssatz!

Lösungen:

Zu 1.: Buchung auf den Konten

S	3800 Steuerrückstellungen	H
2800/5480 4000,00	AB	4000,00

S	2800 Bank	H
AB 12500,00	3800	3800,00

S	5480 Erträge aus der Herabsetzung von Rückstellungen	H
	3800	200,00

---

1 In der Praxis wird häufig auch auf dem Konto Grundsteuer gebucht.

Zu 2.: Buchungssatz

Geschäftsvorfall	Konten	Soll	Haben
Auflösung einer Rückstellung bei einem geringeren Aufwand als die Schätzung.	3800 Steuerrückstellungen an 2800 Bank an 5480 Erträge a. d. Herabsetzung von Rückstellungen	4 000,00	3 800,00 200,00

Erklärung:

- Das Passivkonto 3800 Steuerrückstellungen ist mit dem Betrag von 4 000,00 EUR zu eröffnen.
- Die Grundsteuerschätzung für das alte Jahr ist zu hoch angesetzt worden. Dadurch wurden zu hohe Rückstellungen gebildet bzw. es wurde zu viel Grundsteueraufwand für das alte Geschäftsjahr gebucht. Da eine Korrektur der abgelaufenen und abgeschlossenen Geschäftsperiode nicht mehr möglich ist, führt der Differenzbetrag zwischen der gebildeten Rückstellung (4 000,00 EUR) und der Zahlung (3 800,00 EUR) im neuen Geschäftsjahr zu einem Ertrag (200,00 EUR). Die Buchung erfolgt auf dem Konto **5480 Erträge aus der Herabsetzung von Rückstellungen.**[1]

Rückstellungen < Zahlung:

Buchung der Differenz auf dem Konto 5480 Erträge aus der Herabsetzung von Rückstellungen

(3) Buchung der Umsatzsteuer

Beispiel:

Für einen noch nicht abgeschlossenen Prozess wird zur Deckung der Rechtsanwaltskosten eine Rückstellung gebildet. Geschätzter Betrag für die zu buchende Rückstellung am 31. Dezember netto 480,00 EUR.

Die Rechtsanwaltskosten betragen tatsächlich 520,00 EUR zuzüglich 19 % USt. Sie werden am 15. Januar des folgenden Jahres per Banküberweisung beglichen.

Aufgaben:

Bilden Sie die Buchungssätze:

1. Für die Buchung am 31. Dezember des alten Geschäftsjahres!
2. Für die Buchung am 15. Januar des neuen Geschäftsjahres!

Lösungen:

Buchungssätze:

Geschäftsvorfälle	Konten	Soll	Haben
1. Buchung am 31. Dezember des alten Jahres:	6770 Rechts- u. Beratungskosten an 3930 Sonst. Rückst. f. andere ungewisse Verb.	480,00	 480,00
2. Buchung am 15. Januar des neuen Jahres:	3930 Rückst. für Rechts- und Beratungskosten 6990 Periodenfremde Aufwend. 2600 Vorsteuer an 2800 Bank	480,00 40,00 98,80	 618,80

---

1 Der vorliegende Kontenrahmen sieht dieses Konto vor. In der Praxis wird der Ertrag in der Regel direkt auf dem betroffenen Konto (im angegebenen Fall auf dem Konto 7020 Grundsteuer) gebucht.

380

Die **Vorsteuer** darf **erst gebucht werden,** wenn der **tatsächliche Aufwand** z. B. aufgrund einer vorliegenden Rechnung **feststeht.**

Übungsaufgaben

217 Bilden Sie die Buchungssätze für die im alten und für die im neuen Geschäftsjahr anfallenden Buchungen:

1. 1.1 Für eine im alten Jahr unterlassene Reparatur am Geschäftsgebäude soll beim Jahresabschluss eine Rückstellung in Höhe von 3 000,00 EUR gebildet werden. Der Auftrag soll im Februar ausgeführt werden.

   1.2 Die Ausführung erfolgt tatsächlich im März.

Der Rechnungsbetrag über netto	3 500,00 EUR
+ 19 % USt	665,00 EUR
wird per Bankscheck beglichen	4 165,00 EUR

2. 2.1 Für einen schwebenden Prozess soll beim Jahresabschluss eine Rückstellung in Höhe von 1 500,00 EUR gebildet werden.

   2.2 Die per Banküberweisung im Januar gezahlten Rechtsanwaltskosten betragen netto

Rechtsanwaltskosten betragen netto	1 200,00 EUR
+ 19 % USt	228,00 EUR
	1 428,00 EUR

3. Für eingegangene Kulanzverpflichtungen soll zum 31. Dezember eine Rückstellung in Höhe von 20 000,00 EUR gebildet werden. Darüber hinaus sind wir bei einem Kunden gezwungen, aus Kulanzgründen eine kostenlose Nachlieferung in Höhe von ca. 500,00 EUR vorzunehmen. Beide Verpflichtungen sind im kommenden Jahr zu erfüllen.

4. 4.1 Für eine im kommenden Geschäftsjahr zu erwartende Körperschaftsteuerzahlung wird zum 31. Dezember eine Rückstellung von 5 000,00 EUR gebildet.

   4.2 Die Steuerschuld beträgt lt. Steuerbescheid 5 500,00 EUR und wird im Januar per Banküberweisung beglichen.

   4.3 Laut Steuerbescheid sind genau 5 000,00 EUR zu zahlen, die durch Banküberweisung im Januar überwiesen werden.

   4.4 Laut Steuerbescheid sind nur 4 500,00 EUR zu bezahlen. Die Banküberweisung erfolgt im Januar.

5. Erläutern Sie den Begriff „Rückstellungen" und die Gründe, weshalb sie gebildet werden!

6. Welche Auswirkungen haben Rückstellungen auf das Unternehmensergebnis?

218 Welche Aussage zur Bildung von Rückstellungen ist richtig?

1. Rückstellungen müssen u. a. gebildet werden für ungewisse Verbindlichkeiten.

2. Rückstellungen müssen gebildet werden, um eventuell entstehende Fehlbeträge ausgleichen zu können.

3. Rückstellungen müssen gebildet werden, um die Eigenkapitalbasis zu stärken.

4. Rückstellungen müssen gebildet werden, um das allgemeine Unternehmerwagnis auszugleichen.

5. Rückstellungen dürfen gebildet werden zum Ausgleich drohender Verluste.

5.4 Hauptabschlussübersicht (Abschlussübersicht)

Die Hauptabschlussübersicht (auch Betriebsübersicht, Abschlusstabelle oder Bilanzübersicht genannt) ist eine tabellarische Form des Abschlusses. Durch die tabellarische Darstellung wird es ermöglicht, die Abschlussarbeiten auf **einem Blatt** durchzuführen, sodass man sich den aufwendigen Abschluss der Sachkonten ersparen kann. Diese Darstellungsform erhöht die Übersichtlichkeit und bringt eine Kosten- und Zeitersparnis für den Betrieb.

> Die **Hauptabschlussübersicht (Betriebsübersicht)** ist eine außerhalb der Hauptbuchhaltung (Sachkonten) erstellte tabellarische Form des Abschlusses.

Beispiel:

I. Summenbilanz:

Vor dem Abschluss weisen die einzelnen Konten einer Großhandelsbuchführung unter Einschluss der Anfangsbestände (jeweils auf der Soll- und der Habenseite) die folgenden Summen aus:

	Soll	Haben
0870 Büromöbel und sonstige Geschäftsausstattung	50 000,00 EUR	3 000,00 EUR
2280 Waren	32 000,00 EUR	
2400 Forderungen aus Lieferungen und Leistungen	82 500,00 EUR	72 300,00 EUR
2600 Vorsteuer	1 332,00 EUR	
2800 Bank	75 850,00 EUR	70 500,00 EUR
3000 Eigenkapital		78 454,00 EUR
3001 Privatkonto	1 500,00 EUR	
4400 Verbindlichkeiten aus Lief. und Leist.	90 700,00 EUR	95 500,00 EUR
4800 Umsatzsteuer	22,00 EUR	5 550,00 EUR
5100 Umsatzerlöse für Waren		53 600,00 EUR
6080 Aufwendungen für Waren	13 500,00 EUR	
6200/6300 Löhne/Gehälter	20 000,00 EUR	
6520 Abschreibungen auf Sachanlagen		
6700 Mieten, Pachten	7 500,00 EUR	
6750 Kosten des Geldverkehrs	500,00 EUR	
6800 Büromaterial	3 500,00 EUR	
	378 904,00 EUR	378 904,00 EUR

II. Abschlussangaben:

1. Warenschlussbestand lt. Inventur 30 000,00 EUR.

2. Abschreibung auf Büromöbel und sonstige Geschäftsausstattung: 1 000,00 EUR.

3. Die Umsatzsteuer ist zu passivieren!

III. Aufgaben:

1. Erstellen Sie eine Hauptabschlussübersicht und ermitteln Sie unter Beachtung der angegebenen Abschlussangaben den Erfolg der Geschäftsperiode!

2. Berechnen Sie das neue Eigenkapital!

Lösungen:

Hauptabschlussübersicht (Betriebsübersicht)

Konten Name	I. Summenbilanz S	I. Summenbilanz H	II. Saldenbilanz I S	II. Saldenbilanz I H	III. Umbuchungen S	III. Umbuchungen H	IV. Saldenbilanz II S	IV. Saldenbilanz II H	V. Inventurbilanz S	V. Inventurbilanz H	VI. Erfolgsbilanz S	VI. Erfolgsbilanz H
0870 Bürom./G.-Ausst.	50000,00	3000,00	47000,00			1000,00	46000,00		46000,00			
2280 Waren	32000,00		32000,00			2000,00	30000,00		30000,00			
2400 Ford. a. Lief. u. Leist.	82500,00	72300,00	10200,00				10200,00		10200,00			
2600 Vorsteuer	1332,00		1332,00			1332,00						
2800 Bank	75850,00	70500,00	5350,00				5350,00		5350,00			
3000 Eigenkapital		78454,00		78454,00	1500,00			76954,00		76954,00		
3001 Privatkonto	1500,00		1500,00			1500,00						
4400 Verb. a. Lief. u. Leist.	90700,00	95500,00		4800,00				4800,00		4800,00		
4800 Umsatzsteuer	22,00	5550,00		5528,00	1332,00			4196,00		4196,00		
5100 UErl. Waren		53600,00		53600,00				53600,00				53600,00
6080 Aufw. für Waren	13500,00		13500,00		2000,00		15500,00				15500,00	
6200/6300 Löhne/Gehälter	20000,00		20000,00				20000,00				20000,00	
6520 Abschr. a. Sachanl.					1000,00		1000,00				1000,00	
6700 Mieten, Pachten	7500,00		7500,00				7500,00				7500,00	
6750 Kost. d. Geldverk.	500,00		500,00				500,00				500,00	
6800 Büromaterial	3500,00		3500,00				3500,00				3500,00	
	378904,00	378904,00	142382,00	142382,00	5832,00	5832,00	139550,00	139550,00	91550,00	85950,00	48000,00	53600,00
Gewinn:										5600,00	5600,00	
									91550,00	91550,00	53600,00	53600,00

Buchungssätze für die Umbuchungen

Geschäftsvorfälle	Konten	Soll	Haben
1. Abschreibungen auf Bürom./ G.-Ausst.	6520 Abschr. a. Sachanlagen an 0870 Bürom./G.-Ausst.	1000,00	1000,00
2. Abschluss des Vorsteuerkontos	4800 Umsatzsteuer an 2600 Vorsteuer	1332,00	1332,00
3. Abschluss des Privatkontos	3000 Eigenkapital an 3001 Privatkonto	1500,00	1500,00
4. Erfassung der Aufwendungen für Waren	6080 Aufwendungen für Waren an 2280 Waren	2000,00	2000,00

Ermittlung des Eigenkapitals:

Eigenkapital am Anfang	78454,00 EUR
– Privatentnahmen	1500,00 EUR
	76954,00 EUR
+ Gewinn	5600,00 EUR
= Eigenkapital am Ende	82554,00 EUR

383

Erläuterungen zu der aufgestellten Abschlussübersicht:

■ **Summenbilanz**

In der Summenbilanz werden die Soll- und die Habensummen aller Bestands- und Erfolgskonten der Hauptbuchhaltung untereinander aufgeführt. Die Summen setzen sich zusammen aus den Anfangsbeständen und den Buchungen der Geschäftsvorfälle.

■ **Saldenbilanz I**

Aus den Soll- und den Habenbeträgen der Summenbilanz wird für jedes Konto die Differenz (Saldo) ermittelt und jeweils in die zweite Spalte der Abschlussübersicht (Saldenbilanz I) eingetragen. Da es sich hier nicht um eine kontenmäßige, sondern um eine tabellarische Übersicht der Salden handelt, wird hier – anders als auf einem Konto – der Saldo auf der Seite der Saldenbilanz I eingetragen, die in der Summenbilanz die wertmäßig größere war.

Beispiel:

Konten	Summenbilanz		Saldenbilanz I	
	Soll	Haben	Soll	Haben
0870 Bürom./G.-Ausstattung	50 000,00	3 000,00	47 000,00	

Nachdem alle Salden ordnungsmäßig ermittelt und eingetragen worden sind, muss die **Gesamtsumme** auf der Soll- und der Habenseite in der Saldenbilanz I ebenfalls gleich sein.

■ **Umbuchungen**

Als nächster Schritt wird in der Umbuchungsspalte der Abschluss vorbereitet. Hier erfolgen die Umbuchungen, die beim kontenmäßigen Abschluss als vorbereitende Abschlussbuchungen bezeichnet werden (vgl. S. 383).

In der Umbuchungsspalte wird ähnlich wie auf den Konten doppelt gebucht. Jeder Betrag erscheint (in Höhe der entsprechenden Zeile) auf einem Konto auf der Sollseite und auf einem anderen Konto (in Höhe der entsprechenden Zeile) auf der Habenseite.

Beispiel:

Konten	Summenbilanz		Saldenbilanz I		Umbuchungen	
	Soll	Haben	Soll	Haben	Soll	Haben
0870 Bürom./G.-Ausstat.	50 000,00	3 000,00	47 000,00			1 000,00
⋮						
6520 Abschr. auf Sachanl.					1 000,00	

■ **Saldenbilanz II**

Durch diese nachträglichen Buchungen haben sich bei den angesprochenen Konten die vorher ermittelten Salden geändert. Deshalb müssen diese Salden neu ermittelt werden. Dafür ist die Saldenbilanz II vorgesehen.

Diese neuen Salden werden aus den Werten der Saldenbilanz I in Verbindung mit den Werten in der Umbuchungsspalte ermittelt. Dabei werden Werte auf der gleichen Seite addiert, Werte der verschiedenen Seiten subtrahiert. Sofern bei einem Konto keine Umbuchung vorgenommen wurde, wird der Saldo der Saldenbilanz I unverändert in die Saldenbilanz II übernommen. Soll- und Habenbeträge müssen übereinstimmen.

■ **Inventurbilanz/Erfolgsbilanz**

Von der Saldenbilanz II ausgehend, werden die einzelnen Salden je nach Art des Kontos auf die Inventurbilanz oder Erfolgsbilanz verteilt. Dabei nimmt die **Inventurbilanz** alle Salden der **Bilanzkonten** und die **Erfolgsbilanz** alle Salden der **Erfolgskonten** auf, wobei die Salden immer auf der gleichen Seite eingetragen werden müssen, auf der sie auch in der Saldenbilanz II standen.

Wenn alle Salden der Saldenbilanz II richtig auf die Inventurbilanz und Erfolgsbilanz verteilt sind, werden in der Inventur- und der Erfolgsbilanz jeweils die Gesamtsummen in den Soll- und den Habenspalten ermittelt. Es darf nicht überraschen, dass diese Gesamtsummen nun nicht mehr gleich sind. Eine Gleichheit der Soll- und der Habensummen würde nämlich bedeuten, dass ohne Erfolg gearbeitet wurde.

In unserem Beispiel ist die Habenseite der Erfolgsbilanz um 5 600,00 EUR höher als die Sollseite. Da die Erträge höher sind als die Aufwendungen, bedeutet das einen Gewinn in dieser Höhe. Deshalb ist auch die Sollseite der Inventurbilanz um 5 600,00 EUR höher als die Habenseite. Erst nach Eintragung dieses Gewinnes in die Erfolgsbilanz auf der Sollseite und in der Inventurbilanz auf der Habenseite sind die Soll- und die Habensummen in der Inventurbilanz und Erfolgsbilanz gleich.

Anmerkungen zum Abschluss der Warenkonten

■ Die aus der Buchführung in die Summenbilanz der Abschlussübersicht übernommene Summe für das Warenkonto enthält nur den Anfangsbestand an Waren – in unserem Beispiel 32 000,00 EUR. Der Warenbestand wird in die Summen- bzw. Saldenbilanz I übernommen.

■ Der Schlussbestand an Waren lt. Inventur ist (wie der Schlussbestand der übrigen aktiven Bestandskonten auch) auf der Sollseite der Inventurbilanz einzutragen. Der gleiche Betrag wird auch auf der Sollseite der Saldenbilanz II eingetragen.

■ Nächster Schritt ist die Ermittlung und Umbuchung der Bestandsveränderung. Dies geschieht in der Weise, dass von dem Wert auf dem Warenkonto in der Saldenbilanz I der Inventurbestand abgezogen wird. In unserem Beispiel ergibt sich folgende Rechnung:

Saldo auf dem Warenkonto in der Saldenbilanz I	32 000,00 EUR
− Warenschlussbestand lt. Inventur (Saldenbilanz II)	30 000,00 EUR
= Bestandsveränderung (Bestandsminderung)	2 000,00 EUR

Buchung: 6080 Aufwendungen für Waren an 2280 Waren

■ **Berechnung des Warenaufwands:**

Aufwendungen für Waren	13 500,00 EUR
+ Bestandsminderung	2 000,00 EUR
= Aufwendungen für Waren	15 500,00 EUR

■ Anschließend werden die Aufwendungen für Waren in der Saldenbilanz II erfasst und in die Erfolgsbilanz übernommen.

Konten	Saldenbilanz I		Umbuchungen		Saldenbilanz II		Inventurbilanz		Erfolgsbilanz	
	Soll	Haben	Soll	Haben	Soll	Haben	Soll	Haben	Soll	Haben
2280 Waren	32 000,00			2 000,00	30 000,00		30 000,00			
⋮										
6080 Aufwend. für Waren	13 500,00		2 000,00		15 500,00				15 500,00	

Hinweis zu den Buchungen im Industriebetrieb

Vom buchungstechnischen Ablauf her gibt es keine Unterschiede zum Handelsbetrieb. Wie im Handelsbetrieb werden alle Abschlussbuchungen, die in der Buchführung des Industriebetriebs anfallen und nicht unmittelbar eines der Abschlusskonten (GuV-Konto oder SBK) berühren, in der Umbuchungsspalte durchgeführt. Die typischen Umbuchungen der Industriebuchführung können dem Beispiel auf S. 386 entnommen werden.

25 Speth u.a. - ISBN 978-3-8120-0261-5

Typische Umbuchungen der Industriebuchführung im Rahmen der Hauptabschlussübersicht (vgl. S. 383)

Konten	Saldenbilanz I Soll	Saldenbilanz I Haben	Umbuchungen Soll	Umbuchungen Haben	Saldenbilanz II Soll	Saldenbilanz II Haben	Inventurbilanz Soll	Inventurbilanz Haben	Erfolgsbilanz Soll	Erfolgsbilanz Haben
...										
2000 Rohstoffe	140 500,00			2 200,00	138 300,00		138 300,00			
2010 Vorprodukte	38 900,00			4 800,00	34 100,00		34 100,00			
2020 Hilfsstoffe	17 400,00			2 100,00	15 300,00		15 300,00			
2030 Betriebsstoffe	8 200,00			2 500,00	10 700,00		10 700,00			
2100 Unfertige Erzeugnisse	22 200,00			10 200,00	12 000,00		12 000,00			
2200 Fertige Erzeugnisse	31 700,00		3 300,00		35 000,00		35 000,00			
...										
5201 Bestandsveränd. UE* (Bestandsminderung an UE)			10 200,00		10 200,00				10 200,00	
5202 Bestandsveränd. FE (Bestandsmehrung an FE)				3 300,00		3 300,00				3 300,00
...										
6000 Aufw. für Rohstoffe	51 200,00		2 200,00		53 400,00				53 400,00	
6010 Aufw. für Vorprodukte	9 100,00		4 800,00		13 900,00				13 900,00	
6020 Aufw. für Hilfsstoffe	6 200,00		2 100,00		8 300,00				8 300,00	
6030 Aufw. für Betriebsstoffe	5 400,00		2 500,00		7 900,00				7 900,00	
...										
...										

*Anmerkung: Die Bestandsveränderungskonten werden in der Kontenklasse 5 als Ertragskonten geführt. Liegt eine Bestandsminderung vor, und das ist beim Konto 5201 der Fall, muss der Aufwand an Werkstoffen um die Bestandsminderung erhöht werden. Das Konto 5201 Bestandsveränderungen an unfertigen Erzeugnissen wird daher über die Sollseite der Erfolgsbilanz abgeschlossen.

Übungsaufgaben

219 **I. Summenbilanz:**

Vor dem Kontenabschluss weisen die einzelnen Konten einer Großhandelsbuchführung folgende Summen auf:

	Soll	Haben
0500 Unbebaute Grundstücke	125 000,00 EUR	
0840 Fuhrpark	28 750,00 EUR	2 150,00 EUR
0870 Büromöbel, sonst. Geschäftsausstattung	47 850,00 EUR	4 500,00 EUR
2280 Waren	46 310,00 EUR	
2400 Forderungen a. Lief. u. Leist.	338 560,00 EUR	325 785,00 EUR
2600 Vorsteuer	32 337,00 EUR	
2800 Bank	248 910,00 EUR	237 480,00 EUR
2880 Kasse	176 580,00 EUR	175 875,00 EUR
3000 Eigenkapital		156 578,00 EUR
3001 Privatkonto	38 150,00 EUR	
4250 Langfr. Bankverbindlichkeiten		20 000,00 EUR
4400 Verbindlichkeiten a. Lief. u. Leist.	285 790,00 EUR	337 360,00 EUR
4800 Umsatzsteuer		57 079,00 EUR
5100 Umsatzerlöse für Waren		438 763,00 EUR
5420 Entn. v. Geg. u. Leist.		
6080 Aufwendungen für Waren	280 000,00 EUR	1 780,00 EUR
6160 Fremdinstandhaltung	8 375,00 EUR	
6300 Gehälter	48 883,00 EUR	
6520 Abschreibungen auf Sachanlagen		
6700 Mieten, Pachten	1 895,00 EUR	
6800 Büromaterial	5 980,00 EUR	
6850 Reisekosten	43 980,00 EUR	
	1 757 350,00 EUR	1 757 350,00 EUR

II. Abschlussangaben:

1. Warenschlussbestand lt. Inventur   28 000,00 EUR

2. Abschreibungen

    2.1 auf Konto 0840 Fuhrpark   5 760,00 EUR

    2.2 auf Konto 0870 Büromöbel und sonstige Geschäftsausstattung   4 785,00 EUR

3. Von den Fremdinstandhaltungen sind

    netto   1 700,00 EUR als privater Nutzungsanteil zu erfassen.

    + 19 % USt   323,00 EUR

                   2 023,00 EUR

III. Aufgaben:

1. Stellen Sie eine Abschlussübersicht auf und ermitteln Sie unter Beachtung der Abschlussangaben den Erfolg der Geschäftsperiode!

2. Berechnen Sie das neue Eigenkapital!

220 I. Summenbilanz:

	Soll	Haben
0510 Bebaute Grundstücke	250 000,00 EUR	
0840 Fuhrpark	40 000,00 EUR	
0870 Büromöbel u. sonst. G.-Ausstattung	35 000,00 EUR	
2280 Waren	69 400,00 EUR	
2400 Forderungen a. Lief. u. Leist.	136 000,00 EUR	78 000,00 EUR
2600 Vorsteuer	35 000,00 EUR	
2800 Bank	402 000,00 EUR	312 500,00 EUR
2880 Kasse	153 200,00 EUR	149 300,00 EUR
2900 Aktive Jahresabgrenzung		
3000 Eigenkapital		237 200,00 EUR
3001 Privatkonto	22 400,00 EUR	
4250 Langfr. Bankverbindlichkeiten		60 000,00 EUR
4400 Verbindlichkeiten a. Lief. u. Leist.	178 350,00 EUR	189 100,00 EUR
4800 Umsatzsteuer		65 000,00 EUR
4840 Verb. gegenüber Sozialversicherungsträgern		7 700,00 EUR
4890 Übrige sonstige Verbindlichkeiten		
4900 Passive Jahresabgrenzung		
5081 Miet- und Pachterlöse		3 500,00 EUR
5100 Umsatzerlöse für Waren		580 700,00 EUR
5710 Zinserträge		2 800,00 EUR
6080 Aufwendungen für Waren	251 450,00 EUR	
6160 Fremdinstandhaltung	9 000,00 EUR	
6300 Gehälter	54 000,00 EUR	
6410 Arbeitgeberanteil zur Sozialversicherung	12 500,00 EUR	
6520 Abschreibungen auf Sachanlagen		
6900 Versicherungsbeiträge	12 200,00 EUR	
7510 Zinsaufwendungen	25 300,00 EUR	
	1 685 800,00 EUR	1 685 800,00 EUR

II. Für den Jahresabschluss sind noch folgende Tatbestände zu berücksichtigen:

1. Die Feuerversicherung in Höhe von   750,00 EUR
   für das neue Geschäftsjahr wurde bereits im Dezember
   des laufenden Jahres per Bank beglichen.

2. Die halbjährlichen Darlehenszinsen in Höhe von   1 800,00 EUR
   für die Zeit vom 1. Sept. bis 28. Febr.
   werden von uns nachträglich bezahlt.

3. Für das neue Geschäftsjahr ging bereits im Dezember ein Mietbetrag
   in Höhe von   1 500,00 EUR
   auf unserem Bankkonto ein.

4. Abschreibungen:
   4.1 auf 0510 bebaute Grundstücke   4 000,00 EUR
   4.2 auf 0840 Fuhrpark   8 000,00 EUR
   4.3 auf 0870 Büromöbel und sonst. Geschäftsausstattung   3 500,00 EUR

5. Der Warenschlussbestand lt. Inventur beträgt 50 000,00 EUR.

III. Aufgaben:

1. Erstellen Sie die Abschlussübersicht einer Großhandelsbuchführung und ermitteln Sie unter Beachtung der Abschlussangaben den Erfolg der Geschäftsperiode!

2. Berechnen Sie das neue Eigenkapital!

221 I. Saldenbilanz:

Vor dem Abschluss weisen die einzelnen Konten einer Industriebuchführung die folgenden Salden auf, die auf den entsprechenden Konten vorzutragen sind.

	Soll	Haben
0510 Bebaute Grundstücke	63 000,00 EUR	
0530 Betriebsgebäude	150 000,00 EUR	
0700 Technische Anlagen und Maschinen	18 900,00 EUR	
0840 Fuhrpark	12 750,00 EUR	
2000 Rohstoffe	31 300,00 EUR	
2030 Betriebsstoffe	6 500,00 EUR	
2400 Forderungen a. Lief. u. Leist.	14 200,00 EUR	
2600 Vorsteuer	1 350,00 EUR	
2800 Bank	3 100,00 EUR	
2880 Kasse	4 220,00 EUR	
3000 Eigenkapital		174 486,00 EUR
3001 Privatkonto	2 150,00 EUR	
4250 Langfristige Bankverbindlichkeiten		34 000,00 EUR
4400 Verbindlichkeiten a. Lief. u. Leist.		62 100,00 EUR
4800 Umsatzsteuer		8 334,00 EUR
5000 Umsatzerlöse für eigene Erzeugnisse		121 880,00 EUR
6000 Aufwendungen für Rohstoffe	59 700,00 EUR	
6030 Aufwendungen für Betriebsstoffe	5 900,00 EUR	
6100 Aufwendungen für bezogene Leistungen	4 500,00 EUR	
6300 Gehälter	14 500,00 EUR	
6520 Abschreibungen auf Sachanlagen		
6700 Mieten, Pachten	1 480,00 EUR	
6800 Aufwendungen für Kommunikation	7 250,00 EUR	
	400 800,00 EUR	400 800,00 EUR

II. Abschlussangaben:

1. Schlussbestände lt. Inventur
    – an Rohstoffen   27 400,00 EUR
    – an Betriebsstoffen   8 100,00 EUR

2. Abschreibungen
    2.1 auf 0530 Betriebsgebäude   3 000,00 EUR
    2.2 auf 0700 Techn. Anlagen und Maschinen   20 % vom Buchwert
    2.3 auf 0840 Fuhrpark   20 % von den Anschaffungskosten in Höhe von 19 125,00 EUR

3. Die Zahllast ist zu passivieren!

III. Aufgaben:

1. Führen Sie den Abschluss in Form einer Abschlussübersicht durch!

2. Berechnen Sie das neue Eigenkapital!

Aufgaben zur Wiederholung

222 Bilden Sie für die folgenden Geschäftsvorfälle die Buchungssätze!

1. 1.1 Wir erhalten eine Rechnung über bezogene Hilfsstoffe in Höhe von 2 700,00 EUR zuzüglich 19 % USt.

   1.2 Wegen eines Qualitätsmangels senden wir einen Teil der Hilfsstoffe in Höhe von 410,00 EUR zuzüglich 19 % USt zurück.

   1.3 Am Zahlungstermin begleichen wir die Rechnung unter Abzug von 2 % Skonto mit Banküberweisung.

2. Wir senden Leihverpackung für Rohstoffe zurück und erhalten eine Gutschrift von 272,80 EUR zuzüglich 19 % USt.

3. Wir senden Fertigbauteile wegen Beschädigung zurück:

Warenwert	4 120,00 EUR	
+ 19 % USt	782,80 EUR	4 902,80 EUR

4. Auf Waren gewährt uns der Lieferer nachträglich einen Rabatt. Warenwert

	380,00 EUR	
+ 19 % USt	72,20 EUR	452,20 EUR

5. Vom Rohstofflieferer erhalten wir am Jahresende einen Bonus in Höhe von 1 460,00 EUR zuzüglich 19 % USt.

223 1.

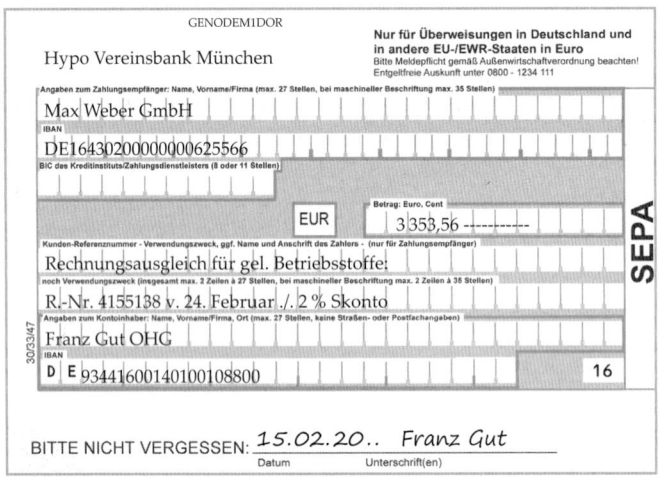

Die Franz Gut OHG begleicht die Rechnung der Max Weber GmbH unter Abzug von 2 % Skonto.

Bilden Sie den Buchungssatz aus Sicht der Franz Gut OHG!

2. Wir senden Leihverpackung für Betriebsstoffe zurück und erhalten eine Gutschrift von 88,40 EUR zuzüglich 19 % USt.

3. Wir senden Hilfsstoffe wegen Beschädigung zurück:

Warenwert	711,40 EUR	
+ 19 % USt	135,17 EUR	846,57 EUR

4. Am Zahlungstermin begleichen wir eine Rechnung für geliefertes Maschinenöl in Höhe von 4 851,63 EUR einschließlich 19 % USt unter Abzug von 3 % Skonto durch Banküberweisung.

224

1. Verkauf von Erzeugnissen
   Listenverkaufspreis   93 000,00 EUR
   – 20 % Rabatt   18 600,00 EUR
                                              74 400,00 EUR
   + 19 % USt   14 136,00 EUR
                                              88 536,00 EUR

2. Auf die gelieferten Erzeugnisse gewähren wir
   einen Umsatzbonus in Form einer Gutschrift   1 200,00 EUR
   + 19 % USt   228,00 EUR
                                                    1 428,00 EUR

3. Einkauf von Verpackungsmaterial gegen Barzahlung
   (sofortiger Verbrauch)   500,00 EUR
   + 19 % USt   95,00 EUR   595,00 EUR

4. Wir gewähren einem Kunden eine Gutschrift
   wegen mangelhafter Lieferung von Erzeugnissen.
   Nettowert   180,00 EUR
   + 19 % USt   34,20 EUR   214,20 EUR

5.

		Kontonummer	erstellt am	Auszug	Blatt
	Dortmunder Volksbank e.G. GENODEM1DOR DE08 4416 0014 0010 6985 43		31.03.20..	26	1

	Alter Kontostand			29 340,77	+
5.1	30.03. 300105 30.03.	Rechnungsausgleich für verkaufte Erzeugnisse abz. 2 % Skonto		6 997,20	+
5.2	30.03. 300106 30.03.	Bareinzahlung		1 000,00	+
5.3	31.03. 300912 31.03.	Lastschrift Tilgungsrate März Kreditkonto 100 108 222		5 000,00	–
	Neuer Kontostand			32 337,97	+

UST-ID DE 169 720 480

Grafik Design
Ralf Weybeck KG
Seydlitzstr. 14
44263 Dortmund

Bitte Rückseite beachten.

6. Eine noch nicht gebuchte Speditionsrechnung
   wird durch Banküberweisung beglichen.
   Rechnungsbetrag einschl. 19 % USt   499,80 EUR

7. Kauf von Büromaterial bar   160,00 EUR
   + 19 % USt   30,40 EUR   190,40 EUR

8. Von der bereits gebuchten Lieferung von Waren
   wird der nicht bestellte Teil zurückgenommen.
   Nettowert 1 500,00 EUR zuzüglich 19 % USt.

9. Gutschrift auf gelieferte Erzeugnisse
   aufgrund seiner Mängelrüge netto   2 400,00 EUR
   + 19 % USt   456,00 EUR   2 856,00 EUR

5.5 Beurteilung eines Unternehmens anhand der Bilanz und der Gewinn- und Verlustrechnung (Jahresabschlussanalyse)

5.5.1 Begriff und Ziele der Jahresabschlussanlalyse

Nach der Aufstellung des Jahresabschlusses ist der Unternehmer in der Lage, die wirtschaftlichen Verhältnisse seines Unternehmens zu beurteilen. Allerdings sagen die absoluten Zahlenwerte eines einzelnen Jahresabschlusses relativ wenig aus. Mit der Aussage, dass laut Jahresabschluss z. B. das Vermögen 1 320 000,00 EUR oder der Gewinn 235 000,00 EUR betrug, ist wenig anzufangen. Um Abschlusszahlen eines Unternehmens beurteilen zu können, benötigt man **Vergleichswerte** als **Vergleichsmaßstab.**

- Nimmt man als Vergleichswerte die Abschlusszahlen des Vorjahres bzw. mehrerer vorangegangener Jahre desselben Unternehmens, spricht man von einem **Zeitvergleich**. Mit ihm lassen sich Entwicklungstendenzen des eigenen Betriebes feststellen.

- Werden die Abschlusszahlen eines Jahres mit denen anderer Betriebe derselben Branche verglichen – im Allgemeinen wählt man als Vergleichsmaßstab die ermittelten Durchschnittswerte dieser Branche –, dann handelt es sich um einen sogenannten **Betriebs- und Branchenvergleich.** Auf diese Weise lässt sich die Situation des zu beurteilenden Unternehmens im Vergleich zu anderen Unternehmen der Branche abschätzen.

Aber auch bei solchen Vergleichen reicht der Vergleich der absoluten Zahlen nicht aus. Um tiefere Einblicke in die wirtschaftlichen Verhältnisse eines Unternehmens gewinnen zu können, werden bestimmte Zahlen bzw. zusammengefasste Zahlengruppen zueinander in Beziehung gesetzt, die als **Kennzahlen** bezeichnet werden. Die Beurteilung eines Unternehmens aufgrund solcher Kennzahlen wird als **Jahresabschlussanalyse** bezeichnet.

- Die **Jahresabschlussanalyse** ist die Aufbereitung und Auswertung des Jahresabschlusses. Sie ist ein Instrument, um die Datenmengen eines Jahresabschlusses zu aussagekräftigen Informationen zusammenzufassen.

- Die Jahresabschlussanlalyse ist ein **System von Kennzahlen,** die aus der **Bilanz** und der **Gewinn- und Verlustrechnung** abgeleitet werden.

Im Einzelnen besteht das Ziel der **finanzwirtschaftlichen Analyse** in der Gewinnung von Informationen über die **Kapitalverwendung (Vermögensstruktur)** und die Art der **Kapitalaufbringung (Kapitalstruktur).** Daneben soll die **Form der Finanzierung des Anlagevermögens (Deckungsgrade)** sowie die **Zahlungsfähigkeit (Liquidität)** des Unternehmens aufgedeckt werden. Im Rahmen der ertragswirtschaftlichen Analyse wird die **Ertragskraft des Unternehmens (Rentabilitätsanalyse)** gemessen sowie eine **Cashflow-Analyse** durchgeführt.

Neben der Erfassung der finanzwirtschaftlichen Vorgänge versuchen derzeit viele Unternehmen, auch ihre **ökologische Situation** (z. B. hinsichtlich der verwendeten Einsatzstoffe, der Umweltverträglichkeit des Produktionsprozesses, der Lärmerzeugung, des Energieaufwands usw.) in einer **Öko-Bilanz** festzuhalten und sie mithilfe von **Öko-Kennzahlen** zu analysieren. Diese Unternehmen möchten damit die von ihnen verursachte **Umweltbeanspruchung** ermitteln, um sie anschließend durch den gezielten Aufbau eines Umweltmanagements (man spricht auch von **Umweltcontrolling**) reduzieren zu können.

Ziel der Jahresabschlussanalyse ist die **Beurteilung** der gegenwärtigen und künftigen Unternehmenssituation **(Finanzlage, Kreditwürdigkeit, Ertragslage).** Sie ist gleichermaßen **Informations-, Kontroll- und Steuerungsinstrument** für Gläubiger und Anteilseigner.

5.5.2 Aufbereitung der Bilanz für die Jahresabschlussanalyse

(1) Begriff Bilanzanalyse

■ **Bilanzanalyse** ist die Beurteilung eines Unternehmens aufgrund von Bilanzen.

■ Es werden aus Bilanzposten **Kennziffern** gebildet, welche die wirtschaftlichen Verhältnisse eines Unternehmens widerspiegeln sollen.

Für eine aussagekräftige Bilanzanalyse sind Vergleichswerte wichtig. Man unterscheidet zwei Vergleichsmaßstäbe: den Zeitvergleich sowie den Betriebs- und Branchenvergleich.

Zeitvergleich	Betriebs- und Branchenvergleich
Hier werden die Ergebnisse der aktuellen Abrechnungsperiode mit denen vorangegangener Abrechnungsperioden verglichen.	Hier wird die Bilanzentwicklung des eigenen Unternehmens mit der anderer Unternehmen (gleiche Branche, gleiche Betriebsgröße und Zielsetzung) bzw. mit den Durchschnittswerten der Branche verglichen.

(2) Strukturbilanz

Für die Bilanzanalyse erweist sich die nach handelsrechtlichen Vorschriften aufgestellte Bilanz als ungeeignet. Die Bildung von Bilanzkennziffern und deren Auswertung verlangt eine größere Gruppenbildung und eine Neuzuordnung einzelner Bilanzposten. Außerdem ist ein gleichartiger Aufbau und eine gleichartige Gliederung für den Vergleich und die Beurteilung von Bilanzen unerlässlich.

Für die Analysezwecke legen wir folgende Bilanzstruktur zugrunde:

Aktiva   Strukturbilanz   Passiva

I. **Anlagevermögen**

II. **Umlaufvermögen**
   1. **mittelfristig** z.B. Vorräte (Waren)
   2. **kurzfristig** z.B. Ford. a. Lief. u. Leist.
   3. **sofort flüssig** z.B. Geldmittel

I. **Eigenkapital**

II. **Fremdkapital**[1]
   1. **langfristig** z.B. Bankdarlehen
   2. **kurzfristig** z.B. Kontokorrentkredit, Verb. a. Lief. u. Leist.

1 Für die Auswertung der Bilanz verwenden wir auf der Passivseite statt des handelsrechtlichen Begriffs Verbindlichkeiten den betriebswirtschaftlichen Begriff Fremdkapital.

393

Beispiel:

Die Aufbereitung und die Bereinigung einer Bilanz soll beispielhaft anhand der Zahlenunterlagen der Großhandlung Max Neumann e. Kfm. gezeigt werden.

Aktiva   Bilanz der Großhandlung Max Neumann e. Kfm. zum 31. Dezember 20..   Passiva

Aktiva		Passiva	
I. Anlagevermögen		**I. Eigenkapital**	573 825,00
Grundstücke und Bauten	150 000,00	**II. Verbindlichkeiten**	
Techn. Anlagen u. Maschinen	75 000,00	Verbindl. gegenüber Kredit-	
A. Anl., Betr.- u. Geschäftsausst.	111 000,00	instituten	125 000,00
II. Umlaufvermögen		Verbindlichkeiten aus Lieferungen	
Waren	350 000,00	und Leistungen	66 400,00
Forderungen aus Lieferungen und			
Leistungen	60 000,00		
Kassenbestand	3 725,00		
Guthaben bei Kreditinstituten	15 500,00		
	765 225,00		765 225,00

Erläuterungen zur Bilanz:

1. Die **Fristigkeit des Umlaufvermögens** ist wie folgt zu sehen:
   - **sofort flüssig:** Kassenbestand und Guthaben bei Kreditinstituten
   - **kurzfristig fällig:** Forderungen aus Lieferungen und Leistungen
   - **mittelfristig fällig:** Waren

2. Die **Fristigkeit beim Fremdkapital** ist wie folgt zu sehen:
   - **langfristig bereitstehende Mittel:** Verbindlichkeiten gegenüber Kreditinstituten
   - **kurzfristig fällig:** Verbindlichkeiten aus Lieferungen und Leistungen

Aufgabe:

Erstellen Sie als Grundlage für die Bilanzanalyse eine aufbereitete Strukturbilanz!

Lösung:

Aktiva   Bilanz der Großhandlung Max Neumann e. Kfm. zum 31. Dezember 20..   Passiva

Aktiva		Passiva	
I. Anlagevermögen	336 000,00	I. Eigenkapital	573 825,00
II. Umlaufvermögen		II. Fremdkapital[1]	
1. mittelfristig	350 000,00	1. langfristig	125 000,00
2. kurzfristig	60 000,00	2. kurzfristig	66 400,00
3. sofort flüssig	19 225,00		
	765 225,00		765 225,00

Eine **Strukturbilanz** ist eine im Hinblick auf die Bilanzauswertung aufbereitete und zusammengefasste Bilanz.

---

1 **Zur Erinnerung:** Für die Auswertung der Bilanz verwenden wir auf der Passivseite statt des handelsrechtlichen Begriffs Verbindlich-keiten den betriebswirtschaftlichen Begriff Fremdkapital.

5.5.3 Auswertung der Bilanz mithilfe von Kennzahlen

5.5.3.1 Grundlegendes

Aufgrund vorliegender Bilanzzahlen lassen sich bestimmte Verhältniszahlen bilden, die für die Beurteilung eines Unternehmens von Wichtigkeit sind.

Grundsätzlich lassen sich solche Zahlenverhältnisse aus Posten derselben Bilanzseite bilden **(einseitige** bzw. **vertikale Bilanzkennzahlen),** oder aber es werden Posten von verschiedenen Bilanzseiten ins Verhältnis gesetzt **(zweiseitige** bzw. **horizontale Bilanzkennzahlen).**

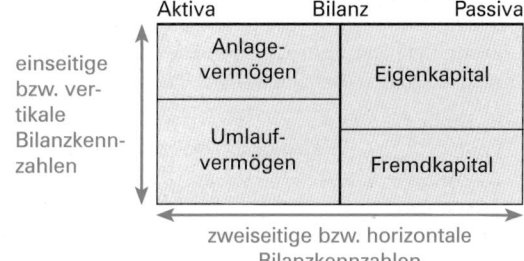

Von der Fülle der möglichen Bilanzkennzahlen – auch Quoten genannt – wollen wir hier nur die wichtigsten bilden. Die folgenden Zahlenverhältnisse ergeben sich aus den Zahlen der vorangestellten, aufbereiteten und bereinigten Bilanz. Um den Aussagewert zu verallgemeinern, sind die Ergebnisse auf 100 bezogen, sodass sich jeweils Prozentsätze ergeben.

5.5.3.2 Kennzahlen zur Vermögensstruktur

Zur Beurteilung des Vermögensaufbaus bilden wir für die Bilanz von S. 394 die folgenden Kennzahlen:

$$\text{Anlageintensität (Anlagequote)} = \frac{\text{Anlagevermögen} \cdot 100}{\text{Gesamtvermögen}}$$

$$\frac{336\,000 \cdot 100}{765\,225} = \underline{43,9\,\%}$$

$$\text{Umlaufintensität (Quote des Umlaufvermögens)} = \frac{\text{Umlaufvermögen} \cdot 100}{\text{Gesamtvermögen}}$$

$$\frac{429\,225 \cdot 100}{765\,225} = \underline{56,1\,\%}$$

Auswertung:

- Die Zahlenverhältnisse spiegeln die Anteile der beiden Vermögensgruppen wider. Aus der Anlageintensität und der Umlaufintensität ergibt sich, dass das Anlagevermögen weniger als die Hälfte, das Umlaufvermögen entsprechend mehr als die Hälfte des Gesamtvermögens ausmacht. Aus der Summe der Anteile von AV und UV ergibt sich jeweils 100 %, also das Gesamtvermögen.

- Dass das Umlaufvermögen in unserem Beispiel überwiegt, konnte erwartet werden, denn der Großhandelsbetrieb benötigt keine teuren Produktionsmaschinen, da der Schwerpunkt der betrieblichen Tätigkeit im Ein- und Verkauf von Waren liegt. Im Grunde ist der Anteil des Anlagevermögens als zu hoch zu bezeichnen. Mögliche Gründe hierfür: Neuwertige Anlagen, die noch kaum abgeschrieben sind, bzw. es sind nicht benötigte Anlagegüter vorhanden. Letzteres würde eine Fehlleitung des Kapitals bedeuten.

5.5.3.3 Kennzahlen zur Kapitalstruktur

Die Analyse der Kapitalstruktur soll über Quellen und Zusammensetzung nach Art und Fristigkeit (Sicherheit) des Kapitals Aufschluss geben. Gläubiger, Lieferer, Kunden sowie Arbeitnehmer erhalten dadurch die Möglichkeit, das Risiko einzuschätzen, inwieweit etwa eine finanzielle Instabilität des „Schuldner-Unternehmens" die planmäßige Erfüllung seiner eingegangenen Leistungsverpflichtungen (z. B. termingerechte Begleichung von Schulden aus Darlehensaufnahmen und Warengeschäften; termingerechte Zahlung von Löhnen und Gehältern) gegenüber den angesprochenen Adressaten beeinträchtigt (Illiquiditätsrisiko, Insolvenzrisiko).[1]

$$\text{Eigenkapitalquote} = \frac{\text{Eigenkapital} \cdot 100}{\text{Gesamtkapital}}$$

$$\frac{573\,825 \cdot 100}{765\,225} = \underline{\underline{75,0\,\%}}$$

$$\text{Fremdkapitalquote} = \frac{\text{Fremdkapital} \cdot 100}{\text{Gesamtkapital}}$$

$$\frac{191\,400 \cdot 100}{765\,225} = \underline{\underline{25\,\%}}$$

$$\text{Verschuldungsgrad} = \frac{\text{Fremdkapital} \cdot 100}{\text{Eigenkapital}}$$

$$\frac{191\,400 \cdot 100}{573\,825} = \underline{\underline{33,4\,\%}}$$

Auswertung:

- Die Eigenkapitalquote weist auf den Anteil der Finanzierung mit Eigenkapital hin. In unserem Fall ist die Eigenkapitalquote am Gesamtkapital sehr hoch. Dem Eigenkapital von 75 % entspricht eine Fremdkapitalquote von 25 %.

- Diese Erkenntnis wird durch den Verschuldungsgrad (prozentualer Anteil des Fremdkapitals am Eigenkapital) bestätigt. Das Ergebnis von 33,4 % im Berichtsjahr bedeutet nichts anderes, als dass auf je 100,00 EUR Eigenkapital 33,40 EUR Fremdkapital entfallen. Mit anderen Worten, das Eigenkapital ist ca. dreimal so hoch wie das Fremdkapital.

  Ein solches Verhältnis ist natürlich für ein Unternehmen außerordentlich günstig, da es nicht mit hohen Fremdkapitalzinsen belastet ist. Dazu kommt der Vorteil der Unabhängigkeit, weil große Kapitalgeber im Allgemeinen auch Mitspracherechte beanspruchen. Nach einer groben Faustregel gilt die Finanzierung eines Unternehmens als solide, wenn es zur Hälfte mit Eigenkapital finanziert wurde. Man nennt diese Faustregel auch 1 : 1-Regel.

Fazit: Das Unternehmen hat eine solide Kapitalausstattung, einen hohen Kreditspielraum und ist unabhängig vom Einfluss durch Gläubiger.

---

1 **Illiquidität** bedeutet, dass ein Unternehmen nicht in der Lage ist, seinen zwingend fälligen Zahlungsverpflichtungen **termin-** und **betragsgenau** nachzukommen.
   Insolvenz bedeutet, dass ein Unternehmen **endgültig** nicht mehr in der Lage ist, seinen fälligen Zahlungsverpflichtungen nachzukommen (Zahlungsunfähigkeit).

Übungsaufgabe

225 1.

Aktiva	Bilanz		Passiva
I. Anlagevermögen	310 000,00	I. Eigenkapital	435 000,00
II. Umlaufvermögen	775 000,00	II. Fremdkapital	
		1. langfristig 216 000,00	
		2. kurzfristig 434 000,00	650 000,00
	1 085 000,00		1 085 000,00

1.1 Berechnen Sie aufgrund der aufbereiteten Bilanz die Bilanzkennzahlen zur Vermögens- und Kapitalstruktur!

1.2 Beurteilen Sie das Ergebnis!

2.

Aktiva	Berichts-jahr	Vor-jahr	Bilanz	Berichts-jahr	Vor-jahr	Passiva
I. Anlagevermögen	243 000,00	164 160,00	I. Eigenkapital	302 400,00	189 960,00	
II. Umlaufvermögen	297 000,00	291 840,00	II. Fremdkapital			
			1. langfristig	95 000,00	100 320,00	
			2. kurzfristig	142 600,00	165 720,00	
	540 000,00	456 000,00		540 000,00	456 000,00	

2.1 Berechnen Sie aufgrund der aufbereiteten Bilanz für das Vorjahr und das Berichtsjahr die Bilanzkennzahlen zur Vermögens- und Kapitalstruktur!

2.2 Beurteilen Sie die Lage des Unternehmens unter Berücksichtigung der Vorjahreszahlen!

5.5.3.4 Kennzahlen der Finanzstruktur

Die **Deckungsgrade** beantworten die Frage, in welchem Umfang das Anlagevermögen durch langfristig verfügbares Kapital gedeckt ist.

Diesen Kennzahlen liegt die Überlegung zugrunde, dass das Anlagevermögen langfristig im Unternehmen gebunden ist und daher auch mit langfristig verfügbaren Mitteln, möglichst mit Eigenkapital, finanziert sein sollte. Allgemein gilt, dass bei einem solide finanzierten Unternehmen die Überlassungsfristen der Finanzmittel mit den Bindungsfristen des finanzierten Vermögens übereinstimmen müssen.[1] Dieser Grundsatz der Fristengleichheit wird in der Literatur als **goldene Bilanzregel** bezeichnet.

---

1 Bei einer Finanzierung z.B. des Anlagevermögens mit Fremdkapital soll (bzw. muss) die Nutzungsdauer des Anlagevermögens mit der Tilgungsdauer (der Darlehensfrist) übereinstimmen, damit die Verzinsung und Rückzahlung des Darlehens durch die in die Verkaufspreise einkalkulierten und verdienten Zins- und Abschreibungsaufwendungen möglich ist.

Wir unterscheiden bei der Anlagendeckung (Investierung) zwei Deckungsgrade:

$$\text{Deckungsgrad I} = \frac{\text{Eigenkapital} \cdot 100}{\text{Anlagevermögen}}$$

$$\frac{573\,825 \cdot 100}{336\,000} = \underline{170{,}8\,\%}$$

$$\text{Deckungsgrad II} = \frac{(\text{Eigenkapital} + \text{langfristiges Fremdkapital}) \cdot 100}{\text{Anlagevermögen}}$$

$$\frac{(573\,825 + 125\,000) \cdot 100}{336\,000} = \underline{208\,\%}$$

Auswertung:

■ Die Deckungsgrade besagen, mit welchen Mitteln das Anlagevermögen finanziert wurde. In unserem Fall drückt sich in den Prozentsätzen des Deckungsgrades I und des Deckungsgrades II erneut der hohe Anteil an Eigenkapital aus. Durch die Finanzierung des Anlagevermögens ist das Eigenkapital noch bei weitem nicht aufgebraucht. Das zur Verfügung stehende Eigenkapital übersteigt also im Berichtsjahr die für die Finanzierung des Anlagevermögens benötigten Mittel um 70,8 %.

■ Diese nicht verbrauchten Mittel des Eigenkapitals können zur Finanzierung von Teilen des Umlaufvermögens verwendet werden. Derartige Finanzierungsverhältnisse müssen für das Unternehmen als sehr günstig beurteilt werden. Das Unternehmen steht noch günstiger da, wenn man – wie beim Deckungsgrad II geschehen – das langfristig verfügbare Fremdkapital mit einbezieht.

■ Das Unternehmen ist mit wenig Fremdkapitalzinsen belastet. Die Finanzierung des für das Unternehmen lebenswichtigen Anlagevermögens ist absolut gesichert. Eine langfristig gesicherte Finanzierung des Anlagevermögens ist für eine Unternehmung von großer Wichtigkeit, denn durch eine mangelhafte Finanzierung des Anlagevermögens (durch kurzfristige Mittel) kann dem Unternehmen die Existenzgrundlage entzogen werden, z. B. dadurch, dass bei noch nicht vollständig bezahlten Lieferungen das Recht auf Eigentumsvorbehalt wahrgenommen wird, oder dass die benötigten Finanzierungsmittel plötzlich zurückgezogen werden.

■ Die **Deckungsgrade** zeigen, inwieweit das langfristig gebundene Vermögen durch Eigenkapital (und langfristiges Fremdkapital) gedeckt ist.

■ Das **Anlagevermögen** und das **langfristig gebundene Umlaufvermögen** (z. B. eiserner Bestand der Werkstoffe) sollten durch **langfristiges Kapital** finanziert sein.

5.5.3.5 Liquiditätskennzahlen

Unter der Liquidität eines Unternehmens versteht man seine Zahlungsfähigkeit, d. h. die Fähigkeit, jederzeit die Zahlungsverpflichtungen erfüllen zu können. Die Liquiditätsanalyse aufgrund der Bilanzangaben geht davon aus, dass aus den aktuellen Beständen an Aktiva und Passiva auf die Höhe und den zeitlichen Anfall aller künftigen Einnahmen und Ausgaben geschlossen werden kann. Für die Liquiditätsanalyse gilt:

Aktiva: je langfristiger ein Vermögensposten gebunden ist, umso später ergibt sich die entsprechende Einnahme.

Passiva: je langfristiger das Kapital zur Verfügung steht, umso später wird die Ausgabe fällig.

Danach ist die Liquidität dann ausreichend, wenn die Kapitalbindungsdauer des Vermögensgegenstands mit dem Kapitalüberlassungszeitraum übereinstimmt. **(Goldene Bilanzregel).**

Wir unterscheiden zwei Liquiditätskennzahlen:

$$\text{Liquidität 1. Grades (Barliquidität)} = \frac{\text{Liquide Mittel}^1 \cdot 100}{\text{kurzfristiges Fremdkapital}}$$

$$\frac{(3\,725 + 15\,000) \cdot 100}{66\,400} = \underline{\underline{28,95\,\%}}$$

Bei der Liquidität 1. Grades, auch **Barliquidität** genannt, werden als Deckungsmittel nur die unmittelbar flüssigen Mittel (Bargeld, Bankguthaben) in die Berechnung einbezogen.

Zur Liquidität 2. Grades gehören Vermögensposten, die derzeit noch keinen Geldcharakter haben, deren Umwandlung in Geldmittel jedoch unmittelbar bevorsteht. Da das Geld, wie etwa bei den Forderungen, noch eingezogen werden muss, sprechen wir auch von **einzugsbedingter Liquidität**.

$$\frac{\text{Liquidität 2. Grades}}{\text{(einzugsbedingte Liquidität)}} = \frac{(\text{Liquide Mittel} + \text{Forderungen}) \cdot 100}{\text{kurzfristiges Fremdkapital}}$$

$$\frac{79\,225 \cdot 100}{66\,400} = \underline{\underline{119,31\,\%}}$$

Auswertung:

■ **Allgemein** ist für die Beurteilung von Kennzahlen der Liquidität Folgendes festzuhalten:

■ Zur Sicherung der Liquidität bedarf es der Beobachtung zukünftiger Zahlungseingänge und Zahlungsausgänge des Unternehmens, was ohne die Kenntnis der internen Vorgänge nicht möglich ist. Im Rahmen unserer Analyse liegen jedoch nur **Abschlusszahlen** vor. Von daher gesehen wird deutlich, mit welcher Vorsicht die Beurteilung der Liquidität eines Unternehmens mithilfe von Bilanzkennzahlen zu betrachten ist.

■ Die Bilanz kann nur die **Situation** am **Bilanzstichtag** wiedergeben, also zu einer Zeit, in der diese bereits der Vergangenheit angehört. Liquidität ist aber eine sich täglich, ja sogar sich mehrmals täglich verändernde Größe, deren Aussagewert nur für diesen Augenblick der Feststellung von Bedeutung ist. Außerdem ist darauf hinzuweisen, dass eine Reihe von Faktoren, welche die Liquidität eines Unternehmens wesentlich beeinflussen, aus der Bilanz nicht hervorgehen.

Die Bilanz gibt z. B. keine Auskunft über die Fälligkeitstermine der in ihr ausgewiesenen Posten. Auch der Kreditspielraum eines Unternehmens ist aus der Bilanz nicht unmittelbar ablesbar. Laufende Zahlungsverpflichtungen für Personalkosten, Miete, Steuern usw. gehen aus der Bilanz nicht hervor.

---

1   Liquide Mittel = Bankguthaben + Kassenbestand.

Wenn im Rahmen einer externen Bilanzanalyse dennoch Liquiditätskennzahlen aufgestellt werden, muss mit allem Nachdruck auf ihren eingeschränkten Aussagewert hingewiesen werden.

■ Zur Liquidität im vorliegenden **Beispiel** lassen sich folgende Aussagen treffen:

Die Liquidität 1. Grades ist ausreichend. Die **One-to-five-Rate**[1] wird leicht überschritten. Allerdings ist festzuhalten, dass die liquiden Mittel des Unternehmens verbessert werden müssen. Da die kurzfristigen Mittel jedoch nicht alle am Bilanzstichtag fällig sind, ist es möglich, dass bis zum jeweiligen Fälligkeitstermin noch flüssige Mittel eingehen.

Die Summe aus kurzfristigen Forderungen und liquiden Mitteln bezeichnet man als **monetäres Umlaufvermögen**. Für das monetäre Umlaufvermögen gilt nach der **One-to-one-Rate**,[2] dass es genau so hoch sein sollte wie die kurzfristigen Verbindlichkeiten. Die One-to-one-Rate wird erreicht, da die Liquidität 2. Grades 119,31 % beträgt.

■ **Liquidität** ist die Fähigkeit eines Unternehmens, jederzeit seinen Zahlungsverpflichtungen nachkommen zu können.

■ **Liquiditätsgrade** auf der Grundlage von Bilanzzahlen haben nur einen sehr eingeschränkten Aussagewert.

Übungsaufgaben

226 Beurteilen Sie ein Unternehmen, dessen Verschuldungsgrad:

1. unter 100 % liegt,

2. 100 % beträgt,

3. 300 % oder darüber beträgt!

227

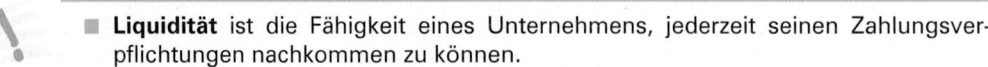

Aktiva		Bilanz		Passiva
I. Anlagevermögen	216 000,00	I. Eigenkapital		198 000,00
II. Umlaufvermögen	455 000,00	II. Fremdkapital		
		1. langfristig		178 900,00
		2. kurzfristig		294 100,00
	671 000,00			671 000,00

1. Berechnen Sie aufgrund der aufbereiteten Bilanz die Finanzierungsverhältnisse!

2. Beurteilen Sie die Finanzierungsverhältnisse des Großhandelsunternehmens!

---

1 Die **„One-to-five-Rate"** ist eine Norm für die Beurteilung der Barliquidität. Sie besagt, dass die kurzfristigen Verbindlichkeiten mindestens zu 20 % durch flüssige Mittel gedeckt sein sollten.

2 Die **„One-to-one-Rate"** ist eine Norm für die Beurteilung der einzugsbedingten Liquidität. Nach dieser Norm soll diese Liquiditätszahl mindestens den Wert 1 betragen.

228 Erläutern Sie die nachfolgenden Bilanzkennziffern und geben Sie an, was die Zahlenwerte aussagen!

Umlaufintensität	65 %
Eigenkapitalquote	45 %
Liquidität 2. Grades	120 %
Deckungsgrad I	150 %

229

Aktiva	Bilanz		Passiva
I. Anlagevermögen	475 000,00	**I. Eigenkapital**	570 000,00
II. Umlaufvermögen		**II. Fremdkapital**	
1. **mittelfristig**		1. langfristig	522 000,00
Waren	625 000,00	2. kurzfristig	786 000,00
2. **kurzfristig**			
Forderungen aus Lieferungen und Leistungen	458 000,00		
3. **sofort flüssig**			
Kassenbestand	27 000,00		
Guthaben bei Kreditinstituten	293 000,00		
	1 878 000,00		**1 878 000,00**

Errechnen Sie

1. die Kennzahlen der Vermögensstruktur,
2. die Kennzahlen der Kapitalstruktur,
3. die Kennzahlen der Finanzstruktur,
4. die Liquidität 1. und 2. Grades!

230 Das Anlagevermögen eines Unternehmens beträgt 180 000,00 EUR. Das sind 30 % aller Vermögensgegenstände. Das Eigenkapital beträgt 40 % der Bilanzsumme.

1. Berechnen Sie den Verschuldungsgrad!
2. Berechnen Sie den Deckungsgrad I!

231 Ein Großhändler legt für die beiden letzten Geschäftsjahre die folgenden bereinigten Abschlusszahlen vor:

Aktiva		Bilanz			Passiva
		Berichts-jahr	Vor-jahr	Berichts-jahr	Vor-jahr
I. Anlagevermögen		238 500,00	230 000,00		
I. Eigenkapital				135 400,00	101 150,00
II. Umlaufvermögen					
II. Fremdkapital					
Waren	55 600,00		38 300,00		
1. langfristig				150 000,00	130 000,00
Ford. a. Lief. u. Leist.	40 750,00		23 500,00		
2. kurzfristig				77 800,00	85 250,00
Kassenbestand	4 150,00				
Guth. b. Kreditinst.	24 200,00		24 600,00		
		363 200,00	**316 400,00**	**363 200,00**	**316 400,00**

1. Errechnen Sie die folgenden Kennziffern (auf eine Dezimale):
   1.1 die Kennzahlen der Finanzstruktur,
   1.2 die Liquidität 1. und 2. Grades!
2. Beurteilen Sie die Kennzahlen unter Berücksichtigung der Vorjahreszahlen!

401

26 Speth u.a. - ISBN 978-3-8120-0261-5

5.5.4 Kennzahlen aus dem Ergebnisbereich

(1) Begriff Rentabilität

Bei den Kennzahlen der Rentabilität werden Größen der Gewinn- und Verlustrechnung in die Beurteilung des Unternehmens einbezogen. Die wichtigste dabei ist natürlich der Gewinn. Da jedes Unternehmen in Bezug auf Rechtsform, Kapitalausstattung, Wirtschaftsbranche und Größe andere Bedingungen aufweist, sagt die absolute Höhe des Gewinns nur wenig aus. Um eine vergleichbare Aussage über den Erfolg eines Unternehmens machen zu können, muss der Gewinn prozentual in Beziehung zu jenen Größen gebracht werden, die ihn ermöglicht haben. Solche messbaren Größen sind z.B. das **Kapital** oder der **Umsatz**.

> Die **Rentabilität** ist eine Messgröße für die Ergiebigkeit eines Mitteleinsatzes.

Anhand des Großhandelsunternehmens Max Neumann soll die Berechnung der Rentabilitätskennzahlen beispielhaft gezeigt werden. Wir führen damit die Beurteilung dieses Unternehmens fort. Damit die Daten der Bilanz griffbereit sind, wird hier die verkürzte Bilanz nochmals abgedruckt.

Aktiva	Bilanz der Großhandlung Max Neumann e.Kfm. zum 31. Dezember 20..		Passiva
I. Anlagevermögen	336 000,00	I. Eigenkapital	573 825,00
II. Umlaufvermögen	429 225,00	II. Fremdkapital	
		1. langfristig	125 000,00
		2. kurzfristig	66 400,00
	765 225,00		765 225,00

Aufwendungen	GuV-Rechnung der Großhandlung Max Neumann e.Kfm. zum 31. Dezember 20..		Erträge
Aufwendungen für Waren	776 425,00	Umsatzerlöse für Waren	1 550 000,00
Aufwendungen für bez. Leist.	120 000,00		
Löhne, Gehälter	392 500,00		
Abschreibungen	15 000,00		
Aufw. f. d. Inanspr. v. Recht. u. Dienst.	40 000,00		
Aufw. für Kommunikation	75 000,00		
betriebliche Steuern	25 000,00		
Zinsaufwendungen	7 500,00		
Gewinn	98 575,00		
	1 550 000,00		1 550 000,00

Je nachdem, welche Größe man als Bezugsgröße wählt, erhält man unterschiedliche Rentabilitätszahlen.

(2) Kapitalrentabilität

Hierbei wird der erzielte Jahresgewinn zum Kapital in Beziehung gesetzt. Je nachdem, ob man als Bezugsgröße das Eigenkapital oder das Gesamtkapital wählt, erhält man als Kennzahl die **Eigenkapitalrentabilität** oder die **Gesamtkapitalrentabilität**. Die Eigenkapitalrentabilität wird häufig auch als Unternehmerrentabilität und die Gesamtkapitalrentabilität als Unternehmensrentabilität bezeichnet.

■ Eigenkapitalrentabilität (Unternehmerrentabilität)

Bei der Eigenkapitalrentabilität wird der erzielte Gewinn in Prozenten zum Eigenkapital ausgedrückt. Es soll festgestellt werden, welche Rendite das eingesetzte Eigenkapital insgesamt erbracht hat.

$$\text{Eigenkapitalrentabilität} = \frac{\text{Gewinn} \cdot 100}{\text{Ø Eigenkapital}}$$

Da sich das Eigenkapital praktisch durch jeden Erfolgsvorgang laufend verändert, ist es ungenau, wenn der erzielte Gewinn dem Eigenkapital am Anfang oder am Ende der Geschäftsperiode gegenübergestellt wird. Um relativ genau zu sein, muss vom durchschnittlichen Eigenkapital ausgegangen werden. Geht man davon aus, dass das Eigenkapital der Großhandlung Max Neumann e. Kfm. am Anfang der Geschäftsperiode 475 250,00 EUR betrug, ergibt sich folgender Durchschnittswert:

$$\text{Durchschnittswert für das Eigenkapital:} = \frac{475\,250 + 573\,825}{2} = 524\,537{,}50 \text{ EUR}$$

$$\text{Eigenkapitalrentabilität} = \frac{98\,575 \cdot 100}{524\,537{,}5} = \underline{18{,}79\,\%}$$

■ Gesamtkapitalrentabilität (Unternehmensrentabilität)

Wählt man als Bezugsgröße das durchschnittliche Gesamtkapital, dann muss der Gewinn um die angefallenen Zinsen für das Fremdkapital erhöht werden. Das ist deshalb erforderlich, weil die Fremdkapitalzinsen im Rahmen der Gewinnermittlung als Aufwendungen abgezogen wurden. Erst durch die Hinzurechnung der Zinsen für das Fremdkapital sind die in Beziehung zu setzenden Größen (Gewinn und Gesamtkapital) miteinander vergleichbar.

$$\text{Gesamtkapitalrentabilität} = \frac{(\text{Gewinn} + \text{Fremdkapitalzinsen}) \cdot 100}{\text{Ø Gesamtkapital}}$$

Auch hier muss vom durchschnittlichen Gesamtkapital ausgegangen werden. Unter der Annahme, dass das Gesamtkapital der Großhandlung Max Neumann e. Kfm. zu Beginn der Geschäftsperiode 681 650,00 EUR betrug, ergibt sich folgendes Durchschnittskapital:

$$\text{Durchschnittskapital:} \frac{681\,650 + 765\,225}{2} = 723\,437{,}50 \text{ EUR}$$

$$\text{Gesamtkapitalrentabilität} = \frac{(98\,575 + 7\,500) \cdot 100}{723\,437{,}5} = \underline{14{,}66\,\%}$$

Die Gesamtkapitalrentabilität sagt dem Unternehmer, ob sich die Investierung von Fremd-kapital in seinem Unternehmen lohnt. Dies ist dann gegeben, wenn der Zinssatz für Fremd-kapital unter der Gesamtkapitalrentabilität liegt. Beträgt der Zinssatz für Fremdkapital 6 % und liegt die Gesamtkapitalrentabilität bei 8 %, dann verdient der Großhändler am Einsatz von Fremdkapital, d. h., die Eigenkapitalrentabilität steigt an.

(3) Umsatzrentabilität

Bei dieser Kennziffer wird der Jahresgewinn auf den Umsatz bezogen. In Prozenten aus-gedrückt erhalten wir:

$$\text{Umsatzrentabilität} = \frac{\text{Gewinn} \cdot 100}{\text{Umsatzerlöse}}$$

$$\text{Umsatzrentabilität} = \frac{98\,575 \cdot 100}{1\,550\,000} = \underline{\underline{6{,}4\,\%}}$$

(4) Wirtschaftlichkeit

Stellt man den Kosten die Leistungen gegenüber, wird erkennbar, wie wirtschaftlich ein Betrieb gearbeitet hat. Der Begriff der Wirtschaftlichkeit leitet sich daher aus der Kosten- und Leistungsrechnung ab.

Unter **Wirtschaftlichkeit** versteht man das Verhältnis von Leistungen zu Kosten.

$$\text{Wirtschaftlichkeit} = \frac{\text{Leistungen}}{\text{Kosten}}$$

Beispiel:		
Kosten lt. KLR:	1 405 000,00 EUR	**Aufgabe:**
Leistungen lt. KLR:	1 756 250,00 EUR	Berechnen Sie die Wirtschaftlichkeit!

Lösung:

$$\text{Wirtschaftlichkeit} = \frac{1\,756\,250{,}00}{1\,405\,000{,}00} = \underline{\underline{1{,}25}}$$

Die Wirtschaftlichkeit gibt damit an, welches Vielfache die Leistungen bezogen auf die Kosten ausmacht. Beträgt z. B. die Wirtschaftlichkeit 1,25, so besagt dies, dass die Leistun-gen um das 1,25fache größer sind als die zugrunde gelegten Kosten.

Beträgt die Wirtschaftlichkeit mehr als 1,0, übersteigen die Leistungen den Kosteneinsatz, d. h., es ist ein Betriebsgewinn entstanden. Die Wirtschaftlichkeit sagt damit etwas darü-ber aus, ob das Unternehmen an den verkauften Waren einen Betriebsgewinn erzielt hat. Die Frage, ob die Wirtschaftlichkeit des Unternehmens vergleichsweise gut ist oder nicht, kann damit jedoch nicht voll beantwortet werden. Hierzu ist es erforderlich, entweder interne oder externe Vergleichszahlen heranzuziehen.

(5) Cashflow

Der in vielen Bilanzbesprechungen verwendete Begriff „Cashflow" (wörtlich: „fließende Barmittel") gibt Auskunft über die von dem Unternehmen erwirtschafteten Mittel. Es gibt zahlreiche Cashflow-Kennzahlen. Wir verwenden hier nur die einfachste Form. Bei ihr versteht man unter Cashflow die dem Unternehmen frei zur Verfügung stehenden Mittelzugänge einschließlich der Abschreibungsrückflüsse.

$$\text{Cashflow} = \text{Jahresreingewinn} + \text{Abschreibungen}$$

Teilweise wird der Cashflow zum Eigenkapital, teilweise zum Umsatz in Beziehung gesetzt. Das Steigen oder Fallen dieser **„Cashflow-Raten"** gibt Auskunft darüber, in welchem Maße die Finanzierung aus dem Gewinn (Selbstfinanzierung) und die Finanzierung aus Abschreibungsrückflüssen erreicht werden konnte.

Aus den vorliegenden Zahlen erhalten wir folgende Werte für den Cashflow:

Jahresgewinn	98 575,00 EUR
Abschreibungen	15 000,00 EUR
Cashflow	113 575,00 EUR

Cashflow in Beziehung zum Umsatz $\dfrac{113\,575 \cdot 100}{1\,550\,000} = \underline{\underline{7{,}3\,\%}}$

- Der **Cashflow** gibt die im Geschäftsjahr **selbst erwirtschafteten Finanzmittel** an, die dem Unternehmen zur **freien Verfügung** stehen.
- Die freien Finanzmittel können für die **Finanzierung von Investitionen,** zur **Schuldentilgung** und für die **Gewinnausschüttung** verwendet werden.

Übungsaufgaben

232 Die Buchführung bzw. die Kosten- und Leistungsrechnung liefert uns folgende Zahlenwerte:

Eigenkapital:		Handlungskosten	105 000,00 EUR
– am Anfang	350 000,00 EUR	Fremdkapital	250 000,00 EUR
– am Ende	400 000,00 EUR	Umsatzerlöse für Waren	850 000,00 EUR
Aufwend. f. Waren	700 000,00 EUR	Gewinn	45 000,00 EUR

Berechnen Sie die Umsatzrentabilität und die Unternehmerrentabilität!

233 Die Buchführung bzw. die Kosten- und Leistungsrechnung liefert uns folgende Zahlenwerte:

Aufwend. f. Waren	870 000,00 EUR	Umsatzerlöse für Waren	1 114 640,00 EUR
Handlungskosten	215 000,00 EUR	Fremdkapital	297 500,00 EUR
Eigenkapital	380 000,00 EUR		

In den Handlungskosten sind 16 430,00 EUR Fremdkapitalzinsen enthalten.

Ermitteln Sie, wie viel Prozent die Gesamtkapitalrentabilität beträgt!

234 Ein Einzelhändler entnimmt aus seiner Kosten- und Leistungsrechnung folgende Zahlenwerte:

Kosten   196 200,00 EUR

Leistungen   220 000,00 EUR

Berechnen Sie die Wirtschaftlichkeit!

235 Die Buchführung bzw. die Kosten- und Leistungsrechnung liefert uns folgende Zahlenwerte:

Fremdkapital	464 300,00 EUR	Gesamtkapital	1 227 300,00 EUR
Aufwend. für Waren	167 973,00 EUR	Umsatzerlöse für Waren	519 850,00 EUR
Abschreibungen	16 027,00 EUR		
Gewinn	78 585,00 EUR		

Berechnen Sie die Unternehmerrentabilität!

236 Der Großhändler Fritz Lang möchte am Ende der Rechnungsperiode die Rentabilitätsentwicklung seines Unternehmens feststellen. Aus der Buchführung erhält er dazu folgendes Zahlenmaterial:

	Vor 2 Jahren	Vorjahr	Berichtsjahr
Eigenkapital	210 000,00 EUR	292 000,00 EUR	308 000,00 EUR
Bankkredite	53 000,00 EUR	60 000,00 EUR	58 000,00 EUR
Zinsbelastung der Bank	5 600,00 EUR	6 300,00 EUR	5 800,00 EUR
Reingewinn	21 000,00 EUR	24 900,00 EUR	31 000,00 EUR
Umsatzerl. f. Waren	499 000,00 EUR	514 000,00 EUR	560 000,00 EUR

Berechnen Sie für das Berichtsjahr und das Vorjahr die Eigenkapitalrentabilität und die Umsatzrentabilität!

5.6 Beleggeschäftsgang

237 I. Sachverhalt

Bei **Rudolf Walterbeck e. Kfm., Papierfabrik,** Brügmannstr. 101, 44135 Dortmund;

Bankverbindungen: Volksbank Dortmund, IBAN.: DE36 4416 0014 0010 0587 12;
Postbank Niederlassung Dortmund, Kto.-Nr.: 1 343 83-464, BLZ: 440 100 46

handelt es sich um einen kleinen Papierhersteller mit den **Warengruppen:**

Druckpapiere, Korrespondenzpapiere, Kunststoffpapiere/Folien und Recyclingpapiere.

In der Finanzbuchhaltung werden die folgenden Bücher geführt:

■ **Grundbuch**

für die Erfassung aller Buchungen in zeitlich geordneter Folge

■ **Hauptbuch**

für die Darstellung der Sachkonten

■ **Kontokorrentbuch**

für die Darstellung der Personenkonten

In der Kontokorrentbuchhaltung werden die Ein- und Ausgangsrechnungen als „offene Posten-Buchhaltung" gepflegt.

Die Buchungsbelege werden nach Belegkreisen sortiert und bearbeitet; hierzu hat die Buchhaltung folgende Belegkreise festgelegt:

1. Eingangsrechnungen (Kreditoren)

2. Ausgangsrechnungen (Debitoren)

3. Kasse

4. Bankverkehr Bank 01 (Volksbank Dortmund e. G.)[1]

5. Bankverkehr Bank 02 (Postbank Niederlassung Dortmund)[1]

II. Saldenliste Sachkonten zum 25. März 20..

Konto	Bezeichnung	Sollbetrag	Habenbetrag
0510	Bebaute Grundstücke	300 000,00	
0530	Betriebsgebäude	1 256 000,00	
0700	Technische Anlagen und Maschinen	345 600,00	
0840	Fuhrpark	95 600,00	
0860	Büromaschinen	144 550,00	
2000	Rohstoffe	68 400,00	
2200	Fertige Erzeugnisse	150 700,00	
2400	Forderungen a. Lief. u. Leist.	47 778,50	
2600	Vorsteuer	6 225,00	
2800	Bank	35 848,70	
2880	Kasse	1 250,00	

---

1 Diese Angabe ist nur von Bedeutung, wenn der Beleggeschäftsgang mithilfe eines Finanzbuchhaltungsprogramms bearbeitet wird.

Konto	Bezeichnung	Sollbetrag	Habenbetrag
3000	Eigenkapital		2025555,00
3001	Privatkonto	1702,00	
4250	Langfristige Bankverbindlichkeiten		50145,00
4400	Verbindlichkeiten a. Lief. u. Leist.		103173,00
4800	Umsatzsteuer		13347,00
4830	Sonst. Verbindl. gegenüber den Finanzbehörden		6730,00
5000	Umsatzerlöse für eigene Erzeugnisse		499800,00
5202	Bestandsveränderungen an fertigen Erzeugnissen		
6000	Aufwendungen für Rohstoffe	203700,00	
6050	Aufwendungen für Energie	2685,80	
6300	Gehälter	28620,00	
6520	Abschreibungen auf Sachanlagen		
6700	Mieten, Pachten	4200,00	
6750	Kosten des Geldverkehrs	150,00	
6800	Büromaterial	1240,00	
6820	Portokosten		
6830	Kosten der Telekommunikation	2460,00	
6870	Werbung	1700,00	
6900	Versicherungsbeiträge	340,00	
7030	Kraftfahrzeugsteuer		

III. Personenkonten:

Die Personenkonten weisen folgende Salden und offene Posten aus:

Debitorenkonten:

Konto-Nr.	Name	Straße PLZ Ort	OP-Nr. OP-Betrag
24001	Merkur Verlag Rinteln GmbH & Co. KG	Ritterstr. 24 31737 Rinteln	Diverse 25287,50 EUR
24002	Wolfgang Döhmann e. Kfm. Unternehmensberatung	Herbeder Str. 54 58455 Witten	Diverse 16065,00 EUR
24003	Ralf Weybeck e. Kfm. EDV-Systembetreuung	Seydlitzstr. 42 44263 Dortmund	Diverse 6426,00 EUR
		Summe Debitoren	47778,50 EUR

Kreditorenkonten:

Konto-Nr.	Name	Straße PLZ Ort	OP-Nr. OP-Betrag
44001	Karl Ranzauer e. Kfm. Forstbetrieb, Sägewerk	Hamburger Str. 124 58583 Lüdenscheid	Diverse 77 647,50 EUR
44002	WAZ Anzeigenverwaltung	Postfach 45123 Essen	Diverse 4 998,00 EUR
44003	F & P Computertechnik GmbH	Reinoldistr. 17 – 19 44135 Dortmund	Diverse 20 527,50 EUR
		Summe Kreditoren	103 173,00 EUR

IV. Belege:

Die nachfolgend dargestellten Belege, die nach den oben aufgeführten Belegkreisen sortiert sind, dokumentieren die Geschäftsvorfälle vom 25. März 20.. bis zum 31. März 20..

V. Aufgaben:

1. Richten Sie die Buchführung für Rudolf Walterbeck e. Kfm., Papierfabrik ein!
2. Übernehmen Sie die Saldovorträge zum 25. März 20..!
3. Bilden Sie zu den Belegen die Buchungssätze!
4. Buchen Sie die Belege in der Finanzbuchhaltung!
5. Bereiten Sie den Periodenabschluss zum 31. März 20.. unter Berücksichtigung folgender Abschlussangaben vor:

   5.1 Schlussbestand an fertigen Erzeugnissen   171 950,00 EUR

   5.2 Schlussbestand an Rohstoffen nach Abschluss
   der Bezugskosten   45 800,00 EUR

   5.3 Abschreibungen auf
   - 0530 Betriebsgebäude   29 120,00 EUR
   - 0700 Technische Anlagen und Maschinen   34 560,00 EUR
   - 0840 Fuhrpark   19 050,00 EUR
   - 0860 Büromaschinen   14 455,00 EUR

   5.4 Abschluss der Vor- und Umsatzsteuer

   5.5 Abschluss des Privatkontos
6. Führen Sie den Periodenabschluss zum 30. Juni 20.. durch!
7. Erstellen Sie die Schlussbilanz und die Gewinn- und Verlustrechnung!

Hinweise:

Der vorliegende Beleggeschäftsgang kann auch mithilfe eines Finanzbuchhaltungsprogramms bearbeitet werden. Für diesen Fall ist zu beachten:

1. Da Kasse und Banken in unterschiedlichen Belegkreisen gebucht werden, ist es sinnvoll, das Konto „Geldtransit" (Konto 2809) zur Erfassung der Transaktionen zwischen den Belegkreisen zu führen.
2. Nach der Buchung der Belege in der Finanzbuchhaltung sind die vorläufigen Saldenlisten auszudrucken!
3. Nachdem die vorbereitenden Arbeiten zum Periodenabschluss abgeschlossen sind, sind Journal, Kontenblätter, GuV-Rechnung und die Bilanz auszudrucken!

IV. Belege: Belegkreis 1 (Eingangsrechnungen)

1.1

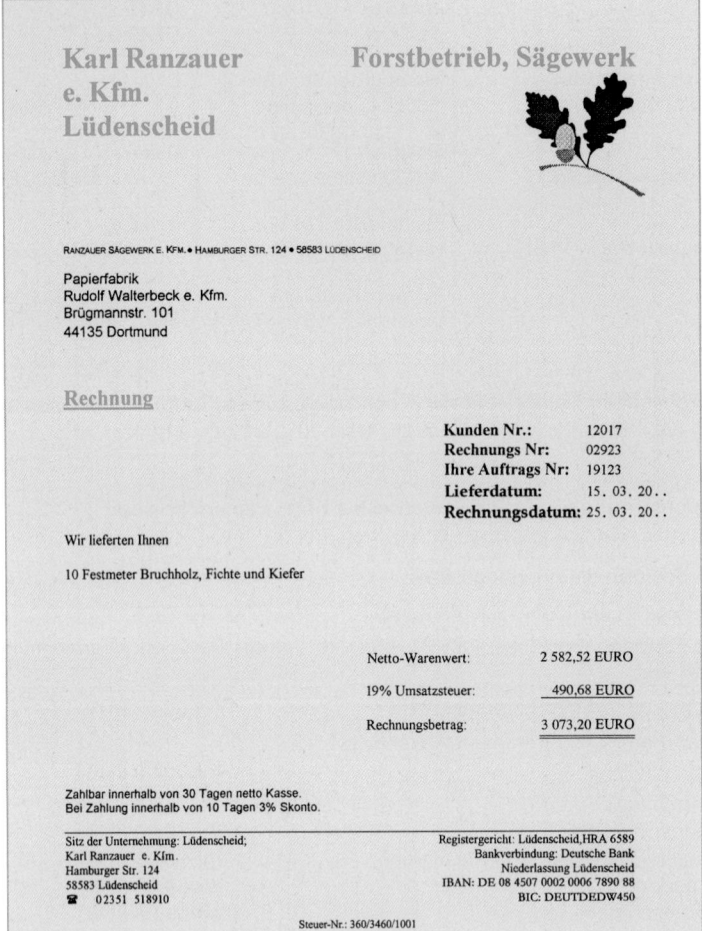

1.2

Belegkreis 2 (Ausgangsrechnungen)

2.1

Papierfabrik
Rudolf Walterbeck e.Kfm., Dortmund

RUDOLF WALTERBECK e.Kfm. · BRÜGMANNSTR. 101 · 44135 DORTMUND

Merkur Verlag GmbH & Co. KG
Ritterstr. 24
31737 Rinteln

Rechnungsdatum: 25. März 20...
Lieferdatum: 20. März 20...

Rechnung Nr. 23081

Pos.	Menge	Bezeichnung	Einzelpreis in EUR	Gesamtbetrag in EUR
1	10.000 Bogen	IDEM-CB-80 Black Copy weiß 43,0 x 61,0	14,45 %Bogen	1 445,00
2	10.000 Bogen	IDEM-CFB-53 Black Copy weiß 43,0 x 61	12,19 %Bogen	1 219,00
3	10.000 Bogen	IDEM-CB-90 Black Copy weiß 43,0 x 61,0	15,83 %Bogen	1 583,00
				4 247,00
			19% Umsatzsteuer	806,93
			Rechnungsbetrag	5 053,93

Sitz der Gesellschaft:
44135 Dortmund
Brügmannstr. 101
Telefon: 0231 593535
Telefax: 0231 593539

RG Dortmund
HRA 2020
Steuer-Nr. 340/3142/4610

Dortmunder Volksbank e. G.
BIC: GENODEM1DOR
IBAN: DE 364416 0014 0010 0587 12

Postbank Dortmund
BIC: PBNNDEFFXXX
IBAN: DE 39 4401 0046 0134 3834 64

1.3

F & P COMPUTERTECHNIK GMBH

F & P Computertechnik · Revolstr 17-19 · 44135 Dortmund

Papierfabrik
Rudolf Walterbeck e. Kfm.
Brügmannstraße 101
44135 Dortmund

44135 Dortmund

Ihr Zeichen/Ihre Nachricht vom   Unser Zeichen/Unsere Nachricht vom   ☎ 0231/523535   25. März 20...

RECHNUNG Nr. 65090
Lieferdatum: 18. 03. 20...

Menge	Bezeichnung	Einzelpreis	Gesamtpreis
2	F & P PC	1300,00	2 600,00
2	Monitor, 17"	490,00	980,00
2	Streamer Archive	164,50	329,00
			3 909,00
		+ 19 % USt	742,71
			4 651,71

Registergericht Dortmund HRB 8082
Geschäftsführer: Gerhard Fislö
Steuer-Nr. 381/1234/04880

Bankverbindung
Stadtsparkasse Dortmund   BIC: DORTDE33XXX
IBAN: DE 58 4405 0199 0024 5887 60

411

2.3

Papierfabrik
Rudolf Walterbeck e. Kfm., Dortmund

RUDOLF WALTERBECK e. Kfm. · BRÜGMANNSTR. 101 · 44135 DORTMUND

EDV-Systembetreuung
Ralf Weybeck e. Kfm.
Seydlitzstr. 42
44263 Dortmund

Rechnungsdatum: 25. März 20..
Lieferdatum: 20. März 20..

Rechnung Nr. 23083

Pos.	Menge	Bezeichnung	Einzelpreis in EUR	Gesamtbetrag in EUR
1	30.000 Blatt	Primatcolor matt Offset chlorfrei gebleicht grün 61,0 x 86,0	20,00 % Blatt	6 000,00
				6 000,00
		19% Umsatzsteuer		1 140,00
		Rechnungsbetrag		7 140,00

Sitz der Gesellschaft:
44135 Dortmund
Brügmannstr. 101
Telefon: 0231 593535
Telefax: 0231 593539

RG Dortmund:
HRA 2020
Steuer-Nr.:
340/3142/4610

Dortmunder Volksbank e. G.
BIC: GENODEM1DOR
IBAN: DE 364416 0014 0010 0587 12

Postbank Dortmund
BIC: PBNKDEFFXXX
IBAN: DE 39 4401 0046 0134 3834 64

2.2

Papierfabrik
Rudolf Walterbeck e. Kfm., Dortmund

RUDOLF WALTERBECK e. Kfm. · BRÜGMANNSTR. 101 · 44135 DORTMUND

Unternehmensberatung
Wolfgang Dohmann e. Kfm.
Herbeder Str. 54
58455 Witten

Rechnungsdatum: 25. März 20..
Lieferdatum: 20. März 20..

Rechnung Nr. 23082

Pos.	Menge	Bezeichnung	Einzelpreis in EUR	Gesamtbetrag in EUR
1	1.000 Bogen	Salamander holzfrei ledergeprägt Umschlagkarton silbergrau 70,0 x 100,0	155,30 % Bogen	1 553,00
2	5.000 Bogen	100 RC Script satiniert aus 100% Altpapier altweiß 43,0 x 61	5,69 % Bogen	284,50
3	500 Bogen	Senator leinengeprägt Porzellankarton weiß 61,0 x 86,0	85,40 % Bogen	427,00
				2 264,50
		19% Umsatzsteuer		430,26
		Rechnungsbetrag		2 694,76

Sitz der Gesellschaft:
44135 Dortmund
Brügmannstr. 101
Telefon: 0231 593535
Telefax: 0231 593539

RG Dortmund:
HRA 2020
Steuer-Nr.:
340/3142/4610

Dortmunder Volksbank e. G.
BIC: GENODEM1DOR
IBAN: DE 364416 0014 0010 0587 12

Postbank Dortmund
BIC: PBNKDEFFXXX
IBAN: DE 39 4401 0046 0134 3834 64

Belegkreis 3 (Kasse)

Kassenbuchblatt Nr. 12

Monat: März 20..   **12. Kalenderwoche**

Beleg Nr.	Beleg Datum	Text	Einnahmen in EUR	Ausgaben in EUR
31	26. März 20..	Tanken DO-BE 44		73,50
32	28. März 20..	Postwertzeichen		130,00
33	28. März 20..	Barabhebung Bank	1 500,00	
34	28. März 20..	Barverkauf	446,25	
35	30. März 20..	Miete		700,00
36	31. März 20..	Bareinzahlung Bank		1 000,00
Datum: *31. März 20..*		Summen	1 946,25	1 903,50
		Anfangsbestand	1 250,00	
Unterschrift *Treu*		Schlussbestand		1 292,75
		Kontrollsummen	3 196,25	3 196,25

3.1

Quittung

Für *Fa Walterberk*

Menge	Produkt	EUR	Cent
	SUPER PLUS bleifrei		
	SUPER bleifrei	73	50
	BENZIN bleifrei		
	SUPER		
	SUPER DIESEL		
	EXXON MIX		
	ESSO ULTRA Synthetic Oil		
	ESSO ULTRA Oil		
	ESSO ULTRA Diesel Oil		
	ESSO SUPER Oil X		
	ESSO SUPER Diesel Oil		
	Bruttoverkaufspreis	73	50
	Umsatzsteuer 19%		
	Nettoverkaufspreis		

Betrag erhalten

Datum, Stempel, Unterschrift

3.3

QUITTUNG

IBAN `DE36441600140010058712` EUR *1500,00*

Name des Kontoinhabers *Rudolf Walterbeck e.Kfm.*

Von der DORTMUNDER VOLKSBANK eG empfing ich heute den Betrag von

eintausendfünfhundert —

was ich hiermit bescheinige.

Dortmund, den *28. März 20..*   *R. Walterbeck*

Unterschrift

Eingerahmtes Feld bitte nicht beschriften

3.2

Deutsche Post AG
44135 Dortmund
82571613 3655   28. März 20..

130,00 EUR

Postwertzeichen ohne Zuschlag

Vielen Dank für Ihren Besuch.
Ihre Deutsche Post AG

3.4

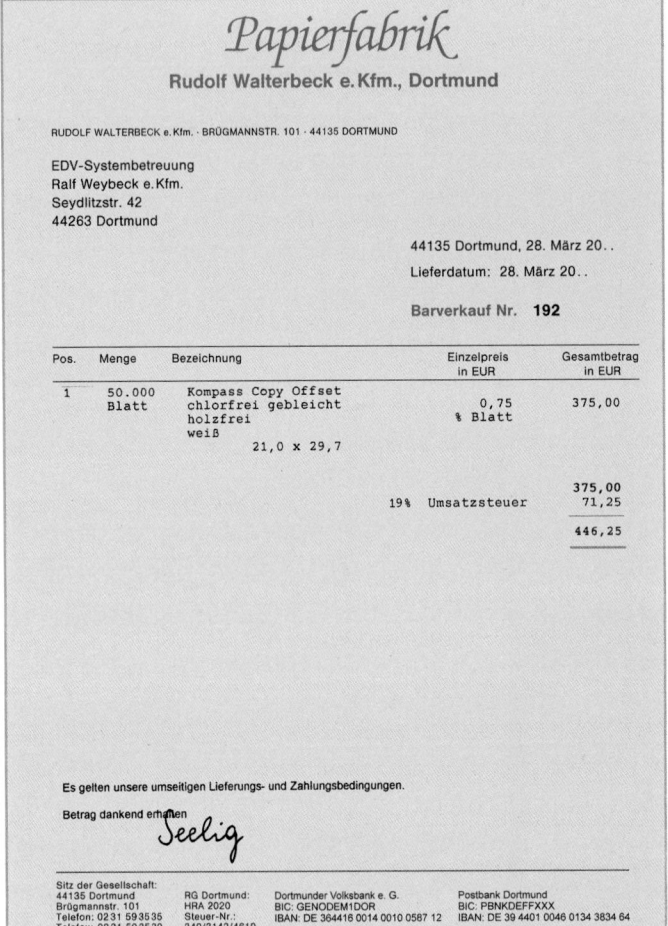

Papierfabrik

Rudolf Walterbeck e. Kfm., Dortmund

RUDOLF WALTERBECK e.Kfm. · BRÜGMANNSTR. 101 · 44135 DORTMUND

EDV-Systembetreuung
Ralf Weybeck e. Kfm.
Seydlitzstr. 42
44263 Dortmund

44135 Dortmund, 28. März 20..

Lieferdatum: 28. März 20..

Barverkauf Nr. **192**

Pos.	Menge	Bezeichnung	Einzelpreis in EUR	Gesamtbetrag in EUR
1	50.000 Blatt	Kompass Copy Offset chlorfrei gebleicht holzfrei weiß 21,0 x 29,7	0,75 % Blatt	375,00
				375,00
		19% Umsatzsteuer		71,25
				446,25

Es gelten unsere umseitigen Lieferungs- und Zahlungsbedingungen.

Betrag dankend erhalten

Seelig

Sitz der Gesellschaft:
44135 Dortmund
Brügmannstr. 101
Telefon: 0231 593535
Telefax: 0231 593539

RG Dortmund:
HRA 2020
Steuer-Nr.:
340/3142/4610

Dortmunder Volksbank e. G.
BIC: GENODEM1DOR
IBAN: DE 364416 0014 0010 0587 12

Postbank Dortmund
BIC: PBNKDEFFXXX
IBAN: DE 39 4401 0046 0134 3834 64

3.5

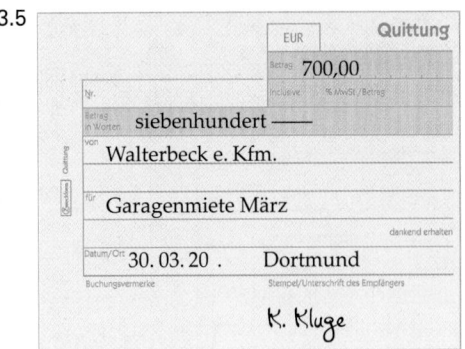

	EUR	Quittung
	Betrag **700,00**	
Nr.	inclusive % MwSt./Betrag	

Betrag in Worten von **siebenhundert ——**

Walterbeck e. Kfm.

für **Garagenmiete März**

dankend erhalten

Datum/Ort **30. 03. 20 . Dortmund**

Buchungsvermerke — Stempel/Unterschrift des Empfängers

K. Kluge

3.6

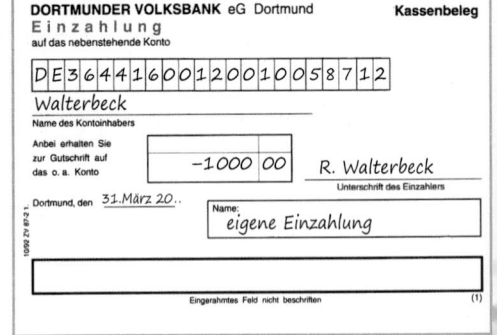

DORTMUNDER VOLKSBANK eG Dortmund — **Kassenbeleg**

E i n z a h l u n g
auf das nebenstehende Konto

`D E 3 6 4 4 1 6 0 0 1 2 0 0 1 0 0 5 8 7 1 2`

Walterbeck
Name des Kontoinhabers

Anbei erhalten Sie
zur Gutschrift auf
das o. a. Konto
-1000 00

R. Walterbeck
Unterschrift des Einzahlers

Dortmund, den **31. März 20..**

Name:
eigene Einzahlung

Eingerahmtes Feld nicht beschriften (1)

Belegkreis 4 (Bankverkehr Volksbank Dortmund)

Der Bankverkehr wird, wie es heute allgemein üblich ist, durch die unten stehenden Konto-
auszugsblätter dokumentiert. Das Konto wird in Euro geführt.

							IBAN	BIC	erstellt am	Auszug	Blatt
	Dortmunder Volksbank e.G.	DE36 4416 0014 0010 0587 12	GENODEM1DOR				29.03.20..			16	1

	Alter Kontostand					28 780,00	+
4.1	27.03.	300007	27.03.	Re-Nr. 4155138 Empfänger: WAZ Essen	Überweisung	408,41	–
4.2	28.03.	300102	28.03.	Auszahlung	Barauszahlung	1 500,00	–
4.3	29.03.	300103	29.03.	Miete März 20.. Empfänger: Immobilien Meister	Lastschrift	600,00	–
	Neuer Kontostand					26 271,59	+

Papierfabrik
Rudolf Walterbeck e. Kfm.
Brügmannstr. 101   **Kontoauszug**
44135 Dortmund

Bitte Rückseite beachten.

						Kontonummer	erstellt am	Auszug	Blatt
	Dortmunder Volksbank e.G.	DE36 4416 0014 0010 0587 12	GENODEM1DOR				29.03.20..	17	1

	Alter Kontostand					26 271,59	+
4.4	30.03.	300104	30.03.	Re-Nr. 23083 vom 25. März 20.. Auftraggeber: Ralf Weybeck	Gutschrift	7 140,00	+
4.5	30.03.	300105	31.03.	Eigene Einzahlung	Bareinzahlung	1 000,00	+
4.6	31.03.	300108	31.03.	Re-Nr. 65090 vom 22. März 20.. Empfänger: F&P Dortmund	Lastschrift	4 651,71	–
4.7	31.03.	300109	31.03.	Tilgungsrate März 20.. Kreditkonto 100 109 222	Lastschrift	5 000,00	–
4.8	31.03.	300110	31.03.	Re-Nr. 23042 vom 24. März 20.. Auftraggeber: Wolfgang Döhmann	Gutschrift	5 175,00	+
	Neuer Kontostand					29 934,88	+

Papierfabrik
Rudolf Walterbeck e. Kfm.
Brügmannstr. 101   **Kontoauszug**
44135 Dortmund
Bitte Rückseite beachten.

Belegkreis 5 (Bankverkehr Postbank Dortmund)

Kontoauszug in EUR

IBAN DE 39 4401 0046 0134 3834 64 — Auszug 3
Datum 25.03.20.. — Blatt 1

Postbank

Vorgang / Buchungsinformation	PN-Nummer	Buchung	Wertstellung		Umsatz in EUR
· Lastschrift Telekom Fernmeldekonto 237800002380	114	25.03.	25.03.		315,45 –
· Lastschrift Finanzamt Dortmund Kfz-Steuer DO-BE 44	114	25.03.	25.03.		830,00 –
· Lastschrift Anlage	117	25.03.	25.03.		847,60 –
· Entgelte usw. Anlage	117	25.03.	25.03.		22,50 –

150 / 01 / 012036 / 015 — 1,10
403298 – 1 – 1 – T

Zahlungseingänge	0,00 +
Zahlungsausgänge	2.015,55 –
Alter Kontostand	7.068,70 +
Neuer Kontostand	5.053,15 +

Papierfabrik
Rudolf Walterbeck e. Kfm.
Brügmannstr. 101
44135 Dortmund

Zinssatz für Dispositionskredit: 9,75%
Zinssatz für geduldete Überziehung: 13,25%
Dispositionskredit in EUR: 5.000,00

Postbank Dortmund — 44131 Dortmund — BIC PBNKDEFFXXX
Privatkunden Tel: 0180 3040500* — Fax: 0180 3040800* — 7x24 Stunden — direkt@postbank.de — www.postbank.de
Geschäftskunden Tel: 0180 4440400** — Fax: 0180 3040999* — 7x24 Stunden — business@postbank.de
* 9 Cent/Min. **20 Cent/Anruf · dt. Festnetz; Mobiltarif max. 42 Cent/Min. oder 60 Cent/Anruf — firmenkunden@postbank.de — USt.-IdNr. DE169824467

IBAN DE 39 4401 0046 0134 3834 64 — Anlage 1
Datum 25.03.20.. — Blatt 1

Postbank

Vorgang / Buchungsinformation	PN-Nummer	Buchung	Wertstellung	Umsatz in EUR

· Buchungsbestätigung

Gemäß Ihrem Auftrag haben wir am 25.03.20.. überwiesen

Betrag : EUR 847,60
Zahlungsempfänger : HDI Hannover
Kontonummer : 5405 72-305
Bankleitzahl : 25010030
Verwendungszweck : Kfz-Haftpflicht
Referenz-Nr. : 122032102365

Ihre Postbank

Postbank Dortmund — 44131 Dortmund — BIC PBNKDEFFXXX
Privatkunden Tel: 0180 3040500* — Fax: 0180 3040800* — 7x24 Stunden — direkt@postbank.de — www.postbank.de
Geschäftskunden Tel: 0180 4440400** — Fax: 0180 3040999* — 7x24 Stunden — business@postbank.de
* 9 Cent/Min. **20 Cent/Anruf · dt. Festnetz; Mobiltarif max. 42 Cent/Min. oder 60 Cent/Anruf — firmenkunden@postbank.de — USt.-IdNr. DE169824467

IBAN DE 39 4401 0046 0134 3834 64 — Anlage 2
Datum 25.03.20.. — Blatt 1

Postbank

Vorgang / Buchungsinformation	PN-Nummer	Buchung	Wertstellung	Umsatz in EUR
· Zinsen, Porto und Entgelte für das abgelaufene Quartal				
Kontoführungsentgelt				22,50 –
Gesamtsumme für Konto	0134383464 per 31.03.			22,50 –

Postbank Dortmund — 44131 Dortmund — BIC PBNKDEFFXXX
Privatkunden Tel: 0180 3040500* — Fax: 0180 3040800* — 7x24 Stunden — direkt@postbank.de — www.postbank.de
Geschäftskunden Tel: 0180 4440400** — Fax: 0180 3040999* — 7x24 Stunden — business@postbank.de
* 9 Cent/Min. **20 Cent/Anruf · dt. Festnetz; Mobiltarif max. 42 Cent/Min. oder 60 Cent/Anruf — firmenkunden@postbank.de — USt.-IdNr. DE169824467

6.1 Elemente der Kostenrechnung

6.1.1 Allgemeines zur Kosten- und Leistungsrechnung

6.1.1.1 Aufgaben des Rechnungswesens

Aufgabe des Rechnungswesens ist, alle betrieblichen **Vorgänge zahlenmäßig** zu planen, zu erfassen, zu verarbeiten und zu kontrollieren.

Das Rechnungswesen kann somit grundsätzlich nur die zahlenmäßig erfassbaren, d.h. **quantifizierbare Prozesse abbilden** und diese mengen- und/oder wertmäßig darstellen. **Qualitative Aspekte** (z.B. Kundentreue, Güte der erzeugten Produkte u.a.) werden vom Rechnungswesen **nicht erfasst**.

6.1.1.2 Zusammenhang zwischen Buchführung und Kosten- und Leistungsrechnung

(1) Buchführung

Die **Buchführung (Finanzbuchführung, Geschäftsbuchführung)** bildet die Grundlage für alle Teilbereiche des Rechnungswesens. Sie erfasst **unter Beachtung handels- und steuerrechtlicher Vorschriften** unabhängig vom Grund ihres Anfalles **alle Geschäftsvorfälle.** Diese Dokumentation liefert das Zahlenmaterial für den gesetzlich vorgeschriebenen **Jahresabschluss,** der allen Interessenten einen Einblick in die Vermögens-, Finanz- und Ertragslage des Unternehmens verschafft. Insofern ist die Buchführung u.a. nach außen gerichtet, da sie auch Aufgaben für eine breite Öffentlichkeit (wie z.B. Steuerbehörden, Banken, Kapitalgeber, Gerichte, Arbeitnehmer) übernimmt.

(2) Kosten- und Leistungsrechnung

Die **Kosten- und Leistungsrechnung (KLR)** ist **nicht an gesetzliche Vorschriften** gebunden. Auf der Grundlage des Zahlenmaterials der Buchführung findet eine Neuverrechnung unter **rein betriebswirtschaftlichen Gesichtspunkten** statt. Ausgehend vom Hauptzweck des Unternehmens werden die erbrachten **betrieblichen Leistungen** (Erstellung von Gütern) und die dafür **angefallenen Kosten** möglichst genau ermittelt. Insofern ist die Kosten- und Leistungsrechnung auf das innerbetriebliche Geschehen gerichtet. Sie liefert den verantwortlichen Geschäftsführern die nötigen Orientierungshilfen, um zielgerichtete Entscheidungen treffen zu können.

Im Einzelnen bestehen zwischen der Buchführung und der Kosten- und Leistungsrechnung folgende Zusammenhänge:

27 Speth u.a. - ISBN 978-3-8120-0261-5

Buchführung	Kosten- und Leistungsrechnung
▪ Erfasst alle Geschäftsvorfälle, die durch den Verkehr mit **der Außenwelt** anfallen (Einkäufe, Verkäufe, Zahlungseingänge, Zahlungsausgänge).	▪ Erfasst alle im **Betrieb** entstandenen Kosten, möglichst nach Waren- bzw. Erzeugnisarten (Waren- bzw. Erzeugnisgruppen) getrennt, sowie die daraus erzielten Leistungen.
▪ Dient als **Grundlage für den Jahresabschluss,** wobei die Bewertung der Bestände an unfertigen Erzeugnissen und Fertigerzeugnissen im Zusammenhang mit der KLR erfolgt.	▪ Dient als **Grundlage für die Kalkulation** und der **Kontrolle der Wirtschaftlichkeit** einzelner Erzeugnisarten (Waren- bzw. Erzeugnisgruppen).
▪ Unterliegt **gesetzlichen Vorschriften** (HGB, Steuergesetze).	▪ Unterliegt **keiner gesetzlichen Vorschrift.**
▪ Verwendet im Erfolgsbereich die Begriffe **Aufwand** und **Ertrag.**	▪ Verwendet die Begriffe **Kosten** (betrieblicher Aufwand) und **Leistungen** (betrieblicher Ertrag).

6.1.1.3   Aufgaben der Kosten- und Leistungsrechnung

Aufgaben der Kosten- und Leistungsrechnung	Beispiele:
Dokumentation, Kontrolle Mengen- und wertmäßige Erfassung sowie Überwachung aller im Unternehmen auftretenden Kosten- und Leistungsströme.	▪ Ermittlung der Kosten und Leistungen einer Periode. ▪ Erfassung der Daten für die Investitions- und Finanzrechnung. ▪ Ermittlung des Unternehmens- und Betriebsergebnisses. ▪ Bewertung des Vermögens und der Schulden. ▪ Ermittlung der Kosten und der betrieblichen Leistungen (Kalkulation). ▪ ...
Disposition Bereitstellung von Unterlagen für unternehmerische Entscheidungen und Planungsüberlegungen.	Unterlagen für ▪ Preis- und Produktpolitik. ▪ Eigenfertigung oder Fremdbezug von Produkten. ▪ Werbung. ▪ mögliche Fertigungsverfahren. ▪ Informationsgewinnung, Investitionsentscheidungen. ▪ ...
Wirtschaftlichkeitskontrolle Erfassung und Zeitvergleich von Bestands- und Erfolgsgrößen, um die Wirtschaftlichkeit und Rentabilität der betrieblichen Prozesse festzustellen.	▪ Berechnung von Erfolgskennzahlen wie Rentabilität, Lagerkennzahlen, Kapitalumschlag. ▪ Ermittlung der Kostenstruktur und der Kostenentwicklung. ▪ Entwicklung der Produktivität. ▪ Kontrolle der Geschäftsprozesse durch Soll-Ist-Vergleiche. ▪ ...

Aufgaben der Kosten- und Leistungsrechnung	Beispiele:
Rechenschaftslegung und Bereitstellung von Informationen Rechenschaftslegung und Lieferung von Informationen über die Vermögens-, Finanz- und Ertragslage des Unternehmens.	■ Veröffentlichung des Jahresabschlusses. ■ Angaben über Auftragslage. ■ Einschätzungen über die Unternehmensentwicklung. ■ Bekanntgabe von Investitionsentscheidungen. ■ …

6.1.1.4 Grundbegriffe der Kosten- und Leistungsrechnung in Abgrenzung zu den Begriffen der Buchführung

(1) Überblick

Die Betriebswirtschaftslehre hat für die Buchführung und die Kosten- und Leistungsrechnung eine eigene Terminologie[1] entwickelt. Es handelt sich um vier Begriffspaare.

Begriffspaare			
der Buchführung			**der Kosten- und Leistungsrechnung**
Auszahlungen Einzahlungen	Ausgaben Einnahmen	Aufwendungen Erträge	Kosten Leistungen

(2) Begriffe der Buchführung

■ Auszahlungen und Einzahlungen

Die Summe aus **Kassenbeständen** und jederzeit verfügbaren **Bankguthaben** bezeichnet man als **Zahlungsmittelbestand**. Der Zahlungsmittelbestand ist **Teil des Geldvermögens**.

	Beispiele:
■ Jeden Vorgang, bei dem der Zahlungsmittelbestand abnimmt, bezeichnet man als **Auszahlung**.	Barkauf von Werkstoffen, Barrückzahlung eines Darlehens, Kassenentnahmen, geleistete Anzahlungen.

	Beispiele:
■ Jeden Vorgang, der zu einer Zunahme des Zahlungsmittelbestandes führt, bezeichnet man als **Einzahlung**.	Barverkauf von Erzeugnissen, Bareinlage von Gesellschaftern, erhaltene Anzahlungen, Aufnahme eines Barkredits.

Auszahlungen und Einzahlungen werden in der **Buchführung** erfasst.

---

1 Terminologie: Fachwortschatz.

■ Ausgaben und Einnahmen

Ausgaben und Einnahmen verändern das Geldvermögen. Als **Geldvermögen** wird die Summe aus Zahlungsmittelbestand und Bestand an Forderungen abzüglich des Bestandes an Verbindlichkeiten[1] bezeichnet.

$$\text{Geldvermögen} = \text{Zahlungsmittelbestand} + (\text{Forderungen} - \text{Verbindlichkeiten})$$

■ Jeder Geschäftsvorfall, der eine Verminderung des Geldvermögens hervorruft, wird als **Ausgabe** bezeichnet.

$$\frac{\text{Aus-}}{\text{gabe}} = \frac{\text{Aus-}}{\text{zahlung}} + \frac{\text{Forderungs-}}{\text{abgang}} + \frac{\text{Schulden-}}{\text{zugang}}$$

Beispiele:

Kauf von Werkstoffen auf Ziel (Schuldenzugang); Eingang einer Leistung, auf die eine Anzahlung geleistet worden war (Forderungsabgang).

■ Jeden Geschäftsvorfall, der zu einer Erhöhung des Geldvermögens führt, nennt man **Einnahme.**

$$\frac{\text{Ein-}}{\text{nahme}} = \frac{\text{Ein-}}{\text{zahlung}} + \frac{\text{Forderungs-}}{\text{zugang}} + \frac{\text{Schulden-}}{\text{abgang}}$$

Beispiele:

Verkauf von Waren auf Ziel (Forderungszugang); eine erhaltene Anzahlung eines Kunden wird durch die Lieferung der Leistung an den Kunden aufgehoben (Schuldenabgang).

Ausgaben und Einnahmen werden von der **Buchführung** erfasst.

■ Aufwand und Ertrag

In der Buchführung, die die Geschäftsvorfälle des gesamten Unternehmens erfasst, haben wir es mit Aufwendungen und Erträgen zu tun. Aus der Differenz zwischen Erträgen und Aufwendungen ergibt sich das Unternehmensergebnis als Saldo auf dem Gewinn- und Verlustkonto. Dabei spielt es keine Rolle, ob die Ursache für die angefallenen Aufwendungen und Erträge in der Verfolgung des eigentlichen Betriebszweckes zu sehen ist oder ob es sich um Aufwendungen und Erträge handelt, die mit der Herstellung und dem Verkauf von Erzeugnissen nicht oder nur mittelbar in einem Zusammenhang stehen.

Aufwendungen sind die in Geld gemessenen **Wertminderungen des Eigenkapitals** innerhalb einer Abrechnungsperiode.

Erträge sind alle in Geld bewerteten **Wertzugänge beim Eigenkapital** innerhalb einer Abrechnungsperiode.

$$\begin{matrix} \text{Gesamte Erträge} \\ \text{des Unternehmens} \end{matrix} - \begin{matrix} \text{Gesamte Aufwendungen} \\ \text{des Unternehmens} \end{matrix} = \begin{matrix} \text{Unternehmens-} \\ \text{ergebnis} \end{matrix}$$

---

[1] Forderungen und Verbindlichkeiten werden hier als Geldforderungen und Geldverbindlichkeiten verstanden. Sachforderungen und Sachverbindlichkeiten werden somit nicht erfasst.

(3) Begriffe der Kosten- und Leistungsrechnung: Kosten und Leistungen

In der Kosten- und Leistungsrechnung werden nur die Aufwendungen und Erträge erfasst, die ursächlich im Zusammenhang mit der Verfolgung des eigentlichen Betriebszwecks stehen, der bei Industriebetrieben in der Herstellung, der Lagerung und dem Verkauf der Güter zu sehen ist.

Diese **betrieblichen Aufwendungen** bezeichnet man als **Kosten**. Ihnen stehen die **betrieblichen Erträge** gegenüber. Die betrieblichen Erträge insgesamt bezeichnet man als **Leistungen**.

- **Kosten** sind der betriebliche und relativ regelmäßig anfallende Güter- und Leistungsverzehr innerhalb einer Abrechnungsperiode zur Erstellung betrieblicher Leistungen, gemessen in Geld.
- Aus **Sicht der Buchführung** handelt es sich um **betriebliche Aufwendungen (Zweckaufwendungen)**.
- **Leistungen** sind die betrieblichen und relativ regelmäßig anfallenden Wertzugänge innerhalb einer Abrechnungsperiode gemessen in Geld.
- Aus **Sicht der Buchführung** handelt es sich um **betriebliche Erträge (Zweckerträge)**.

Stellt man den Leistungen die Kosten gegenüber, so erhält man das **Betriebsergebnis (Ergebnis der Kosten- und Leistungsrechnung)**.

$$\text{Leistungen (Betriebliche Erträge)} - \text{Kosten (Betriebliche Aufwendungen)} = \text{Betriebsergebnis}$$

Übungsaufgabe

238 1. Erklären Sie, was unter Leistungen einerseits und Kosten andererseits zu verstehen ist! Bilden Sie je zwei Beispiele!

     2. Notieren Sie, bei welchen der genannten buchhalterischen Begriffe es sich um Begriffe der Kostenrechnung handelt!

Abschreibungen auf Sachanlagen; Kosten für Ausgangsfrachten; Zinsaufwendungen; Umsatzsteuer auf den Verkauf von Erzeugnissen; Arbeitgeberanteil zur Sozialversicherung; Aufwendungen für Waren; Aufwendungen für Roh-, Hilfs- oder Betriebsstoffe; Aufwendungen für Kommunikation; Verluste aus dem Abgang von Vermögensgegenständen.

     3. Notieren Sie, bei welchen der genannten buchhalterischen Begriffe es sich um Begriffe der Leistungsrechnung handelt!

Umsatzerlöse für Waren; Provisionserlöse; aktivierte Eigenleistungen; Rabatt beim Wareneinkauf; Zinserträge; andere sonstige betriebliche Erträge; Erträge aus dem Abgang von Vermögensgegenständen; Erträge aus Schenkungen; Umsatzerlöse für eigene Erzeugnisse.

4. Notieren Sie, welche der Aussage zu den Aufgaben der Kosten- und Leistungsrechnung richtig ist!

   4.1 Durch sie wird der Erfolg des Unternehmens im Geschäftsjahr ermittelt.

   4.2 Sie vergleicht aufbereitete Daten, z. B. das Gesamtergebnis, mit denen anderer Unternehmen der gleichen Branche.

   4.3 Sie bucht Geschäftsvorfälle aufgrund der angefallenen Belege.

   4.4 Sie ermittelt den betrieblichen Erfolg des Geschäftsjahres.

   4.5 Sie hält alle Veränderungen der Vermögens- und Kapitalwerte fest.

   Entscheiden Sie außerhalb des Buches durch Angabe der entsprechenden Ziffer!

5. 5.1 Unterscheiden Sie zwischen Ausgaben und Aufwendungen! Nennen Sie je zwei Beispiele!

   5.2 Unterscheiden Sie zwischen Einnahmen und Erträgen! Nennen Sie je zwei Beispiele!

   5.3 Entscheiden Sie, ob folgende Vorgänge Einnahmen oder Ausgaben darstellen:

5.3.1	Kauf von Betriebsstoffen auf Ziel	14 000,00 EUR
5.3.2	Verkauf von Erzeugnissen auf Ziel	5 200,00 EUR
5.3.3	Bareinlage eines Gesellschafters	10 000,00 EUR
5.3.4	Entnahme von Bargeld aus der Kasse für private Zwecke	2 000,00 EUR
5.3.5	Aufnahme eines Barkredits	8 500,00 EUR
5.3.6	Bartilgung eines in einer früheren Rechnungsperiode erhaltenen Bankkredits	7 200,00 EUR

   5.4 Erläutern Sie, wodurch sich Ausgaben und Einnahmen von Aus- und Einzahlungen unterscheiden!

6.1.2 Abgrenzungsrechnung

6.1.2.1 Inhaltliche Abgrenzung zwischen den Begriffen der Buchführung und denen der Kosten- und Leistungsrechnung[1]

(1) Problemstellung

In der Buchführung sind die betrieblichen Aufwendungen (Kosten) und die unternehmensbezogenen Aufwendungen ohne eine klare Abgrenzung in den Kontenklassen 6 und 7 erfasst. Gleiches gilt für die betrieblichen Erträge (Leistungen) und die unternehmensbezogenen Erträge, die in der Kontenklasse 5 zusammengefasst sind. Da für das Betriebsergebnis nur die Kosten und Leistungen herangezogen werden, sind über eine gesonderte Rechnung die nicht betrieblich bedingten oder die Aufwendungen und Erträge, die die Vergleichbarkeit stören würden, von den betrieblich bedingten Aufwendungen und Erträgen abzugrenzen.

Außerdem sind bestimmte Aufwendungen in der KLR anders zu verrechnen als es dem in der Buchführung angefallenen Aufwand entspricht, bzw., in der KLR sind auch Kosten anzusetzen, denen in der Buchführung überhaupt kein Aufwandsposten entspricht. Damit wird die Frage nach dem Inhalt und den technisch-organisatorischen Möglichkeiten der Abgrenzung aufgeworfen.

---

1 Diesen Vorgang nennt man auch **sachliche Abgrenzung**.

(2) Inhaltliche Abgrenzung zwischen den Begriffen Aufwendungen und Kosten

Die Aufwendungen der Buchführung können betriebsbedingt sein oder mit dem eigentlichen Betriebszweck nichts zu tun haben.

Die **betrieblichen Aufwendungen (Zweckaufwendungen)** decken sich inhaltlich mit den Kosten der Kosten- und Leistungsrechnung. Aus Sicht der Kosten- und Leistungsrechnung stellen die betrieblichen Aufwendungen **Grundkosten** dar. Aufwendungen, die nicht betrieblich sind oder aus anderen Gründen nicht als Kosten verrechnet werden sollen, bezeichnet man in Abgrenzung zum Kostenbegriff als **neutrale Aufwendungen**.

- **Neutrale Aufwendungen** sind Aufwendungen, die in **keinem Zusammenhang mit dem Betriebszweck** stehen, die **nicht in der laufenden Periode,** die **unregelmäßig** oder in **außergewöhnlicher Höhe** anfallen.

- Die neutralen Aufwendungen werden in der **Kosten- und Leistungsrechnung** entweder **gar nicht** oder **nicht** in der in der **Buchführung ausgewiesenen Höhe** berücksichtigt.

Im Einzelnen haben wir es bei den neutralen Aufwendungen mit folgenden Fällen zu tun:

Art der neutralen Aufwendungen	Beispiele
Betriebsfremde Aufwendungen sind alle Aufwendungen, die mit dem eigentlichen Betriebszweck nichts zu tun haben.	Verluste aus Wertpapierverkäufen, Reparaturkosten an nicht betrieblich genutzten Gebäuden, Abschreibungen auf Finanzanlagen, Aufwendungen aus Beteiligungen.
Periodenfremde Aufwendungen sind Aufwendungen, die zwar betrieblich sind, deren Verursachung aber in einer vorangegangenen Geschäftsperiode liegt.	Steuernachzahlungen, Nachzahlungen von Gehältern, Garantieverpflichtungen für Geschäfte aus dem vorangegangenen Geschäftsjahr.
Außergewöhnliche Aufwendungen sind Aufwendungen, die zwar betrieblich sind, aber ungewöhnlich hoch oder äußerst selten sind.	Verluste aus Enteignungen, Verluste aus nicht durch Versicherungen gedeckten Katastrophenfällen.
Aufwendungen aus **Umstrukturierung des Vermögens**.	Verluste aus dem Abgang von Gegenständen des Sachanlagevermögens (Verkauf von Anlagegütern unter dem Buchwert).

(3) Inhaltliche Abgrenzung zwischen den Begriffen Erträge und Leistungen

Die Erträge der Buchführung können betrieblich sein oder mit dem eigentlichen Betriebszweck nichts zu tun haben.

Bei den **betrieblichen Erträgen** handelt es sich im Wesentlichen um die Umsatzerlöse. Sie stellen die Erträge dar, die sich bei der Erfüllung des Betriebszwecks ergeben haben **(Zweckerträge)** und decken sich daher mit den **Leistungen** der KLR. Zu den Leistungen eines Industrieunternehmens zählen außerdem die Bestandsmehrungen bei den unfertigen und fertigen Erzeugnissen sowie die aktivierten Eigenleistungen. Erträge, die nicht betrieblich sind oder aus anderen Gründen nicht als Leistungen verrechnet werden sollen, bezeichnet man in Abgrenzung zum Leistungsbegriff als **neutrale Erträge**.

- **Neutrale Erträge** sind Erträge, die in **keinem Zusammenhang mit dem Betriebs-zweck** stehen, die **nicht in der laufenden Periode, die unregelmäßig** oder in **außer-gewöhnlicher Höhe** anfallen.

- Die neutralen Erträge werden in der **Kosten- und Leistungsrechnung** entweder **gar nicht** oder **nicht** in der in **der Buchführung ausgewiesenen Höhe** berücksichtigt.

Im Einzelnen haben wir es bei den neutralen Erträgen mit folgenden Fällen zu tun:

Art der neutralen Erträge	Beispiele
Betriebsfremde Erträge sind Erträge, die mit dem eigentlichen Betriebszweck nichts zu tun haben.	Erträge aus Wertpapieren, Zins- und Diskont-erträge, Erträge aus Beteiligungen, Erträge aus Finanzanlagen.
Periodenfremde Erträge sind Erträge, die zwar betrieblich sind, deren Verursachung aber in einer vorangegangenen Geschäfts-periode liegt.	Steuerrückerstattungen, Eingang einer bereits abgeschriebenen Forderung.
Außergewöhnliche Erträge sind Erträge, die zwar betrieblich sind, die aber aus un-gewöhnlich hoch oder äußerst selten sind.	Erträge aus Gläubigerverzicht, Steuererlass, Er-träge aus Schenkungen.
Erträge aus einer **Umstrukturierung des Vermögens**.	Erträge aus dem Abgang von Vermögens-gegenständen (Verkauf von Anlagegütern über dem Buchwert).

- Die **betrieblichen Erträge** stellen zugleich auch Leistungen dar. Man nennt die betrieblichen Erträge auch **Grundleistungen.**
- **Neutrale Erträge** stellen **keine Leistung** dar.

Stellen wir den neutralen Erträgen die neutralen Aufwendungen gegenüber, so erhalten wir das **neutrale Ergebnis.**

Neutrale Erträge – Neutrale Aufwendungen = Neutrales Ergebnis

(4) Zusammenhang von Unternehmensergebnis, Betriebsergebnis und neutralem Ergebnis

Der Zusammenhang von Unternehmensergebnis, Betriebsergebnis und neutralem Ergeb-nis stellt sich wie folgt dar:

Erträge	–	Aufwendungen	=	Unternehmensergebnis
neutrale Erträge	–	neutrale Aufwendungen	=	neutrales Ergebnis
Leistungen	–	Kosten	=	Betriebsergebnis
Unternehmensergebnis	–	neutrales Ergebnis	=	Betriebsergebnis

239 1. Unterscheiden Sie zwischen Aufwand und Kosten! Nennen Sie je zwei Beispiele!

   2. Unterscheiden Sie zwischen Ertrag und Leistung! Nennen Sie je zwei Beispiele!

   3. Geben Sie bei den nachfolgenden Aufwandsarten an, ob es sich um betriebliche oder neutrale Aufwendungen handelt:

   Gehaltszahlungen, Aufwendungen für Waren, Verkauf eines Anlagegutes unter dem Buchwert, Abschreibungen auf Sachanlagen, hoher Forderungsausfall durch die Zahlungsunfähigkeit eines Kunden, Aufwendungen für die Altersversorgung der Arbeitnehmer, Verluste durch Brandschäden, die nicht durch eine Versicherung gedeckt sind, Arbeitgeberanteil zur Sozialversicherung, Mietzahlung für die Garage des Betriebs-Lkws, Aufwendungen für Rohstoffe, Steuernachzahlung für das vergangene Geschäftsjahr, Zahlung der Grundsteuer für das Betriebsgebäude, Zahlung der Gebäudeversicherung für ein nicht betriebsnotwendiges Gebäude.

   4. Geben Sie bei den nachfolgenden Ertragsarten an, ob es sich um betriebliche oder neutrale Erträge handelt:

   Umsatzerlöse für Waren, Erträge aus Beteiligungen, Erträge aus dem Verkauf von Wertpapieren, Zinserträge, unerwarteter Eingang für eine bereits abgeschriebene Forderung, Mietertrag aus der Vermietung eines nicht betrieblich genutzten Gebäudes, Steuerrückvergütung für das vergangene Geschäftsjahr, Umsatzerlöse für eigene Erzeugnisse, Bestandsmehrung an unfertigen Erzeugnissen, Verkauf eines Anlagegutes über dem Buchwert, selbst hergestellte Regale für die Verwendung im eigenen Betrieb.

6.1.2.2 Kalkulatorische Kosten

6.1.2.2.1 Zweck und Umfang der kalkulatorischen Kosten

Bei der Abgrenzung der Kosten von den Aufwendungen und der Leistungen von den Erträgen können zwei weitere Fälle auftreten:

- Für die **Kosten** fallen in der Buchführung **keine Aufwendungen** an **(Zusatzkosten).**
- Für die **Kosten** fallen in der Buchführung nur **teilweise Aufwendungen** an **(Anderskosten).**

- **Zusatzkosten** sind Kosten, für die es **keine Aufwendungen** innerhalb der Buchführung gibt.
- **Anderskosten** sind Aufwendungen, die in der **Kosten- und Leistungsrechnung** mit einem **anderen Betrag** als in der Buchführung angesetzt werden. Aus **Sicht der Buchführung** handelt es sich um **Andersaufwendungen.**
- **Anderskosten** und **Zusatzkosten** bilden zusammen den Umfang der **kalkulatorischen Kosten.**

6.1.2.2.2   Kalkulatorische Kosten im Einzelnen

(1)   Anderskosten (aufwandsungleiche Kosten)

■ Kalkulatorische Abschreibung

Für die **Kosten- und Leistungsrechnung (KLR)** muss die **tatsächliche Wertminderung** angesetzt werden, da ansonsten die Kostenrechnung ungenau wird.

Für die Berechnung der Abschreibungshöhe in der **Buchführung** sind **handelsrechtliche Vorschriften** vorgegeben. Dies bedeutet, dass die Abschreibungshöhe im Hinblick auf den Werteverzehr in der KLR zu hoch[1] oder zu niedrig sein kann.

Da die Berechnung der Abschreibungshöhe innerhalb der Erfolgsrechnung nach anderen Kriterien vorgenommen wird als in der KLR, müssen wir zwischen **kalkulatorischer** und **bilanzieller Abschreibung** unterscheiden. Die bilanzielle Abschreibung wirkt sich in der Buchführung, die kalkulatorische Abschreibung in der KLR aus.

> **Beispiel:**
>
> Ein Kombiwagen mit Anschaffungskosten von 45 000,00 EUR wird buchhalterisch linear über 6 Jahre mit jeweils $16^2/_3$ % abgeschrieben. Aufgrund der laufenden Preiserhöhungen muss in der Kostenrechnung von den Wiederbeschaffungskosten in Höhe von 51 000,00 EUR abgeschrieben werden. Die bilanzielle Abschreibung beträgt somit 7 500,00 EUR, die kalkulatorische Abschreibung 8 500,00 EUR, sodass zusätzliche Kosten von jährlich 1 000,00 EUR entstehen. Der bilanzielle Restwert des Kombiwagens nach dem ersten Jahr beträgt damit 37 500,00 EUR, der kalkulatorische Restwert 42 500,00 EUR.

> **Kalkulatorische Abschreibungen** sind **Kosten,** die – unabhängig von gesetzlichen Vorschriften – den **tatsächlichen Werteverzehr** des Anlagevermögens erfassen.

■ Kalkulatorische Zinsen

Die **gezahlten Zinsen** für das aufgenommene **Fremdkapital** hängen von den individuellen Finanzierungsverhältnissen eines Unternehmens ab. Da der Unternehmer jedoch auch für das von ihm eingebrachte Eigenkapital eine Verzinsung beanspruchen kann, müssen in den Verkaufspreis die Zinsen für das gesamte betriebsbedingte Kapital eingerechnet werden. Die **kalkulatorischen Zinsen** erfassen somit die Verzinsung des **gesamten betrieblichen Kapitals,** und zwar unabhängig davon, ob es sich um Eigen- oder Fremdkapital handelt. Abgezogen werden allerdings die dem Unternehmen zinslos zur Verfügung stehenden Fremdmittel. Dieses sogenannte **Abzugskapital** setzt sich z. B. aus Verbindlichkeiten aus Lieferungen und Leistungen, aus Anzahlungen von Kunden und aus Rückstellungen zusammen.

	Gesamtes Unternehmensvermögen
–	nicht betriebliches Vermögen[2]
=	vorläufiges betriebliches Vermögen
–	Abzugskapital
=	betriebliches Kapital

---

1 Sind die Aufwendungen ausnahmsweise höher als die verrechneten Kosten, handelt es sich in Höhe der Differenz um neutrale Aufwendungen.

2 Dazu zählen z. B. nicht betrieblich genutzte Grundstücke, stillgelegte Betriebsanlagen.

Kalkulatorische Zinsen sind die **Kosten** für die **Nutzung des betrieblichen Kapitals.**

■ **Kalkulatorische Wagnisse**

Jede unternehmerische Tätigkeit ist mit dem Risiko des Scheiterns verbunden und kann damit zu Verlusten führen. Dieses allgemeine **Unternehmenswagnis** (z. B. Nachfrageverschiebungen, technischer Fortschritt, politische Ereignisse, Konjunkturschwankungen) kann in der KLR **nicht berücksichtigt** werden. Es wird durch den Gewinn abgegolten.

Kalkulatorisch zu erfassen sind die **einzelnen betrieblichen Wagnisse** (Forderungsausfälle, Währungsverluste, Garantieleistungen), sofern sie nicht durch eine Fremdversicherung abgedeckt sind.

Wagnisverluste treten in der Praxis nur von Fall zu Fall und in unterschiedlicher Höhe auf. Sie werden in der Buchführung als Aufwand gebucht und beeinflussen damit das Unternehmensergebnis. Um eine Stetigkeit in der KLR zu erreichen, werden die vorausschaubaren Einzelwagnisse ermittelt und gleichmäßig als **kalkulatorischer Wagniszuschlag** auf die Rechnungsperioden verrechnet. Auf diese Weise werden Zufallseinflüsse von der KLR ferngehalten. Sofern ein Einzelwagnis durch eine Fremdversicherung abgedeckt ist, entfällt der Ansatz eines kalkulatorischen Wagniszuschlags.

> **Beispiel:**
>
> Der Aufwand für vertragliche Garantieleistungen und Kulanz bei einer Möbelfabrik betrug in den vergangenen 3 Jahren 150 000,00 EUR bei einem Werkstoffeinsatz von 6 Mio. EUR. Das bedeutet, dass 2,5 % des Werkstoffeinsatzes als kalkulatorischer Wagniszuschlag anzusetzen sind.
>
> Beträgt der Werkstoffeinsatz im 1. Quartal 1 480 000,00 EUR, so sind 37 000,00 EUR an kalkulatorischen Wagnissen in die KLR einzurechnen.

Kalkulatorische Wagnisse sind Kosten für nicht versicherte Einzelwagnisse.

(2) Zusatzkosten

■ **Kalkulatorischer Unternehmerlohn**

Die Arbeit des Unternehmers schlägt sich nicht bei allen Rechtsformen der Unternehmen als Aufwand in der Buchführung nieder. Ein Einzelunternehmer bzw. der mitarbeitende Gesellschafter einer Personengesellschaft erhält für seine Arbeitsleistung kein Gehalt. Sie ist durch den Gewinn abgegolten. Es fehlt daher ein entsprechender Posten in der Buchführung. Demgegenüber zahlen vergleichbare Unternehmungen aufgrund ihrer Rechtsform (z. B. GmbH; GmbH & Co. KG) Geschäftsführergehälter, die sich als Aufwand niederschlagen.

Es ist daher – sowohl unter dem Gesichtspunkt einer exakten Kostenerfassung in der KLR als auch unter dem Gesichtspunkt der Vergleichbarkeit der Kostenstrukturen unterschiedlicher Unternehmen – unerlässlich, diese unternehmerische Tätigkeit in Geld zu bemessen und als Kosten zu erfassen. Die Höhe sollte dabei nach dem Leistungseinsatz des Unternehmers bestimmt werden und sich zum Beispiel am jeweils bestehenden Lohnniveau ausrichten. Dem kalkulatorischen Unternehmerlohn steht kein Aufwand gegenüber. Er stellt daher Zusatzkosten dar.

Der **kalkulatorische Unternehmerlohn** erfasst bei Einzelunternehmen und Personengesellschaften die Kosten für die Arbeitsleistungen der **mitarbeitenden Unternehmer.**

■ Kalkulatorische Miete

Gelegentlich stellt ein Unternehmer Räume des Privatvermögens auch für betriebliche Zwecke zur Verfügung. Würde er solche Räume anmieten, müssten Mietkosten gezahlt werden. Obwohl keine Mietzahlungen anfallen, ist es unter kostenrechnerischen Gesichtspunkten gerechtfertigt, in der Kostenrechnung einen der ortsüblichen Miete entsprechenden Betrag anzusetzen. Auch hierbei handelt es sich um Zusatzkosten, da ein entsprechender Aufwandsposten in der Buchführung fehlt.

Vom Unternehmer unentgeltlich überlassene Privaträume für betriebliche Zwecke sind in der Kostenrechnung mit der ortsüblichen Miete **(kalkulatorische Miete)** anzusetzen.

Übungsaufgaben

240 1. Nennen Sie zwei Arten von kalkulatorischen Kosten!

      2. Nennen Sie ein Beispiel für Zusatzkosten!

      3. Welches ist das besondere Merkmal für Zusatzkosten?

      4. Warum werden in der KLR kalkulatorische Zinsen angesetzt und nicht die in der Geschäftsbuchführung erfassten Zinsen für das Fremdkapital übernommen?

      5. Was versteht man unter Anderskosten? Nennen Sie zwei Beispiele!

      6. Warum ist es unter kostenmäßigen Gesichtspunkten berechtigt, für den Einzelunternehmer und für die mitarbeitenden Gesellschafter einer OHG jeweils entsprechende Kosten für deren Arbeitsleistung anzusetzen?

      7. Welchem Zweck dient die Verrechnung kalkulatorischer Kosten?

      8. Wodurch unterscheiden sich Anderskosten von Zusatzkosten?

241 Am 30. Juli 20.. haben wir einen Lkw angeschafft. Die Anschaffungskosten belaufen sich auf 81 000,00 EUR. Die Nutzungsdauer beträgt 9 Jahre. Es wird linear abgeschrieben.

     In der KLR wird der Lkw von den Wiederbeschaffungskosten abgeschrieben. Die Wiederbeschaffungskosten betragen 95 625,00 EUR. Die Abschreibung erfolgt ebenfalls linear.

Aufgaben:

1. Berechnen Sie die bilanziellen und kalkulatorischen Abschreibungsbeträge am Ende der ersten Geschäftsperiode sowie die Buchwerte!

2. Übertragen Sie das folgende Schema in Ihr Arbeitsheft und tragen Sie die ermittelten Abschreibungsbeträge ein:

Neutraler Aufwand	Zweckaufwand	Grundkosten	Zusatzkosten

242 Ein Industrieunternehmen bucht folgende Beträge:

Zinsen

gezahlte Zinsen	4 000,00 EUR
kalkulatorische Zinsen	11 000,00 EUR

Abschreibungen

bilanzielle Abschreibungen	52 700,00 EUR
kalkulatorische Abschreibungen	48 900,00 EUR

Unternehmerlohn

gezahlter Unternehmerlohn	0,00 EUR
kalkulatorischer Unternehmerlohn	15 000,00 EUR

Aufgabe:

Ermitteln Sie, in welcher Höhe jeweils neutraler Aufwand oder Zweckaufwand entstanden ist bzw. in welcher Höhe Grundkosten oder Zusatzkosten entstanden sind! Verwenden Sie hierzu die folgende Tabelle:

Erfolgsrechnung		Kosten- und Leistungsrechnung	
Neutraler Aufwand	Zweckaufwand	Grundkosten	Zusatzkosten

6.1.3 Ergebnistabelle als Instrument zur Ermittlung des Betriebsergebnisses

6.1.3.1 Grundstruktur einer Ergebnistabelle

Die Abgrenzung der Aufwendungen der Buchführung in betriebsbedingte Aufwendungen, die in die Kosten- und Leistungsrechnung einfließen, von den neutralen Aufwendungen, die nicht als Kosten verrechnet werden sollen, sowie eine in der Kosten- und Leistungsrechnung andersartige oder zusätzliche Verrechnung von Kosten erfolgt über die **Abgrenzungsrechnung.**

Für die Abgrenzungsrechnung hat sich als übliches Verfahren das sogenannte **Zweikreissystem** durchgesetzt. Die **Buchführung** stellt den **Rechnungskreis I** dar, die **Abgrenzungsrechnung** und die **Kosten- und Leistungsrechnung** den **Rechnungskreis II.**

Instrument für die Darstellung der Abgrenzungsrechnung ist die **Ergebnistabelle (Abgrenzungstablle)**.

Ziel der Abgrenzungsrechnung ist es, aus den erfassten Aufwendungen und Erträgen der Buchführung die **Höhe der Kosten und Leistungen** zu ermitteln.

Rechnungskreis I			Rechnungskreis II					
Erfolgsbereich			Abgrenzungsbereich				Kosten- und Leistungsrechnung	
Buchführung			unternehmens-bezogene Abgrenzung		kosten-rechnerische Korrekturen			
Konten	Aufw.	Erträge	Aufw.	Erträge	Aufw.	Erträge[1]	Kosten	Leistungen
Summen:								
Salden (Ergebnissse):								
	Unternehmens-ergebnis:		Ergebnis aus unternehmens-bezogener Abgrenzung:		Ergebnis aus kostenrechne-rischen Korrek-turen:		Betriebs-ergebnis:	
			Abgrenzungsergebnis (neutrales Ergebnis)					

---

1 Die Erträge entstehen durch Einkalkulieren von Anders- und Zusatzkosten in die Verkaufspreise.

Um das Verständnis für die schwierige und ungewohnte Abgrenzungstechnik zu erleichtern, werden die unternehmensbezogene Abgrenzungsrechnung und die Abgrenzung in Form der kostenrechnerischen Korrekturen zunächst nacheinander behandelt und erst danach fassen wir die beiden Stufen zusammen.

6.1.3.2 Unternehmensbezogene Abgrenzung

Ausgangspunkt für die unternehmensbezogene Abgrenzung der Aufwendungen und Erträge sind die Zahlen der Buchführung. Diese Werte werden **unverändert in den Rechnungskreis I** der Ergebnistabelle übernommen.

Die eigentliche Abgrenzung erfolgt im **Rechnungskreis II**. Dabei werden die Zahlen der Buchführung, die in den Rechnungskreis I übernommen wurden, unter dem Gesichtspunkt betrieblich oder neutral sortiert.

- Die **betrieblichen Aufwendungen (Kosten)** und die **betrieblichen Erträge (Leistungen)** werden in die Kosten- und Leistungsrechnung des Rechnungskreises II übertragen.
- Die **neutralen Aufwendungen und Erträge** werden innerhalb des Rechnungskreises II in die **unternehmensbezogene Abgrenzung** übernommen.

Auf diese Weise sind die **betrieblichen Erfolge** und die **Erfolge aus unternehmensbezogener Abgrenzung getrennt erfasst.**

In allen drei Bereichen der Ergebnistabelle wird ein Ergebnis ausgewiesen. Für die erste Stufe der Abgrenzung gilt:

Unternehmensergebnis – Ergebnis aus unternehmensbezogener Abgrenzung = Betriebsergebnis

---

Beispiel:

Das Industrieunternehmen[1] Max Kluge KG weist beim Jahresabschluss auf dem GuV-Konto folgende Werte aus:

Soll		Gewinn- und Verlustkonto Max Kluge KG	Haben
Aufw. f. Rohstoffe	480 000,00	Umsatzerl. f. eig. Erzeugn.	750 000,00
Löhne	135 000,00	Periodenfremde Erträge	43 800,00
Mieten, Pachten	5 610,00	Zinserträge	17 950,00
Büromaterial	48 950,00		
Reisekosten	9 460,00		
Verl. a. d. Abg. v. Vermögensg.	2 850,00		
Periodenfremde Aufwend.	25 750,00		
Unternehmensergebnis	104 130,00		
	811 750,00		811 750,00

Aufgabe:

Ermitteln Sie mithilfe der Ergebnistabelle das Unternehmensergebnis, das Ergebnis aus unternehmensbezogener Abgrenzung und das Betriebsergebnis!

---

1 Im Handelsbetrieb erfolgt die Abgrenzung in gleicher Weise. Es entfallen lediglich die für den Industriebetrieb typischen Konten wie Umsatzerlöse für eigene Erzeugnisse, Aufwendungen für Roh-, Hilfs- und Betriebsstoffe oder Bestandsveränderungen.

Lösung:

Rechnungskreis I			Rechnungskreis II					
Erfolgsbereich			Abgrenzungsbereich				Kosten- und Leistungsrechnung	
Buchführung			unternehmens-bezogene Abgrenzung		kosten-rechnerische Korrekturen			
Konten	Aufw.	Erträge	Aufw.	Erträge	Aufw.	Erträge	Kosten	Leistungen
UErl. f. eig. Erzeugn.		750 000,00						750 000,00
Periodenfr. Erträge		43 800,00		43 800,00				
Zinserträge		17 950,00		17 950,00				
Aufw. f. Rohstoffe	480 000,00						480 000,00	
Löhne	135 000,00						135 000,00	
Mieten, Pachten	5 610,00						5 610,00	
Büromaterial	48 950,00						48 950,00	
Reisekosten	9 460,00						9 460,00	
Verl. a. d. Abg. v. VG	2 850,00		2 850,00					
Periodenfr. Aufw.	25 750,00		25 750,00					
Summen:	707 620,00	811 750,00	28 600,00	61 750,00			679 020,00	750 000,00
Salden (Ergebnisse):	104 130,00		33 150,00				70 980,00	
	811 750,00	811 750,00	61 750,00	61 750,00			750 000,00	750 000,00
	Unternehmens-ergebnis:		**Ergebnis aus unternehmens-bezogener Abgrenzung:**		**Ergebnis aus kostenrechne-rischen Korrekturen:**		**Betriebs-ergebnis:**	
	104 130,00 EUR		**33 150,00 EUR**				**70 980,00 EUR**	

Erläuterungen zur unternehmensbezogenen Abgrenzung:

■ Alle Aufwendungen und Erträge der Buchführung, die auf den eigentlichen Betriebszweck bezogen sind, werden im Rechnungskreis II als Kosten und Leistungen in die Kosten- und Leistungsrechnung übernommen. Als Saldo ergibt sich das Betriebsergebnis.

■ Die neutralen Aufwendungen und Erträge der Buchführung werden im Rechnungskreis II in die unternehmensbezogene Abgrenzung übernommen und dadurch von der Kosten- und Leistungsrechnung ferngehalten (abgegrenzt), weil sie das Betriebsergebnis verfälschen würden. Auf das Beispiel bezogen betrifft das

  ■ **auf der Ertragsseite:** die periodenfremden Erträge sowie die Zinserträge.

  ■ **auf der Aufwandsseite:** die Verluste aus dem Abgang von Vermögensgegenständen und die periodenfremden Aufwendungen, da diese nicht die Hauptziele des Unternehmens betreffen. Als Saldo ergibt sich das Ergebnis aus unternehmensbezogener Abgrenzung.

■ Die Ergebnisse aus dem Rechnungskreis II müssen mit dem Ergebnis aus dem Rechnungskreis I übereinstimmen.

Übungsaufgabe

243 1. Übertragen Sie die nachfolgende Ergebnistabelle in Ihr Heft! Berechnen Sie aufgrund der vorliegenden Werte das Unternehmensergebnis, das Betriebsergebnis und das Ergebnis aus unternehmensbezogener Abgrenzung!

Buchführung			Abgrenzungsbereich unternehmens- bezogene Abgrenzung		Kosten- und Leistungsrechnung	
Konten	Aufwend.	Erträge	Aufwend.	Erträge	Kosten	Leistungen
Umsatzerlöse für eig. Erzeugnisse Aufw. f. Rohstoffe ⋮						
	581 980,00	654 710,00	23 705,00	39 140,00	558 275,00	615 570,00

2. Die Sanitärgroßhandlung Holzer & Wetzel OHG weist für den Monat Juli in der Buchführung folgende Aufwendungen und Erträge aus:

Konten	Beträge
Umsatzerlöse für Waren	1 050 000,00 EUR
Erträge aus Finanzanlagen	20 675,00 EUR
Erträge aus Beteiligungen	25 820,00 EUR
Zinserträge	8 500,00 EUR
Aufwendungen für Waren	580 510,00 EUR
Gehälter	120 750,00 EUR
Arbeitgeberanteil zur Sozialversicherung	48 690,00 EUR
Abschreibungen auf Sachanlagen[1]	60 510,00 EUR
Büromaterial	28 525,00 EUR
Versicherungsbeiträge	30 970,00 EUR
Verluste aus dem Abgang von Finanzanlagen	72 980,00 EUR
Zinsaufwendungen	12 500,00 EUR

Aufgaben:

2.1 Übernehmen Sie die angegebenen Aufwendungen und Erträge in die Ergebnistabelle!

2.2 Ermitteln Sie das Betriebsergebnis, das Ergebnis aus unternehmensbezogener Abgrenzung und das Unternehmensergebnis!

---

1 Da die kostenrechnerischen Korrekturen (u. a. kalkulatorische Abschreibung) erst später behandelt werden, sind die Abschreibungen auf Sachanlagen vorläufig als Kosten zu übernehmen.

6.1.3.3 Kostenrechnerische Korrekturen

Im Rahmen der kostenrechnerischen Korrekturen werden alle Aufwendungen und Erträge erfasst, die aus Gründen der Stetigkeit und Vergleichbarkeit der Kosten anders verrechnet werden **(Anderskosten)**. Daneben werden hier die Kosten verrechnet, für die es in der Geschäftsbuchführung keinen Aufwandsposten gibt **(Zusatzkosten)**.

In allen drei Bereichen der Ergebnistabelle wird ein Ergebnis ausgewiesen. Es gilt:

$$\text{Unternehmens-} \atop \text{ergebnis} \quad - \quad {\text{Ergebnis aus kosten-} \atop \text{rechnerischen Korrekturen}} \quad = \quad {\text{Bertriebs-} \atop \text{ergebnis}}$$

Beispiel:

Das Industrieunternehmen Max Kluge KG weist beim Jahresabschluss auf dem GuV-Konto folgende Werte aus:

Soll	Gewinn- und Verlustkonto Max Kluge KG		Haben
Aufw. f. Rohstoffe	230 400,00	Umsatzerl. f. eig. Erzeugn.	547 820,00
Vertriebsprovision	20 320,00		
Fremdinstandhaltung	6 940,00		
Löhne	85 000,00		
Abschreib. auf Sachanlagen	10 870,00		
Mieten, Pachten	12 500,00		
Büromaterial	46 810,00		
Reisekosten	9 480,00		
Zinsaufwendungen	6 450,00		
Unternehmensergebnis	119 050,00		
	547 820,00		547 820,00

Aufgaben:

1. Erstellen Sie eine Ergebnistabelle unter Berücksichtigung folgender kostenrechnerischer Korrekturen:

   – Statt der gezahlten Zinsen in Höhe von 6 450,00 EUR sollen kalkulatorische Zinsen in Höhe von 9 780,00 EUR angesetzt werden.

   – Statt der bilanziellen Abschreibung in Höhe von 10 870,00 EUR sollen kalkulatorische Abschreibungen in Höhe von 8 950,00 EUR in Ansatz gebracht werden.

   – Der kalkulatorische Unternehmerlohn für die Abgeltung der Arbeitskraft des Komplementärs beträgt 50 000,00 EUR.

2. Ermitteln Sie das Unternehmensergebnis, das Ergebnis aus kostenrechnerischen Korrekturen sowie das Betriebsergebnis!

Lösung:

Konten	Rechnungskreis I Erfolgsbereich Buchführung Aufw.	Erträge	Rechnungskreis II Abgrenzungsbereich unternehmensbezogene Abgrenzung Aufw.	Erträge	kostenrechnerische Korrekturen Aufw.	Erträge	Kosten- und Leistungsrechnung Kosten	Leistungen
UErl. f. eig. Erzeugn.		547820,00						547820,00
Aufw. f. Rohstoffe	230400,00						230400,00	
Vertriebsprovision	20320,00						20320,00	
Fremdinstandhalt.	6940,00						6940,00	
Löhne	85000,00						85000,00	
Abschr. a. Sachanl.	10870,00				10870,00			
Mieten, Pachten	12500,00						12500,00	
Büromaterial	46810,00						46810,00	
Reisekosten	9480,00						9480,00	
Zinsaufwendungen	6450,00				6450,00			
Kalkulator. Kosten Abschreibungen						8950,00	8950,00	
Zinsen						9780,00	9780,00	
Kalk. U.-Lohn						50000,00	50000,00	
Summen	428770,00	547820,00			17320,00	68730,00	480180,00	547820,00
Salden (Ergebnisse)	119050,00				51410,00		67640,00	
	547820,00	547820,00			68730,00	68730,00	547820,00	547820,00
	Unternehmensergebnis: 119050,00 EUR		Ergebnis aus unternehmens-bezogener Abgrenzung:		Ergebnis aus kostenrechnerischen Korrekturen: 51410,00 EUR		**Betriebsergebnis:** 67640,00 EUR	

Erläuterungen zu den kostenrechnerischen Korrekturen:[1]

■ Zu den Anderskosten

Sollen die Abschreibungen in der KLR anders verrechnet werden, als es dem Betrag von 10870,00 EUR in der Buchführung entspricht, dann wird zunächst der Betrag der Buchführung in Höhe von 10870,00 EUR als Aufwand in den Bereich der kostenrechnerischen Korrekturen übernommen.

Der Betrag der kalkulatorischen Abschreibungen in Höhe von 8950,00 EUR wird als Kosten in der KLR und als Ertrag bei den kostenrechnerischen Korrekturen erfasst. (Der Ertrag wird erwirtschaftet, wenn die Erzeugnisse zumindest zu kostendeckenden Preisen verkauft werden können.)

---

1 Für die Zuordnung einzelner Beträge in die beiden Abgrenzungsstufen gibt es keine gesetzlichen Vorschriften. Aus didaktischen Gründen (klare Abgrenzung) ordnen wir alle in der KLR anders zu verrechnenden Beträge der Stufe der kostenrechnerischen Korrekturen zu.

Sollen die **Zinsaufwendungen** in der KLR anders verrechnet werden als es dem Betrag von 6 450,00 EUR in der Buchführung entspricht, dann wird zunächst der Betrag der Buchführung in Höhe von 6 450,00 EUR als Aufwand in den Bereich der kostenrechnerischen Korrekturen übernommen.

Der Betrag der kalkulatorischen Zinsen in Höhe von 9 780,00 EUR wird als Kosten in der KLR und als Ertrag bei den kostenrechnerischen Korrekturen erfasst. (Der Ertrag wird durch den Verkauf der Erzeugnisse erwirtschaftet, wenn zumindest kostendeckende Preise erzielt werden.)

Im Bereich der kostenrechnerischen Korrekturen stehen sich dann die Aufwendungen der Buchführung und die zu den verrechneten Kosten als Erträge gegenüber. In Höhe der Differenz dieser Beträge wurden in der KLR die Kosten anders verrechnet als es dem Aufwand in der Buchführung entspricht.

■ **Zu den Zusatzkosten**

Da es für den kalkulatorischen Unternehmerlohn keinen Aufwandsposten in der Buchführung gibt, kann auch kein Aufwand in die kostenrechnerischen Korrekturen übernommen werden. Allerdings kommt der Unternehmerlohn, sofern er kostendeckend in die Preise einkalkuliert und erwirtschaftet wird, als Ertrag wieder in das Unternehmen zurück. Daher erscheint der als Kosten in der KLR zu erfassende Unternehmerlohn in Höhe von 50 000,00 EUR sowohl unter den Kosten in der KLR als auch als Ertrag in der Spalte der kostenrechnerischen Korrekturen.

■ **Zu dem Ergebnis aus kostenrechnerischen Korrekturen**

Die Summe der einzelnen Differenzen, um die die verrechneten Kosten von den Aufwendungen der Buchführung abweichen, stellt das Ergebnis aus kostenrechnerischen Korrekturen dar. Da in unserem Beispiel die zu den verrechneten Kosten erfassten Erträge höher sind als die auf der Aufwandsseite erfassten Aufwendungen der Buchführung, stellt das Ergebnis aus kostenrechnerischen Korrekturen einen Gewinn dar, der in unserem Beispiel 51 410,00 EUR beträgt. Um diese Differenz weicht das Betriebsergebnis vom Unternehmensergebnis ab. Da in Höhe dieser Differenz in der KLR mehr Kosten verrechnet wurden, als es den erfassten Aufwendungen in der Buchführung entspricht, ist das Betriebsergebnis um diese Differenz kleiner als das Unternehmensergebnis.

■ Bei den **kalkulatorischen Kosten** (Anderskosten und Zusatzkosten) ist der Betrag, der als Kostenwert verrechnet werden soll, immer sowohl in der Kostenspalte der KLR als auch in der Ertragsspalte der kostenrechnerischen Korrekturen zu erfassen.

■ Bei den **Anderskosten** ist zusätzlich der als Aufwand erfasste Wert der Buchführung auch unverändert als Aufwand bei den kostenrechnerischen Korrekturen zu übernehmen.

Übungsaufgaben

244 Die Buchführung eines Großhandelsunternehmens weist für den Monat April folgende Aufwendungen und Erträge auf (Auszug):

Umsatzerlöse für Waren	125 000,00 EUR
Gehälter	32 800,00 EUR
Abschreibungen auf Sachanlagen	21 500,00 EUR
Versicherungsbeiträge	450,00 EUR
Verluste aus Schadensfällen	1 200,00 EUR
Abschreibungen auf Forderungen	18 300,00 EUR
Betriebliche Steuern	8 000,00 EUR
Zinsaufwendungen	12 200,00 EUR

Angaben zur Kosten- und Leistungsrechnung:

1.	Kalkulatorische Abschreibungen auf Sachanlagen	25 000,00 EUR
2.	Kalkulatorische Abschreibungen auf Forderungen	6 000,00 EUR
3.	Kalkulatorische Zinsen	19 400,00 EUR
4.	Kalkulatorische Wagnisse	800,00 EUR
5.	Kalkulatorischer Unternehmerlohn	14 500,00 EUR

Aufgaben:

Erstellen Sie eine Ergebnistabelle und ermitteln Sie das Unternehmensergebnis, das Betriebsergebnis und das Ergebnis aus kostenrechnerischen Korrekturen!

245 Die Buchführung eines Industrieunternehmens weist für den Monat April folgende Aufwendungen und Erträge auf (Auszug):

Umsatzerlöse für eigene Erzeugnisse	120 000,00 EUR
Periodenfremde Erträge	5 000,00 EUR
Löhne	32 800,00 EUR
Abschreibungen auf Sachanlagen	21 500,00 EUR
Verluste aus Schadensfällen	9 900,00 EUR
Abschreibungen auf Forderungen	8 400,00 EUR
Grundsteuer	9 650,00 EUR
Zinsaufwendungen	11 900,00 EUR

Angaben zur Kosten- und Leistungsrechnung:

1.	Kalkulatorische Abschreibungen auf Sachanlagen	28 400,00 EUR
2.	Kalkulatorische Zinsen	17 700,00 EUR
3.	Kalkulatorische Wagnisse	6 800,00 EUR
4.	Kalkulatorischer Unternehmerlohn	14 500,00 EUR

Aufgaben:

Erstellen Sie eine Ergebnistabelle und ermitteln Sie das Unternehmensergebnis, das Betriebsergebnis und das Ergebnis aus kostenrechnerischen Korrekturen!

6.1.3.4 Ergebnistabelle mit unternehmensbezogener Abgrenzung und kostenrechnerischen Korrekturen

Im folgenden Beispiel werden die beiden zunächst getrennt dargestellten Abgrenzungsstufen zusammengefasst.

Beispiel:

Das Industrieunternehmen Max Kluge KG weist beim Jahresabschluss auf dem GuV-Konto folgende Werte aus:

Soll		Gewinn- und Verlustkonto Max Kluge KG	Haben
Aufw. f. Rohstoffe	710 400,00	Umsatzerl. f. eig. Erzeugn.	1 297 820,00
Vertriebsprovision	20 320,00	Periodenfremde Erträge	43 800,00
Fremdinstandhaltung	6 940,00	Zinserträge	17 950,00
Löhne	220 000,00		
6Abschreib. auf Sachanlagen	10 870,00		
Mieten, Pachten	18 110,00		
Büromaterial	95 760,00		
Reisekosten	18 940,00		
Verl. a. d. Abg. v. Verm.-Geg.	2 850,00		
Periodenfr. Aufwendungen	25 750,00		
Zinsaufwendungen	6 450,00		
Unternehmensergebnis	223 180,00		
	1 359 570,00		1 359 570,00

Angaben für die kostenrechnerischen Korrekturen

– Statt der gezahlten Zinsen in Höhe von 6 450,00 EUR sollen kalkulatorische Zinsen in Höhe von 9 780,00 EUR angesetzt werden.

– Statt der bilanziellen Abschreibung in Höhe von 10 870,00 EUR sollen kalkulatorische Abschreibungen in Höhe von 8 950,00 EUR in Ansatz gebracht werden.

– Der kalkulatorische Unternehmerlohn für die Abgeltung der Arbeitskraft des Komplementärs beträgt 50 000,00 EUR.

Aufgaben:

Erstellen Sie aufgrund des vorangestellten Gewinn- und Verlustkontos und der Angaben für die kostenrechnerischen Korrekturen eine Ergebnistabelle!

Ermitteln Sie das Unternehmensergebnis, das Ergebnis aus unternehmensbezogener Abgrenzung, das Ergebnis aus kostenrechnerischen Korrekturen sowie das Betriebsergebnis!

Lösungen:

Rechnungskreis I			Rechnungskreis II					
Erfolgsbereich			Abgrenzungsbereich				Kosten- und Leistungsrechnung	
Buchführung			unternehmens-bezogene Abgrenzung		kosten-rechnerische Korrekturen			
Konten	Aufw.	Erträge	Aufw.	Erträge	Aufw.	Erträge	Kosten	Leistungen
UErl. f. eig. Erzeugn.		1297820,00						1297820,00
Periodenfr. Erträge		43800,00		43800,00				
Zinserträge		17950,00		17950,00				
Aufw. f. Rohstoffe	710400,00						710400,00	
Vertriebsprovision	20320,00						20320,00	
Fremdinstandhalt.	6940,00						6940,00	
Löhne	220000,00						220000,00	
Abschr. a. Sachanl.	10870,00				10870,00			
Mieten, Pachten	18110,00						18110,00	
Büromaterial	95760,00						95760,00	
Reisekosten	18940,00						18940,00	
Verl. a. d. Abg. v. VG	2850,00		2850,00					
Periodenfr. Aufw.	25750,00		25750,00					
Zinsaufwendungen	6450,00				6450,00			
Kalkulator. Kosten Abschreibungen						8950,00	8950,00	
Zinsen						9780,00	9780,00	
Kalk. U.-Lohn						50000,00	50000,00	
Summen:	1136390,00	1359570,00	28600,00	61750,00	17320,00	68730,00	1159200,00	1297820,00
Salden (Ergebnisse):	223180,00		33150,00		51410,00		138620,00	
	1359570,00	1359570,00	61750,00	61750,00	68730,00	68730,00	1297820,00	1297820,00
	Unternehmens-ergebnis: 223180,00 EUR		Ergebnis aus unternehmens-bezogener Abgrenzung: 33150,00 EUR		Ergebnis aus kostenrechne-rischen Korrek-turen: 51410,00 EUR		**Betriebs-ergebnis:** 138620,00 EUR	

Unternehmens-ergebnis	–	**Abgrenzungs-ergebnis**	=	**Betriebs-ergebnis**
223180,00 EUR	–	84560,00 EUR	=	138620,00 EUR

Übungsaufgaben

246 Die Buchführung eines Industriebetriebs weist für das erste Quartal folgende Zahlen aus:

Konten	Beträge
Umsatzerlöse für eigene Erzeugnisse	1 420 000,00 EUR
Bestandsveränderungen an unfertigen Erzeugnissen (Bestandsmehrung)	80 700,00 EUR
Entn. v. Geg. u. Leist.	15 500,00 EUR
Periodenfremde Erträge	8 500,00 EUR
Erträge aus Beteiligungen	28 000,00 EUR
Zinserträge	5 100,00 EUR
Aufwendungen für Rohstoffe	767 900,00 EUR
Frachten und Fremdlager	31 500,00 EUR
Löhne, Gehälter	204 400,00 EUR
Arbeitgeberanteil zur Sozialversicherung	84 370,00 EUR
Abschreibungen auf Sachanlagen	52 430,00 EUR
Leasing	28 910,00 EUR
Büromaterial	48 700,00 EUR
Verluste aus Schadensfällen	18 800,00 EUR
Abschreibungen auf Finanzanlagen	24 600,00 EUR
Zinsaufwendungen	12 870,00 EUR
Grundsteuer	32 850,00 EUR
Kapitalertragsteuer	1 900,00 EUR

Angaben für die Kosten- und Leistungsrechnung:

– In den Löhnen ist eine Lohnnachzahlung aus dem Vorjahr in Höhe von 24 300,00 EUR enthalten.

– Im Arbeitgeberanteil zur Sozialversicherung entspricht das einem Betrag von 4 680,00 EUR

– Kalkulatorische Abschreibungen auf Sachanlagen 41 800,00 EUR

– Kalkulatorische Wagnisse 15 000,00 EUR

– In dem Betrag für die Grundsteuer ist eine Steuernachzahlung in Höhe von 28 000,00 EUR enthalten

– Kalkulatorische Zinsen 42 800,00 EUR

– Kalkulatorischer Unternehmerlohn 34 000,00 EUR

Aufgabe:

Ermitteln Sie mithilfe einer Ergebnistabelle das Unternehmensergebnis, die Abgrenzungsergebnisse und das Betriebsergebnis!

247 Die Buchführung eines Handelsbetriebs weist folgende Quartalszahlen aus:

Konten	Beträge
Umsatzerlöse für Waren	841 200,00 EUR
Periodenfremde Erträge	27 300,00 EUR
Erträge aus dem Abgang von Vermögensgegenständen	14 900,00 EUR
Erträge aus anderen Finanzanlagen	21 750,00 EUR
Zinserträge	4 800,00 EUR
Aufwendungen für Waren[1]	391 850,00 EUR
Frachten und Fremdlager	22 400,00 EUR
Löhne, Gehälter	198 420,00 EUR
Arbeitgeberanteil zur Sozialversicherung	24 760,00 EUR

---

1 Es handelt sich um Aufwendungen für Waren zu **Einstandspreisen**.

Konten	Beträge
Abschreibungen auf Sachanlagen	19 540,00 EUR
Kosten des Geldverkehrs	4 700,00 EUR
Büromaterial	21 890,00 EUR
Verluste aus Schadensfällen	17 400,00 EUR
Kraftfahrzeugsteuer	8 890,00 EUR
Abschreibungen auf Finanzanlagen	7 380,00 EUR
Zinsaufwendungen	12 100,00 EUR

Angaben für die Kosten- und Leistungsrechnung:

– Die Aufwendungen für Waren werden in der KLR mit festen Verrechnungspreisen in Höhe von 370 500,00 EUR erfasst.

– Kalkulatorische Abschreibungen auf Sachanlagen 18 700,00 EUR

– In den Kosten für Büromaterial ist eine Rechnung aus der vergangenen Rechnungsperiode in Höhe von 1 500,00 EUR enthalten.

– Kalkulatorische Wagnisse 21 100,00 EUR

– In der Grundsteuer ist eine Nachzahlung in Höhe von 2 000,00 EUR enthalten.

– Kalkulatorische Zinsen 28 900,00 EUR

– Kalkulatorischer Unternehmerlohn 28 700,00 EUR

Aufgabe:

Ermitteln Sie mithilfe einer Ergebnistabelle das Unternehmensergebnis, die Abgrenzungsergebnisse und das Betriebsergebnis!

6.1.4 Systeme der Kostenrechnung

Die Kostenrechnung bedient sich, je nach angestrebtem Ziel, verschiedener Abrechnungssysteme, die sich aus den folgenden Unterscheidungsmerkmalen ergeben.

(1) Gliederung der Kostenrechnung nach dem Umfang der Kostenverrechnung auf die Kostenträger

Vollkosten-rechnung	Teilkostenrechnung (Deckungsbeitragsrechnung)
Ziel der Vollkostenrechnung ist es, alle innerhalb einer Abrechnungsperiode angefallenen **Kosten** den Kostenträgern zuzurechnen. Es wird angestrebt, die Kosten über einen zumindest kostendeckenden Verkaufspreis wiederzuerwirtschaften (vgl. Kapitel 6.2).	Die Teilkostenrechnung (Deckungsbeitrags-rechnung) geht vom erzielbaren Marktpreis aus und zieht hiervon zunächst die Kosten ab, die direkt mit der Beschaffung, der Produktion (bei Industriebetrieben) und dem Absatz zusammenhängen (variable Kosten). Ein verbleibender Ertragsüberschuss (Deckungsbeitrag) dient dann dazu, die Kosten, die unabhängig von einem einzelnen Auftrag anfallen (fixe Kosten), abzudecken (vgl. Kapitel 6.3).

(2) Gliederung der Kostenrechnung nach der zeitlichen Erfassung und Bewertung der Kosten

Normalkosten- rechnung	Bei der Normalkostenrechnung werden die Gemeinkosten mithilfe von Normalzuschlagssätzen, die aus den Istzuschlagssätzen **vergangener Rechnungsperioden** berechnet werden, erfasst. Die Normalkosten- rechnung eignet sich für die **Angebotskalkulation (Vorkalkulation).**
Istkostenrechnung	Die Istkostenrechnung erfasst die **tatsächlichen Kosten** einer Rech- nungsperiode. Sie eignet sich für die **Nachkalkulation.** Eine Nachkal- kulation dient folgenden Zwecken: ■ genaue Erfassung der tatsächlich entstandenen Kosten, ■ Kontrolle der Kosten durch Analyse der Abweichungen zwischen Vor- und Nachkalkulation, ■ eventuelle Korrektur der Grundlagen für die Vorkalkulation.
Plankostenrechnung (Planungsrechnung)	Eine Plankostenrechnung (Planungsrechnung) liegt vor, wenn der Kostenanfall vorausgeplant wird, d.h., es wird für eine Kostenstelle bzw. einen Kostenträger die Kostenhöhe im Voraus berechnet und fest vorgegeben. Die Differenz zwischen den geplanten (vorgegebenen) und den tatsächlich angefallenen Kosten wird gesondert erfasst und stellt ein wichtiges Instrument der Kostenkontrolle dar. Die Plankosten- rechnung ist wegen der fest vorgegebenen Kosten eine auf die Zukunft gerichtete Kostenrechnung (vgl. Kapitel 6.4).

6.2 Vollkostenrechnung

6.2.1 Teilbereiche der Kostenrechnung

Um den vielfältigen und vielschichtigen Aufgaben gerecht zu werden, muss die Kosten- rechnung im Wesentlichen drei Grundfragen beantworten, wofür jeweils unterschiedliche Teilbereiche der Kostenrechnung zuständig sind.

(1) Welche Kosten sind angefallen?

Hier werden die verschiedenen Kostenarten ermittelt, wobei „Arten" im Sinne von Ver- kehrsbezeichnungen (Personalkosten, Mietkosten, Steuern usw.) zu verstehen sind. Diese Frage betrifft den Teilbereich der **Kostenartenrechnung.**

(2) Wo (an welchen Stellen im Betrieb) sind die Kosten angefallen?

Die Beantwortung dieser Frage fällt in den Bereich der **Kostenstellenrechnung.**

(3) Wer hat die Kosten zu tragen?

Bei dieser Frage geht es im Wesentlichen um das Problem der verursachungsgerechten Zurechnung der entstandenen Kosten auf die Kostenträger (Erzeugnisse bzw. Erzeugnis- gruppen). Diese Frage betrifft den Teilbereich der **Kostenträgerrechnung.**

6.2.2 Kostenartenrechnung

Die Kostenartenrechnung ist die erste Stufe der Kostenrechnung, auf der die beiden übrigen Teilbereiche der Kostenrechnung aufbauen. Ihr kommt die Aufgabe zu, alle Kosten einer Abrechnungsperiode nach Arten eindeutig, überschneidungsfrei, periodengerecht und vollständig zu erfassen.

Die **Kostenartenrechnung** hat die Aufgabe, alle Kosten einer Abrechnungsperiode nach Arten eindeutig, periodengerecht und vollständig zu erfassen.

Die Erfassung der Kosten kann nach einer Vielzahl von Gesichtspunkten vorgenommen werden. Im Folgenden beschränken wir uns auf zwei Erfassungskriterien.

6.2.2.1 Gliederung der Kosten unter dem Gesichtspunkt der zeitlichen Erfassung

Istkosten	Sind die **tatsächlich angefallenen Kosten** nach Ablauf einer Rechnungsperiode. Werden die Istkosten auf die in der gleichen Abrechnungsperiode hergestellten und abgesetzten Produkte (Kostenträger) weiterverrechnet, dann wirken sich alle Zufallsschwankungen, denen die Kosten unterliegen können (z. B. Preisschwankungen auf den Rohstoffmärkten, erhöhter Ausschuss, Großreparaturen, erhöhter Energieverbrauch, Überstunden usw.), auf die Preiskalkulation in dieser Rechnungsperiode aus.
	Istkosten sind die **tatsächlich angefallenen Kosten** einer **abgelaufenen Rechnungsperiode.**
Normalkosten	Sind durchschnittliche Gemeinkosten, die aus Vergangenheitswerten (Istkosten vergangener Rechnungsperioden) gebildet werden. Die aus Istwerten der Vergangenheit gebildeten Durchschnittswerte enthalten auch die aus Fehlentscheidungen resultierenden zu hohen bzw. zu niedrigen Kosten. Sie sind also ein Durchschnittswert der in früheren Rechnungsperioden angefallenen Istkosten.
	Normalkosten sind **Durchschnittswerte der Istkosten** mehrerer Abrechnungsperioden.
Plankosten	Plankosten gehen aus der betrieblichen Planung hervor. Sie sind **vorausgeplante Kosten.** Sie stellen das Ziel dar, das erreicht und – wenn möglich – unterschritten werden soll, sie haben also Vorgabecharakter. Plankosten sollen einerseits während einer Geschäftsperiode die Grundlagen für die Kalkulation vereinheitlichen, und andererseits dient der Vergleich der geplanten Kosten mit den tatsächlich angefallenen Kosten der Kostenkontrolle.
	Plankosten sind die in einer **Vorausschaurechnung ermittelten Kosten.** Sie beruhen auf **geplanten Verbrauchsmengen** und **Preisen.**

6.2.2.2 Gliederung der Kosten unter dem Gesichtspunkt der Zurechenbarkeit auf Kostenstellen und Kostenträger

(1) Einzelkosten (direkte Kosten)

Alle Kosten, die den verkauften Erzeugnissen (Waren) **direkt** zugerechnet werden können, bezeichnet man als **Einzelkosten (direkte Kosten).**

Beispiele:

Die wichtigsten Einzelkosten sind:

- **für den Handelsbetrieb** die Kosten der Handelsware selbst, die Verpackungskosten, Transportkosten, Zölle, Versicherungskosten, soweit sie für einzelne Kostenträger erfassbar sind.
- **für den Industriebetrieb** die Aufwendungen für Rohstoffe sowie die Fertigungslöhne.

Daneben sind zu unterscheiden:

- **Sondereinzelkosten der Fertigung:** Das sind Kosten für Sonderfertigungen oder zusätzliche Sonderwünsche der Besteller. Ferner zählen hierzu sonstige auftrags- oder serienweise erfassbare Kosten z. B. für Spezialwerkzeuge, Modelle, Stücklizenzgebühren usw.
- **Sondereinzelkosten des Vertriebs:** Das sind insbesondere Vertreterprovisionen, Spezialverpackungen, besondere Transportkosten, Zölle.

(2) Gemeinkosten (indirekte Kosten)

Unter diesem Begriff werden alle Kosten zusammengefasst, die den einzelnen verkauften Erzeugnissen (Waren) nicht unmittelbar zugerechnet werden können, weil die Zurechnung sachlich unmöglich oder zu unwirtschaftlich ist. Gemeinkosten fallen also für alle Verkaufserzeugnisse gemeinsam an. Sie können daher nur **indirekt** den einzelnen Erzeugnissen (Waren) zugeordnet werden.

Beispiele:

- **für den Handelsbetrieb:** Gehälter, Miete, Steuern, Werbekosten, Energiekosten, Bürokosten, kalkulatorische Abschreibungen usw.
- **für den Industriebetrieb:** Verbrauch von Betriebsstoffen, Verbrauchswerkzeuge, Instandhaltung, Energiekosten, Gehälter, kalkulatorische Abschreibungen usw.

- Die **Kostenartenrechnung** erfasst **alle Kosten einer Rechnungsperiode.** Sie hält dabei die **Höhe der Kosten** während einer Geschäftsperiode nach **Kostenarten** getrennt fest.
- Die **Einzelkosten** können den einzelnen Kostenträgern (Fertigerzeugnissen, Waren) **direkt** zugeordnet werden.
- **Gemeinkosten** fallen für **alle Verkaufserzeugnisse gemeinsam** an. Sie können daher den einzelnen Kostenträgern nur indirekt zugeordnet werden.

248 1. 1.1 Beschreiben Sie mit eigenen Worten die Aufgaben der Kostenartenrechnung!

1.2 Nach welchem Kriterium erfolgt die Aufgliederung der Kosten in Einzel- und Gemein-kosten?

1.3 Beschreiben Sie mit eigenen Worten die Begriffe Einzel- und Gemeinkosten!

1.4 Warum versuchen die Unternehmen möglichst viele Kostenarten als Einzelkosten zu erfassen?

1.5 Ordnen Sie die folgenden Kostenarten den Einzelkosten bzw. Gemeinkosten zu!

- Miete für den Ausstellungsraum
- Aufwendungen für Waren
- Gewerbesteuer
- freiwillige soziale Aufwendungen
- Gehälter
- Aufwendungen für Rohstoffe
- Abschreibungen auf Sachanlagen

- Werbeanzeigekosten für ein Sonderangebot
- Zustellentgelt für Warenlieferungen an einen Kunden
- Provisionsaufwendungen
- Aufwendungen für Betriebsstoffe
- kalkulatorische Abschreibungen

2. Erklären Sie an zwei Beispielen den Unterschied zwischen Einzel- und Gemeinkosten!

3. 3.1 Für die Reparatur eines Elektromotors rechnet das Unternehmen mit folgenden Kosten: Materialkosten 140,20 EUR, Lohnkosten 77,50 EUR. Die angefallenen Gemein-kosten werden pauschal mit 80 % auf die Summe aus Material- und Lohnkosten auf-geschlagen. Für die Rücksendung des Elektromotors fallen Frachtkosten in Höhe von 19,70 EUR an. Die Reparatur wird zum Selbstkostenpreis ausgeführt.

Welchen Reparaturpreis stellt das Unternehmen seinem Kunden in Rechnung?

3.2 Berechnen Sie den Reparaturpreis einschließlich 19 % USt, wenn das Unternehmen einen Gewinn von 12 % erwirtschaften möchte!

6.2.3 Kostenstellenrechnung

6.2.3.1 Begriff und Aufgaben der Kostenstellenrechnung

Die **Kostenstellenrechnung** erfasst die Kostenarten an den Stellen im Betrieb, an denen sie entstanden sind.

Nur wenn feststeht, wo die Kosten entstanden sind, ist eine wirksame Kontrolle der Kosten möglich. Eine wichtige Aufgabe der Kostenstellenrechnung besteht also in der **Kontrolle der Wirtschaftlichkeit.**

Darüber hinaus dient die Kostenstellenrechnung auch einer **verursachungsgerechten Weiterverrechnung der einzelnen Kosten auf die Kostenträger** (Erzeugnisse und Handels-waren sowie innerbetriebliche Leistungen). Dabei werden die angefallenen Kostenarten zunächst auf die gebildeten Kostenstellen verteilt, um sie anschließend auf die Kostenträ-ger weiterzuverrechnen. Weil die Möglichkeiten einer verursachungsgerechten Zurech-nung bei den einzelnen Kostenarten von sehr unterschiedlichem Schwierigkeitsgrad sind, bedarf es unter dem Gesichtspunkt der Kostenzurechnung der Aufteilung der Kosten in Einzelkosten und Gemeinkosten (siehe S. 444).

Da die **Einzelkosten** bei der Zurechnung auf den Kostenträger keine Probleme bereiten und auch keiner besonderen Kontrolle bedürfen, geht es bei der **Kostenstellenrechnung** um die **Erfassung und Verteilung der Gemeinkosten**.

Ein großer Teil der **Gemeinkosten** kann aufgrund der vorliegenden Belege, auf denen die Kostenstelle vermerkt ist, **direkt** auf die entsprechenden Kostenstellen verteilt werden **(Kostenstelleneinzelkosten)**. Der andere Teil wird **indirekt** mithilfe eines Umrechnungs- schlüssels auf die Kostenstellen verteilt **(Kostenstellengemeinkosten)**. Die Verrechnung der Gemeinkosten auf die einzelnen Kostenträger erfolgt mithilfe der in den Kostenstellen ermittelten Zuschlagssätze.[1]

Die **Kostenstellenrechnung**

- ermöglicht eine **wirksame Kontrolle** der in den einzelnen Teilbereichen des Betrie- bes angefallenen Kosten;
- bereitet durch die Ermittlung von Zuschlagssätzen eine angemessene **Verrechnung der Gemeinkosten auf die Kostenträger** vor.

6.2.3.2 Bildung von Kostenstellen

(1) Begriff Kostenstelle

Eine **Kostenstelle** ist ein Teilbereich eines Betriebs zur Erfassung der Gemeinkosten am Ort ihrer Entstehung.

(2) Bildung der Kostenstellen nach Erzeugnisgruppen (Warengruppen)

Beispiele:

- **für den Industriebetrieb:** Kostenstelle Metallerzeugnisse, Holzerzeugnisse, Textilerzeugnisse usw.
- **für den Handelsbetrieb:** Kostenstelle Lebensmittel, Schuhe, Textilien, Elektrogeräte usw.

(3) Bildung der Kostenstellen aufgrund von Verantwortungsbereichen oder Funktionsbereichen

Beispiele:

- **für den Industriebetrieb:** Aus den Funktionen des Betriebs ergeben sich folgende vier Kos- tenstellen: **Material**bereich, **Fertigungs**bereich, **Verwaltungs**bereich und **Vertriebs**bereich.

- **für den Handelsbetrieb: Beschaffungs-, Lager-, Verkaufs-** oder **Verwaltungsbereich.** In die- sem Fall ist die Kostenstelle häufig mit dem Verantwortungsbereich eines Mitarbeiters iden- tisch. Dadurch ist es möglich, bei Kostenabweichungen immer einen Verantwortlichen zu haben, der nicht behaupten kann, mit den Abweichungen nichts zu tun zu haben. Diese Kos- tenstellenbildung ist aus der Sicht der Kostenkontrolle von großem Nutzen.

---

1 Vgl. hierzu S. 449 und S. 451.

6.2.3.3 Durchführung der Kostenstellenrechnung

6.2.3.3.1 Betriebsabrechnungsbogen (BAB)

Abrechnungstechnisches Hilfsmittel für die **Verteilung der Gemeinkosten** auf die **einzelnen Kostenstellen** ist der **Betriebsabrechnungsbogen (BAB).** Im BAB werden die einzelnen Gemeinkostenarten, die aus der Kostenrechnung entnommen werden, auf die Kostenstellen verteilt. Die Verteilung kann auf zweierlei Weise geschehen:

- **Verteilung aufgrund von Belegen,** weil die Kosten je Stelle exakt erfassbar sind. So lässt sich z. B. der Reparaturaufwand mithilfe von Belegen, der Stromverbrauch mithilfe von Stromzählern, der Verbrauch an Material mithilfe von Materialentnahmescheinen oder der Anfall von Personalkosten aufgrund der Lohnlisten für jede Kostenstelle ermitteln.

- **Verteilung aufgrund von Verteilungsschlüsseln,** weil die Kosten je Stelle nicht genau ermittelt werden können. So lassen sich z. B. Abschreibungen auf Gebäude nur nach Quadrat- oder Kubikmetern umbauten Raumes „umlegen".

  Verteilungsmaßstäbe (Umlagenschlüssel) können beispielsweise sein:

  - **Zählgrößen:** z. B. Versandspesen nach der Zahl der versandten Pakete; Bezugsspesen nach der Stückzahl der gelieferten Artikel.
  - **Raumgrößen:** z. B. Flächengröße für die Reinigungskosten bzw. den Mietaufwand; Ventilationskosten für die Belüftung nach Kubikmetern umbauten Raumes.
  - **Bestandsgrößen:** Lagerzinsen nach dem Wert der Vorräte; Abschreibungen aufgrund von Anlagewerten.
  - **Umsatzgrößen:** Steuern und Abgaben; abzuschreibende Forderungen und Versicherungen nach dem jeweiligen Umsatz der Kostenstelle.

Der **Betriebsabrechnungsbogen** hat folgende Grundstruktur:

Auf der rechten Hälfte des BABs werden horizontal die **einzelnen Kostenstellen** angeordnet. Auf der linken Seite werden vertikal die von der Kostenartenrechnung übernommenen **Gemeinkosten** aufgelistet. Bei der Verteilung der Gemeinkosten auf die Kostenstellen wird in einer Zwischenspalte ein Hinweis darauf gegeben, auf welcher Grundlage die Verteilung der jeweiligen Gemeinkostenart auf die verschiedenen Kostenstellen erfolgen soll. Man spricht daher auch von **Verteilungsgrundlage** bzw. von **Verteilungsschlüssel.**

Gemein-kostenarten	EUR	Verteilungs-grundlage	Kostenstellen			
			Material	Fertigung	Verwaltung	Vertrieb

- Der **BAB** ist ein abrechnungstechnisches Hilfsmittel für die Verteilung der **Gemeinkosten** auf die einzelnen Kostenstellen.

- Die **Verteilung der Gemeinkosten** erfolgt entweder

  - direkt aufgrund der einer Kostenstelle zurechenbaren Belege (direkte Gemeinkosten, Kostenstelleneinzelkosten) oder

  - indirekt über Verteilungsschlüssel (indirekte Gemeinkosten, Kostenstellengemeinkosten).

6.2.3.3.2   Kostenstellenrechnung als Instrument der Kalkulation – Ermittlung der Gemeinkostenzuschlagssätze ohne Berücksichtigung der Bestandsveränderungen

Vom Rechnungsablauf her gesehen ist die Aufteilung der Gemeinkosten auf die Kostenstellen im Handelsbetrieb und im Industriebetrieb gleich. Um den Zusammenhang von Kostenstellen- und Kostenträgerrechnung deutlich herauszustellen, werden im Folgenden jedoch getrennte Einführungsbeispiele für den Handels- und den Industriebetrieb dargestellt.

(1)   Betriebsabrechnungsbogen (BAB)[1] am Beispiel eines Handelsbetriebs

Beispiel:

In einer Baumaterialgroßhandlung werden die Handlungskosten auf folgende Warengruppen umgelegt: Eisenwaren, Holzwaren, Werkzeuge. Für die drei Warengruppen sollen die Zuschlagssätze für die Gemeinkosten (Handlungskosten) mittels BAB ermittelt werden. Hierzu liegen folgende Angaben vor:

1. Zahlen der Kostenrechnung (KLR) und die Verteilungsschlüssel

Handlungskostenarten (Gemeinkosten)	Zahlen der KLR in Hundert EUR	Verteilungsschlüssel		
		Eisen-waren	Holz-waren	Werk-zeuge
Personalkosten	68 880,00	2	3	7
Mieten, Sachkosten für Geschäftsräume	32 400,00	0	3	5
Steuern, Abgaben, Pflicht-beiträge des Betriebs	30 600,00	4	2	3
Sachkosten für Werbung	7 430,00	2	2	1
Sachkosten für Waren-abgabe und -zustellung	5 184,00	3	4	1
kalkulatorische Abschreibungen	10 458,00	3	2	1
Sonstige Geschäftskosten	4 950,00	4	4	3
Summe	159 902,00			

2. Einstandspreise der drei Warengruppen (Kostenträger)

Eisenwaren: 148 100,00 EUR
Holzwaren: 235 100,00 EUR
Werkzeuge: 237 053,12 EUR

Aufgaben:

1. Verteilen Sie aufgrund der vorgegebenen Verteilungsschlüssel die Gemeinkosten auf die einzelnen Kostenstellen!

2. Ermitteln Sie für jede Kostenstelle die Zuschlagssätze für die Gemeinkosten!

3. Ermitteln Sie die Selbstkosten für die einzelnen Warengruppen und die Selbstkosten insgesamt!

---

1 Aus Gründen der Vereinfachung wird nur der einstufige BAB behandelt.

Lösungen:

Zu 1. und 2.: Verteilung der Gemeinkosten auf die Kostenstellen und Ermittlung der Zuschlagssätze für die Gemeinkosten im BAB

Handlungskostenarten	Zahlen der KLR in Hundert EUR	Verteilungs-schlüssel	Kostenstellen		
			Eisen-waren	Holz-waren	Werk-zeuge
Personalkosten	68 880,00	2 : 3 : 7	11 480,00	17 220,00	40 180,00
Mieten/Sachkosten für Geschäftsräume	32 400,00	0 : 3 : 5	0,00	12 150,00	20 250,00
Steuern, Abgaben, Pflicht-beiträge des Betriebs	30 600,00	4 : 2 : 3	13 600,00	6 800,00	10 200,00
Sachkosten für Werbung	7 430,00	2 : 2 : 1	2 972,00	2 972,00	1 486,00
Sachkosten für Waren-abgabe und -zustellung	5 184,00	3 : 4 : 1	1 944,00	2 592,00	648,00
kalk. Abschreibungen	10 458,00	3 : 2 : 1	5 229,00	3 486,00	1 743,00
Sonstige Geschäftskosten	4 950,00	4 : 4 : 3	1 800,00	1 800,00	1 350,00
Summe der Handlungs-kosten	159 902,00	aufge-schlüsselt	37 025,00	47 020,00	75 857,00
Zuschlagsgrundlage: Einstandspreise der Kostenträger (100 %)			148 100,00	235 100,00	237 053,12
Handlungskosten-zuschlagssätze			25 %	20 %	32 %

Erläuterungen zum BAB:

■ Die Handlungskosten werden der Kostenartenrechnung entnommen. Anschließend wird der Verteilungsschlüssel festgelegt.

■ Umlage der Handlungskosten aufgrund der Belege bzw. des angegebenen Verteilungsschlüssels auf die Kostenstellen. Durch Addition werden anschließend die Handlungskosten der einzelnen Kostenstellen errechnet.

■ Die Handlungskosten der einzelnen Kostenstellen (sie entsprechen hier den Handlungskosten der Kostenträger) werden sodann auf die jeweiligen Einstandspreise bezogen. Damit erhalten wir die Handlungskostenzuschlagssätze je Kostenträger. Als Beispiel soll der Handlungskostenzuschlagssatz für die Warengruppe Eisenwaren dargestellt werden:

Einstandspreise der Eisenwaren	148 100,00 EUR ≙ 100 %
Handlungskosten der Eisenwaren	37 025,00 EUR ≙ x %

$$\text{Handlungskostenzuschlagssatz der Eisenwaren} = \frac{37\,025 \cdot 100}{148\,100} = \underline{25\,\%}$$

Das bedeutet, dass bei der Kalkulation von Eisenwaren die Handlungskosten (Gemeinkosten) in der Weise erfasst werden, dass 25 % auf den Einstandspreis aufgeschlagen werden. Dagegen wird bei den Werkzeugen mit einem Handlungskostenzuschlagssatz von 32 % und bei den Holzwaren mit 20 % kalkuliert. Anstatt für alle Warengruppen mit einem einheitlichen Handlungskostenzuschlagssatz rechnen zu müssen, erhalten wir auf diese Weise für jede Warengruppe einen individuellen Handlungskostenzuschlagssatz. Dadurch wird die Kalkulation natürlich wesentlich genauer.

29 Speth u.a. - ISBN 978-3-8120-0261-5

Zu 3.: Gesamtkalkulation der Selbstkosten für die Baumaterialgroßhandlung

Wareneinsatz Eisenwaren	148 100,00 EUR	
+ Handlungskosten Eisenwaren	37 025,00 EUR	
Selbstkosten der Eisenwaren		185 125,00 EUR
Wareneinsatz Holzwaren	235 100,00 EUR	
+ Handlungskosten Holzwaren	47 020,00 EUR	
Selbstkosten der Holzwaren		282 120,00 EUR
Wareneinsatz Werkzeuge	237 053,12 EUR	
+ Handlungskosten Werkzeuge	75 857,00 EUR	
Selbstkosten der Werkzeuge		312 910,12 EUR
Selbstkosten insgesamt		780 155,12 EUR

(2) Betriebsabrechnungsbogen (BAB) am Beispiel eines Industriebetriebs

Beispiel:

1. **Die Kostenartenrechnung eines Industriebetriebs weist für den Monat Januar folgende Kosten aus:**

Rohstoffkosten (Materialverbrauch)	85 000,00 EUR	Sozialkosten	1 300,00 EUR
		Instandhaltung	11 500,00 EUR
Hilfsstoffkosten	6 000,00 EUR	Betriebssteuern	2 500,00 EUR
Betriebsstoffkosten	4 000,00 EUR	Kalk. Abschreibungen	12 000,00 EUR
Fertigungslöhne	56 600,00 EUR	Energiekosten	3 000,00 EUR
Gehälter	9 000,00 EUR	Sonstige Kosten	4 800,00 EUR

2. **Bezugsgrößen für die Gemeinkosten:**
   - Die Materialgemeinkosten sind auf das Fertigungsmaterial zu beziehen.
   - Die Fertigungsgemeinkosten sind auf die Fertigungslöhne zu beziehen.
   - Die Verwaltungs- und Vertriebsgemeinkosten werden auf die Herstellkosten der Rechnungsperiode bezogen.

3. **Für die Erstellung des BAB ist folgender Verteilungsschlüssel zu verwenden:**

Gemeinkostenarten	I. Material	II. Fertigung	III. Verwaltung	IV. Vertrieb
Hilfsstoffkosten	1 800,00	3 000,00	–	1 200,00
Betriebsstoffkosten	900,00	2 300,00	100,00	700,00
Gehälter	400,00	1 000,00	5 400,00	2 200,00
Sozialkosten	1	2	7	3
Instandhaltung	2 000,00	8 400,00	200,00	900,00
Betriebssteuer	–	4	1	–
Kalk. Abschreibungen	1	7	3	1
Energiekosten	200,00	2 000,00	500,00	300,00
Sonstige Kosten	1	6	2	3

Aufgaben:

1. Verteilen Sie die Gemeinkosten auf die Kostenstellen aufgrund der vorgegebenen Verteilungsschlüssel!

2. Berechnen Sie die vier Gemeinkostenzuschlagssätze!

3. Ermitteln Sie die Selbstkosten im Januar!

Lösungen:

Zu 1. und 2.: Verteilung der Gemeinkosten auf die einzelnen Kostenstellen und Ermittlung der Zuschlagssätze für die Gemeinkosten im BAB

Gemeinkostenarten	Zahlen der KLR	Verteilungs schlüssel	Kostenstellen			
			I Material	II Fertigung	III Verwaltung	IV Vertrieb
Hilfsstoffkosten	6 000,00	Entnahmescheine	1 800,00	3 000,00	–	1 200,00
Betriebsstoffkosten	4 000,00	Entnahmescheine	900,00	2 300,00	100,00	700,00
Gehälter	9 000,00	Gehaltsliste	400,00	1 000,00	5 400,00	2 200,00
Sozialkosten	1 300,00	1 : 2 : 7 : 3	100,00	200,00	700,00	300,00
Instandhaltung	11 500,00	Arbeitsstunden	2 000,00	8 400,00	200,00	900,00
Betriebssteuern	2 500,00	0 : 4 : 1 : 0	–	2 000,00	500,00	–
Kalk. Abschreibungen	12 000,00	1 : 7 : 3 : 1	1 000,00	7 000,00	3 000,00	1 000,00
Energiekosten	3 000,00	Kilowatt-Std.	200,00	2 000,00	500,00	300,00
Sonst. Kosten	4 800,00	1 : 6 : 2 : 3	400,00	2 400,00	800,00	1 200,00
Summe der Gemeinkosten	54 100,00	aufgeschlüsselt	6 800,00	28 300,00	11 200,00	7 800,00
Zuschlagsgrundlagen:						
Materialverbrauch			85 000,00			
Fertigungslöhne				56 600,00		
Herstellkosten der Rechnungsperiode					176 700,00	176 700,00
Zuschlagssätze			8 %	50 %	6,34 %	4,41 %

Erläuterungen zur Berechnung der Zuschlagssätze:

Die einzelnen Kostenträger dürfen nur mit den Gemeinkosten belastet werden, die sie auch tatsächlich verursacht haben. Um diesem Ziel möglichst nahe zu kommen, werden für eine anteilige Erfassung der Gemeinkosten mithilfe des BABs Gemeinkostenzuschlagssätze ermittelt. Das geschieht in der Weise, dass die im BAB für die einzelnen Kostenstellen ermittelten Gemeinkosten zu einer sinnvollen Bezugsgrundlage in Beziehung gesetzt werden. Als sinnvoll gilt die Bezugsgröße, von der angenommen werden kann, dass zwischen ihr und der Höhe der Gemeinkosten eine möglichst hohe Abhängigkeit besteht. So wird z. B. davon ausgegangen, dass die Höhe der Materialgemeinkosten von der Höhe des Materialverbrauchs abhängig ist. Die Beziehung der absoluten Zahlen wird in einem Prozentsatz ausgedrückt. Dieser Prozentsatz dient dann als Zuschlagssatz für die anteilige Erfassung der entsprechenden Gemeinkostenart im Rahmen der Kalkulation.

■ **Zuschlagssatz für die Materialgemeinkosten**

Mit gewisser Berechtigung wird unterstellt, dass die Materialgemeinkosten (MGK) vom Verbrauch der Materialeinzelkosten (Aufwendungen für Fertigungsmaterial) abhängen. Daher werden die MGK für ihre Verrechnung auf die Kostenträger in Prozenten zum Verbrauch von Fertigungsmaterial angegeben.

Materialverbrauch	85 000,00 EUR $\widehat{=}$	100 %
MGK	6 800,00 EUR $\widehat{=}$	x %

$$x = \frac{100 \cdot 6800}{85000} = \underline{8\%}$$

Der MGK-Zuschlagssatz von 8 % besagt, dass immer dann, wenn für 100,00 EUR Fertigungsmaterial verbraucht wurde, parallel und gleichzeitig 8,00 EUR Gemeinkosten im Materialbereich (z. B. Einkauf, Warenabnahme) anfallen.

$$\text{MGK-Zuschlagssatz} = \frac{100 \cdot \text{Materialgemeinkosten}}{\text{Materialverbrauch}}$$

■ **Zuschlagssatz für die Fertigungsgemeinkosten**

Die Fertigungsgemeinkosten werden auf die aufgewendeten Fertigungslöhne bezogen. Dabei wird unterstellt, dass die anfallenden Fertigungsgemeinkosten von der Höhe der aufgewendeten Fertigungslöhne abhängen. Dies ist in der Praxis nur **bedingt der Fall,** und zwar insbesondere dann nicht, wenn der Betrieb maschinenintensiv ist

Fertigungslöhne	56 600,00 EUR $\widehat{=}$	100 %
FGK	28 300,00 EUR $\widehat{=}$	x %

$$x = \frac{100 \cdot 28300}{56600} = \underline{50\%}$$

$$\text{FGK-Zuschlagssatz} = \frac{100 \cdot \text{Fertigungsgemeinkosten}}{\text{Fertigungslöhne}}$$

In maschinenintensiven Betrieben werden in der Praxis in aller Regel die maschinenabhängigen Kosten gesondert erfasst und dafür Maschinenstundensätze errechnet (vgl. S. 468 f.).

■ **Zuschlagssatz für die Verwaltungsgemeinkosten**

Bei der Höhe der Verwaltungs- und Vertriebsgemeinkosten wird eine Abhängigkeit von der Höhe der Herstellkosten der Rechnungsperiode (bzw. der Höhe der Herstellkosten des Umsatzes) unterstellt. Der Einfachheit halber beziehen wir zunächst beide Gemeinkostenarten auf die Herstellkosten der Rechnungsperiode.

Die **Herstellkosten der Rechnungsperiode** werden wie folgt berechnet:

	Materialverbrauch	85 000,00 EUR
+	MGK	6 800,00 EUR
+	Fertigungslöhne	56 600,00 EUR
+	FGK	28 300,00 EUR
=	Herstellkosten der Rechnungsperiode	176 700,00 EUR

Herstellkosten der Rechnungsperiode	176 700,00 EUR $\widehat{=}$	100 %
VerwGK	11 200,00 EUR $\widehat{=}$	x %

$$x = \frac{100 \cdot 11200}{176700} = \underline{6,34\%}$$

$$\text{VerwGK-Zuschlagssatz} = \frac{100 \cdot \text{Verwaltungsgemeinkosten}}{\text{Herstellkosten der Rechnungsperiode}}$$

■ Zuschlagssatz für die Vertriebsgemeinkosten

Herstellkosten	176 700,00 EUR ≙	100 %	
VertrGK	7 800,00 EUR ≙	x %	

$$x = \frac{100 \cdot 7800}{176700} = \underline{\underline{4,41\%}}$$

$$\text{VertrGK-Zuschlagssatz} = \frac{100 \cdot \text{Vertriebsgemeinkosten}}{\text{Herstellkosten der Rechnungsperiode}}$$

Zu 3.: Ermittlung (Kalkulation) der Selbstkosten der Rechnungsperiode

Herstellkosten der Rechnungsperiode	176 700,00 EUR
+ Verwaltungsgemeinkosten	11 200,00 EUR
+ Vertriebsgemeinkosten	7 800,00 EUR
= **Selbstkosten** der Rechnungsperiode	195 700,00 EUR

Die **Ziele** der **Kostenstellenrechnung** sind:

■ **Verursachungsgerechte Umlage der Gemeinkosten auf die einzelnen Kostenstellen.**

Abrechnungstechnisches Hilfsmittel für die Verteilung der Gemeinkosten auf die einzelnen Kostenstellen ist der Betriebsabrechnungsbogen (BAB).

■ **Berechnung der Gemeinkostenzuschlagssätze für die einzelnen Warengruppen.**

Die Verwendung von verschiedenen Gemeinkostenzuschlagssätzen ermöglicht eine genauere Kalkulation der Erzeugnisse bzw. Waren.

■ **Heranziehung der einzelnen Kostenstellen zu Kontrollzwecken.**

Die Gegenüberstellung der Zahlen aus mehreren Abrechnungsperioden lässt die Kostenentwicklung in der Kostenstelle genau erkennen.

Übungsaufgaben

249 1. Welche verschiedenen Aufgaben erfüllt die Kostenstellenrechnung?

2. Welche Aufgaben kommen dem Betriebsabrechnungsbogen (BAB) zu?

3. Worauf ist bei der Einrichtung von Kostenstellen besonders zu achten?

4. Der MGK-Zuschlagssatz in einem Industrieunternehmen beträgt 9 %.
Beschreiben Sie den Sachverhalt, der durch diesen Zuschlagssatz zum Ausdruck kommt!

250 Die Kostenartenrechnung eines Großhandelsbetriebs weist für den Monat Juli folgende Kosten aus, die, soweit noch nicht geschehen, nach den vorgegebenen Verhältniszahlen aufzuteilen sind.

Handlungskostenarten	Zahlen der KLR	Waren- gruppe I	Waren- gruppe II	Waren- gruppe III
Löhne	12 000,00	7 000,00	2 000,00	3 000,00
Gehälter	46 000,00	20 500,00	12 400,00	13 100,00
Sozialkosten	46 400,00	22 000,00	11 500,00	12 900,00
Mieten	15 300,00	180 m²	300 m²	120 m²
Werbung	7 670,00	1,8	3	1,1
Bürokosten	62 000,00	3	2	5
Kalk. Abschreibung	14 800,00	3	3	2
Kalk. Unternehmerlohn	9 600,00	3	1	1

Die Aufwendungen für Waren im Monat Juli betrugen:

Warenaufwand I   236 547,94 EUR

Warenaufwand II   106 148,14 EUR

Warenaufwand III   150 450,64 EUR

Aufgaben:

1. Ermitteln Sie im BAB die Handlungskosten je Warengruppe!

2. Berechnen Sie den Handlungskostenzuschlagssatz je Warengruppe für den Monat Juli!

3. Ermitteln Sie die Selbstkosten der einzelnen Warengruppen!

251 Die Kostenartenrechnung eines Industriebetriebs weist für den Monat November folgende Kosten aus, die wie folgt aufzuteilen sind:

Gemeinkosten	Zahlen der KLR	Material	Fertigung	Verwaltung	Vertrieb
Hilfsstoffkosten	145 700,00	2 050,00	129 450,00	3 500,00	10 700,00
Betriebsstoffkosten	22 400,00	1 700,00	14 400,00	4 100,00	2 200,00
Gehälter	130 500,00	4 100,00	98 900,00	18 600,00	8 900,00
Sozialkosten					
Mieten, Pachten	84 200,00	650 m²	2 720 m²	330 m²	510 m²
Büromaterial	91 100,00	3	2	11	4
Sonst. betr. Kosten	70 560,00	3	4	2	3
Kalk. Abschreibungen		2	8	4	1
Kalk. Wagnisse	45 800,00	2	4	2	2

Materialverbrauch: 1 046 553,80 EUR

Fertigungslöhne: 702,50 EUR

Weitere Angaben:

– Die Sozialkosten betragen jeweils 80 % der Gehaltssumme.

– Kalkulatorische Abschreibungen je Jahr:

auf das Betriebsgebäude

2 % von den Anschaffungskosten   3 100 000,00 EUR

auf die Technischen Anlagen und Maschinen   169 060,00 EUR

auf den Fuhrpark

15 % vom Wiederbeschaffungswert   600 000,00 EUR

Aufgaben:

1. Erstellen Sie den Betriebsabrechnungsbogen!

2. Berechnen Sie den Zuschlagssatz je Kostenstelle für den Monat November!

3. Ermitteln Sie die Selbstkosten für den Monat November!

252 1. Das Verursachungsprinzip ist ein wichtiges Prinzip bei der Verteilung der Gemeinkosten-arten. Welche Art der Verteilung entspricht am ehesten dem Verursachungsprinzip?

    1.1 Verteilung nach Zuschlagssätzen.

    1.2 Verteilung nach zuvor festgelegten Prozentsätzen.

    1.3 Verteilung aufgrund von Belegen.

    1.4 Gleichmäßige Verteilung aller Gemeinkosten auf die einzelnen Kostenstellen.

2. Welche Aufgabe erfüllt die Kostenstellenrechnung?

    2.1 Sie ermittelt für jede Kostenstelle das Betriebsergebnis.

    2.2 Sie gliedert die Aufwendungen auf in unternehmens- und betriebsbezogene Aufwendungen.

    2.3 Sie ermittelt den Verkaufspreis für ein Produkt.

    2.4 Sie erfasst für die einzelnen Betriebsabteilungen die Gemeinkosten.

    2.5 Sie errechnet für jede Kostenstelle die angefallenen Aufwendungen.

Aufgabe:

Übertragen Sie jeweils die richtige(n) Aussage(n) in Ihr Heft!

6.2.3.3.3 Einbeziehung der Bestandsveränderungen an fertigen und unfertigen Erzeugnissen im Rahmen der Kalkulation in Industriebetrieben

(1) Grundlegendes

Die Bestandsveränderungen an fertigen und unfertigen Erzeugnissen spielen eine Rolle bei der Beantwortung der Frage nach der angemessenen Bezugsgrundlage für die Ermittlung der Zuschlagssätze für die Verwaltungs- und die Vertriebsgemeinkosten. Bisher wurden die Bestandsveränderungen in diesen Zusammenhang nicht einbezogen. Gibt es Bestandsveränderungen, müssen sie in jedem Fall mit einbezogen werden, da die Selbstkosten sonst fehlerhaft ermittelt werden.

Bei der Ermittlung der Zuschlagssätze für die Verwaltungs- und Vertriebsgemeinkosten wurde jeweils die gleichen Bezugsgrundlagen zugrundegelegt, nämlich die in der Rechnungsperiode angefallenen Herstellkosten. Bezüglich der Verwaltungsgemeinkosten ist diese Bezugsgrundlage auch durchaus gerechtfertigt, weil man davon ausgehen kann, dass sich die **Verwaltungsgemeinkosten** in Abhängigkeit zu den **Herstellkosten der Rechnungsperiode** verändern.

In Bezug auf die Vertriebsgemeinkosten ist diese Beziehung jedoch nur bedingt vorhanden. Will man die Kalkulation genauer durchführen, müssen die **Vertriebsgemeinkosten** bezogen werden, genauer gesagt: auf die **Herstellkosten des Umsatzes.** Der Grund ist darin zu sehen, dass Vertriebskosten in der Regel nur für die verkauften Erzeugnisse (Umsatz) anfallen. Insoweit müssten die Verwaltungsgemeinkosten auf die Herstellkosten der Rechnungsperiode und die Vertriebsgemeinkosten auf die Herstellkosten des Umsatzes bezogen werden.

(2) Berechnung der Herstellkosten des Umsatzes

■ Eine **Bestandsmehrung** an fertigen Erzeugnissen bedeutet, dass innerhalb der Geschäftsperiode mehr Produkte hergestellt als verkauft wurden. Um von den Herstellkosten der Rechnungsperiode zu den Herstellkosten des Umsatzes (Herstellkosten der verkauften Erzeugnisse) zu gelangen, muss der Wert der **Bestandsmehrungen** von den Herstellkosten der Rechnungsperiode abgezogen werden:

> Herstellkosten der Rechnungsperiode
> − Bestandsmehrungen bei fertigen Erzeugnissen
>
> = Herstellkosten des Umsatzes
> (Herstellkosten der verkauften Erzeugnisse)

■ Eine **Bestandsminderung** bedeutet, dass innerhalb der Geschäftsperiode mehr Güter verkauft wurden als hergestellt worden sind (Abbau des Lagerbestands aus der Vorperiode). Um zu den Herstellkosten des Umsatzes zu gelangen, muss der Wert der Bestandsminderungen zu den Herstellkosten der Rechnungsperiode hinzuaddiert werden.

> Herstellkosten der Rechnungsperiode
> + Bestandsminderungen bei fertigen Erzeugnissen
>
> = Herstellkosten des Umsatzes
> (Herstellkosten der verkauften Erzeugnisse)

Da sich bei den fertigen und unfertigen Erzeugnissen die Bestandsveränderungen in unterschiedliche Richtungen bewegen können (die einen können zunehmen, die anderen abnehmen), fasst man die **Berechnung der Herstellkosten des Umsatzes** man in folgendem Schema zusammen:

> Herstellkosten der Rechnungsperiode
> + Bestandsminderungen
> − Bestandsmehrungen
>
> = Herstellkosten des Umsatzes
> (Herstellkosten der verkauften Erzeugnisse)

Um aber für beide Gemeinkostenarten eine einheitliche Bezugsgrundlage zu erhalten, werden wir in Zukunft sowohl für die **Ermittlung des Zuschlagssatzes für die Verwaltungsgemeinkosten** als auch für die **Ermittlung des Zuschlagssatzes für die Vertriebsgemeinkosten** als **Bezugsgrundlage** die **Herstellkosten des Umsatzes** wählen. Das bedeutet, die Einbeziehung der Bestandsveränderungen an fertigen und unfertigen Erzeugnissen ist erforderlich.

Als **Bezugsgrundlage** für die Ermittlung des Zuschlagssatzes für die **Verwaltungsgemeinkosten** und die **Vertriebsgemeinkosten** wählen wir die **Herstellkosten des Umsatzes** (Herstellkosten der verkauften Erzeugnisse).[1]

Übungsaufgaben

253 In einem Industriebetrieb werden der KLR bzw. der Buchführung folgende Zahlen entnommen: Materialverbrauch 310 700,00 EUR, MGK 24 856,00 EUR, Fertigungslöhne 205 800,00 EUR, FGK 174 930,00 EUR, SEKF 22 900,00 EUR, VerwGK 81 310,46 EUR, VertrGK 48 047,09 EUR, SEKV 8 500,00 EUR.

	FE	UE
Anfangsbestand	175 600,00 EUR	25 800,00 EUR
Schlussbestand lt. Inventur	150 100,00 EUR	46 400,00 EUR

Bezugsgrundlagen: Die VerwGK und die VertrGK sind auf die Herstellkosten des Umsatzes zu beziehen.

Aufgabe:
Berechnen Sie die Zuschlagssätze für die Gemeinkosten!

254 Im BAB eines Industrieunternehmens wurden für die Kostenstellen folgende Gemeinkosten errechnet:

Material	Fertigung	Verwaltung	Vertrieb
25 625,00	671 646,00	244 308,78	156 094,67

Für den gleichen Zeitraum wurden außerdem folgende Daten ermittelt: Materialverbrauch 205 000,00 EUR, Fertigungslöhne 471 000,00 EUR, Bestandsmehrung an fertigen Erzeugnissen 51 000,00 EUR, Bestandsminderung an unfertigen Erzeugnissen 35 000,00 EUR.

Bezugsgrundlagen: Die VerwGK und die VertrGK sind auf die Herstellkosten des Umsatzes zu beziehen.

Aufgabe:
Berechnen Sie die Zuschlagssätze für die Gemeinkosten!

---

1 Diese Vorgehensweise entspricht den Vorgaben der AkA für die Abschlussprüfung.

6.2.4 Kostenträgerstückrechnung (Kalkulation)

6.2.4.1 Aufgaben der Kostenträgerstückrechnung

Nachdem durch die Kostenarten- und Kostenstellenrechnung alle Kosten eines Unternehmens erfasst sind, gilt es nun im Rahmen der Kostenträgerstückrechnung, diese auf die einzelnen Kostenträger zu verrechnen.

- **Kostenträger** ist die Leistungseinheit (Erzeugnis, Handelsware, Auftrag usw.), der Kosten zugerechnet werden.

- Die Hauptaufgabe der Kostenträgerstückrechnung besteht darin, festzustellen, wie viel Kosten auf die einzelnen Kostenträger entfallen.

Die Kostenträgerstückrechnung bezeichnet man auch als **Kalkulation**. Mithilfe der Kalkulation ist der Kaufmann in der Lage:

- die **voraussichtlichen Selbstkosten** eines Auftrags zu berechnen und verbindliche Angebote abzugeben (**Vorkalkulation,** vgl. S. 461 f.);
- die **tatsächlich entstandenen Selbstkosten** des Auftrags nachträglich zu erfassen und damit die Vorkalkulation zu kontrollieren (**Nachkalkulation,** vgl.S. 471 f.);
- durch einen Vergleich der Marktpreise mit der eigenen Kostensituation eine Entscheidung über die **Annahme bzw. Ablehnung eines Auftrages** zu treffen.

Ablauf und Aufbau der Kalkulation hängen vom Wirtschaftszweig ab. Wir unterscheiden:

- Kalkulation im **Handelsbetrieb**
- Kalkulation im **Industriebetrieb**

6.2.4.2 Kostenträgerstückrechnung (Kalkulation) in Handelsbetrieben[1]

Da der rechnerische Ablauf der Kalkulation im Handelsbetrieb (Warenkalkulation) schon detailliert dargestellt wurde (vgl. S. 191), genügt es, hier ein einfaches Beispiel anzuführen, um den Zusammenhang von Kostenstellen- und Kostenträgerstückrechnung aufzuzeigen.

Beispiel:

Die Werkzeugabteilung eines Großhandelsunternehmens kauft eine Bohrmaschine zum Nettoeinkaufspreis von 261,00 EUR ein. Der Liefererrabatt beträgt $33^1/_3$%, der Liefererskonto 3%. Als Verpackungs- und Frachtkostenpauschale berechnet der Hersteller lt. Angebot pauschal einen Nettopreis in Höhe von 25,00 EUR. Der Handlungskostenzuschlagssatz beläuft sich lt. BAB auf 32% (vgl. S. 449).

Aufgabe:

Berechnen Sie den Listenverkaufspreis (Nettoverkaufspreis), zu dem der Großhändler die Bohrmaschine seinen Kunden anbieten kann, wenn er mit folgenden Kalkulationsdaten rechnet: Gewinnsatz 15%, Verkaufsprovision an Vertreter (gerechnet vom Zielverkaufspreis) 5%, Kundenskonto 2% und Kundenrabatt 30%!

---

1 Wir beschränken uns im Folgenden auf die Warenkalkulation im Großhandel.

Lösung:

Listeneinkaufspreis	261,00 EUR
− 33$^1/_3$ Liefererrabatt	87,00 EUR
= Zieleinkaufspreis	174,00 EUR
− 3 % Liefererskonto	5,22 EUR
= Bareinkaufspreis	168,78 EUR
+ Bezugskosten	25,00 EUR
= Einstandspreis (Bezugspreis)	193,78 EUR
+ 32 % Handlungskosten	62,01 EUR
= Selbstkosten	255,79 EUR
+ 15 % Gewinn	38,37 EUR
= Barverkaufspreis	294,16 EUR
+ 2 % Kundenskonto*	6,33 EUR
+ 5 % Vertreterprovision*	15,81 EUR
= Zielverkaufspreis	316,30 EUR
+ 30 % Kundenrabatt**	135,56 EUR
= Listenverkaufspreis (netto)	451,86 EUR

* Vom Zielverkaufspreis (100 %) gerechnet.

** Vom Listenverkaufspreis (100 %) gerechnet.

In dem vorgestellten Kalkulationsschema sind alle Kosten des Großhandelsunternehmens voll abgedeckt. Diese Form der Kalkulation nennt man daher **Vollkostenrechnung.**

Übungsaufgaben

255 In einer Holzwarengroßhandlung werden die Handlungskosten auf folgende Warengruppen umgelegt: Möbel, Holzwaren, Schrauben.

1. Ermitteln Sie die Handlungskostenzuschlagssätze für die Kostenstellen mittels eines BAB! Verwenden Sie hierzu folgende Angaben aus der Kostenrechnung:

Summe der Gemeinkosten lt. Kosten- und Leistungsrechnung/Verteilungsschlüssel:

Handlungskostenarten	Zahlen der KLR in EUR	Verteilungsschlüssel		
		Möbel	Holzwaren	Schrauben
Personalkosten	36 608,00	3	3	2
Mieten	12 110,00	3	2	2
Steuern	8 760,00	3	2	1
Werbung/Reisekosten	11 730,00	5	4	1
Transportkosten	9 295,00	6	4	3
Kosten des Fuhrparks	10 944,00	5	2	1
Sonstige Geschäftskosten	12 033,00	4	3	2
Kalk. Abschreibungen	6 721,00	7	3	1

Einstandspreise der drei Warengruppen:

Möbel   191 992,30 EUR
Holzwaren   164 727,27 EUR
Schrauben   62 980,00 EUR

2. Die Möbelabteilung kauft eine Gartensitzgruppe aus Holz zum Bareinkaufspreis von 235,00 EUR. An Bezugskosten fallen 12,80 EUR an. Der Handlungskostenzuschlagssatz für Möbel ist dem BAB zu entnehmen. Es wird mit einem Gewinn von 12 % kalkuliert. Die Gartensitzgruppe wird dem Kunden mit 20 % Rabatt und 3 % Skonto angeboten.

Augabe:

Berechnen Sie den Listenverkaufspreis!

256 Eine Großhandlung gliedert ihren Betriebsabrechnungsbogen in 2 Kostenstellen: Heimtextilien und Bekleidung. Der BAB weist folgende Zahlenwerte auf:

Kto.-Nr.	Handlungs-kostenarten	Zahlen der KLR	Heim-textilien	Bekleidung
	⋮	⋮	⋮	⋮
Summe		474 360,00	175 710,00	298 650,00

Einstandspreise der Warengruppen:
Heimtextilien   502 028,57 EUR
Bekleidung   746 625,00 EUR

Aufgaben:

1. Ermitteln Sie die Handlungskostenzuschlagssätze für die Kostenstellen!

2. Aus Konkurrenzgründen muss ein modischer Herrenanzug zum Listenverkaufspreis (Nettoverkaufspreis) von 232,00 EUR angeboten werden. Unser Lieferer bietet uns solche Anzüge zum Preis von 140,00 EUR an. Er gewährt uns bei Barzahlung 2 % Skonto. Die Frachtkosten belaufen sich auf 14,50 EUR je Anzug. Der Handlungskostenzuschlagssatz ist dem BAB zu entnehmen. Es ist davon auszugehen, dass ein Gewinn von wenigstens 8 % erzielt werden soll.

Ermitteln Sie, ob dieser Gewinnzuschlagssatz erreicht werden kann!

6.2.4.3 Kostenträgerstückrechnung (Kalkulation) in Industriebetrieben

6.2.4.3.1 Überblick über die Arten der Kalkulation

Im Gegensatz zu den Handelsbetrieben, bei denen überwiegend nur die Zuschlagskalkulation angewandt wird, sind bei Industriebetrieben auch andere Kalkulationsverfahren von Bedeutung. Welches Verfahren zur Anwendung kommt, hängt weitgehend vom eingesetzten **Fertigungsverfahren** (Massenfertigung, Sortenfertigung, Serienfertigung oder Einzelfertigung) ab.

Es ergeben sich folgende Zuordnungen:

Fertigungsverfahren	Kalkulationsmethode
Massenfertigung ←——————→ Es wird ein einheitliches Produkt in großen Mengen hergestellt. Z.B. Zement- oder Kalkherstellung, Elektrizitätserzeugung.	**Divisionskalkulation** $\text{Stückkosten} = \dfrac{\text{Gesamtkosten}}{\text{Gesamtmenge}}$
Sortenfertigung ←——————→ Es werden mehrere Sorten eines Produktes hergestellt. Z.B. Autoindustrie, Brauereien.	**Äquivalenzziffernkalkulation** Da die gleichen Rohstoffe verwendet werden, ergeben sich Kostenunterschiede z. B. nur durch unterschiedliche Durchlaufzeiten. Dadurch entstehen feststehende Kostenrelationen, mit deren Hilfe Äquivalenzziffern gebildet werden, mit denen man die einzelnen Sorten in gleichartige Recheneinheiten umwandeln kann. Danach kann dann wiederum die Divisionskalkulation angewandt werden.
Serienfertigung ←——————→ Es werden unterschiedliche Produkte in verschiedenen Produktionsabläufen hergestellt, die unterschiedliche Kosten verursachen. Z.B Werkzeugmaschinen, Autos, Motorräder.	**Zuschlagskalkulation** Die Einzelkosten werden den Kostenträgern direkt zugerechnet, die Gemeinkosten werden den Kostenträgern indirekt über die in den Kostenstellen ermittelten Zuschlagssätze zugeordnet.
Einzelfertigung ←——————→ Es werden jeweils nur aufgrund von Einzelaufträgen einzelne Produkte (meist Großobjekte) hergestellt. Z.B. Flugzeugherstellung, Schiffbau, Brückenbau.	**Zuschlagskalkulation** Den einzelnen Projekten werden alle angefallenen Kosten zugerechnet. Daher ergeben sich im Allgemeinen keine Zurechnungsprobleme.

Die **Divisions-, Äquivalenzziffern-** und **Zuschlagskalkulation** ist jeweils bestrebt, alle Kosten des Industrieunternehmens zu verrechnen (Vollkostenrechnung).

6.2.4.3.2 Einfache Zuschlagskalkulation als Angebotskalkulation (Vorkalkulation)

(1) Vorwärtskalkulation

Um einen Verkauf tätigen zu können, ist es in der Praxis oft notwendig, ein Angebot mit einem verbindlichen Angebotspreis abzugeben. Das Unternehmen ist dann gezwungen, vor Beginn der Produktion den Preis zu kalkulieren **(Angebotskalkulation bzw. Vorkalkulation).** Für diese Form der Kalkulation eignet sich die Zuschlagskalkulation, da sie sich durch die Aufgliederung in Einzel- und Gemeinkosten gut an den jeweiligen Produktionsauftrag anpassen lässt. Gerechnet wird auf der Basis von **Normalkosten,** um Zufallsschwankungen, denen Kosten unterliegen können, auszuschalten.

461

Beispiel:

Eine Maschinenfabrik errechnet zur Abgabe eines Angebots für eine Abfüllmaschine den Listenverkaufspreis. Es wird mit folgenden Kosten kalkuliert:

Verbrauch von Fertigungsmaterial	17 200,00 EUR	SEKF	1 400,00 EUR
Fertigungslöhne	21 400,00 EUR	SEKV	890,00 EUR

Normalzuschlagssätze lt. BAB:	MGK	9 %	VerwGK	18 %
	FGK	110 %	VertrGK	6 %

An den Vertreter ist eine Vermittlungsprovision von 7 % des Zielverkaufspreises zu bezahlen. Der Käufer erhält einen Einführungsrabatt von 10 % und 2 % Skonto.

Aufgabe:

Berechnen Sie den Angebotspreis für die Maschine, wenn 15 % Gewinn erzielt werden sollen!

Lösung:

	100 % 9 %		Materialeinzelkosten + Materialgemeinkosten	17 200,00 EUR 1 548,00 EUR	
100 % 110 %		←	= **Materialkosten** Fertigungslöhne + Fertigungsgemeinkosten	21 400,00 EUR 23 540,00 EUR	18 748,00 EUR
			= Zwischensumme + Sondereinzelkost. d. Fertigung (SEKF)	44 940,00 EUR 1 400,00 EUR	
			= **Fertigungskosten**		46 340,00 EUR
	100 % 18 % 6 %		= **Herstellkosten** + Verwaltungsgemeinkosten + Vertriebsgemeinkosten + Sondereinzelkosten des Vertriebs (SEKV)	11 715,84 EUR 3 905,28 EUR 890,00 EUR	65 088,00 EUR 16 511,12 EUR
100 % 15 %		←	= **Selbstkosten** + Gewinn	81 599,12 EUR 12 239,87 EUR	
→	91 % 2 % 7 %		= **Barverkaufspreis** + Kundenskonto + Vertreterprovision	93 838,99 EUR 2 062,40 EUR 7 218,38 EUR	
90 % 10 %	100 %		= **Zielverkaufspreis** + Kundenrabatt	103 119,77 EUR 11 457,75 EUR	
100 %			= **Listenverkaufspreis**	114 577,52 EUR	

Vorwärtskalkulation

Übungsaufgaben

257 Eine Fensterfabrik will 3500 Fenster einer bestimmten Größe in Fertigung geben. Es wird mit folgenden Kosten kalkuliert:

Materialverbrauch	428750,00 EUR	SEKF	12120,00 EUR
Fertigungslöhne	155050,00 EUR	SEKV	3220,00 EUR

Die Zuschlagssätze betragen:

Material	6,7 %	Verwaltung	16,4 %
Fertigung	157,3 %	Vertrieb	9,8 %

Weitere Kalkulationsangaben: 12,5 % Gewinn, 5 % Kundenrabatt, 3 % Kundenskonto und 8 % Vertreterprovision vom Zielverkaufspreis.

Aufgabe:

Berechnen Sie den Listenverkaufspreis je Fenster!

258 Zur Herstellung einer Spezialmaschine rechnet ein Industriebetrieb mit folgenden Kosten: 8420,00 EUR Materialverbrauch; 3720,00 EUR Fertigungslöhne. Aus der Kostenstellenrechnung werden die folgenden Zuschlagssätze (Normalzuschlagssätze) entnommen: Materialzuschlag 10,5 %, Lohnzuschlag (FGK) 145 %, Verwaltungs- und Vertriebsgemeinkostenzuschlag 13,7 %. Die Sondereinzelkosten der Fertigung betragen 890,00 EUR.

Die Maschine wird unter Einrechnung von 12 % Gewinn, von 15 % Kundenrabatt und 2 % Kundenskonto angeboten.

Aufgabe:

Ermitteln Sie den Listenverkaufspreis!

259 Im BAB einer Möbelfabrik wurden für die Kostenstellen folgende Gemeinkosten errechnet:

Material	Fertigung	Verwaltung	Vertrieb
9180,00	179400,00	62319,92	37693,50

Für den gleichen Zeitraum wurden außerdem folgende Daten ermittelt: Fertigungslöhne 195000,00 EUR, Materialverbrauch 108000,00 EUR, Bestandsmehrung an unfertigen Erzeugnissen 14000,00 EUR, Bestandsminderung an fertigen Erzeugnissen 25000,00 EUR.

Bezugsgrundlagen: Die VerwGK und die VertrGK sind auf die Herstellkosten des Umsatzes zu beziehen.

Aufgaben:

1. Berechnen Sie die Zuschlagssätze für die Gemeinkosten!

2. Ermitteln Sie mit den errechneten Zuschlagssätzen den Listenverkaufspreis für eine Büroanbauwand!

   Berechnen Sie den Listenverkaufspreis, wenn mit folgenden Daten gerechnet wird: Fertigungsmaterial 480,00 EUR, Fertigungslöhne 760,00 EUR, SEKF 120,00 EUR, Gewinnzuschlag 20 %, Kundenskonto 3 %, Vertreterprovision 9 % vom Zielverkaufspreis, 15 % Kundenrabatt!

260 Für die Ermittlung des Angebotspreises für einen Kühlschrank liegen bei der Frost GmbH folgende Kalkulationsunterlagen vor:

Verbrauch von Fertigungsmaterial 275,80 EUR, Fertigungslöhne 330,40 EUR, Normalzuschlagssätze für MGK 35 %, FGK 85 %, VerwGK 20 %, VertrGK 18 %. Der Gewinnaufschlag wird mit 25 % angesetzt. Außerdem sollen noch 10 % Rabatt und 2 % Skonto einkalkuliert werden.

Aufgabe:

Ermitteln Sie den Angebotspreis!

(2) Rückwärtskalkulation (retrograde Kalkulation)

Liegt der Listenverkaufspreis aufgrund der gegebenen Markt- bzw. Konkurrenzsituation fest, so eignet sich das Kalkulationsschema in umgekehrter Richtung **von unten nach oben** zur Errechnung der aufwendbaren Materialeinzelkosten (**retrograde Kalkulation; Rückwärtskalkulation**). Dabei werden bei vorgegebenen Kalkulationsbedingungen die Materialeinzelkosten errechnet, die höchstens gezahlt werden dürfen, um den angestrebten Gewinn zu erreichen.

Beispiel:

Aufgrund der Marktsituation muss die Maschinenfabrik Ottmar Ott OHG eine Fördermaschine zum Listenverkaufspreis in Höhe von 127 480,00 EUR anbieten. Die Maschinenfabrik muss branchenüblich 10 % Kundenrabatt und 2 % Kundenskonto gewähren. Die einzurechnende Vertreterprovision vom Zielverkaufspreis beläuft sich auf 7 %. Es soll ein Gewinn von 15 % erzielt werden.

Es wird mit folgenden Kosten kalkuliert:

Fertigungslöhne 19 800,00 EUR, SEKF 900,00 EUR, SEKV 940,00 EUR

Zuschlagssätze lt. BAB dieser Abrechnungsperiode:

MGK 8,5 %   FGK 108 %   VerwGK 19 %   VertrGK 6,8 %

Aufgabe:

Berechnen Sie, wie viel EUR die Materialeinzelkosten höchstens betragen dürfen!

Lösung:[1]

100,0 %		= Materialeinzelkosten	27 038,94 EUR	
8,5 %		− Materialgemeinkosten	2 298,31 EUR	
108,5 %		= **Materialkosten**		29 337,25 EUR
	100 %	Fertigungslöhne	19 800,00 EUR	
	108 %	+ Fertigungsgemeinkosten	21 384,00 EUR	
	208 %	= Zwischensumme	41 184,00 EUR	
		+ Sondereinzelkosten d. Fertigung	900,00 EUR	
		= **Fertigungskosten**		42 084,00 EUR
100,0 %		= **Herstellkosten**		71 421,25 EUR
19,0 %		− Verwaltungsgemeinkosten	13 570,04 EUR	
6,8 %		− Vertriebsgemeinkosten	4 856,64 EUR	18 426,68 EUR
125,8 %		= Zwischensumme		89 847,93 EUR
		− Sondereinzelkosten des Vertriebs		940,00 EUR
	100 %	= **Selbstkosten**		90 787,93 EUR
	15 %	− Gewinn		13 618,19 EUR
91 %	115 %	= **Barverkaufspreis**		104 406,12 EUR
2 %		− Kundenskonto	2 294,64 EUR	
7 %		− Vertreterprovision	8 031,24 EUR	10 325,88 EUR
100 %	90 %	= **Zielverkaufspreis**	114 732,00 EUR	
	10 %	− Kundenrabatt	12 748,00 EUR	
	100 %	**Listenverkaufspreis**		127 480,00 EUR

Rückwärtskalkulation

Ergebnis: Die Materialeinzelkosten dürfen höchstens 27 038,94 EUR betragen.

---

1 Die Rechenzeichen verstehen sich aus der Sicht der Rückwärtsrechnung.

Allgemeiner Rechenweg:

■ Stellen Sie zuerst das Kalkulationsschema von **oben nach unten** auf und tragen Sie die in der Aufgabe vorgegebenen Prozentsätze und EUR-Beträge ein.

■ Überlegen Sie bei jedem Rechenschritt, ob es sich bei der Rückwärtsrechnung um eine Rechnung **vom Hundert** (Kundenrabatt, Vertreterprovision, Kundenskonto) oder **auf Hundert** (Gewinn, VerwGK, VertrGK, MGK) handelt.

■ **Sonderfall: Berechnung der Fertigungskosten.** Sofern Sondereinzelkosten der Fertigung vorliegen, müssen zunächst die Fertigungskosten in einer Zwischenrechnung im Rahmen einer Vorwärtskalkulation ermittelt (Fertigungslöhne + Fertigungsgemeinkosten = Zwischensumme + Sondereinzelkosten der Fertigung) und von den in der Rückwärtsrechnung ermittelten Herstellkosten subtrahiert werden.

■ **Überprüfen** Sie das Ergebnis durch eine **Vorwärtskalkulation.**

Übungsaufgabe

261 1. Aufgrund der starken Konkurrenz können wir eine Maschine für höchstens 55 000,00 EUR verkaufen. Es liegen folgende Kalkulationsdaten vor:

Fertigungslöhne		4 800,00 EUR	
Sondereinzelkosten des Vertriebs		300,00 EUR	
Sondereinzelkosten der Fertigung		500,00 EUR	
Kundenskonto	2 %	Verwaltungsgemeinkosten	10 %
Vertriebsgemeinkosten	15 %	Fertigungsgemeinkosten	450 %
Gewinnzuschlag	12,5 %	Kundenrabatt	10 %
Materialgemeinkosten	25 %	Vertreterprovision (vom Zielverkaufspreis)	3 %

Aufgabe:
Berechnen Sie die aufwendbaren Kosten für das Fertigungsmaterial!

2. Eine Druckerei erhält eine Anfrage, ob ein Posten Prospekte zu einem Nettopreis von 15 500,00 EUR gedruckt werden kann.

Somit entsteht die Frage, wie viel EUR dürfen die Papierkosten höchstens betragen, wenn folgende Kosten anfallen: Fertigungslöhne 2 800,00 EUR, FGK 94 %, MGK 8 %, SEKF 560,00 EUR, VerwGK 18 %, VertrGK 7 %. Der Kunde erwartet einen Nachlass von 2 % Skonto.

Aufgabe:
Berechnen Sie die höchstmöglichen Papierkosten, wenn ein Gewinn von 10 % erwirtschaftet werden soll!

3. Der neue Wohnwagen „Family" soll den Händlern zum Listenverkaufspreis von 24 450,00 EUR angeboten werden. Die Kalkulationssätze des Wohnwagenherstellers sind: 7 % Materialgemeinkosten, 110 % Fertigungsgemeinkosten, 10 % Verwaltungsgemeinkosten, 6 % Vertriebsgemeinkosten, 9 % Gewinn, 2 % Kundenskonto und 20 % Kundenrabatt. Die anfallenden Fertigungslöhne betragen 4 360,00 EUR.

Aufgabe:
Wie viel EUR darf das erforderliche Fertigungsmaterial kosten?

30 Speth u.a. - ISBN 978-3-8120-0261-5

(3) Differenzkalkulation

Häufig verhindert es die „Marktlage", dass der Unternehmer seinen Listenverkaufspreis selbst bestimmen kann. In diesem Fall muss es das Ziel der Kalkulation sein festzustellen, ob der so erwirtschaftete Gewinn ausreichend ist.

Wird die Höhe des anfallenden Gewinns errechnet, sprechen wir von **Differenzkalkulation.**[1] Da sowohl die **Kosten** als auch der **Listenverkaufspreis** festliegen, muss von **beiden** Werten aus mit dem Rechenweg begonnen werden, und zwar einmal als **Vorwärtskalkulation** (von den Materialeinzelkosten bis zu den Selbstkosten) und zum anderen als **Rückwärtskalkulation** (vom Listenverkaufspreis bis zum Barverkaufspreis).

Beispiel:

Bei der Herstellung eines Wäschetrockners fielen 280,00 EUR Materialeinzelkosten und 160,00 EUR Fertigungslöhne an. Es wird mit folgenden Zuschlagssätzen gerechnet: MGK 11 %, FGK 120 %, VerwGK 10,5 %, VertrGK 6 %, SEKV 40,00 EUR.

Aufgabe:

Berechnen Sie, mit welchem Gewinn in EUR und in Prozent der Hersteller rechnen kann, wenn er 12 % Vertreterprovision (vom Zielverkaufspreis), 3 % Kundenskonto und 15 % Kundenrabatt einrechnet und einen Listenverkaufspreis von 1 259,00 EUR ansetzt!

Lösung:

100 %		Materialeinzelkosten	280,00 EUR		Vorwärts-kalkulation
11 %		+ Materialgemeinkosten	30,80 EUR		
		= **Materialkosten**		310,80 EUR	+
→	100 %	Fertigungslöhne	160,00 EUR		
	120 %	+ Fertigungsgemeinkosten	192,00 EUR		
		= **Fertigungskosten**		352,00 EUR	
100 % ←		= **Herstellkosten**		662,80 EUR	
10,5 %		+ Verwaltungsgemeinkosten	69,59 EUR		
6 %		+ Vertriebsgemeinkosten	39,77 EUR	109,36 EUR	
		= Zwischensumme		772,16 EUR	**Berechnung des Gewinnzuschlagssatzes:**
		+ Sondereinzelkost. d. Vertriebs (SEKV)		40,00 EUR	
→	100 %	= **Selbstkosten**		812,16 EUR	812,16 EUR ≙ 100 %
	x %	Gewinn		97,47 EUR	97,47 EUR ≙ x %
85 %		= **Barverkaufspreis**		909,63 EUR	
3 %		− Kundenskonto	32,10 EUR		$x = \dfrac{100 \cdot 97,47}{812,16} = \underline{12\%}$
12 %		− Vertreterprovision	128,42 EUR	160,52 EUR	
100 %	85 %	= **Zielverkaufspreis**		1 070,15 EUR	Rückwärts-kalkulation
	15 %	− Kundenrabatt		188,85 EUR	
	100 %	**Listenverkaufspreis**		1 259,00 EUR	−

Ergebnis: Der Hersteller kann mit einem Gewinn von 12 %, das sind 97,47 EUR, rechnen.

---

1 Die Differenz zwischen Barverkaufspreis und Selbstkosten stellt den Gewinn/Verlust dar. Wir sprechen daher auch von **Gewinnkalkulation.**

Allgemeiner Rechenweg:

■ Stellen Sie zuerst das Kalkulationsschema **von oben nach unten** auf und tragen Sie die in der Aufgabe vorgegebenen Prozentsätze und EUR-Beträge ein!

■ Kennzeichnen Sie den Rechenweg durch Pfeile und errechnen Sie stufenweise durch **Vorwärtskalkulation** die **Selbstkosten** bzw. durch **Rückwärtskalkulation** den **Barverkaufspreis**!

■ Ermitteln Sie den **Gewinn** als **Differenz zwischen dem Barverkaufspreis und den Selbstkosten**!

■ Berechnen Sie anschließend den **Gewinn in Prozent zu den Selbstkosten** (Gewinnzuschlagssatz)!

Übungsaufgabe

262   1.   Eine Maschinenfabrik kalkuliert eine Fräsmaschine nach folgenden Angaben:

– Verbrauch von Fertigungsmaterial	7350,00 EUR		– MGK	12 %
– Fertigungslohn 58 Std. zu je	52,00 EUR		– FGK	15 %
– Fremdarbeiten 48 Std. zu je	95,00 EUR		– VerwGK + VertrGK	25 %
– Konstruktionszeichnung	400,00 EUR		– Kundenskonti	3 %
			– Vertreterprovision	5 %

Die Maschinenfabrik verkauft die Fräsmaschine für 24500,00 EUR netto.

Aufgabe:

Ermitteln Sie den Gewinn in EUR und in Prozent!

2.   Eine Möbelfabrik stellt für den Ausbau von zwei Büroräumen folgende Kalkulationsgrundlagen fest:

Verbrauch von Fertigungsmaterial: 9400,00 EUR
Fertigungslöhne: 16200,00 EUR

Gemeinkostenzuschläge:	MGK	12,4 %	VerwGK	6 %
	FGK	104 %	VertrGK	8 %

Es wird mit 18 % Gewinn, 5 % Vertreterprovision vom Zielverkaufspreis und 2 % Kundenskonto gerechnet.

Aufgaben:

2.1   Berechnen Sie den Angebotspreis netto!

2.2   Ein Konkurrenzunternehmen hat ein Angebot von 63084,97 EUR unterbreitet.

     Wie viel Gewinn in EUR und in Prozent verbleiben, wenn der Angebotspreis der Konkurrenz um 1800,00 EUR unterboten werden soll?

6.2.4.3.3 Maschinenstundensatzrechnung als verfeinerte Form der Zuschlagskalkulation

Dadurch, dass wir die Fertigungsgemeinkosten in einem Prozentsatz der Fertigungslöhne errechnen, haben wir unterstellt, dass zwischen diesen beiden Größen eine direkte Abhängigkeit besteht. Bei **lohnintensiven Fertigungsbetrieben** trifft dies auch weitgehend zu.

Bei **maschinenintensiven Fertigungsbetrieben** werden die Fertigungsgemeinkosten überwiegend von der Maschinenlaufzeit bestimmt und sind nicht mehr direkt abhängig von den Fertigungslöhnen. Für eine genaue Kalkulation eines Auftrags ist es daher erforderlich, die Fertigungsgemeinkosten im BAB in **maschinenabhängige** und in **lohnabhängige Gemeinkosten** aufzuteilen.

Sind in einem Betrieb unterschiedlich teure Maschinen vorhanden, die bei der Herstellung der einzelnen Erzeugnisse aufgrund der verschiedenartigen Produktionsverfahren für unterschiedliche Zeit beansprucht werden, so ist es erforderlich, die Maschinenkosten für jede Maschine bzw. Maschinenart gesondert zu erfassen. Werden die anfallenden maschinenabhängigen Gemeinkosten[1] auf die Maschinenlaufzeit bezogen, so erhält man den **Maschinenstundensatz.**

$$\text{Maschinenstundensatz} = \frac{\text{maschinenabhängige Gemeinkosten}}{\text{Maschinenlaufzeit}}$$

Der Aufbau der Kostenstelle Fertigung im BAB ändert sich wie folgt:

	Fertigungsgemeinkosten (z. B. je Monat)				
	maschinenabhängige Gemeinkosten			lohnabhängige Gemeinkosten (Rest-Fertigungsgemeinkosten)	
	Maschine I	Maschine II	Maschine III		
effektive Laufzeit	13 632,00 EUR	14 892,00 EUR	7 728,00 EUR		21 981,60 EUR
	160 Std.	120 Std.	140 Std.	Fertigungs- löhne	
Maschinen- Std.-Satz	85,20 EUR	124,10 EUR	55,20 EUR	Rest-FGK-Satz	77,4 %

Für die Zeilen Fertigungslöhne: 28 400,00 EUR (in der Spalte lohnabhängige Gemeinkosten)

---

1 Die Berechnung der Maschinenkosten wird aus Gründen der Vereinfachung nicht durchgeführt.

Beispiel:

Für einen Auftrag ist der Selbstkostenpreis aufgrund folgender Angaben zu berechnen:

Verbr. v. Fertigungsmaterial	1 210,00 EUR	Maschine I	3 Std. zu je 85,20 EUR
Fertigungslöhne	820,00 EUR	Maschine II	2 Std. zu je 124,10 EUR

Die Zuschlagssätze betragen:	MGK	8 %	VerwGK	12 %
	Rest-FGK	77,4 %	VertrGK	8 %

Aufgabe:
Berechnen Sie die geplanten Selbstkosten des Auftrags!

Lösung:

Materialeinzelkosten	1 210,00 EUR	
8 % Materialgemeinkosten	96,80 EUR	
Materialkosten		1 306,80 EUR
Fertigungslöhne	820,00 EUR	
77,4 % Rest-FGK	634,68 EUR	
Maschine II: 3 Std. · 85,20 EUR	255,60 EUR	
Maschine II: 2 Std. · 124,10 EUR	248,20 EUR	
Fertigungskosten		1 958,48 EUR
Herstellkosten		3 265,28 EUR
12 % Verwaltungsgemeinkosten		391,83 EUR
8 % Vertriebsgemeinkosten		261,22 EUR
Selbstkosten		3 918,33 EUR

Übungsaufgaben

263 1. Der Verbrauch an Fertigungsmaterial für einen Auftrag beträgt 1 710,00 EUR. Es entstehen Lohnkosten in Höhe von 420,60 EUR. Die Zuschlagssätze betragen:

MGK 8,7 %, Rest-FGK 89,5 %, VerwGK 11,5 %, VertrGK 7,6 %.

An Maschinenkosten fallen für Maschine I 7,4 Stunden zu je 135,80 EUR und für Maschine II 3,6 Stunden zu je 98,70 EUR an. Die Sondereinzelkosten der Fertigung betragen 135,90 EUR.

Aufgabe:

Berechnen Sie die Selbstkosten für diesen Auftrag!

2. Ein Industriebetrieb kalkuliert den Listenverkaufspreis für ein Gerät aufgrund folgender Daten:

Materialverbrauch: 18,00 EUR

Fertigungslöhne:	Sägen je 50 Stück	310 Minuten; Arbeitsstundensatz 68,30 EUR
	Schweißen je Stück	7 Minuten; Arbeitsstundensatz 71,10 EUR
	Montieren je Stück	5 Minuten; Arbeitsstundensatz 58,60 EUR

Maschineneinsatz:	Maschine I	0,75 Stunden zu je 91,50 EUR
	Maschine II	0,3 Stunden zu je 48,20 EUR

Zuschlagssätze:	MGK	7 %	VerwGK	9 %
	Rest-FGK	85 %	VertrGK	12 %

Verkaufszuschläge: 16 % Gewinn, 2 % Kundenskonto, 10 % Kundenrabatt

469

Aufgabe:

Berechnen Sie den Listenverkaufspreis je Gerät!

3. Der BAB eines Industriebetriebes weist folgende Zahlen aus:

Material	Fertigung				Verwaltung	Vertrieb
	Maschine A	Maschine B	Maschine C	Rest-FGK		
75 000,00	320 000,00	400 000,00	500 000,00	396 000,00	201 476,00	323 422,00

Fertigungsmaterial   600 000,00 EUR
Fertigungslöhne   360 000,00 EUR

Die Laufzeit der einzelnen Maschinen beträgt: Maschine A: 1 600 Std., Maschine B: 5 000 Std., Maschine C: 4 000 Std.

Aufgaben:

3.1 Errechnen Sie die Gemeinkostenzuschlagssätze und die Maschinenstundensätze!

    Anmerkung: Die Rest-Fertigungsgemeinkosten sind auf die Fertigungslöhne, die Verwaltungs- und Vertriebsgemeinkosten sind auf die Herstellkosten der Rechnungsperiode zu beziehen.

3.2 Für die Herstellung eines Produkts kalkuliert ein Industriebetrieb zusätzlich mit folgenden Daten: Verbrauch von Fertigungsmaterial 210,00 EUR, Fertigungslöhne 170,00 EUR, Beanspruchung von Maschine A 12 Min., Maschine B 9 Min. und Maschine C 18 Min. Des Weiteren werden eingerechnet: 25 % Gewinn, 12 % Vertreterprovision, 3 % Kundenskonto und 20 % Kundenrabatt.

    Ermitteln Sie den Listenverkaufspreis!

264   Aus der Kosten- und Leistungsrechnung eines Industriebetriebes stehen folgende Zahlen und Angaben zur Verfügung (Gemeinkosten lt. BAB):

Material	Fertigung			Verwaltung	Vertrieb
	Maschine A	Maschine B	Rest-FGK		
380 000,00	159 225,00	207 400,00	148 500,00	308 688,75	228 161,25

Einzelkosten: Fertigungsmaterial   304 000,00 EUR
               Fertigungslöhne   135 000,00 EUR

Bestände	Anfangsbestände	Schlussbestände	Laufzeit der Maschinen:
Unfertige Erzeugnisse:	48 000,00 EUR	46 000,00 EUR	Maschine A 1 650 Stunden
Fertige Erzeugnisse:	57 000,00 EUR	51 000,00 EUR	Maschine B 1 700 Stunden

Aufgaben:

1. Errechnen Sie die Gemeinkostenzuschlagssätze und die Maschinenstundensätze (Ergebnisse auf ganze Zahlen aufrunden)! Bezugsgröße für die Verwaltungsgemeinkosten und die Vertriebsgemeinkosten sind die Herstellkosten des Umsatzes.

2. Ein Kunde des Betriebs bestellt 150 Stück eines Produkts, dessen Herstellung (pro Stück) Maschine A 9 Min. und Maschine B 18 Min. in Anspruch nimmt. Pro Stück wird Fertigungsmaterial im Wert von 16,50 EUR benötigt, die Fertigungslöhne betragen 24,00 EUR.

    Ermitteln Sie, welchen Gewinn in EUR und Prozent das Unternehmen bei diesem Auftrag erzielen kann, wenn der Nettoverkaufspreis je Stück 238,00 EUR betragen soll und außerdem noch 2 % Kundenskonto und 10 % Vertreterprovision vom Zielverkaufspreis zu berücksichtigen sind!

470

265 Für einen Reparaturauftrag ist der Angebotspreis unter Berücksichtigung folgender Angaben zu kalkulieren:

Reparaturmaterial	195,80 EUR	Normalzuschlagssätze:	
Fertigungslöhne	2,6 Stunden zu je 85,00 EUR	– MGK	7,5 %
Maschine I	0,6 Stunden zu je 104,90 EUR	– Rest-FGK	101,8 %
Maschine II	1,3 Stunden zu je 63,50 EUR	– VerwGK	9,4 %
Gewinnzuschlag	20 %	– VertrGK	8,8 %

Aufgabe:

Berechnen Sie den Angebotspreis für den Reparaturauftrag!

266 In der Vollkostenrechnung wird mit Maschinenstundensätzen kalkuliert. In der Fertigungsstelle I fallen pro Jahr insgesamt 240 000,00 EUR Fertigungsgemeinkosten an. Davon können 60 % direkt auf die drei Maschinensätze verteilt werden.

	Maschine 1	Maschine 2	Maschine 3
Verteilungsschlüssel	2	3	1
Laufzeit in Std.	625	1 000	400

Aufgaben:

1. Berechnen Sie jeweils die Maschinenstundensätze!

2. Ermitteln Sie den Zuschlagssatz für die Rest-Fertigungsgemeinkosten, wenn 125 000,00 EUR Fertigungslöhne anfallen!

6.2.4.3.4   Zuschlagskalkulation als Nachkalkulation

In der **Angebotskalkulation (Vorkalkulation)** kann nur mit voraussichtlichen Kosten **(Normalkosten)** gerechnet werden. Erst nach der Fertigstellung des Auftrags können die tatsächlich angefallenen Kosten **(Istkosten)** ermittelt und den vorkalkulierten Kosten gegenübergestellt werden **(Nachkalkulation)**. Die dabei auftretenden Abweichungen müssen dann im Einzelnen analysiert werden.

Die Abweichungen bei den Kosten in der Vor- und in der Nachkalkulation beruhen einerseits auf unterschiedlichen Einzelkosten und andererseits auf den unterschiedlichen Zuschlagssätzen in der Vor- und Nachkalkulation. Hierbei ist zu untersuchen, worauf die unterschiedlichen Ansätze zurückzuführen sind. Infrage kommen auch hier Mengen- und Preisabweichungen, wobei allerdings noch zu berücksichtigen ist, dass auch Beschäftigungsabweichungen die Zuschlagssätze beeinflussen.

Stellt sich heraus, dass die Mengen in der Vorkalkulation zu niedrig angesetzt waren, kann die Nachkalkulation auch dazu dienen, die Grundlagen für die Vorkalkulation zu ändern.

Die **Nachkalkulation** dient folgenden **Zwecken:**

- genaue Erfassung der tatsächlich entstandenen Kosten,
- Kontrolle der Kosten durch Analyse der Abweichungen zwischen Vor- und Nachkalkulation,
- eventuelle Korrektur der Grundlagen für die Vorkalkulation.

Beispiel:

Die Nachkalkulation für die aufgrund der Vorkalkulation angebotene Abfüllmaschine (vgl. S. 462) ergibt folgende Istkosten:

Verbrauch von Fertigungsmaterial	17 500,00 EUR		SEKF	900,00 EUR
Fertigungslöhne	19 800,00 EUR		SEKV	940,00 EUR
Istzuschlagssätze lt. BAB	MGK	8,5 %	VerwGK	19 %
dieser Abrechnungsperiode	FGK	108 %	VertrGK	6,8 %

Der Listenverkaufspreis in Höhe von 114 577,51 EUR ist der verbindliche Angebotspreis.

Aufgabe:

Berechnen Sie, welcher Erfolg (in EUR und Prozent) an dem abgewickelten Auftrag erwirtschaftet wurde!

Lösung:

	Vorkalkulation		Nachkalkulation	
+ Materialeinzelkosten		17 200,00		17 500,00
+ Materialgemeinkosten	9 %	1 548,00	8,5 %	1 487,50
Materialkosten		18 748,00		18 987,50
Fertigungslöhne		21 400,00		19 800,00
+ Fertigungsgemeinkosten	110 %	23 540,00	108 %	21 384,00
Zwischensumme		44 940,00		41 184,00
+ Sondereinzelkosten der Fertigung (SEKF)		1 400,00		900,00
Fertigungskosten		46 340,00		42 084,00
Herstellkosten		65 088,00		61 071,50
+ Verwaltungsgemeinkosten	18 %	11 715,84	19 %	11 603,59
+ Vertriebsgemeinkosten	6 %	3 905,28	6,8 %	4 152,86
+ Sondereinzelkosten des Vertriebs (SEKV)		890,00 16 511,12		940,00 16 696,45
Selbstkosten		81 599,12		77 767,95
+ Gewinn	15 %	12 239,87		16 071,04
Barverkaufspreis		93 838,99		93 838,99
+ Kundenskonto	2 %	2 062,40		
+ Vertreterprovision	7 %	7 218,38		
Zielverkaufspreis		103 119,77	Berechnung des	
+ Kundenrabatt	10 %	11 457,75	Gewinnsatzes:	
Listenverkaufspreis (netto)		114 577,52	77 767,95 $\hat{=}$ 100 %	
			16 071,04 $\hat{=}$ x %	
			x = 20,66 %	

Erläuterungen:

Im vorliegenden Beispiel sind die Kosten der Vorkalkulation teils höher, teils niedriger als die tatsächlich angefallenen Kosten. Per Saldo aber sind die Selbstkosten in der Nachkalkulation um 3 831,17 EUR (81 599,12 EUR – 77 767,95 EUR) niedriger als die tatsächlich angefallenen Selbstkosten. Bei einem fest vereinbarten vorläufigen Verkaufspreis kommt das dem Gewinn zugute, der in unserem Beispiel um diesen Betrag höher ist als aufgrund der Vorkalkulation erwartet wurde. Bezüglich des Preises wäre damit notfalls noch ein gewisser Verhandlungsspielraum gegeben.

267 Erstellen Sie zur Aufgabe 258, S. 463 eine Nachkalkulation. Die Istkostenrechnung ergab folgende Kalkulationsdaten:

Materialverbrauch 8 720,00 EUR; Fertigungslöhne 3 165,00 EUR; Istzuschlagssätze: MGK 10,4 %, FGK 151 %; VerwGK/VertrGK 14,9 %. Die Sondereinzelkosten der Fertigung betrugen 795,00 EUR. Kundenrabatt und Kundenskonto wurden mit den angegebenen Prozentsätzen gewährt. Der Verkaufspreis betrug 29 517,06 EUR.

Aufgabe:

Ermitteln Sie, wie viel Gewinn in EUR und Prozent wurde tatsächlich erzielt wurde!

268 Erstellen Sie zur Aufgabe 263, Nr. 1 , S. 469 eine Nachkalkulation. Die Istkostenrechnung ergab folgende Kalkulationsdaten:

Materialkosten 1 680,00 EUR; Lohnkosten 395,80 EUR. Istzuschlagssätze: MGK 8,3 %, Rest-FGK 91 %, VerwGK 10,3 %, VertrGK 6,9 %. An Maschinenkosten sind angefallen: Maschine I: 7,3 Stunden zu je 132,50 EUR, Maschine II: 4,1 Stunden zu je 96,20 EUR. Die Sondereinzelkosten der Fertigung konnten eingespart werden.

Aufgabe:

Berechnen Sie die Kostenunter- bzw. Kostenüberdeckung!

269 Erstellen Sie zur Aufgabe 265, S. 471 eine Nachkalkulation. Die Istkostenrechnung ergab folgende Kalkulationsdaten:

Reparaturmaterial	210,50 EUR		Istzuschlagssätze:	
Fertigungslöhne	2,8 Stunden zu je 86,70 EUR		– MGK	9 %
Maschine I	0,75 Stunden zu je 104,90 EUR		– Rest-FGK	104 %
Maschine II	1,2 Stunden zu je 63,50 EUR		– VerwGK	10,3 %
			– VertrGK	7 %

Aufgaben:

1. Ermitteln Sie die entstandenen Selbstkosten!
2. Berechnen Sie die Kostenabweichung in EUR und in Prozent!

6.2.4.3.5 Divisionskalkulation

Die Divisionskalkulation wird dort herangezogen, wo nur **eine Warenart** bzw. **wenige gleichartige Warenarten** in **großen Stückzahlen** produziert werden. Die angefallenen Kosten werden als eine Einheit gesehen. Eine Differenzierung der Kosten in Einzelkosten und Gemeinkosten sowie eine Aufgliederung der Gemeinkosten auf Kostenstellen entfällt.

(1) Einfache Divisionskalkulation

Die einfache Divisionskalkulation setzt voraus, dass nur eine Erzeugnisart produziert wird. Die Selbstkosten je Leistungseinheit (Kostenträger) werden wie folgt errechnet:

$$\text{Selbstkosten je Leistungseinheit} = \frac{\text{Gesamtkosten der Rechnungsperiode}}{\text{Leistungsmenge der Rechnungsperiode}}$$

Beispiel:

Ein Zementwerk produziert in einem Monat 5 200 t Zement. Für diesen Monat fallen folgende Kosten an:

Materialverbrauch	621 000,00 EUR	Verwaltungs- und	
Fertigungslöhne	167 000,00 EUR	Vertriebsgemeinkosten	109 000,00 EUR
Sonstige Fertigungskosten	195 000,00 EUR		

Aufgaben:

1. Wie viel EUR betragen die Selbstkosten je Tonne?
2. Berechnen Sie den Listenverkaufspreis je Tonne bei 15 % Gewinnzuschlag, 3 % Kundenskonto und 20 % Kundenrabatt!

Lösungen:

Zu 1.: Berechnung der Selbstkosten

$$\text{Selbstkosten je Tonne} = \frac{621\,000 + 167\,000 + 195\,000 + 109\,000}{5\,200} = 210,00 \text{ EUR}$$

Zu 2.: Berechnung des Listenverkaufspreises

Selbstkosten (100 %)	210,00 EUR
+ 15 % Gewinn	31,50 EUR
Barverkaufspreis (97 %)	241,50 EUR
+ 3 % Kundenskonto	7,47 EUR
Zielverkaufspreis (80 %)	248,97 EUR
+ 20 % Kundenrabatt	62,24 EUR
Listenverkaufspreis	311,21 EUR

(2) Mehrstufige Divisionskalkulation

Bei der mehrstufigen Divisionskalkulation werden die Bestandsveränderungen im Lager berücksichtigt. Dies führt dazu, dass die Herstellkosten und die Verwaltungs- und Vertriebsgemeinkosten zu trennen sind. Die Herstellkosten der Rechnungsperiode werden durch die **produzierte** Menge, die Verwaltungs- und die Vertriebsgemeinkosten dieser Periode durch die in diesem Zeitraum **verkaufte** Menge dividiert. Dadurch wird vermieden, dass die am Lager verbliebenen Erzeugnisse mit Verwaltungs-[1] und Vertriebsgemeinkosten belastet werden, die sie gar nicht verursacht haben.

$$\frac{\text{Selbstkosten}}{\text{je Leistungseinheit}} = \frac{\text{Herstellkosten}}{\text{Produktionsmenge}} + \frac{\text{Verwaltungs- und Vertriebsgemeinkosten}}{\text{verkaufte Menge}}$$

Beispiel:

Wir greifen auf das Beispiel von S. 473 zurück. Von der Produktion in Höhe von 5 200 t wurden 4 100 t abgesetzt.

Aufgabe:

Berechnen Sie die Selbstkosten je abgesetzter Tonne!

Lösung:

Herstellkosten je t	$= \dfrac{621\,000 + 167\,000 + 195\,000}{5\,200} =$	189,04 EUR
Verwaltungs- und Vertriebs-gemeinkosten je t	$= \dfrac{109\,000}{4\,100}$	26,59 EUR
Selbstkosten je t		215,63 EUR

---

1 Auf eine getrennte Zuordnung der Verwaltungsgemeinkosten wird hier aus Vereinfachungsgründen nicht eingegangen.

Erläuterungen:

Wir erkennen, der Preis steigt an, da die Verwaltungs- und Vertriebsgemeinkosten von 4 100 Tonnen aufgebracht werden müssen, d. h., die Belastung je Tonne mit Verwaltungs- und Vertriebsgemeinkosten erhöht sich. Ohne die Aufteilung wäre der Angebotspreis je verkaufte Tonne zu niedrig kalkuliert worden.

Übungsaufgaben

270 In einem Industrieunternehmen mit Massenfertigung entstanden in einem Monat folgende Kosten:

Roh-, Hilfs- und Betriebsstoffverbrauch	351 700,00 EUR
Löhne und Gehälter	189 800,00 EUR
Verwaltungsgemeinkosten	75 200,00 EUR
Vertriebsgemeinkosten	18 900,00 EUR
kalk. Abschreibungen	105 340,00 EUR

Aufgaben:

1. Ermitteln Sie die Selbstkosten je Produktionseinheit bei einer Produktionsmenge von 34 950 Einheiten!

2. Berechnen Sie den Listenverkaufspreis bei 18 % Gewinnzuschlag, 3 % Kundenskonto, 7 % Vertreterprovision und 15 % Kundenrabatt!

3. Der Lagerbestand konnte in diesem Monat um 1 500 Einheiten abgebaut werden.

   Ermitteln Sie die Selbstkosten je Produktionseinheit, wenn die Verwaltungs- und Vertriebsgemeinkosten auf die abgesetzte Menge bezogen werden!

4. Begründen Sie, warum bei einem Abbau des Lagerbestands der Angebotspreis sinkt, wenn die Verwaltungs- und Vertriebsgemeinkosten auf die verkaufte Menge bezogen werden!

271 Ein Industrieunternehmen stellt Stahlträger her. Die Selbstkostenrechnung ergab folgende Zahlenwerte:

Der Vorrat zu Beginn des Abrechnungszeitraums beträgt 720 Stück; die erzeugte Menge im Abrechnungszeitraum 1 460 Stück. Die Materialkosten betragen 306 600,00 EUR, die Lohnkosten 102 200,00 EUR, die MGK 32 700,00 EUR, die FGK 112 800,00 EUR, die VerwGK 62 100,00 EUR, die VertrGK 48 900,00 EUR. Der Lagerbestand am Ende des Abrechnungszeitraums beträgt 760 Stück.

Aufgabe:

Berechnen Sie die Selbstkosten, wenn die Herstellkosten der Produktionsmenge und die Verwaltungs- und Vertriebsgemeinkosten der verkauften Menge zugewiesen werden!

6.2.4.3.6 Äquivalenzziffernkalkulation

(1) Überblick

Fertigt ein Unternehmen mehrere Erzeugnisse, die fertigungstechnisch weitgehend ähnlich und vergleichbar sind **(Sortenfertigung),** und stehen deren Kosten für die Produktion in einem bestimmten, messbaren Verhältnis zueinander, so kann die Kalkulation mit **Äquivalenzziffern (Wertigkeitsziffern, Kostenverhältnisziffern)** durchgeführt werden.

Beispiel:

Ein Blechwalzwerk stellt verschiedene Sorten von Drähten und Blechen her; eine Textilfabrik fertigt verschiedene Stoffe; eine Papierfabrik produziert verschiedene Papierarten; eine Brauerei braut unterschiedliche Biersorten.

Der **Einsatz der Äquivalenzziffernkalkulation** setzt voraus, dass

- die **Erzeugnisse artgleich** sind,

- die **Erzeugnisse** in einem **festen Kostenverhältnis** zueinander stehen.

Bei gleichem Produktionsablauf entstehen bei der Sortenfertigung dadurch unterschiedliche Kosten je Sorte, weil z. B. unterschiedliche Materialmengen oder unterschiedliche Fertigungszeiten zur Herstellung der einzelnen Erzeugnisarten benötigt werden. Das Verhältnis der Kosten eines Produkts zu den Kosten der anderen Produkte wird mithilfe von Äquivalenzziffern ausgedrückt.

Äquivalenzziffern sind Verhältniszahlen, die das Kostenverhältnis der einzelnen Sorten (Kostenträger) zu der Bezugssorte (Richtsorte) angeben.

Die **Bezugssorte** erhält die **Äquivalenzziffer 1.** Mithilfe der Äquivalenzziffern werden die anderen Erzeugnisse anschließend in Form von Recheneinheiten auf die Bezugssorte umgerechnet.

$$\text{Rechnungseinheit} = \text{Produktionsmenge} \cdot \text{Äquivalenzziffer}$$

Die **Stückkosten je Rechnungseinheit** werden durch Division der Gesamtkosten der Produktion durch die Summe der Rechnungseinheiten ermittelt.

$$\text{Stückkosten je Rechnungseinheit} = \frac{\text{Gesamtkosten}}{\text{Rechnungseinheiten}}$$

Die **Gesamtkosten je Sorte** erhält man durch Multiplikation der Stückkosten je Rechnungseinheit mit den Rechnungseinheiten je Sorte.

$$\text{Gesamtkosten je Sorte} = \text{Stückkosten je Rechnungseinheit} \cdot \text{Rechnungseinheiten je Sorte}$$

Die Division der Gesamtkosten je Sorte durch die produzierte Menge der Sorte ergibt die **Stückkosten je Sorte.**

$$\text{Stückkosten je Sorte} = \frac{\text{Gesamtkosten je Sorte}}{\text{Produzierte Menge je Sorte}}$$

(2) Beispiel für eine Äquivalenzziffernkalkulation

Beispiel:

In einer Textilfabrik werden folgende Mengen der Stoffsorten A, B und C hergestellt:

A: 1 200 t, B: 480 t, C: 960 t. Aufgrund von technischen Verbrauchsmessungen und Erfahrungen aus der Vergangenheit stehen die Kosten für die drei Stoffsorten in folgendem Verhältnis: 1 (A), 1,2 (B), 0,8 (C). Die Gesamtkosten für die drei Stoffsorten betragen 203 520,00 EUR.

Aufgabe:

Berechnen Sie die Stückselbstkosten je t der einzelnen Stoffsorten!

Lösung:

Stoff-sorte	Produktions-menge (t)	Äquivalenz-ziffer	Rechnungs-einheiten (RE)	Stück-selbstkosten (EUR/t)	Gesamt-selbstkosten (EUR/Sorte)
A	1 200	1,0	1 200	80,00	96 000,00
B	480	1,2	576	96,00	46 080,00
C	960	0,8	768	64,00	61 440,00
Summe			2 544		203 520,00

$$\text{Kosten je Rechnungseinheit} = \frac{203\,520\ \text{EUR}}{2\,544\ \text{RE}} = \underline{\underline{80,00\ \text{EUR/RE}}}$$

Übungsaufgabe

272 1. Eine Papierfabrik produziert im Monat August vier Papiersorten. Die in diesem Zeitraum entstandenen Gesamtkosten betragen 35 531 300,00 EUR. Die Gesamtkosten sind im Verhältnis der vor einem Jahr ermittelten Herstellkosten je t zu verteilen. Die Herstellkosten je t betragen: Sorte A: 2 000,00 EUR (Äquivalenzziffer 1), Sorte B: 1 500,00 EUR, Sorte C: 2 400,00 EUR, Sorte D: 2 700,00 EUR.

Aufgaben:

1.1 Berechnen Sie die Äquivalenzziffern!

1.2 Ermitteln Sie die Selbstkosten je t jeder Sorte!

2. Für ein Blechwalzwerk, in dem die Blechsorten A, B und C in verschiedener Qualität hergestellt werden, liegen für den Monat Juni folgende Daten vor:

Blechsorte	Produktionsmenge (Stück)	Einzelkosten insgesamt (EUR)
A	3 000	15 155,00 EUR
B	7 500	11 600,00 EUR
C	3 750	20 300,00 EUR

An Gemeinkosten entstanden insgesamt 16 245,00 EUR. Sie sind mithilfe der errechneten Äquivalenzziffern auf die drei Blechsorten zu verteilen.

Aufgaben:

2.1 Berechnen Sie auf der Grundlage der Produktionsmenge die Äquivalenzziffern (Blechsorte A entspricht der Äquivalenzziffer 1)!

2.2 Ermitteln Sie die Selbstkosten je Stück jeder Sorte!

6.2.5 Kostenträgerzeitrechnung

6.2.5.1 Kostenträgerblatt im Industriebetrieb

Bei der Kostenträgerzeitrechnung werden die **Selbstkosten des Umsatzes** ermittelt und den **Nettoverkaufserlösen der Rechnungsperiode** gegenübergestellt. Die **Differenz** zwischen den **Nettoverkaufserlösen** und den **Selbstkosten des Umsatzes** ergibt das Betriebsergebnis. Technisches Hilfsmittel zur Berechnung des Umsatzergebnisses ist das **Kostenträgerblatt.**

Beispiel:

Die Kosten- und Leistungsrechnung eines Industrieunternehmens, das die Produkte A und B herstellt, weist für den Monat Oktober folgende Gesamtdaten auf, die sich in der vorgegebenen Weise auf die beiden Produkte verteilen.

1. Materialverbrauch 480 000,00 EUR, Fertigungslöhne 210 000,00 EUR, Nettoverkaufserlöse 1 460 000,00 EUR, SEKF 8 100,00 EUR, SEKV 4 800,00 EUR

2. Die Zuschlagssätze betragen: MGK 10 %, FGK 90 %, VerwGK 15 %, VertrGK 8 %.
   Bezugsgrundlagen: Die VerwGK und die VertrGK sind auf die Herstellkosten des Umsatzes zu beziehen.

3. Bestände an FE und UE:

	FE	UE
Anfangsbestand	48 900,00 EUR	26 700,00 EUR
Schlussbestand lt. Inventur	71 200,00 EUR	21 300,00 EUR

Aufgabe:

Stellen Sie die Kostenträgerzeitrechnung (Kostenträgerblatt) auf, berechnen Sie das Betriebsergebnis und schlüsseln Sie dieses auf die beiden Kostenträger auf!

Lösung:

Ziffer	Bezeichnungen	Beträge der Rechn.-Periode	Produkt A	Produkt B
1	Materialverbrauch	480 000,00	280 000,00	200 000,00
2	+ 10 % Materialgemeinkosten	48 000,00	28 000,00	20 000,00
3	**Materialkosten (1 + 2)**	528 000,00	308 000,00	220 000,00
4	Fertigungslöhne	210 000,00	120 000,00	90 000,00
5	+ 90 % Fertigungsgemeinkosten	189 000,00	108 000,00	81 000,00
6	+ Sondereinzelkosten der Fertigung	8 100,00	8 100,00	
7	**Fertigungskosten (4 + 5 + 6)**	407 100,00	236 100,00	171 000,00
8	**Herstellkosten der Rechnungsperiode (3 + 7)**	935 100,00	544 100,00	391 000,00
9	+ Bestandsminderung UE	5 400,00	3 000,00	2 400,00
10	− Bestandsmehrung FE	22 300,00	12 100,00	10 200,00
11	**Herstellkosten des Umsatzes (8 + 9 − 10)**	918 200,00	535 000,00	383 200,00
12	+ 15 % Verwaltungsgemeinkosten (von 11)	137 730,00	80 250,00	57 480,00
13	+ 8 % Vertriebsgemeinkosten (von 11)	73 456,00	42 800,00	30 656,00
14	+ Sondereinzelkosten des Vertriebs	4 800,00	3 800,00	1 000,00
15	**Selbstkosten des Umsatzes (11+12+13+14)**	1 134 186,00	661 850,00	472 336,00
16	Nettoverkaufserlöse	1 460 000,00	820 000,00	640 000,00
15	− Selbstkosten des Umsatzes	1 134 186,00	661 850,00	472 336,00
17	= Betriebsergebnis (16 − 15)	325 814,00	158 150,00	167 664,00

273 Ein Industriebetrieb stellt die Produkte A und B her. Für den Monat Januar weist die Kosten- und Leistungsrechnung folgende Daten aus:

	Für Produkt A:	Für Produkt B:
Netto-Verkaufserlöse	1 120 700,00 EUR	1 895 400,00 EUR
Materialverbrauch	220 300,00 EUR	378 400,00 EUR
Fertigungslöhne	271 800,00 EUR	425 850,00 EUR
MGK-Zuschlagssatz	11 %	11 %
FGK-Zuschlagssatz	160 %	160 %
VerwGK-Zuschlagssatz	13 %	13 %
VertrGK-Zuschlagssatz	8 %	8 %

Bezugsgrundlagen: Die VerwGK und die VertrGK sind auf die Herstellkosten des Umsatzes zu beziehen.

Bestände an fertigen und unfertigen Erzeugnissen:

	Fertige Erz.	Unfert. Erz.	Fertige Erz.	Unfert. Erz.
Anfangsbestand	72 450,00 EUR	36 600,00 EUR	158 900,00 EUR	120 410,00 EUR
Schlussbestand lt. Inventur	51 550,00 EUR	41 500,00 EUR	210 600,00 EUR	86 300,00 EUR

Aufgabe:

Stellen Sie das Kostenträgerblatt auf und berechnen Sie das Betriebsergebnis!

6.2.5.2 Kostenträgerblatt im Handelsbetrieb

Kostenarten	Zahlen der Rechnungsperiode	Kostenträger		
		Eisenwaren	Holzwaren	Werkzeuge
Einzelkosten				
Wareneinsatzkosten	620 253,12	148 100,00	235 100,00	237 053,12
Gemeinkosten				
Personalkosten	68 880,00	11 480,00	17 220,00	40 180,00
Mieten/Sachkosten für Geschäftsräume	32 400,00	–	12 150,00	20 250,00
Steuern, Abgaben, Pflicht- beiträge	30 600,00	13 600,00	6 800,00	10 200,00
Sachkosten für Werbung	7 430,00	2 972,00	2 972,00	1 486,00
Sachkosten für Waren- abgabe und -zustellung	5 184,00	1 944,00	2 592,00	648,00
Abschreibungen	10 458,00	5 229,00	3 486,00	1 743,00
Sonstige Geschäftskosten	4 950,00	1 800,00	1 800,00	1 350,00
Summe der Gemeinkosten	159 902,00	37 025,00	47 020,00	75 857,00
Handlungskosten- zuschlagssätze		25 %	20 %	32 %
Selbstkosten	780 155,12	185 125,00	282 120,00	312 910,12
Nettoverkaufserlöse	845 200,00	205 300,00	329 100,00	310 800,00
– Selbstkosten	780 155,12	185 125,00	282 120,00	312 910,12
Betriebsergebnis	65 044,88	20 175,00	46 980,00	– 2 110,12
	Unternehmens- ergebnis	Ergebnisse der einzelnen Kostenträger		

Mithilfe des Kostenträgerblatts erkennt man, welcher Anteil vom Gesamtgewinn auf die einzelnen Kostenträger entfällt.

6.2.5.3 Kostenüberdeckung und Kostenunterdeckung im Industriebetrieb

Grundlage der Zuschlagskalkulation während der Rechnungsperiode sind im Handels- und Industriebetrieb die Normalkosten. Nach Abschluss einer Rechnungsperiode (in der Praxis ist dies im Allgemeinen ein Monat) muss daher festgestellt werden, ob die Normalkosten die tatsächlich entstandenen Kosten (Istkosten) decken. Da in der Praxis die Istkosten mit den Normalkosten selten übereinstimmen, kommt es in aller Regel zu einer Über- oder Unterdeckung der Kosten.

- Bei der **Kostenunterdeckung** liegen die **Normalkosten** der Vorkalkulation **unter den Istkosten**, d. h., die tatsächlich angefallenen Selbstkosten werden durch die kalkulierten Kosten der Vorkalkulation nicht mehr gedeckt.

- Bei der **Kostenüberdeckung** werden in der Vorkalkulation (Normalkalkulation) **mehr Kosten eingerechnet als tatsächlich entstanden** sind, d. h., die kalkulierten Selbstkosten der Vorkalkulation sind höher als die wirklich angefallenen Selbstkosten.

Beispiel:

Zugrunde gelegt wird das Kostenträgerblatt von S. 478 aus dem die Istkosten hervorgehen. In der Vorkalkulation wurde mit folgenden Normalkosten kalkuliert:

| MGK: 12 % | FGK: 85 % | VerwGK: 18 % | VertrGK: 7 % |

Aufgaben:

1. Ermitteln Sie die Selbstkosten als Istkosten und bei Normalzuschlagssätzen!
2. Errechnen Sie die Kostenüber- bzw. Kostenunterdeckung!
3. Ermitteln Sie das Betriebsergebnis!

Lösungen:

Ziffer	Bezeichnungen	Istkosten	Normal-zuschlagssätze	Normal-kosten	Kostenüber-/ -unterdeckungen
1	Materialverbrauch	480 000,00		480 000,00	
2	+ 10 % Materialgemeinkosten	48 000,00	12 %	57 600,00	+ 9 600,00
3	**Materialkosten (1 + 2)**	528 000,00		537 600,00	
4	Fertigungslöhne	210 000,00		210 000,00	
5	+ 90 % Fertigungsgemeinkosten	189 000,00	85 %	178 500,00	− 10 500,00
6	+ Sondereinzelk. der Fertigung	8 100,00		8 100,00	
7	**Fertigungskosten (4 + 5 + 6)**	407 100,00		396 600,00	
8	**Herstellk. d. Rech.-Periode (3 + 7)**	935 100,00		934 200,00	
9	+ Bestandsminderung UE	5 400,00		5 400,00	
10	− Bestandsmehrung FE	22 300,00		22 300,00	
11	**Herstellk. d. Umsatzes (8 + 9 – 10)**	918 200,00		917 300,00	
12	+ 15 % Verw.-Gemeinkosten (v. 11)	137 730,00	18 %	165 114,00	+ 27 384,00
13	+ 8 % Vertr.-Gemeinkosten (v. 11)	73 456,00	7 %	64 211,00	− 9 245,00
14	+ Sondereinzelkosten d. Vertriebs	4 800,00		4 800,00	
15	**Selbstkosten des Umsatzes (11+12+13+14)**	1 134 186,00		1 151 425,00	+ 17 239,00
16	Nettoverkaufserlöse	1 460 000,00		1 460 000,00	
15	− Selbstkosten des Umsatzes	1 134 186,00		1 151 425,00	
17	**Umsatzergebnis (16 – 15)**			308 575,00	
18	+ Kostenüberdeckung			17 239,00	
19	**Betriebsergebnis**	325 814,00		325 814,00	

Erläuterungen:

- Das Betriebsergebnis der Rechnungsperiode beträgt 325 814,00 EUR.

- Aufgrund der Kalkulation mit den Normalzuschlagssätzen während der Rechnungsperiode wurde ein Umsatzergebnis von 308 575,00 EUR erwartet. Die Kostenüberdeckung in Höhe von 17 239,00 EUR führt dazu, dass der erwartete Gewinn um diesen Betrag erhöht wird: 308 575,00 EUR + 17 239,00 EUR = 325 814,00 EUR.

  Umgekehrt führt eine Kostenunterdeckung dazu, dass der erwartete Gewinn zu hoch angesetzt war. Um das tatsächliche Betriebsergebnis zu erhalten, muss die Kostenunterdeckung vom erwarteten Gewinn abgezogen werden.

  - Umsatzergebnis + Kostenüberdeckung = Betriebsergebnis
  - Umsatzergebnis – Kostenunterdeckung = Betriebsergebnis

6.2.5.4 Kostenüberdeckung und Kostenunterdeckung im Handelsbetrieb

Zweckmäßigerweise werden die Kostenüber- und Kostenunterdeckungen beim Handelsbetrieb innerhalb des Kostenträgerblatts ausgewiesen. Die Normalkosten werden hierbei unter die ermittelten Istkosten des betreffenden Kostenträgers eingetragen. Der Saldo der beiden Werte stellt dann die Kostenüber- oder Kostenunterdeckung dar.

Beispiel:

Zugrunde gelegt wird das Kostenträgerblatt von S. 479 mit den dort angegebenen Istkosten. In der Vorkalkulation wurde mit folgenden Normalkosten kalkuliert:

Eisenwaren: 23 % Holzwaren: 22,5 % Werkzeuge: 35 %

Aufgabe:

Ermitteln Sie die Kostenüber- und Kostenunterdeckungen!

Lösung:

Kostenarten	Istkosten	Eisenwaren	Holzwaren	Werkzeuge
Wareneinsatzkosten ⋮	620 253,12 ⋮	148 100,00 ⋮	235 100,00 ⋮	237 053,12 ⋮
Ist-Gemeinkosten	159 902,00	37 025,00	47 020,00	75 857,00
Ist-Zuschlagssätze		25 %	20 %	32 %
Normal-Zuschlagssätze		23 %	22,5 %	35 %
Normal-Gemeinkosten		34 063,00	52 897,50	82 968,59
Kostenunterdeckung		2 962,00		
Kostenüberdeckung			+ 5 877,50	7 111,59

Erläuterungen:

- Die Normal-Gemeinkosten werden in der bisher bekannten Weise berechnet.

- Die Kostenüber- und Kostenunterdeckungen ergeben sich aus der Saldierung der Ist-Gemeinkosten mit den Normal-Gemeinkosten.

Beispiel:

Kostenstelle Eisenwaren:
23 % von 148 100,00 EUR = 34 063,00 EUR

Übungsaufgaben

274 Ein Industrieunternehmen entnimmt der Abgrenzungstabelle folgende Zahlenwerte:

Betriebsabrechnungsbogen am Ende der Rechnungsperiode

Gemeinkosten	Material	Fertigung	Verwaltung	Vertrieb
insgesamt	85 260,60	926 670,00	309 709,27	180 663,73

Einzelkosten und Leistungen   **Normalzuschlagssätze**

Materialverbrauch	897 480,00 EUR	MGK	9 %
Fertigungslöhne	671 500,00 EUR	FGK	136,2 %
Nettoverkaufserlöse	3 247 200,00 EUR	VerwGK	13 %
		VertrGK	6,5 %

Bezugsgrundlagen: Die VerwGK und die VertrGK sind auf die Herstellkosten des Umsatzes zu beziehen.

Aufgaben:

1. Ermitteln Sie die Selbstkosten des Umsatzes
   1.1 als Istkosten,
   1.2 bei Normalzuschlagssätzen!

2. Errechnen Sie die Kostenüber- bzw. Kostenunterdeckung sowie das Betriebsergebnis der Abrechnungsperiode!

3. Errechnen Sie die Istzuschlagssätze!

275 Die Abgrenzungstabelle eines Industrieunternehmens liefert für den Monat Mai folgende Kalkulationsdaten:

Einzelkosten und Leistungen

Materialverbrauch	210 700,00 EUR	Nettoverkaufserlöse	792 322,00 EUR
Fertigungslöhne	140 500,00 EUR	SEKF	6 500,00 EUR
SEKV	5 200,00 EUR		

Zuschlagssätze

	Material	Fertigung	Verwaltung	Vertrieb
Ist-Zuschlagssätze	7 %	165 %	13 %	6 %
Normal-Zuschlagssätze	8 %	166 %	11,5 %	7,2 %

Bezugsgrundlagen: Die VerwGK und die VertrGK sind auf die Herstellkosten des Umsatzes zu beziehen.

Bestände an FE und UE

	FE	UE
Anfangsbestand	71 700,00	18 400,00
Schlussbestand lt. Inventur	67 200,00	21 600,00

Aufgaben:

1. Ermitteln Sie die Selbstkosten des Umsatzes
   1.1 als Istkosten,
   1.2 bei Normalzuschlagssätzen!

2. Errechnen Sie die Kostenüber- bzw. Kostenunterdeckung sowie das Betriebsergebnis der Abrechnungsperiode!

6.3 Teilkostenrechnung als sinnvolle Ergänzung zur Vollkostenrechnung

6.3.1 Einfluss des Beschäftigungsgrads auf die Kosten

6.3.1.1 Normalbeschäftigung und Beschäftigungsgrad

Jedes Unternehmen ist bezüglich seiner räumlichen, technischen und personalen Ausstattung auf eine bestimmte Leistungsmenge festgelegt. Diese Leistungsmenge je Zeiteinheit (Tag, Monat, Jahr) nennt man **Kapazität.** Von der Kapazität ist die tatsächliche Leistungsmenge zu unterscheiden, die man in einem Prozentsatz zur Kapazität angibt. Diesen Prozentsatz nennt man **Beschäftigungsgrad (Kapazitätsausnutzungsgrad).**

- Unter **Kapazität** versteht man die Leistungsmenge, die bei gegebener Ausstattung erreichbar ist. Sie beträgt 100 %.
- Der **Beschäftigungsgrad (Kapazitätsausnutzungsgrad)** drückt das prozentuale Verhältnis der Leistungsmenge zur Kapazität aus.

$$\text{Beschäftigungsgrad} = \frac{\text{Leistungsmenge} \cdot 100}{\text{Kapazität}}$$

Beispiel:

Die Kapazität pro Monat beträgt 8000 Stück eines Erzeugnisses. Im Monat Mai betrug die Zahl der tatsächlich hergestellten Menge 6000 Stück.

Aufgabe:
Berechnen Sie den Beschäftigungsgrad!

Lösung:

$$\text{Beschäftigungsgrad} = \frac{6000 \cdot 100}{8000} = \underline{\underline{75\,\%}}$$

Die **technische Maximalkapazität (Kapazitätsgrenze)** ist die technisch bedingte obere Leistungsgrenze eines Betriebs (oder einer Maschine), also die höchste Ausbringung. Daneben gibt es in vielen Betrieben eine **Minimalkapazität.** Sie kann aus technischen oder wirtschaftlichen Gründen nicht unterschritten werden, wenn der Betrieb funktionsfähig sein soll (z. B. Mindestgeschwindigkeit eines Fließbands).

6.3.1.2 Gliederung der Kosten unter dem Gesichtspunkt ihres Verhaltens bei Veränderung der Beschäftigung

Betrachtet man die **Kosten in ihrer Abhängigkeit zur Leistungsmenge,** so stellt man fest, dass sich die Kosten unterschiedlich verhalten. Dieses Verhalten stellt sich jeweils anders dar, ob man die **Gesamtkosten** betrachtet, die innerhalb einer bestimmten Zeit (Monat, Jahr) angefallen sind, oder ob man die Kosten betrachtet, die auf eine einzelne Verkaufseinheit entfallen **(Stückkosten).**

(1) Verhalten der Kosten in der Gesamtbetrachtung (Gesamtkosten)

Betrachtet man die **Gesamtkosten einer Geschäftsperiode,** so stellt man fest, dass sich ein Teil der Kosten bei Veränderung der Leistungsmenge nicht verändert, andere Kosten sich jedoch verändern. In Bezug auf ihr Verhalten bei Veränderung der Leistungsmenge müssen wir daher zwei Arten von Kosten unterscheiden, und zwar die **fixen Kosten** und die **variablen Kosten.**

■ **Verhalten der fixen Kosten**

Fixe Kosten sind die Kosten, die sich bei Änderung der Leistungsmenge in ihrer **absoluten Höhe nicht verändern.**	**Beispiel:** Raummiete, Gehälter der Angestellten, Löhne für die Überwachung des Betriebs, Abschreibungen, Versicherungsbeiträge, Grundsteuern.

Die fixen Kosten fallen an, unabhängig davon, ob und wie viel Leistung das Unternehmen erstellt. Man nennt sie daher auch **Kosten der Betriebsbereitschaft.**[1]

■ **Verhalten der variablen Kosten**

Variable Kosten sind die Kosten, die sich in ihrer **absoluten Höhe** bei Änderung der Leistungsmenge **verändern.**	**Beispiel:** Raummiete, Gehälter der Angestellten, Löhne für die Überwachung des Betriebs, Abschreibungen, Versicherungsbeiträge, Grundsteuern.

Die Kostenveränderung kann im gleichen Verhältnis wie die Leistungsmenge **(proportional),** in einem geringeren Verhältnis **(unterproportional; degressiv)** oder in einem stärkeren Verhältnis **(überproportional; progressiv)** erfolgen.

Wir nehmen der Einfachheit halber für unsere weiteren Überlegungen an, dass sich die **variablen Kosten proportional zur Änderung der Leistungsmenge** verhalten.

(2) Verhalten der Kosten in der Stückbetrachtung (Stückkosten)

■ **Verhalten der Fixkosten**

Bezieht man die Summe der **Fixkosten auf ein einzelnes Stück** und untersucht, wie sich deren Höhe bei unterschiedlicher Leistungsmenge ändert, so ergibt sich folgender Zusammenhang: Erhöht man die Menge an Leistungseinheiten (der Beschäftigungsgrad nimmt zu), dann verteilt sich der konstant hohe Block an Fixkosten auf eine größere Menge, d.h., die Fixkosten pro Stück sinken. Ein sinkender Beschäftigungsgrad hat die entsprechend umgekehrte Wirkung.

Es gilt: **Beschäftigungsgrad** und **Fixkosten pro Stück** verlaufen zueinander in **entgegengesetzter Richtung.**

$$\text{Fixkosten je Leistungseinheit} = \frac{\text{Fixkosten der Periode}}{\text{Summe der Leistungseinheiten}}$$

---

1 Allerdings sind die fixen Kosten keineswegs gegenüber jeder Beschäftigungsveränderung unveränderlich. Soll beispielsweise die Produktion so gesteigert werden, dass sie mit der vorhandenen technischen Ausstattung bzw. den eingestellten Arbeitskräften nicht mehr erhöht werden kann, müssen neue Maschinen gekauft, zusätzliche Arbeitskräfte eingestellt und/oder eine neue Fabrikhalle angemietet werden. In diesem Fall erhöhen sich die fixen Kosten sprunghaft. Die zusätzlich entstehenden Kosten nennt man **sprungfixe Kosten.**

Beispiel:

Ein Industrieunternehmen hat eine Normalbeschäftigung von 15 000 Leistungseinheiten je Monat. Die Fixkosten pro Monat betragen 50 000,00 EUR.

Aufgaben:

Berechnen Sie jeweils die Fixkosten je Stück

1. bei einer Leistung von 5 000 Einheiten,
2. bei einer Leistung von 10 000 Einheiten,
3. bei einer Leistung von 15 000 Einheiten!

Lösung:

Zu 1.: $\dfrac{50\,000,00 \text{ EUR}}{5\,000 \text{ Stück}}$ = 10,00 EUR Fixkostenanteil je Stück

Zu 2.: $\dfrac{50\,000,00 \text{ EUR}}{10\,000 \text{ Stück}}$ = 5,00 EUR Fixkostenanteil je Stück

Zu 3.: $\dfrac{50\,000,00 \text{ EUR}}{15\,000 \text{ Stück}}$ = 3,33 EUR Fixkostenanteil je Stück

■ Verhalten der variablen (proportionalen) Kosten

Bezieht man die **Summe der variablen Kosten** einer Periode auf **eine Leistungseinheit**, dann muss bei einem angenommenen proportionalen Kostenverlauf und bei gleichbleibenden Preisen der Anteil der Kosten je Leistungseinheit, bei jeder Leistungsmenge **gleich** sein.

$$\text{Variable Kosten je Leistungseinheit} = \frac{\text{Summe der variablem Kosten}}{\text{Summe der Leistungseinheiten}}$$

Beispiel:

Beim Verkauf von genormten Paletten fallen folgende Vertriebskosten an:
1. bei 5 000 Stück Vertriebskosten in Höhe von 6 000,00 EUR,
2. bei 10 000 Stück Vertriebskosten in Höhe von 12 000,00 EUR,
3. bei 15 000 Stück Vertriebskosten in Höhe von 18 000,00 EUR.

Aufgabe:

Berechnen Sie jeweils die Vertriebskosten je Stück!

Lösung:

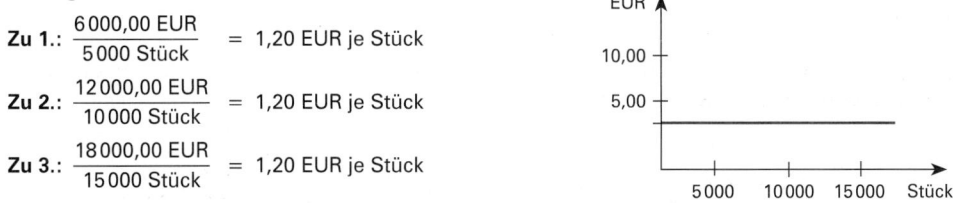

Zu 1.: $\dfrac{6\,000,00 \text{ EUR}}{5\,000 \text{ Stück}}$ = 1,20 EUR je Stück

Zu 2.: $\dfrac{12\,000,00 \text{ EUR}}{10\,000 \text{ Stück}}$ = 1,20 EUR je Stück

Zu 3.: $\dfrac{18\,000,00 \text{ EUR}}{15\,000 \text{ Stück}}$ = 1,20 EUR je Stück

Die Rechenbeispiele zeigen: Die fixen Kosten je Stück nehmen bei zunehmender Leistungsmenge ab und bei abnehmender Leistungsmenge zu. Die variablen Kosten je Stück bleiben konstant. Daraus folgt: Bei zunehmender Leistungsmenge sinken die Stückkosten und bei abnehmender Leistungsmenge steigen die Stückkosten an.

> Geht man von einem **proportionalen Verlauf der variablen Kosten** aus, dann gilt:
>
> - Mit **zunehmendem Beschäftigungsgrad** (Steigerung der Leistungsmenge) nehmen die **Gesamtkosten je Einheit ab.** Grund: Die fixen Kosten verteilen sich auf mehr Einheiten und fallen daher je Einheit weniger stark ins Gewicht.
>
> - Bei **abnehmendem Beschäftigungsgrad** (Rückgang der Leistungsmenge) nehmen die **Gesamtkosten je Einheit zu.** Grund: Die fixen Kosten verteilen sich auf weniger Einheiten und fallen daher je Einheit stärker ins Gewicht.

Übungsaufgaben

276 1. Nennen Sie die Kostenarten, die im Großhandel „fixe Kosten" sind!

Frachtkosten beim Warenverkauf, linearer Abschreibungsbetrag für die Lagerausstattung, Bankzinsen für einen Kontokorrentkredit, Bezugskosten beim Wareneinkauf, Miete für ein Großlager, Wareneinsatzkosten, Personalkosten, Vertreterprovision, Verpackungs- und Transportkosten.

2. Aus der Kostenrechnung eines Industrieunternehmens sind die folgenden typischen Kostenverläufe entnommen:

verkaufte Menge	Kostenverlauf			
	(a)	(b)	(c)	(d)
0	400	–	–	–
100	400	50	50	50
200	400	100	90	100
300	400	150	125	150
400	700	200	155	220
500	700	250	175	300
600	700	300	190	400

Aufgaben:

2.1 Erläutern Sie die angeführten Kostenverläufe! Nennen Sie zu jedem Kostenverlauf zwei praktische Beispiele!

2.2 Schildern Sie, welchen Verlauf die beschriebenen Kostenarten je Stück (Stückkostenbetrachtung) nehmen!

277 1. Die variablen Kosten für eine Warengruppe betragen bei einem Absatz von 2 600 Stück 23 140,00 EUR. Die fixen Kosten der Warengruppe betragen bis zu einem Absatz von 2 800 Stück 8 500,00 EUR. Der Listenverkaufspreis beträgt je Stück 14,80 EUR. Der Verlauf der variablen Kosten ist proportional.

Aufgaben:

1.1 Berechnen Sie den Betriebsgewinn/Betriebsverlust bei einem Absatz von

1.1.1 1 200 Stück bzw.

1.1.2 2 500 Stück!

1.2 Ermitteln Sie die jeweiligen Stückkosten!

2. Notieren Sie, wie sich eine Änderung der Leistungsmenge auf den Fixkostenanteil je Produkt auswirkt!

2.1 Steigt der Beschäftigungsgrad an, bleibt der Fixkostenanteil je Produkt konstant.

2.2 Steigt der Beschäftigungsgrad an, steigt der Fixkostenanteil je Produkt.

2.3 Eine Änderung des Beschäftigungsgrads wirkt sich nicht auf den Fixkostenanteil je Produkt aus.

2.4 Fällt der Beschäftigungsgrad, steigt der Fixkostenanteil je Produkt an.

2.5 Fällt der Beschäftigungsgrad, sinkt der Fixkostenanteil je Produkt.

6.3.2 Kritik an der Vollkostenrechnung in Form der Zuschlagskalkulation

Wird die Zuschlagskalkulation allein als Grundlage für die Kalkulation, Preispolitik oder Produktpolitik verwendet, ist leicht nachweisbar, dass sie zu falschen Ergebnissen und Schlussfolgerungen führt und sich daher nicht als Steuerungsinstrument eines Unternehmens eignet.

Beispiel:

Ein Unternehmen kann bei Vollauslastung innerhalb einer Rechnungsperiode 1 000 Stück eines Produktes zum Nettoverkaufspreis von 50,00 EUR je Stück absetzen.

Die Stückkosten setzen sich nach der Zuschlagskalkulation zusammen aus Einzelkosten in Höhe von 16,00 EUR und einem FGK-Zuschlagssatz von 181,25 %. Die FGK haben einen Fixkostenanteil von 15 000,00 EUR und variable Gemeinkosten von 14,00 EUR.

Aufgabe:

Berechnen Sie den Gewinn der Rechnungsperiode nach der Zuschlagskalkulation!

Lösung:

Die Abrechnung der Rechnungsperiode führt zu folgendem Ergebnis:

Nettoverkaufserlöse insgesamt		50 000,00 EUR
− Kosten		
Einzelkosten (1 000 Stück · 16,00 EUR)	16 000,00 EUR	
+ 181,25 % FGK	29 000,00 EUR	45 000,00 EUR
= Gewinn		5 000,00 EUR

1. Kritikpunkt: **Die Anwendung der einmal auf der Basis der Vollkosten errechneten Stückkosten führt bei abweichender Ausbringungsmenge zu falschen Ergebnissen.**

Wird die Veränderung der Kosten aufgrund von Schwankungen der Ausbringungsmenge nicht berücksichtigt und weiterhin mit den einmal errechneten Selbstkosten von 45,00 EUR je Stück kalkuliert, führt das zu falschen Ergebnissen, wie das in den folgenden Berechnungen gezeigt wird:

■ **Fall 1: Die Ausbringungsmenge sinkt auf 600 Einheiten**

Berechnung **ohne Aufteilung der Kosten** und unter Beibehaltung der einmal berechneten

Stückkosten in Höhe von 45,00 EUR

Nettoverkaufserlöse	(600 Stück · 50,00 EUR)	30 000,00 EUR
− Gesamtkosten	(600 Stück · 45,00 EUR)	27 000,00 EUR
= Gewinn		3 000,00 EUR

Berechnung **mit Aufteilung der Gesamtkosten in fixe und variable Kosten** und unter Berücksichtigung der Kostenveränderung bei Änderung der Ausbringungsmenge.

Nettoverkaufserlöse	(600 Stück · 50,00 EUR)		30 000,00 EUR
− Kosten			
Einzelkosten	(600 Stück · 16,00 EUR)	9 600,00 EUR	
variable Gemeinkosten	(600 Stück · 14,00 EUR)	8 400,00 EUR	
fixe Gemeinkosten		15 000,00 EUR	33 000,00 EUR
= Verlust			− 3 000,00 EUR

Erläuterungen:

Berechnung der Stückkosten unter Berücksichtigung der Kostenaufteilung:

Einzelkosten	16,00 EUR
variable Gemeinkosten	14,00 EUR
fixe Gemeinkosten (15 000,00 EUR : 600 Stück)	25,00 EUR
Stückkosten insgesamt	55,00 EUR

Bei einem Nettoverkaufserlös von 50,00 EUR führt das zu einem Stückverlust von 5,00 EUR. Das ergibt bei 600 Stück einen Gesamtverlust von 3 000,00 EUR.

■ Fall 2:   Die Ausbringungsmenge steigt auf 1 200 Einheiten

Berechnung **ohne Aufteilung der Kosten** und unter Beibehaltung der einmal berechneten Stückkosten in Höhe von 45,00 EUR.

Stückkosten in Höhe von 45,00 EUR

Nettoverkaufserlöse	(1 200 Stück · 50,00 EUR)		60 000,00 EUR
– Gesamtkosten	(1 200 Stück · 45,00 EUR)		54 000,00 EUR
= Gewinn			6 000,00 EUR

Berechnung **mit Aufteilung der Gesamtkosten in fixe und variable Kosten** unter Berücksichtigung der Kostenveränderung bei Änderung der Ausbringungsmenge.

Nettoverkaufserlöse	(1 200 Stück · 50,00 EUR)		60 000,00 EUR
– Kosten			
Einzelkosten	(1 200 Stück · 16,00 EUR)	19 200,00 EUR	
variable Gemeinkosten	(1 200 Stück · 14,00 EUR)	16 800,00 EUR	
fixe Gemeinkosten		15 000,00 EUR	51 000,00 EUR
= Gewinn			9 000,00 EUR

Erläuterungen:

Berechnung der Stückkosten unter Berücksichtigung der Kostenaufteilung:

Einzelkosten	16,00 EUR
variable Gemeinkosten	14,00 EUR
fixe Gemeinkosten (15 000,00 EUR : 1 200 Stück)	12,50 EUR
Stückkosten insgesamt	42,50 EUR

Bei einem Nettoverkaufserlös von 50,00 EUR beträgt der Stückgewinn 7,50 EUR. Beim Verkauf von 1 200 Stück ergibt das einen Gesamtgewinn von 9 000,00 EUR.

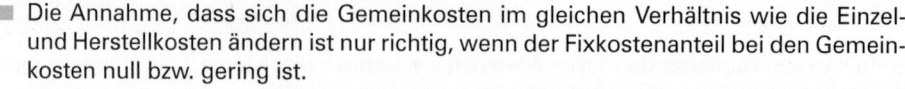

- ■ Die Annahme, dass sich die Gemeinkosten im gleichen Verhältnis wie die Einzel- und Herstellkosten ändern ist nur richtig, wenn der Fixkostenanteil bei den Gemeinkosten null bzw. gering ist.

- ■ Die Zurechnung der Gemeinkosten auf die Kostenträger in Form von Zuschlagssätzen ist insbesondere bei hohen Zuschlagssätzen problematisch.

- ■ Wird eine Aufteilung des Kostenblocks in fixe und variable Kosten nicht berücksichtigt, führt das hinsichtlich des Stückkostensatzes zu falschen Kalkulationsgrundlagen.

2. Kritikpunkt: Bei Schwankungen der Ausbringungsmenge führt die Vollkostenrechnung zu falschen Empfehlungen in der Preispolitik.

Werden die Gesamtkosten als Grundlage für die Preispolitik verwendet, führt die Vollkostenrechnung aufgrund des beschriebenen Verhaltens der Fixkosten z. B. bei sinkender Ausbringungsmenge zu steigenden Stückkosten und daher zu einer Erhöhung der Stückpreise, obwohl die Marktsituation eine Preissenkung verlangt. Durch Erhöhung der Preise wird ein weiterer Absatzrückgang zu erwarten sein. Bei einer höheren Ausbringungsmenge gilt der umgekehrte Zusammenhang.

Erkenntnis:

Die undifferenzierte Rechnung mit Vollkosten führt zu einer falschen Preispolitik.

3. Kritikpunkt: Die Vollkostenrechnung kann zu falschen Entscheidungen bei der Sortimentspolitik führen.

Beispiel 1:

Ein Unternehmen verkauft zwei Produkte (Produkte A und B).

Die Gesamtkosten betragen nach der Zuschlagskalkulation beim Produkt A 32 000,00 EUR und beim Produkt B 58 000,00 EUR. Gliedert man die jeweiligen Gesamtkosten auf in variable Kosten (Einzelkosten und variable Gemeinkosten) und Fixkosten, so ergeben sich folgende Werte: variable Kosten Produkt A 18 000,00 EUR, Produkt B 30 000,00 EUR, fixe Gemeinkosten 42 000,00 EUR. Die Nettoverkaufserlöse betragen beim Produkt A 30 000,00 EUR, beim Produkt B 90 000,00 EUR.

Die fixen Kosten sollen auf Produkt A und B im Verhältnis 1 : 2 auf die beiden Produktarten verteilt werden.

Aufgaben:

1. Berechnen Sie das Betriebsergebnis ohne und mit Aufteilung in fixe und variable Kosten!

2. Begründen Sie, ob ein Produkt, das mit Verlust verkauft wird, aus dem Produktprogramm ausscheiden sollte!

Lösungen:

Zu 1.: Berechnung des Betriebsgewinns

■ Zuschlagskalkulation	Produkt A	Produkt B
Nettoverkaufserlöse	30 000,00 EUR	90 000,00 EUR
– Gesamtkosten	32 000,00 EUR	58 000,00 EUR
= Verlust/Gewinn	– 2 000,00 EUR	+ 32 000,00 EUR

■ Aufteilung der Gesamtkosten in variable und fixe Kosten	Produkt A	Produkt B
Nettoverkaufserlöse	30 000,00 EUR	90 000,00 EUR
– variable Kosten	18 000,00 EUR	30 000,00 EUR
Zwischensumme	12 000,00 EUR	60 000,00 EUR
– fixe Kosten	14 000,00 EUR	28 000,00 EUR
Verlust/Gewinn	– 2 000,00 EUR	32 000,00 EUR
	└──────→	– 2 000,00 EUR
= Betriebsgewinn		30 000,00 EUR

Ergebnis: Beim Produkt A entsteht ein Verlust von 2 000,00 EUR, beim Produkt B ein Gewinn von 32 000,00 EUR. Dadurch beträgt der Gesamtgewinn des Unternehmens 30 000,00 EUR.

Zu 2.: Ausscheiden aus dem Produktprogramm

■ Empfehlung nach der Zuschlagskalkulation

Das Produkt A muss als Verlustbringer aus Sicht der Vollkostenrechnung aus dem Produktprogramm herausgenommen werden, da ansonsten der Gesamtgewinn geschmälert wird.

■ Empfehlung bei Aufteilung der Kosten in fixe und variable Anteile

Beispiel:	Lösung:	
Wir greifen auf das Ausgangsbeispiel zurück.	Nettoverkaufserlöse bei Produkt B	90 000,00 EUR
	– variable Kosten	30 000,00 EUR
Aufgabe:	= Zwischensumme	60 000,00 EUR
Bestimmen Sie den Betriebsgewinn, wenn das Produkt A aus dem Produkt-programm ausscheidet!	– fixe Kosten (insgesamt)[1]	42 000,00 EUR
	= Betriebsgewinn	18 000,00 EUR

Ergebnis: Durch das Ausscheiden des Produktes A aus dem Produktprogramm hat sich die Gewinnsituation des Unternehmens um 12 000,00 EUR verschlechtert. Das ist genau der Betrag, um den die Nettoverkaufserlöse des Produktes A die variablen Kosten übersteigen. In dieser Höhe konnte nämlich das Produkt A an der Deckung der fixen Kosten beteiligt werden.

Eine **undifferenzierte Anwendung der Vollkostenrechnung** führt zu einer **falschen Produktpolitik.**

Übungsaufgabe

278 Mängel der Vollkostenrechnung

1. Nennen Sie Gründe, warum die Vollkostenrechnung als Instrument der Unternehmenssteuerung nicht geeignet ist!

2. Zeigen Sie auf, welche Kostenart für die Mängel der Vollkostenrechnung verantwortlich ist!

3. Begründen Sie, warum ein Artikel, bei dem sich auf der Basis der Vollkostenrechnung ein Verlust ergibt, nicht gleich aus dem Produktprogramm ausscheiden muss!

---

1 Durch das Ausscheiden eines Produktes verändert sich die Höhe der Fixkosten insgesamt **zunächst** nicht.

6.3.3 Deckungsbeitragsrechnung als Beispiel für eine Teilkostenrechnung

6.3.3.1 Begriff Deckungsbeitragsrechnung

Die Ausführungen unter 6.3.2 haben deutlich gemacht, dass die **Mängel, die der Voll-kostenrechnung anhaften,** in den **Fixkosten begründet** liegen. Soll die Kostenrechnung in erster Linie als **Instrument der Unternehmenssteuerung** betrachtet werden, liegt es nahe, zunächst auf eine **Verrechnung der Fixkosten zu verzichten** und diese erst bei der Ergebnisermittlung wieder einzubeziehen. Eine solche Rechnung, die zunächst auf einen Teil bei der Weiterverrechnung der Kosten verzichtet, nennt man im Gegensatz zur Voll-kostenrechnung eine **Teilkostenrechnung.**

> Die **Teilkostenrechnung** geht von der Aufgliederung der Kosten in **fixe Kosten** und **variable Kosten** aus.

Eine weitverbreitete Form der Teilkostenrechnung ist die sogenannte **Deckungsbeitrags-rechnung**.

Bei der Deckungsbeitragsrechnung werden **Deckungsbeiträge** ermittelt. Diese ergeben sich, indem man von den **Nettoverkaufserlösen** eines Produkts die **variablen Kosten** ab-zieht. In Höhe der Deckungsbeiträge ist das Produkt an der Deckung der noch nicht ver-rechneten Fixkosten beteiligt.

Das **Grundschema der Deckungs-beitragsrechnung** lautet daher:	Nettoverkaufserlöse
	− variable Kosten
	= Deckungsbeitrag

> ■ Unter den **Nettoverkaufserlösen** versteht man die Erlöse, die dem Unternehmen nach Abzug der Umsatzsteuer und etwaiger Erlösschmälerungen (z.B. Kunden-rabatt, Kundenskonto, Vertreterprovision) tatsächlich verbleiben.[1]
>
> ■ Den Überschuss der Nettoverkaufserlöse über die variablen Kosten nennen wir **Deckungsbeitrag.**
>
> ■ Der **Deckungsbeitrag** gibt an, welchen Beitrag ein Kostenträger zur **Deckung der fixen Kosten** leistet.

Übungsaufgabe

279 In der Marketing-Abteilung der RAWA GmbH wird darüber diskutiert, ob zusätzlich Kochtöpfe verkauft werden sollen. Die variablen Kosten pro Stück werden mit 25,00 EUR kalkuliert. Die Kochtopfaktion verursacht zusätzliche Fixkosten in Höhe von 180 000,00 EUR. Bei unterschied-lichen Angebotspreisen werden folgende Absatzmengen erwartet:

Nettoverkaufserlös je Stück	erwartete Absatzmenge
30,00 EUR	30 000 Stück
35,00 EUR	20 000 Stück
40,00 EUR	8 000 Stück

Aufgabe:

Erklären Sie, bei welcher Preisstrategie das Unternehmen wirtschaftlich arbeitet!

---

1 Der Nettoverkaufserlös entspricht dem **Barverkaufspreis** im Kalkulationsschema.

6.3.3.2 Aufbau der Deckungsbeitragsrechnung

(1) Deckungsbeitragsrechnung als Stückrechnung

Beispiel:

Aus Wettbewerbsgründen ist ein Großhändler gezwungen, den Listenverkaufspreis für ein Trimmgerät auf 816,32 EUR festzusetzen. Den Sportartikeleinzelhändlern werden 25 % Rabatt und 2 % Skonto eingeräumt. Die variablen Kosten betragen 400,00 EUR.

Aufgaben:

1. Berechnen Sie den Deckungsbeitrag je Stück!

2. Stellen Sie den Deckungsbeitrag je Stück grafisch dar!

Lösungen:

Zu 1.: Berechnung des Deckungsbeitrags

Listenverkaufspreis (netto)	816,32 EUR
− 25 % Rabatt	204,08 EUR
Zielverkaufspreis	612,24 EUR
− 2 % Skonto	12,24 EUR
Nettoverkaufserlös (Barverkaufspreis)	600,00 EUR
− variable Kosten	400,00 EUR
Deckungsbeitrag	200,00 EUR

Der Deckungsbeitrag besagt, dass je Trimmgerät 200,00 EUR zur Deckung der Fixkosten zur Verfügung stehen. Ob der Deckungsbeitrag ausreicht, um neben der Deckung der fixen Kosten auch einen **Stückgewinn** entstehen zu lassen, bleibt offen. Sicher ist aber, dass jeder Preis, der **über** den **variablen Kosten** liegt, zur Deckung der fixen Kosten beiträgt. Insofern dient der Stückdeckungsbeitrag als **Entscheidungshilfe** für die **Annahme oder Ablehnung von Aufträgen**.

Zu 2.: Grafische Darstellung

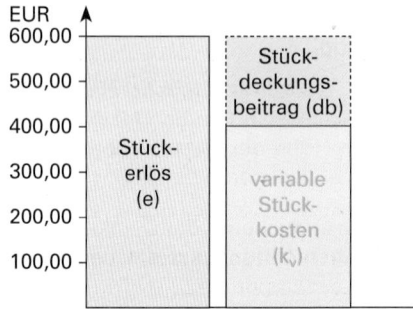

- ■ Jeder Deckungsbeitrag trägt zur Verbesserung des Betriebserfolgs bei.
- ■ Ob ein Stückgewinn erzielt wird und gegebenenfalls in welcher Höhe, kann bei dieser einfachen Form der Deckungsbeitragsrechnung nicht bestimmt werden.

(2) Deckungsbeitragsrechnung als Periodenrechnung

Beispiel:

Die KLR eines Großhandelsunternehmens liefert uns für den Monat Juni für die Warengruppen A und B folgende Zahlen:

	Warengruppe A	Warengruppe B
Absatzmenge	300 Stück	400 Stück
Nettoverkaufserlös je Stück	500,00 EUR	750,00 EUR
Variable Kosten je Stück	350,00 EUR	450,00 EUR
Fixe Kosten des Unternehmens für den Monat Juni	100 000,00 EUR	

492

Aufgaben:

1. Berechnen Sie den Deckungsbeitrag je Warengruppe und die Deckungsbeiträge insgesamt!

2. Ermitteln Sie das Betriebsergebnis für den Monat Juni!

Lösungen:

Zu 1. und 2.: Berechnung der Deckungsbeiträge und des Betriebsergebnisses

	Warengruppe A	Warengruppe B	Gesamtbeträge
= Nettoverkaufserlöse (E) – variable Kosten (K$_v$)	150 000,00 EUR 105 000,00 EUR	300 000,00 EUR 180 000,00 EUR	450 000,00 EUR 285 000,00 EUR
= Deckungsbeiträge (DB) – unternehmensfixe Kosten (K$_f$)	45 000,00 EUR	120 000,00 EUR	165 000,00 EUR 100 000,00 EUR
= Betriebsgewinn			65 000,00 EUR

6.3.3.3 Anwendung der Deckungsbeitragsrechnung als Entscheidungshilfe

6.3.3.3.1 Deckungsbeitragsrechnung als Instrument der Preispolitik

(1) Bestimmung der kurzfristigen und langfristigen Preisuntergrenze

Die Tatsache, dass ein positiver Deckungsbeitrag zur Deckung der Fixkosten beiträgt, kann das Unternehmen dazu nutzen, die Deckungsbeitragsrechnung als Instrument der Preispolitik einzusetzen. Kurzfristig kann das Unternehmen nämlich den Preis so absenken, dass lediglich die variablen Kosten gedeckt sind. Für eine kurze Zeit kann es die fixen Kosten außer Acht lassen, denn diese fallen an, ob ein Verkauf getätigt wird oder nicht. Die **Summe der variablen Kosten** ist damit die **kurzfristige (absolute) Preisuntergrenze.**[1]

Liegt der erzielte Stückpreis unter den variablen Kosten, sollte die Produktion des Erzeugnisses eingestellt bzw. ein Auftrag abgelehnt werden.

Langfristig kann ein Unternehmen nicht mit Verlusten existieren, es muss zumindest kostendeckend arbeiten. Eine **langfristige Preisuntergrenze** wird daher durch die **Stückkosten** bestimmt.

- Die **kurzfristige (absolute) Preisuntergrenze** liegt bei dem Preis, bei dem der Stück-erlös die **variablen Kosten je Einheit** abdeckt. Der Deckungsbeitrag ist in diesem Fall gleich null.

$$e = k_v$$

- Die **langfristige Preisuntergrenze** liegt bei dem Preis, bei dem der Stückerlös die entstandenen **Selbstkosten je Einheit** abdeckt.

$$e = \frac{K_{fix}}{\text{erzeugte Menge}} + k_v$$

---

1 In unserem Beispiel von S. 492 liegt die absolute Preisuntergrenze damit bei 400,00 EUR.

Beispiel:

Ein Industrieunternehmen stellt nur ein Erzeugnis her. Für den Monat Februar weist die KLR folgende Daten aus: variable Stückkosten 60,00 EUR, Fixkosten 115 000,00 EUR, Produktionsmenge 7 000 Stück.

Aufgaben:

1. Ermitteln Sie die kurzfristige Preisuntergrenze!
2. Berechnen Sie die langfristige Preisuntergrenze!

Lösungen:

Zu 1.: Kurzfristige Preisuntergrenze: <u>60,00 EUR</u>

Zu 2.: Langfristige Preisuntergrenze:

$$\frac{115\,000{,}00 \text{ EUR}}{7\,000 \text{ Stück}} + 60{,}00 \text{ EUR} = \underline{76{,}43 \text{ EUR/Stück}}$$

(2) Vorteile und Gefahren der Bestimmung von Preisuntergrenzen

■ Vorteile

Aus den Formeln ist zu erkennen, dass die **langfristige Preisuntergrenze** mit **zunehmender Ausbringungsmenge absinkt (Degressionseffekt der Fixkosten),** während die **kurzfristige Preisuntergrenze** von der **jeweiligen Ausbringungsmenge unabhängig** ist.

Eine Preissenkung bei einzelnen Erzeugnissen bzw. Erzeugnisgruppen kann das Unternehmen dazu nutzen, auf sein Produktprogramm aufmerksam zu machen. Es hofft darauf, dass die niedrig kalkulierten Erzeugnisse Auslöser dafür sind, dass die Kunden auch die übrigen Erzeugnisse des Produktprogramms bestellen. Auf diese Weise erreicht das Unternehmen eine Umsatz- und Gewinnsteigerung.

Durch die Vorgabe von Preisuntergrenzen bzw. festgelegten Deckungsbeiträgen wird die **Absatzpolitik des Unternehmens flexibler** (beweglicher). So muss z.B. der Reisende für sein Produktprogramm lediglich sein vorgegebenes Deckungssoll erreichen. Er ist also in der Lage, auf das Marktgeschehen einzugehen und in schlechten oder umkämpften Absatzgebieten geringere Preise in Kauf zu nehmen, sofern es ihm gelingt, in guten Absatzgebieten Preise zu erzielen, die über dem vorgegebenen Deckungsbeitrag liegen. Bei richtiger Anwendung können so Marktchancen besser wahrgenommen werden.

■ Gefahren

Die große **Gefahr der Deckungsbeitragsrechnung als Stückrechnung** liegt darin, dass das Unternehmen insgesamt ein **zu niedriges Preisniveau akzeptiert**. Die Deckungsbeitragsrechnung verführt dazu, dass sich der Verkauf lediglich an einem positiven Deckungsbeitrag orientiert, ohne dabei genau zu wissen, ob die fixen Kosten insgesamt gedeckt sind bzw. ob ein Gewinn erwirtschaftet wird. Es besteht somit die Gefahr, den Blick auf „einen Teil der Kosten bzw. auf den Gewinn zu vernachlässigen". Erst die Deckungsbeitragsrechnung als Zeitrechnung offenbart dann, ob ein Betriebsgewinn oder ein Betriebsverlust erwirtschaftet wurde.

- Durch die **Vorgabe von Preisuntergrenzen** bzw. festgelegten Deckungsbeiträgen wird die **Absatzpolitik des Unternehmens flexibler** (beweglicher).
- Bei der Deckungsbeitragsrechnung besteht die **Gefahr**, eine zu **nachgiebige Preispolitik** zu betreiben und eine vollständige Kostendeckung zu vernachlässigen.

Übungsaufgaben

280 1. Beschreiben Sie die Grundidee der Deckungsbeitragsrechnung!

2. Worin sehen Sie das Hauptproblem bei der Anwendung der Deckungsbeitragsrechnung?

3. Stellen Sie die wichtigsten Merkmale der Deckungsbeitragsrechnung und der Vollkosten-rechnung einander gegenüber!

4. Die Kosten- und Leistungsrechnung eines Industriebetriebs liefert uns folgende Zahlen: Der Listenverkaufspreis je Stück beträgt 1 480,00 EUR. Dem Großhandel werden folgende Bedingungen gewährt: 30 % Kundenrabatt, $2^1/_2$ % Kundenskonto. Der Vertreter erhält 12 % Vertreterprovision vom Zielverkaufspreis.

Die variablen Kosten betragen 260,00 EUR je Stück.

Aufgaben:

4.1 Berechnen Sie den Deckungsbeitrag!

4.2 Welcher Preis stellt die absolute Preisuntergrenze dar? Begründen Sie Ihre Entschei-dung!

5. Geben Sie an, wie die Begriffe „kurzfristige Preisuntergrenze" und „langfristige Preisunter-grenze" bestimmt sind!

281 Die Kostenrechnung eines Industriebetriebs liefert uns für den Monat Januar folgende Zahlen:

	Erzeugnis A	Erzeugnis B
Produktions- und Absatzmenge	700 Stück	1 300 Stück
Listenverkaufspreis je Stück	580,00 EUR	410,00 EUR
Kundenrabatt	10 %	12 %
Kundenskonto	3 %	2 %
Vertreterprovision vom Zielverkaufspreis	5 %	7 %
konstante Stückkosten	280,00 EUR	302,00 EUR
fixe Kosten	98 500,00 EUR	

Aufgaben:

1. Bestimmen Sie den Deckungsbeitrag für die Erzeugnisse A und B!

2. Errechnen Sie das Betriebsergebnis!

3. Geben Sie die absolute Preisuntergrenze für die Erzeugnisse A und B an!

282 Ein Motorenwerk stellt von einem Motor 3 verschiedene Modelle her. Die Abteilung KLR liefert uns für den Monat Mai folgende Zahlen:

	Modell 1	Modell 2	Modell 3
Materialverbrauch	900,00 EUR	780,00 EUR	410,00 EUR
Fertigungslöhne	420,00 EUR	525,00 EUR	190,00 EUR
variable Gemeinkosten	360,00 EUR	305,00 EUR	280,00 EUR
Summe der variablen Kosten	1 680,00 EUR	1 610,00 EUR	880,00 EUR
Fixkosten je Modell	800,00 EUR	680,00 EUR	440,00 EUR
produzierte u. verkaufte Anzahl	300 Stück	400 Stück	700 Stück
Nettoverkaufserlös je Stück	2 910,00 EUR	2 200,00 EUR	1 510,00 EUR

495

Aufgaben:

1. Berechnen Sie das Betriebsergebnis für den Monat Mai!

2. Ermitteln Sie die Deckungsbeiträge der einzelnen Modelle und ihr Anteil am Gewinn!

3. Berechnen Sie den Stückdeckungsbeitrag und den Stückgewinn je Modell!

283 Für Haushaltskühlschränke und Wäschetrockner haben sich am Markt folgende Großhandels-preise herausgebildet: 600,00 EUR bzw. 420,00 EUR.

Die Elektrogroßhandlung Max Meier OHG rechnet mit 15 % variablen Handlungskosten, bezogen auf die Wareneinsatzkosten. Einzurechnen sind außerdem 10 % Kundenrabatt und 2 % Kundenskonto. Der Einstandspreis der Geräte für die Elektrogroßhandlung beträgt 420,00 EUR bzw. 310,00 EUR.

Aufgaben:

1. Ermitteln Sie jeweils der Deckungsbeitrag der Geräte!

2. Berechnen Sie die absolute Preisuntergrenze für die beiden Artikel!

284 Ein Großhändler bietet einen Bürostuhl zum Listenverkaufspreis von 210,00 EUR je Stück an. Er gewährt dem Einzelhändler 20 % Rabatt und 2 % Kundenskonto.

Der Großhändler bezieht den Bürostuhl zu folgenden Bedingungen: 130,00 EUR Listeneinkaufs-preis, 15 % Liefererrabatt, 3 % Liefererskonto, Bezugskostenpauschale 12,00 EUR. Die variab-len Handlungskosten betragen 21,50 EUR.

Aufgaben:

1. Ermitteln Sie den Deckungsbeitrag je Stück!

2. Berechnen Sie die absolute Preisuntergrenze!

3. Stellen Sie dar, wie viel Prozent die Preisreduzierung beträgt, wenn der Großhändler den Bürostuhl zur Preisuntergrenze abgibt!

6.3.3.3.2 Deckungsbeitragsrechnung als Instrument zur Entscheidungsfindung über einen Zusatzauftrag

Unter Zusatzaufträgen verstehen wir solche Aufträge, die **unterhalb der derzeitigen Ver-kaufspreise** angenommen werden. Bei **nicht ausgelasteten Produktionskapazitäten** kann unter bestimmten Bedingungen das Betriebsergebnis verbessert werden.

Ein Zusatzauftrag führt dann zu einer Verbesserung des Betriebsergebnisses, wenn die Verkaufserlöse höher liegen als die variablen Kosten des Auftrags. Die fixen Kosten kön-nen außer Betracht bleiben, da sie ja unabhängig davon anfallen, ob der Zusatzauftrag angenommen wird oder nicht. Der errechnete Deckungsbeitrag ist somit das Kriterium für die Annahme oder Ablehnung des Zusatzauftrags.

Beispiel:

Im laufenden Monat ist folgende Produktions- und Absatzsituation gegeben:

	Erzeugnis I	Erzeugnis II
Nettoverkaufserlös	198,00 EUR	270,00 EUR
konstante Stückkosten	112,00 EUR	120,00 EUR
fixe Kosten insgesamt	150 000,00 EUR	
Absatzmenge	700 Stück	950 Stück
Kapazität	900 Stück	1 200 Stück

Das Unternehmen hat die Möglichkeit, von Erzeugnis II 210 Stück zum Festpreis von 180,00 EUR als Sondermodell zu verkaufen.

Aufgabe:

Prüfen Sie, ob sich die Hereinnahme des Zusatzauftrags lohnt!

Lösung:

	Erzeugnis I	Erzeugnis II	Zusatzauftrag
Nettoverkaufserlöse	138 600,00 EUR	256 500,00 EUR	37 800,00 EUR
− variable Kosten	78 400,00 EUR	114 000,00 EUR	25 200,00 EUR
Deckungsbeitrag	60 200,00 EUR	142 500,00 EUR	12 600,00 EUR
− fixe Kosten	150 000,00 EUR		
Betriebsgewinn ohne Zusatzauftrag	52 700,00 EUR		
+ Deckungsbeitrag Zusatzauftrag	12 600,00 EUR ←		
Betriebsgewinn mit Zusatzauftrag	65 300,00 EUR		

Ergebnis: Die Hereinnahme des Zusatzauftrags lohnt sich, da dadurch der Betriebsgewinn um 12 600,00 EUR gesteigert werden kann.

Hinweis:

Sofern ein positiver Deckungsbeitrag erzielt werden kann, würde sich die Hereinnahme des Zusatzauftrags auch im Fall eines Betriebsverlustes lohnen. Der positive Deckungsbeitrag trägt dann dazu bei, den Betriebsverlust zu verringern.

■ Für die Annahme bzw. die Ablehnung eines Zusatzauftrags gilt:

   ■ Deckungsbeitrag > 0 → Annahme des Zusatzauftrags

   ■ Deckungsbeitrag < 0 → Ablehnung des Zusatzauftrags

■ Zusatzaufträge tragen zur besseren Produktionsauslastung und zur Arbeitsplatzerhaltung bei.

497

32 Speth u.a. - ISBN 978-3-8120-0261-5

Übungsaufgaben

285 Ein Industriebetrieb verfügt über freie Kapazität. Er fertigt die Produkte A, B und C. Ein Großhandelshaus erteilt einen Zusatzauftrag über 2000 Stück des Produktes B als Sondermodell,
wenn dieses zu einem Listenverkaufspreis von 46,20 EUR geliefert werden kann. Die KLR liefert
uns folgende Daten:

	Produkt A	Produkt B	Produkt C	Zusatzauftrag (von Produkt B)
Nettoverkaufserlöse	33,60 EUR	58,80 EUR	95,20 EUR	
konstante Stückkosten	25,20 EUR	39,20 EUR	60,20 EUR	42,00 EUR
Absatzmenge	1400 Stück	3000 Stück	2100 Stück	2000 Stück
Kapazität	1500 Stück	6000 Stück	2700 Stück	

Die fixen Kosten des Industriebetriebs belaufen sich insgesamt auf 82000,00 EUR.

Aufgaben:

1. Begründen Sie, ob es unter Kostengesichtspunkten empfehlenswert ist, den Zusatzauftrag
   anzunehmen!

2. Berechnen Sie den neuen Betriebsgewinn bei Annahme des Zusatzauftrags!

286 Ein Industrieunternehmen produziert drei verschiedene Erzeugnisse. Die KLR gibt uns hierfür
folgende Daten an:

	Erzeugnis I	Erzeugnis II	Erzeugnis III
Nettoverkaufserlöse	1420,00 EUR	3390,00 EUR	7710,00 EUR
konstante Stückkosten	1600,00 EUR	2910,00 EUR	5850,00 EUR
Absatzmenge	20 Stück	30 Stück	15 Stück
Kapazität	25 Stück	50 Stück	30 Stück
fixe Kosten insgesamt	45100,00 EUR		

Das Unternehmen erhält einen Zusatzauftrag über 12 Stück des Erzeugnisses III zum Festpreis
von 6200,00 EUR. Das Industrieunternehmen nimmt den Zusatzauftrag aus arbeitsmarktpoliti-
schen Gründen an.

Aufgabe:

Berechnen Sie den Betriebsgewinn bzw. Betriebsverlust!

287 Ein Industrieunternehmen produziert drei verschiedene Typen einer Kaffeemaschine. Die KLR
ermittelt für den Monat Juli folgende Zahlen:

	Typ A	Typ B	Typ C
produziert und verkauft	6500 Stück	9750 Stück	10400 Stück
Nettoverkaufserlös je Stück	58,50 EUR	88,40 EUR	104,00 EUR
konstante Stückkosten	49,40 EUR	73,45 EUR	89,70 EUR

Aufgaben:

1. Berechnen Sie für jeden Typ den Deckungsbeitrag je Stück und den Deckungsbeitrag insgesamt für den jeweiligen Produkttyp!

2. Ermitteln Sie das Betriebsergebnis für den Monat Juli, wenn die Fixkosten insgesamt
   241150,00 EUR betragen!

3. Begründen Sie, ob es unter Kostengesichtspunkten empfehlenswert ist, einen Zusatzauftrag
   von 3900 Stück von Typ B anzunehmen, wenn entsprechend von Typ C dann 3900 Stück
   weniger produziert werden können!

6.3.3.3 Deckungsbeitragsrechnung als Instrument der Sortimentsgestaltung

Dem Unternehmer stellt sich immer die Frage, welche Artikel seines Sortiments er durch verkaufsfördernde Maßnahmen unterstützen bzw. welche Artikel er aufgeben soll. Allgemein gilt, dass er die Artikel in seiner Vertriebsaktivität herausstellen wird, bei denen er den größten Deckungsbeitrag erzielen kann. Artikel, die die variablen Stückkosten nicht abdecken, wird er hingegen aufgeben wollen.

Die Deckungsbeitragsrechnung ist dazu geeignet, die Zusammensetzung des Sortiments und damit die Vertriebspolitik sinnvoll zu planen, denn es gilt: Je höher der Deckungsbeitrag eines Artikels (allgemein eines Kostenträgers) ist, desto mehr trägt der Artikel zur Deckung der Fixkosten und damit letztlich zur Entstehung eines Gewinns bei **(Optimierung des Deckungsbeitrags)**. Umgekehrt gilt, dass Artikelgruppen, deren Verkaufserlöse nicht einmal die ihnen direkt zurechenbaren Kosten decken, aufgegeben werden sollten.[1]

Fragestellung: **Soll eine Artikelgruppe, deren Verkaufserlöse die Kosten nicht decken, im Sortiment verbleiben?**

Beispiel:

Die Vollkostenrechnung liefert für das Sortiment des Großhandelshauses Franz Buntschuh OHG folgende Zahlenwerte über den Betriebserfolg:

	Lederwaren	Textilien	Schuhe	Bürobedarf	Insgesamt
Nettoverkaufserlöse	560 000,00 EUR	730 000,00 EUR	110 000,00 EUR	312 000,00 EUR	1 712 000,00 EUR
– gesamte Kosten	403 200,00 EUR	554 800,00 EUR	180 000,00 EUR	255 840,00 EUR	1 393 840,00 EUR
= Betriebsgewinn	156 800,00 EUR	175 200,00 EUR	– 70 000,00 EUR	56 160,00 EUR	318 160,00 EUR

Aufgrund der Vollkostenrechnung müsste die Artikelgruppe Schuhe aus dem Sortimentsbereich herausgenommen werden.

Der Geschäftsinhaber gliedert die Kosten in fixe und variable Kosten auf und erstellt eine **Deckungsbeitragsrechnung**. Sie erbringt folgendes Ergebnis:

	Lederwaren	Textilien	Schuhe	Bürobedarf	Insgesamt
Nettoverkaufserlöse – variable Handlungskosten	560 000,00 EUR 375 200,00 EUR	730 000,00 EUR 459 900,00 EUR	110 000,00 EUR 92 400,00 EUR	312 000,00 EUR 187 200,00 EUR	1 712 000,00 EUR 1 114 700,00 EUR
Deckungsbeitrag – fixe Handlungskosten	184 800,00 EUR	270 100,00 EUR	17 600,00 EUR	124 800,00 EUR	597 300,00 EUR 279 140,00 EUR
= Betriebsgewinn					318 160,00 EUR

Wird die Artikelgruppe Schuhe aus dem Sortiment herausgenommen, verändert sich der Betriebserfolg des Großhandelsunternehmens wie folgt:

	Lederwaren	Textilien	Schuhe	Bürobedarf	Insgesamt
Deckungsbeitrag – fixe Handlungskosten	184 800,00 EUR	270 100,00 EUR		124 800,00 EUR	579 700,00 EUR 279 140,00 EUR
= Betriebsgewinn					300 560,00 EUR

---

1 Hiervon wird man lediglich dann absehen, wenn derartige Verlustartikel für den Verkauf von sogenannten „Gewinnbringern" für erforderlich gehalten werden. Die Verluste jener Artikelgruppen, die aus Gründen der Sortimentsbreite hingenommen werden müssen, sind durch „Gewinnbringer" auszugleichen **(kalkulatorischer Ausgleich)**.

Wir erkennen, dass sich der Betriebserfolg um den Deckungsbeitrag der Abteilung Schuhe in Höhe von 17 600,00 EUR verringert. Der Grund für die Gewinnschmälerung liegt darin, dass die fixen Handlungskosten von der Schließung der Abteilung Schuhe unberührt bleiben. Da der Deckungsbeitrag der Abteilung Schuhe zur Abdeckung der fixen Handlungskosten ausfällt, kommt es zwangsläufig zu einer Minderung des Betriebsgewinns.

- Solange eine Artikelgruppe mit einem positiven Beitrag zur Deckung der fixen Handlungskosten beiträgt, sollte sie, aus der Sicht der Kostenrechnung, im Sortiment verbleiben.

- Artikelgruppen, deren Verkaufserlöse die ihnen direkt zurechenbaren Kosten nicht abdecken, sind, aus der Sicht der Kostenrechnung, aufzugeben.

Übungsaufgaben

288 Wir stellen die Vollkosten- und Deckungsbeitragsrechnung der Großhandlung Gerd Reiners KG einander gegenüber.

Vollkostenrechnung:

	Warengruppe I	Warengruppe II	Warengruppe III	Insgesamt
Nettoverkaufserlöse	485 000,00 EUR	612 700,00 EUR	297 400,00 EUR	1 395 100,00 EUR
– gesamte Kosten	318 500,00 EUR	648 800,00 EUR	121 300,00 EUR	1 088 600,00 EUR
Betriebsgewinn/ -verlust	166 500,00 EUR	– 36 100,00 EUR	176 100,00 EUR	306 500,00 EUR

Deckungsbeitragsrechnung:

	Warengruppe I	Warengruppe II	Warengruppe III	Insgesamt
Nettoverkaufserlöse	185 200,00 EUR	36 300,00 EUR	188 500,00 EUR	410 000,00 EUR
– fixe Handlungskosten				103 500,00 EUR
Betriebsgewinn/ -verlust				306 500,00 EUR

Aufgaben:

1. Ist es aus der Sicht der Vollkostenrechnung bzw. Deckungsbeitragsrechnung sinnvoll, die Warengruppe II aufzugeben?

   Begründen Sie Ihre Entscheidung rechnerisch!

2. Ändert sich Ihre Entscheidung, wenn sich bei der Warengruppe II ein negativer Deckungsbeitrag in Höhe von 12 100,00 EUR ergibt?

   Begründen Sie Ihre Meinung!

289 1. Die Kostenrechnung des Großhandelshauses Philipp Fabian GmbH hat für ihre Warengruppen Rundfunkgeräte, Fernsehgeräte und Musikinstrumente folgende Daten ermittelt:

	Rundfunk- geräte	Fernseh- geräte	Musik- instrumente
Nettoverkaufserlöse	1 490 700,00 EUR	591 680,00 EUR	672 950,00 EUR
Wareneinsatzkosten	830 400,00 EUR	211 520,00 EUR	420 500,00 EUR
Variable Handlungskosten	254 980,00 EUR	332 120,00 EUR	177 440,00 EUR

Aufgaben:

1.1 Berechnen Sie den Deckungsbeitrag für die einzelnen Warengruppen und den Betriebserfolg! Die fixen Handlungskosten betragen 198 400,00 EUR.

1.2 Begründen Sie, ob die Aufgabe der Warengruppe Fernsehgeräte sinnvoll ist, wenn eine Vorausschätzung über die zukünftige Geschäftsentwicklung Folgendes ergibt:

  – Die Steigerung des Umsatzes nach der Konzentration auf zwei Warengruppen beträgt bei jeder Warengruppe 25 %.

  – Die Steigerung der Wareneinsatzkosten für beide Warengruppen kann aufgrund von Mengenrabatten auf 18 % begrenzt werden. (Die Wareneinsatzkosten der aufgelösten Warengruppe entfallen.)

  – Die variablen Handlungskosten der aufgelösten Warengruppe können restlos eingespart werden. Die übrigen variablen Handlungskosten steigen proportional zur Umsatzsteigerung an.

2. Ein Großhandelshaus hat für seine Warengruppen Schmuck- und Silberwaren, Uhren und Porzellan folgende Daten ermittelt:

	Schmuck- und Silberwaren	Uhren	Porzellan
Erlöse a. Warenverk. netto	1 510 400,00 EUR	602 080,00 EUR	682 180,00 EUR
Wareneinsatzkosten	870 200,00 EUR	220 410,00 EUR	434 420,00 EUR
Variable Handlungskosten	568 600,00 EUR	339 880,00 EUR	183 920,00 EUR
fixe Handlungskosten:	72 500,00 EUR		

Aufgaben:

2.1 Berechnen Sie den Deckungsbeitrag für jede Warengruppe und den Deckungsbeitrag insgesamt!

2.2 Ermitteln Sie den Betriebsgewinn bzw. Betriebsverlust!

2.3 Wie sollte eine optimale Sortimentsgestaltung Ihrer Meinung nach aussehen? Begründen Sie Ihren Vorschlag!

6.4 Plankostenrechnung (Planungsrechnung)

6.4.1 Aufgaben der Plankostenrechnung

Aufgabe der Plankostenrechnung ist es, für eine **festgelegte Planungsperiode, Leistungsvorgaben** (z.B. geplante Umsatzerlöse, Eigenleistungen) und **Kostenvorgaben** (z.B. für Fertigungsmaterial, Gemeinkostenmaterial) bei einer **vorgegebenen Planbeschäftigung** zu machen. Dazu werden **Planpreise** und **Plankosten** herangezogen.

(1) Planpreise

Planpreise werden vor allem für Produktionsfaktoren gebildet, die

- in klar bestimmbaren Mengen benötigt werden,
- regelmäßig in bestimmten Mengen von außen bezogen werden und
- betragsmäßig derart von Bedeutung sind, dass Preisschwankungen die betriebliche Kostensituation stören würden.

Planpreise gelten in der Regel für den gesamten Planungszeitraum (z.B. ein Jahr) und richten sich in etwa an den Durchschnittspreisen aus, die am Markt zu erwarten sind, um die eigene Konkurrenzfähigkeit nicht zu gefährden. Sie müssen ständig mit den tatsächlich gezahlten Preisen verglichen werden, um Preisabweichungen feststellen zu können.

> **Planpreise** sind **Verrechnungspreise**, die sich an der Entwicklung der Marktpreise orientieren. Sie gelten in der Regel für den **gesamten Planungszeitraum.**

(2) Plankosten

> **Plankosten** sind Kosten, bei denen sowohl die **Preise** als auch die **Verbrauchsmengen** für eine **geplante Ausbringungsmenge (Planbeschäftigung)** vorgegeben werden.
>
> Plankosten = Planverbrauchsmenge · Planpreis

Die **Planverbrauchsmenge (Planbeschäftigung)** wird auf **technischer Grundlage**, z.B. durch die Konstrukteure, REFA-Ingenieure, Betriebstechniker, Kostenrechner ermittelt.

Plankosten gehen aus der betrieblichen Planung hervor. Es handelt sich somit um planmäßige Kosten, die bei wirtschaftlicher Durchführung der Produktion anfallen. Plankosten stellen das **Ziel** dar, das erreicht und wenn möglich unterschritten werden soll. Plankosten haben somit **Vorgabecharakter.** In dieser anderen Ausgangslage liegen die wesentlichen Unterschiede zwischen Plankostenrechnung und der Kosten- und Leistungsrechnung auf der Grundlage angefallener Istkosten.

> - **Plankosten** sind die in Zukunft zu **erwartenden Kosten.** Sie werden aufgrund sorgfältiger Analysen in Zusammenarbeit mit Konstrukteuren, REFA-Ingenieuren und Kostenrechnern vorausberechnet.
> - Plankosten bilden den Maßstab für die Kontrolle der Istkosten **(Kontrollfunktion),** geben der Unternehmensleitung die Möglichkeit, sich auf die Zukunft angemessen einzustellen **(Dispositionsfunktion)** und bei erkennbaren Abweichungen korrigierend einzugreifen **(Steuerungsfunktion).**

6.4.2 Aufbau und Ablauf der Plankostenrechnung[1]

Der grundsätzliche **Aufbau der Plankostenrechnung** in **Kostenarten-, Kostenstellen-** und **Kostenträgerrechnung** ist den anderen Kostenrechnungssystemen ähnlich. Als neue Elemente kommen in der Plankostenrechnung noch die **Kostenplanung** und die **Kostenkontrolle** hinzu.

Der **Ablauf einer Plankostenrechnung** vollzieht sich im Wesentlichen in folgenden Schritten:

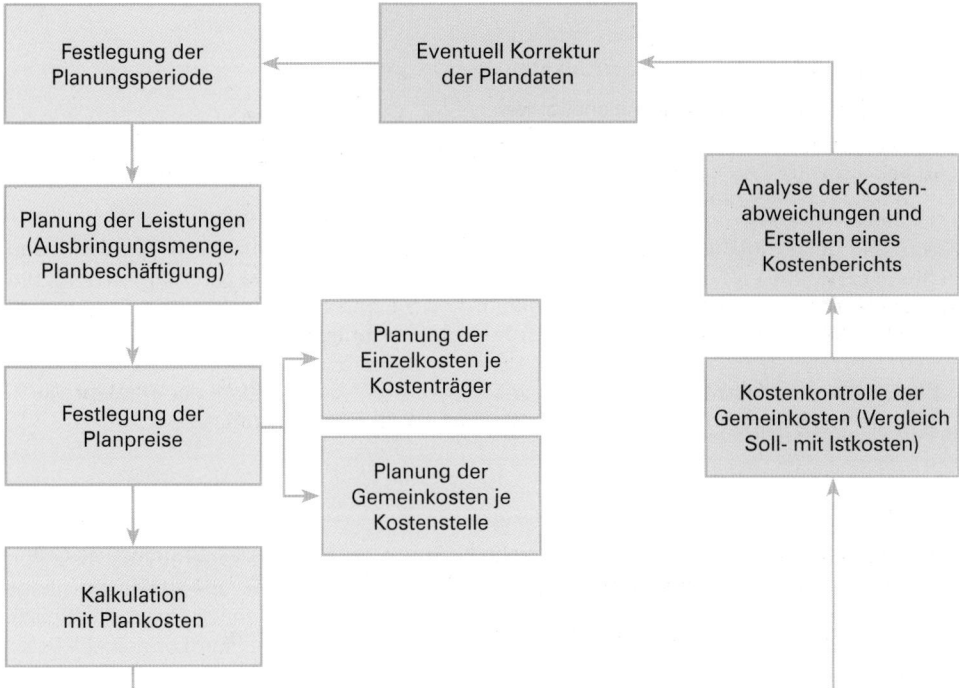

6.4.3 Kostenartenrechnung

6.4.3.1 Planung der Einzelkosten

(1) Plan-Fertigungsmaterial

Einzelkosten sind dem Kostenträger direkt zurechenbar. Einzelkosten werden daher auch in der Plankostenrechnung je Kostenträger geplant. Allerdings verläuft der Verrechnungsweg hier in umgekehrter Richtung wie bei der Istkostenrechnung. Während bei der Istkostenrechnung die angefallenen Materialeinzelkosten den Kostenträgern zugerechnet werden, müssen bei der Plankostenrechnung die zu erwartenden Materialeinzelkosten von den geplanten Leistungen her abgeleitet werden.

---

1 Aus Gründen der Vereinfachung werden im Folgenden die Festlegung der Planbeschäftigung sowie die Ermittlung der Planpreise nicht errechnet, sondern als Größen vorgegeben.

Beispiel:

Für die Herstellung eines Produktes in der Maschinenfabrik Kromer GmbH liegen für die Einzelmaterialien folgende Angaben vor:

Einzelmaterial-art	Netto-Plan-Einzelmaterialmenge	Plan-Abfallmenge in % der Brutto-Planmenge	Planpreis EUR/Menge
A	124,80 kg	4 %	1,50
B	399,75 kg	2,5 %	1,70
C	5 Stück	–	9,00

Von dem Produkt werden 800 Stück hergestellt.

Aufgabe:

Berechnen Sie die Brutto-Plan-Materialkosten!

Lösung:

Einzelmaterial-art	Brutto-Plan-Einzelmaterialmenge	Planpreis EUR/Menge	Brutto-Plan-Einzelmaterialkosten
A	130 kg[1]	1,50	195,00
B	410 kg	1,70	697,00
C	5 Stück	9,00	45,00
Gesamte Brutto-Plan-Einzelmaterialkosten			937,00

Brutto-Plan-Materialkosten: 937,00 EUR · 800 Stück = <u>749 600,00 EUR</u>

(2) Plan-Lohneinzelkosten

Bei der Planung der Lohneinzelkosten ist zunächst für jede Kostenträgereinheit die erforderliche Plan-Arbeitszeit zu ermitteln. Dies erfolgt in der Regel für alle Arbeitsvorgänge mittels Arbeitszeitstudien, wobei von Normalleistungen auszugehen ist. Durch Multiplikation der Plan-Arbeitszeit mit den Plan-Lohnsätzen werden dann die Plan-Lohneinzelkosten für die Kostenträgereinheit bestimmt.

$$\text{Plan-Lohneinzelkosten} = \text{Plan-Arbeitszeit} \cdot \text{Plan-Lohnsatz}$$

Beispiel:

Vorgabezeit je Produkt:	24 Minuten	**Aufgaben:**
Plan-Lohnsatz:	56,00 EUR/Std.	1. Berechnen Sie die Plan-Lohneinzelkosten je Stück!
Planproduktionsmenge:	800 Stück	

1. Berechnen Sie die Plan-Lohneinzelkosten je Stück!

2. Berechnen Sie die Plan-Lohneinzelkosten für die geplante Produktmenge!

---

[1] 96 % ≙ 124,8 kg
100 % ≙ x kg $x = \dfrac{124,80 \cdot 100}{96} = \underline{130 \text{ kg}}$

Lösungen:

Zu 1.: Plan-Lohneinzelkosten je Stück

$$\text{Plan-Lohneinzelkosten} = \frac{24 \cdot 56}{60} = \underline{22{,}40 \text{ EUR}}$$

Zu 2.: Plan-Lohneinzelkosten für die geplante Produktmenge

22,40 · 800 = 17 920,00 EUR

6.4.3.2 Planung der Gemeinkosten

Im Rahmen der Kostenartenrechnung werden für jede Gemeinkostenart die Plankosten errechnet und anschließend für die einzelnen Kostenstellen festgelegt.

Beispiel: Kostenart: Hilfslöhne

Plankosten:	4 Aushilfskräfte, geplanter Lohn je Stunde 14,80 EUR; geplante Stundenzahl insgesamt 192
	4 Aushilfskräfte · 14,80 EUR · 192 Std. = 11 366,40 EUR

Um die **Plangemeinkosten** bei **unterschiedlichen Ausbringungsmengen** (Planbeschäftigungen, Beschäftigungsgraden) festlegen zu können, ist eine **Kostenauflösung**[1] in **fixe** und **variable Bestandteile** notwendig. Dadurch lassen sich die vorgeplanten Kosten „flexibilisieren", d.h., den Kostenstellen können Plankosten für unterschiedliche Beschäftigungsauslastungen vorgegeben werden **(flexible Plankostenrechnung)**. Die Aufteilung der Gemeinkosten in fixe und variable Bestandteile erfolgt im Rahmen der Kostenstellenrechnung.

6.4.4 Kostenstellenrechnung als flexible Plankostenrechnung

Im Rahmen der Kostenstellenrechnung werden auf der Grundlage einer festgelegten Planbeschäftigung **(Basisplanbeschäftigung)** die Gemeinkosten in fixe und variable Bestandteile aufgegliedert. Damit wird erreicht, dass bei Beschäftigungsänderungen die variablen Gemeinkosten an die vom Plan abweichende Beschäftigung angepasst werden können, während die fixen Kosten in voller Höhe bestehen bleiben. Die Kostenstellenrechnung kann damit für jede Kostenstelle – auf der Basis der festgelegten Planbeschäftigung – einen **Kostenplan** für einen bestimmten Planungszeitraum (z.B. einen Monat) bereitstellen.

Die Auflösung der Gemeinkosten in fixe und variable Kostenvorgaben ist ein wesentliches Merkmal der **flexiblen Plankostenrechnung.**

---

1 Auf die Verfahren der Kostenauflösung wird im Folgenden nicht eingegangen.

Beispiel:

Kostenplan – Heilmann GmbH

Zeitraum: Mai	Kostenstellenbezeichnung: Fertigungskostenstelle 4010 F I	Kst.-Nr. 4010	Blatt: 1

Planbezugsgröße: 420 Fertigungsstunden | KSt-Leiter:
Stellvertreter:

Nr.	Kostenart	Plankosten EUR/Monat		
		ges	prop	fix
1	Fertigungseinzelkosten (-löhne)	16 044,00	16 044,00	0,00
2	5. Hilfslöhne	–	–	–
3	6. Gehälter	10 450,00	0,00	10 450,00
4	7. Sozialaufwendungen	2 200,00	0,00	2 200,00
5	8. Materialkosten	420,00	420,00	0,00
6	9. Fremdenergie	280,00	196,00	84,00
7	10. Fremdleistungskosten	600,00	600,00	0,00
8	11. Steuern, Beiträge	10,00	0,00	10,00
9	12. Versicherungen	75,00	0,00	75,00
10	13. Leasing, Miete	220,00	0,00	220,00
11	14. Werbung, Repräsentation	–	–	–
12	15. allg. Verwaltungskosten	310,00	124,00	186,00
13	16. kalkulatorische Abschreibungen	550,00	165,00	385,00
14	17. kalkulatorische Zinsen	380,00	0,00	380,00
15	18. kalkulatorische Wagniskosten	2 313,00	7,00	2 306,00
16	Σ Plangemeinkosten	17 808,00	1 512,00	16 296,00
	Σ Plan-Fertigungskosten	33 852,00	17 556,00	16 296,00
	Planbezugsgröße (Std.)	420	420	420
	Plan-Gemeinkostenzuschlagssatz (EUR/Std.)	42,40	3,60	38,80
	Plankostenverrechnungssatz Fertigung (EUR/Std.)	80,60	41,80	38,80

Der **Plankostenverrechnungssatz Fertigung** gibt an, wie viel Plankosten in der Fertigung auf eine Beschäftigungseinheit (z. B. eine Arbeitsstunde) entfallen.

$$\text{Plankostenverrechnungs-} \atop \text{satz Fertigung} = \frac{\text{Plankosten}}{\text{Planbeschäftigung}} \quad \frac{33\,852,00 \text{ EUR}}{420 \text{ Std.}} = \underline{80,60 \text{ EUR/Std.}}$$

Wird die Plan-Arbeitszeit für die jeweilige Kostenstelle mit dem Plankostenverrechnungssatz Fertigung multipliziert, ergeben sich die **Plan-Fertigungskosten,** mit denen die Kostenstelle den Kostenträger belastet.

6.4.5 Kostenträgerrechnung (Zuschlagskalkulation)

Im Folgenden beschränken wir uns auf die Darstellung der Plankalkulation auf **Vollkostenbasis.**

Beispiel:

In der Heilmann GmbH liegen für das Produkt MLX folgende geplante Kostendaten und Plan-Gemeinkostenzuschlagssätze vor:

Materialeinzelkosten 29 400,00 EUR, Fertigungseinzelkosten I 5 200,00 EUR, Fertigungseinzelkosten II 3 150,00 EUR, Sondereinzelkosten der Fertigung 2 200,00 EUR, Sondereinzelkosten des Vertriebs 850,00 EUR.

Die Heilmann GmbH rechnet mit folgenden Plan-Gemeinkostenzuschlagssätzen: MGK 12 %, FGK I 80 %, FGK II 48 %, VerwGK 14 %, VertrGK 6 %.

Aufgabe:
Berechnen Sie die Plan-Selbstkosten für das Produkt MLX!

Lösung:

Plan-Materialeinzelkosten	29 400,00 EUR	
+ 12 % Plan-MGK	3 528,00 EUR	
Plan Materialkosten		32 928,00 EUR
Plan-Fertigungseinzelkosten I	5 200,00 EUR	
+ 80 % Plan-FGK I	4 160,00 EUR	
Plan-Fertigungseinzelkosten II	3 150,00 EUR	
+ 48 % Plan-FGK II	1 512,00 EUR	
Plan-Sondereinzelkosten der Fertigung	2 200,00 EUR	
Plan Fertigungskosten		16 222,00 EUR
Plan-Herstellkosten		49 150,00 EUR
14 % Plan-VerwGK		6 881,00 EUR
6 % Plan-VertrGK		2 949,00 EUR
Plan-Sondereinzelkosten des Vertriebs		850,00 EUR
Plan-Selbstkosten		59 830,00 EUR

6.4.6 Kostenkontrolle der Gemeinkosten

6.4.6.1 Sollkosten

(1) Plankostenverrechnungssatz bei unterschiedlichen Beschäftigungsgraden

Der Plankostenverrechnungssatz enthält fixe und variable Bestandteile. Zieht man also den Plankostenverrechnungssatz bei unterschiedlichen Beschäftigungsgraden zur Berechnung der Plangemeinkosten heran, so wird – wie die nachstehende Gleichung zeigt – unterstellt, dass die fixen Kosten proportional zur Beschäftigungsänderung steigen oder fallen.

Verrechnete Plankosten = Plankostenverrechnungssatz · (Ist-)Beschäftigung

(2) Berechnung der Sollkosten

Die Annahme, dass die fixen Kosten proportional zur Beschäftigungsveränderung verlaufen, widerspricht jedoch dem Wesen der fixen Kosten, die innerhalb bestimmter Kapazitätsgrenzen unverändert bleiben. Die Plankosten müssen daher bei unterschiedlichen Beschäftigungsgraden so berechnet werden, dass die fixen Gemeinkosten unverändert bleiben und sich nur die variablen Gemeinkosten proportional verändern. Diese Art der Berechnung berücksichtigen die **Sollkosten**.

Bei der **Berechnung der Plankosten** für **unterschiedliche (Ist-)Beschäftigungsgrade** muss so vorgegangen werden, dass die **fixen Gemeinkosten unverändert** bleiben und die **variablen Kosten proportional** zum Beschäftigungsgrad **steigen** bzw. **fallen**. Die so umgerechneten Plankosten bezeichnet man als **Sollkosten**.

$$\text{Sollkosten} = \frac{\text{variable Plangemeinkosten} \cdot \text{Istbeschäftigung}}{\text{Planbeschäftigung}} + \text{fixe Plangemeinkosten}$$

Fortsetzung des Beispiels von S. 506:

Bei einer Planbeschäftigung von 420 Stunden/Monat betragen die variablen Plangemeinkosten 17 556,00 EUR. Die fixen Plangemeinkosten betragen 16 296,00 EUR. Der Plankostenverrechnungssatz beträgt 80,60 EUR.

Aufgabe:

Stellen Sie die verrechneten Plangemeinkosten und die Sollkosten grafisch dar und kennzeichnen Sie die zu viel bzw. zu wenig verrechneten Fixkosten!

Lösung:

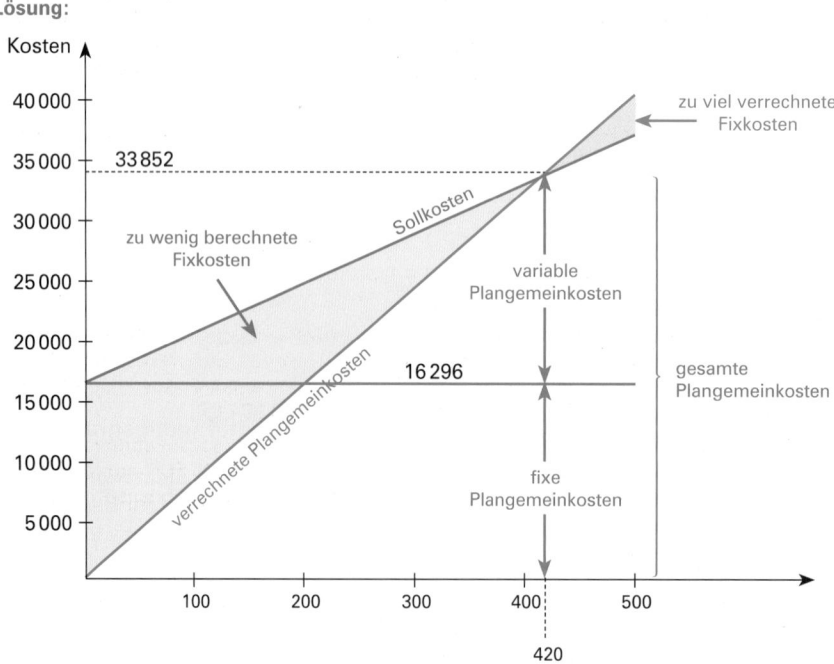

- Nur bei einer einzigen Beschäftigung – der **Basisplanbeschäftigung** – stimmen die bei der Kalkulation berücksichtigten Kosten (verrechnete Plangemeinkosten) mit den Kostenvorgaben der Kostenstelle (Sollkosten) überein.

- Ist die **tatsächliche Auslastung** der Kostenstelle **geringer als die Basisplanbeschäftigung,** werden **weniger Gemeinkosten** auf die Kostenträger verrechnet als in den Planvorgaben vorgesehen sind.

- Ist die **tatsächliche Auslastung** der Kostenstelle **höher als die Basisplanbeschäftigung,** so werden **mehr Gemeinkosten** auf die Kostenträger verrechnet als in den Planvorgaben vorgesehen sind.

6.4.6.2 Kostenkontrolle (Soll-Ist-Kostenvergleich)

(1) Kostenabweichungen

Abweichungen von den Kostenvorgaben können auftreten als Preisabweichungen, Verbrauchsabweichungen (Mengenabweichung) und Beschäftigungsabweichungen.

Preisabweichungen	Sie treten auf, wenn Planpreis und tatsächlich gezahlter Preis nicht übereinstimmen. In der betrieblichen Praxis bleiben Preisabweichungen im Rahmen der Gemeinkostenkontrolle unbeachtet, da diese der Kostenstellenleiter in der Regel nicht zu vertreten hat.
Verbrauchs- abweichungen	Sie zeigen an, inwieweit die tatsächlich verbrauchte Gemeinkostengütermenge mit der geplanten Verbrauchsmenge übereinstimmt. Die in den Kostenstellen ausgewiesenen Verbrauchsabweichungen stellen den Maßstab für die Wirtschaftlichkeitskontrolle dar. Deshalb besteht der eigentliche Zweck der flexiblen Plankostenrechnung in der Ermittlung der Verbrauchsabweichungen. Ein Mehrverbrauch an Gemeinkostengütern ist von den Kostenstellenleitern zu verantworten.
Beschäftigungs- abweichungen	Sie entstehen immer dann, wenn die Istbeschäftigung von der Planbeschäftigung abweicht.

(2) Berechnung der Verbrauchsabweichung

Beispiel:

In der Kostenstelle „Fräserei" der Metallwaren Willmuth GmbH wird die Basisplanbeschäftigung mit 7 000 Stunden vorgegeben. Bei dieser Beschäftigung werden Gesamtkosten in Höhe von 21 000,00 EUR erwartet. Die Beurteilung dieser Kosten ergibt einen Fixkostenanteil von 7 000,00 EUR sowie einen Anteil variabler Kosten in Höhe von 14 000,00 EUR.

Bei der Aufstellung des BABs der Metallwaren Willmuth GmbH für den Monat Februar wurden die tatsächlichen Kosten (Istkosten) der Kostenstelle Fräserei mit 12 000,00 EUR ermittelt. Die Kostenstelle wurde im Abrechnungszeitraum 5 000 Stunden (Istbeschäftigung) beansprucht.

Aufgaben:

1. Berechnen Sie die Sollkostenfunktion!
2. Berechnen Sie die Gesamtabweichung der Istkosten von den verrechneten Plankosten!
3. Berechnen Sie die Sollkosten bei Istbeschäftigung!
4. Berechnen Sie die Beschäftigungsabweichung!
5. Berechnen und interpretieren Sie die Verbrauchsabweichung!

Lösungen:

Zu 1.: Die lineare Sollkostenfunktion in Abhängigkeit von der Beschäftigung lautet allgemein:

Sollkosten der Beschäftigung i = Fixkosten + variable Stückkosten · Beschäftigung i

Im Beispiel ergeben sich variable Stückkosten in Höhe von 2,00 EUR/Stunde (14 000,00 EUR/ 7 000 Stunden). Somit lautet die Funktion der Sollkosten:

$$
\begin{aligned}
KS_{(i)} &= 7\,000 + 2 \cdot i \\
KS_{(7\,000)} &= 7\,000 + 14\,000 \\
KS_{(7\,000)} &= 21\,000 \text{ EUR}
\end{aligned}
$$

Zu 2.: Um eine Kontrolle der Kostenstelle vornehmen zu können, muss zunächst einmal die **Gesamtabweichung** der **Istkosten** von den **verrechneten Plankosten** ermittelt werden:

verrechnete Plankosten bei Istbeschäftigung ($Kp_{(i)}$) (3,00 EUR/Std. · 5 000 Std.)	15 000,00 EUR
– Istkosten lt. BAB ($K_{(i)}$)	12 000,00 EUR
= Gesamtabweichung (GA)	3 000,00 EUR

Diese positive Gesamtabweichung bedeutet eine Verbesserung des Betriebsergebnisses gegenüber den Planüberlegungen, da den Kostenträgern bei der Vorkalkulation mehr Kosten belastet wurden als tatsächlich angefallen sind.

Zu 3.: Die Gesamtabweichung kann nichts über das Verhalten der Kostenstelle aussagen, da noch die Beschäftigungsabweichung zu berücksichtigen ist. Dazu benötigen wir zusätzlich die **Sollkosten** bei **Istbeschäftigung ($KS_{(i)}$)**:

$$
\begin{aligned}
KS_{(i)} &= KF + k_v \cdot i \\
KS_{(i)} &= 7\,000,00 \text{ EUR} + 2,00 \text{ EUR/Std.} \cdot 5\,000 \text{ Std.} \\
KS_{(i)} &= 17\,000,00 \text{ EUR}
\end{aligned}
$$

Zu 4.: Wir erhalten die **Beschäftigungsabweichung**, indem wir die **Sollkosten bei Istbeschäftigung ($KS_{(i)}$)** von den bei der Istbeschäftigung **verrechneten Plankosten ($Kp_{(i)}$)** subtrahieren:

verrechnete Plankosten bei Istbeschäftigung ($Kp_{(i)}$)	15 000,00 EUR
– Sollkosten bei Istbeschäftigung ($KS_{(i)}$)	17 000,00 EUR
= Beschäftigungsabweichung (BA)	– 2 000,00 EUR

Diese negative Beschäftigungsabweichung sagt aus, dass wegen der Unterschreitung der Basisplanbeschäftigung Fixkosten in Höhe von 2 000,00 EUR bei der Kalkulation nicht berücksichtigt werden konnten. Diese Abweichung kann nicht dem Leiter der Kostenstelle angelastet werden.

Zu 5.: Der Kostenstellenleiter hat lediglich die **Verbrauchsabweichung** zu verantworten, die sich als Differenz zwischen den **Sollkosten bei Istbeschäftigung ($KS_{(i)}$)** und den **Istkosten lt. BAB ($K_{(i)}$)** ergibt:

Sollkosten bei Istbeschäftigung ($KS_{(i)}$)	17 000,00 EUR
– Istkosten lt. BAB ($K_{(i)}$)	12 000,00 EUR
= Verbrauchsabweichung (VA)	5 000,00 EUR

Diese positive Verbrauchsabweichung besagt, dass die tatsächlich angefallenen Kosten unter den für die Kostenstelle geplanten Kosten liegen. Die Kostenstelle hat also durch verantwortlichen Verbrauch eine echte Kosteneinsparung erzielt. Mit anderen Worten, der Kostenstellenleiter hat sein vorgegebenes Kostenbudget um 5 000,00 EUR unterschritten.

■ Für die **Kostenkontrolle** sind allein die **Verbrauchsabweichungen** maßgebend.

■ **Preisabweichungen** und **Beschäftigungsabweichungen** sind **nicht dem Kosten-stellenleiter anzulasten** und sind daher aus den Plankosten auszuschalten.

Zusammenfassung

■ Die **flexible Plankostenrechnung** auf Vollkostenbasis ist ein Instrument zur Planung und Kontrolle des **Kostenverbrauchs** der Kostenstellen unter Berücksichtigung der **tatsächlichen Kapazitätsauslastung.**

■ Dabei spielen die folgenden Begriffe eine wichtige Rolle:

Basisplanbeschäftigung (Bpb):	Auslastung der Kostenstelle, die bei der Kostenplanung als Vorgabe angenommen wird.
Istbeschäftigung (i):	Tatsächliche Auslastung der Kostenstelle in einem Abrechnungszeitraum.
Sollkosten (KS):	Kostenvorgabe für unterschiedliche Beschäftigungsgrade auf der Basis einer linearen Kostenfunktion.
Plankostenverrechnungssatz (PkVs):	Faktor, mit dem der Beschäftigungsgrad zu multiplizieren ist, um die den Kostenträgern zuzurechnenden Kosten zu ermitteln.
verrechnete Plankosten (Kp):	Kosten, die im Rahmen der Vorkalkulation auf die Kostenträger umgelegt wurden.
Istkosten ($K_{(i)}$):	Kosten, die der Kostenstelle aufgrund des Betriebsabrechnungsbogens zuzurechnen sind.
Beschäftigungsabweichung (BA):	Differenz zwischen verrechneten Plankosten bei Istbeschäftigung und Sollkosten, die nicht vom Kostenstellenleiter zu vertreten ist. Sie gibt an, inwieweit die Fixkosten bei der Kalkulation berücksichtigt wurden.
positive BA:	≙ Überdeckung der Fixkosten
negative BA:	≙ Unterdeckung der Fixkosten
Verbrauchsabweichung (VA):	Differenz zwischen Sollkosten und Istkosten. Werden Preisabweichungen ausgeschlossen, so hat der Kostenstellenleiter diese Abweichung zu vertreten.
positive VA:	≙ tatsächliche Kosten liegen unter der Kostenvorgabe.
negative VA:	≙ tatsächliche Kosten liegen über der Kostenvorgabe.
Gesamtabweichung (GA):	Summe aus Beschäftigungs- und Verbrauchsabweichung oder Differenz zwischen verrechneten Plankosten bei Istbeschäftigung und Istkosten.
positive GA:	Betriebsergebnis ist höher als geplant, da den Kostenträgern mehr Kosten belastet wurden, als aufgrund der Betriebsabrechnung notwendig gewesen wäre.
negative GA:	Betriebsergebnis ist niedriger als geplant, da den Kostenträgern weniger Kosten belastet wurden, als aufgrund der Betriebsabrechnung notwendig gewesen wäre.

Übungsaufgaben

290 1. Beschreiben Sie die Unterschiede zwischen der Plankostenrechnung und der Istkosten-
         rechnung!

     2. Welche Aufgaben (Funktionen) können der Plankostenrechnung im Rahmen des Rech-
         nungswesens zugeschrieben werden?

     3. Welche Arten von Kostenabweichungen hat der Kostenstellenleiter bei der Kontrolle der
         Istkosten mithilfe der Plankosten nicht zu verantworten?

     4. Warum ist auch im Bereich der Plankostenrechnung eine Aufteilung der Kosten in fixe und
         variable Kosten erforderlich?

     5. Geben Sie die einzelnen Rechenschritte an, die bei der Ermittlung der Beschäftigungs-
         abweichung vorzunehmen sind und erläutern Sie diese kurz!

     6. Die Summe der variablen Plankosten wurde bei einer angenommenen Beschäftigung von
         75 % mit 35 850,00 EUR errechnet.

         Die Istkosten betragen bei einer tatsächlichen Beschäftigung von 85 % 40 810,00 EUR.

         Aufgabe:

         Berechnen Sie die Kostenabweichung, für die der Kostenstellenleiter zur Verantwortung
         gezogen werden kann!

291 1. Für die Kostenstelle Dreherei werden im Rahmen der Grundplanung für die Planbeschäf-
         tigung Plankosten in Höhe von 220 000,00 EUR vorgegeben, von denen 40 % fix sind.
         Bei einer Istbeschäftigung von 80 % der Planbeschäftigung fallen Kosten in Höhe von
         192 200,00 EUR an.

         Aufgaben:

         Ermitteln Sie

         1.1 die Verbrauchsabweichung,

         1.2 die Beschäftigungsabweichung,

         1.3 die Gesamtabweichung!

     2. Für die Kostenstelle Endmontage wird bei einer Basisplanbeschäftigung von 10 000 Pro-
         dukteinheiten ein Plankostenverrechnungssatz von 3,00 EUR pro Produkteinheit ermittelt.
         Die fixen Kosten betragen 10 000,00 EUR. Die Istkosten belaufen sich bei einer Beschäfti-
         gung von 9 000 Produkteinheiten auf 29 000,00 EUR.

         Aufgaben:

         Ermitteln Sie

         2.1 die Verbrauchsabweichung,

         2.2 die Beschäftigungsabweichung,

         2.3 die Gesamtabweichung!

     3. Bei der Grundplanung für eine Fertigungsstelle wird ermittelt, dass die Plankosten bei
         100 %iger Kapazitätsauslastung von 8 000 Maschinenstunden im Monat 50 000,00 EUR
         betragen, davon sind 38 000,00 EUR variable Kosten. Die Basisplanbeschäftigung wird für
         alternative Berechnungen mit 70 % Kapazitätsauslastung angesetzt. Die effektive Maschi-
         nenauslastung der Fertigungsstelle beträgt 6 400 Maschinenstunden, die Istkosten belaufen
         sich dabei auf 40 000,00 EUR.

Aufgaben:

Berechnen Sie

3.1 die verrechneten Plankosten bei Istbeschäftigung,

3.2 die Sollkosten bei Istbeschäftigung,

3.3 die Beschäftigungsabweichung,

3.4 die Verbrauchsabweichung!

4. Für eine Kostenstelle werden bei einer Basisplanbeschäftigung von 360 Einheiten Plankosten in Höhe von 41 400,00 EUR, davon 23 400,00 EUR variable Kosten, vorgegeben. Die tatsächliche Beschäftigung beträgt 300 Einheiten. Dabei werden 38 000,00 EUR Kosten verbraucht.

Aufgaben:

Ermitteln Sie für diese Kostenstelle:

4.1 die Verbrauchsabweichung,

4.2 die Beschäftigungsabweichung,

4.3 die Gesamtabweichung!

5. In einer Kostenstelle betragen die gesamten Plankosten für die Basisplanbeschäftigung 21 000,00 EUR. Darin sind 7 500,00 EUR Fixkosten enthalten. Die variablen Stückkosten betragen 9,00 EUR pro Einheit.

Aufgaben:

5.1 Ermitteln Sie die Basisplanbeschäftigung!

5.2 Tatsächlich wurde eine Beschäftigung von 1 100 Stück erreicht. Dabei wurden 17 845,00 EUR Kosten verbraucht. Errechnen und interpretieren Sie:

    5.2.1 die Verbrauchsabweichung,

    5.2.2 die Beschäftigungsabweichung!

33 Speth u.a. - ISBN 978-3-8120-0261-5

1 Buchungen beim Einkauf von Werkstoffen und Handelswaren[1]

Das **bestandsrechnerische Verfahren** ist dann anzuwenden, wenn die eingekauften Werkstoffe und Handelswaren zunächst auf Lager genommen werden. In diesem Fall stellen die Werkstoffe und Handelswaren Vermögen dar und müssen daher auf einem **Vermögenskonto (Aktivkonto)** gebucht werden.

Es stehen die folgenden Bestandskonten zur Verfügung:

- 2000 Rohstoffe
- 2010 Vorprodukte
- 2020 Hilfsstoffe
- 2030 Betriebsstoffe
- 2280 Waren

Beispiele:

Nr.	Geschäftsvorfälle	Konten	Soll	Haben
1.	Einkauf von Rohstoffen auf Ziel 10 500,00 EUR zuzüglich 19 % USt	2000 Rohstoffe 2600 Vorsteuer an 4400 Verb. a. Lief. u. Leist.	10 500,00 1 995,00	 12 495,00
2.	Einkauf von Hilfsstoffen bar 5 250,00 EUR zuzüglich 19 % USt	2020 Hilfsstoffe 2600 Vorsteuer an 2880 Kasse	5 250,00 997,50	 6 247,50
3.	Einkauf von Betriebsstoffen gegen Bankscheck 1 750,00 EUR zuzüglich 19 % USt	2030 Betriebsstoffe 2600 Vorsteuer an 2800 Bank	1 750,00 332,50	 2 082,50
4.	Einkauf von Waren auf Ziel 4 350,00 EUR zuzüglich 19 % USt	2280 Waren 2600 Vorsteuer an 4400 Verb. a. Lief. u. Leist.	4 350,00 826,50	 5 176,50

2 Erfassung des Werkstoffverbrauchs

Die Verbrauchsermittlung kann auf indirektem und direktem Wege erfolgen.

Indirekte Verbrauchsermittlung (Inventurverfahren)

Beispiel:[2]

Anfangsbestand auf dem Konto 2000 Rohstoffe 35 000,00 EUR, Zieleinkauf von Rohstoffen insgesamt 80 000,00 EUR, Schlussbestand an Rohstoffen lt. Inventur 50 000,00 EUR.

Aufgaben:
1. Berechnen Sie den Verbrauch von Rohstoffen!
2. Stellen Sie den Buchungsablauf auf Konten dar und bilden Sie die Buchungssätze!

---

1 Das bestandsrechnerische Verfahren betrifft nur den Einkaufsbereich.

2 Die dargestellten Buchungen bei der Beschaffung und der Verbrauchserfassung von Rohstoffen gelten selbstverständlich in gleicher Weise auch für den Einkauf und die Verbrauchserfassung von Hilfsstoffen, Betriebsstoffen, Vorprodukten und Handelswaren.

Lösungen:

Zu 1.: Berechnung des Verbrauchs von Rohstoffen

	Anfangsbestand an Rohstoffen	35 000,00 EUR
+	Zieleinkäufe von Rohstoffen	80 000,00 EUR
	Zwischensumme	115 000,00 EUR
−	Schlussbestand an Rohstoffen lt. Inventur	50 000,00 EUR
=	Verbrauch von Rohstoffen	65 000,00 EUR

Zu 2.: Buchungsablauf

Buchungen auf den Konten

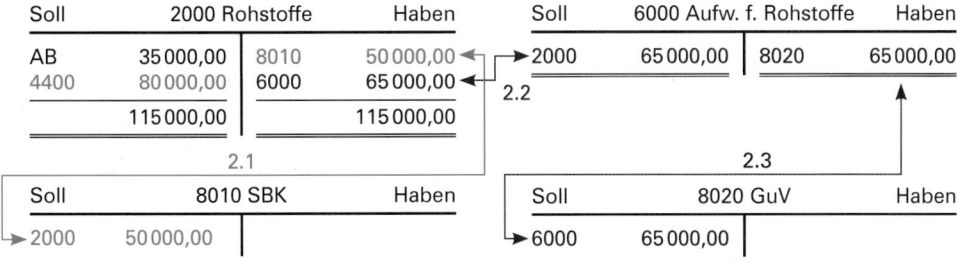

Buchungssätze:

Der Übersicht wegen gehen wir davon aus, dass der Rohstoffeinkauf bereits gebucht ist. Die Buchungen beziehen sich daher nur auf den Verbrauch von Rohstoffen und den Abschluss der beiden Rohstoffkonten.

Nr.	Geschäftsvorfälle	Konten	Soll	Haben
2.1	Buchung des durch Inventur ermittelten Schlussbestands von 50 000,00 EUR	8010 SBK an 2000 Rohstoffe	50 000,00	50 000,00
2.2	Ermittlung und Buchung des auf dem Konto 2000 Rohstoffe verbleibenden Saldos von 65 000,00 EUR	6000 Aufw. f. Rohstoffe an 2000 Rohstoffe	65 000,00	65 000,00
2.3	Abschluss des Kontos 6000 Aufwendungen für Rohstoffe	8020 GuV an 6000 Aufw. f. Rohstoffe	65 000,00	65 000,00

Bei der **indirekten Verbrauchsermittlung** wird zuerst der Schlussbestand ermittelt und gebucht. Der danach verbleibende Saldo auf dem Werkstoffkonto stellt den **Werkstoffverbrauch** dar.

Anfangsbestand + Zugänge − Schlussbestand lt. Inventur = Abgänge (Verbrauch)

Direkte Verbrauchsermittlung (Skontrationsmethode)

Bei der direkten Verbrauchsermittlung wird der Verbrauch an Werkstoffen jeweils sofort beim Übergang der Rohstoffe und Fertigteile vom Lager in den Fertigungsbetrieb gebucht. Die Erfassung erfolgt aufgrund von Entnahmescheinen, ohne die der Lagerverwalter keine Werkstoffe für die Fertigung bzw. Handelswaren für den Verkauf ausgibt.

Beispiel:

Anfangsbestand auf dem Konto 2000 Rohstoffe 35 000,00 EUR, Zieleinkauf von Rohstoffen 80 000,00 EUR, Verbrauch von Rohstoffen lt. Materialentnahmescheinen 65 000,00 EUR.

Aufgaben:

1. Berechnen Sie den Schlussbestand!
2. Stellen Sie den Buchungsablauf auf Konten dar und bilden Sie die Buchungssätze!

Lösungen:

Zu 1.: Berechnung des Schlussbestands

Anfangsbestand an Rohstoffen	35 000,00 EUR
+ Zieleinkäufe von Rohstoffen	80 000,00 EUR
= Zwischensumme	115 000,00 EUR
− Abgänge (Verbrauch) von Rohstoffen	65 000,00 EUR
= Errechneter Schlussbestand an Rohstoffen	50 000,00 EUR

Zu 2.: Buchungsablauf

Buchungen auf den Konten

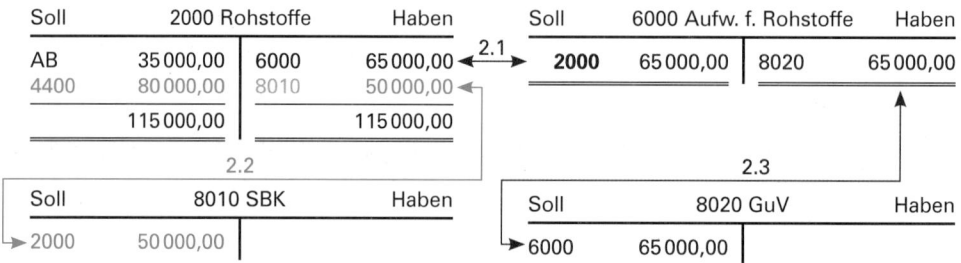

Buchungssätze

Nr.	Geschäftsvorfälle	Konten	Soll	Haben
2.1	Rohstoffverbrauch lt. Materialent-nahmescheinen 65 000,00 EUR	6000 Aufw. f. Rohstoffe an 2000 Rohstoffe	65 000,00	65 000,00
2.2	Abschluss des Kontos 2000 Roh-stoffe (errechneter Schlussbestand 50 000,00 EUR)	8010 SBK an 2000 Rohstoffe	50 000,00	50 000,00
2.3	Abschluss des Kontos 6000 Auf-wendungen für Rohstoffe (65 000,00 EUR)	8020 GuV an 6000 Aufw. f. Rohstoffe	65 000,00	65 000,00

Bei der **direkten Verbrauchsermittlung** wird der jeweilige Verbrauch direkt bei der Entnahme vom Lager gebucht. Der verbleibende Saldo auf dem Werkstoffkonto stellt dann den **Schlussbestand** dar, der durch die Inventur überprüft wird.

Anfangsbestand + Zugänge − Verbrauch lt. Entnahmescheinen = Schlussbestand

Übungsaufgaben

Hinweis: Buchen Sie alle nachfolgenden Aufgaben nach dem bestandsrechnerischen Verfahren!

292 1. Wir kaufen Waren auf Ziel netto   1 350,00 EUR
   + 19 % USt   256,50 EUR   1 606,50 EUR

2. Kauf von Rohstoffen gegen Bankscheck netto   3 198,00 EUR
   + 19 % USt   607,62 EUR   3 805,62 EUR

3. Kauf von Fremdbauteilen bar netto   7 479,00 EUR
   + 19 % USt   1 421,01 EUR   8 900,01 EUR

4. Wir verkaufen Waren bar netto   10 391,20 EUR
   + 19 % USt   1 974,33 EUR   12 365,53 EUR

5. Verkauf von Erzeugnissen auf Ziel netto   6 220,00 EUR
   + 19 % USt   1 181,80 EUR   7 401,80 EUR

6. Kauf von Hilfsstoffen gegen Rechnung netto   917,00 EUR
   + 19 % USt   174,23 EUR   1 091,23 EUR

7. Banküberweisung an einen Lieferer zum Ausgleich der
   Rechnung (vgl. Fall 6)   1 091,23 EUR

8. Kauf von Betriebsstoffen bar netto   778,00 EUR
   + 19 % USt   147,82 EUR   925,82 EUR

293 **I. Anfangsbestände:**

2000 Rohstoffe 112 500,00 EUR; 2020 Hilfsstoffe 45 000,00 EUR; 2030 Betriebsstoffe 22 500,00 EUR.

II. Kontenplan:

2000, 2020, 2030, 6000, 6020, 6030, 8010, 8020.

III. Geschäftsvorfälle:

1. Einkauf von Rohstoffen auf Ziel 23 625,00 EUR
2. Bareinkauf von Betriebsstoffen 3 525,00 EUR.
3. Einkauf von Hilfsstoffen auf Ziel 11 700,00 EUR.
4. Verbrauch von Betriebsstoffen aufgrund von Entnahmescheinen 4 500,00 EUR.

IV. Schlussbestände lt. Inventur:

2000 Rohstoffe 60 000,00 EUR; 2020 Hilfsstoffe 37 500,00 EUR.

V. Aufgaben:

1. Richten Sie die drei Werkstoffkonten, die entsprechenden Aufwandskonten und die entsprechenden Abschlusskonten ein und tragen Sie die vorgegebenen Anfangsbestände ein!

2. Bilden Sie zu den vier Geschäftsvorfällen die Buchungssätze und tragen Sie die entsprechenden Werte auf den Konten ein, wobei die Gegenkonten zu den Werkstoffeinkäufen angegeben, aber nicht eingerichtet werden sollen!

3. Buchen Sie die angegebenen Schlussbestände und die ermittelten Verbrauchswerte für die Konten 2000 Rohstoffe und 2020 Hilfsstoffe!

4. Ermitteln Sie für die Betriebsstoffe den Schlussbestand und buchen Sie diesen!

5. Schließen Sie die Werkstoff-Aufwandskonten über das GuV-Konto ab!

294 Einzelne Konten in einem Industriebetrieb weisen die folgenden Werte auf:

S	2000 Rohstoffe	H		S	6000 Aufw. für Rohstoffe	H
AB	85 910,00			2000	92 500,00	
4000	78 650,00					

S	2010 Vorprodukte	H		S	6010 Aufw. für Vorprodukte	H
AB	22 425,00					
4000	7 835,00					

S	2020 Hilfsstoffe	H		S	6020 Aufw. für Hilfsstoffe	H
AB	48 650,00					
2880	36 280,00					

Schlussbestände lt. Inventur:

2010 Vorprodukte   12 950,00 EUR
2020 Hilfsstoffe   50 730,00 EUR

Aufgabe:

Schließen Sie die Konten über die entsprechenden Abschlusskonten ab!

3 Besonderheiten bei der Beschaffung von Werkstoffen und Handelswaren beim bestandsrechnerischen Verfahren

3.1 Buchhalterische Behandlung von Sofortnachlässen

Nachlässe, die sofort bei Rechnungsstellung gewährt werden, vermindern den Anschaffungspreis. Sie erscheinen in der Buchführung nicht. Gebucht wird der verminderte Einkaufspreis (Anschaffungskosten).

Nr.	Geschäftsvorfälle		Konten	Soll	Haben
1.	Wareneinkauf auf Ziel	2 000,00 EUR			
	− 10 % Mengenrabatt	200,00 EUR			
		1 800,00 EUR	2280 Waren	1 800,00	
	+ 19 % USt	342,00 EUR	2600 Vorsteuer	342,00	
		2 142,00 EUR	an 4400 Verb. a. L. u. L.		2 142,00
2.	Kauf von Rohstoffen auf Ziel	1 400,00 EUR			
	− 20 % Sonderrabatt	280,00 EUR			
		1 120,00 EUR	2000 Rohstoffe	1 120,00	
	+ 19 % USt	212,80 EUR	2600 Vorsteuer	212,80	
		1 332,80 EUR	an 4400 Verb. a. L. u. L.		1 332,80

Sofortnachlässe, die der Lieferer gewährt, werden **nicht gebucht.** Sie sind nicht Bestandteil der zu buchenden **Anschaffungskosten.**

3.2 Buchung von Bezugskosten

Die Bezugskosten, die dem Käufer zusätzlich in Rechnung gestellt werden, sind Bestandteil der Anschaffungskosten. Sie können direkt auf dem jeweiligen Stoffkonto bzw. Warenkonto gebucht werden. Um die Bezugskosten für die Kalkulation leichter erfassen zu können, werden sie jedoch zunächst auf einem gesonderten Konto erfasst. Man will wissen, wie hoch der reine Warenwert und wie hoch die Nebenkosten sind.

Der Kontenrahmen sieht für das Konto Waren und für jedes Werkstoffkonto ein gesondertes Bezugskostenkonto vor. Beim bestandsrechnerischen Verfahren sind diese Konten bei dem entsprechenden Bestandskonto in der Kontenklasse 2 eingefügt.

2001 Bezugskosten (für Rohstoffe)	2031 Bezugskosten (für Betriebsstoffe)
2011 Bezugskosten (für Vorprodukte)	2281 Bezugskosten (für Waren)
2021 Bezugskosten (für Hilfsstoffe)	

Nr.	Geschäftsvorfälle	Konten	Soll	Haben
1.	Buchung der Bezugskosten Wareneinkauf auf Ziel, netto · 1 500,00 EUR + Verpackung · 50,00 EUR + Fracht · 150,00 EUR · 1 700,00 EUR + 19 % USt · 323,00 EUR · 2 023,00 EUR	2280 Waren 2281 Bezugskosten 2600 Vorsteuer an 4400 Verb. a. L. u. L.	1 500,00 200,00 323,00	2 023,00
2.	Kauf von Vorprodukten auf Ziel netto · 850,00 EUR + Verpackung · 40,00 EUR + Fracht · 70,00 EUR · 960,00 EUR + 19 % USt · 182,40 EUR · 1 142,40 EUR	2010 Vorprodukte 2011 Bezugskosten 2600 Vorsteuer an 4400 Verb. a. L. u. L.	850,00 110,00 182,40	1 142,40
3.	Abschluss der verschiedenen Bezugskostenkonten über das jeweilige Hauptkonto	2280 Waren an 2281 Bezugskosten 2010 Vorprodukte an 2011 Bezugskosten	200,00 110,00	200,00 110,00

- ▪ Das Konto Bezugskosten stellt ein Unterkonto des jeweiligen Werkstoffkontos bzw. Warenkontos dar.
- ▪ Das Konto Bezugskosten wird über das jeweilige Hauptkonto abgeschlossen.

3.3 Rücksendungen an den Lieferer

Ausgangssituation: Folgende Eingangsrechnung für einen Einkauf von Waren auf Ziel wurde bereits bei uns gebucht.

Warenwert	15 000,00 EUR
+ 19 % USt	2 850,00 EUR
= Rechnungsbetrag	17 850,00 EUR

Geschäftsvorfall: Von der Warenlieferung senden wir Ware an den Lieferer zurück (Falschlieferung). Warenwert 500,00 EUR zuzüglich 19 % USt.

Aufgaben:
1. Buchen Sie den Geschäftsvorfall auf Konten!
2. Bilden Sie den Buchungssatz!

Lösungen:

Zu 1.: Buchung auf den Konten

S	2280 Waren		H		S	4400 Verb. a. Lief. u. Leist.		H
4400	15 000,00	4400	500,00		2280/2600	595,00	2280/2600	17 850,00

S	2600 Vorsteuer		H
4400	2 850,00	4400	95,00

Zu 2.: Buchungssatz

Geschäftsvorfall	Konten	Soll	Haben
Von der bereits gebuchten Warenlieferung schicken wir Waren zurück. Nettowert 500,00 EUR + 19 % USt 95,00 EUR Bruttowert 595,00 EUR	4400 Verb. a. Lief. u. Leist. an 2280 Waren an 2600 Vorsteuer	595,00	500,00 95,00

Erklärungen zum Geschäftsvorfall:

Durch die Warenrücksendung nimmt der ursprünglich gebuchte Bruttowert der Eingangsrechnung um den Bruttowert der Rücksendung ab. Daher erfolgt eine **Sollbuchung auf dem Konto 4400 Verbindlichkeiten aus Lieferungen und Leistungen** in Höhe von 595,00 EUR.

Auch der ursprünglich auf dem Bestandskonto gebuchte Warenwert für die Handelswaren nimmt ab, und zwar um den Nettowert der Rücksendung in Höhe von 500,00 EUR. Deshalb erfolgt eine entsprechende **Habenbuchung auf dem Konto 2280 Waren.**

Da sich durch die Rücksendung die ursprüngliche Berechnungsgrundlage für die Umsatzsteuer um 500,00 EUR gemindert hat, muss auch die ursprünglich ausgewiesene Vorsteuer um den darauf entfallenden Anteil von 95,00 EUR korrigiert werden. Daher erfolgt eine **Habenbuchung auf dem Konto 2600 Vorsteuer.**

Die **Rücksendung von Werkstoffen** wird in der gleichen Weise gebucht:

Geschäftsvorfall	Konten	Soll	Haben
Rücksendung beschädigter Rohstoffe an den Lieferer. Warenwert 2 100,00 EUR + 19 % USt 399,00 EUR 2 499,00 EUR	4400 Verbindl. a. L. u. L. an 2000 Rohstoffe an 2600 Vorsteuer	2 499,00	2 100,00 399,00

3.4 Nachträgliche Preisänderungen bei Eingangsrechnungen

Überblick

Neben den Preisänderungen, die sofort bei Rechnungserteilung berücksichtigt werden, gibt es im Einkaufsbereich auch Preisänderungen, die **nach** der Buchung einer Eingangsrechnung auftreten. Als nachträglich gewährte Preisnachlässe kommen infrage:

- Preisnachlass des Lieferers aufgrund unserer Reklamationen **(Mängelrüge)**,
- Gewährung eines Umsatzbonus durch den Lieferer **(Liefererboni)**,
- Inanspruchnahme von Skonto bei der Zahlung **(Liefererskonti)**.

Gewährt uns der Lieferer nachträglich einen Preisnachlass, so mindert dies die bereits gebuchten Anschaffungskosten der Werkstoffe bzw. Handelswaren. Die Preisnachlässe können direkt auf die betreffenden Bestandskonten gebucht werden. Um die Nachlässe später noch feststellen zu können, werden sie jedoch zunächst auf einem Unterkonto des betreffenden Bestandskontos gebucht. Beim bestandsrechnerischen Verfahren sind diese Konten bei den entsprechenden Bestandskonten in der Kontenklasse 2 einzurichten.

2002 Nachlässe (für Rohstoffe)   2032 Nachlässe (für Betriebsstoffe)
2012 Nachlässe (für Vorprodukte)   2282 Nachlässe (für Waren)
2022 Nachlässe (für Hilfsstoffe)

Buchung einer Lieferergutschrift wegen Mängelrüge

Gewährt uns der Lieferer aufgrund unserer Mängelrüge **nachträglich** einen Preisnachlass, so mindert dies die Anschaffungskosten der eingekauften Werkstoffe bzw. Handelswaren, die Höhe der Vorsteuer und die Verbindlichkeiten.

> **Beispiel:**
>
> **Ausgangs-** | Folgende Eingangsrechnung für einen Einkauf von Waren wurde bereits
> **situation:** | bei uns gebucht: Warenwert 1 200,00 EUR zuzüglich 19 % USt!
>
> **Geschäftsvorfall:** Aufgrund unserer Reklamation erhalten wir vom Lieferer eine Gutschrift über 300,00 EUR zuzüglich 19 % USt.
>
> **Aufgaben:**
> 1. Buchen Sie den Geschäftsvorfall auf Konten und schließen Sie das Konto 2282 ab!
> 2. Bilden Sie die Buchungssätze!

Lösungen:

Zu 1.: Buchung auf den Konten und Abschluss des Kontos 2282

S	2280 Waren		H
4400	1 200,00	2282	300,00

S	2282 Nachlässe		H
2280	300,00	4400	300,00

S	2600 Vorsteuer		H
4400	228,00	4400	57,00

S	4400 Verbindl. a. Lief. u. Leist.		H
2282/2600	357,00	2280/2600	1 428,00

521

Zu 2.: Buchungssätze

Geschäftsvorfall	Konten	Soll	Haben
Wir erhalten eine Gutschrift aufgrund unserer Reklamation in Höhe von 300,00 EUR zuzüglich 19 % USt.	4400 Verbindl. a. L. u. L. an 2282 Nachlässe an 2600 Vorsteuer	357,00	300,00 57,00
Abschluss des Unterkontos 2282 Nachlässe	2282 Nachlässe an 2280 Waren	300,00	300,00

Buchung von Liefererboni

Um treue Kunden zu belohnen, gewähren Lieferer beim Erreichen einer bestimmten Umsatzhöhe häufig Umsatzrückvergütungen. Dieser nachträgliche Preisnachlass wird Umsatzbonus (kurz: Bonus) genannt. Der Bonus ist somit ein Mengen- oder Treuerabatt. Die uns von Lieferern gewährten Boni mindern nachträglich die Anschaffungskosten der eingekauften Werkstoffe bzw. Handelswaren und werden damit ebenfalls auf dem Konto Nachlässe gebucht. Durch die nachträgliche Preisminderung muss die erfasste Vorsteuer um den auf den Bonus entfallenden Steueranteil korrigiert werden.

Geschäftsvorfall	Konten	Soll	Haben
Der Rohstoff-Lieferer gewährt uns einen Umsatzbonus in Form folgender Gutschrift Umsatzrückvergütung (Bonus) 700,00 EUR + 19 % USt 133,00 EUR Gutschriftsbetrag 833,00 EUR	4400 Verbindl. a. L. u. L. an 2002 Nachlässe an 2600 Vorsteuer	833,00	700,00 133,00

Gutschriften des Lieferers aufgrund einer Mängelrüge sowie Umsatzboni des Liefe-rers werden auf dem Unterkonto Nachlässe des betreffenden Bestandskontos auf der Habenseite gebucht. Beide Fälle führen daher zum gleichen Buchungssatz.

Liefererskonti

Werden Liefererrechnungen unter Skontoabzug gezahlt, ist der Skonto auf dem Unter-konto **„Nachlässe"** zu erfassen, das dem entsprechenden Werkstoff- oder Warenkonto zugeordnet ist.

- ■ Werden z. B. **Liefererrechnungen für Rohstoffeinkäufe** mit Skontoabzug gezahlt, ist der Skon-to auf dem Unterkonto **2002** zu erfassen.
- ■ Werden z. B. **Liefererrechnungen für Einkäufe von Handelswaren** mit Skontoabzug gezahlt, ist der Skonto auf dem Unterkonto **2282** zu buchen.

Beispiel:

Wir bezahlen eine Liefererrechnung für Rohstoffe über	5 950,00 EUR
unter Abzug von 2 % Skonto	– 119,00 EUR
Banküberweisung	5 831,00 EUR

Aufgaben:

1. Buchen Sie den Geschäftsvorfall auf Konten und schließen Sie das Konto 2002 Nachlässe ab!
2. Bilden Sie die Buchungssätze!

Lösungen:

Zu 1.: Buchung auf den Konten und Abschluss des Kontos 2002

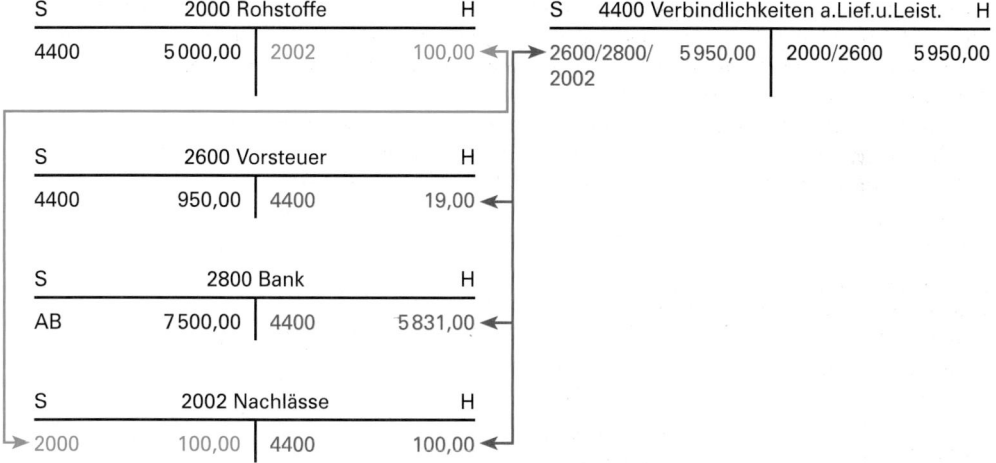

Zu 2.: Buchungssätze

Geschäftsvorfälle	Konten	Soll	Haben
Zahlung der Eingangsrechnung mit Skontoabzug			
Wir bezahlen eine Liefererrechnung für Rohstoffe über 5 950,00 EUR unter Abzug von 2 % Skonto 119,00 EUR durch Banküberweisung 5 831,00 EUR	4400 Verbindl. a. L. u. L. an 2800 Bank an 2002 Nachlässe an 2600 Vorsteuer	5 950,00	5 831,00 100,00 19,00
Abschluss des Unterkontos 2002 Nachlässe	2002 Nachlässe an 2000 Rohstoffe	100,00	100,00

Zur Berechnung der Steuerberichtigung:

Der Skontoabzug in Höhe von 119,00 EUR stellt eine nachträgliche Preisminderung dar, die eine Korrektur der ursprünglich gebuchten Vorsteuer nach sich ziehen muss. Da der Skontobetrag vom Bruttowert der Eingangsrechnung berechnet wird, ist der Korrekturbetrag in diesem Skontobetrag enthalten (Skonto $\triangleq$ 119 %).

Übungsaufgaben

Hinweis: Buchen Sie alle nachfolgenden Aufgaben nach dem bestandsrechnerischen Verfahren!

295   Ein Industrieunternehmen erhält für einen Rohstoffeinkauf folgende Rechnung:

Listeneinkaufspreis	1 250,00 EUR
− 25 % Liefererrabatt	312,50 EUR
	937,50 EUR
− 3 % Jubiläumsrabatt	28,13 EUR
	909,37 EUR
+ 19 % USt	172,78 EUR
Rechnungspreis	1 082,15 EUR

Aufgabe:
Bilden Sie den Buchungssatz für die vorliegende Eingangsrechnung!

296   Einer Möbelgroßhandlung liegt folgende Eingangsrechnung vor:

5 Bürotische zu je 950,00 EUR	4 750,00 EUR
− 20 % Händlerrabatt	950,00 EUR
	3 800,00 EUR
+ Fracht	320,00 EUR
+ Verpackung	90,00 EUR
+ Transportversicherung	47,50 EUR
	4 257,50 EUR
+ 19 % USt	808,93 EUR
Rechnungsbetrag	5 066,43 EUR

Aufgabe:
Bilden Sie den Buchungssatz für die vorliegende Eingangsrechnung!

297   Buchen Sie für einen Industriebetrieb die folgenden Geschäftsvorfälle im Grundbuch!

1.   Der Lieferer sendet uns eine Gutschrift für zurückgesandte Hilfsstoffe zu:

Warenwert	350,00 EUR
+ 19 % USt	66,50 EUR
Gutschrift	416,50 EUR

2.   Unser Betriebsstoffe-Lieferer gewährt uns am Jahresende einen Bonus in Höhe von 820,00 EUR zuzüglich 19 % USt.

3.   Formulieren Sie zu dem folgenden Buchungssatz den Geschäftsvorfall!

4400 Verbindl. a. Lief. u. Leist.	172,55 EUR
an 2010 Vorprodukte	145,00 EUR
an 2600 Vorsteuer	27,55 EUR

4.   Wir senden Leihverpackung für Rohstoffe zurück und erhalten eine Gutschrift von 85,00 EUR zuzüglich 19 % USt.

5.   Wir senden Fertigteile wegen Beschädigung zurück:

Warenwert	4 120,00 EUR	
+ 19 % USt	782,80 EUR	4 902,80 EUR

6.   6.1 Das Industrieunternehmen erhält von einem Lieferer eine Rechnung über bezogene Betriebsstoffe in Höhe von 1 760,00 EUR zuzüglich 19 % USt.

6.2 Am Zahlungstermin begleicht das Unternehmen die Rechnung unter Abzug von 2 % Skonto mit Bankscheck.

7. 7.1 Das Industrieunternehmen erhält von einem Lieferer eine Rechnung über bezogene Waren in Höhe von 4 150,00 EUR zuzüglich 19 % USt.

    7.2 Am Zahlungstermin begleicht das Unternehmen die Rechnung unter Abzug von 3 % Skonto mit Banküberweisung.

298 Bilden Sie zu den nachfolgenden vier Geschäftsvorfällen die Buchungssätze!

1. Wir kaufen Betriebsstoffe im Gesamtwert von 2 150,00 EUR zuzüglich 19 % USt gegen Rechnung.

2. Nach Buchung und Überprüfung der Sendung wird ein Teil der Betriebsstoffe wegen Qualitätsmängeln zurückgesandt, netto 430,00 EUR.

3. Wir kaufen Hilfsstoffe auf Ziel lt. ER 689 im Warenwert von 2 900,00 EUR zuzüglich 19 % USt.

4. Einen Teil der bereits gebuchten Hilfsstoffe senden wir wegen Beschädigung zurück. Warenwert 480,00 EUR zuzüglich 19 % USt.

5. Wie ist der Geschäftsvorfall „Rücksendungen von Handelswaren an den Lieferer" zu buchen?

    ① 4400 Verbindl. a. Lief. u. Leist.   an 2280 Waren
                                             an 4800 Umsatzsteuer

    ② 4400 Verbindl. a. Lief. u. Leist.   an 2280 Waren
                                             an 2600 Vorsteuer

    ③ 2280 Waren
       2600 Vorsteuer   an 4400 Verbindl. a. Lief. u. Leist.

Übertragen Sie die entsprechende Ziffer als Lösung in Ihr Hausheft!

299

EINKAUFSFACHVERBAND BAYERN GMBH   85221 DACHAU, ISARSTRASSE 15 – 18

Fahrrad-Center
Fritz Schnell e. Kfm.
Kantstraße 25
35394 Gießen

Eingegangen am 9. Juli 20 .. Fritz Schnell

Sehr geehrter Herr Schnell,

wir bestätigen die Rücksendung von zwei Rennrädern wegen Qualitätsmangel

Warenwert	995,80 EUR
+ 19 % USt	189,20 EUR
= Gesamtwert	1 185,00 EUR

Bitte nehmen Sie eine entsprechende Verrechnung in Ihrer Buchführung vor.

Mit freundlichen Grüßen
ppa. *Dreher*

      Sitz der Gesellschaft: Dachau   Registergericht Dachau, HRB 51   Steuer-Nr.: 220/3456

Aufgabe:

Bilden Sie den Buchungssatz für die Warenrücksendung aus der Sicht des Fahrrad-Centers Fritz Schnell e. Kfm.!

300 Am Monatsende ergeben sich bei einem Industriebetrieb folgende Werte:

S	2000 Rohstoffe	H	S	6000 Aufwendungen für Rohstoffe	H
AB	81 400,00				

S	2001 Bezugskosten	H	S	2002 Nachlässe	H
Su	2 100,00			Su	1 700,00

Der Inventurbestand der Rohstoffe beträgt 21 500,00 EUR.

Aufgaben:

1. Richten Sie zusätzlich die Konten 8010 SBK und 8020 GuV ein, schließen Sie die Konten ab und bilden Sie die Buchungssätze!

2. Berechnen Sie den Rohstoffverbrauch!

301 Bilden Sie die Buchungssätze aus der Sicht der Sprinz GmbH!

1. Für die Eingangsrechnung!

2. Für die Zahlung innerhalb von 8 Tagen unter Abzug von 2 % Skonto per Bankscheck!

KERAMIK WERKSTATT · 56235 Ransbach-Baumbach

Glasfabrik Sprinz GmbH
Erfurter Str. 10 – 14
10825 Berlin

Rechnung

Kd.-Nr.	L.-Datum	R.-Nr.	R.-Datum
11 737	20.07.20..	0727	27.07.20..

Ihr Auftrag vom 27. Juni 20..   Restlieferung   Versand unfrei

Art.-Nr.	Artikel-Bezeichnung	Menge	E-Preis	EUR-Betrag
55	Brottopf flach	1	98,50	98,50
54	Brottopf neu	1	78,50	78,50
27	Käseglocke	1	40,50	40,50
19	Seidel mit Deckel	1	34,50	34,50
14	Becher	12	5,00	60,00
60	Krügchen	12	4,50	54,00

Warenwert	Fracht	Verpackung	EUR-Betrag	MWSt %	MWSt EUR	Rechn.-Betrag
366,00	20,90	7,20	394,10	19	74,88	468,98

Zahlbar innerhalb von 8 Tagen mit 2 % Skonto oder 30 Tage rein netto

Sie sparen   9,38

Sitz der Gesellschaft: Ransbach-Baumbach Registergericht: Ransbach-Baumbach, HRB 510 St.-Nr.: 771/5081 224

Anhang 2: Beleggeschäftsgang zur Vorbereitung auf schriftliche Abschlussprüfungen

1 Modellunternehmen

1.1 Daten des Modellunternehmens[1]

Firma **Geschäftszweck** **Geschäftssitz** **Registergericht**	Heinrich KG Herstellung und Vertrieb von Büromöbeln und Bürozubehör Rahlstedter Str. 144, 22143 Hamburg Amtsgericht Hamburg HRA 1101 Steuernummer: 27/430/0027 USt.-Id.-Nummer: DE 686093911 Die Heinrich KG ist Mitglied des Arbeitgeberverbandes. Der Tarifvertrag findet Anwendung.
Gesellschafter	Komplementärin: Gerda Heinrich Kommanditistin: Monika Heinrich Kommanditist: Peter Heinrich
Telefon – Telefax **Homepage** **E-Mail**	☎ 040 6724-0 Fax: 040 6724-587 www.hamburg.heinrich.de info@hamburg.heinrich.de
Bankverbindung	Hamburger Sparkasse IBAN DE80200505500100108800 BIC HASPDEHHXXX Hamburger Volksbank eG IBAN DE92201900030064069754 BIC GENODEF1HH2
Mitarbeiter/-innen	230 Beschäftigte, davon 10 Auszubildende Ein Betriebsrat und eine Jugend- und Auszubildendenvertretung sind eingerichtet.
Auszug aus dem Absatzprogramm	**Produktionsprogramm (Eigene Erzeugnisse)** ▪ Schreibtische ▪ Aktenschränke, -regale ▪ Rollcontainer ▪ Bürostühle ▪ Konferenztische ▪ Konferenzstühle Produktgruppe 1 Echtholz in den Ausführungen Buche, Ahorn und Eiche Produktgruppe 2 Kunststoffbeschichtung in verschiedenen Farben **Dienstleistungen** ▪ Montage der ▪ Entsorgung von Altmöbeln gelieferten Möbel **Handelswaren** ▪ Aktenvernichter ▪ Telefonschwenkarme ▪ Schreibtischlampen ▪ Pinnwände ▪ Flipcharts ▪ PC-/TV-/Hifi-Möbel
Fertigungsart	Einzel- und Serienfertigung, Reihen- und Werkstättenfertigung

---

1   Quelle: ZPA Nord-West (leicht modifiziert).

Stoffe/Vorprodukte	
Rohstoffe	Holz, Edelstahlbleche, Aluminium-, Kunststoff- und Glasteile
Hilfsstoffe	Schrauben, Nägel, Kleinteile, Farben, Kitt, Stoffe
Betriebsstoffe	Strom, Wasser, Heizöl, Gas, Schmierstoffe
Vorprodukte	Türschlösser, Türknöpfe, Griffe aus Holz und Kunststoff
Geschäftsjahr	1. Januar bis 31. Dezember

1.2 Auszug aus dem Kontenplan der Heinrich KG

Debitoren

24001   Gertrud Brandt KG, Hamburg
24002   Junges Wohnen GmbH, Bremen
24003   Möblix GmbH, Berlin
24004   Westmoor KG, Blomberg
24005   Büroausstatter Winter OHG, München
24006   Brandes GmbH & Co. KG, Leipzig
24007   Innovation AG, Dresden
24008   Weyermann & Söhne KG, Lenningen
24009   Bleibtreu GmbH, Mönchengladbach
24099   Sonstige Kunden

Kreditoren

44001   Bernhard Müller OHG, Buchloe
44002   Lenz KG, Nürnberg
44003   Naturholz AG, Augsburg
44004   Voth Maschinenbau OHG, Altdorf
44005   Schraubenspezialist Müller e.K., Braunlage
44006   Holzschutz-, Lack- und Leimwerke AG, Berlin
44007   Blitz-Spedition GmbH, Rellingen
44008   Franz Meyer e.K., Hamburg
44009   Bürotec GmbH, Berlin
44099   Sonstige Lieferanten und Dienstleister

Bankverbindungen

2800   Hamburger Sparkasse
2850   Hamburger Volksbank

Kapital

3000   Kapital Gerda Heinrich
3001   Privatkonto Gerda Heinrich
3070   Kapital Peter Heinrich
3080   Kapital Monika Heinrich

Die übrigen Konten stimmen mit dem in diesem Lehrbuch verwendeten Kontenrahmen überein.

2 Beleggeschäftsgang

Zur Vorbereitung auf die Prüfung wird im Folgenden ein Beleggeschäftsgang mit dem Modellunternehmen Heinrich KG vorgegeben. Für den Beleggeschäftsgang gilt die nachfolgende Aufgabenstellung.

Aufgaben:

1. Formulieren Sie auf der Grundlage der Belege den jeweils zugrunde liegenden Geschäftsvorfall!

2. Bilden Sie die Buchungssätze für die Heinrich KG, Rahlstedter Str. 144, 22143 Hamburg!

Beschaffungswirtschaft (Belege 1–7)

Beleg 1

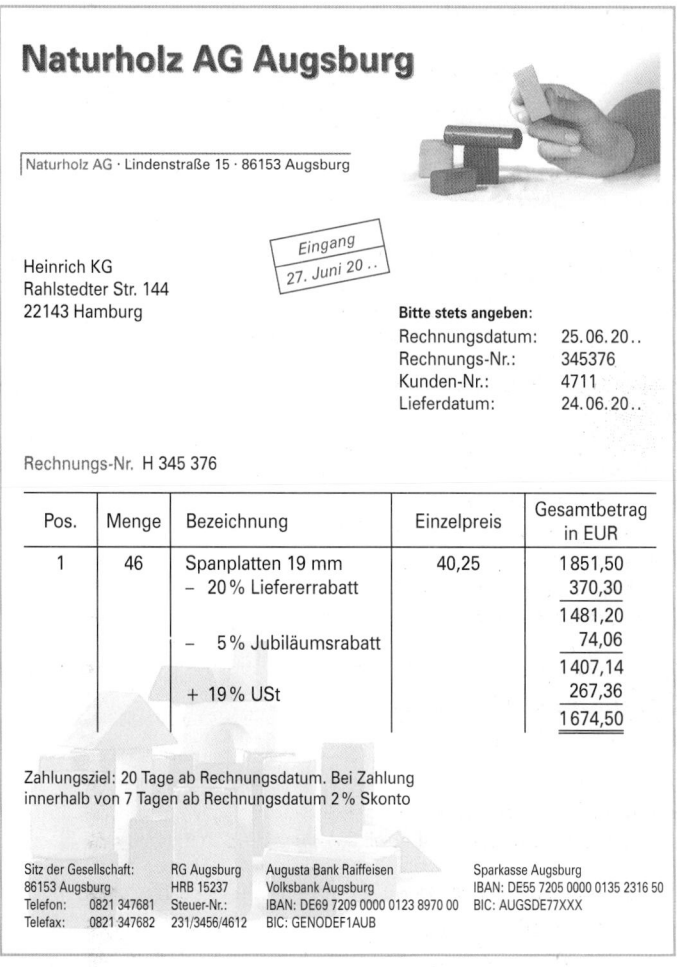

Naturholz AG Augsburg

Naturholz AG · Lindenstraße 15 · 86153 Augsburg

Heinrich KG
Rahlstedter Str. 144
22143 Hamburg

Eingang
27. Juni 20 . .

Bitte stets angeben:

Rechnungsdatum:	25.06.20..
Rechnungs-Nr.:	345376
Kunden-Nr.:	4711
Lieferdatum:	24.06.20..

Rechnungs-Nr. H 345 376

Pos.	Menge	Bezeichnung	Einzelpreis	Gesamtbetrag in EUR
1	46	Spanplatten 19 mm	40,25	1 851,50
		– 20 % Liefererrabatt		370,30
				1 481,20
		– 5 % Jubiläumsrabatt		74,06
				1 407,14
		+ 19 % USt		267,36
				1 674,50

Zahlungsziel: 20 Tage ab Rechnungsdatum. Bei Zahlung innerhalb von 7 Tagen ab Rechnungsdatum 2 % Skonto

Sitz der Gesellschaft:	RG Augsburg	Augusta Bank Raiffeisen	Sparkasse Augsburg
86153 Augsburg	HRB 15237	Volksbank Augsburg	IBAN: DE55 7205 0000 0135 2316 50
Telefon: 0821 347681	Steuer-Nr.:	IBAN: DE69 7209 0000 0123 8970 00	BIC: AUGSDE77XXX
Telefax: 0821 347682	231/3456/4612	BIC: GENODEF1AUB	

34 Speth u.a. - ISBN 978-3-8120-0261-5

Beleg 2

B E R N H A R D   M Ü L L E R   O H G
M E T A L L W A R E N F A B R I K

Bernhard Müller OHG · Waldkauzstr. 1 · 86804 Buchloe

Heinrich KG
Rahlstedter Str. 144
22143 Hamburg

Eingang
28. Juni 20..

Lieferdatum:	22.06.20..
Datum:	26.06.20..
Kunden-Nr.:	333

Rechnungs-Nr. Me 109262

Pos.	Menge	Bezeichnung	Einzelpreis	Gesamtbetrag in EUR
1	500	Bürotischgestelle Typ 2a	85,00	42 500,00
		+ Fracht		1 200,00
		+ Verpackung		370,00
		+ Transportversicherung		637,50
				44 707,50
		+ 19 % USt		8 494,43
				53 201,93

Zahlungsbedingungen: 2 % Skonto innerhalb 14 Tage, 30 Tage Ziel

Sitz der Gesellschaft:	RG Kaufbeuren	VR Bank Kaufbeuren	Kreis- u. Stadtsparkasse
86804 Buchloe	HRA 5664	IBAN: DE03734600460000458722	Buchloe
Telefon: 08241 23457	St		
Telefax: 08241 23458	44		

Beleg 3

B E R N H A R D   M Ü L L E R   O H G
M E T A L L W A R E N F A B R I K

Bernhard Müller OHG · Waldkauzstr. 1 · 86804 Buchloe

Heinrich KG
Rahlstedter Str. 144
22143 Hamburg

Eingang
2. Juli 20..

Ihr Zeichen,	Unser Zeichen,	
Ihre Nachricht vom	unsere Nachricht vom	Datum
ri/ka 28.06.20..	mü/fe	30.06.20..

Sehr geehrte Frau Heinrich,

in der Rechnung vom 26. Juni 20.. haben wir versehentlich keinen Mengenrabatt gewährt.

Selbstverständlich erhalten Sie den vereinbarten Rabatt nachträglich per Gutschrift:

20 % Mengenrabatt vom Warenwert	42 500,00 EUR:	8 500,00 EUR
	+ 19 % USt	1 615,00 EUR
	Gutschrift	10 115,00 EUR

Entschuldigen Sie bitte unser Versehen.

Mit freundlichen Grüßen

B. Müller

Sitz der Gesellschaft:	RG Kaufbeuren	VR Bank Kaufbeuren	Kreis- u. Stadtsparkasse
86804 Buchloe	HRA 5664	IBAN: DE03734600460000458722	Buchloe
Telefon: 08241 23457	Steuer-Nr.:	BIC: GENODEF1KFB	IBAN: DE24734500000000891234
Telefax: 08241 23458	44/566/11		BIC: BYLADEM1KFB

Beleg 4

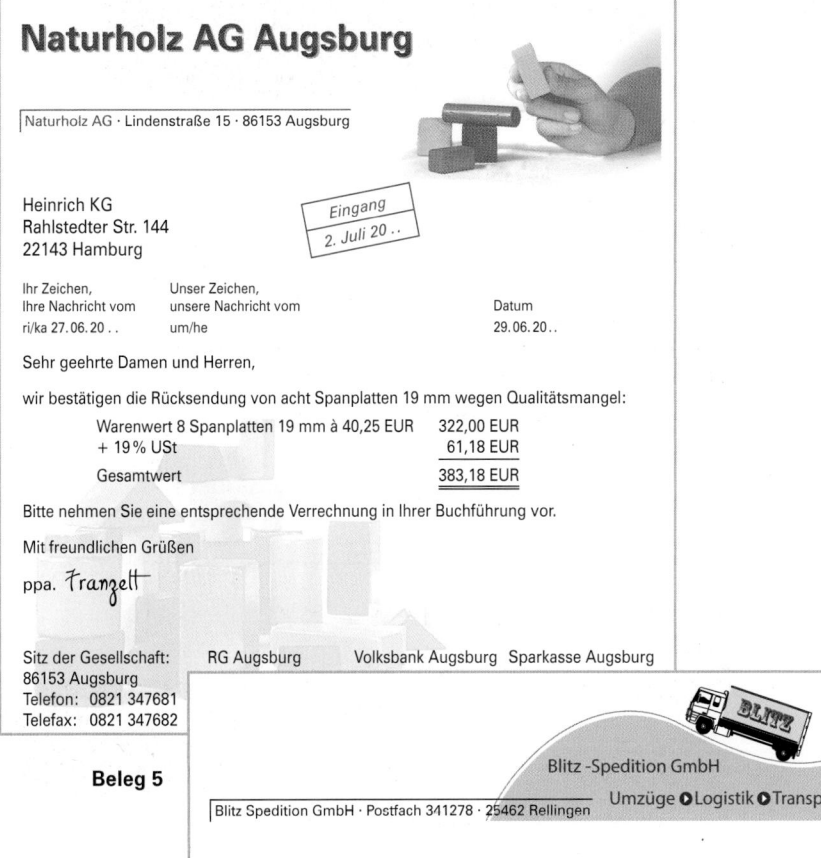

Naturholz AG Augsburg

Naturholz AG · Lindenstraße 15 · 86153 Augsburg

Heinrich KG
Rahlstedter Str. 144
22143 Hamburg

Eingang
2. Juli 20..

Ihr Zeichen,	Unser Zeichen,	
Ihre Nachricht vom	unsere Nachricht vom	Datum
ri/ka 27.06.20..	um/he	29.06.20..

Sehr geehrte Damen und Herren,

wir bestätigen die Rücksendung von acht Spanplatten 19 mm wegen Qualitätsmangel:

Warenwert 8 Spanplatten 19 mm à 40,25 EUR	322,00 EUR	
+ 19 % USt	61,18 EUR	
Gesamtwert	383,18 EUR	

Bitte nehmen Sie eine entsprechende Verrechnung in Ihrer Buchführung vor.

Mit freundlichen Grüßen

ppa. *Franzett*

Sitz der Gesellschaft: RG Augsburg   Volksbank Augsburg Sparkasse Augsburg
86153 Augsburg
Telefon: 0821 347681
Telefax: 0821 347682

Beleg 5

Blitz-Spedition GmbH
Umzüge ❍ Logistik ❍ Transporte

Blitz Spedition GmbH · Postfach 341278 · 25462 Rellingen

Heinrich KG
Rahlstedter Str. 144
22143 Hamburg

Eingang
2. Juli 20..

Bitte stets angeben:

Kunden-Nr.:	234-8
Rechnungs-Nr.:	5679
Rechnungsdatum:	23.06.20..

Ihr Zeichen,	Unser Zeichen,	
Ihre Nachricht vom	unsere Nachricht vom	Datum
ge/ho 08.06.20..	kü/ge	23.06.20..

Rechnung

Gemäß Ihrem Auftrag vom 8. Juni 20.. lieferten wir Ihnen einen Fräsautomaten von Ihrem
Lieferanten, der Voth Maschinenbau OHG Altdorf:

Transportkosten, netto	1 300,00 EUR	
+ 19 % USt	247,00 EUR	
Gesamtwert	1 547,00 EUR	

Zahlungsziel: 20 Tage ab Rechnungsdatum.
Bei Zahlung innerhalb von 7 Tagen ab Rechnungsdatum 2 % Skonto.

Sitz der Gesellschaft:	RG Pinneberg	VR Bank Pinneberg	Hamburger Sparkasse
25462 Rellingen	HRB 15237	Filiale Rellingen	Filiale Rellingen
Telefon: 04101 2323	Steuer-Nr.:	IBAN: DE13221914050000231256	IBAN: DE05200505500235231150
Telefax: 04101 2324	23/678	BIC: GENODEF1PIN	BIC: HASPDEHHXXX

Beleg 6

schindele
rundum gut versorgt und mobil

✓ Mineralöle/Kraft- und Schmierstoffe   ✓ Reifen-Fachmarkt
✓ Heizöle/Brennstoffe   ✓ LKW- und PKW-Waschanlagen
✓ Landwirtschaftsservice   ✓ Zweirad-Fachmarkt

Schindele Handels GmbH & Co. KG · Buchenhof 17 · 22605 Hamburg

24-h-Tankstellen in:

Buxtehude
Bremen
Elmshorn
Flensburg
Itzehoe
Kiel
Lübeck

Heinrich KG
Rahlstedter Str. 144
22143 Hamburg

Bitte stets angeben:

Rechnung	545352
Kunden-Nr.	18506
Datum:	15.06.20..

Artikel-Bezeichnung/-nummer	MwSt	Menge	Preis	Nettobetrag in EUR
Lieferschein 356804				
Leistungsdatum: 15.06.20.. entspricht dem Rechnungsdatum				
Heizöl leicht				
7510007	1	2 509,00	0,46	1 154,14
incl. gesetzl. Bevorratungsbeitrag		0,35		
Gefahrgut-Verordnungspauschale				
7999999	1	1,00	10,00	10,00
		Nettowarenwert		1 164,14
		MwSt 19 %		221,19
		Rechnungsbetrag		1 385,33

Zahlbar bis 20.06. ohne Abzug bei uns eingehend.

Bei verspätetem Zahlungseingang müssen wir die üblichen Verzugszinsen berechnen. Hierfür bitten wir um Verständnis.

Sitz der Gesellschaft:
22605 Hamburg
Telefon: 040 32271
Telefax: 040 32272

Beleg 7

MICHAELTEUBNER

Heizungsinstallation - Wartung und Reparaturen

Michael Teubner e.K. · Hamburger Str. 18 · 25335 Elmshorn

Heinrich KG
Rahlstedter Str. 144
22143 Hamburg

Bitte stets angeben:

Rechnungsdatum:	25.06.20..
Leistungsdatum:	23.06.20..
Kunden-Nr.:	1356

Rechnungs-Nr. 8732

Pos.	Menge	Bezeichnung	Einzelpreis	Gesamtbetrag in EUR
		Wartung Heizungsanlage im Bürogebäude in der Rahlstedter Str. 144		
1	3	Gesellenstunden	51,80	155,40
		+ 19 % USt		29,53
		Rechnungsbetrag		184,93

Zahlung in 8 Tagen ab Rechnungsdatum.

Sitz der Gesellschaft:	Steuer-Nr.:	Bankverbindung:	Michael Teubner e.K.
25335 Elmshorn	25/336/34873	Sparkasse Elmshorn	Eigentumsvorb. nach § 449 BGB
Telefon: 04121 7914-35	USt.-Id.-Nr.:	IBAN: DE0622150000048127065	
Telefax: 04121 7914-34	DE 757914358	BIC: NOLADE21ELH	Elmshorn

Absatzwirtschaft (Belege 8–12)

Beleg 8

Heinrich KG
Büromöbel und Bürozubehör

Heinrich KG · Rahlstedter Str. 144 · 22143 Hamburg

Möbelhaus Westmoor KG
Deichhausweg 28
32825 Blomberg

Bestell-Nr.	Bestelldatum	Lieferschein-Nr.	Telefon	Fax
2654	02.06.20..	56432-04	040 6724-556	040 6724-587

Bei Zahlung unbedingt angeben:

Rechnungsdatum:	08.06.20..
Kunden-Nr.:	2505
Rechnungs-Nr.:	2254/03

Wir berechnen für unsere Lieferung vom 04.06.20..

Artikel-Nr.	Menge (Stück)	Artikelbezeichnung	Einzelpreis EUR	Gesamtbetrag EUR
1235	15	Aktenschrank FT, verglast	168,80	2532,00

Warenwert (netto)	2532,00
5 % Rabatt	126,60
Rechnungsbetrag (netto)	2405,40
19 % USt	457,03
Rechnungsbetrag	2862,43

Zahlungsbe...

Hamburger S|
BIC: HASPDE
IBAN: DE0720

Beleg 9

Heinrich KG
Büromöbel und Bürozubehör

Heinrich KG · Rahlstedter Str. 144 · 22143 Hamburg

Büroausstatter Winter OHG
Schmedererweg 8
81541 München

Bestell-Nr.	Bestelldatum	Lieferschein-Nr.	Telefon	Fax
2892	02.06.20..	58229-02	040 6724-556	040 6724-587

Bei Zahlung unbedingt angeben:

Rechnungsdatum:	10.06.20..
Kunden-Nr.:	5421
Rechnungs-Nr.:	2245/11

Wir berechnen für unsere Lieferung vom 04.06.20..

Artikel-Nr.	Menge (Stück)	Artikelbezeichnung	Einzelpreis EUR	Gesamtbetrag EUR
7799	30	Schreibtischlampe Typ Xenon 007	47,50	1425,00

Warenwert (netto)	1425,00
– 7 % Rabatt	99,75
Rechnungsbetrag (netto)	1325,25
19 % USt	251,80
Rechnungsbetrag	1577,05

Zahlungsbedingungen ab Rechnungsdatum: bis 10 Tage 2 % Skonto, bis 30 Tage netto Kasse.

Hamburger Sparkasse	Hamburger Volksbank eG	Amtsgericht Hamburg, HRA 1101
BIC: HASPDEHHXXX	BIC: GENODEF1HH2	Steuer-Nr.: 27/430/0027
IBAN: DE07200505501120239908	IBAN: DE92201900030064069754	USt.-Id.-Nr.: DE 686093911

Beleg 10

Heinrich KG
Büromöbel und Bürozubehör

Heinrich KG · Rahlstedter Str. 144 · 22143 Hamburg

Innovation AG
Am Winkel 19
01109 Dresden

Bestell-Nr.	Bestelldatum	Lieferschein-Nr.	Telefon	Fax
2210	10. 06. 20. .	212/22	040 6724-556	040 6724-587

Bei Zahlung unbedingt angeben:

Rechnungsdatum: 16. 06. 20..
Kunden-Nr.:   3355
Rechnungs-Nr.:   7788/99

Wir berechnen für unsere Lieferung vom 16. 06. 20..

Artikel-Nr.	Menge (Stück)	Artikelbezeichnung	Einzelpreis EUR	Gesamtbetrag EUR
1032	5	Konferenztische Top 1	1 312,00	6 560,00
		Warenwert (netto)		6 560,00
		+ Furnierzuschlag „Mahagoni"		500,00
				7 060,00
		− 10 % Rabatt		706,00
				6 354,00
		+ Zustellkosten		480,00
				6 834,00
		+ 19 % USt		1 298,46
		Rechnungsbetrag		8 132,46

Zahlungsbedingungen ab Rechnungsdatum: bis 10 Tage 2 % Skonto, bis 30 Tage netto Kasse.

Hamburger Sparkasse	Hamburger Volksbank eG	Amtsgericht Hamburg, HRA 1101
BIC: HASPDEHHXXX	BIC: GENODEF1HH2	Steuer-Nr.: 27/430/0027
IBAN: DE07200505501120239908	IBAN: DE92201900030064069754	USt.-Id.-Nr.: DE 686093911

Beleg 11

inno:**vation**

Innovation AG · Am Winkel 19 · 01109 Dresden

Heinrich KG
Rahlstedter Str. 144
22143 Hamburg

Dresden, 20. 06. 20..

Rechnungs-Nr. 7788/99

Aufgrund eines Furnierfehlers – „Eiche" statt „Mahagoni" – senden wir einen Konferenztisch, Artikel-Nr. 1032, zurück. Bitte nehmen Sie eine entsprechende Verrechnung in Ihrer Buchhaltung vor.

Innovations AG
i. A. *Meyerling*

Beleg 12

Heinrich KG
Büromöbel und Bürozubehör

Heinrich KG · Rahlstedter Str. 144 · 22143 Hamburg

Büroausstatter Winter OHG
Schmedererweg 8
81541 München

Bestell-Nr.	Bestelldatum	Lieferschein-Nr.	Telefon	Fax
			040 6724-556	040 6724-587

Bonusgutschrift

Auf die gelieferten Schreibtischlampen – Rechnung 2245/11 vom 10.06.20 . – gewähren wir einen Umsatzbonus von 4 %.

Bonus	53,01 EUR
+ 19 % Umsatzsteuer	10,07 EUR
Gutschrift	63,08 EUR

Hamburger Sparkasse	Hamburger Volksbank eG	Amtsgericht Hamburg, HRA 1101
BIC: HASPDEHHXXX	BIC: GENODEF1HH2	Steuer-Nr.: 27/430/0027
IBAN: DE07200505501120239908	IBAN: DE92201900030064069754	USt.-Id.-Nr.: DE 686093911

Beleggeschäftsgang III: Zahlungsverkehr (Belege 13–20)

Beleg 13

€uro-Überweisung   GENODEF1HH2

Hamburger Volksbank

Für Überweisungen in Deutschland, in andere EU-/EWR-Staaten und in die Schweiz in Euro.
Überweisender trägt Entgelte und Auslagen bei seinem Kreditinstitut; Begünstigter trägt die übrigen Entgelte und Auslagen.
Bitte Meldepflicht gemäß Außenwirtschaftsverordnung beachten!

Angaben zum Begünstigten: Name, Vorname/Firma (max. 27 Stellen, bei maschineller Beschriftung max. 35 Stellen)
Naturholz AG, Lindenstr. 15, 86153 Augsburg

IBAN
DE69720900000123897900

BIC des Kreditinstituts (8 oder 11 Stellen)

Betrag: Euro, Cent
1 674,50

Kunden-Referenznummer - Verwendungszweck, ggf. Name und Anschrift des Überweisenden - (nur für Begünstigten)
Ihre Rechnung vom 25. Juni 20..

noch Verwendungszweck (insgesamt max. 2 Zeilen à 27 Stellen, bei maschineller Beschriftung max. 2 Zeilen à 35 Stellen)
Rechnung-Nr. H 345376

Angaben zum Kontoinhaber: Name, Vorname/Firma, Ort (max. 27 Stellen, keine Straßen- oder Postfachangaben)
Heinrich KG, 22143 Hamburg

IBAN
DE 92201900030064069754

16

€URO-ÜBERWEISUNG (SEPA)

Datum
20.07.20..

Unterschrift(en)
G. Heinrich

Beleg 14

MUSIK Randlinger & Jell

Musik Randlinger & Jell · 83123 Amerang · Kammer 12

Frau
Gerda Heinrich
Weidendamm 12
21109 Hamburg

Rechnungsdatum:	12.06.20..
Kunden-Nr.:	13483
Steuer-Nr.:	156 173 41503
USt-Id-Nr.:	DE 228 486 140
Lieferdatum:	12.06.20..

Rechnungs-Nr. 2214

Pos.	Menge	Bezeichnung	Einzelpreis EUR	Gesamtbetrag EUR
1	1,00	Yamaha P-140 E-Piano	1 149,00	1 149,00
2	1,00	Keyboardständer 1890		
		The Rick silver	59,00	59,00
		Gesamtbetrag		1 208,00

Der Gesamtbetrag setzt sich aus netto 1 015,13 EUR zuzüglich 19 % USt. = 192,87 EUR zusammen.

Die Lieferung des Pianos erfolgte an die Privatadresse Weidendamm 12, 1. Stock.

Besuchen Sie auch unsere Internetadresse unter www.musikrandlinger.de.

Musik Randlinger & Jell 83123 Amerang Kammer 12 Tel.: 08075 8239 Fax: 08075 9752 Sparkasse Amerang Kto.-Nr. 962 787 (BLZ 711 526 80)
Ust.Id-Nr.: DE 22 848 61 40 IBAN: DE 52 7115 2680 0000 9627 87 SWIFT-BIC: BYLADEM 1 WSB www.musikrandlinger.de
E-Mail: info@musikrandlinger.de Gerichtsstand Traunstein. Die Ware bleibt bis zur vollständigen Bezahlung Eigentum der Firma.

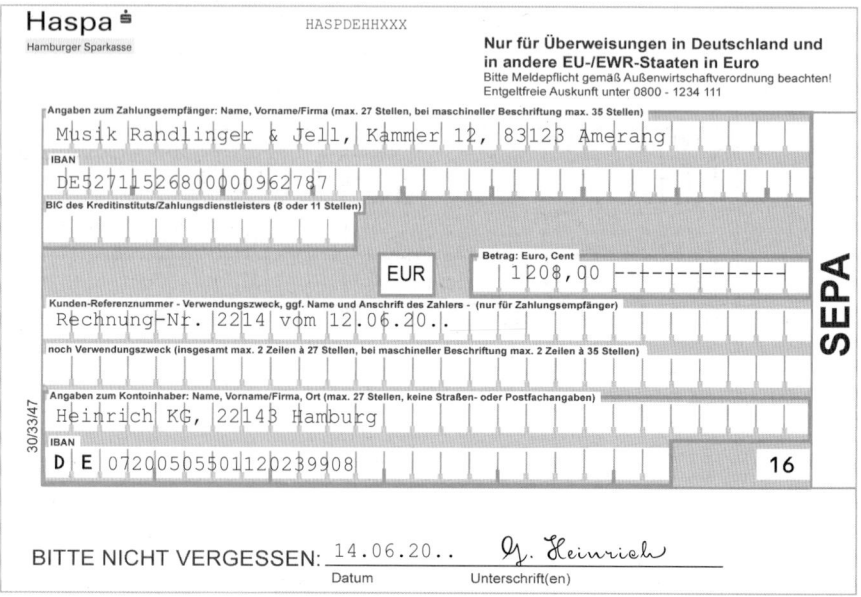

Haspa ≜
Hamburger Sparkasse

HASPDEHHXXX

Nur für Überweisungen in Deutschland und in andere EU-/EWR-Staaten in Euro
Bitte Meldepflicht gemäß Außenwirtschaftsverordnung beachten!
Entgeltfreie Auskunft unter 0800 - 1234 111

Angaben zum Zahlungsempfänger: Name, Vorname/Firma (max. 27 Stellen, bei maschineller Beschriftung max. 35 Stellen)
Musik Randlinger & Jell, Kammer 12, 83123 Amerang

IBAN
DE52711526800000962787

BIC des Kreditinstituts/Zahlungsdienstleisters (8 oder 11 Stellen)

Betrag: Euro, Cent
EUR 1 208,00

Kunden-Referenznummer - Verwendungszweck, ggf. Name und Anschrift des Zahlers - (nur für Zahlungsempfänger)
Rechnung-Nr. 2214 vom 12.06.20..

noch Verwendungszweck (insgesamt max. 2 Zeilen à 27 Stellen, bei maschineller Beschriftung max. 2 Zeilen à 35 Stellen)

Angaben zum Kontoinhaber: Name, Vorname/Firma, Ort (max. 27 Stellen, keine Straßen- oder Postfachangaben)
Heinrich KG, 22143 Hamburg

IBAN
DE 07200505501120239908

16

SEPA

30/33/47

BITTE NICHT VERGESSEN: 14.06.20..   _G. Heinrich_
Datum   Unterschrift(en)

Beleg 15

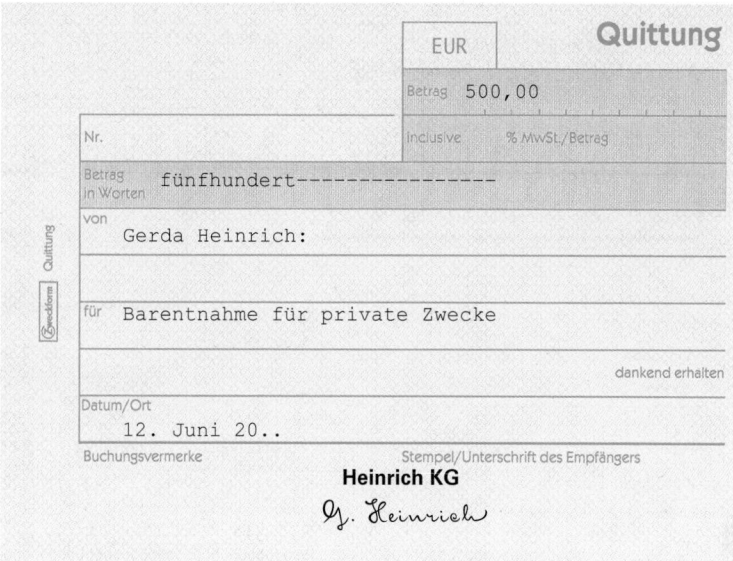

Beleg 16

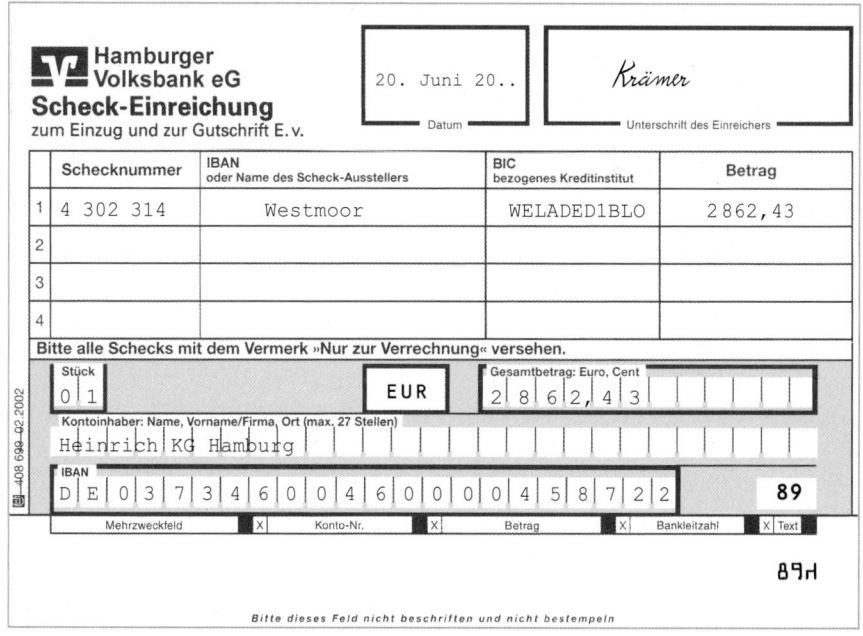

Beleg 17

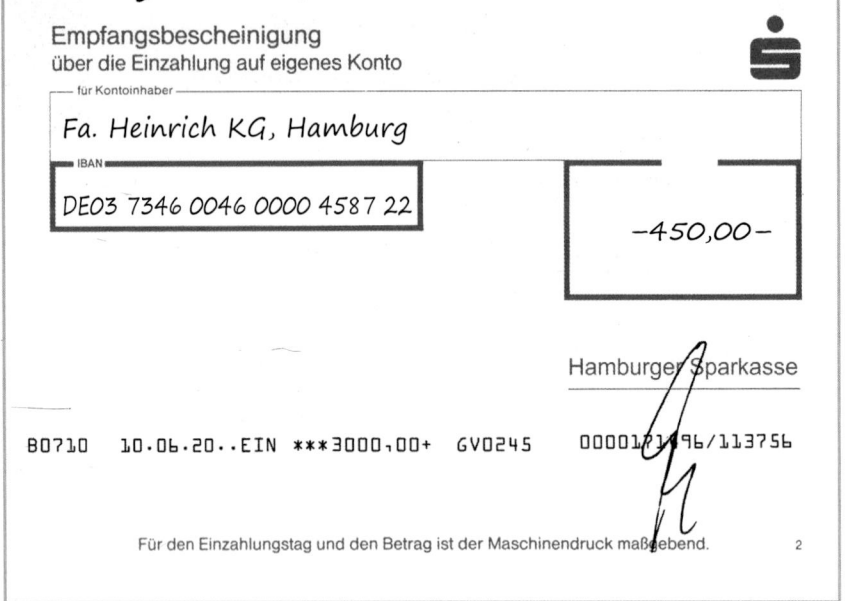

Empfangsbescheinigung
über die Einzahlung auf eigenes Konto

— für Kontoinhaber —

Fa. Heinrich KG, Hamburg

IBAN

DE03 7346 0046 0000 4587 22

–450,00–

Hamburger Sparkasse

80710   10.06.20..EIN ***3000,00+   GV0245   00001?1?96/113756

Für den Einzahlungstag und den Betrag ist der Maschinendruck maßgebend.   2

Beleg 18

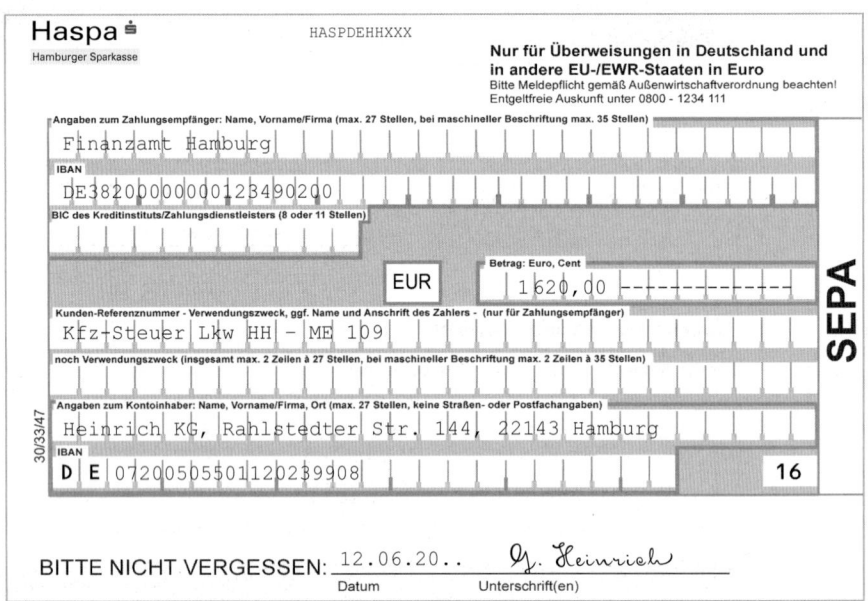

Haspa ⱡ
Hamburger Sparkasse

HASPDEHHXXX

Nur für Überweisungen in Deutschland und in andere EU-/EWR-Staaten in Euro
Bitte Meldepflicht gemäß Außenwirtschaftsverordnung beachten!
Entgeltfreie Auskunft unter 0800 - 1234 111

Angaben zum Zahlungsempfänger: Name, Vorname/Firma (max. 27 Stellen, bei maschineller Beschriftung max. 35 Stellen)

Finanzamt Hamburg

IBAN
DE38 2000 0000 0123 4902 00

BIC des Kreditinstituts/Zahlungsdienstleisters (8 oder 11 Stellen)

EUR

Betrag: Euro, Cent
1 620,00 --------------

Kunden-Referenznummer - Verwendungszweck, ggf. Name und Anschrift des Zahlers - (nur für Zahlungsempfänger)
Kfz-Steuer Lkw HH - ME 109

noch Verwendungszweck (insgesamt max. 2 Zeilen à 27 Stellen, bei maschineller Beschriftung max. 2 Zeilen à 35 Stellen)

Angaben zum Kontoinhaber: Name, Vorname/Firma, Ort (max. 27 Stellen, keine Straßen- oder Postfachangaben)
Heinrich KG, Rahlstedter Str. 144, 22143 Hamburg

IBAN
DE 0720 0505 5011 2023 9908

16

SEPA

30/33/47

BITTE NICHT VERGESSEN: 12.06.20..   G. Heinrich
                        Datum   Unterschrift(en)

Beleg 19

Heinrich KG
Büromöbel und Bürozubehör

Heinrich KG · Rahlstedter Str. 144 · 22143 Hamburg

Buchungsanweisung

– Entnahme für private Zwecke –

Schreibtisch Future 2010	360,00 EUR
+ 19 % Umsatzsteuer	68,40 EUR
	428,40 EUR

Hamburg, 24.06.20..

G. Heinrich
Unterschrift

Beleg 20

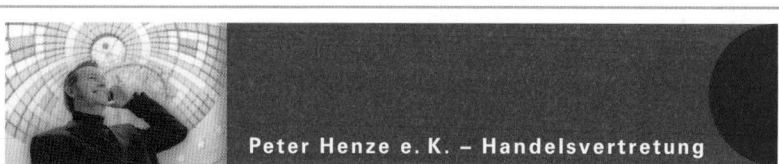

Peter Henze e. K. – Handelsvertretung

Peter Henze e. K. · Ansberger Str. 16 · 25336 Elmshorn

Heinrich KG
Rahlstedter Str. 144
22143 Hamburg

Eingang 25. Juni 20..

Name:	Frau Mertens
Telefon:	04121 423222-02
Telefax:	04121 423222-08

Bei Zahlung bitte stets angeben:		
Kunden-Nr.	Rechnungs-Nr.	Rechnungsdatum
420	1205	24.06.20..

Abrechnung Vertriebsprovision

Für den Monat Mai erlaube ich mir zu berechnen:

4 % Provision von 140 000,00 EUR Umsatz laut gesonderter Aufstellung:

Provision, netto	5 600,00 EUR
+ 19 % Umsatzsteuer	1 064,00 EUR
	6 664,00 EUR

Bitte überweisen Sie den Betrag innerhalb von zehn Tagen ab Rechnungsdatum.

Peter Henze e. K.
Postfach 1128, 25330 Elmshorn
Internet: www.peterhenze.de
Steuer-Nr.: 25/135/37437
USt.-Id.-Nr.: DE 657219438

Bankverbindungen:
Sparkasse Elmshorn
IBAN: DE72221500000068327000
BIC: NOLADE21ELH

Vereins- u. Westbank AG Hamburg
IBAN: DE72200300000000392452
BIC: HYVEDEMM300

Amtsgericht Elmshorn, HRA 17840
Eigentumsvorbehalt nach § 449 BGB
Gerichtsstand für beide Teile: Elmshorn

Personalwirtschaft (Belege 21–24)

Beleg 21

€uro-Überweisung

GENODEF1HH2

Hamburger Volksbank eG

Für Überweisungen in Deutschland, in andere EU-/EWR-Staaten und in die Schweiz in Euro.
Überweisender trägt Entgelte und Auslagen bei seinem Kreditinstitut; Begünstigter trägt die übrigen Entgelte und Auslagen.
Bitte Meldepflicht gemäß Außenwirtschaftsverordnung beachten!

Angaben zum Begünstigten: Name, Vorname/Firma (max. 27 Stellen, bei maschineller Beschriftung max. 35 Stellen)

Finanzamt Hamburg

IBAN
DE38200000000123490200

BIC des Kreditinstituts (8 oder 11 Stellen)
HASPDEHHXXX

Betrag: Euro, Cent
15 280,44 ------------

Kunden-Referenznummer - Verwendungszweck, ggf. Name und Anschrift des Überweisenden - (nur für Begünstigten)
Lohn- und Kirchensteuer, Soli.-Zuschlag Mai 20..

noch Verwendungszweck (insgesamt max. 2 Zeilen à 27 Stellen, bei maschineller Beschriftung max. 2 Zeilen à 35 Stellen)
Steuer-Nr. 27/430/0027

Angaben zum Kontoinhaber: Name, Vorname/Firma, Ort (max. 27 Stellen, keine Straßen- oder Postfachangaben)
Heinrich KG,

IBAN
DE 922019000

Datum
20.07.20..

€URO-ÜBERWEISUNG (SEPA)

Beleg 22

Ausgabebeleg

Kassenbeleg-Nr.

Ausgezahlt wurden an

Frau
Anna Böhm
im Hause

	netto	€	700	Ct	00
USt_____%				Ct	
gesamt	€	700	Ct	00

Tausender	Hunderter	Zehner	Einer	
----------	Sieben	----------	----------	Ct wie oben

Freie Felder durchstreichen

für _Gehaltsvorschuss für Juli 20.._

zulasten_____

Ort _Hamburg_

Datum 12.06.20..

Gesamtbetrag dankend erhalten

Böhm

Buchungsvermerke

Unterschrift des Empfängers

Beleg 23

€uro-Überweisung

GENODEF1H2H2

Hamburger Volksbank eG

Für Überweisungen in Deutschland, in andere EU-/EWR-Staaten und in die Schweiz in Euro.
Überweisender trägt Entgelte und Auslagen bei seinem Kreditinstitut; Begünstigter trägt die übrigen Entgelte und Auslagen.
Bitte Meldepflicht gemäß AuHamburger Volksbank eG

Angaben zum Begünstigten: Name, Vorname/Firma (max. 27 Stellen, bei maschineller Beschriftung max. 35 Stellen)

Berufsgenossenschaft Hamburg

IBAN
DE84200100100066456321

BIC des Kreditinstituts (8 oder 11 Stellen)

Betrag: Euro, Cent
3 160,00 -----------

Kunden-Referenznummer - Verwendungszweck, ggf. Name und Anschrift des Überweisenden - (nur für Begünstigten)
Beitrag April/Mai 20..

noch Verwendungszweck (insgesamt max. 2 Zeilen à 27 Stellen, bei maschineller Beschriftung max. 2 Zeilen à 35 Stellen)

Angaben zum Kontoinhaber: Name, Vorname/Firma, Ort (max. 27 Stellen, keine Straßen- oder Postfachangaben)
Heinrich KG, Rahlstedter Str. 144, 22143 Hamburg

IBAN
DE 92201900030064069754

16

Datum
04.06.20..

Unterschrift(en)
G. Heinrich

€URO-ÜBERWEISUNG (SEPA)

Beleg 24

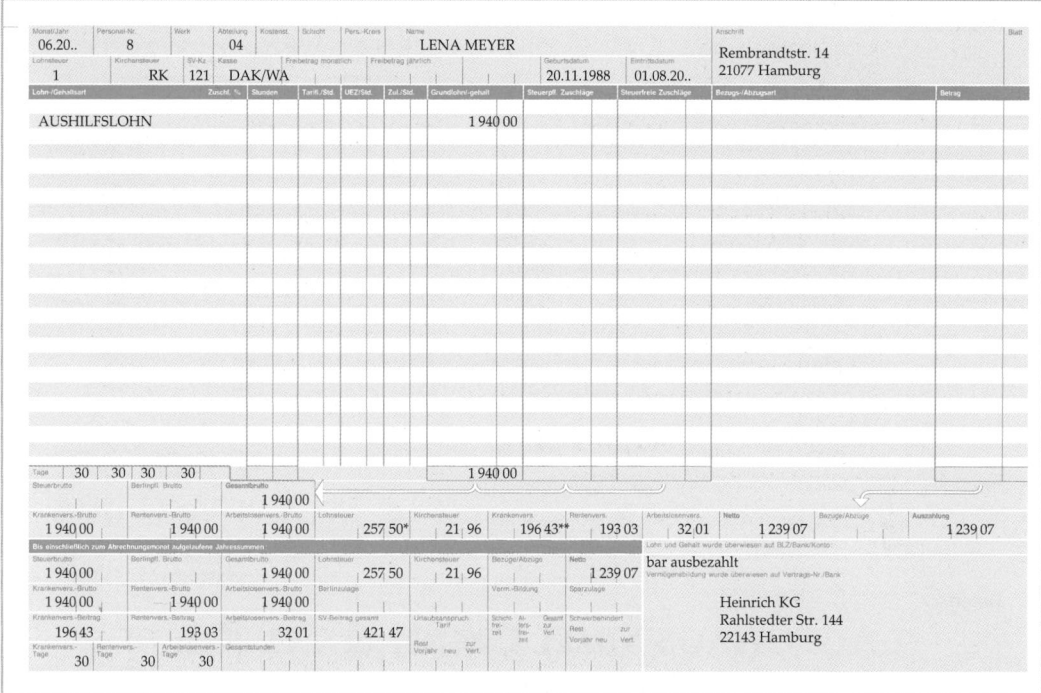

Monat/Jahr	Personal-Nr.	Werk	Abteilung	Kostenst.	Schicht	Pers.-Kreis	Name				Anschrift	Blatt
06.20..	8		04				LENA MEYER				Rembrandtstr. 14	
Lohnsteuer	Kirchensteuer	SV-Kz.	Kasse	Freibetrag monatlich	Freibetrag jährlich			Geburtsdatum	Eintrittsdatum		21077 Hamburg	
1		RK	121	DAK/WA				20.11.1988	01.08.20..			

Lohn-/Gehaltsart	Zuschl. %	Stunden	Tarif./Std.	UEZ/Std.	Zul./Std.	Grundlohn/-gehalt	Steuerpfl. Zuschläge	Steuerfreie Zuschläge	Bezugs-/Abzugsart	Betrag
AUSHILFSLOHN						1 940 00				

| Tage | 30 | 30 | 30 | 30 | | | Gesamtbrutto | | | | | 1 940 00 | | | |
| Steuerbrutto | | Berlingfl. Brutto | | Gesamtbrutto | 1 940 00 | | | | | | |

Krankenvers.-Brutto	Rentenvers.-Brutto	Arbeitslosenvers.-Brutto	Lohnsteuer	Kirchensteuer	Krankenvers.	Rentenvers.	Arbeitslosenvers.	Netto	Bezüge/Abzüge	Auszahlung
1 940 00	1 940 00	1 940 00	257 50*	21 96	196 43**	193 03	32 01	1 239 07		1 239 07

Bis einschließlich zum Abrechnungsmonat aufgelaufene Jahressummen:

Steuerbrutto	Berlingfl. Brutto	Gesamtbrutto	Lohnsteuer	Kirchensteuer	Bezüge/Abzüge	Netto
1 940 00		1 940 00	257 50	21 96		1 239 07

Krankenvers.-Brutto	Rentenvers.-Brutto	Arbeitslosenvers.-Brutto	Berlinzulage		Verm.-Bildung	Sparzulage
1 940 00	1 940 00	1 940 00				

Lohn und Gehalt wurde überwiesen auf BLZ/Bank/Konto

bar ausbezahlt

Vermögensbildung wurde überwiesen auf Vertrags-Nr./Bank

Krankenvers.-Beitrag	Rentenvers.-Beitrag	Arbeitslosenvers.-Beitrag	SV-Beitrag gesamt	Umsatzanspruch Tarif	Schenk. Alters- Verm. / zur / Gesamt zur Vert.	Schwerbehindert Real Vorjahr neu Vert.
196 43	193 03	32 01	421 47			

Heinrich KG
Rahlstedter Str. 144
22143 Hamburg

Krankenvers.-Tage	Rentenvers.-Tage	Arbeitslosenvers.-Tage	Gesamtstunden	Reist Vorjahr neu Vert.
30	30	30		

* Einschließlich des Solidaritätszuschlags.

** Der Beitrag für die Pflegeversicherung zuzüglich des Sonderbeitrags für kinderlose Versicherte von 0,25 % und der allgemeine Sonderbeitrag für alle Versicherten von 0,9 % sind hier im Beitrag für die Krankenversicherung enthalten und werden zusammen mit dem Krankenversicherungsbeitrag an die Krankenkasse abgeführt.

Anlagenwirtschaft (Belege 25– 29)

Beleg 25

VOTH MASCHINENBAU OHG, ALTDORF

Voth Maschinenbau OHG · Industriestraße 1 – 20 · 72655 Altdorf

Heinrich KG
Rahlstedter Str. 144
22143 Hamburg

	Lieferdatum:	18.06.20..
Rechnung Nr. 197/4	Rechnungsdatum:	22.06.20..

Menge	Bezeichnung	Betrag EUR
1	Fräsautomat Typ 37-AC	15 200,00 EUR
	Transportverpackung	1 400,00 EUR
		16 600,00 EUR
	+ 19 % USt	3 154,00 EUR
		19 754,00 EUR

Zahlungsbedingungen: 2 % Skonto innerhalb 14 Tage, 30 Tage Ziel

Sitz der Gesellschaft: Altdorf;   Registergericht Nürnberg;   HRA 99;   Steuer-Nr.: 47895/23685

541

Beleg 26

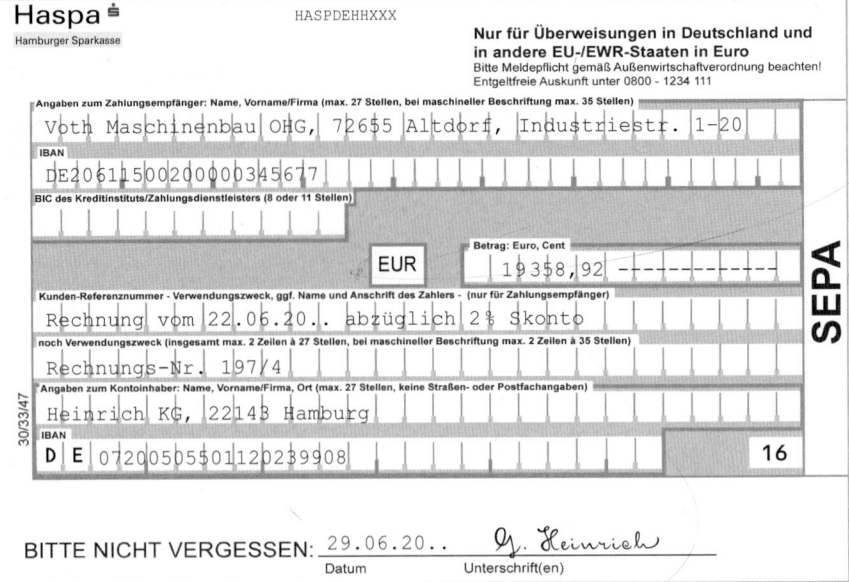

Haspa ♠
Hamburger Sparkasse

HASPDEHHXXX

Nur für Überweisungen in Deutschland und in andere EU-/EWR-Staaten in Euro
Bitte Meldepflicht gemäß Außenwirtschaftsverordnung beachten!
Entgeltfreie Auskunft unter 0800 - 1234 111

Angaben zum Zahlungsempfänger: Name, Vorname/Firma (max. 27 Stellen, bei maschineller Beschriftung max. 35 Stellen)

Voth Maschinenbau OHG, 72655 Altdorf, Industriestr. 1-20

IBAN
DE2061150020000345677

BIC des Kreditinstituts/Zahlungsdienstleisters (8 oder 11 Stellen)

Betrag: Euro, Cent
EUR   19358,92 --------------

Kunden-Referenznummer - Verwendungszweck, ggf. Name und Anschrift des Zahlers - (nur für Zahlungsempfänger)

Rechnung vom 22.06.20.. abzüglich 2% Skonto

noch Verwendungszweck (insgesamt max. 2 Zeilen à 27 Stellen, bei maschineller Beschriftung max. 2 Zeilen à 35 Stellen)

Rechnungs-Nr. 197/4

Angaben zum Kontoinhaber: Name, Vorname/Firma, Ort (max. 27 Stellen, keine Straßen- oder Postfachangaben)

Heinrich KG, 22143 Hamburg

IBAN
DE 07200505501120239908

30/33/47

SEPA

16

BITTE NICHT VERGESSEN: 29.06.20..   *G. Heinrich*
Datum   Unterschrift(en)

Beleg 27

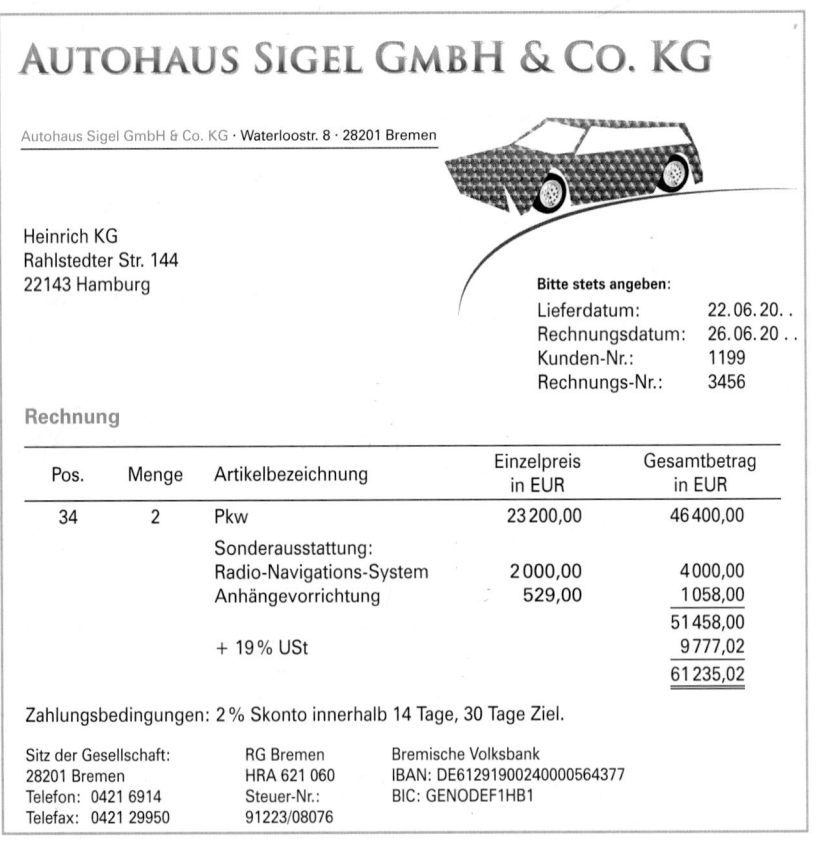

AUTOHAUS SIGEL GMBH & CO. KG

Autohaus Sigel GmbH & Co. KG · Waterloostr. 8 · 28201 Bremen

Heinrich KG
Rahlstedter Str. 144
22143 Hamburg

Bitte stets angeben:
Lieferdatum:	22.06.20..
Rechnungsdatum:	26.06.20..
Kunden-Nr.:	1199
Rechnungs-Nr.:	3456

Rechnung

Pos.	Menge	Artikelbezeichnung	Einzelpreis in EUR	Gesamtbetrag in EUR
34	2	Pkw	23 200,00	46 400,00
		Sonderausstattung:		
		Radio-Navigations-System	2 000,00	4 000,00
		Anhängevorrichtung	529,00	1 058,00
				51 458,00
		+ 19 % USt		9 777,02
				61 235,02

Zahlungsbedingungen: 2 % Skonto innerhalb 14 Tage, 30 Tage Ziel.

Sitz der Gesellschaft:	RG Bremen	Bremische Volksbank
28201 Bremen	HRA 621 060	IBAN: DE61291900240000564377
Telefon: 0421 6914	Steuer-Nr.:	BIC: GENODEF1HB1
Telefax: 0421 29950	91223/08076	

Beleg 28

NACHBAUR
|||||||| ||||||
TV – HIFI – VIDEO

Nachbaur · Weitblick 3 · 21075 Hamburg

Heinrich KG
Rahlstedter Str. 144
22143 Hamburg

Weitblick 3
21075 Hamburg
Telefon: 040 37849
Telefax: 040 88177

Hamburg, den 7. Juni 20..

Rechnung   1019831/0

Bei Zahlung bitte angeben.

Fabrikat:	WISI		
Gerät:	SAT-Antenne	Type: OR 49	
	SAT-Antenne	OR 49 spezial	420,00 EUR
	Bürolampe		84,00 EUR
			504,00 EUR
	zuzüglich 19 % MwSt.		95,76 EUR
	Gesamtsumme		599,76 EUR

Wir danken Ihnen für Ihren Auftrag.

Betrag dankend erhalten.
Hamburg, den 07.06.20..
H. Nachbaur

Die Lieferung erfolgt aufgrund der Allgemeinen Geschäftsbedingungen des Radio- und Fernsehtechniker-Handwerks und des Radio- und Fernseh-Einzelhandels. Die gelieferte Ware bleibt bis zur vollen Bezahlung Eigentum der Firma.

Hinweis: Die Buchung der geringwertigen Anlagegüter erfolgt nach dem Sammelpostenverfahren [§ 6 II a EStG].

Beleg 29

Heinrich KG
Büromöbel und Bürozubehör

Heinrich KG · Rahlstedter Str. 144 · 22143 Hamburg

Buchungsanweisung

Datum: 31.12.20..	Beleg-Nr.: 0815	Heinrich KG
für: anteilige Jahresabschreibung für Lieferwagen Sprinter, HH–FW 190		

für: anteilige Jahresabschreibung für Lieferwagen Sprinter,
HH–FW 190

Abschreibung auf 6 Monate $^6/_{12}$ von $16^2/_3$ % aus 30 000,00 EUR
= 2 500,00 EUR

543

Anhang 3: Hinweis zur Buchung von Erträgen (Kontenklasse 5) nach dem Bilanzrichtlinie-Umsetzungsgesetz [BilRUG]

Die **Kontenklasse 5** ist in die drei Gruppen

- **Umsatzerlöse,**
- **übrige betriebliche Erträge** und
- **Erträge des Finanzbereichs**

gegliedert.

Umsatzerlöse

Nach § 277 I HGB zählen zu den Umsatzerlösen die **Erlöse aus dem Verkauf und der Vermietung oder Verpachtung von Produkten** sowie aus der **Erbringung von Dienstleistungen.**

Vom erzielten Bruttoerlös sind die **Erlösschmälerungen,** die **Umsatzsteuer** sowie die **direkt mit dem Umsatz verbundenen Steuern** (z. B. Verbrauchssteuern wie die Mineralöl-, Energie- oder Tabaksteuer) **abzuziehen.**

Die **Umsatzerlöse** werden in den **Kontengruppen 50 und 51** erfasst. Zu den Umsatzerlösen zählen z. B.:

- Umsatzerlöse für eigene Erzeugnisse,
- Umsatzerlöse für Waren,
- Erlöse aus Vermietung und Verpachtung,
- Sonstige Erlöse (z. B. aus Provisionen, Lizenzen, Patenten).

Übrige betriebliche Erträge

Hierzu zählen z. B.:

- Erträge aus Schadensersatzleistungen, Kursgewinnen, außergewöhnliche Erträge,
- Erträge aus Anlageabgängen,
- Erträge aus der Herabsetzung von Rückstellungen,
- Periodenfremde Erträge,
- Bestandsveränderungen von Erzeugnissen,
- Aktivierte Eigenleistungen.

Die übrigen betrieblichen Erträge werden in den **Kontengruppen 52, 53** und **54** erfasst.

Erträge des Finanzbereichs

Hierzu zählen z. B.:

- Erträge aus Beteiligungen,
- Erträge aus anderen Finanzanlagen,
- Zinsen, Erträge aus Wertpapieren des Umlaufvermögens, sonstige zinsähnliche Erträge.

Die Erträge aus dem Finanzbereich werden in den **Kontengruppen 55, 56** und **57** erfasst.

Beachte:

- Aus Gründen der Übersichtlichkeit werden in diesem Buchführungslehrgang die **Unterkonten des Kontos Umsatzerlöse** beibehalten.

Stichwortverzeichnis

35 Speth u.a. - ISBN 978-3-8120-0261-5